허유 하기락의 삶과 사상
그리고 기억들

이재성 편

다르샤나

▌총서 간행사 ▐

대한철학회는 1963년 11월 9일 한국칸트학회라는 이름으로 발족하여, 1965년에 한국철학연구회로 개칭하였다가 1983년에 다시 대한철학회로 개칭하여 현재에 이르고 있다. 2023년은 대한철학회가 창립된 지 60주년을 맞이하는 해이다. 학회 학술지『철학연구』는 2023년 5월 31일자로 166집을 간행하였으며, 현재 한국의 철학 학술지로는 가장 많은 지령을 보유하고 있다. 그동안 수많은 우수한 연구자들이『철학연구』를 통해 연구 성과를 발표하였는데, 무려 2,500편이 넘는 논문들이 소개되었다.

본 학회는 창립 60주년을 기념하여 학술연구총서 발간을 기획하게 되었다. 학회 임원들과 법인 이사회에서 이번 기회를 맞아 학회지에 발표된 연구 결과물을 학계와 사회에 보다 널리 알릴 필요가 있다는 점에서 의견 일치를 보았다. 지식과 정보 공유의 과정이 점점 더 간편해지고 요약화되는 시대를 맞이하여, 학회지에 게재된 연구 성과를 주제별로 분류하여 단행본의 형태로 지식인 사회에 제공하는 것은 또 하나의 중요한 문화적 창조 활동이다. 모쪼록 이 총서가 발간 취지에 부응하여 한국철학계에 선한 영향력을 끼치고, 한국 사회의 새로운 미래 형성에도 조금이나마 기여할 수 있기를 소망한다. 기념사업위원회에서는 총 8권의 총서를 기획하였다. 우선 동양과 서양철학 분야를 각각 세 주제별로 분류하여 총 6권의 도서를 발행한다. '동서철학사상의 수용과 탈식민 철학의 가능성', '자아철학', '환경생태철학'이라는 특색 있는 세 가지 주제를 선택하였다. 이 외에, 초창기 본 학회의 중심 연구주제였던 칸트철학 관련 연구서 1권, 그리고 우리나라 철학계의 선구자적 인물이자 본 학회 창립의 주역인 하기락 선생 관련 연구서 1권을 별도로 출간한다. 분야별로 편집 책임자를 지정하였는데, 김상현(동양철학), 류의근(서양철학), 이남원(칸트철학), 이재성(하기락철학) 네 분 선생님께서 많은 수고를 하였다. 이 자리를 빌려 우선 편집자 선생님들께 학회를 대표하여 깊은 감사를 드린다.

현재 한국 사회에서 인문학 특히 철학 분야의 학문 여건이 매우 어려운 실정이다. 대학에서 수많은 학과가 사라지고 있으며, 관련 교양과목들조차 대폭 축소되거나 아예 없어지고 있는 상황이다. 이로 인해 학문 후속세대의 성장이 정상적으로 이루어지지 않고 있으며, 철학회의 운영 여건 또한 날이 갈수록 어려워지고 있다. 대한철학회는 명실

공히 한국의 철학계를 대표하는 학회의 하나로서 그간 우리 사회에서 많은 중요한 역할을 해왔다. 이러한 전통이 앞으로도 계승되어 뿌리 깊은 나무로 자라가고 더욱 많은 열매를 맺기 위해서는 그 어느 때보다 함께 고민하고 노력해야 할 시기에 이르렀다. 이번 총서의 간행사업 또한 그러한 노력의 일환이라 할 수 있다.

총서 간행을 위해 실무팀 책임자 역할을 기꺼이 맡아주신 이상형 선생님, 이재현 선생님 두 분과 팀원 여러분들께도 감사를 드리며, 아울러 상업성이 크지 않은 전문 서적을 출판해주신 다르샤나와 관계자 여러분들께도 진심으로 감사드린다.

2023년 6월
대한철학회장 장윤수

▌편집자 서문 ▌

1.

이 책은 〈대한철학회〉가 창립 60주년을 맞이하여 새로운 도약을 위해 기획한 학술사업의 일환으로 발간되었다. 〈대한철학회〉 60주년 기념사업 위원회는 총 2,500여 편의 논문들을 네 분야로 구분하여 분야별 편집 책임자를 지정하였다. '칸트철학'은 부산대 이남원 교수, '하기락철학'은 계명대 이재성 교수, '서양철학'은 신라대 류의근 교수, '동양철학'은 울산대 김상현 교수이다. 이미 잘 알려진 바와 같이, 〈대한철학회〉는 1963년 〈한국칸트학회〉로 창립하여 출범하였고, 1965년 〈한국철학연구회〉로 개칭했다가 창립 20주년 기념 해인 1983년에 현재의 〈대한철학회〉로 공식화되었다.

〈한국칸트학회〉라는 창립학회 명칭에서 알 수 있듯이 칸트가 명시됨으로써 '칸트 연구'는 〈대한철학회〉 학술 활동의 오랜 상징이었다. 본 편집자는 칸트 연구가 상징화된 이유를 칸트의 엄밀한 분석과 종합하는 철학적 태도에서도 찾을 수 있지만, 무엇보다도 그의 철학적 비판(Kritik) 능력에서 발견할 수 있지 않을까 싶다. 앞서 말한 바와 같이 1963년 당시 〈한국칸트학회〉 창립 초대 회장은 하기락 교수였다. 이후 하기락 교수의 삶과 철학은 〈대한철학회〉의 정신으로 우뚝 섰다고 해도 과언이 아니다. 2023년 〈대한철학회〉 창립 60주년을 기념하는 해에 칸트철학과 하기락철학을 특별히 강조한 것은 〈대한철학회〉의 정체성이 '한 철학자의 삶과 사상'이라는 특수성에 기인한다고 할 수 있기 때문이다. 본 편집자는 이 특수한 전통이 앞으로도 학문 후속 세대들에게 면면히 계승되길 바란다. 그리고 그것이 더욱 깊이 뿌리내려 풍성한 열매를 맺는 나무로 성장하길 기대한다.

하기락 교수(이하 선생으로 약칭)는 본 편집자에게도 남다른 분이다. 어쩌면 본 편집자는 선생에게 배움을 받은 마지막 세대라고도 할 수 있다. 학부 시절에는 동양철학 강의를, 대학원 석사 과정에서는 동서양 철학을 그리고 독일 유학을 떠나기 전 잠시 머물렀던 박사 과정에서도 선생의 강의를 들을 수 있는 행운을 얻었다. 노자와 하이데거를 비교하는 독일어 원전 강독은 지금도 기억에 생생하다. 어디 강의뿐인가. 산행을 좋아하시는 선생의 그룹을 쫓아 몇 번 산행에 동행하기도 했다. 그때도 그랬고, 지금도 변함없는 생각은 선생이야말로 철학자다운 풍모를 가진 분이었다는 것이다. 본 편집자를 포함해 철학 교수는 차고 넘치나 철학자는 눈을 씻고 봐도 찾기 힘든 풍토가 한국철학계의 현실이라는 것은 지금도 유효하다고 생각한다. 그런 맥락에서 선생은 본 편집자가 경험한 처음이자 마지막 철학자의 모습이었다. 하기락철학 편집의 기회를 준 〈대한철학회〉 60주년 기념사업 위원회에 이 자리를 빌어 감사의 마음을 전한다.

하기락철학을 담당한 본 편집자는 먼저 논문 선정의 기준을 〈대한철학회〉 학술지 『철학연구』에 발표된 선생의 논문 그리고 선생을 기억하는 제자 세대의 논문들로 제한해서 하기락철학을 전체적으로 조망할 수 있도록 했다. 그 이유는 앞서 언급한 바와 같이 〈대한철학회〉의 정신은 칸트철학을 전면에 내세운 〈한국칸트학회〉였고, 선생이 초대 회장이었던 〈대한철학회〉의 역사와 역사성이 함축하고 있는 특수성에 주목할 필요가 있다는 판단에서였다.

2.

본 편집자는 앞서 말한 기준에 따라 『철학연구』에 실린 하기락철학 분야의 논문들을 정리했다. 이 과정을 통해 책의 내용을 전체 3부로 구성했다. 먼저 제1부는 "허유 하기락의 생애"라는 주제로 넓게는 한국 철학계의 선구자이며, 좁게는 영남 철학계의 뿌리라 할 수 있는 선생(1912~1997)의 85년 삶을 조명하는 3편의 짧은 글로 구성했다. 제1장에서는 부산대 이남원 교수의 「허유 하기락 선생의 생애와 사상」을, 제2장에서는 경북대 이윤복 교수의 「허유 하기락 선생의 철학 여정」을, 그리고 마지막 제3장에서는 충남대 민동근 교수의 「하기락 박사의 인품과 업적」을 배치해서 독자들이 선생의 삶을 입체적으로 살펴볼 수 있도록 했다.

먼저 이남원 교수는 「허유 하기락 선생의 생애와 사상」에서 선생을 서울대 철학과 교수를 역임했던 박종홍과 더불어 한국 철학계를 대표하는 쌍벽으로 평가하며, 그런 점에서 선생은 "넓게는 한국철학계의 선구자이며, 좁게는 영남 철학계의 뿌리"라고 강조한다. 이교수는 선생이 한국철학계의 선구자이면서 영남 철학계의 뿌리인 이유를 선생의 탁월한 학문적 업적과 왕성한 사회적 활동에서 찾고 있다. 이 교수는 선생이 서양철학에서 하르트만의 작품에 대한 번역, 저서 및 논문을, 동양철학에서 『조선철학사』라는 걸작을 남겼을 뿐만 아니라 평생 선생의 이념적 지도였던 아나키즘을 통해 열정적으로 사회활동을 하는 실천적 삶을 살았음을 강조하고 있다.

　제2장 「허유 하기락 선생의 철학 여정」에서 이윤복 교수는 선생의 철학 공부의 방법론을 언급하면서 선생의 철학 여정을 간단하게 소개하고 있다. 이 교수는 선생의 철학이 칸트와 하이데거 철학에서 시작하여 결국 하르트만에 이르는 여정이었고, 특히 하이데거 철학의 존재론이 갖는 한계를 극복하는 방법으로 하르트만의 존재론에 천착하게 되었음을 짚고 있다. 그러나 선생의 철학 여정에서 중요한 것은 노년에 접어들면서 서양철학에서 한국철학으로 관심을 바꾸었다는 사실이다. 그 결과 선생은 하르트만에 대한 방대한 학술적 작업과 『조선철학사』라는 걸작을 세상에 내놓을 수 있었다는 것이다.

　제3장 「하기락 박사의 인품과 업적」에서 민동근 교수는 선생과의 오랜 교분 관계를 짚으면서 선생의 학자적 태도와 일상의 모습을 자세하게 묘사하면서 선생으로부터 배웠거나 배울 점을 다섯 가지로 정리하고 있다. 첫째, 하루에 13시간 이상의 시간을 학문연구와 저작 활동, 번역작업을 하는 선생의 모습에서 선생으로부터 학문에 정진하는 정신을 배웠다고 한다. 둘째, 선생은 한편으로 평소 절제하고, 다른 한편으로 체력 단련을 하여 강철같은 단단한 몸을 유지(특히 등산을 좋아하셨다)하면서 힘든 학문 활동을 병행하는 모습에서 정신적 건강뿐 아니라 육체적 건강의 중요성을 배웠다고 한다. 셋째, 남을 돕고 베풀며 학회 발전을 위해 헌신하는 봉사활동에서 자기의 이익을 추구하는 일은 소인이 아니라 대인의 모습을 보았다고 한다. 넷째, 개인적으로 검소하게 생활하면서 현실에 영합하지 않고 지조를 지키며 학문을 좋아하고 진리 탐구와 진리 실천에 힘쓴 선생의 학구 정신, 선비정신을 본받아야 한다고 보았다. 마지막으로 일제강점기 젊은 시절 겨레의 생존과 조국의 광복을 위하여 항일 학생운동을 전개하고 해방 후에는 재산을 희사하여 고향에 안의고등학교를 설립하고 법인 이사장으로서 인재 양성에 힘써서 지역사회에 보람 있는 일을 한 선생의 빛나는 행적은 길이 후학들에게 깊은 감동을 줄 것이라 평가하고 있다.

3.

　제2부에서는 "허유 하기락의 사상"이라는 주제로 선생의 철학적 태도와 사상을 조망할 수 있는 논문 7편을 서양철학과 동양철학으로 나누어 배치했다. 서양철학에서는 칸트와 하이데거의 존재론을 재구성하고 있는 니콜라이 하르트만의 존재론을 집중적으로

분석하고 해석한 논문 4편, 즉 제1장에서는 「니콜라이 하르트만의 존재론에 있어서의 범주체계의 문제」를, 제2장에서는 「자연의 범주체계 I」을, 제3장에서는 「자연의 범주체계 II」를, 제4장에서는 「자연의 범주체계 III」을 실었다. 동양철학에서는 선생의 특별한 문제의식, 즉 한국철학에 대한 주체적인 재해석 작업을 시도한 3편의 논문을 실었다. 제5장에서는 「철학에 있어서의 주체의식과 화쟁의 논리」, 제6장에서는 「우리는 서양철학을 어떻게 받아들일 것인가」, 그리고 마지막 제7장에서는 「주리론의 전망」이라는 주제에 대한 선생의 독특하고 특별한 해석이 전개되어 있다.

제1장 「니콜라이 하르트만의 존재론에 있어서의 범주체계의 문제」에서 선생은 하르트만의 광의의 존재론과 범주론 그리고 협의의 존재론과 범주론이 서로 어떤 관계에 놓여 있는지를 자세히 밝히고 있다. 선생은 하르트만에서 존재론의 형성 과정을 세 단계, 즉 1. 비판철학의 시기(1909~1920), 2. 존재론 체계 준비기(1921~1934), 3. 존재론 체계 발전기(1935~1950)로 구분하면서 하르트만에서 존재론의 문제는 어떻게 설정되고 있는지, 또한 그 연구 과정에 적용된 방법은 어떤 것인지를 고찰한다. 이를 위해 하이데거(Heidegger)와 비교해 봄으로써 하르트만 존재론의 특성을 밝히는 방법론을 취한다. 그리고 하르트만에서 존재론과 범주론과의 관계는 어떻게 다루어지고 있는지를 고찰하면서 하르트만의 범주체계의 전모와 이것에 의한 실재세계의 상을 선명하게 드러내고자 한다.

제2장 「자연의 범주체계 I」에서 선생은 하르트만이 범주를 구체적인 것을 규정하는 원리라고 보았고, 이때의 범주는 칸트처럼 선험적(transzendental) 의미에서 선천적(a priori)인 것이 아니라 존재적(ontisch)으로 선천적(a priori)인 것이다. 그런 점에서 자연에 관한 하르트만의 범주체계는 과학이 제공하는 광범한 현상적 토대에 근거하여 실재적 세계 자체의 구조분석에서 구축된다는 것이다. 말하자면 하르트만의 범주체계는 체계로서의 내면적 통일성을 갖는 동시에 과학의 발전에 항상 열려 있는 미완성의 체계라는 것이다. 이런 맥락에서 선생은 범주의 체계에 의하여 자연의 구성원리를 파악하고자 한다.

제3장 「자연의 범주체계 II」에서 선생은 무기적 물질층, 유기적 생명층, 심리적 의식층 및 정신적 존재의 층이라는 네 개의 층으로 실재적 세계가 구성되어 있고, 이 중에 물질층과 생명층이 소위 '자연'을 형성한다는 하르트만의 생각을 받아들인다. 여기서 자연의 제 범주는 물질층에서 비롯하여 생명층에까지 관통하는 더욱 기본적인 범주와 생명층에

서 비로소 등장하는 비교적 특수적인 범주로 구별되는데, 하르트만은 전자를 우주론적 범주라 하고 후자를 유기체론적 범주라 한다. 이 과정에서 선생은 하르트만의 범주론이 칸트의 범주론과 무엇이 유사하고 무엇이 다르게 작동하는지를 비교 분석하면서 공간과 시간이라는 4차원의 질서 원리 속에서 자연이 어떤 구조를 갖고 전개되는지를 자세하게 밝히고 있다.

제4장「자연의 범주체계 III」에서 선생은 무기적 물질층과 유기적 생명층 간의 가공형성 관계에서 유기적 생명 영역의 적용을 받는 범주군을 자세하게 밝히고 있다. 하르트만에 따르면, 실재적 세계를 구성하는 네 가지 층, 즉 무기적 물질층, 유기적 생명층, 심리적 의식층, 인간에서 비로소 나타나는 정신생활의 성층구조에서는 제1층과 제2층 간의 가공형성관계와 제2층과 제3층 간 및 제3층과 제4층 간에는 가상구축관계가 성립한다. 여기서 말하는 가공형성관계란 하층의 제 범주가 전부 상층에 재현하여 상층에 신규로 등장하는 제 범주와 협동함으로써 하층 존재가 상층의 한층 복잡미묘한 형성체의 질료가 되는 관계이다. 선생은 이 가공형성관계를 통해 유기적 생명층이 어떻게 드러나는지를 자세히 고찰하고 있다.

제5장「철학에 있어서의 주체의식과 화쟁의 논리」에서 선생은 "사람의 생각은 우선 그가 살고 있는 자연환경 속에서 싹트고 그의 생활을 통해서 성숙하는 것"이기 때문에 "인류의 문화와 그 사상은 대체로 어떤 지역에서 어떤 풍토 아래 발생했던지를" 고찰하고자 한다. 이 과정에서 우리의 정신세계는 "서구적 근대과학과 그리스 이래의 서양철학, 유불도 삼교에다 기독교가 더해지고, 전승적 선도(仙道)에 바탕한 천도교, 유물주의·배금사상·권력지상 등과 대치한 인도주의·정신주의 등 이러한 온갖 사조가 혹은 평행선을 긋고 혹은 혼선을 빚어" 결국 "사상의 무정부상태를 연출"하는 상황에 처해 있음을 통탄하며 선생은 "주체의식과 화쟁의 논리"를 강조하고 있다. 우리의 정신세계를 바로 세우기 위해서는 "허명(虛明) 담백(淡白)한 본바탕의 심지(心地)로 돌아가서 선인들이 수범(垂範)한 염정원융(染淨圓融) 영허자재(盈虛自在)한 화쟁의 논리와 의연한 주체의식" 회복에 있음을 선생은 다시 한 번 강조하고 있다.

제6장「우리는 서양철학을 어떻게 받아들일 것인가」에서 선생은 "서양철학의 토착화 문제"에 천착하면서 이 문제를 풀기 위해서는 먼저 두 가지 고찰이 필요하다고 본다. 첫째는 서양철학의 전통 속에서 그 일관된 특성을 찾는 일이고, 둘째는 우리 자신 속에 흐

르고 있는 철학의 전통을 돌이켜 보는 일이다. 전자와 관련해서 선생은 아리스토텔레스 이후 전통적 형이상학이 본래의 주제에서 벗어나 존재 문제를 망각하고 있어 존재론의 재건이 현대 서양철학의 가장 긴급한 과제라고 보며, 하이데거와 하르트만을 그 대표자로 주목하고 있다. 후자와 관련해서 선생은 우리 전통철학의 주제 역시 존재 문제에 있었다고 짚는다. 그러나 오늘날 서양철학에는 경험주의, 실증주의, 실용주의, 논리실증주의 등의 반형이상학적 조류가 강력한 세력을 형성하고 있는 것처럼 우리에게도 조선 말기에 실사구시(實事求是)를 표방하는 실학운동이 유력한 사조로서 대두되고 있었음을 상기시키며 우리의 전통철학이 보완해야 할 몇 가지를 제시하고 있다. 선생은 첫째, '태극', '이'와 같은 원리를 더 이상 추상적 개념에 그치게 하는 것이 아니라 경험에서 귀납된 보다 더 실질적 내용을 갖춘 여러 가지 원리로 분화시켜 엄밀한 범주체계로 조직할 필요가 있다고 본다. 둘째, 존재자와 존재와의 구별을 견지할 필요가 있다고 본다. 철학은 존재자론이 아니라 존재론이어야 하기 때문이다. 셋째, 방법론의 확립이 필요하다고 본다. 철학은 방법론 없이도 충분히 가능하지만, 방법론 없이는 오류를 범하기 쉽다는 것이다. 선생은 철학이 어떤 방법에 근거하느냐에 따라 그 논리체계가 얼마나 다르게 나타나는지를 하이데거와 하르트만 비교를 통해 보여주고 있다. 마지막으로, 선생은 학문의 실용성을 결코 경시해서는 안 된다고 본다. 말하자면 학문은 현실에 발을 붙여야 하며, 공리 공론으로 흘러서는 안 된다는 것이다.

제7장 「주리론의 전망」에서 선생은 전승된 유가철학의 주제에서 핵심적 몇 가지 문제에 대해 매우 주체적이고 독창적인 해석을 내놓는다. 선생이 문제로 삼고 있는 전승된 유가철학의 주제는 첫째, 태극의 실질적 내용에 관한 문제. 둘째, 이기선후(理氣先後)에 관한 문제. 셋째, 이(理)의 동정(動靜)에 관한 문제. 넷째, 소이연(所以然)과 소당연(所當然)에 관한 문제. 다섯째, 유가윤리학(儒家倫理學)의 특성에 관한 문제이다.

4.

제3부에서는 "허유 하기락의 기억들"이라는 주제로 하기락 교수로부터 직간접적으로 학문적 영향을 크게 받았거나, 또는 그를 기억하는 제자들이라 불릴 수 있는 대표적인 논문 10편을 선정해 선생의 사상을 재조명하고 재해석할 수 있도록 했다. 제1장에서 경산대 김주완 교수는 「하기락과 자유」라는 주제로 선생을 회고한다. 김 교수는 이 글에서

하기락 선생을 철학과 사회운동이 삶의 전체를 이루었던 '철학자이면서 아나키스트'였다고 회상한다. 말하자면 선생의 삶 속에서 이론과 실천은 분리되지 않았고 유기적으로 상호포괄하는 통일체였으며, 그 바탕은 그가 평생 자유를 추구하고 실현하고자 한 '구도의 길'에 있었다고 평가한다.

제2장에서 부산대 김성국 교수는 「허유 하기락의 아나키즘 소고」에서 아나키스트이자 '자주인'으로서의 하기락이라는 인물이 어린 시절부터 어떤 삶의 과정을 통해 성장했는지를 선생의 활동과 저술들을 중심으로 분석하고 있다. 선생이 평생 견지했던 아나키즘은 일제강점기에서 절대 독립주의와 무장투쟁을 선도했고, 해방 이후 분단 상황과 독재체제에서는 비록 대중운동으로서의 한계를 지녔지만, 역사의 굽이마다 투철한 시대정신과 역사의식을 최대한 발휘하고자 투쟁했던 이념이었고, 선생의 삶과 사상은 바로 철두철미 이 이념에 근거하고 있다고 진단한다. 김 교수의 분석에 따르면, 선생의 아나키즘은 첫째, 평화주의, 둘째, 자주인 사상, 셋째, 자주 관리, 넷째, 제3의 길, 다섯째, 주체적 역사 인식, 여섯째, 직접행동론으로 요약할 수 있다는 것이다.

제3장에서는 원광대 김도종 교수가 「20세기 한국의 실천철학 : 한국철학사에서 하기락의 지위」라는 주제를 통해 선생을 하르트만과 신채호의 사상에 근거하여 20세기 한국의 철학사에서 실천철학의 노선을 굳건하게 지킨 실천철학자로 규정하고 있다.

제4장에서는 대구교대 장윤수 교수가 「하기락의 한국철학 연구와 그 의의」라는 주제를 통해 한국철학 연구사에서 박종홍, 하기락과 같은 서양철학 전공자들이 한국철학을 관심 있게 연구한 사건을 의미 있게 살펴보아야 할 필요가 있다고 본다. 왜냐하면 당시 '한국철학'이라는 분야의 정체가 무엇인지 제대로 해명도 되지 않은 상태에서, 그리고 기존의 소수 연구자들조차 대부분 '서당 훈장' 정도의 학식과 역할을 본질적으로 벗어나지 못하고 있을 때, 서양철학에서 탁월한 실력을 나타내는 동시에 한국의 전통철학에도 익숙해 있던 몇몇 학자들의 연구 경향과 성과들이 한국철학 연구사에서 발전의 일대 전기를 마련했기 때문이다. 서울대에서 활동했던 박종홍의 경우는 그 제자들에 의해 학문성과가 어느 정도 정리되었지만, 선생의 경우는 아직 제대로 그의 학문이 평가받지 못하고 있는 안타까운 상황에서 하기락의 사상 중 한국철학(동양철학)에 한정하여 그 연구 성과를 검토하고 그 의의를 드러내고 있다. 장 교수는 선생의 대작인 『조선철학사』의 내용을 중점적으로 검토하고, 그리고 한국철학 관련 논문들을 분석하면서 '주체의식의

확립'과 '화쟁의 정신'이 한국철학의 핵심임을 강조한 선생의 실천철학자로서의 면모를 명료하게 드러내고 있다.

제5장에서는 대구가톨릭대 강대석 교수가 「하기락과 니체」에서 선생의 세 가지 철학적 토대인 아나키즘, 하르트만 그리고 니체와의 연관 속에서 선생의 니체 해석이 갖는 한계와 의의를 다루고 있다. 제6장에서는 계명대 성홍기 교수가 「존재탐구에 관한 세 유형」이라는 주제를 통해 하이데거를 시작으로 칸트를 거쳐 하르트만에서 막을 내린 선생의 서양철학 여정에서 일관된 철학의 근본 문제는 '존재탐구'에 있었음을 명료하게 정리하고 있다. 제7장에서는 배재대 서정욱 교수가 「니콜라이 하르트만의 존재론과 하기락의 존재학」이라는 주제를 통해 하르트만과 선생의 철학적 방법론, 즉 자연과학에 심취하여 인식론과 자연과학을 연계시키고, 이를 바탕으로 존재론을 완성해 나가는 과정의 유사성을 명확하게 고찰하고 있다.

제8장에서는 계명대 양우석 교수가 「존재와 당위를 넘어서 : 허유 하기락 선생의 생애를 회고하며」라는 주제로 하르트만의 비판적 존재학과 서양 및 동양을 무대로 면면히 지속되어 온 아나키즘을 두 축으로 하는 선생의 사상적, 사회실천적 편력 과정을 정치하게 그려내고 있다. 제9장에서는 대구가톨릭대 조욱연 교수가 「하르트만의 우주론적 범주에 대한 개관」이라는 주제를 통해 범주를 구체자를 결정짓는 원리로 규정한 하르트만의 우주론적 범주론을 일목요연하게 요약 정리하고 있다. 제10장에서는 영남대 김용섭 교수가 「하르트만과 셸러의 실질적 가치윤리학의 일고찰」이라는 주제를 통해 하르트만과 셸러가 동시대에 도덕원리가 되는 가치의 선천성을 밝혀 가치윤리학을 성립시켰지만, 양자는 가치의 본질 및 가치와 당위의 관계를 각자 상이하게 파악하고 있어서 그 차이점이 무엇인지를 가치, 사랑의 질서, 인격 등의 개념을 중심으로 자세하게 고찰하고 있다.

5.

본 편집자는 하기락철학을 편집하는 과정에서 하기락이라는 한 인간의 삶과 사상을 단순히 낭만적으로 회고하거나 평가하는 것에서 멈추기보다는 시대에 걸맞게 새롭게 재해석하고 재구성하는 작업이 필요하다고 생각한다. 선생이 때론 열정적으로 때론 치열하게 살았던 20세기는 성장 주도의 기술 산업시스템이 가공할만한 힘을 발휘했던 시대다. 그 시대를 온몸으로 관통하면서 선생이 사유하고 행동한 것, 즉 존재론적 것과 실천적인 것이 어떤 의미인지 정확히 짚어야 한다. 사실 현대 사회는 성장 주도의 기술 산업시스템이 잘못 작동하는 인간중심주의라기보다는 가공할 인간중심주의다. 문제는 인간이 인간중심주의인 게 아니라 오히려 우리가 충분히 인간중심주의적이지 않다는 데 있다.

우리는 인간의 지대한 중요성에 대해, 그리고 지구와 지구 행성의 미래에 대해 존재론적으로는 물론 실천적으로도 직시하기를 거부한다. 우리가 소유한 힘에 대한 책임을 받아들이는 대신, 다른 것은 그 무엇도 중요하지 않은 것처럼 계속해서 무분별하게 우리가 소유한 힘을 행사한다. 이것은 마치 아이들이 그들의 욕구를 만족시키는 힘에 따라오는 의무에 대한 어른으로서의 이해 없이 무작정 욕구에 이끌리는 것과도 같다. 가공할 인간중심주의의 오류는 인간을 특별한 생물로 인식하는 것이 아니라 결과에 책임도 지지 않으면서 능력을 행사하는 높은 지위에 인간을 올려놓은 것이다. 그것도 인간이 떠안아야 하는 틀림없는 부담을 부인하거나 깨닫지 못하는 방식으로 그렇게 함으로써, 현재 그 부담은 '인류세의 도래'라는 무게로 고스란히 인류를 압도하고 있다.

이러한 의미에서 〈대한철학회〉는 하기락철학의 역사성이 갖는 특수성을 철학자의 사회적 책임으로 의식하고 수행할 수 있어야 한다. 만일 〈대한철학회〉가 새로운 대안 사회를 모색하고 수립하려는 학술 정책적 면에서 하기락철학을 재해석하고 재구성하고자 한다면 그가 남긴 사상적 유산은 현재 인류가 처한 문명의 문제를 전망하는데 작은 연결고리 역할을 할 수 있을 것이다.

끝으로, 하기락철학 관련 책을 편집하는 책임자로서 독자들에게 양해를 구하지 않을 수 없다. 선정된 원문은 게재 과정에서 편집 체계와 목적상 다르게 편집되는 부분이 발생했다. 이 부분, 특히 편집된 논문 제목이나 내용에 대해서는 원저자의 혜량을 구하고자 한다. 그러나 논문의 형식적 면에서 통일을 기하고자 했을 뿐이다. 내용 부분은 가독성을 위해 일부 수정한 곳도 있다. 만일 문제가 있다면 그것은 전적으로 편집자의 책임임을 밝혀 둔다.

2023년 7월

편자 이재성

┃목 차┃

contents

제1부

허유 하기락의 생애

허유 하기락 선생의 생애와 사상

이남원(부산대)

한국 철학계의 거두로 평가받는 하기락 선생이 1997년 2월 3일 85세를 일기로 타계했다. 선생은 과거 서울대 교수를 역임했던 고 박종홍 선생과 더불어 한국 철학계의 쌍벽으로 불린다. 선생은 오랫동안 대구에서 교편생활과 학문활동을 하였던 관계로 우리 대구의 지성인들에게는 매우 친숙한 인물이다. 선생은 넓게는 한국철학계의 선구자이며, 좁게는 영남 철학계의 뿌리이기에 그의 타계는 철학계 전체의 큰 손실이라 할 수 있다. 이 시점에서 선생의 생애와 사상을 일별해 보고, 도대체 85년이란 긴 세월 동안 허유 선생을 지탱시킨 근원적 신념이 무엇인가를 살펴보는 것은, 그의 학문적 업적과 왕성한 사회운동을 고려해 볼 때 뜻깊은 일이라 생각된다.

허유 선생은 1912년 1월 26일 경술(1910년)년 국치 2년 후에 나라 잃은 백성의 아들로 출생했다. 소백의 영봉 가야산, 덕유산, 지리산이 병풍처럼 둘러서서 동남으로 싸안은 천혜의 요람 경남 안의(安義)에서 아버지 하경출(河璟出) 님과 어머니 신거부(慎居部) 님의 둘째 아들로 태어났다. 서당을 거쳐 보통학교를 월반하여 졸업하고, 서울 제2고등보통학교에 입학한 선생은 동교 3년 재학 때인 1929년 광주학생의거에 가담했다. 그로 인해 퇴학을 당하고 1년 후 중앙고보에 편입학하여 졸업하였다. 그동안 진주 농업학교 항일투쟁 비밀결사 TK단 사건으로 검거된 동생 하충현의 투옥과 선친에 이은 조부의 별세 등 감당키 어려운 시련 속에서 내적 갈등을 계속하다가 1935년 드디어 일본으로 밀항하여 동경 와세다대학에서 철학 수업을 했다. 학문적 열정과 지사적 의기가 병행하는 지행합일의 대장정이 이로써 본 궤도에 들어서게 되었다. 선생은 실존철학자 하이데거를 공부하여 1940년 졸업 논문 「하이데거에 있어서의 공간성과 시간성의 문제」가 통과되어 와세다대학을 졸업하게 되나, 지성인의 고뇌와 울분을 삭이며, 일제 말기의 암울했던 몇 년을 고향으로 돌아와 보내다가 민족해방을 맞이했다.

선생의 본격적인 학자로서의 삶은 1947년 영남대학의 전신인 구 대구대학 철학과의 주임교수를 맡으면서 시작된다. 그의 학문은 현대 독일철학의 거장 니콜라이 하르트만에 대한 깊이 있는 연구로부터 본 궤도에 오르게 된다. 특히 해방 후 60년대까지 우리나라 철학계를 풍미했던, 하이데거로 대변되는 실존철학에 대한 미련을 과감히 떨쳐버리고, 당시 황무지이다시피 한 하르트만 연구를 시작한 것은 인기에 편승하지 않고 오직 진리를 탐구하려는 그의 학문적 자세를 엿보게 한다. 이후 선생은 37~38년간 하르트만 철학 연구에 주력하면서 난해하기로 소문난 하르트만 저서를 초심자도 쉽게 읽을 수 있는 우리의 언어로 번역했고, 다수의 논문도 발표하였다. 특히 하르트만 존재론의 3부작이라고 불리는『존재학 원론』,『존재학 범주론』,『존재학 양상론』을 번역했고, 700페이지를 넘어서는 방대한 저서인『윤리학』을 간명하게 발췌 번역한 것은 우리나라 하르트만 연구에 있어서 결정적 전기를 마련하였다. 현재의 하르트만 연구는 바로 이러한 터전 위에서 이루어지고 있다고 말해도 과언이 아니다.

선생은 하르트만 외에도 다수의 철학자에 대한 논문과 저서를 발표하였다. 그의 철학적 관심과 폭을 보여 주는 대목이다. 대표적인 논문과 저서를 일별해 보면『변증법의 본질과 계보』,『물질과 신과 인간』,『학문과 인생』,『하르트만 연구』,『니체론』등이 있다.

그러나 선생의 철학적 시야는 서양철학에만 국한된 것이 아니었다. 우리의 철학, 우리 조상들의 얼이 담겨 있는 철학이 가지고 있는 심오함과 주체성에 깊이 심취하였다. 이러한 심취는 한국의 위대한 철학자에 대한 주옥같은 논문으로 결실을 맺는다. 선생은 말년에 그동안 자신의 한국철학에 관한 연구를 총정리한 방대한 분량의『조선철학사』를 출간한다. 80이 넘는 고령에도 불구하고 끊임없이 대작을 내놓을 수 있었던 것은 그의 비범한 천재성과 진리에 대한 남다른 열정의 산물이다.

통상적으로 학자들은 진리의 탐구에만 몰두하는 경향이 있다. 이와는 달리 선생은 늘 현실 문제에 대해서도 남다른 관심을 보여 주었다. 그래서 학문연구를 아나키즘적 입장에서의 현실 개혁에 접목하고자 시도한 분이다. 선생은 자전적 글인『나의 수업시대』에서 일찍이 중학 5학년 무렵 아나키즘에 경도되었음을 밝히고 있다. 약관 20세 때에는 재일본 동지들과 연락하여 이정규 선생의 지도하에 일본 아나키스트 기관지 「흑기(黑旗)」를 학생 서클에 보급하여 아나키즘을 선전함으로써 본격적으로 아나키즘 운동에 참여했다. 선생이 평생 추구한 아나키즘의 정신은 선생의 저서 『한국 아나키즘 운동사』의 초두에서 밝힌 다음 글에서 명료하게 표현되어 있다. "누구든지 남을 압박해 보라. 그는 반항할 것이다. 목석이 아니고 사람이기 때문이다. 누구든지 남을 멸시해 보라. 그는 성낼 것이다. 동물이 아니고 인간이기 때문이다." 이런 정신으로 저항운동을 계속하다가 결국 일본 경찰에 체포되어 6개월간 수감 생활도 했다. 당시 일본이 아나키즘 운동가를 투옥하는 등 극단적인 탄압을 가한 이유는 당시의 지식인들이 아나키즘 운동을 통해서 한국의 자주독립을 쟁취하고자 했고, 일본 당국이 이를 우려했기 때문이다.

선생은 대학 졸업 후 황해도 재령상업전수학교에 재직 중 경찰의 탄압으로 부득이 퇴직하여 농민운동을 시작하였다. 그의 농민운동은 8·15운동과 동시에 보다 적극적이었으며, 농민 조합장 선거에 참여하여 피선되었고, 독립노동 신문을 편집하였다. 선생이 아나키즘 운동 및 농민운동에 참여한 것은 진리와 자유의 정신을 펼치고자 했기 때문이다. 선생은 일제 치하에서는 일본의 압박에서 벗어나고자 몸부림쳤고, 해방 후에는 억압받는 농민들의 자유를 위해 투쟁했다. 더 나아가서 이러한 투쟁을 현실에서 극대화하기 위해서 현실정치에 참여하고자, 비록 당선되지는 않았지만, 국회의원에 출마하기도 했다.

젊은 시절의 이러한 아나키즘 운동과 농민운동은 선생의 연륜이 더해감에 따라 아나키즘 이론과 접목되었다. 노년에 선생이 쓰고 번역한 많은 아나키즘 서적이 이를 증명해 준다. 저서로는 『한국 아나키즘 운동사』 『자기를 해방하려는 백성들의 의지』 『탈환』 등이 있고, 번역서로는 『아나키즘』 『근대과학과 아나키즘』 등이 있다. 그의 현실 참여가 단순한 현실 참여가 아니라는 점을 보여 주는 대목이라 할 수 있다.

선생은 한편으로는 학문 활동에 전념하고, 다른 한편으로는 아나키즘 운동에 참여하면서 후학들을 위한 교육 사업에도 관심을 쏟았다. 고향인 경남 안의에 안의고등학교를 설립하여 재단 이사장직을 역임하기도 하였다.

다른 학문도 그렇겠지만 특히 철학의 발전은 더불어 작업하기를 통해서 이루어지는데, 이를 위해 선생은 한국에서 최초의 철학자 모임인 한국칸트학회를 창립하였다. 이 한국칸트학회가 전국 규모의 대한철학회로 발전하였다. 참으로 개탄스러운 일이지만,

오늘날 대부분의 학회 그룹을 비롯하여 경제, 문화가 서울 중심으로 편중되어 있지만, 철학계만은 대한철학회가 서울의 한국철학회와 당당히 맞서 우리나라 철학계의 양대 산맥을 이루고 있다. 학문의 균형된 발전이란 측면에서 볼 때 바람직한 일이라 아니 할 수 없다.

선생은 다방면에 걸쳐서 많은 업적을 남겼지만 훌륭한 제자를 다수 배출함으로써 교육자로서도 큰 족적을 남겼다. 이미 정년을 지내신 분으로는 영남대 교수를 역임했던 채수한, 문정복, 김복기 교수가 있고, 경북대 교수를 역임했던 김기태, 최승호, 유명종 교수 등이 있다. 지금 활발하게 활동하고 있는 분으로는 그의 자제이자 제자인 하영석 교수를 비롯하여, 허재윤, 조욱연, 김태양, 김주완, 성홍기 교수 등이 있다. 그의 업적이 한 세대에 그치지 않고 계속되는 것은 한국의 열악한 학문적 풍토에서 볼 때 매우 다행스러운 일이라 하겠다.

허유 하기락 선생의 철학 여정

이윤복(경북대)

　　허유 하기락 선생은 평소 철학 공부를 시작하는 제자들이 공부하는 방법에 관해 물어올 때 가급적 철학사의 중심부에 있는 철학자를 연구하는 일로부터 시작하는 것이 좋겠다고 하였다. 그 이유는 위대한 철학자의 철학 속에는 그 철학자 이전의 주요한 철학적 흐름들이 무르녹아 있고, 앞으로 나타날 철학적 흐름이 예견되어 있기 때문이다. 따라서 위대한 철학자에 관한 연구는 더 높은 시야에서 철학사의 맥락을 훑어보게 한다.

　　하기락 선생의 철학 여정을 이해하기 위한 열쇠는 선생의 이런 평소의 소신일 것이다. 선생이 철학을 시작하는 단계에서 칸트와 하이데거를 비교한 것은 이와 무관하지 않다. 칸트는 철학사에서 호수에 비견된다. 과거의 모든 철학 물줄기가 칸트로 들어오고, 또한 미래의 모든 철학 물줄기가 칸트로부터 나온다. 어떤 의미에서 하이데거는 칸트의 철학 정신을 현대의 존재론적 관점에서 관통하고자 한 철학자이다. 따라서 선생은 근대 이후의 철학적 흐름을 한눈에 꿰어보기 위한 철학적 작업을 위한 시도로 두 위대한 철학자를 선택한 듯하다.

　　그러나 선생은 하이데거 철학을 깊이 있게 연구하면 할수록 그의 존재론이 어떤 점에서 존재론 전체를 포괄하지 못하고 있다고 생각했다. 그래서 보다 완전한 존재론을 향해 몸부림치게 되었고, 하르트만에 심취하게 되었다. 그래서 그는 하르트만 연구에 많은 노력과 시간을 투자하게 된다.

　　많은 사람들은 선생이 노년에 서양철학에서 한국철학으로 관심을 바꾸었다고 생각한다. 그러나 그것은 아닌 것 같다. 노년에 선생의 관심이 확대되었다고 보는 것이 옳을 것이다. 왜냐하면 한국철학에 대한 끊임없는 저술 활동과 더불어 하르트만에 대한 논문과 번역이 계속되었기 때문이다. 어릴 때부터 익혔던 한문 독해 능력과 오랫동안 갈고 닦은 서양철학에 대한 분석 능력이 함께 어우러져서, 이것이 만년의 한국철학에 대한 결실로 나타난 것이 아닌가 한다.

하기락 박사의 인품과 업적

민동근(충남대)

1.

누구든지 대학 때 가르친 은사님을 당연히 존경하겠지만, 누가 나에게 "그 외의 국내 철학자 가운데 가장 존경하는 사람은 누구인가"라고 묻는다면 나는 서슴없이 '허유 하기락(虛有 河岐洛) 박사님'이라고 대답할 것이다.

내가 하기락 박사의 존함을 알게 된 때는 43년 전인 1954년의 일이다. 한국철학회 주최 제5회 연구발표회가 1954년 6월 20일(일요일) 오후 2시부터(이 날짜가 한국철학회 발행 『철학』 제1집 '철학회 일지'에는 6월 12일로 잘못 기재되었음) 서울대 문리대 제8강의실에서 개최되어 김준섭(金俊燮) 교수가 '과학철학의 성격'이란 제목으로 발표를 한 바 있으며, 당일이어서 학회장인 고형곤(高亨坤) 교수댁에서 저녁 식사를 하면서 학회 평의원회가 개최된 바 있다. 나는 평의원이 아니었으나 당시 충남대 문리대 민태식(閔泰植) 학장이 '참석하지 못하므로 대신 참석하라'는 위임에 따라서 평의원회에 참석하였다. 그때 임원 선출 건이 논의된 바 경북대에 근무하는 하기락 교수를 평의원으로 유임시키자고 하여 모두 찬성하는 광경을 보았다.

그때의 평의원들은 모두 명망 있는 철학 교수들이었고 대부분 서울에 거주하는 분들이었는데 어떠한 분이기에 이구동성으로 평의원으로 유임을 결정하는가 하는 생각이 들어서 하기락 교수의 이름을 인상 깊게 기억하게 되었다. 지방에서는 김두헌(金斗憲) 전북대 총장, 민태식 학장, 하기락 교수 등 세 분이 한국철학회 평의원이었다.

그 평의원회가 열리기 전의 대화에서 근엄하신 분으로만 알았던 박종홍 교수가 농담을 잘하시고, 또 교복 차림의 키 큰 학생이 집으로 들어오자 고형곤 회장이 아들이라고 하여 소개하면서 인사를 시킨 일이 눈에 선하며, 그때의 그 학생이 바로 현재 국무총리로서 국가의 중요한 일을 담당하고 있는 고건(高建) 씨이니 참으로 오래전의 이야기이다.

그 뒤 9년간 한국철학회의 연구발표회에 참석하였으나 하기락 박사를 뵐 수 없어서 그분에 관해서 궁금하였다. 그러다가 1963년 11월 9일(토요일) 대구에 가서 철학연구 모임과 한국칸트학회 창립총회에 참석하게 되어 비로소 하기락 박사를 처음 뵙게 되었다. 키는 중키에 마른 체구이고 이마가 넓고 머리가 벗겨진 매우 지성적인 학자의 풍모를 지닌 분이었다. 그때의 연세가 52세로 여러 철학 교수 중에서 단연 연로하신 분이었으며 또한 학회를 만드는 데 주도적 역할을 하셨기에 당연히 회장으로 추대되었다. 그리고 나를 학회 부회장으로 추천하는 분이 있었으나 사양하고 당시 충남대에 근무하는 선배이신 이종달(李鍾達) 교수를 부회장으로 추천하고 나는 평의원이 되었다.

나는 그 당시 대구의 번화가에 있는 경복여관에 유숙하고, 다음 날 일요일에 '트로이카'라는 이름의 다방에서 하 회장을 위시한 여러 철학교수들과 학회의 진로에 관한 이야기를 나누었다.

하 회장은 다음과 같은 요지의 의사표시를 하였다.

"서울에만 유일하게 한국철학회가 있고 지방에는 철학연구의 학회가 없다. 우리의 실정상 서울까지 자주 가기도 힘들며 연구발표의 기회도 없고 또 모여서 철학원전의 윤독회나 철학의 문제에 관한 토론회도 하지 않는다. 그렇게 되면 자연히 해이하게 되어 학문연구의 열정도 식어지고 놀게 된다. 우리의 관심을 학문연구에 돌려서 활발하게 연구발표도 하고 토론도 하기 위해서 학회를 만들게 되었다. 학회 이름은 한국철학회와는 다른 이름으로 하여야 하는데 철학자로서 대표적 인물이 칸트(Kant)이니 그 이름을 따서 한국칸트학회로 한 것이다. 칸트 이름을 넣었다 하여 칸트만 연구하는 학회는 아니다.
그리고 학회를 활성화하려면 경비가 필요하다. 그 경비는 『철학개론』 교재를 공동으로 집필하여 출판하면 조달할 수 있을 것이다. 내년 학년 초 철학 강의 때 사용할 수 있도록 빨리 집필하여 출판하도록 하자."

이처럼 하기락 회장은 학회 운영의 경비 조달을 위하여 『철학개론』을 출판하자고 하시면서 철학개론 책 목차를 상세하게 미리 준비하여 학회의 회원들에게 제시하였다. 그런데 그 철학개론의 목차가 참으로 잘 짜여 있어서 별다른 이견이 없이 회원들이 모두 받아들이게 되었다.

그 목차는 먼저 '머리말'로서 철학의 개념을 몇 가지 각도에서 논하고, 제1편에서 '서양철학의 역사'를 다루어서 서양철학이 걸어온 발자취를 더듬어 보게 하고, 제2편에서 '철학의 제 문제'를 논하고, 제3편에서 '동양철학'을 논하도록 한 것이다.

목차가 결정되자 우선 그 자리에 있던 학회 회원들에게 집필 분야를 배당하였는데 나에게는 제1편 '서양철학의 역사'에서 '객관적 정신철학'이라 하여 플라톤·아리스토텔레스·스토아학파·에피쿠로스학파·회의학파·플로티노스에 관해서 집필하도록 배당되었다.

내가 대구에 내려갈 때 철학연구 모임이기도 하니 철학과 학생에게 공부도 시킬 겸 데리고 가는 것이 좋겠다고 생각하여 당시 충남대 문리대 학생회장이면서 철학과 학생인 허옥(許玉) 군 등 2~3명을 데리고 갔었다. 하기락 박사를 회장으로 모시고 새로이 학회를 창립하고 또 『철학개론』 책을 출판하도록 여러 교수들이 진지하게 상의하는 광경을 보고, 허옥 군이 "교수님들은 학회를 만들고 연구를 활발히 하는 큰 성과를 올리셨는데, 저희들은 대구의 학생들을 만났으나 별 성과를 거두지 못하고 대전에 가게 되었습니다."라고 말한 일이 기억난다. 실로 한국칸트학회를 만드는 데 주도적 역할을 한 하기락 박사의 공적은 참으로 크다고 아니할 수 없다.

나는 한국칸트학회가 발족한 지 21일 만인 그해 11월 30일 다시 대구에 가서 니콜라이 하르트만(Nicolai Hartmann)에 관한 하기락 박사의 연구발표를 들은 바 있으며, 그분의 하르트만 연구의 폭이 매우 넓고 깊은 것에 감탄한 바 있다. 하 박사는 하르트만 연구로 다음 해 2월 당시에는 매우 드문 철학박사 학위를 경북대학에서 받으셨다.

그리고 한국칸트학회에서 『철학개론』 집필자들을 확정한 통지서를 받은 나는 『철학개론』 간행에는 시일이 별로 없었기에 서둘러서 플라톤부터 플로티노스에 이르는 철학자들의 사상에 관해서 집필하여 200자 원고지 77매의 글을 1964년 1월 8일 대구의 학회에 발송하였다. 만약에 집필이 늦어지면 『철학개론』 간행에 차질이 생길 우려가 있어 우선적으로 글을 써서 보냈다.

20여 명의 학회 회원들이 부지런히 써서『철학개론』원고를 보냈으며 또한 그중 많은 분량을 하 회장이 쓰시고 또 하 회장이 통일된 논조와 문체가 되도록 크게 수고하신 줄 안다. 대개 글을 쓰면 출판하기 전에 그 교정지를 집필자에게 몇 차례 보내서 교정을 보게 하는 것이 상례이지만 시일이 촉박하고 또 일관된 논지와 용어로 다듬어야 했기 때문에 교정지가 오고 간 일이 없이『철학개론』이 출판되기에 이르렀다.

학회의 하 회장과 정명오(鄭明五) 간사 등 실무진이 수고하고 출판사에서 애쓴 보람이 있어서 1964년 3월 2일 신학년 입학식이 있은 다음 날인 3월 3일 학회에서 나에게 3월 1일 자로 발행된『철학개론』책이 도착하도록 우송하여 주어서 1학년 학생들에게 교재를 소개하고 교양과목으로 철학개론의 강의를 하는 데 조금도 지장이 없었다. 그리고 내가 집필한 부분을 곧 읽어 보았더니 내가 미처 깨닫지 못한 나의 문체의 결점을 잘 시정하여 유려하고 좋은 문장으로 만들어 주었고 또 조속히 출판함으로써 많이 생길 법한 오자나 탈자 등이 없어서 기분이 매우 좋았으며 고맙게 생각하였다.

그때 출판한『철학개론』책을 현재 내가 보관하고 있어서 보았더니 작은 활자로 334쪽(페이지)이나 되는 내용이 매우 풍부한 교재로서 그 당시 읽을거리가 그리 많지 않았던 철학계의 실정으로 미루어서 학생들이 철학의 여러 사상을 한 권으로 손쉽게 읽을 수 있는 교재였다 하겠다. 그리고 값도 300원으로 비교적 싸게 한 것은, 학생들이 큰 부담 없이 공부할 수 있게 배려한 것 같다. 또한 책의 종이의 질도 당시로서는 괜찮은 것을 사용하여 책을 읽는 데 조금도 지장이 없었으나 그 뒤 우리나라가 경제성장을 하여 33년이 지난 요즈음 좋은 종이를 사용하여 각종 서적을 출판하는 현실을 감안할 때 종이의 색이 변한 그 초판의『철학개론』책을 보노라면 격세지감이 없지 않다.

『철학개론』교재를 집필한 회원들이나 집필하지 않은 회원들이 교양과목인 철학개론을 강의하면서 대부분 학회 발행의 책을 교재로 사용하기 때문에 자연히 많은 부수가 판매되므로 학회 활동이 활기를 띠게 되어 그해 4월 20일 자로 학회발행의 논문집인『철학연구』창간호가 고고의 소리를 내면서 드디어 선을 보이게 되었다. 이 논문집에 논문을 게재한 교수는 하기락, 한명수(韓明洙), 최일운(崔逸雲), 장만룡(張萬龍), 성낙훈(成樂熏), 소흥렬(蘇興烈), 본인 등 7명으로 46판 144쪽의 책인데 논문 8편(한명수 교수는 2편 게재함)뿐만 아니라 학회 회칙, 임원 및 회원 명단, 약력 등을 소개하고 있다.

하 회장은 이처럼 학회 논문집 창간호를 발행하는 사업을 추진하면서 그해 4월 23일 칸트 서거 제160주년 기념 학술발표회를 부산의 동아대학에서 개최하여 회원들이 활발한 연구발표를 하도록 유도하였다.

그리고 학년 초에 대비하여 급히 서둘러서 『철학개론』 초판을 발행했기 때문에 집필자들의 글이나 논술의 순서 등을 면밀하게 찬찬히 검토할 시간적 여유가 없었다. 그리하여 교수들이 그 책을 교재로 사용하는 가운데 결점이 눈에 띄고, 또 중복된 곳, 삭제할 곳이 있고 보완할 필요가 있었다. 하 회장은 초판이 발행된 뒤 1년간 면밀하게 그 책의 내용을 검토하여 '개정판을 내면서'의 글에서 "초판의 절반 가까이를 개고하였고 편술의 순서를 대폭 수정하였다."고 언급하고 있다. 또한 "개선을 의욕하다 개악이나 되지 않았는지 편집 책임자로서 송구함을 금할 수 없는 바 잘못된 점이 있다면 이는 오로지 편자 단독의 책임임을 여기에 밝혀 두고자 한다."고 언급하고 있다. 결점이 있으면 과감하게 시정하고자 하는 하 회장의 뜻과 인품이 엿보이는 대목이다.

그 당시뿐만 아니라 현재 내가 그 책들을 비교하여 보아도 하 회장은 겸손하게 언급하였으나 실제로 초판의 결점을 시정하여 좋은 개정판을 1965년 3월 1일 자로 간행하였다고 생각한다. 그 예로서 개정판의 '서설'에서는 철학의 어의에 대한 문헌적 고증을 간결하게 몇 행으로 줄여서 지루한 감이 들지 않게 하였으며, 또한 철학의 필요성을 강조하여 '철학과 인간'이란 항을 '서설'에 설정하였으며, 또한 '학으로서의 철학'과 '철학과 타문화 부문과의 관계'가 여러 군데 중복되어서 '철학과 타문화 부문과의 관계'란 항을 '서설'에서 없앤 것은 잘된 일이라 할 수 있다. 하여간 좋은 『철학개론』 개정판을 만들려는 하 회장의 의지에 따라 수준 높은 교재를 만들 수 있었다.

또한 학회 논문집인 『철학연구』 창간호를 발행한 지 1년 뒤의 5월에 계속하여 제2집으로 국판 186쪽의 책을 발행하였는데, 초판과 다른 점은 학문의 국제적 교류에 관심을 가진 하 회장은 집필자 7명 중 독일 철학자 오토 볼노우(O. F. Bollnow)와 프리드리히 퀴멜(Friedrich Kümmel) 등 2명의 논문을 독어 원문으로 게재하고 허재윤 교수의 한국어 번역문까지 친절하게 권미에 실었다. 특히 두 독일 철학자의 글은 우리 한국 철학자들이 관심을 가지고 있는 문제로 제목이 『현대 독일철학의 상황(Aspekte der gegenwärtigen deutschen Philosophie)』과 『시간과 의식(Zeit und Bewußtsein)』 등이어서 매우 시의적절한 논문들이었다. 이 제2집에도 창간호에 이어 나의 논문이 게재되었다.

그리고 1965년 10월 30일(토요일) 대구에서 학회 주최 학술발표회가 오전 10시부터 오후 4시 10분까지 있어서 나는 대구에 아침 일찍 가서 참석하였으며, 그 뒤에 학회 회원 일동이 경주 불국사에 가서 여관에 유숙하였다. 다음 날 오전에 우리는 불국사와 석굴암 등 고적 답사를 하였다.

나는 6·25전쟁 때 여름에는 도보로 서울에서 고향인 음성까지 피난을 갔으며, 겨울의 1·4후퇴 때는 음성에서 부산 동래까지 도보로 피난을 가게 되어 도중 저녁에 불국사 아래의 마을에 도착하여 유숙하게 되었다. 그리고 아침 일찍 피난길에 올라야 했기 때문에 밤에라도 유명한 불국사를 구경하자고 하여 춥고 어두울 때 4~5명의 고향사람들과 불국사를 구경한 일이 있다.

나는 그때 상세히 보지 못한 불국사의 건물이나 탑 등을 하 회장과 대구의 회원들 덕분에 비로소 찬찬히 바라보고 놀라고 감탄하게 되었다. 특히 다보탑을 보고 매란국죽의 사군자를 그처럼 아름답게 조각하여 쌓아 올린 그 절묘한 형태는 과연 우리나라 전래의 걸작 중의 걸작이라 할 만하다고 느꼈다. 함께 구경한 충남대의 이영춘(李永春) 교수도 "다보탑은 돌이 아니라 마치 진흙을 자유자재로 이겨서 만든 것 같다."고 감탄하였다. 나는 새삼 일석 이희승(一石 李熙昇) 선생이 서울대 문리대학가(文理大學歌)에 "슬기의 다보탑을 쌓아 올리자"라는 구절을 넣어 작사한 것을 재학 중 노래 부른 것이 생각났으며, 참으로 다보탑은 신라예술의 극치로서 비상한 슬기·예술적 예지·신비적 직관에 의해서 만들었다는 생각이 들었다.

그리고 그때 나는 처음으로 석굴암을 관람하였는데, 설명하는 스님이 "석굴암은 세계 25개 보물 중의 하나이며 불상은 생동감이 넘치는 것이 특색이다."라고 했다. 내가 석실 중앙의 석가여래좌상을 찬찬히 보니 참으로 대자대비의 정신을 잘 표현한 것을 느낄 수 있었으며, 좌우 돌벽에 화려하고 섬세하게 조각된 보살상 관음상 등은 팔에 심줄까지도 조각되어 지금 막 피가 흐르고 숨쉬고 있는 생동감을 느끼게 하였다. 우리는 석굴암에서 기념 촬영을 하였다.

청소년기에 불국사나 석굴암을 관람하였으면 큰 감동을 받지 못하였을 것이다. 중년에 관람함으로써 더 깊게 즉 하르트만이 말하는 예술작품의 전경(全景, Vordergrund) 뒤의 이른바 배경(背景, Hintergrund)을 볼 수 있어서 이념·정신까지 파악할 수 있게 되었던 것이다. 아마도 고등학생이라면 겉만 슬쩍 보고 가수 현인이 부른 '신라의 달밤' 유행가의 "아~ 신라의 밤이여 불국사의 종소리 들리어 온다 (…) 노래를 불러 보자 신라의 밤 노래를" 가사를 기분 좋게 부르고 몰래 화장실에서 담배를 피우며 불국사 석굴암을 잘 구경하였다고 생각했을지도 모르겠다.

우리 일행은 불국사 석굴암을 관람하고 경주에 가서 오릉·왕릉 발굴 현장·첨성대 등 경주의 명소를 돌아보고 대구로 돌아갈 때 국도를 달리던 대학 버스 운전기사가 차를 멈추더니 "구경 안 하시겠습니까?" 하면서 소리 내어 웃는다. 그동안 경주에서 하 회장이 운전기사에게 지시하여 이리로 가라, 저리로 가라 하시며 여러 곳을 구경할 때는 피동적으로 운전만 하던 기사가 자진해서 차를 멈추고 구경하시라고 하니 일행이 이상히 생각하고 어리둥절하였다. 잠시 두리번거리던 교수들이 알아차리고 좌측의 산골짜기를 보았다. 바로 옥문곡 또는 여근곡으로,『삼국유사』와『삼국사기』의 기록에 의하면 선덕여왕 때 그 골짜기에 백제 장군 우소(于召)가 군사 500명을 이끌고 잠복하고 있는데 신라군이 여왕의 명령으로 급습하여 백제군을 섬멸한 곳이었다. 그 골짜기의 모양새가 묘하여 그러한 이름을 얻게 된 듯하다. 박정옥(朴正玉) 교수가 "옛날 수령들이 이곳을 지날 때 여근곡을 보면 신상에 해로운 일이 생긴다고 하여 부채로 얼굴을 가리고 보지 않고 지나갔다고 한다."는 얘기를 들려준다. 과연 옛날 점잖은 선비들에게 있을 법한 이야기라 하겠다.

(1965년 10월 31일 당시의 사진을 게재한다. 뒷줄 바른편에서 6번째가 하 회장이며 9번째가 필자다. 김기태·문정복·박정옥·이영춘·이종후 교수 등의 모습이 보인다.)

그 시절 학회의 연구발표회를 할 때는 낮에 연구발표를 듣고 헤어지는 것이 아니라 저녁에 여관에 가서 함께 유숙하면서 낮에 발표한 내용에 관해서 토론을 벌였다. 대개 여관에 여장을 풀고 자유 시간을 주면 다방이나 술집에 가고 혹은 여관방에서 편하게 잡담하기 일쑤이기 때문에 하 회장은 모든 회원을 큰 방에 모이게 하여서 직접 사회를 보면서 토론을 진행하였다. 회원들은 피곤하지만 하 회장의 뜻에 따라서 학문에 대한 진지한 태도로 낮에 충분히 논의하지 못한 미진한 부분에 관해서 이야기하여 모두 보람 있는 토론이었다는 감회를 갖게 되었다.

그리고 몇 개의 방에 분산하여 취침하고 다음 날 아침 식사 후에 총회를 하며 하 회장이 학회의 운영 상황과 앞으로의 학회 운영 방향을 설명하고 고적 답사길에 올랐었다. 숙식비와 고적 답사의 경비는 『철학개론』 교재 출판을 맡은 형설출판사 장지익(張志翊) 사장이 부담하고 그 부족분은 주최학교의 교수들이 부담하였다. 연구발표회 때는 장지익 사장이 성의를 다하여 반드시 나타나서 금일봉을 희사하고 또 주최학교의 교수들이 정성껏 회원들을 모시니 친목도 되고 대접받는 회원들은 따뜻한 인정에 고마워하였다. 그리고 모임이 끝나서 모두 해산하면 하 회장은 대구 이외의 지역에서 간 회원들을 남으라고 하여 반드시 식사대접을 별도로 하였다.

그 당시 대구에 소재한 철학과가 있는 대학으로 계명대, 대구대(뒤의 영남대), 경북대 등에서 돌아가면서 연구발표회를 개최하였으니 한번 영남권을 벗어나서 충청권에 있는 충남대에서 연구발표회를 갖자는 의견이 총회에서 나왔다. 나는 동행한 이영춘 교수와 상의한 결과, 대구의 하 회장과 회원들의 분에 넘치는 융성한 대접과 경주의 고적 답사 등 후의에 보답하는 뜻에서 흔쾌히 다음 해 봄에는 충남대에서 학회발표회를 하도록 승낙했다.

그리고 그때의 총회에서 한국칸트학회란 이름을 한국철학연구회로 개칭하도록 하 회장이 제안하여 통과되었다. 한국칸트학회라고 하면 다른 사람들이 칸트만 연구하는 학회로 오해할 우려가 있고 또한 동양철학을 연구하는 교수들이 입회를 주저할 우려가 있어 명칭을 바꾸게 되었다는 하 회장의 의견에 모두 동의하였다. 그러나 한국칸트학회를 창립한 하 회장은 그동안 칸트의 저서 번역에 착수하여 후일(1982년) 『프롤레고메나』를 출판한 바 있다(그리고 학회 명칭을 바꾼 곳을 '해운대'로 현재 대한철학회 『철학연구』지의 부록 휘보에 계속 적고 있으나 그것은 잘못이며 '경주'로 바꾸는 것이 좋겠다).

다음 해인 1966년 5월 21일(토요일) 오후 2시부터 충남대학에서 한국철학연구회 주최 학술발표회를 할 때는 대전이 교통이 편리하여 전보다 많은 인원인 30여 명의 회원이 참석하여 성황을 이루었다. 그리고 대전에서 그 당시 설렁탕으로 이름이 알려진 한밭식당에서 회원들이 저녁 식사를 하고 유성으로 옮겨서 광주여관에 유숙하였다. 그동안 한국철학연구회의 모임에 관심이 없었던 대전의 철학 교수들도 학회의 학술발표회에 참석하여 외지에서 온 회원들과 함께 환담을 나누는 동안 학회의 분위기에 호감을 갖게 되어 유남상, 신동호 교수 등 대전의 교수들이 그 뒤 회원으로 가입하게 되었다.

대전에서 학술발표회를 개최할 당시 대전의 학회 회원은 유정기(柳正基), 이영춘 교수와 필자 등 3명밖에 없었는데 30여 명의 숙식비 등 소요경비는 형설출판사 장지익 사장의 보조금으로 충당하고 초과 경비는 이교수와 내가 부담하였다. 유정기 교수도 부담하겠다고 하셨지만, 이영춘 교수와 상의하여 연로하신 유정기 교수는 부담치 않도록 조치하였다.

하 회장의 지도와 열성에 의해서 대전에 학회발표회를 유치토록 한 다음 순차적으로 그해 가을에는 호남권인 광주의 전남대에서, 그다음 해 봄에는 전주의 전북대에서 학회 발표회를 유치토록 하여 여러 곳의 철학 교수들이 연구하는 분위기를 조성하게 되고 또 회원으로 가입하여 학회의 세가 점차 확산하였다. 나는 광주에서 대구지방의 학술발표회에 열성적으로 자주 참석한 조선대의 김영달 교수와 전남대의 조희영 교수 등 광주지역의 회원들, 그리고 전북대의 교수들이 우리가 광주나 전주에 갔을 때 학회 회원들을 정성껏 후대한 일을 잊을 수 없다.

학회 활동을 활발하게 하기 위한 경비 조달의 방법으로『철학개론』개정판까지 발간토록 한 하 회장은 회원들의 지혜를 모아 더 좋은『철학개론』을 만들어야 하겠다고 하면서 교재기획위원회를 1966년 7월 23일부터 2박 3일로 부산 해운대에서 개최하였다. 나는 그때 충남대의 유남상 교수와 동행하여 대전에서는 비가 오는 가운데 출발하여 해운대 미진장여관에 갔던바 해운대에서는 비가 오지 않고 뜨거웠다.

각자 준비한 철학개론 목차를 제시하면서 상의한 결과 존재의 문제·인식의 문제·인간의 문제·가치의 문제·동양의 지혜와 사유 등 5개 장으로 하는 독특한 좋은 목차로 낙착되었다. 단순히 철학적 용어를 해석하거나 온갖 철학 이론을 설명하는 방법에서 벗어나서 철학적 문제를 생각하는『철학개론』이 되어야 하겠다는 뜻에서 위와 같은 문제 중심의 목차로 하 회장이 최종 결단을 내렸다. 나는 여기서 '제4장 가치의 문제'의 편집 책임자로 지명되어 '인생의 가치'(원고 35매), '도덕'(원고 70매) 등 두 절에 관해서 105매를 집필하도록 배당받았으며, 함께 충남대에서 간 유남상 교수는 그 당시는 연구자가 아주 드물었던 '한국사상과 정신' 부분을 집필하게 되었다.

　우리 교재기획위원들은 더위 속에서 교재의 목차를 상의하는 힘든 일을 오전 중에 하고 오후는 바다로 나가 수영을 하였는데 그 당시는 우리나라 경제 사정상 피서객이 적었다. 특히 기억에 남는 일은 해운대에서 7월 25일 오후 부산 송도 해수욕장으로 일행이 옮긴 때의 일이다. 배를 빌려 선상에서 술과 안주를 들면서 일행이 즐기는데 하 회장과 장지익 사장 등 두 분만 수영복을 입고 수영을 하는 것이었다. 바다는 깊고 푸르며 차가운데 몸이 마른 하 회장은 수영하다 배에 올라 술을 마시고 또 수영하는 일을 되풀이하고, 몸이 아주 뚱뚱한 작은 체구의 장 사장은 술을 마신 몸으로 수영을 계속하니 일행은 두 분의 정력에 감탄하였다. 술을 마시고 수영하는 일은 위험한 일이기에 모두 놀라고 두 분의 기운이 대단하다고 느꼈다.

　우리 학회는 하 회장의 배려로 미리 여름에 모임을 갖고 준비한 관계로 다음 해인 1967년 3월 1일 수준 높은 『신고(新稿) 철학개론』 교재를 발행할 수 있었으며, 또한 비록 더운 때의 모임으로 피곤하였지만 한편 즐거운 피서 여행을 한 일을 나는 잊을 수 없다.

　그리고 하 회장은 1967년 가을에는 부산대에서, 1968년 6월 8일(토요일)에는 계명대학에서 학회 학술발표회를 개최하였다. 계명대에서는 '3대 종교의 인간관'을 주제로 발표하고 해인사에 가서 밤에는 한단석(韓端錫) 교수가 '최한기'에 대한 연구발표를 하고 다음 날 아침에는 전날 발표한 인간관에 관한 토론을 하였다. 그때 나는 처음으로 유명 사찰인 해인사를 관람할 수 있었다.

　그리고 그해 11월 2일(토요일)에는 부산의 동아대학에서 학회 학술발표회를 개최하여 충청 이남 지역의 각 지방에서 골고루 학술발표회를 함으로써 철학연구 분위기를 고조시키고 또 학회의 회원을 증가시켰다.

　동아대학에서는 당일 오전 10시 30분부터 넓은 강당에 많은 학생과 교수가 자리를 메운 가운데 하 회장이 '근대의 정신과 현대철학의 향방'에 관해서 강연하셨고, 이어서 11시 20분부터 40분간 내가 '현행 형법 상훈법 등에 나타난 한국인의 가치관'에 관해서 연구발표를 하였다. 내가 발표한 것은 동아일보사 발행의 『신동아』 종합지의 그 해 11월

호에 원고 약 60매를 게재한 내용으로 동아대학의 법학과 교수들도 관심이 있어서 발표장에 나왔었다고 한다.

발표회가 끝나자 그날 오후에 버스로 양산 통도사에 가서 절을 관람하고 영산여관에서 회원 18명이 숙박하였는데 밤에 전남대 안진오(安晋吾) 교수가 노자의 도에 관해서 연구발표를 하였으며, 그때 노장철학을 깊이 연구한 충남대 신동호(申東浩) 교수가 우리가 미처 알지 못한 노자 사상을 잘 설명해준 일이 기억난다. 다음 날 아침 7시 30분부터 학회 총회를 하고 일행이 택시로 범어사에 가서 절을 관람하기도 하였다.

하 박사가 학회장(學會長)으로서 마지막 학술발표회를 주재한 곳은 1969년 5월 24일(토요일) 대전대학에서이다(학회 휘보에는 일자가 기록되지 않고 또 '於 忠南大'라고 기재되어 있으나 일자는 '24일'이고 '大田大'이다). 대전대학 신인현(申麟鉉) 교수가 학회 유치에 힘써 주었으며 대전대학 당국이 보조하여 주어서 고마웠다. 당일 오후 2시부터 개회된 바 대전의 회원들과 타지에서 온 회원들이 서로 모르는 분이 있어 하 회장의 지시로 내가 회원들을 일일이 소개하였다. 그리고 김종호(金宗鎬) 교수가 '최근 독일 철학계 동향'을, 유남상 교수가 '계룡산 종교 연구'를 발표하고 그 뒤에 내가 환등기(slide projector)로 '계룡산 종교 실태' 사진을 보여 주고 설명하였다. 그 뒤 26명의 회원이 버스로 동학사에 갔으며 그중 21명이 유숙하였다.

다음 날 아침 9시부터의 정기총회에서 창립 이후 5년 6개월간 학회를 이끌어왔던 초대 회장인 하 박사가 굳이 회장직을 사임하고 직접 전남대학 이을호(李乙浩) 교수를 차기 회장으로 추천하여 선출토록 하였다. 총회 뒤에 하 박사는 등산을 좋아하시기에 몇명의 회원들과 함께 동학사에서 갑사로 넘어가는 계룡산 등산길에 올랐다.

하 박사가 대한철학회의 전신인 한국칸트학회와 한국철학연구회의 발전에 공헌한 공적은 참으로 크다고 아니할 수 없다. 여러 지방을 순회하면서 학술발표회를 개최하여 교수들이 활발한 철학연구 활동을 할 수 있도록 하였으며, 또한 회원들이 많아져서 큰 학회가 되도록 하였고, 그리고 주말을 택해서 1박 2일에 걸쳐서 학회를 개최하여 충분히 토론도 하고 고적 답사도 했기 때문에 회원 간의 친목이 돈독히 되고 서로 정이 들어 친숙하게 되고 유대가 강화되었으며 참석하고 싶은 학회모임이 되게 하였다.

그리고 학술지인 『철학연구』를 하 회장이 5년 반 동안 회장직을 수행하면서 1년에 두 번이나 발행하기도 하여서 8집까지 발행하였으며 현재 국내 철학회 가운데 최대 발행

회수인 64집까지 발행하게 하는 기초를 다졌다. 또한 현재 대한철학회가 사단법인 설립 허가를 받는 데까지 발전한 것은 초대 회장인 하 박사가 튼튼한 기초를 다진 데 힘입은 바 크다 할 것이다.

2.

나는 하 박사에게 대학에서 직접 배우지는 않았지만 1963년 이후 그분의 학회 운영 상황·연구발표·논문·저서 등을 통해서 많은 것을 배웠고, 개인적으로 학문적 지도를 받았고, 또한 그분의 훌륭한 성품에 많은 감명을 받았다. 내가 1975년 봄 부지런히 하르트만의 이념적 존재와 가치에 관하여 공부하면서 철학박사 학위 청구논문을 작성할 때 몇 차례 대전 역전의 '오미정' 식당에서 하 박사를 모시고 하르트만의 사상에 관해서 질문을 드린 일이 있다. 그때 참으로 명쾌하게 하 박사는 하르트만 사상의 핵심을 설명하여 주어서 나는 그 자리에서 그 중요한 부분을 적어서 논문 작성에 반영하기도 하였다. 나는 술을 마시지 못하지만 몇 차례 대접하는 가운데 하 박사께는 정종 반 되와 불고기 3 인분으로 대접을 하면 아주 알맞은 분량임을 알았으며 맛있게 드시는 하 박사와 즐겁고 귀중한 대화를 통해서 나는 학문과 인생을 많이 배웠다.

그때 하 박사께서는 어려운 시기였던 것으로 기억된다. 국회의원 선거에 입후보하였다가 낙선하여 대구에서 바로 학계에 복귀하기 어렵던 터에 하 박사의 일본 와세다대학 후배인 청주대학 오응종(吳應鍾) 교수와 대전대학 김은용(金銀用) 교수가 힘써서 청주대와 대전대의 주야간 강의를 많이 맡으시도록 주선하여 주로 하 박사는 청주와 대전에서 활동하셨다. 나에게는 자주 뵐 수 있는 좋은 기회였으나 그때 대구의 후배 교수들이나 제자들은 도와드리지 못하여 죄송스럽게 생각하였을 것이다.

내가 학위 논문을 준비할 때 하르트만의 독어 원서 3권을 하 박사가 직접 대구에서 가져다주시거나 하 박사의 영식인 경북대학 하영석 교수가 우편으로 보내 주어 부자분의 호의에 지금까지 감사하고 있다. 특히 내가 그해 7월 4일(금요일) 충남대학 대학원에서 학위 청구논문을 공개 구두 발표하고 주심 최재희(崔載喜)·부심 김태길(金泰吉)·하기락·김병우(金炳宇)·이정복(李貞馥) 위원 등 5명으로부터 심사를 받을 때 7월 24일 종심을 하기까지 논문작성자인 나에게 하르트만을 전공한 하 박사와 함께 논문을 다듬어 오라는 심사위원들의 초심결정에 따라 하 박사에게 너무나 큰 수고를 끼친 데 대해서 죄송하고도 고마운 감회를 평생 잊을 수 없다.

초심이 끝난 그날 서울에 가서 다음날인 토요일 오후 대전에 다시 오신 하 박사를 내가 유성의 광주여관에 안내하여 유숙하시도록 하였다. 그런데 그 익일인 일요일 아침 7시 30분 하 박사로부터 참고 서적과 학위 청구논문을 가지고 곧 유성의 광주여관으로 오라는 전화가 왔다. 급히 택시로 그곳에 가서 오전 8시부터 나의 논문을 검토 수정하는 작업을 하였다. 하 박사는 나의 논문의 첫머리부터 읽어내려 가면서 콤마나 점 하나하나를 소홀히 하지 않을 뿐만 아니라 문맥이 통하는가를 검토하고 잘못된 부분을 지적하였으며, 때로는 나와 의견이 다를 때는 토론을 하면서 논문 수정작업을 하였다. 그때 수정한 한 예를 들자면 내가 '플라톤이 말하였다.'고 과거형으로 적은 것을 하 박사는 현재완료형으로 하여 '플라톤이 말하고 있다.'로 고치라고 하시며, 그 이유는 플라톤의 사상이 과거에 끝난 것이 아니라 소멸되지 않고 현재까지 그 뜻이 살아서 남아 있기 때문이라고 했다.

나는 움직이지 않고 하 박사와 함께 꼬박 앉아서 수정작업을 하다가 12시가 가까워져서 "하 박사님, 점심은 불고기로 할까요?" 하고 내가 여쭈면 "그것 좋지." 하고 대답하신다. 점심을 마치면 담배 한 대를 피우시고 "시작할까?" 하면서 작업을 계속한다. 움직이지 않고 꼬박 앉아서 작업을 하다가 저녁 식사 때가 다가오면 "하 박사님, 점심을 불고기로 하였으니 저녁 식사는 백숙으로 할까요?" 하면 "그것 좋지." 하고 대답하신다. 저녁 식사를 마치면 담배 한 대를 피우시고 곧 "시작할까?" 하면서 작업을 계속한다. 내가 일부러 담배 피우시는 시간을 측정하였더니 5분이었다. 즉 식사가 끝나면 5분밖에 쉬지 않고 작업을 계속하셨다.

당년 49세의 보다 젊은 나에게는 지루하고 피곤한 작업이었는데 64세의 하 박사는 조금도 지루한 기색이 없었다. 그날 오후 9시 15분까지 논문 수정작업을 하였는데 나는 그날 크게 깨달은 바 있다. 그날 계속 13시간 15분에 걸쳐 일을 하였지만 학자로서 공부하려면 하 박사를 본받아서 하루에 13시간 아니 18시간이라도 꼬박 앉아서 참을성 있게 공부하여야 하겠다는 생각을 갖게 되었다.

그 뒤에 내가 대구의 하 박사 댁을 방문하여 미진한 수정작업을 완료하였다. 그때는 하 박사가 상배(喪配)하시어 외롭게 사시다가 젊고 곱고 고상한 새 영부인을 맞이하여 살고 계셨는데 늦게 얻은 어린 막내 따님을 업어주고 돌보며 화목하게 사시고 계셨다. 나는 영부인이 정성껏 마련한 저녁 식사와 아침 식사 대접을 받았었다.

그 뒤 7월 24일 서울의 한평여관 등에서 나는 장시간 최종 논문심사를 받았다. 그때 하 박사의 후배이며 서로 친숙한 사이인 주심 최재희 교수가 "하 박사님도 함께 논문 교정을 보시라고 하였는데 어떻게 이렇게 되었습니까?" 라고 농반진반으로 논문의 잘못된 부분을 지적하니 선배인 하 박사도 대답을 못하고 나는 미안할 따름이었다. 김태길·김병우·이정복 교수 등 심사위원들이 나의 논문의 시정할 점을 지적하여 줄 때는 내심 '내 생각이 옳은데' 하고 생각하면서 그분들의 지적사항을 기록하여 집에 와서 곰곰이 검토하여 보니 과연 그분들의 견해가 옳았다고 하여 수정하였으며 고마운 생각이 들었다. 학위 청구논문의 통과가 결정되자 주심 최재희 교수는 '이제 박사학위를 받게 되었으니 집에 들어갈 때는 큰 기침을 하라'는 농담까지 하셨다.

통과된 논문을 인쇄할 때 하 박사는 다시 나에게 전보를 보내서 수정할 곳을 지적하는 성의를 보이셨다. 그리고 9월 30일 오후 3시부터 학위 수여식이 충남대학에서 있을 때 하 박사는 대구에서 대전까지 오셔서 축하하여 주셨으며, 나는 그때 노모를 모시고 가형집에 가서 부친의 사진을 모시고 학위기를 보여드리고 잔을 드리는 행사를 하고 또 다른 모임이 있어서 바빴었는데 마침 유남상·신동호 교수가 고맙게도 하 박사를 모시고 나가서 저녁 대접을 하여서 좋았다.

하 박사는 간혹 김두헌(金斗憲) 박사를 만나면 하르트만을 전공하는 동학이라 하여 김 박사를 좋아하였다고 한다. 하 박사도 나를 만나면 항상 같은 전공자라 하여 반기고 좋아하셨다. 내가 하르트만 윤리학을 좋아하게 된 것은 대학 재학 중 윤리학 전공이신 김두헌 박사에게서 하르트만 강의를 들었을 때부터이며, 나는 김 박사의 설강 과목을 많이 수강하였다. 한번은 김두헌 박사가 나에게 편지를 보내며 "민 군아, 수강할 때 필기한 노트를 모두 보내 주게. 나는 6·25사변으로 강의 원본을 모두 잃어버렸네." 라고 하셨다. 나도 사변으로 수강한 노트를 모두 분실하여 보내드리지 못하였다. 김 박사는 끝내 하르트만에 관한 훌륭한 강의 내용을 출판하지 못하였으며 이것은 국내의 하르트만 연구에 유감된 일이라 하겠다.

내가 충남대학에서 지도하는 송근섭(宋根燮) 박사과정생이 마침 『니콜라이 하르트만의 윤리적 가치에 관한 연구』로 철학박사 학위 청구논문을 91년에 제출하여서, 나는 하 박사를 주심으로 모시고 논문심사를 하는 기회를 마련할 수 있어서 기뻤다. 우리나라에서 하르트만 연구의 대가이며 대선배가 직접 심사함으로써 논문제출자가 바르게 그리고 더 많이 배울 수 있어 하 박사를 모신 것이다. 몇 차례 심사하는 가운데 논문이 잘 통과되고 모처럼 그분을 뵙고 환담할 수 있어서 기뻤다.

나는 하 박사가 인격이 고매하고 철학 연구로 놀라운 업적을 올리고 계셔서 크게 존경하고 있으나, 그분의 정치, 경제, 사회사상이라고 할 무정부주의에 관해서는 앞으로 논의의 여지가 많다고 생각한다. 1987년 6월 27일(토요일) 대한철학회 회장인 최준성 교수가 춘계학술발표회를 충남대에 유치하여 개최하고, 회원들이 저녁 식사 후 대덕연구단지를 구경하고 동학산장에 가서 총회를 하고 술과 음료수 등을 들면서 좌담할 때의 일이다.

하 박사는 '부부지간은 서로 상대방을 돌보고 돕는다. 부모는 자식에 대하여 이익을 따지지 않고 희생적으로 돌보고 돕는다. 대가를 바라고 부모가 자식을 돌보는 것이 아니다. 부부지간이나 부모자식 간처럼 사회도 서로 돌보고 도우며 화목해야 한다. 그러한 사회를 만들고자 하는 것이 무정부주의이다.' 라는 요지의 말씀을 하셨다.

나와 영남대학 채수한(蔡洙翰, 그날 학회 회장으로 당선됨) 교수는 함께 옆에서 하 박사의 이야기를 들으며 묵묵부답으로 가만히 듣고만 있었다. 나와 채수한 교수가 선뜻 하 박사의 그 사상에 동조하지 않았던 이유는 80대인 하 박사 다음 연령층인 70대 사람들은 일정시대부터 무정부주의는 공산주의보다 더한 이상적 사회를 갈망하는 급진적인 위험 사상이라고 교육받아 왔고, 또 정부나 사회에서 좋은 눈초리로 무정부주의를 보지 않았기 때문이었다. 나는 하 박사가 다 좋으신데 그 무정부주의라는 급진사상만은 나의 뜻에 맞지 않는다고 생각하였다.

국내 104명의 학자들이 집필한 1963년 학원사 발행 『철학대사전』(하 박사와 나도 몇 개항을 집필하였음) '무정부주의'항(325쪽)에서, 디오게네스·제논·노자·장자·에머슨·스펜서·니체·훔볼트 등도 하나의 희망적인 이상으로서 무정부주의의 경향이 있다고 지목된 바가 있는데, 하 박사가 급진적으로 무정부주의를 실현하려는 뜻이 아니라 모든 형태의 권위나 강제를 반대하여 단순히 개인의 자유와 상호 간의 연대를 강조한 앞서의 철학자들의 사상과 같았는가에 관해서 후학 등이 앞으로 연구하기를 기대한다.

3.

내가 하 박사를 마지막으로 뵌 것은 1996년 10월 5일(토요일) 변산반도 소재의 원광대학 임해수련원에서이다. 체구도 크고 도량도 넓고 학회 일에 열성적인 원광대학 김도종(金道宗) 교수가 대한철학회 가을 학술발표회를 주선하고 철학전공의 원광대학 송천은(宋天恩) 총장의 후의로 그곳에서 학회가 개최된 바, 학술발표회 뒤에 계명대학 백승균(白承均) 교수와 부산대학 박선목(朴先穆) 교수의 회갑 축하 모임이 있을 때 하 박사가 백승균 교수의 회갑 축사를 하셨다. 그런데 하 박사의 모습이 전과 달리 무척 쇠약해 보였으며, 또한 축사도 몇 마디 아주 간단히 하셨다. 아마도 축사를 길게 할 기력조차 없으신 게 아닌가 싶었다. 그리고 바로 떠나셔서 인사만 드리고 대화는 나누지 못했다.

뒤에 들은 이야기이지만 하 박사는 몸이 쇠약해짐에 따라 당신이 누우실 자리를 잡으셨다고 하며, 10월 5일 변산에서의 모임부터 약 4개월 뒤인 1997년 2월 3일(음력 12월 26일) 향년 86세(음력으로 85세)에 별세하셨다. 내가 하 박사의 생전에 혹 연세를 질문하면 '북한의 김씨와 동갑'이라고 말씀하셨다. 북한의 김일성과 같은 해 출생으로 1912년 임자년 쥐띠이신 하 박사는 음력으로 쥐해에 별세하신 것이다.

우리는 이 생에서 85년의 짧지 않은 긴 세월을 보람 있고 뜻있게 살다 가신 허유 하기락 박사에게서 배워야 할 장점을 많이 발견한다.

① 하 박사는 하루에 계속 13시간 넘게 앉아서 논문 교정을 보신 일을 위에서 언급하였지만, 하루에 그 이상의 시간을 앉아서 학문연구와 저작 활동, 번역작업을 하셨기에 평생에 놀랄 만한 훌륭한 많은 저서, 논문, 번역서를 내놓으셨다. 그분 자신도 스스로 국내 철학계에서 드물게 많은 저서, 역서를 내놓은 일을 인정하여 "나만큼 많은 저서와 역서를 내놓은 학자가 있는가?" 라고 묻는 형식으로 이야기를 하신 일이 있다. 하루에 원고지 50매씩 독어를 우리말로 번역하기에 방학이 지나면 책 한 권씩 하르트만의 번역서가 나왔다고 한다.

제대로 학문을 하기 위해서는 하루에 13시간 아니 18시간이라도 계속 앉아서 연구에 몰두해야 한다는 것을 나는 하 박사에게서 배웠다. 내가 학위를 취득하고 그 뒤에 참을

성 있게 의자에 종일 앉아서 연구를 계속하여 저서 『윤리학의 제문제』나 논문 몇 편을 쓸 수 있었던 것은 하 박사의 학문에 정진하는 정신을 배워서 크게 영향을 받았기 때문이다. 그러나 어찌 하 박사와 같이 그 많은 작품을 내놓을 수가 있는가?

② 하 박사는 천품을 타고 나서 체구가 그다지 크지 않으시면서 씨름판에서 우승하여 황소도 상으로 받으셨다고 들었지만, 실로 남이 따를 수 없는 절륜의 정력가이시다. 하 박사는 그 체력을 절제하면서 그것을 연구 활동에 쏟은 것이다.

또한 하 박사는 소극적으로 절제하는 데 그치지 않고 적극적으로 체력단련을 하여 강철같은 단단한 몸을 유지하였다. 즉, 평생 등산에 힘쓰셨다. 나는 일찍이 하 박사가 동아대학 강신석(姜信碩) 교수와 친숙한 사이로 지리산 등 등산을 함께 하신다고 들은 바가 있다. 강 교수는 동경미술학교 출신의 화가로(나의 당숙모의 사촌 동생임) 비사회적이어서 세상에 알려지지는 않았으나 총무처 상훈국 기공과장일 때 우리나라 훈장 도안도 한 바 있는 명화가로 남해와 지리산의 경치에 흠뻑 반하여 자주 남해의 다도해를 돌고 지리산을 오르내리며 그림의 소재를 찾았다고 하며 나도 그분과 친숙하여 '마산 앞바다에 배가 떠 있는 야경'의 그림을 한 폭 받은 바 있다. 하 박사가 친한 사이의 강 교수와 함께 한동안 자주 등산하는 것이 부러웠다. 그러나 강 교수가 미국 뉴욕에 가서 작품 활동을 하는 관계로 두 분이 그다지 오랜 세월을 함께 등산하지는 않았다.

선배와 은사를 잘 모시고 윤리학을 전공하는 교수답게 몸소 도덕적 생활을 하는 부산대학 박선목 교수는 하 박사를 모시고 가끔 등산했다고 듣고 있다. 하 박사의 학문 연구의 정력은 등산으로 축적한 것이 큰 몫을 하였을 것이다.

원래 하 박사는 해발 1,338미터의 높은 기백산(箕白山) 밑 산골에서 태어나서 16세(1927년)까지 안의공립보통학교를 다닌 분으로 어릴 때부터 큰 산에 오르고 큰 산 밑에서 자랐기 때문에 등산을 좋아하게 되셨는지 모르겠다. 나는 우연히 1994년 10월 23일 충남대학 교직원 산악회원들과 함께 경남 거창군 위천면과 함양군 안의면에 걸쳐 우뚝 솟은 기백산을 오른 일이 있다. 그때 계절이 가을이고 날씨가 무척 쾌청하여 전망이 좋았으며, 정상에서 멀리 가야산·덕유산·지리산이 보였다. 기백산에서 돌아올 때 경상남도에서 큰 재를 넘어 전라북도로 넘어오게 되는데 그 재의 이름이 육십령 고개이다. 옛날 고갯마루에 도적들이 많아서 사람들이 10명, 20명이 지나가면 위험하여 60명이 모여야만 떼를 지어 고개를 넘었다 하여 육십령이라는 이름을 얻게 되었다고 한다. 그 고갯

마루에 있는 식당의 돼지고기 맛이 일품이라 하여 먹어 보았다. 나는 하 박사의 고향에 있는 기백산에 오르고 또 그 기백산에서 멀지 않은 거리에 있는 육십령 고개를 넘으면서 하 박사를 생각했다.

하 박사가 등산으로 강한 체력단련을 하시는 것을 배워서 나도 1990년 3월부터 매월 한 번씩 충남대학 요산회 회원들과 함께 등산을 한다. 튼튼한 몸이 아니면 어떻게 고된 학구생활을 할 수 있겠는가?

③ 하 박사가 남을 도와주고 남에게 베풀고 학회 발전을 위하여 헌신적으로 봉사하는 일은 우리가 마땅히 본받아야 할 훌륭한 것이다. 남과 다투고 쟁투를 좋아하고 자기의 이익을 추구하는 일은 소인이 하는 일이며 크게 배운 사람이 할 일이 아니다.

하 박사는 후배 후학의 서투른 글을 부지런히 교정하여 학회 회장으로서 몇 번 『철학개론』 교재를 출판하였으며 사업적 수완을 발휘하여 학술발표회나 학회지 발행을 거르지 않고 하였다. 또 학회모임이 지루하고 짜증스러운 모임이 되지 않도록 하기 위해 연구발표가 끝나면 유명 사찰이나 고적을 관람하게 하여 즐거운 여행이 되도록 하였다.

또한 하 박사 자신은 음식을 가리지 않고 들고 식성이 좋은 분이지만, 고달픈 정신노동으로 과로하기 쉬운 교수들을 생각해 모임 때는 언제나 비교적 양질의 음식을 제공하여 피로를 회복하고 즐거운 분위기를 만들도록 하였다. 학회를 활성화하여 교수들이 즐거운 마음으로 원근 각지에서 모여서 활발한 발표와 토론을 하도록 하였다.

그리고 '남에게는 춘풍(봄바람)같이 대하고 자신에게는 추상(가을 서리)같이 대하라.'는 말과 같이 하 박사는 스스로 몸가짐을 바르고 엄격하게 하면서, 타인에 대해서는 부드럽고 너그러우며 또한 사랑으로 보살폈다. 나는 30여 년간 하 박사가 고성으로 남을 질타하거나 크게 화를 낸 일을 본 일이 없다. 또한 허튼 말을 하거나 실례가 되는 일을 하는 것을 본 일이 없다.

④ 우리는 하 박사의 학구정신, 선비정신을 본받아야 한다고 생각한다. 교수의 봉급만으로는 결코 부하게 살 수 없는 현재의 실정에서 개인적으로 검소하게 생활하면서 현세에 영합하지 않고 지조를 지켰으며 학문을 좋아하고 진리 탐구와 진리 실천에 힘쓴일은 참으로 우리 학계뿐만 아니라 우리 사회의 귀감이 된다고 할 것이다.

그리고 하르트만 연구를 깊이 하면서 독일에 가서 하르트만의 아들을 만나고 하르트만의 묘소까지 방문한 일은 학문적 열정을 갖지 않고서는 하기 힘든 일이다.

⑤ 하 박사는 일정시대에 일본 와세다대학 재학 중 겨레의 생존과 조국의 광복을 위하여 항일 학생운동을 전개하여 일본 경찰에 체포되어 6개월간 수감된 바 있다. 해방 후에는 자신의 재산을 희사하여 고향에 안의고등학교를 설립하고 법인 이사장으로서 인재 양성에 힘써서 지역사회에 보람 있는 일을 하셨다.

또한 가정적으로는 한국철학자의 대표라 할 한국철학회장을 역임한 성실하고 학문이 깊은 장남 영석(永晳) 교수(경북대학 철학과)를 위시하여 8남 2녀를 훌륭하게 교육시켜서 사회의 유용한 인재로 기르고 한 점 부끄럽지 않은 삶을 살아가도록 하셨으니 모범으로 제가를 잘하신 것이다. 이것은 하 박사가 고매한 인격 소유자로서 자녀들에게 인격적 감화를 주고 큰 영향을 주어서 자연히 그러한 인재로 성장하게 한 것이다.

정성스럽고 진실하게 즉 성실한 삶으로 또한 평생 착하고 어질고 바르게 사시고, 근면한 가운데 뚜렷한 업적을 남기고, 가정을 잘 다스리고, 학자로서 또는 학회장으로서 학계에 크게 공헌하고, 또한 일정시대에는 애국 항일 학생운동을 벌이고, 81세의 고령으로 별세하기 4년 여 전의 말년인 1992년 12월에는 대저 『조선철학사』를 집필 발간하고, 또한 일찍이 안의고등학교를 설립하는 등 국가 사회에도 보람 있고 뜻있는 일을 한 하 박사의 빛나는 행적은 길이 우리 후학들에게 깊은 감동을 주게 될 것이다.

매화같이 엄동설한 어려운 여건에서 일찍이 고운 꽃 피게 하고, 풍란화(風蘭花) 매운 향내로 주위 사람들을 기쁘고 상쾌하게 하며, 가을 서리 맞은 뒤에 백, 황, 홍, 자색의 국화같이 꽃과 향기로 사람들을 화합하게 하고, 푸르고 늠름한 대나무같이 고상한 기상으로 주위를 훈도(薰陶)한 허유 하기락 박사의 인품과 업적은 길이 빛을 발할 것이다.

제2부

허유 하기락의 사상

제4장 니콜라이 하르트만의 존재론에서 범주체계의 문제

하기락(경북대)

1. 서언

니콜라이 하르트만(N. Hartmann)에서 존재론(存在論)의 형성 과정을 우리는 1. 비판철학의 시기(1909~1920), 2. 존재론 체계 준비기(1921~1934), 3. 존재론 체계 발전기(1935~1950) 등의 3기로 구분한 바 있었다.[1]

존재론에 관한 하르트만의 주저 *Zur Grundlegung der Ontologie*(1935), *Möglichkeit und Wirklichkeit*(1938), *Der Aufbau der realen Welt*(1940), *Philosophie der Natur*(1950) 등의 발표는 제3의 존재론 체계 발전기에 속한다.

하르트만은 *Zur Grundlegung der Ontologie*에서 존재론을 "존재자(存在者)로서의 존재자(Seiendes als Seiendes)"에 관한 학(學)이라 규정하고 Dasein, Sosein, Realität, Idealität 등 네 가지 기본개념을 중심으로 광범위한 현상 분석을 하고 있다. 이것은 대체로 존재론에의 터 닦기요, 예비적 연구다. 다음으로 *Möglichkeit und Wirklichkeit*에서는 본질가능성(本質可能性)과 실재가능성(實在可能性), 본질필연성(本質必然性)과 실재필연성(實在必然性)에 관한 존재자 일반의 양상분석(樣相分析)이 주제로 되고 있다. 존재자 일반을 실제적(real) 영역과 이념적(ideal) 영역으로 구분했던 *Grundlegung*에 있어서의 잠정적 예비적 조치는 여기에서 비로소 그 정당성의 변증(辯證)을 얻는다. 그리고 이것이 충분히 확증되고 나서야 하르트만은 실재세계의 구조에 관한 문제로 들어간다.

---

[1] 하기락, 「Hartmann에 있어서의 Ontologie의 形成過程」, 慶北大學校論文集 第5輯, 1962, 406-418쪽.

그렇게 하지 않고서는 실재세계를 말할 때의 그 실재적이란 의미 자체가 극히 애매한 것이기 때문이다.

그런데 실재세계의 구조는 범주의 체계에 의하여 파악된다. 범주체계의 구축과 이것에 의한 실재세계의 파악은 하르트만으로 하여금 존재론의 전(全) 연구 과정을 추진케한 정열의 원천이라 해도 과언은 아닐 것이다. *Der Aufbau der realen Welt*에서 하르트만은 실재세계 전체의 뼈대(framework)를 짜고자 한다. 이것은 기본적 제 범주에 관한 연구로서, 그의 이른바 보편적 범주론(allgemeine Kategorienlehre)을 형성한다. 그리고 *Philosophie der Natur*는 자연의 영역에서 특수적 제 범주에 관한 연구로서, 정신의 영역에서 특수적 제 범주에 관한 연구와 함께, 그의 이른바 특수적 범주론(spezielle Kategorienlehre)을 이루는 것이다. 특수적 범주론은 말하자면 실재세계의 내부 시공이라 해도 좋을 것이다.

본 논문은 상기 4부작에서 전개된 하르트만의 범주체계의 윤곽을 부각시켜 그 특성을 밝혀 보고자 하는데 하나의 목표를 두고 있다. 범주체계의 구축과 이것에 의한 실재세계의 파악은 실로 하르트만의 존재론에서 중심 과제라 하겠다. 그런데 이 과제를 수행하기 위하여 하르트만은 *Grundlegung*과 *Möglichkeit und Wirklichkeit*에 걸쳐서 광범위하고 치밀한 예비적 작업 과정을 밟고 있으며 범주의 체계도 또한 *Der Aufbau der realen Welt*와 *Philosophie der Natur*에 걸쳐서 방대무쌍(尨大無双)한 규모를 갖고 있다. 이와 같은 체계의 전모를 간결히 소묘하여 그 특성을 부각시킨다는 것은 하나의 모험일는지 모른다. 그것은 신중하고도 면밀히 구축된 방대한 체계에서 그 중요한 여러 요인과 그것들의 상호연관성이 소홀히 되거나 혹은 탈락됨으로서 결국 한 폭(輻)의 희화(戱畵)를 그리고 말 위험조차 없지 않기 때문이다. 하지만 이 위험을 무릅쓰고 우리는 이를 시도하려고 한다. 복잡한 형상일수록 그 특성은 상세도에서보다 오히려 약도에서 더욱 뚜렷이 부각될 수 있는 것이기 때문이다.

우리는 이 과제를 수행함에 있어서 먼저, 하르트만에서 존재론의 문제는 어떻게 설정되고 있는가, 또 그 연구 과정에 적용된 방법은 어떤 것인가를 고찰하지 않으면 안 될 것이다. 출발점에 있어서 문제설정의 방식과 연구 과정에 적용된 방법론은 다 같이 문제의 해결과 본질적인 연관성을 갖고 있기 때문이다. 이 문제를 고찰하면서 우리는 현대철학에서 다른 한 사람의 존재론의 시험자 하이데거(Heidegger)와 비교해 봄으로써 하르트만 존재론의 특성을 밝히려고 한다.

문제설정과 방법론에 대한 고찰이 끝난 뒤에 우리는 하르트만 존재론의 내용 검토로 들어가겠다. 여기서는 주로 존재론과 범주론과의 관계가 하르트만에서 어떻게 다루어지고 있는가에 초점을 두고 그 내용을 살펴보기로 한다. 이 문제를 고찰하면서 우리는 벌써 그의 범주체계의 영역 안으로 깊숙이 들어가 거기에 몇 개의 굵직한 선(線)을 발견할 것이다.

위와 같은 몇 가지 문제들이 해명됨으로써 비로소 그의 범주체계의 전모와 이것에 의한 실재세계의 상이 선명한 각광(脚光)을 받게 되는 것이다. 이리하여 하르트만의 범주체계에 대한 간결한 소묘와 이에 대한 평가는 우리의 고찰의 최종 장을 이룰 것이다.

2. 문제설정과 방법론

하르트만은 철학의 역사에서 존재 문제의 연면(連綿)한 계보를 따져 헤겔-볼프-라이프니츠-수아레스-오컴, 둔스 스코투스, 토마스-안셀무스, 아벨라르드(Hegel-Wolf-Leibniz-Suarez-Occam, Duns Scotus, Thomas-Anselmus, Abälard) 등을 거쳐서 아리스토텔레스(Aristoteles)의 형이상학에까지 소급한다. 하르트만은 거기에서 마침내 존재론의 문제설정에 대한 하나의 고전적 공식을 발견한다. 즉 아리스토텔레스가 그의 이른바 제일철학(prōte philosophia)을 ov η ov의 학(學)이라 정의한 데서 본을 따서 하르트만도 존재론을 존재자로서의 존재자(Seiendes als Seiendes)의 학이라고 정의한다(*Zur Grundlegung der Ontologie,* Vorwort).

그럴 적에 하르트만은 존재자(ov, ens, Seiendes)란 개념을 존재(εἰναι, esse, Sein)란 개념과 엄격히 구별할 것을 요구한다. 이 두 가지 개념은 참(眞)과 참된 것이 서로 다르고, 미(美)와 아름다운 것이 서로 다르고, 현실(現實)과 현실적인 것이 서로 다르듯이, 서로 판이하게 다르다는 것이다. 참된 것에 여러 가지가 있고, 아름다운 것에도 또한 여러 가지가 있으나, 이 여러 가지의 참된 것들로 하여금 참되게 하는 참됨은 하나이고, 이 여러 가지의 아름다운 것들로 하여금 아름다운 것으로 되게 하는 아름다움은 하나이다. 현실과 현실적인 것과의 관계도 마찬가지다. 현실적인 것은 다양하고 다수다. 그러나 그 다양다수(多樣多數)의 현실적인 것들로 하여금 현실적인 것으로 되게 하는 현실성은 동일한 것이다. 마찬가지로 존재자는 다양하고 다수다. 그러나 그 다양다수의 존재자로 하여금 존재자로 되게 하는 존재는 동일하다는 것이다(*ibid.*, Kap. I, p.41).

하르트만에 의하면, 이 두 가지 개념은 이처럼 엄연히 구별되어야 할 것임에도 불구하고 종래에 양자가 늘 혼동되어왔다. 고대에 ov과 εἰναι라는 용어의 구별이 없었던 바아니지만, 그 엄밀한 존재론적 개념의 구별은 일찍이 한 번도 시도된 적이 없었으며, 그 결과 존재론은 문제의 설정조차 여태껏 제대로 되지를 못하고 있는 형편이라는 것이다. 그러므로 하르트만은 다음과 같이 주장한다.

"Man muß sich die Verwechslung des einen mit dem anderen abgewöhnen. Das ist erste Bedingung alles weiteren Eindringens"(*ibid.*).

하르트만에 의하며, 존재론의 근본 문제는 "존재자"의 문제가 아니라 "존재"의 문제이다. 그렇다고 한다면, 어찌하여 존재론을 "존재자로서의 존재자"의 학이라고 정의하는가? "존재자로서의 존재자"의 학이라는 이 고전적 문제설정의 공식은 다음과 같은 이유로 존재론의 출발점에서 사정에 적합한 것이라고 한다. 즉 우리가 "존재자로서의 존재자"를 문제로 삼을 적에, 거기에 문제로 되고 있는 상대는 물론 "존재"가 아니라 "존재자"이다. 그러나 이 경우, 존재자는 일체의 특수적 내용을 초월하여 다만 그것이 존재자인 한에 있어서만, 따라서 가장 보편적인 의미에 있어서 문제로 되고 있는 고로, 이 물음은 곧 존재자를 넘어가서, 말하자면 존재자 일반을 우회하여 간접으로, 모든 존재자에 공통한 존재에 대한 물음으로 된다는 것이다. 그러므로 "존재자로서의 존재자"의 문제는 그대로 "존재"의 문제로 봐서 무방한 것이다. 더욱이 우리가 존재자를 제쳐놓고 직접 존재에로 뛰어들 수 없다고 하는 우리의 인식 절차상의 제약을 생각한다면, 이 우회의 통로는 불가피하기조차 한 것이다. 우리는 다만 그럴 적에 존재자와 존재와의 구별을 놓치지 않도록 주의하지 않으면 안 될 것이다. 하르트만에 의하면, 실체니, 절대자니, 신이니 하는 이름 아래 모든 존재자의 다양성의 배후에 하나의 통일적 존재자를 구하였던 전통적 형이상학은 결국 이 구별을 간과하고 있었던 것이다. 그들은 다양한 존재자의 배후에 존재자 일반에 공통한 동일의 "존재"를 구하지 않고 하나의 다른 존재자를 갖다 놓고 있었던 것이다(*ibid.*).

이와 같은 존재 문제의 형식상 규정에 있어서 하르트만은 우리 시대의 다른 한 사람의 존재론자 하이데거와 의견을 같이하고 있다. 이 점에 관하여 하이데거는 다음과 같이 말한다.

> Das Gefragte der auszuarbeitenden Frage ist das Sein, das, was Seiendes
> als Seiendes bestimmt, das, woraufhin Seiendes, mag es wie immer erörtert
> werden, je schon verstanden ist. Das Sein des Seienden "ist" nicht selbst ein
> Seiendes(*Sein und Zeit*, Kap. I, p.6).

존재자와 존재와의 구별을 요구하는 점에 있어서도 양자의 의견은 일치된다.

> "Sein" ist nicht so etwas wie Seiendes(*ibid.*, p.4). Seiendes als Seiendes
> nicht durch Rückführung auf ein anderes Seiendes in seiner Herkunft
> zu bestimmen, gleich als hätte Sein den Charakter eines möglichen
> Seienden(*ibid.*, p.6).

위의 인용에서 우리는, 존재론의 문제설정을 형식상 "존재자로서의 존재자"의 문제라고 규정하는 점에 있어서나, 존재자의 존재 규정으로서 존재자 일반의 배후에 어떤 존재자를 갖다 놓아선 안 된다고 보는 점에 있어서, 하르트만과 하이데거가 의견을 동일시하고 있다는 것을 알 수 있다.

그러나 이 형식적 규정을 내용적으로 실현함에 있어서 양자는 출발점에서부터 서로 길을 달리하고 있다. 하르트만에 의하면, 하이데거는 "존재자로서의 존재자"의 문제를 "존재의 의미"의 문제로 바꿔 놓았다는 것이다(*Grundlegung*, Kap. 2, p.43). 사실 하이데거는 다음과 같이 말하고 있다.

> Alle Ontologie, mag sie über ein noch so reiches und festverklammertes
> Kategoriensystem verfügen, bleibt im Grunde blind und eine Verkehrung

ihrer eigensten Absicht, wenn sie nicht zuvor den Sinn von Sein zureichend geklärt und diese Klärung als ihre Fundamentalaufgabe begriffen hat(*Sein und Zeit*, Kap. I, p.11)

하이데거는 존재의 의미에 대한 설명이 존재론의 기본과제라고 보고, 그의 주저 "존재와 시간(*Sein und Zeit*)"에서 이 과제에 대하여 모든 정력을 경주하였다. 하이데거는 이 과제를 해결하기 위한 착수점(着手點)을 현존재(Dasein)에 취하고, 그것을 인간의 현존재에 국한한다. 인간의 현존(現存)은 일체의 존재에 우월하여, 자기를 그 존재에 있어서 해득(解得)하고 있는 존재자인 때문이라는 것이다.

Seinsverständnis ist selbst eine Seinsbestimmtheit des Daseins. Die ontische Auszeichnung des Daseins liegt darin, daß es ontologisch ist(*ibid.*, p.12)

인간의 현존은 존재 규정으로서 존재 해득을 갖고 있으며, 이 점에 그 존재적 우월성이 있다는 것이다. 이리하여 하이데거는 인간의 현존에 대한 실존론적 분석에서 존재의 의미를 찾으려고 한다.

Daher muß die Fundamentalontologie, aus der alle andern erst entspringen können, in der existenzialen Analytik des Daseins gesucht werden(*ibid.*, p.13).

이른바 기초존재론(Fundamentalontologie)은 물론 존재의 의미의 해명을 주제로 하는 것으로, 이는 현존재의 실존분석에 구하여지며, 이것이 해명되고서야 비로소 존재자 일반에 대한 여타 존재론이 성립할 수 있다는 것이다. 이리하여 하이데거의 존재론은 실존주의적 색채를 농후하게 띠게 된다.

하르트만에 의하면, 하이데거는 착수점부터 잘못 잡고 있다는 것이다. 하이데거는 존재론의 착수점을 현존재에 취하고, 더욱이 그것을 인간의 현존재에 국한함으로써 "존재자로서의 존재자"의 문제를 처음부터 폐기하고 말았다고 하르트만은 논란(論難)한다. 거기서는 일체의 존재자가 처음부터 인간에 의존시켜지고 있다. 존재자는 다만 나에게 대하여만 존립하고, 나에게 주어지고, 나에게 해득된다는 것을 의미할 뿐이다. 그래서 존재자는 인간의 자아에 의존케 된다. 내가 그 속에 살고 있는 이 세계는 각자의 나의 것(je meinige)인 것으로 되고, 진리(眞理)도 또한 각자의 나의 것(je meinige)인 것으로 되고 만다. 이와 같은 하이데거의 오류의 소종래(所從來)를 하르트만은 다음과 같이 지적한다.

> Die eigentliche Verfehlung im Ansatz dürfte überhaupt darin liegen, daß Sein und Seinsverstehen einander viel zu sehr genähert, Sein und Seinsgegebenheit nahezu verwechselt sind(*Grundlegung*, Kap. 2, p.44).

하르트만에 의하면, 하이데거에서 존재와 존재소여(存在所與)가 혼동된 결과 그의 실존분석에 나타나는 그 후의 모든 규정은 본질적으로 소여요인(所與要因)에 불과하고 그 분석은 결국 소여분석(所與分析)에 불과하다. 하르트만도 존재론이 소여(所與)의 분석에서 출발하지 않을 수 없다는 것을 인정한다. 그러나 소여의 분석에서 존재자 자체의 존재 규정을 엄밀히 도출하지 않으면 안 될 것이며, 더욱이 소여의 지반을 인간의 현존에 국한해서는 안 될 것으로 본다. 하르트만과 하이데거가 존재자의 형식상의 문제설정을 같이 하면서도 그 해결책에 있어서 제1보에서부터 현격한 차이를 가져오게 되는 데는 양자의 방법론의 차이가 깊은 연관성을 갖고 있을 것이다. 우리는 다음에 하르트만의 방법론을 고찰하면서 하이데거의 그것과 대조하여 보기로한다.

우리는 하르트만의 저서의 여기저기서 방법에 관한 그의 단편적 의견을 들을 수 있다. 그리고 그의 저술 전반을 개관할 때, 거기에 어떤 방법상의 원칙과 같은 것이 적용되고 있는 것을 발견한다. 이 원칙은

1. 부분(部分)에서 전체(全體)에로(혹은 주변에서 핵심에로)!
2. 소여(所與)에서 원리(原理)에로!

라는 두 가지 지침으로 압축된다.

하르트만은 그의 제3의 존재론 체계 전개기에 앞서서 약 15년간의 준비기간을 두고 있는데, 이 시기에 그는 *Grundzüge einer Metaphysik der Erkenntnis*(1921), *Ethik*(1925), *Kategoriale Gesetze*(1926), *Über die Stellung der ästhetischen Werte im Reich der Werte überhaupt*(1926), *Das Problem der Realitätsgegebenheit*(1931), *Das Problem des geistigen Seins*(1933) 등을 발표하고 있다. 로베르트 하이쓰(Robert Heiß)에 의하면, 1950년에 발표된 *Philosophie der Natur*의 초고도 벌써 1927~1931년 간에 작성되고 있었다는 것을 하르트만 자신이 언명하였다고 한다.[2] 하르트만은 여기에 인식문제, 윤리문제, 범주문제, 미학적 가치의 문제, 실재소여성의 문제, 정신적 존재의 문제, 자연철학의 문제 등 실로 다양한 여러 부분적 영역을 다루고 있다. 각 부분 전개에 대한 이와 같은 연구는 1935년의 *Zur Grundlegung der Ontologie*를 위시하여 전개된 그의 존재론의 전 체계에 대한 신중하고 면밀한 준비이었던 것이다. 여기에 우리는 부분에서 전체에로! 혹은 주변에서 핵심에로! 라는 그의 연구 과정을 지배한 하나의 지침을 발견한다. 하르트만은 이 점에 관하여 다음과 같이 말하고 있다.

> Es liegt im Wesen eines Hauptwerkes, daß es einem anderen Entwicklungsgesetz unterliegt als die Behandlung peripherer Teilgebiete; es erlangt seine Spruchreife später, weil das Feld des Gegebenen, auf dem seine Ausgänge liegen, sich über die Teilgebiete hin erstreckt, und alle philosophische Erfahrung erst auf diesen gesammelt wird. Es bestätigt sich darin das Gesetz des Aristoteles, daß der Weg alles Erkennens vom für uns Fruheren zum an sich Früheren und Fundamentaleren fortschreitet(*Grundlegung*, Vorwort).

그런데 das für uns Frühere는 das an sich Spätere이다. 우리에 대하여 먼저 주어지는 것은 그 자체에 있어서는 나중인 것, 제2차적인 것, 비본질적인 것이다. 하르트만은 아리스토텔레스에 의하여 설정된 이 고전적 공식을 엄격히 지킬 것을 다짐하고 있

---

2) Robert Heiß, *Nicolai Hartmann. Der Denker und sein Werk*, 1952. p. 23.

다. 인식순서를 결정하는 ratio cognoscendi는 존재자의 의존관계를 결정하는 ratio essendi와 대체로 정반대로 되어 있다. 존재근거에서 보면, 원리는 제1차적이고 소여는 제2차적이다. 그러므로 도리어 인식의 순서로 보면, 소여는 먼저고 원리는 나중이다. 하르트만에 의하며, 우리는 원리에서 출발하여 원리를 추구할 수는 없다. 원리란 것은 그것에까지 우리가 탐적(探跡)하지 않으면 안 될 대상이다. 그리고 원리에의 탐적은 제2차적인 것, 의존적인 것, 주어진 것, 즉 원리 아래에 있으면서 원리를 내포하고 있는 것에서 출발함으로써만 가능하다고 본다. 하르트만은 여기에서 다음과 같은 결론을 엄밀히 도출한다.

> Die Ontologie, gerade sofern sie der Sache nach philosophia prima sein muß, ihrer Durchführung und Arbeitsweise nach nur philosophia ultima sein kann(*ibid.*, Einleitung 19).

이 관계는 비단 철학 영역의 내부에 국한될 것이 아니다. 그것은 철학과 다른 학문과의 관계에 대하여도 또한 타당하다. 즉 기초철학으로서의 존재론은 철학의 각 부분 영역에 대한 탐구뿐 아니라 다른 학문 분야의 모든 탐구를 전제로 하지 않으면 안 될 것으로 본다. 하르트만은 계속하여 다음과 같이 말하고 있다.

> Die Ontologie kann nur so erneuert werden, daß alle Forschungsarbeit der anderen Wissensgebiete in ihr Vorausgesetzt wird. Sie muß von den einstweiligen Resultaten dieser Arbeit als von einem Gesamtbefunde ausgehen, sie zugrunde legen und dann die Frage nach den Seinsfundamenten erheben, die ihnen allen gemeinsam sind(*ibid.*).

위에서 고찰한 것은 하르트만의 연구 과정 전반에 적용되고 있는 방법상의 원칙에 관한 것이다. 그런데 방법 문제를 주제로 하여 그 자신 자기의 방법을 일괄적으로 소개한 자료로서는 다음과 같은 것을 들 수 있다.

1. Zur Methode der Philosophiegeschichte(1909)

2. Systematische Methode(1912)

3. Methodologische Folgerungen(*Der Aufbau der realen Welt*, Dritter Teil, V
   Abschnitt)(1940)

4. Zur Methodenlehre der Kategorialanalyse(*Philosophie der Natur*, Einleitung
   19)(1950)

여기에 다음과 같은 몇 가지 점이 우리의 주목을 끌고 있다. 첫째로, 방법 문제를 주제로 다룬 시기가 그의 저작 활동의 초기와 말기에 속한다는 점이다. 하르트만이 저작 활동을 개시한 최초기(最初期)의 몇 년은 방법론 자체가 거의 그의 관심을 독점하다시피 되고 있다. 이것은 아마도 그가 아직 마르부르크(Marburg)의 학풍에 젖어 당시의 인식론적 내지 방법론적 풍조에 휩쓸려 있었다는 것을 말하여 주는 것이라고 하겠다. 이에 반하여 *Der Aufbau der realen Welt*의 최종장(最終章)에서 다루어진 Methodologische Folgerungen은 그의 보편적 범주론을 전개한 후에 그 작업 과정을 반성한 데서 나온 결론이고, *Philosophie der Natur*의 서론에서 다루어진 Zur Methodenlehre der Kategorialanalyse는 자연에 관한 특수적 범주론에 들어가기에 앞서 전자에서 아마 확립된 방법론을 다시 한 번 요약한 것이다. 즉 초기의 방법론은 작업의 진행에 앞서서 예비적으로 방법부터 검토한 것이고, 후기의 방법론은 작업을 종료한 뒤에 그 작업 과정을 반성하고 재검토한 데서 얻어진 것이라는 차이가 인정된다.

그럼에도 불구하고, 전후 양기(兩期)의 방법론이, 마르부르크의 학풍에 의하여 짙은 영향을 입고 있었던 초기와 이것을 벗어나 독자적인 존재론의 체계를 전개한 후기에, 세부에 있어서의 약간의 논조의 변화 같은 것을 잠간(暫間) 도외시한다면, 그 근본 견해와 대체(大體)의 이론구조에 있어서 놀랄 만큼 서로 부합되고 있다는 점이 다시 크게 주목될 만하다.

하르트만은 자기의 방법은 종래의 단순한 방법들 중 어느 유형에도 맞지 않는다고 말하고 있다(*Grundlegung*, Vorwort). 그렇다고 해서 무슨 신기한 방법을 창안한 것도 아닐 것이다. 그는 철학에서 종래에 유효한 방법으로 인정되어온 것들을 검토하여 그것들이 어떻게 서로 연관성을 갖고 있는가를 구명하는 데서 하나의 방법 체계를 모색하였다. 이리하여 그는 "체계적 방법(Systematische Methode)"에서 1. 기술적 방법(diskriptive Methode), 2. 선험적 방법(transzendentale Methode), 3. 변증법적 방법(dialektische Methode) 등 세 가지 방법의 통일적 방법 체계를 제시한다.

하르트만에 의하면, 모든 연구의 제1의 수속(手續)은 기술(記述)에 있다. 먼저 일정한 문제 방향이 적시되게끔 대상을 정확하게 기술하여 그 제약(制約)에로의 배진(背進)이 가능케 하여야 한다. 이 작업은 소여(所與) 혹은 현상(現象)의 지반에서 진행된다. 그것은 말하자면 현상학적 방법이다. 그러나 현상의 기술은 기술 자체를 위해서 있는 것이 아니라 원리를 도출하기 위한 수단에 불과하다. 그리고 원리를 도출하는 수속이 곧 선험적 방법이다.

> Transzendentale Methode ist dann dasjenige Verfahren, nach welchenr man, von der Wirklichkeit des Gegenstandes ausgehend die Bedingungen seiner Möglichkeiterschliβt(*Systematische Methode, Hartmanns Kleinere Schriften* Ⅲ, p.26).

선험적이란 무엇을 말하는가? 대상의 가능성의 제약이란 의미에서 원리가 선험적인 것이다.

> Transzendental ist eben ein Prinzip; sofern es die Bedingung der Möglichkeit von etwas Wirklichem ist(*ibid.*).

그런 의미에서 선험적 방법은 반드시 칸트의 철학에서만 취해질 것이 아니라 모든 철학적 사유의 영원하고 불가피한 요소라고 한다(*ibid.*). 그러나 우리는 모든 원리를 한꺼번에 찾아낼 수는 없다. 그것은 처음에 개별로 발견될 수밖에 없다. 이것은 우리의 인식가능상의 제약이다. 처음에 발견되는 개개의 원리는 불가불(不可不) 가설(Hypothesis)의 성격을 띠지 않을 수 없다(*ibid.*). 그러나 원리 자체가 개개로 고립하여 있는 것은 아니다(*ibid.*). 그것들은 서로 원리의 체계를 이루어 있다(*ibid.*). 이리하여 변증법적 방법은 원리 상호의 관계를 구명하는 방법이다.

Dann aber muβes eine Methode geben. die es mit diesen Beziehungen der Prinzipien untereinander zu hat, die sie vermittelt und womöglich begründet(*ibid.*).

변증법은 원리 상호 간의 수평관계의 구명에 성립하는 고로 원리의 영역 내에서만 움직인다.

Eine Methode, die aus ihrer Sphäre gar nicht heraustritt, rein im a priori verweilt, von ihm ausgeht und wiederum in es einmietet, die ihm immanenten Grundbeziehungen ermittelnd(*ibid.*).

그러므로 변증법은 원리 상호 간의 수평관계에 있어서 성립한다고 말하여진다. 이에 비하면 선험적 방법은 대상과 원리 간의 수직관계에 있다고 표현된다. 따라서 기술적 방법과 변증법적 방법은 서로 직접적인 접촉이 없다. 그러므로 양자를 매개하는 중심위치를 취하는 것이 선험적 방법이라 말하여진다(*ibid.*, p.25). 이리하여 기술적 방법, 선험적 방법, 변증법적 방법은 하르트만에서 하나의 불가분의 방법 체계를 이룬다.

*Der Aufbau der realen Welt*의 방법론에서도 위와 같은 방법의 조직이 역설되고 있다. 그런데 여기서는 선험적 방법이란 용어 대신에 분석적 방법(analytische Methode)이란 용어가 사용되고 있다. 칸트학파의 후예라는 인상을 꺼리는 데서인지도 모른다. 하르트만은 여기서 기술법, 분석법, 변증법 등 세 방법의 관계를 다음과 같이 설명한다.

Das lneinandergreifen von AnaJysis und Dialektik bildet offenbar ein Gefüge der Methoden, in welchem die hetcrogenen Arbeitsweisen von Schritt zu Schritt einander begleiten und berichtigen. Ja, es ist streng genommen ein Gefüge dreier Methoden; denn auch die Deskription spielt mit hinein, sofern ihr Fortschreiten immer Wieder neuen Rückschluβ ermöglicht. In diesem Gefüge nimmt die analytische Methode die verbindende Mitte ein, denn Dialektik und Diskription berühren sich nicht unmittelbar. Wohl aber arbeiten sie parallel. Hat die Deskription einen neuen Rückschluß ermöglicht, so ist das von diesem Erschlossene sogleich Basis neuer dialektischer Zusammenschau; hat aber Dialektik zu neuen Kategorien hingeführt, so unterliegen diese wiederum der Kontrolle durch Übereinstimmung mit dem diskriptiv erfaßten Concretum(*Aufbau*, Kap. 64, p.596).

여기까지는 대체로 초기의 방법론과 일치한다. 그러나 후기의 방법론에서는 이 외에 계층적 관점의 방법(Methode der Schichtenperspektiv)[3]이 새로이 추가된다. 하르트만은 실재세계를 물리적 물질층, 유기체적 생명층, 심리적 의식층, 정신층 등의 성층구조에 있어서 파악하는데, 그럴 적에 단일층 내부의 제 범주의 연관성을 밝히는 방법이 변증법이고, 상층의 제 범주와 하층의 제 범주와의 관계를 구명하는 방법을 층투시(層透視)의 방법이라 한다.

앞에서도 이미 지적하였거니와, 하르트만의 방법론은 존재론의 체계 전개 이전과 이후에, 약간의 세부적 논조의 변화와 범주체계 전개 후에 새로 추가된 요소를 제외하고는, 그 근본 견해에 있어서나 대체적 이론구조에 있어 놀랄 만큼 부합되고 있다. 하르트만은 그의 연구의 출발점에서 예비적으로 설정한 방법론을 실제의 연구 과정에 적용함에 있어서 별반(別般)의 차질을 일으키는 일이 없이, 일단 설정된 목표를 향하여 일직선으로 전진한, 그야말로 행운의 연구자이었다고 말해도 좋을 것 같다.

여기서 우리가 하르트만의 방법론에 관하여 한 가지 더 고찰하여 두고자 하는 문제는 연구 출발점에서 선취한 방법론과 연구 수행 후에 반성한 방법론과의 이와 같은 일치의 비밀은 어디에 숨어 있을까 하는 것이다. 이에 대한 해답은, 작업 중의 방법과 방법의식(方法意識)과의 관계에 대한 하르트만 자신의 설명에서 얻어질 것으로 생각된다. 그는 다음과 같이 말한다.

Die arbeitende Methode geht voran, das Methodenbewußtsein folgt nach. Begleitendes Methodenbewußsein gibt es wohl auch im Bahnbrechen

---

3) N. Hartmann, *Aufbau*, Kap. 65., pp.605-609; *Philosophie der Natur*, Einleitung 19, pp.40-41.

selbst, aber nur ein unvollständiges; eigentliche Methodogie ist Epigonenarbeit(*Aufbau*, Kap. 62, p.577).

작업하는 방법이 선행하고 방법의식은 어디까지나 이에 후속하는 부차적 활동이라는 것이다. 그런데 방법의 인식을 위해서는 먼저 방법의 경험이 요구되고, 방법의 경험은 작업 중의 방법에 있어서만 얻어지는 것인데, 다른 편으로 또 작업하는 방법은 어느 정도의 방법의식 없이는 착수가 안 될 것이고 보면, 이것은 일종의 순환론이 아니겠는가? 이렇게 하르트만은 반문하여 본다(*ibid.*, Kap. 62, p.578). 이 의문은 문제의식과 방법의식과의 관계에서 설명된다. 문제의식에 대하여 하르트만은 다음과 같이 말한다.

Das Problembewuβtsein erweist sich so als die Form des Sachbewuβtseins, in der die Methode zum voraus diskutierbar wird, ohne doch eigentliches Methodenbewuβtsein vorauszusetzen. Oder auch in umgekehrter Wendung: es ist vorgreifendes Methodenbewuβtsein in der Form des Sachbewuβtseins(*ibid.*, Kap. 62, p.580).

문제의식은 사태의식(事態意識)의 형식으로 선취된 방법의식이라는 것이다. 문제의식은 물론 방법에 대한 변명은 아니라고 하지만 적어도 방법을 발견하는 데 대한 토대를 제공하는 것이라고 본다. 연구 출발점과 연구 후 수행에 성립하는 방법론이 서로 일치하는 데 대한 설명이 여기에 가능케 된다. 즉 전자는 선취된 방법의식으로서 실은 하나의 문제의식에 불과하였던 바, 이것은 연구 수행에의 길을 발견할 하나의 토대를 제공하는 것으로서 연구의 출발점에 있어서 의식되고 있어 무방할 것이고, 이 길을 추진한 후에 반성한 방법론과 그것이 일치한다고 하더라도 조금도 이상할 것은 없는 것이다.

다음에 우리는 하르트만의 방법론을 하이데거의 방법론과 대조하여 보기로 하자. 존재론의 과제를 "존재자로서의 존재자"의 "존재"의 구명에 두는 점에서 양자는 문제설정의 형식을 같이 하고 있으나, 이 과제를 해결함에 있어서 하이데거는 "존재자로서의 존재자"의 문제를 인간의 "현존"에서 착수함으로써 존재 문제를 의미 문제로 변질시켜 놓았다는 것이 하르트만의 비난이었다. 그리고 양자의 길이 이와 같이 달라진 것은 그들의 방법론의 차이에 깊은 연관성이 있을 것으로 추측되었다. 이제 우리는 이 점을 검토하여 보자.

하르트만은, 앞에서도 이미 말한 바와 같이 그의 존재론의 체계를 전개함에 있어서 기술적(현상학적) 방법, 분석적(선험적) 방법, 변증법적 방법 등 종래의 철학에서 이미 시험된 세 가지 방법에다 그의 독자적 층투시의 방법을 추가하여 하나의 통일적 방법 체계를 종합적으로 구사한다. 그런데 하이데거는 현상학적 방법을 그의 존재론의 유일한 방법으로 삼고 있다. 존재론과 방법론과의 관계에 대하여 하이데거가 논급한 바를 추려 보면 다음과 같다.

Phänomenologie ist die Zugangsart zu dem und die ausweisende Bestimmungsart dessen, was Thema der Ontologie werden soll. Ontologie ist nur als Phänomenologie möglich(*Sein und Zeit*, p.35).

Sachhaltig genommen ist die Phänomenologie die Wissenschaft vom Sein des Seienden-Ontologie(*ibid.*, p.37).

Fundamentalontologie, die das ontologisch-ontisch ausgezeichnete Seiende zum Thema hat, das Dasein. so zwar, daß sie sich vor das Kardinalproblem, die Frage nach dem Sinn von Sein überhaupt bringt(*ibid.*).

Phänomenologie des Daseins ist Hermeneutik(*ibid.*).

Die Hermeneutik als Auslegung des Seins des Daseins erhält einen primären Sinn einer Analytik der Existenzialität der Existenz(*ibid.*).

위의 인용문들은 요컨대, 존재론은 현상학으로서만 가능하다는 것, 존재론의 주제는 인간의 현존이라는 것, 현존의 현상학은 결국 해석학이라는 것, 현존의 해석에서 존재 일반의 의미가 해명된다는 것, 현존의 해석학은 실존분석에 성립한다는 것 등을 주장하고 있다. 이리하여 하이데거는 다음과 같이 단정한다.

> Ontologie und Phänomenologie sind nicht zwei verschiedene Disziplinen neben anderen zur Philosophie gehörigen. Die beiden Titel charakterisieren die Philosophie selbst nach Gegenstand und Behandlungsart. Philosophie ist universale phänomenologische Ontologie ausgehend von der Hermeneutik des Daseins, die als Analytik der Existenz das Ende des Leitfadens alles philosophischen Fragens dort festgemacht hat, woraus es entspringt und wohin es zurückschlägt(*ibid.*, p.38).

하이데거는 현상(Phänomen)의 의미를 das Sich-an-ihm-selbst-zeigen이라 한다 (*Sein und Zeit*, p.31). 그러므로 현상학(Phänomenologie)의 형식적 의미는 Das was sich zeigt, so wie es sich von ihm selbst her zeigt, von ihm selbst her sehen lassen(αποφαινεσθαι τα φαινομενα)이라고 규정된다(*ibid.*, p.34). 그는 『존재와 시간(*Sein und Zeit*)』을 후설(E. Husserl)에게 헌정하면서, 자기의 연구는 후설이 그의 『논리 연구 (*Logischen Untersuchungen*)』에서 개척한 현상학의 지반에서만 가능케 된 것이라 말하고 있다(*ibid.*, p.38). 상술한 바로써, 우리는 현상학에 대한 하이데거의 태도를 대체로 알 만하다.

앞에서 우리는 하르트만과 하이데거가 문제설정이 형식을 같이 하면서도 문제의 해결에 있어 전연 길을 달리하여 양자의 학설체계(學說體系)에 현격한 차이를 가져온 것은 결국 방법론의 차이에 기인하는 것으로 추단(推斷)한 바 있었거니와, 방법론의 차이는 다시 현상학에 대한 양자의 태도 및 평가의 차이로 압축되며, 양자가 출발점에서 취하는 문제지반이 전연 달라지는 것도 또한 이에 연관성이 있을 것으로 보인다.

하르트만은 하이데거처럼 현상학을 철학의 유일한 방법으로 보지를 않고 다만 하나의 예비적 방법으로서 종합적 방법 체계 속에 편입시켜져야 할 방법 요소라고 본다. 하르트만에 의하면, 구체자(具體者)를 가능케 하는 제약으로서 구체자 속에 포함되어 있는 존재 원리가 범주이다. 그러므로 범주는 구체자에서 그 원리에로 역추리하는 데서 도출된다. 이 역추리 수속을 그는 분석적(선험적) 방법이라 한다. 그런데 이 역추리를 위해서는 사전에 여건이 충분히 정비되어 있어야 한다. 구체자는 물론 여러 가지 방식으로 우리에게 주어진다. 그러나 주어지는 그대로가 곧 분석의 출발점으로 취하여질 수는 없다. 우리는 먼저 이 소여를 정확하게 기술하지 않으면 안 되는 것이다. 이리하여 소여를 확정하는 예비적 수속으로서 기술적 방법이 요구되는 것이다. 그런데 소여는 곧 현상이다. 그러므로 기술적 방법은 현상학적 방법이라고 불리어지기도 한다.

그러나 하르트만은 소위 "현상학"의 공과(功過)에 대해서는 비판적이다. 소여란 본래 무엇이냐에 대하여 의견이 구구할 뿐더러 숱한 철학 체계들의 과오가 대개 소여의 그릇된 선택에 기인하며, 또 기술(記述)의 수단으로 사용되는 일상용어의 개념들이 매우 애매한 탓으로, 소여의 정확한 기술이란 이 과업은 극히 중요하면서도 반면 몹시 곤란하다는 것을 하르트만은 인정한다. 이런 점에서 "현상학"이 "Zur Sache selbst" 혹은 "Zurück zu den Sachen"이란 모토 아래 개념 형성 이전의 시원의식(始源意識)의 영역으로 돌아가 현상 자체에 충실코자 하는 의도를 충분히 이해할 만하다고 본다. 뿐만 아니라 일정한 과학의 성과에서만 출발점을 취하는 입장과는 달라서, "소여를 그 풍부성과 다양성에 있어서 파악되게끔 만든" 점에 현상학자들의 적극적 공헌을 인정하기도 한다(*Aufbau.*, Kap. 63, pp.589-590). 그러나 그들은 반사적으로 과학적 지식을 전연 배제하고 과학 이전의 소박한 의식만을 취하는 다른 극단으로 흐르고 있다고 한다. 이리하여 "현상학자들의 과학 비판은 어느 사이엔지 과학 적대시로 첨예화하고, 마침내는 과학 무지로 이행한다"는 것이다(*ibid.*). 현상학자들의 이와 같은 태도에는 처음부터 다음과 같은 두 가지 오류가 서로 연관하여 있다고 본다.

Erstens beschränkte sich die Methode zu unrecht auf Bewußtseins- und Aktphänomene; sie schloß sich damit von der gerade im unreflektierten Weltbewußtsein allein betonten und ontologisch relevanten Seite des Phänomenbereichs, der Gegenstandsseite, ab. Alle Versuche, mit ihr zum Seinsproblem vorzustoßen, sind darum gleich bei den ersten Schriften gescheitert.

Zweitens aber verkannte die Phänomenologie ihre natürliche Rolle als vorbereitende Methode und warf sich zum Inbegriff alles philosphischen

Vorgehens auf(*ibid.*).

요컨대, 현상학자들은 의식 측면의 작용 현상에만 편중하는 결과, 원초적 현상 영역에서의 대상 측면을 경시하고 있으며, 따라서 그들에 있어서는 전체 현상이 왜곡되고 있다는 것이다. 그러므로 이러한 방법을 갖고 존재 문제에 대처하려고 하는 모든 시도는 제일보에서부터 좌절하기 마련이라고 한다. 순수한 과학적 인식과 마찬가지로 순전히 소박한 의식이란 것도 역시, 기술에 앞서서 벌써 선택하고 있는 것이니, 여기서는 견실한 현상 기술의 지반을 얻을 수 없다고 본다. 하르트만은 소박한 의식과 과학적 인식과의 정(正)히 중간에 현상 기술의 지반을 구(求)하여 다음과 같이 말하고 있다.

> Wasals beschreibbares Phänomen diesseits aller konstruktiven Verbiegung wirklich vorliegt, gehört vielmehr gerade einem gewissen mittleren Niveau zwischen naiver und wissenschaftlicher Erkenntnis an. Dieses Niveau ist weder einheitlich nochfestumrissen, es liegt auch nicht geschichtlich fest; es wandelt sich entsprechend dem Wissens- und Bildungsstande von Volkem und Zeiten(*ibid.*, p.591).

이런 견지에서 하르트만은 역사를 통해서 과학의 진보와 철학적 경험을 다 같이 현상지반에 산입하려고 한다.

> Sie(primäre Gegenstandsphänomene) sind keineswegs in der Ebene der Wahrnehmung allein gegeben, sondern die ganzen Errungenschaften der positiven Wissenschaft gehören mit zu ihrem Inhalt. Ja, die ganze Jahrhunderte alte Geschichte der menschlichen Erkenntniserfahrung muß mit zu ihrem Bestande gerechnet werden. Denn ein sog. "naives" Bewußtsein, das diesseits aller Wissenschaft stünde, ist für den heutigen Menschen eine bloße Rekonstruktion(*Philosophie der Natur,* Einleitung 19, p.39).

과학에 대한 이와 같은 태도는 하르트만에서 그의 철학의 방법을 지배하는 하나의 근본적 원칙으로 되어 있다. 이 점에 관하여 그는 다음과 같이 말하고 있다.

Das philosophische Wissen geht nicht den Weg der Ableitung von den Fundamenten zu den Einzelheiten, sondern den der Erfahrung und des Rückschlusses von den Tatsachen zu den Grundlagen(*Aufbau*, Einleitung 1.)

Die philosophie beginnt nicht mit sich selbst; sie setzt das in Jahrhunderten angesammelte Wissen und die methodische Erfahrung aller Wissenschaften voraus, nicht weniger aber auch die zweischneidigen Erfahrungen der philosophischen Systeme(*Aufbau*, Vorwort).

여기서 우리가 특히 유의할 점은 과학에 대한 하르트만의 깊은 관심이다. 그는 과학과의 부단(不斷)의 접촉 내지 유대를 유지하면서, 거기서 현상 분석의 지반을 얻고, 거기서 자기의 철학의 출발점을 취하려고 한다.

Und so allein kann die Philosophie mit dem Pathos der Erfahrung in lebendiger Fühlung bleiben(*Aufbau*, Einleitung 1).

실증적 제 과학과 철학의 역사는 끊임없이 확장되는 소여의 영역(das immer weiter sich ausbreitende Feld der Gegebenheit)을 제공한다는 것이다(*ibid.*).

논리학의 지반에서 도출된 칸트의 범주표가 하나의 완결된 체계를 이루고 있는 데 비하여 하르트만의 범주체계는 하나의 개방적 구조를 갖고 있는 바, 이는 부단히 분화(分化), 심화(深化), 확대되는 실증과학의 각 분야와 항상 긴밀한 접촉을 유지하면서 그 성과를 저반(底盤)으로 하고 그 위에 자기의 체계를 구축하려고 하는 그의 근본 태도에서 설명될 것이다. 그리고 하이데거의 철학이 인간의 현존에 착수점을 취하여 현존의 해석학-실존의 분석론의 방향으로 출구 없는 일방로(一方路)에 함입(陷入)하고 있는 것과도 좋은 대조를 이루고 있다.

하이데거는 인간 현존의 존재 규정으로서의 실존주(實存疇, Existenzialen)를 비현존적 존재자의 존재 규정으로서의 범주(Kategorie)와 엄밀히 구별할 것을 요구한다(*Sein und Zeit*, p.44). 그의 의도는 물론, 인간 현존의 실존론적 분석론으로 하여금 모든 존재론에 대한 기본적 존재론이 되게 하고, 현존의 실존주를 통하여 비현존적 존재의 범주에 빛을 먼저 주려고 하는 데 있다고 하겠다. 이런 관점에서, 하이데거는 인간 현존의 존재 구조 속에다 처음부터 세계(Welt)라는 대상 측면을 그 한 계기(契機)로서 포함시키고 있는 것이다. 그렇게 함으로써 하이데거에 있어서는 현상의 지반이 어느 정도로는 인식론적 의식의 평면을 벗어나 세계에 대한 인간의 생활관계의 면에서 풍부한 내용을 획득하고 있기는 하다. 그러나 그렇다고 해서 현존을 인간의 현존에 국한하는 데서 나오는 필연의 결과로서, 인간적 존재에의 존재자 일반의 의존도는 조금도 완화되지 않는다. 더욱이 인간적 현존의 존재 구조 속으로 편입시켰던 세계를 다시 그 자존적(自存的) 영야(領野)로 풀어놓을 수 있는 출구는 끝내 타개(打開)되지 못하고 있다. 이러한 사정을 가리켜 우리는 하이데거의 철학이 출구 없는 일방로(一方路)에 함입하고 있다고 평한 것이다. 이에 비하여 하르트만의 존재론은 처음부터 실재세계의 넓은 평원을 달리고 있는 듯한 감을 주는데, 그것은 현상의 지반을 일상적 생활면과 아울러 실증과학의 다양한 성과에 취한 소치라 하겠다.

그런데, 존재 문제와 관련시킬 때, 현상은 일반적으로 어떻게 평가되어야 할 것인가? 하르트만에 의하면, 현상학에는 일반적으로 다음과 같은 것이 전제되어 있다.

Zu allem Seienden ein Sich-Zeigen(φαινεσθαι) gehört.
Die Phänomene sind das sich zeigende Seiende.

이 전제에는 두 가지 오류가 숨어 있다. 첫째로, 존재자의 본질에는 반드시 대상으로 된다거나, sich zeigen한다는 것이 포함되지는 않는다. 현상(Phänomen)으로 되지 않는 은폐된 존재자도 있을 수 있는 것이다. 둘째로 현상의 본질에는 반드시 sich zeigen하는 존재자가 있어야만 한다는 법도 없다. 어떤 것의 현상(Erscheinung)이 아닌 공허한 가상(Schein), 즉 가상적 현상(Scheinphänomene)도 있을 수 있는 것이다(*Grundlegung*, Kap. 9, p.78).

그러므로 하르트만은 존재론은 대상론도 현상론도 아니라고 본다. "모든 존재자는 현상이다(alles Seiende ist Phänomen)"라는 명제나 "모든 존재자는 대상이다(alles Seiende ist Gegenstand)"라는 명제는 다 같이 오류다. 모든 존재자가 반드시 sich zeigen(erscheinen)하여야 하는 것도 아니고, 다른 편으로 또 우리에 대하여 erscheinen 하는 것은 모두 sich zeigen하는 존재자이어야 하는 것도 아니다(*ibid.*, Kap. 10, pp.85-89).

그러므로 하르트만은 현상(Phänomen)의 존재론적 의미는 현상(Erscheinung)과 가상(Schein)의 구별에서 명백히 될 것으로 본다. 이 구별을 명백히 할 때, 현상의 내용은 원칙적으로 존재자의 내용과 동일하다. 그 이유는 다음과 같다.

> Es ist der Sinn des Phänomens, daß es Erscheinung eines bestimmten Seienden ist. Erscheinung ohne ein Ansichseiendes, welches das "Ersheinende" in ihr wäre, ist leerer Schein(*Aufbau*, Kap. 22, p.210).

그럴 적에 현상(Phänomen)과의 관계에 있어서의 이 존재자(Seiendes)는 어디까지나 Ansichseiendes이어야 하고, Phänomen은 Für-uns-Sein이어야 한다. 그리고 이 Ansichsein과 Für-uns-Sein과의 관계에 있어서 우리는 엄밀한 존재 규정(Seinsbestimmung)은 비판적으로 분석해내지 않으면 안 되는 것이다. 그러므로 칸트와 같이, 물자체(Ding-an-sich)와 현상(Erscheinung)을 아주 갈라놓고, 우리는 다만 현상(Erscheinung)을 인식할 뿐이라고 하는 것도 잘못이려니와, 또 현상학자들처럼 현상 규정을 그대로 존재 규정이라고 보는 것도 잘못이라고 본다. 하르트만은 전자에 대해서는 또 다음과 같이 비판한다.

> Man kann auf keine Weise Phänomene erkennen, ohne zugleich in gewissem Maße auch das Ansichseiende zu erkennen, das in ihnen erscheint(*ibid.*).

후자에 대해서는 또 다음과 같이 비판한다.

Es ist auch nicht so, wie die Phänomenologen es annehmen, als wäre das Phänomen schlechthin und ohne Weiteres das Seiende; als wäre alle am Phänomen ablesbaren Bestimmungen deswegen anch schon Seinsbestimmungen, ja als wären diese in jenen anch nur erschöpfbar. Gerade umgekehrt: das Phänomen hat mitsamtseinen Wesenszügen stets nur den Charakter des Für-uns-Seins. Es ist nicbt die Sache selbst, sondern nur ihr Gegenbild, und dieses kann weit von der Sache abweichen. Das eben ist einem Phänomen niemals direkt anzusehen, wie weit es echtes "Phänomen"(im obigen Sinne), wie weit bloß Schein ist. Darum muß alle Bestimmung auf die Sache selbst, wie sie an sich ist, erst bei der kritischen Deutung des Phänomens ansetzen(*ibid.*).

하이데거의 과오 역시 이러한 비판적 해명 없이 소여 규정을 바로 존재 규정으로 인정하는 점에 있는 것이라고 하겠다. 그렇기 때문에 하르트만은 연구의 출발점에서 소여의 현상학적 기술의 필요성을 인정하나, 이는 어디까지나 예비적 방법에 불과하고, 나아가 존재자의 존재 규정을 분석해내는 비판적 방법을 요구하게 되는 것이다. 그런데 우리는 과연 소여 현상의 분석에서 자체 존재자의 존재 규정에 도달할 수 있을 것인가? 이 문제에 관하여 하르트만은 칸트의 "모든 종합적 판단의 최고원칙", 즉 "경험 일반의 가능성의 제약은 동시에 경험의 대상의 가능성의 제약"[4]이라는 원칙을 상기시키면서 다음과 같이 말하고 있다.

Von den so gefaßten Prinzipien gilt die Forderung der Identität, die Kant im obersten Grundsatz aussprach: daß in ihnen zugleich die Struktur des Seins und die Struktur unserer Vernunft wurzelt, sie selbst also zugleich Bedingung der Erfahrung und des Gegenstandes der Erfahrung sind. Nur wenn dieses "zugleich" zutrifft, kann es überhaupt Erkenntnis von Gegenständen geben. Denn nur dann können Bestimmungen, welche die

---

4) Kant, *Kritik der reinen Vernunft*, 2. Teil. 1. Abteil. 2. Buch. 2. Absch.

Erkenntnis begrifflich formuliert, mit Recht als Gegenstandsbestimmungen gelten, wie immer unvollkommen sie auch sein mögen. Denn sie sind bedingt durch die seienden Gegenstandsbedingungen(*Systematische Methode, Hartmanns Kleinere Schriften* III, p.55).

이런 의미에서, 칸트는 현대의 존재론적 문제에 대해서도 벌써 의미심장한 시사를 던지고 있는 것이다. 하르트만은 우리가 과연 현상 규정을 통하여 자체 존재자의 존재 규정에 도달할 수 있을 것인가 하는 문제를 칸트의 물자체와 현상이란 개념에 관련시켜 또 다음과 같이 말하고 있다.

Fragt man aber, was Erscheinung von Schein unterscheide, so liegt die Antwort in Ding an sich. In der Erscheinung "erscheint" eben ein Etwas, das selbst nicht wieder Erscheinung ist; sonst wäre sie Erscheinung von nichts. also auch gar nicht "Erscheinung". Es ist also gar nicht möglich, Erscheinung zu erkennen, ohne auch etwas vom Ding an sich zu erkennen(*Kant und die Philosophie unserer Tage, Hartmanns Kleinere Schriften* III, p.342).

그러므로 하르트만은 칸트의 이른바 물자체의 인식불가능성은 근본적으로 다음과 같이 제한되지 않으면 안 될 것으로 본다. 즉 선험적 대상(transzendentaler Gegenstand)은 가능한 경험의 한계 너머로 연장되는 경험적 대상의 존재론적 보충(die ontologische Ergänzung des empirischen Gegenstandes)에 불과하다는 것이다. 여기에 있어서 선험적 대상과 경험적 대상과의 관계는 물자체와 현상으로서 대립하기보다 오히려 유일 불가분의 대상으로 동질화하여 부분적으로만 나타나지만(인식 가능한) 전체적으로는 "자체"이다(zwar nur zum Teil in die Erscheinug tritt(erkennbar ist), aber doch als ganzer "an sich" ist)라는 관계로 된다. 이리하여 다음과 같이 말하여진다.

Daβ das Ding an sich "unerkennbar" ist, kann hiernach niemals heiβen, daβ es überhaupt gar nicht erkennbar sei. Es kann nur heißen, daß es in seiner Totalität unerkennbar ist; dann aber darf gelten, daß es in aller "Erscheinung" miterkannt wird(*ibid.*, p.343).

3. 존재론과 범주론과의 관계

하르트만은 존재론을 "존재자로서의 존재자"의 문제로서 설정하였다. 이 문제를 다룰 적에, 그는 모든 형이상학적 문제 내용과 모든 철학적 입장 및 체계에 대하여 일종의 현세의 위치(Diesseitsstellung)에서 출발한다(*Grundlegung*, p.39). 이 입장을 그는 관념론과 실재론의 현세(Diesseits von Idealismus und Realismus)라고 표현한다(*ibid.*). 철학적 학설들의 일체의 가설을 떠나 현상에 의거하려고 하는 태도다. 여기에 그의 현상학적인 일면이 있다.

그런데 하르트만은 학문 일반을 직선지향(intentio recta)과 반석지향(intentio obliqua)으로 대별한다(*ibid.*, p.49). 반석지향(反析志向)은 우리의 인식의 방향을 주관 편으로 접어 들이는 방향으로서 인식론, 심리학, 논리학 등이 여기에 속한다. 이와 반대로 직선지향(直線志向)은 인식의 방향을 밖으로 보내어 주관에 대하여 마주쳐지는 것, 즉 대상으로 향하는 방향으로서, 우리가 일상생활에서 취하는 자연스러운 태도이다. 과학의 입장이 이 선상에 있고, 존재론이 또한 이 선의 연장에 있어야 할 것으로 본다. 이리하여 하르트만은 세계에 대한 자연적, 과학적, 존재론적 관계는 근본적으로 동일하고 차이는 다만 탐구의 깊이에 있을 따름이라고 한다(*ibid.*, p.52). 그러므로 존재론은 편파(偏頗)한 철학적 학설에서 출발하지 않고 직접으로 생활과 과학에서 출발점을 취한다는 것이다(*ibid.*). 존재론에 대하여 현상의 지반을 제공하는 것은 인간의 일상생활과 과학의 연구 성과이고 철학의 역사 전체를 통한 경험도 여기에 첨가된다. 현상의 지반을 의식 현상에서 취하는 현상학자들과는 달리 하르트만은 대상 현상에도 똑같이 유의하여 의식 측면과 대상 측면을 종합한 전체적 현상에서 현상의 지반을 취하려고 한다.

이런 견지에서 하르트만은 *Zur Grundlegung der Ontologie*의 서론에서 먼저 금일 우리가 처한 존재론적 문제 상황을 모든 학문 분야에 걸쳐서 살펴본다. 제1편 "존재자 일반으로서의 존재자에 관하여(Vom Seienden als Seienden überhaupt)"에서는 존재자에 대한 전통적 견해를 몇 개의 유형으로 분류 비판하는 데서 올바른 존재 규정을 끌어내려고 한다.

하르트만에 의하면, 전통적 형이상학에서는 존재자를 물체, 실체, 기체, 속성, 원자, 단자, 형상, 질료, 본질, 절대자, 신 등으로 파악하고 있는데, 그것은 어떤 특정의 존재자에다 눈을 팔아 "존재자로서의 존재자"를 놓치고 있는 것이며, 존재자 일반에 공통한 존재성격(存在性格)보다도 오히려 그 배후에다 어떤 하나의 존재자를 갖다 놓는 데 불과한 것이다. "존재자로서의 존재자"라는 견지에서 물체도 물론 하나의 존재자임에 틀림이 없으나 비물체적 존재자, 이를테면 심리적 존재자나 정신적 존재자도 또한, 적어도 그것이 존재자인 한에 있어서는 똑같이 존재자인 것이다. 절대자와 마찬가지로 의존자도, 전체와 한가지로 부분도, 실체와 마찬가지로 속성도, 형상과 마찬가지로 질료도, 다 같이 존재자이다. 이 견지에서는 모든 종류의 존재자가, 적어도 그것이 있는 것인 한에 있어서는, 어떤 내용의 존재이냐에 상관없이, 같은 비중으로 다루어지지 않으면 안 될 것이며, 그럴 적에 문제로 되는 것은 모든 존재자에 공통한 존재(성격)이다. 이리하여 "존재자로서의 존재자"는 실체와 우유성(偶有性)에 대하여, 통일성과 다양성에 대하여, 지속과 생성에 대하여, 규정성과 무규정성(기체)에 대하여, 질료와 형상에 대하여, 가치와 무가치에 대하여 무관심(indifferent)하다. 그것은 개성과 보편성, 개체와 총체, 부분과 전체, 요항(要項)과 조직 등에 대해서도 무관심하다. 이 무관성(無關性)은 주관과 객관, 인격과 사물, 인간과 세계, 현상과 현상 안 된 것, 객관화된 것과 초객관자, 합리적자(合理的者)와 비합리적자(非合理的者) 등에도 확대된다. 이 무관성의 계열에는 이 외에도 여러 가지 대립이 부가된다. 예를 들면 절대자와 상대자, 독립자와 의존자, 단순자와 복합자, 낮은 형태와 높은 형태 등의 대립에 대한 무관성 등등. 이 모든 것에 있어서 동일한 관계가 되풀이된다(*Grundlegung*, Kap. 11). 여기에 무관심(indifferent)하다는 말은 대립항의 양쪽을 다 같이 허용한다. 즉 어느 편에 대해서도 편향적이 아니라는 뜻이다. 전통적 형이상학에서는 위에 열거한 존재 개념들 중에서 어느 한 편으로 편파함으로써 존재자로서의 존재자 일반에 대한 시야가 엄폐되어 왔다는 것이다.

이렇게 비판하는 가운데, 하르트만은 전통적 존재 개념 중에서 무관성의 도식을 벗어나는 두 개의 대립 개념을 발견한다. 즉 essentia(Wesenheit)와 existentia란 대립,

좀 더 보편적인 용어로 표현해서 용재(容在, Sosein)와 현존(現存, Dasein)이란 대립이 그 하나이고, 다른 하나는 현실성(Wirklichkeit)과 가능성(Möglichkeit)이라는 존재 양상(Seinsmodi)의 대립과 실재적인 것(Reales)과 이념적인 것(Ideales)이라는 존재 방식(Seinsweise)의 대립이다. 그런데 존재 양상(Seinsmodi)의 분기는 현존(Dasein)의 계기(Moment)에 있어서의 존재 방식(Seinsweise)의 일층(一層)의 분화라고 본다. 그러므로 위의 대립 개념은 결국 용재(Sosein)와 현존(Dasein), 실재적인 것(Reale)과 이념적인 것(Ideales)이라는 두 짝의 대립으로 환원되며, 여기에 있어서는 벌써 앞에서 말한 바와 같은 무관성이 유지될 수 없다. 존재자 일반이란 개념은 그 속에 이들의 대립도 포섭되어야 할 더욱 포괄적인 개념이지만, 그러나 존재자 일반의 존재성격은 이들의 대립 개념 있어서 내용적으로 분화되지 않으면 안 되는 것이다(ibid.).

하르트만은 essentia와 existentia라는 전통적 존재 대립을 Dasein과 Sosein이란 존재 계기(Seinsmoment)의 대립과 실재성(Realität)과 이념성(Idealität)이란 존재 방식의 대립으로 분해한다. 존재 계기로서의 현존(Dasein)과 용재(Sosein)란 무엇인가? 현존은 현실 존재다. 사람이 있다. 세계가 있다. 신이 있다고 할 때의 그 "있음"을 가리킨 것이다. 현존은 반드시 현시(現時)에 물적(物的)으로 있어야만 하는 것은 아니다. 막(幕)의 계열(系列)에 a°라는 크기의 수(數)가 있다고 할 때의 그 있음도 또한 현존이다. 우리는 어떤 존재자에 대해서나, 적어도 그것이 있는 것인 이상, 그 있음 혹은 없음을, 즉 그 현존 여부를 말할 수 있다. 그러나 그 있음을 말한다고 해서 그 "무엇(Was)"임이 밝혀지는 것은 아니다. 사람은 이성적 동물이다. 신은 섭리자이다라고 말함으로써 비로소 사람이란 존재자의, 또 신이란 존재자의 무엇임이 밝혀지는 것이니, 존재자에 있어서의 이 계기를 용재(容在)라 이르는 것이다. 용재는 내용 존재다. a°의 값은 1이다 라고 말할 때, 1은 a°의 용재다. Dasein과 Sosein에 관해서는 중세의 존재론적 유신논증(有神論證) 이래, 그리고 이에 대한 칸트의 비판을 통하여 더욱 확실히, 존재자의 존재 계기를 이루어 있다는 것이 잘 알려져 있는 터이다. 하르트만은 존재자로서의 존재자 일반이 현존(Dasein)과 용재(Sosein)란 두 존재 계기에서 성립하는 것으로 본다. Dasein과 Sosein은 존재자 일반의 가장 기본적인 존재 규정이다.

하르트만에서 용재(Sosein)란 용어는 essentia란 용어보다 훨씬 넓은 내용을 갖고 있다. essentia는 존재자의 내용 규정 중에서 비교적 변동이 없는 핵심적인 몇 개의 규정에서 성립한다. 그러나 하르트만의 이른바 Sosein의 내용 규정이란 모든 내용 규정을, 그것이 핵심적이건 주변적, 가변적이건 간에, 한데 뭉친 개념이다. 하르트만은 또 essentia란 전통적 개념을 실재성 혹은 현실성과 혼동하는 개념상의 애매성을 청산하고 그 대신에 단순한 존재 계기로서의 Dasein이란 개념을 확립한다(*ibid.*, Kap. 11, 12.).

하르트만에 의하면, 실재성은 이념성과 더불어 두 가지 존재 방식을 이루며, 이 두 가지 존재 방식이 Dasein의 계기에서 분기된다.

존재 방식(Seinsweise)의 분열은 결국 현존 방식(Daseinsweise)의 분기에서 나온다. 그리고 가능성, 현실성, 필연성 등의 존재 양상(Seinsmodi)의 분기는 Daseinsweise의 일층(一層)의 분화에 불과하다. 이리하여 하르트만에서는 존재자로서의 존재자 일반이, 존재 방식의 차이에 불과하다. 실재적 존재자와 이념적 존재자란 두 권역(Sphäre)으로 구분된다. 실재적 존재 권역은 시간성, 개별성, 인과성 등의 지배를 받고 있다. 물질, 생명, 의식, 정신 등이 이 권역에 속한다. 이념적 존재 권역은 시간성을 초월한 보편적 존재의 영역이다. 그것은 일종의 영원성을 띠고 있어 감각적 지각의 대상에 의존하지 않는 한결 가볍고 엷은 존재다. 그것은 또 인과법칙의 지배를 벗어나 다른 종류의 법칙(이를테면 보편과 특수 간의 근거-귀결 관계와 같은)의 지배 아래에 있다. 실재자의 본질, 수학적 형상, 제 가치영역 등이 이념적 존재 권역을 형성한다. 실재적 존재 권역에 대한 이념적 존재 권역의 관계는 전자 속에 후자가 포함되어 있는 관계이다. 그러므로 대체로 실재적 존재만이 완전한 존재이고, 이념적 존재는 그것만 따로 떼어놓고 보면 불완전한 존재임을 면치 못한다.

이리하여 하르트만은 "존재자로서의 존재자"의 "존재"를 다음과 같이 정의한다.

> Das Sein alles Seienden-einerlei ob ideal oder real-ist sowohl Sosein als auch Dasein; aber das Sein alles Seienden-einerlei ob Sosein oder Dasein-ist entweder ideales oder rcales Sein(*ibid.*, Kap. 17, p.123).

위의 인용문의 전항에는 ~과 마찬가지로 ~도 또한(sowohl … als auch)이라는 관계가 적용되고, 후항에는 이것 아니면 저것(entweder … oder)이라는 관계가 적용되고 있다. 이리하여 나아가 다음과 같이 말하여진다.

Das "Seiende als Seiendes"ist charakterisiert durch zwei heterogene Verhältnisse. die es sich überschneidend durch ziehen; das eine ist das konjunktive Verhältnis der Seinsmomente, das andere das Disjunktive der Seinsweisen. Das letztere spaltet es in Seinssphären auf, das erstere hält es-quer zum Gegensatz der Sphären-sich zusammen. Dieses lneinander von Konjunktion und Disjunktion ist das ontische Grundschema im Aufbau der Welt(*ibid.*).

하르트만에 의하면, 실재성과 이념성이란 존재 방식의 차이는 현존의 계기에서 분기되는 것이었다. 현존 자체는 물론 존재 계기이지 존재 방식은 아니지만, 현존이란 존재 계기에 있어서 존재 방식이 분기되는 것이다. 그러므로 존재 방식은 결국 현존 방식이라고 보아도 무방하다. 존재자 일반은 시간적, 실재적으로 현존하거나 그렇지 않으면 초시간적, 이념적으로 현존하거나 양자택일이다. 여기에 있어서는 ewtweder … oder가 엄격히 적용된다. 그런데 용재란 존재 계기는, 일정한 존재자에 있어서는 언제나 현존이란 계기와 결부되어 있지만, 잠깐 이 일정한 존재자에서 눈을 떼고 보면, 실재적 존재 방식과 이념적 존재 방식을 다 같이 허용한다. 그런 의미에서 용재는 중립적이라고 말하여진다. 이를테면 공이 둥글다는 내용 규정 자체는 기하학적 이념 권역에 있어서나 물리학적 실재 권역에 있어서 조금도 다를 바 없다. 이리하여 용재는 중립적임이 명백하다. 그러나 중립적 현존이란 것은 있을 수 없다. 모든 존재자는 반드시 실재적이 아니면 이념적이고, 이념적이지 않으면 실재적이다. 이 점에서 볼 때, 존재 방식의 분기가 용재의 계기에서 나오는 것이 아니라 현존의 계기에서 나온다는 것이 명백하다.

그런데 모든 존재자는 반드시 현존과 용재란 두 계기를 아울러 갖고 있다. 존재 계기에 있어서는 Sowohl … als auch가 엄격히 적용된다. 내용 규정 없는 현존이나 현존 없는 내용 규정이란 무의미할 뿐더러 존재할 수도 없다. 현존을 결(缺)한 단순한 용재는 양 존재 권역의 어느 쪽에도 발붙일 데가 없다. 그것은 말하자면 허공에 뜬 존재, 아무런 존재도 아닌 것, 즉 무(無)에 지나지 않는다. 그러므로 용재의 중립성이란 어디까지나 일정한 존재자에서 눈을 뗄 적에만 성립하는 것이다. 이 중립성은 권역 상호 간의 어떤 내용적인 일치 이외의 아무것도 의미하지 않는다.

하르트만은 "존재자로서의 존재자"의 가장 기본적인 존재 규정으로서 현존(Dasein), 용재(Sosein), 실재성(Realität), 이념성(Idealität) 등 네 가지 요인을 도출하였는 바, 이 네 항의 요인에서 조합되는 이념적 현존, 이념적 용재, 실재적 현존, 실재적 용재는 각 각 다음과 같이 그 주어지는 방식이 다르다. 즉

이념적 현존은 선천적(a priori)으로 인식된다.

이념적 용재는 선천적(a priori)으로 인식된다.

실재적 현존은 경험적(a posteriori)으로 인식된다.

실재적 용재는 선천적으로도 경험적으로도(a priori하게도 a posteriori하게도) 인식된다.

그러므로 다음과 같은 규정들이 나온다(*ibid.*, Kap. 21).

1. a priori한 인식은 이념적 현존, 이념적 용재, 실재적 용재 등 세 영역에 접촉한다. 실재적 현존은 a priori한 인식에서 제외된다.

2. a posteriori한 인식은 실재적 현존, 실재적 용재 등 두 영역에 접촉한다. 이념적 존재의 두 영역은 a posteriori한 인식에서 제외된다.

3. a priori한 인식과 a posteriori한 인식이 다 같이 가능한 것은 실재적 용재뿐이다.

4. 실재적 현존은 a posteriori한 인식에만 통한다.

5. 이념적 존재(현존도 용재도)는 a priori한 인식에만 통한다.

위에서 보는 바와 같이, 존재자 일반의 기본적 존재 규정의 소여 방식은 각각 현저하게 다른 양상을 보여준다. 그러나 이 구별은 우리의 인식 한계에 관한 설정이지 존재자 자체의 존재 한계에 관하여 설정된 것은 아니다. 소여 양상과 존재 규정을 엄격히 구별해야 한다는 명제는 여기서도 또한 타당하다. 하르트만에 의하면, 존재자 자체에 있어서는 현존과 용재와의 구별이 한갓 방향의 차이에 불과하다. 더 큰 존재 연관에서 본다면, 이 양 계기는 철저히 상호교류하여 다음과 같은 관계로 표식된다.

Alles Sosein von etwas "ist" selbst auch Dasein von etwas, und alles Dasein von etwas "ist" auch Sosein von etwas. Nur ist das Etwas hierbei nicht ein und dasselbe(*ibid.*, Kap. 19, p. 133).

이를테면, 나무의 그 장소에서의 현존은 그 자체 숲의 용재다. 그것이 없었다면, 숲은 다른 모양으로 되었을 것이다. 나무에서의 가지의 현존은 나무의 한 가지 용재다. 가지에서의 잎의 현존은 가지의 한 가지 용재다. (…) 이리하여 언제나 한편의 현존은 동시에 다른 편의 용재다. 이 관계는 도치할 수 있다. 즉 가지의 용재는 잎의 현존, 나무의 용재는 가지의 현존 (…). 이 관계는 끊임없이 변화하는 동일성(fortlaufend verschobene Identität)이라고 표현된다(*ibid.*). 이 관계를 일반화하면 다음과 같은 명제가 된다.

Alles Sosein "ist" Dasein von etwas an etwas(*ibid.*, p. 136).

그러나 상술(上述)의 전위관계(轉位關係)는 전체로서의 세계에 달할 적에 한계에 봉착한다. 즉 전체로서의 세계에 대해서는 그 현존이 그 이상의 어떤 다른 것의 용재라고 말해질 수 없다는 것이다(*ibid.*, p. 139).

하르트만은, 위에서 고찰한 바와 같이 전통적 존재 개념을 비판하고 분석하는 데서 "존재자로서의 존재자"의 가장 기본적인 존재 규정을 도출하고, 이것을 다시 소여 방식의 현상 분석과 세계란 대상 현상에의 그 적용에 의하여 확립하고 있다. 하르트만은 나아가 제3편 "실재적 존재의 소여(Die Gegebenheit des realen Seins)"에서 실재적 존재자의 소여 현상을 인식, 정서, 생활 등의 제 측면에서 기술하고, 제4편 "이념적 존재의 문제와 위치(Problem und Stellung des idealen Seins)"에서 이념적 존재자의 소여 및 실재적 존재자와의 관계 등을 현상 측면에서 기술함으로써, 실재성과 이념성으로 존재 권역을 구분한 것을 더욱 확실히 만들려고 한다. 그러나 이 과제는 존재론의 제2부작『가능성과 현실성(*Möglichkeit und Wirklichkeit*)』에서 수행된 존재 양상의 분석을 기다려서야 비로소 성취된다.

하르트만은 *Zur Grundlegung der Ontologie*에 대한 *Möglichkeit und Wirklichkeit*의 관계를 예비적인 것에 대한 과학의 핵심(das Kernstück einer Wissenschaft zu den Präliminaren)과 같은 것이라고 한다(*M.u.W.*, Vorwort).

*Grundlegung*에서는 현존과 용재란 존재 계기와 실재성과 이념성이란 존재 방식의 구별이 전통적 개념의 분석과 해당한 소여 현상의 기술에 의하여 우선 잠정적으로 설정되고 있었다. 그러나 존재 방식 자체의 특성이 밝혀지지 않는 한, 이 구별은 확정적인 것으로 되지 못한다. 실재성이란 도대체 무엇인가? 이념성이란 또 무엇인가? *Grundlegung*에서는 시간성을 표준으로 삼아, 시기적 존재 방식을 실재적이라 하고 초시간적 존재 방식을 이념적이라 하였다. 그러나 이와 같은 잠정적 조치로써 이 근본 문제가 처리된 것으로 볼 수는 없다. 거기엔 더욱 확실한 논증이 요구되고 있다. 이 과제를 풀려고 하는 것이 *Möglichkeit und Wirklichkeit*이다. 우리 자신 그 속에 살고 있는 이 세계의 존재 방식, 즉 실재성이란 무엇을 의미하는가? 이 문제의 해결책에 대하여 하르트만은 다음과 같이 말하고 있다.

> Die groβe Frage, was überhaupt "Realität" ist, (⋯) diese Frage ist, wenn überhaupt, so nur auf die eine Weise zu behandeln, welche die Modalanalyse eröffnet. Die Modalanalyse dringt in das Gefüge von Möglichkeit und Wirklichkeit, Notwendigkeit und Zufälligkeit ein und gewinnt ans den eigenartigen Verhältnis, welches die Modi im Zuge des Weltgeschehens miteinander eingehen, den ontologischen Innenaspekt des Realseins als solchen, der seine positive Bestimmung wenigstens mittelbar möglich macht(*ibid.*).

존재 방식의 분열은 결국 현존 방식(Daseinsweise)의 분기에서, 이로 인하여 실재성과 이념성이라는 두 개의 존재 권역이 구분된다는 것은 이미 *Grundlegung*에서 밝혀진 바와 같다. 그런데 *Möglichkeit und Wirklichkeit*에서는 다시 가능성, 현실성, 필연성 및 우연성, 비현실성, 불가능성 등의 존재 양상(Seinsmodi)이 권역을 달리하는 데 따라 어떻게 변모하며 어떤 관계를 맺는가를 분석한다. 존재 양상(Seinsmodi)은 존재 방식(Seinsweise)과 존재 계기(Seinsmomente)와는 본질적으로 구별된다. Seinsmodi는 실재성과 이념성이란 양 존재 권역에서도 합치하지 않고 논리와 인식의 양상과도 합치하지 않는다. 그러나 이들의 상이한 존재 권역에 변모하여 나타나는 Seinsmodi의 상호관계에 아마도 실재적 존재의 근본 법칙이 뿌리박고 있을 것으로 추측되는 것이다. 그러므로 하르트만은 다음과 같이 말한다.

> Ontologisch wirkt sich das(das Verständnis der Modi) in erster Linie an dem Sphärengegensatz des Seienden, d. h. am Greifbarmachen der Seinsweise, aus. Das dunkelste Problem der Ontologie gewinnt von hier aus Licht: das Wesen des Realseins und Idealseins, das in sich selbst in keiner Weise greifbar ist, wird aus den Verhältnis der Modi zu einander annähernd bestimmbar(*M.u.W.*, Einleitung 13, p. 29).

존재 양상(Seinsmodi)은 벌써 범주이다. 그러나 순수한 존재 방식의 범주다. 그리고 우리가 "존재자로서의 존재자"에 관하여 알고 있는 거의 모든 것이 양상분석의 우회로를 거쳐서 얻어지는 지(知)인 한, 양상범주는 존재론의 핵심을 이룬다고 말하여진다(*ibid.*).

하르트만에 의하면, 가능성, 현실성, 필연성 및 그 부정 양상으로서의 불가능성, 비현실성, 우연성 등 6개 양상이 실재 권역과 이념 권역에 각각 다른 모양으로 나타나는 고로 실재가능성, 실재현실성, 실재필연성 및 그 각 부정 양상이 있고 또 이념 가능성, 이념 현실성, 이념필연성 및 그 각 부정 양상이 있어 도합 12의 존재 양상을 헤아린다.

실재 권역의 양상 상호간의 법칙에 대하여 열쇠가 되는 것은 가능성의 분열법칙(Spaltungsgesetz der Möglichkeit)인 바, 이는 다음과 같이 표식된다.

> Was real möglich ist, dessen Nichtsein ist nicht möglich; dasjenige, dessen Nichtsein real möglich ist, ist real nicht möglich(*M.u.W.*, Kap. 15, p. 129).

이 법칙은 실재 권역에 있어서 존재의 가능성은 동시에 비존재의 가능성일 수 없다고 하는 하나의 존재법칙이다. 그러나 이 법칙은 임의의 권역의 임의의 가능성에 적용될 것이 아니라 실재적 존재가능성에 대해서만 적용되는 것이다. 이 법칙은 극히 명확하게 실재가능성과 실재현실성이란 두 개의 기본양상의 양상적 구조를 규정하고 있다. 이 규정은 다음과 같은 두 개의 명제로 총괄된다.

1. Indem die Möglichkeit des Sens in realem Wirklichsein enthalten ist, ist die Möglichkeit des Nichtseins von ihm ausgeschlossen; und
2. indem die Möglichkeit des Nichtseins im realen Unwirklichsein enthalten ist, ist die Möglichkeit des Seins von ihm ausgeschlossen(*ibid.*, p.131).

실재가능성의 분열법칙은 실재적 권역의 전성격(全性格) 및 실재적 존재 일반의 존재론적 의미에 대하여 극히 중대한 의의를 갖고 있다. 그러나 그것은 아직 가장 보편적인 형식적 규정에 불과하다. 이 법칙은 다시, 실재자의 구조에 있어서의 구성적인 것을 그것이 직접 양상적 관계에 관련하는 한에서 고찰함으로써, 구체적인 질료적 방면에서 증명됨을 요한다. 그럴 적에 실재가능성의 전체 법칙(Totalitätsgesetz der Realmöglichkeit)이 성립한다. 이 법칙은 다음과 같이 표식된다.

Real möglich ist nur das, dessen Bedingungen alle bis zur letzten wirklich sind. Was nur partial möglich ist-woran also auch nur eine Bedingung fehlt-, das ist real unmöglich(*ibid.*, Kap. 18, p.158).

이 법칙은 부분가능성의 불충분의 법칙(Gesetz der Insuffizienz der Teilmöglichkeit)이라고도 한다. 실재가능성은 실재적 사태에서의 한 계열 중에서 하나도 빠짐없이 다 갖추어지고서야 비로소 성립하는 가능성이다. 그중의 하나만 결해도 그것은 불가능하다. 이렇게 해서 가능한 것으로 되면, 그것은 비단 가능한 것뿐만 아니라 바로 현실적인 것으로 되며, 비단 현실적인 존재일 뿐만 아니라 현실적으로 존재하지 않을 수 없는 것, 즉 필연적인 것으로 된다. 이리하여 실재적으로 가능한 것은 곧 실재적으로 현실적인 것이며, 실재적으로 현실적인 것은 곧 실재적으로 필연적인 것이라는 관계가 여기에 성립한다.

그러나 이념가능성은 그렇지 않다. 그것은 본질적 내용과 모순이 안 되는 한, 성립하는 가능성이다. 이를테면 삼각형의 세 각 중의 한 각은 30°일 수도 있고 90°일 수도 있다. 어느 편이나, 삼각형의 내각의 화(和)는 이직각이라는 그 본질 규정에 저촉되는 바없기 때문이다.

실재필연성은, 실재가능성과의 관계에서도 이미 명백한 바와 같이, 그때그때의 일회한(一回限)의 실재적 국면의 전체적 연관에 의존하는 개개 사례의 필연성이다. 그러나 이념필연성은, 특수자가 보편자에 종속하는 관계에 있는 한, 어디서나 성립하는 필연성이다. 실재현실성은 충족한 실재가능성과 실재필연성이 합치하는 경우에 성립하는 현실성이다. 그러나 이념적 가능성과 현실성은 반드시 이념적 필연성과 합치해야 하는 것이 아니다. 이를테면 삼각형의 한 각이 30°일 수 있고, 또 현실적으로 30°이라는 것은, 결코 필연적인 것이 아니다.

가능성, 현실성, 필연성 등의 존재 양상이 실재 권역과 이념 권역에 이와 같이 각각 다른 양상으로 나타난다는 것이 증명됨으로써 존재 방식을 실재성과 이념성으로 구분했던 *Grundlegung*에 있어서의 예비적, 잠정적 조치가 비로소 정당화되는 것이다.

현존(Dasein)과 용재(Sosein)란 존재 계기(Seinsmomente), 실재성(Realität)과 이념성(Idealität)이라는 존재 방식(Seinsweise), 가능성(Möglichkeit), 현실성(Wirklichkeit), 필연성(Notwendigkeit) 등의 존재 양상(Seinsmodi), 이들은 "존재자로서의 존재자"의 가장 기본적인 존재 규정이다. 여기서는 아직 개개의 존재자의 구체적 내용에 대해서는 하등의 언급이 없다. 그것은 가장 보편적인 한에 있어서의 존재 규정이다. 그렇기 때문에 이 규정들은 모든 존재자에 대하여 똑같이 타당한 것으로 된다.

이러한 기본적 존재 규정의 확립이 존재론 정초를 위하여 얼마나 중요한 과업인가 하는 점은, 전통적 존재 이론에 있어서 얼마나 자주 이들의 개념 상호 간에 혼동이 범하여져 왔던가를 보면 곧 이해될 일이다. 거기선 현존과 실재성, 현존과 현실성, 실재성과 현실성 간에 늘 혼동을 일으키고 있다. 그리고 이념성과 가능성, 용재와 이념성, 가능성과 용재 간에도 이에 못지않게 자주 혼동이 되풀이되었다. 일례를 중세의 보편논쟁에서 든다면, 본질의 존재론적 위치를 다루고자 한 각 학설이 아직 존재 계기로서의 용재와 존재 방식으로서의 이념성을 분간할 줄을 몰랐던 탓으로 문제는 끝없는 미궁으로 빠져들어 있었다. 현존(existentia)과 본질(essentia)이라는 그들의 대개념(對概念)에 있어서 존재 계기와 존재 방식과의 무비판적 혼동으로 말미암아 그들의 존재 이론은 구제할 수 없는 혼란에 빠져 있었다. 그러므로 이 애매한 대개념을 분해하여 현존과 용재, 실재성과 이념성이란 두 짝의 기본개념으로 명확히 설정함은 존재론의 보다 더 단순하고 확실한 정초를 위하여 얼마나 긴급하고도 중요한 일인지 모른다고 하르트만은 생각하는 것이다.

위에서 우리는 하르트만이 그의 존재론의 제1부작과 제2부작에서 다루고 있는 중심문제를 개관하였다. 제1부작 *Zur Grundlegung der Ontologie*에서는 "존재자로서의 존재자"의 문제를 그 완전한 보편성에 있어서 설명하고 존재자의 소여를 근본적으로 확정하는 일을 과제로 삼고 있다. 이것은 존재론이 무엇보다도 먼저 수행해야 할 과업이다. 그러므로 하르트만은 *Grundlegung*의 서문에서 다음과 같이 말하고 있다.

> Es ist der grundlegende Teil der Ontologie und umfaßt die unerläßlichen Vorfragen alles weiteren Forschens nach dem Aufbau der seienden Welt. Es gehört insofern mit größerem Recht als alles Speziellere unter den umfassenden Titel "Ontologie", als er allein vom Sein im allgemeinen handelt und das entsprechende Thema der alten Seinslehre "de ente et essentia" der Sache nach aufgreift.

하르트만은 *Grundlegung*에서 essentia와 existentia란 전통적 존재 개념을 분석하여 Dasein과 Sosein 및 Realität와 Idealität라는 네 개의 존재 규정을 도출하고, 이것들을 광범위한 현상지반(現象地盤)에서 확인하였다. 하르트만은 이 과업이 그의 존재론의 전 연구 과정에서 점하는 위치에 관하여 다음과 같이 말하고 있다.

> Zusammengenommen bilden sie durchaus noch nicht die Ontologie, sondern nur die Klärung der Vorfragen zu ihr. Erst wenn diese erledigt sind, kann der Aufbau beginnen. Er wird mit einer Untersuchung über Realität und Wirklichkeit einsetzen müssen, um dann zur Schichtung und kategorialen Gesetzlichkeit der realen Welt fortzuschreiten(*Grundlegung*, Einleitung 20, p.37).

위의 인용문 중 실재성과 현실성에 관한 연구라고 한 것은 제2부작 *Möglichkeit und Wirklichkeit*의 주제이다. 그리고 실재세계의 성층과 범주적 법칙이라 한 것은 물론 *Der Aufbau der realen Welt*의 주제이다. *Grundlegung*에서 실재성과 이념성이라는 두 존재 방식이 구별되고, 이 구별은 현존의 계기에서 나온다는 것이 밝혀졌으나, 실재성이란 그 자체 무엇을 의미하는가에 대해서는 아직 만족할 만한 해명이 없었다. 이 해명은 *Möglichkeit und Wirklichkeit*에 있어서의 존재 양상(Seinsmodi)의 분석에서 구하여지는 것이다. "실재성"이란 무엇인가? 실재성과 이념성이란 두 가지 존재 방식 및 양자의 상호관계는 무엇인가? 이 문제는 양상분석에서 비로소 해결될 수 있는 문제다. 왜냐하면 가능성, 현실성, 필연성 및 그 각 부정양상의 변모하는 제 관계에 있어서 존재 방식의 구별이 들어날 것이기 때문이다. 그러므로 하르트만은, 양상이해는 존재 권역의 대립을 명확히 하여 존재 방식을 파악할 수 있게끔 하고, 따라서 실재 존재와 이념 존재의 본질이란 가장 난삽(難澁)한 문제에다 빛을 던져 준다고 말했던 것이다(*M.u.W.*, p. 29).

여기에는 벌써 범주의 문제가 등장하고 있다. 범주를 존재 원리라고 보는 한, 존재 양상의 문제는 훌륭한 범주적 문제인 것이다. 하르트만은 다음과 같이 말한다.

Da die Strukturen des Seienden sich als Kategorien fassen lassen, so kann man sagen, daβ hiermit bereits die Kategorienlehre anfange. In der Tat ist zwischen dieser und der Ontologie keine scharfe Grenze zu ziehen. Alle Ontologie, wenn sie ins Besondere geht, wird zu Kategorienlehre(*M.u.W.*, Vorwort).

이에 앞서 *Grundlegung*에서 현존과 용재의 문제를 다루고 있을 적에도 하르트만은 그것이 벌써 범주적 문제라는 것을 인정하면서 다음과 같이 말하고 있다.

Die Erörterung, in die wir eintreten, ist im Grunde bereits eine kategoriale. Sie ist nur noch so allgemein, daβ sie selbst der Differenzierung der Seinsweisen vorausliegt(*Grundlegung*, Kap. 11, p.89).

그런 의미에서 존재론은 처음부터 범주론이었던 것이며 또 범주론을 떠나 다른 여하한 형식으로도 전개될 수 없었던 것이라고 말할 수 있다. 이는 가장 넓은 의미로 취해지는 범주론의 개념이다.

위에서 보는 바와 같이, 하르트만은 양상분석의 문제가, 아니 존재 계기(현존과 용재)의 문제부터가 벌써, 범주론의 연구에 속한다고 보고 있다. 그러므로 하르트만은 다음과 같이 말한다.

> Die Modalitätsstufen sind die allgemeinsten und fundamentalsten Kategorien sowohl des Seienden als auch der Erkenntnis des Seienden. Ihre Untersuchung geht insofern mit Recht derjenigen der inhaltlichen Kategorien voraus. Die letzteren sind "konstitutive" Prinzipien(*M.u.W.*, Vorwort).

하르트만은 또 구성적인 것과 양상적인 것과의 대립에 관하여 다음과 같이 말한다.

> Der kategoriale Grundgegensatz des Konstitutiven und Modalen deckt sich im wesentlichen mit dem von Seinsbestimmtheit und Seinsweise. Sein allgemeinster Ausdruck ist das Verhältnis von Sosein und Dasein; denn die Seinsweise ist die Weise des Daseins(*ibid.*, Einleitung 13, p.29).

여기에 우리는 하르트만에서 존재자 일반의 존재 규정에는 현존-존재 방식-존재 양상(Dasein-Seinswese-Seinsmodi)이라는 한 계열과 용재-존재 규정성-존재 구성(Sosein-Seinsbestimmtheit-Seinskonstitution)이란 한 계열이 구분될 수 있다는 것을 발견한다. 이렇게 볼 때, *Grundlegung*의 중심 문제는 "존재자로서의 존재자" 일반의 현존의 계기를 용재의 계기에서 분리시켜 현존 방식(Daseinsweise)의 분화를 실재성과 이념성과의 대립에서 구하는 데 있었고, *Möglichkeit und Wirklichkeit*의 과제는 실재 존재와 이념 존재란 두 개의 권역에서 현존 방식이 어떻게 상이한 존재 양상을 취하고 나타나는가를 확인함으로써 실재성과 이념성의 의미를 확정하는 데 있다고 말해도 좋을 것이다.

그런데 여기까지는 아직 존재자의 내용적, 구성적 면의 차안(此岸)이다. 다시 말하면 용재에 관한 내용 즉 존재 규정성(Seinsbestimmtheit)에는 전연 저촉하지 않고 있다. 하르트만은 그의 존재론의 제3부작 *Der Aufbau der realen Welt*에서 비로소 존재자 일반의 내용적, 구성적 문제로 옮겨간다. 이 책의 서론의 첫 절에서 그는 다음과 같이 말하고 있다.

> Soweit steht die Untersuchung noch diesseits aller inhaltlichen Fragen, und folglich auch diesseits aller Erörterung von konstitutiven Grundlagen des Seienden. Erst mit der inhaltlichen Differenzierung des Seinsproblems tritt die Untersuchung an diese Grundlagen heran. Sie geht damit in ein drittes Stadium über und wird Kategorienlehre.
>
> Alles, was die Ontologie über jene allgemeine Bestimmungen des ersten und zweiten Fragebereichs hinaus über das Seiende ausmachen kann, bewegt sich im Geleise der Kategorialanalyse. Alle irgendwie grundlegenden Unterschiede der Seinsgebiete, -stufen oder -schichten, sowie die innerhalb der Gebiete waltenden gemeinsame Züge und verbindenden Verhältnisse, nehmen die Form von Kategorien an. Da aber Gliederung, Grundzüge und Vehältnisse des Seienden eben das sind, was den Aufbau der realen Welt ausmacht, so hat es die Kategorialanalyse mit nichts Geringerem als diesem Aufbau der Welt zu tun(*Aufbau*, Einleitung 1).

*Grundlegung*과 *Möglichkeit und Wirklichkeit*에 있어서의 저 보편적 규정을 거쳐서 존재론이 존재자의 내용적 존재 규정의 분화 단계로 들어서면서부터 범주론이 시작되고 실재세계 구조의 구명으로 이행한다는 것이다. 여기에 말하는 범주론은 협의의 범주론이다. 그런데 존재론이 이 제3의 연구단계로 이행하기 위해서는 먼저 "실재성"이란 무엇인가가 철저히 구명되지 않고서는 착수될 수가 없었다. 존재론에서 양상분석이 차지하는 중심위치는 바로 이 점에 있는 것이다. 양상범주는 말하자면 협의의 존재론과 협의의 범주론과의 경계 지대를 이루고 있다. 이 점에 관하여 하르트만은 다음과 같이

말하고 있다.

> Diese eigentümliche Stellung der Modalkategorien ist für sie tief charakteristisch. Sie bilden eine Art Grenzgebiet von engerer und eigentlicher Ontologie und enger er Kategorienlehre. Sie sind wohl Kategorien, aber Kategorien der reinen Seinsweise. Das Kernstück der Ontologie bilden sie insofern, als fast alles, was wir vom "Seienden als Seienden" in dieser Allgemeinheit wissen, ein Wissen auf dem Umweg über die Modalanalyse ist. Aber sie sind zugleich auch Grundlage aller kategorialen Bestimmtheit. In ihnen also gerade, als dem Unfaßbarsten beider Lehrgebiete, wird deren Einheit unmittelbar faßbar(*M.u.W.*, Einleitung 13, p.29).

양상범주(樣相範疇)는 순수한 존재 방식의 범주로서, 협의의 존재론과 협의의 범주론과의 일종의 한계영역을 이룬다고 본다. 협의의 본래적 존재론이라 함은 *Grundlegung*에 있어서의 현존, 용재, 실재성, 이념성 등 "존재자로서의 존재자"에 관한 가장 보편적인 존재 규정을 논한 부분을 가리킨 것이 명백하다. 그리고 협의의 범주론이라 한 것은 물론 *Der Aufbau der realen Welt* 이후의 내용적 구성적 범주론에 관한 부분이다. 양상범주는 *Grundlegung*에서 다루어진 보편적 존재 규정을 이해하는 우회로가 되며 동시에 범주적 규정성의 모든 내용적 특수화에 대한 기초를 이룬다. 이리하여 이 가장 이해하기 어려운 양상범주에 있어서 존재론과 범주론과의 통일이 직접으로 파악된다고 본다. *Möglichkeit und Wirklichkeit*는 *Grundlegung*과 *Aufbau*와의 중간 위치를 점한다.

이상 고찰한 바에 의하여, 우리는 하르트만에서 존재론과 범주론이 각각 광협이의(廣狹二義)로 이해되고 있다는 것을 알 수 있다. 광의에 있어서는 존재론과 범주론이 전폭 합치(合致)한다. 그러나 협의에 있어서는, 현존의 존재 방식과 존재 양식에 관한 존재론의 영역과 용재의 존재 규정성에 관한 범주론의 영역으로 구분되는 것으로 볼 수 있겠다. 그럴 적에 존재 양상으로서의 양상범주는 협의의 존재론과 협의의 범주론과의 한계영역을 이루어 있다고 말하여지고 있으나, 양 영역의 구분 표준을 내용적, 구성적 요소의 유무에 둔다면, 양상범주는 아직 전연 내용적, 구성적 요소를 포함하지 아니한 순수한 존재 방식의 범주라는 점에서, 오히려 협의의 존재론에 편입시켜야 타당할 것이다.

이리하여 하르트만의 존재론 4부작은 *Zur Grundlegung der Ontologie*와 *Möglichkeit und Wirklichkeit*로 형성되는 협의의 존재론과 *Der Aufbau der realen Welt*와 *Philosophie der Natur*로 형성되는 협의의 범주론으로 구분될 것이다. 그럴 적에 *Der Aufbau der realen Welt*는 보편적 범주론을 이루고, *Philosophie der Natur*는 특수적 범주론에 속한다. 우리는 이 장을 종결함에 있어, 우리의 이와 같은 해석의 타당성을 입증하기에 족한 하르트만의 한 구절을 인용해 두고자 한다.

> Wir stehen also mit dem Eintritt in den dritten Fragebereich an dem Punkte der Ontologie, von dem ab sie in Kategorienlehre übergeht. Auch das ist kein scharfer Grenzstrich; in gewissem Sinne sind auch die Seinsmodi schon Kategorien, nar eben noch keine inhaltlichen; und andererseits ist auch die enger verstandene Kategorienlehre ebensosehr eigentliche Ontologie wie die voragehenden Untersuchungen der Grundlegung und der Modalanalyse. Der Unterschied liegt nur im Einsetzen des Strukturellen, Konstitutiven und Inhaltlichen. Man darf also sagen: im Gegensatz zu der grundlegenden Behandlung des Seienden als solchen und der Seinsweisen ist die Kategorienlehre die inhaltliche Durchführung der Ontologie(*Aufbau*, Einleitung 1).

4. 범주체계와 세계상

하르트만은 *Zur Grundlegung der Ontologie*와 *Möglichkeit und Wirklichkeit*에서 현존과 용재란 존재 계기, 실재성과 이념성이라는 현존 방식, 그리고 이 두 가지 존재 방식에 있어서 변모하는 가능성, 현실성, 필연성 및 우연성, 비현실성, 불가능성 등의 존재 양상을 주제로 다루고 있다. 여기서 구명되는 존재 규정들은 존재자 일반의 현존의 계기에 관한 것으로 아직 일체의 내용적, 구성적 탐구의 차안(此岸)에 머물러 있다. 이 과업을 성취한 후에 하르트만은 이제 *Der Aufbau der realen Welt*에서는 존재자 일반의 구성적 내용의 문제를 제기하여 이른바 협의의 범주론으로 이행한다. 이 문제는 존재자 일반의 용재의 계기의 전개라고 봐도 좋을 것이다.

　그럴 적에 존재자 일반의 용재에 관한 존재 규정성은 범주의 체계로서 전개되고, 범주체계에 의하여 세계의 상이 그려진다. 세계의 통일적 조직은 범주의 체계에 의하여 구성되는 것이기 때문이다. 하르트만은 여기에 두 개의 구분원리를 두고 있으니, 하나는 소여와 현상을 쫓는 권역의 구분이고, 또 하나는 실재자의 단계(Stufen) 혹은 성층(Schichten)을 쫓는 구분이다(*Aufbau*, p.171). 그것은 말하자면 세계의 "날"과 "씨"와도 같은 것이다.

　하르트만에 의하면, 권역에는 존재자의 존재 방식에 쫓아 구별되는 실재 권역과 이념 권역이란 두 개의 일차적 존재 권역이 있고, 이 외에 인식 권역과 논리 권역이란 두 개의 이차적 존재 권역이 있다. 인식 권역은 의식 내에 반영된 실재 권역이다. 의식 내에 표현된 제2의 실재세계라 해도 좋다. 그러한 것으로서 그것은 제1의 세계와 병립하거나 대립하는 것이 아니라 "부분 권역으로서 실재 권역 속에 편입된다"(*ibid.*, p.172). 그런 의미에서 그것은 이차적 존재 권역이라 불리어지는 것이다.

　논리 권역을 형성하는 것은 "판단과 개념과의 전연관성(全聯關性)"이다(*ibid.*, p.175). 그런데 논리적 연관이 아무리 올바른 가치(Richtigkeitswert)를 갖고 있다고 하더라도, 그것이 만약 존재 연관에 적중하지 않는다면, 하등의 인식 가치가 없는 것임은 명백한 사실이다. 그러나 논리 권역은 직접으로 실재 권역과 관계하지는 않는다. "실재 연관이 그 법칙을 논리에서 취해 오는 것도 아니고, 또 논리가 그 법칙을 실재자에서 주워 모으는 것도 아니고 본즉, 판단과 추론은 논리적 법칙을 선천적(a priori)으로 자기 속에 지니고 있지 않으면 안 된다"(*ibid.*, p.185). 그러므로 논리 권역의 존재 연관과의 관계는 이념 권역을 매개로 해서만 가능하다. 즉 동일률, 모순율, 배중률, 보편과 특수화의 포함 법칙 등의 논리적 법칙은 본래 이념적 존재의 법칙인 바, 이것이 그 구조를 사상(思想)의 연관 속에다 옮겨놓을 때, 논리적 추론이 실재자와의 관계에 인식 가치를 부여하는 것이라고 보지 않으면 안 된다(*ibid.*). 이런 의미에서 논리 권역은 의식에 반영된 이념 권역이라고 말하여진다. 실재 권역과 이념 권역을 일차적 존재 권역이라 하는 데 반하여 인식 권역과 논리 권역을 이차적 존재 권역이라 함은 그 때문이다.

"존재자로서의 존재자" 일반은 그 현존 방식에 따라 실재 권역과 이념 권역으로 구별되었거니와, 이 두 권역을 일차적 존재 권역이라 함은 그 존재가 의식에 의존하지 않는 자체 존재이기 때문이다. 하르트만에 의하면, 실재적 존재가 자체 존재임은 그 여러 가지 소여 방식의 분석에서 확인되는 바다. 그러나 이념적 존재도 이에 못지않게 자체 존재인 것이다. 수학적 존재, 가치, 실재자의 본질 등이 이념적 존재에 속한다. 수학적 존재는 자유로운 이념성으로서 그 자체에 있어서 선천적(a priori)으로 직관된다. 그런데 본질은 실재자의 본질로서 실재자 속에만 있을 수 있다. 수학적 존재를 자유로운 이념성이라 하는데, 본질은 덧붙인 이념성(anhangende Idealität)이라 불리는 것은 그 때문이다. 본질은 실재자에 대하여 일종의 법칙과 같이 관계하지만, 가치는 실재자에 대하여 다만 하나의 심정(審廷)일 따름이다. 실재자는 본질에 대해서는 보편적으로 종속하지만 가치에 대해서는 그렇지 않다. 실재자는 가치에 따를 수도 안 따를 수도 있다. 따를 때 가치 있는 것으로 되고, 따르지 않을 때는 반가치적인 것으로 된다. 가치는 실재자를 규정하지 않고 다만 가치·반가치에 대한 심정(審廷)이 될 뿐이다. 하르트만은 이러한 각양의 관계를 종합하여 이념 권역과 실재 권역과의 사이에 다음과 같은 근본 법칙을 표식한다.

> Ideales Sein findet sich als Grundstrucktur in allem Realen, aber weder ist alles Sein deswegen schon von sich aus Realstrucktur, noch besteht alles Realstruktur in idealem Sein(*Grundlegung*, Kap. 50, p.313).

이리하여 하르트만은 양 권역 간에 하나의 중첩 관계를 인정한다. 즉 이념 권역은 실재 권역 위에 포개진다. 그러나 이 경역(境域)이 전폭으로 합치하지는 않는다. 이념 권역은 수학적 공간의 복수성이라든지 다양한 가치 충만(充滿)의 비실재성 등에 있어서 내용적으로 실재 권역을 벗어나고, 실재 권역 역시 실재자 내의 비논리적인 것, 실재 이율배반적인 것, 반가치적인 것 등에 있어서 이념 권역을 벗어난다. 이 밖에도 양 권역을 괴리시키는 다른 대립 요소가 있다. 즉 일체의 실재적 존재는 개적(個的)이요, 일회한(一回限)이요, 되풀이될 수 없는데, 일체의 이념적 존재는 보편적이요, 되풀이될 수 있고,

항존적이다.

이리하여 이념 권역은 실재 권역 위에 부동적(浮動的)인 중첩 관계에 있어서 독자적인 자체 존재를 갖고 있다. 그러나 그 자체 존재는 더 얇고 떠다니는 실체가 없는 존재(ein dünneres, schwebendes, substanzloses Sein)요, 말하자면 반쪽 존재(halbes Sein)에 불과하다(ibid.). 여기에서 하르트만은 실재적 존재론에서 내용적으로 구별되는 이념적 존재론은 있을 수 없다는 결론을 내린다. 이념적 존재의 범주를 실재적 존재의 범주에서 분리시켜 도출할 수 없다는 것이다. 양 권역의 범주는 대체로 동일의 범주인데, 다만 권역에 따라 다소의 변모는 면치 못한다는 것이다.

그러므로 하르트만에 있어서 범주론의 본래의 지반은 실재 권역에 있다. 그런데 실재 권역은 성층적(成層的) 구조를 갖고 있다. 권역 간의 질서를 세계의 "날"이라고 할 수 있다면, 실재 권역의 성층구조는 세계의 "씨"라고 할 수 있을 것이다. 하르트만에 의하면, 실재 권역은 물리적 물질층, 유기체적 생명층, 심리적 의식층, 정신적 존재의 층 등으로 층을 이루고 있다. 실재 권역의 성층구조는 범주층에 의하여 결정되는 것이다.

그러나 범주 영역은 권역의 대립과 교차하는 다양성을 갖고 있는 고로, 범주 영역의 성층구조를 단순히 실재 권역의 성층구조와 부합시킬 수는 없다. 실재 권역 이외의 다른 권역에도 범주가 있을 뿐만 아니라, 또 모든 권역에 공통한 보편적인 범주도 있기 때문이다.

하르트만은 보편성을 띤 범주를 기본범주(Fundamentalkategorie)라고 부른다. 기본범주는 모든 범주적 특수화에 대한 공통의 토대를 이루며, 그러한 것으로서 실재 권역 전체의 통일된 기초를 형성한다. *Der Aufbau der realen Welt*는 기본범주를 주제로 하는 보편적 범주론으로서, 어떤 단일층 내부의 개개 범주를 문제로 삼는 특수적 범주론과 구별된다. 범주론은 자연철학, 심리학, 정신철학 등의 연구 분야에서 성립하는 바, 이는 『정신적 존재의 문제(*Das Problem des geistigen Seins*)』와 『자연철학(*Philosophie der Natur*)』에서 다루어지고 있다.

하르트만에 의하면, 세 그룹의 기본범주가 있다. 그중의 한 그룹은 양상범주인데, 이는 이미 『가능성과 현실성(*Möglichkeit und Wirklichkeit*)』에서 다루어졌다. 이 외에 12 짝의 기본적인 대립 범주(elementare Gegensatzkategorien)의 한 그룹과 16의 범주적 법칙(Kategoriale Gesetze)의 한 그룹이 있으니, 이것을 다루는 것이 『실재세계의 구조(*Der*

Aufbau der realen Welt)』이다.

요소적 대립 범주들 혹은 존재 대립들(Seinsgegensätze)은 언제나 짝을 지어 나타나는 기본범주(Elementarkategorie)로서, 권역과 층 외 모든 한계를 초월하여 존재자 일반에 범통적(汎通的)으로 타당하며, 그럼으로써 실재세계 전체에 대해서도 또한 그 기저를 이루고 있다

요소적 대립 범주에는 다음과 같은 12짝이 있다(*Aufbau*, Kap. 24, p.231)

I. Gruppe:	II. Gruppe:
1. Prinzip-Concretum	7. Einheit-Mannigfaltigkeit
2. Struktur-Modus	8. Einstimmigkeiit-Widerstreit
3. Form-Materie	9. Gegensatz-Dimension
4. Inneres-Äußeres	10. Diskretion-Kontituität
5. Determination-Dependenz	11. Substrat-Relation
6. Qualität-Quantität	12. Element-Gefüge

하르트만은 위의 대립표를 철학사적 사상재(思想財)에서 조심스럽게 추려내었다. 얼핏 보기에 아무런 원칙도 없는 단순한 나열과 같기도 하지만, 이 대립표의 전개에 있어서 하르트만은 플라톤의 변증법이나 헤겔의 엔치클로페디에 비길 만한 엄밀한 변증으로 요소적 범주 하나하나의 이동(異同)을 가리면서 전체를 하나의 누그러운 체계로 엮어놓고 있다. 이리하여 24개의 범주가 제각기 타 원리(原理)로 환원될 수 없는 그야말로 요소적인 범주라는 것이 밝혀진다. 하르트만은 물론 이 체계를 하나의 완결된 체계라고 보지 않고 오히려 하나의 광시곡(Rhapsodie)으로서 만족하려고 한다. 그것은 말하자면 장래의 철학으로 향하여 개방된 체계이다. 그러나 여태까지의 철학사의 모든 성과에서 가능한 최선의 체계라는 것을 하르트만 자신은 별로 의심하려고 하지 않는 것 같다. 그는 다음과 같이 말하고 있다.

> Die Auslese der Kategorien, die in eine unverbindliche und offenbleibende
> Tafel der Elementargegansätze aufzunehmen sind-in eine Tafel also, die
> den Anspruch eines Systems nicht erhebt, sondern sich mit der "Rhapsodie"

begnügt-, dürfte mit der vorstehenden geschichtlichen Orientierung im ganzen gegeben sein(*Aufbau*, Kap. 24, p.230).

우리는 아래에 대립 범주 상호 간의 변증의 전개를 대충 간추려 보겠다.

형상(Form)과 구조(Struktur)는 서로 혼동되기 쉽도록 유사하다. 그러나 양자의 구별은 그 대립항에서 분명히 드러난다. 형상은 질료(Materie)의 대립항인 바, 형태형성(形態形成)이 가능한 한의 모든 미형성자, 즉 형태형성에 대하여 수동적으로 자기를 제공하는 모든 것은 질료이고, 형상은 형성원리(形成原理)이다. 모든 형태에서의 형태형성자이다. 구조(Struktur)는 이것과 달라서, 양상(Modus)의 대립항을 이룬다. 양상에는 상호양상관계(Intermodalverhältnisse)가, 후자에는 또 모든 종류의 현존 방식이, 의존하는 고로, 용재의 전중량(全重量)은 구조 편에 놓이게 된다. 그러므로 양상을 제외한 여타의 전 대립범주(全對立範疇)는 존재 규정성 혹은 용재 일반으로서 구조에 속한다(*ibid.*, p.232).

질료(Materie)와 기체(Substrat) 간에도 유사성이 있다. 형태형성의 서열에 있어서 질료와 형상은 쌍방이 공히 상대화한다. 이를테면 원자(Atom)는 이온(Ion)과 전자(Elektron)의 형상이고, 분자는 원자의 형상이고, 물체는 분자의 형상이다. 여기서는 각각의 형상이 다시 그 이상의 형태형성에 대한 질료가 되고, 질료는 벌써 그 이하의 질료에 대한 형성체이다. 기체(Substrat)의 대립항은 관계(Relation)인데, 관계(Relation)는 그 자체 한층 고차적인 관계의 관계항으로 된다. 그런데 이 모든 관계는 그 자체 벌써 관계가 아닌 하나의 관계항을 전제한다. 이 의미에 있어서 위 최후의 관계항이 관계의 기체이다(*ibid.*, p.233).

기체(Substrat)와 요소(Element)도 서로 유사하면서도 같은 것이 아니다. 요소(Element)의 대립항은 관계가 아니고 조직(Gefüge)이다. 요소는 조직에 있어서 요항(要項), 하나의 전체에 있어서 내적 계기이다. 그런데 한 존재 관계에 있어서 기체는 무제약적으로 이 존재 관계에 결부되어 있는 것이 아니라 부단히 다른 관계의 관계항으로 추이(推移)할 수 있다(*ibid.*, p.234).

차원(Dimension)은 기체의 성격 외에 또 그 내부에 모든 가능한 규정에 대한 무대(舞台)와 서열을 예정하는 질서 원리를 포함한다. 거기엔 가능한 단계 구분의 방향에 있어서 이원성(二元性), 즉 양극성이 있다. 차원은 또 연속성(Kontinuität)과 분리

(Diskretion)에 대하여 다 같이 무대와 질서 법칙으로 된다(*ibid.*, p.235).

대립(Gegensatz)과 모순(Widerstreit)에 공통한 것은 반대, 분열, 간격이 개재(介在)한다는 점이다. 양자의 차이는, 대립에 있어서는 산과 골짜기의 예에 있어서와 같이 서로 항거하지 않는데 모순에 있어서는 상호충돌, 상호항쟁하는 점에 있다. 양자의 대립항 차원과 조화(Einstimmigkeit)를 여기다 대조시켜 보면 그 차이는 더욱 뚜렷해질 것이다(*ibid.*).

분리(Diskretion), 다양성(Mannigfaltigkeit), 질(Qualität)에 공통한 요소는 그 속에 차이(Unterschied)를 포함한다는 점에 있다. 그런데 대립의 양극 관계는 연속자의 모든 위치에 있어서 공통한 것이다. 분리는 차원적 연속자에 결부된 것인데, 다양성은 연속성과 분리에 있어서와 같이 대립 차원의 통일에 결부되어 있지 않다. 다양성에는 또 질에 관한 것 외에 양, 관계, 형상, 법칙 등에 관한 다양성도 있다. 그리고 다양성의 대립항은 단일성이고, 질의 대립항은 양이라는 점에서도 양자의 구별은 뚜렷이 나타난다(*ibid.*, p. 237).

형상(Form)과 원리(Prinzip)를 비교하면, 형상 자체는 결코 한갓 원리에 관한 사항이 아니라 구체자에도 역시 형상이 있다는 점이 주목된다. 형상 자체는 보편자와 개별자, 본질적자(本質的者)와 비본질적자(非本質的者), 내적자(內的者)와 외적자(外的者) 등의 구별에 대하여 등한(等閑)하다(*ibid.*, p.238).

원리(Prinzip)의 본질에는 물론 구체자에 대하여 부여하는 결정(Determination)이 핵심을 이루어 있다. 그러나 이 결정 방식은 여러 가지 결정 방식 중의 하나에 불과하다. 각 실재층(實在層)에는 각각 결정의 특수형, 이를테면 인과결정성(因果決定性), 목적결정성(目的決定姓) 같은 것이 있다는 점에서도, 원리와 결정을 동일시할 수 없다는 것을 알 수 있다. 다른 편으로 이들의 형(型)의 연쇄들 자체가 또 진정한 원리이기도 하다. 그러므로 결정과 원리는 쌍방이 다 같이 어떤 의미에서는 타방(他方)의 보편자이고 그러면서 동시에 다른 의미에서는 타방의 특수자라는 점에서, 서로 부합된다기보다 오히려 서로 보충하는 것이다(*ibid.*, p.239).

원리는 존재자의 다양한 관계, 의존성, 연관성의 범주라는 것을 이해한다면, 원리에서 나오는 결정성은 사물의 내면성에 적용됨과 마찬가지로 그 외면성에도 적용된다는 것을 알 수 있을 것이다. 원리를 외적인 것 혹은 내적인 것에 일방적으로 부합시키는 것은 잘못이다(*ibid.*, p.240).

위에서 보는 바와 같이, 대립 범주는 그 하나하나를 고립시켜 놓고 보면 잘 파악이 안 되나, 상호관계를 변증하는 가운데 파악이 가능케 된다. 상술한 22개의 대립 범주는 하르트만의 범주체계에서 존재 권역의 대립을 초월하여 타당한 기본범주의 일군(一群)을 형성하며, 그럼으로써 이 일군은 양상범주의 일군과 더불어 실재세계 전체에 대립해서도 또한 그 토대 혹은 기저를 이루고 있다. 이리하여 이 토대 위에 비로소 실재세계의 내부구조에 관한 제 범주가 성립하는 것이다. 그런데 실재세계의 내부구조를 결정하는 개개의 특수적 범주는 무원칙으로 산재하는 것이 아니라 일정한 원리 아래 서로 결속하여 있는 것이니, 이 원리를 범주적 법칙(Kaegoriale Gesetze)이라 부른다.

범주란 일반적으로 구체적 존재자를 결정짓는 원칙 존재(Prinzipsein)이다. 범주적 원리의 경우, 그것이 결정지어야 할 구체자는 전체로서의 실재세계이다. 실재세계의 각 층에 타당한 특수적 제 범주의 총체라 해도 좋을 것이다. 이런 의미에서, 범주적 법칙은 말하자면 범주의 범주다. 개개의 구체적 사물이 범주 아래 종속하듯이 모든 범주는 범주적 법칙 아래 종속하여 그 결정을 받지 않으면 안 된다. 이리하여 범주적 제 법칙은 실재세계 전체의 구조를 규정하는 또 하나의 기본범주의 일군을 형성한다.

범주적 제 법칙은 네 가지 원칙에 좇아 다시 네 그룹으로 나누어지고, 각 그룹마다 넷씩의 법칙이 속한다. 네 가지 원칙은 다음과 같다(*ibid.*, pp.418-419).

> 1. 타당원칙(Der Grundsatz der Geltung)
> "범주가 범주인 소이(所以)는 어떤 것의 원리라는데 있을 뿐이다. 원리 없이는 구체자가 아무것도 아닌 것과 마찬가지로 구체자 없이는 원리도 아무것도 아닌 것이다."
>
> 2. 공속원칙(Der Grundsatz der Kohärenz)
> "범주는 개별로 독립해서 성립하지 않고 범주층의 결속을 두어 성립할 뿐이다. 범주들은 범주층에 결부되어 거기서 공동으로 결정한다."
>
> 3. 성층원칙(Der Grundsatz der Schichtung)
> "하층(下層)의 제 범주는 상층(上層)으로 뻗쳐나가 상층의 제 범주의 틈에 끼인다. 그러나 반대로 상층의 범주가 하층으로 뻗쳐나가는 법은 없다."

4. 의존원칙(Der Grundsatz der Dependenz)

"의존성은 다만 일방적으로 하층의 범주에 의한 상층의 범주의 의존성으로서 성립할 뿐이다. 그러나 그것은 단순한 부분적 의존성에 불과하다. 이 의존성은 상층의 범주의 자립성에 대하여 넓은 무대를 허용한다."

타당원칙 아래 다음과 같은 네 가지 원칙이 있다(*ibid.*, p.420).

① 원리법칙(Das Gesetz des Prinzips)

"어떤 범주의 존재는 그 원리존재에 성립한다. 어떤 것이 한 사항의 원리라는 것은 그것이 그 사항의 일정한 측면을 결정짓는다는 것, 즉 그 사항에 대하여 타당하다는 것 이외의 아무것도 아니다. 범주는 구체자에 '대해서의' 이러한 원리존재 이외의 아무것도 갖고 있지 않다."

② 층타당법칙(Das Gesetz der Schichtengeltung)

"어떤 범주에서 나오는 결정성은, 그 타당의 한계 내에서-따라서 그 범주가 속하는 존재층 내부에서-모든 구체자에 대하여 불가침의 구속력을 가진 결정성이다. 이 결정성에는 예외가 없다. 그리고 이 결정성 외의 또는 병립하는 여하한 힘도 그것을 폐기하지 못한다."

③ 층소속법칙(Das Gesetz der Schichtenzugehörigkeit)

"어떤 범주의 불가침의 타당은 다만 그것이 소속한 존재층의 구체자에 대해서만 성립한다. 그 범주는 존재층 밖에서는-거기에 대체로 그것이 성립한다고 치더라도-다만 하나의 제한되고 수정된 범주일 따름이다."

④ 층결정성법칙(Das Gesetz der Schichtendetermination)

"구체자에서의 모든 원리적인 것은 그 층의 범주들에 의하여 비단 불가침적으로 뿐만 아니라 또한 완전히 결정지어진다. 그 층의 구체자는 그러므로 이 범주들에 의하여 또한 범주적으로 자급자족해서 여하한 다른 종류의 규정도 필요로 하지 않는다."

공속원칙(共屬原則) 아래 다음과 같은 네 가지 법칙이 있다(*ibid.*, pp.433-434).

① 결속법칙(Das Gesetz der Verbundenheit)

"한 존재층의 범주들은 각각 단독으로 고립하여 구체자를 결정짓지 않고 서로 결속하여 공동으로 구체자를 결정지을 뿐이다. 그것들은 결합하여 하나의 결정 통일을 이루고, 이 통일의 내부에서 개개의 범주가 혹은 우세하고 혹은 열세할 수는 있으나, 그러나 단독으로 결정지을 수는 없다."

② 층통일법칙(Das Gesetz der Schichteneinheit)

"한 층의 범주들은 그 자체에서도 하나의 불가분의 통일을 형성한다. 개개의 범주는, 다른 범주가 적소(適所)에 성립하는 한에 있어서만, 자기도 적소에 성립한다. 결정성에 있어서 그것들의 결속성은 그것들 자신의 내용적 연합성(連合性)에 기인한다. 고립한 범주란 있지 않다."

③ 층전체성법칙(Das Gesetz der Schichtenganzheit)

"범주층의 통일은 그 요소의 총화가 아니라 요소에 선행하는 불가분의 전체이다. 층전체성은 그 요항(要項)의 상호제약에 있어서 성립한다."

④ 함축법칙(Das Gesetz der Implikation)

"층의 전체성은 각 요항(要項)에 재현한다. 각 범주는 동일층의 여타 범주를 함축한다. 각개 범주는 그 고유 본질을 자기 자신 속에 가지는 것과 마찬가지로 자기 외의 타 범주 속에 갖고 있다. 층의 공속성은 전체에 있어서와 마찬가지로 각 요항에서도 완전히 나타난다."

성층원칙 아래 다음과 같은 네 가지 법칙이 있다(*ibid.*, pp.475-476).

① 재현법칙(Das Gesetz der Wiederkehr)

"하층의 범주들은 상층 속에 보다 높은 범주의 부분 계기로서 계속하여 재현한다. 범주 중에는, 일단 어떤 층에 나타나면, 상층에서 사려져 버리지 않고 다시금 나타나는 그런 범주가 있다. 이러한 재현의 전체선(全體線)은 상층으로 끊기지 않고 뚫고 올라가는 형식을 취한다. 그러나 이 관계는 역으로 되지 않는다."

② 변모법칙(Das Gesetz der Abwandlung)

"범주적 제 요소는 상층에로의 재현에 있어서 다양하게 변모(變貌)한다. 상층의 공속성에 있어서 그것들이 놓이게 되는 특수한 위치는 그것들에게 층이 달라짐에 따라 새로운 가공형성(Überformung)을 부여한다. 그럴 적에 보존되는 것은 그 요소 자체뿐이다. 이 요소 자체에 대해서 변모는 우유적(偶有的)이다. 그런데 실재세계의 구조에 있어서 변모는 보존과 꼭같이 본질적이다."

③ 신규자법칙(Das Gesetz des Novums)

"재현으로 말미암아 상층의 각 범주는 하층의 제 요소의 다양성과 합성되어 있다. 그러나 그것은 그 총화(總和)에서 다하여지는 것은 결코 아니다. 그것은 언제나 그 이상의 어떤 것이다. 즉 그 속에는 특별한 신규자(新規者)가 포함된다. 다시 말하면 하층의 제 요소와 함께 새로이 출현하는 범주적 계기가 그 속에 포함되어, 이 계기는 하층의 제 요소 속에도 또 그 종합 속에도 포함되어 있지 않고, 그러한 것으로 분해시킬 수도 또한 없는 것이다. 그 속의 요소결합의 고유구조부터가 벌써 하나의 신규자이다. 그런데 이 요소결합에는 새로운 독특한 요소들이 또한 첨가될 수 있는 것이다. 상층의 범주의 신규자는, 제 요소의 재현에 있어서 그 변모와 마찬가지로 그 진출과 퇴각까지도 규정하는 바의 것이다."

④ 층간격법칙(Das Gesetz der Schichtendistanz)

"재현과 변모는 연속적으로가 아니라 비약(飛躍)에 있어서 전진한다. 이 비약은 범주적 재현과 변모의 모든 관통하는 선에 대하여 공통한 것이다. 비약은 이러한 선들의 전체에다 통일된 절단을 짓는다. 이런 방식으로 중첩하는 층들의 높이의 거리에 의해서 모든 변모에 대하여 하나의 유일한 수직분기(垂直分岐)가 생긴다. 이 통일적 단계영역에 있어서 어느 상층이든지 하층에 대하여 똑같이 신규자를 갖고 있다. 즉 상층은 하층의 변모된 층공속을 포함하고 그 자신 자기의 층공속을 갖고 바로 상층에 변모하여 등장한다. 층이 보존하는 것은 그러므로-공속법칙에 대응하여-전체에 있어서 개개의 범주 이외의 아무것도 아니다."

의존법칙 아래 다음과 같은 네 가지 법칙이 있다(*ibid.*, pp. 519-520).

① 강인법칙(범주적 근본법칙)[Das Gesetz der Stärke(das kategoriale Grundgesetz)]

"상층의 범주는 일련의 하층의 범주를 언제나 전제한다. 그러나 상층의 범주가 하층의 범주 속에 전제되어 있지는 않다. 그러므로 범주적 의존성은 어디까지나 하층에서 상층으로 향하여 지배하고 있지 그 역은 아니다. 어떤 범주가 기본이 되어 있음 혹은 제약자임을 그 '강인성(强靭性)'이라 하고, 제약되어 있음 혹은 의존하여 있음을 '취약성'이라 한다면, 이 법칙은 간단히 다음과 같이 표식된다. 즉 하층의 범주는 언제나 보다 더 강인하고 상층의 범주는 언제나 보다 더 취약하다고. 이 관계는 불가역으로 층접속(層接續) 전체를 지배한다. 강인성과 높이는 범주 영역에 있어서 어디까지나 전도된 관계에 있다."

② 무관성법칙(Das Gesetz der Indifferenz)

"낮은 범주층은 높은 범주층의 기초가 되겠지만, 그러나 이 기초임에 그치는 것이 아니다. 그것은 높은 범주층 없이도 자립적으로 결정짓는 원리층이다. 그것은 또 전체로서 다만 '밑으로부터'만 제약되지 '위로부터' 제약을 받지는 않는다. 그것은 보다 높은 모든 것에 대하여 상관이 없다. 낮은 존재는 자기 속에 높은 존재에의 아무런 규정도 갖고 있지 않다. 그것은 모든 가공형성(加工形成)과 가상구축(架上構築, Überbauung)에 대하여 등한(等閑)하다. 이 점에 그 층자립성(層自立性)이 있다."

③ 질료법칙(Das Gesetz der Materie)

"성층(成層)에 있어서 재현과 가공형성이 성립하는 곳이면 어디서나 하층의 범주는 상층의 범주에 대하여 질료에 불과하다. 그것이 비록 아무리 강인하다고 하더라도, 그것에 의한 상층의 범주의 의존성은 다만 질료의 특성으로 말미암아 보다 높은 형태형성에의 무대가 제한을 받는 범위에 미칠 뿐이다. 상층의 범주는 하층의 범주를 질료로 하여 임의의 모든 것을 형성할 수 있는 것이 아니라 이 질료에 있어서 가능한 것만을 형성할 수 있을 뿐이다. 상층의 범주는 하층의 요소를 개조하지 않고(왜냐하면 이것은 자기보다 강인한 고로) 다만 가공형성할 뿐이다. 이와 같은 제한하는 기능 이상으로 '질료'의 규정력은 미치지 못한다. 완전히, 높은 범주층이 낮은 범주층 위에 '가상구축'되는 경우, 후자는 벌써 질료가 아니라 한갓 존재 토대에 불과하며, 그럼으로써 그 영향은 훨씬 감퇴한다."

④ 자유법칙(Das Gesetz der Freiheit)

"상층의 범주가 하층의 범주에 의하여 질료상(혹은 심지어 다만 토대상)으로 제약된다고 한다면, 그 취약한 존재임에도 불구하고 그것은 자기의 신규자에 있어서 하층의 범주에 대하여 '자유롭다'(자율적이다). 이 신규자야말로 새로운 종류의, 내용적으로 탁월한 형태인 것이다. 이 탁월성이, 낮은 요소가 가공형성되거나 가상구축되거나 간에, 보다 높은 존재를 형성하는 것이다. 자유는 언제나 취약자가 강인자에 대해서만 가지는 것이다. 그것은 취약자가 보다 더 높기 때문이다. 그렇기 때문에 취약자는 자기의 활동무대를 낮은 것 '속에' 가지지 않고 그것 '위에' 가진다. 왜냐하면 낮은 것은 높은 것 속에 다만 요소로서 있을 따름이고, 그러한 것으로서 자기가 가공형성(혹은 가상구축)되는데 대하여 등한한 고로, 높은 것의 활동무대는 낮은 것의 상부에서 필연적으로 무제한인 까닭이다."

위에서 우리는 하르트만의 범주적 제 법칙을 원형대로 옮겨 놓았다. 그 중의 타당제법칙(妥當諸法則)은 범주 일반의 본질 규정이다. 따라서 이들의 법칙은, 보편적이고 특수적인 구별에 상관없이 일체의 범주에 대하여 타당하다. 제2의 공속제법칙(共屬諸法則)은 단일층 내부의 범주 상호 간에 적용되고, 제3의 성층제법칙(成層諸法則)은 상하층 간의 범주 상호 간에 적용되고, 제4의 의존제법칙(依存諸法則)은 상하층 간의 범주 상호 간의 타당한계에 대하여 적용된다. 범주는 일반적으로 하나씩 고립시켜 놓고 보면 도무지 이해할 도리가 없고, 범주적 제법칙의 전체적 연관에 있어서 비로소 각광을 받는다. 그리고 이렇게 해서 범주의 전체적 전모가 드러나는 데서 세계상이 조명을 받는다.

이리하여 층을 달리하는 범주 상호 간에 직접 또는 간접으로 연관성이 있다는 것이 밝혀지기도 하려니와 동일층 내부의 범주 상호 간에 불가분의 관계가 있다는 것은 자명한 바로 된다. 이를테면 물리적 물질층에 있어서 과정성(過程性)과 상태성(狀態性)은 불가분의 관계를 갖고 있다. 왜냐하면 과정이란 바로 상태들의 한 계열 이외의 아무것도 아니기 때문이다. 실체와 인과성과 시간공간성 역시 불가분의 관계를 갖고 있다는 것이 자명하다. 실체 범주 속에는 또 기체란 계기와 지속성이란 계기가 결합되어 있다. 그러므로 우리가 어떤 하나의 층에 소속한 하나의 범주를 다루고자 하면 의례히 동일층의 다른 모든 범주를 들추어 거기에 개입시키지 않고서는 그 범주를 완전히 이해할 수가 없는 것이다.

상층과 하층의 범주들 상호의 관계도 이에 못지않게 개개의 범주에 대하여 본질적이다. 하층의 범주들은 상층의 범주들에 대하여 그 토대를 이룬다. 이 점에 하층 범주들의 강인성이 있다. 상층의 어떤 범주도 하층의 범주를 변경시키거나 더욱이 폐기시키지 못한다. 이를테면 정신적 존재의 목적적 활동이 자연과정을 능숙하게 다루어 그것을 자기의 목적 달성에 이용한다고 하자. 그러나 이것은 어디까지나 자연의 법칙을 인식하여 그것에 순종함으로써만 가능한 것이지 그것은 변경하거나 무시할 능력이 있는 것은 아니다. 상층의 범주에 비하여 하층의 범주가 훨씬 강인하다고 하는 이 법칙을 하르트만은 범주적 근본 법칙이라고 한다. 이 근본 법칙에 의하여 하층은 상층에 대하여 자립적이다. 세계에 있어서 정신적 존재의 발자취는 불과 수 천 년밖에 추적할 수가 없다. 그러나 정신적 존재가 이 세계에 출현하기에 앞서 심리적 존재는 벌써 장구한 세월을 거기에 존재해 왔을 것이며, 더욱이 유기적 존재, 그리고 물질적 존재는 일층 아득한 세월을 거기에 존속하여 왔을 것임에 틀림이 없다. 적어도 실체적 제 과학에다 근거를 두고 사고하려고 한다면, 오늘날 감히 이 사실을 부인하려고 들 사람은 하나도 없을 것이다. 이는 낮은 층의 범주들의 강인성을 말하는 것이다.

하층의 범주들은 상층의 그것들보다 강인하고 자립적인데, 그것들은 또 상층으로 뚫고 올라가 상층존재의 보다 풍부한 형태의 형성에 개입하기도 한다. 그럴 적에 상하층 간에 이종(二種)의 관계가 있으니, 그 하나는 가공형성관계(Überformungsverhältnis)이고 또 하나는 가상구축관계(Überbauungsverhältnis)이다. 전자의 특징은 하층의 범주들이 전부 상층을 뚫고 올라가 상층존재의 구성 요인으로 되는 점에 있고, 후자의 특징은 하층의 범주 중 일부분만이 상층으로 관통하고 일부분은 층경계선(層境界線)에서 정지함으로써 상층이 하층의 "위에 얹히는(aufruhen)" 모양으로 되는 점에 있다. 가공형성관계는 물질층과 생명층 간에 성립한다. 즉 물질층의 범주는 전부 생명층으로 관통하여 유기체 형성의 요인으로 참여한다. 가상구축관계는 생명층과 심리층 및 심리층과 정신층 간에 성립한다. 즉 물질층의 범주 중 일부, 예를 들면 시간성, 실체성, 과정성, 상태성, 인과성, 법칙성, 개별성과 같은 것은 생명층과 심리층을 거쳐 정신층까지 관통하는데, 그중의 일부, 예를 들면 공간성, 물체성, 중량, 타성, 밀도와 같은 것은 생명층과 심리층의 경계선에서 정지하고 만다. 마찬가지로 심리층과 정신층과의 경계선에서 일부 범주의 관통과 일부 범주의 정지란 동일의 사태가 나타난다. 하르트만은 1926년의 『범주적 법칙(*Kategoriale Gesetze*)』에서는 가공형성관계 하나만 가지고 모든 상하층

관계를 설명하고 있었는데, 1933년의 『정신적 존재의 문제(*Das Problem des geistigen Seins*)』에서 가공형성관계와 아울러 가상구축관계를 말하게 되었고, 『실재세계의 구조(*Der Aufbau der realen Welt*, 1940)』에서 새로이 이 문제를 다룰 적에 이 개념은 더욱 공고하게 확립되었다.

위에서 보듯이, 한편으로 하층에서 상층으로 관통하는 높이에 있어 범주에 따라 차이가 있고 다른 편으로 또 층이 새로워짐에 따라 신규의 범주들이 등장함으로써 범주영역에 층이 생기게 되며, 이에 대응하여 세계상도 성층적으로 파악되는 것이다. 그런데 범주들이 밑으로부터 위로 향하여 뚫고 올라감에도 불구하고, 또 상층범주에 대한 하층범주의 불가침성에도 불구하고, 상층은 신규 범주들의 새로운 출현으로 말미암아 풍부하고 자율적인 형태형성의 활동무대를 갖게 된다. 상층은 물론 하층을 떠나 존립할 수 있는 것이 아니다. 물질을 떠나 생명이, 생명을 떠나 의식이, 의식을 떠나 정신적 존재가 있을 수 없다. 의식은 육체에 부담(負擔)되어서만, 정신은 의식에 부담되어서만, 존립할 수가 있는 것이다. 그럼에도 불구하고 의식은 육체보다, 정신은 의식보다, 더욱 풍부하고 다양한 새로운 형태형성에의 자유를 갖고 있다.

위에서 우리는 양상범주, 대립 범주, 범주적 제 법칙 등 삼군(三群)의 기본범주를 개관하였다. 기본범주(Fundamentalkategorien)는 무엇인가? 하르트만은 다음과 같이 말한다.

Fundamentalkategorien müssen dem realen und idealen Sein gemeinsam sein(*Aufbau*, Kap. 21, p.206).

이 경우 "모든 권역(Sphären)에 공통한 것"이라고 말해도 좋겠으나, 존재 관계에 대해서는 일차적 존재 권역이 중요하고 이차적 존재 권역(인식 권역과 논리 권역)은 전자에 의존하는 고로, 실재 권역과 이념 권역을 들어 위와 같이 규정한 것이다. 시간성, 개별성, 인과성, 변화성과 같이 실재적 존재의 전 권역에 공통한 범주도 있지만, 이것들은 이념 권역에 대해서는 타당하지 않기 때문에, 결국 특수적 범주에 불과한 것이다. 그러므로 하르트만은 기본범주를 위의 삼군(三群)에 국한한다. 그리하여 "기본범주들의 보편적 범주론(allgemeine Kategorienlehre)의 대상을 이룬다"고 한다(*ibid.*, p.203).

그런데 이 기본범주의 삼군 상호 간에 혹시 위계의 서열과 같은 것은 없을까? 똑같이 양 존재 권역에 공통하다는 점에서 그런 것이 있을 수 없다. 그러나 관점을 달리하기에 따라서는 피차에 타방(他方)을 전제하며 각자 제일(최저)의 위치를 요구하는 면이 없지도 않다(범주의 영역에 있어서는 낮은 것일수록 기본적이고 보편적이다). 이 문제에 관하여 하르트만은 다음과 같이 말하고 있다.

> Diese Gruppe(Modalkategorien) ist insofern proto-typisch, als sie noch diesseits aller inhaltlichen Besonderheit steht. nur die Seinsweise betrifft und deswegenwohl das Sphärenproblem bestimmt, aber den Aufbau der Realwelt und alles Strukturelle überhaupt noch unberührt läßt(*ibid.*, p.204).

양상범주는 순전히 존재 방식에만 관계하고 내용적, 구성적인 것에 전연 저촉하지 않는다는 점에서 삼군 중에서도 가장 전형적이라는 것이다. 대립 범주에 대해서는 또 다음과 같은 장점을 인정한다.

> Sie(Gegensatzkategorien) hat den Vorzug, daß sich von jedem Gliede der Gegensatztafel aus ein Durchblick durch den ganzen Schichtenaufbau der realen Welt ergibt. Sie vermittelt also gleich von dem ersten Schritt ab ein konkretes Bild dieses Aufbaus-und zugleich ein Bild des Kategorienreiches(*ibid.*, p.205).

대립 범주들은 그 각 항에서 실재세계의 전성층구조(全成層構造)가 일목요연하게 투시된다는 장점이 있다. 그러나 범주적 법칙은 전이군(前二群)의 기본범주도 또한 이 법칙에 따라야 한다는 점에서 보다 더 기본적이라고 볼 수 있다는 것이다.

> Sie(kategoriale Gesetze) in gewisser Hinsicht auch fundamentaler als die beiden ersten Katergoriengruppen sind; denn diese unterliegen bereits den kategorialen Gesetzen(*ibid.*).

이리하여 결국 삼자간(三者間)의 위계 다툼은 피장파장으로 된다. 그런데 양상의 모든 분열과 양상 간의 모든 법칙은 어디까지나 양상적인 것으로 구조적인 것과 대립한다. 이 대립은 양상-구조(Modus-Struktur)의 대립으로서 12개의 존재 대립 중의 하나이다. 이 점에서 양상범주군(樣相範疇群)은 대립 범주군에 "속한다"고 말할 수 있다. 그러나 다른 편으로 또 대립 범주 중 양상을 제외한 23항의 범주는 전부 제각기 구조적인 요소를 갖고 있는데 그중에서 양상 하나만은 전연 그것을 갖고 있지 않다. 이 점에서 본다면, 23개의 대립 범주가 전부 양상범주 하나와 대립하면서 그것을 전제하고 있다고 할 수 있다. 그런 고로 하르트만은 다음과 같이 말했던 것이다.

> Die Kategoriengruppen der Modalität und der Seinsgegensätze sind somit nicht durch einen eigentlichen Höhenunterschied im Sinne der Schichtung voneinander abgehoben, sondern stehen nebeneinander und dürfen als einer Schicht zugehörig angesehen werden. Genauer: sie stehen in einem nicht näher angebbaren Rangverhältnis zueinander(*M.u.W.*, Einleitung 13, p. 29).

그런데 여기 실재세계의 최하층과 기본범주군과의 중간에 개재하는 독특한 위치의 범주의 일군이 있다. 그것은 분량 범주(分量範疇)의 일군이다. 그것은 수(數)와 다양한 수(數) 관계(關係)의 영역을 규정하는 범주들이다. 그런데 수의 영역은 이념적 존재 권역에 속한다. 그것은 순수수학이 자연과학이 아닌 것과 마찬가지로 실재적 존재 권역에는 속하지 않는다. 그럼에도 불구하고 물질계에 있어서 공간량, 지속, 중량, 속도, 밀도, 압력 등에 관한 자연법칙은, 비록 순전히 그것에 의해서만은 아니라고 하더라도 어쨌든 순수수학의 법칙에 의하여 규정되며, 거기에 자연과학의 엄밀성과 정확성이 의거하는 것이다. 분량 범주는 수학적 이념 권역의 범주로서 실재세계의 최하층인 물질계를 규정한다. 그러나 이 규정력은 생명층에 있어서 훨씬 제한되고, 심리층과 정신층에 이르러서는 더욱 약화한다. 하르트만은 이 영역에 대하여 다음과 같이 그 위치를 규정한다.

> Der Gegenstand der reinen Mathematik eine niedere Seinsschicht, unterhalb der anorganischen Natur, also auch unterhalb des ganzen

Schichtenbestandes der realen Welt, bildet(*Aufbau*, Kap. 21, pp.207-208).

그런데 일반적으로 기본범주는 이념 권역과 실재 권역에 일률로 타당한 범주들이었다. 분량 범주는 이 조건을 충족시키지 못한다. 그런 고로, 분량 범주는 기본범주로 간주될 수 없다. 분량 범주는 실재세계 전체에 대하여 그 하부층을 형성한다는 점에서 기본적이라고 하겠으나, 다른 편으로 수학적, 이념적 영역에는 전적으로 타당하지만 실재세계 전체에 일관하여 타당한 것으로 되지는 못한다는 점에서 특수적이라는 일종의 중간적 위치에 있다. 일(一)과 다(多), 부분과 전체, 유한과 무한, 합리수와 비합리수, 수계열(數系列)과 수체계(數體系) 등이 분량 범주에 속한다. 분량 범주는 긍정성과 부정성, 동일성과 차이성, 보편성과 개별성 등을 포함한 성질 범주와 대립한다.

이상 고찰한 모든 범주는 보편적 범주론의 분야를 형성하는 바, 이는 실재세계에 한해서 그 전성층(全成層) 혹은 일부층(一部層)에 타당한 범주를 다루는 특수적 범주론과 대립한다.

『자연철학(*Philosophie der Natur*)』은 물질층과 생명층으로 형성되는 자연 영역에 관한 특수적 범주론이다. 심리층과 정신층에 대해서도 응당 이에 대등한 특수적 범주론의 한 분야가 성립할 것이나, 이 분야에 있어서는 "대상이 한층 복잡한 구조를 갖고 있을 뿐더러 이 분야의 지식은 아직 연천(年淺)하고 축적된 역사적 경험이 빈약한 탓"으로 범주적 문제의 발언 시기가 성숙하지 못하였다는 것이다(*Philosophie der Natur*, Vorwort). 하르트만은 이 분야에 대하여 『정신적 존재의 문제(*Das Problem des geistigen Seins*, 1933)』에서 우선 현상학적 기술로써 정신철학에의 제론(諸論)으로 삼고 있다. 그리고 『역사의 범주(*Kategorie der Geschichte*, 1931)』[5]에서 단편적으로 역사의 범주로서의 객관적 정신에 대한 자신의 견해를 발표하고 있다. 『자연철학』의 초고는 이미 1927~1931년 사이에 작성되고 있다는 것은 앞에서도 말한 바다.

『자연철학』에서는 차원적 범주(dimensionale Kategorien)로서 시간·공간, 우주론적 범주(Kosmologishe Kategorien)로서 실재관계성, 과정성, 상태성, 실체성, 인과성, 교호작용성, 자연법칙성, 역학적 조직, 유기체론적 범주(organologische Kategorien)로서 유기체적 조직, 자기통제, 동화작용, 종, 생식작용, 개체의 재생산, 죽음, 변종, 합목적성, 유

---

5) N. Hartmann, *Hartmanns Kleinere Schriften* II, pp.121~327. 이 논문은 1930년 옥스퍼드(Oxford)에서 개최된 제7회 국제철학회에서 행한 것임.

전 등이 다루어지고 있다.

하르트만의 존재론 체계는 다음과 같이 도식화된다.

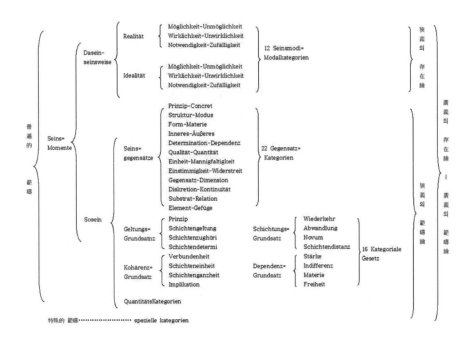

위의 표(表)에 있어서 현존(Dasein)의 계기(Moment)에서 실재성(Realität)과 이념성(Idealität)에의 존재 방식의 분기를 거쳐 이 두 존재 방식에서 각 6개의 존재 양상 분화에 이르기까지가 『존재론의 기초(Grundlegung der Ontologie)』와 『가능성과 현실성(Möglichkeit und Wirklichkeit)』의 주제를 이루고, 이 주제를 다룬 것이 이른바 협의의 존재론(enge Ontologie)이다. 그리고 용재(Sosein)의 계기(Moment)에 있어서 22개의 대립범주(Gegensatzkategorie)와 16개의 범주적 법칙(Kategoriale Gesetze)를 다룬 『실재세계의 구조(Der Aufbau der realen Welt)』는 보편적 범주론(allgemeine Kategorienlehre)으로서 실재세계의 각 층에 관한 특수적 범주론(spezielle Kategorienlehre)과 더불어 이른바 협의의 범주론(enge Kategorienlehre)을 이룬다. 광의에 있어서는 그러나 존재론과 범주론이 그의 이론 전개의 전 범위에 걸쳐 전폭으로 합치하는 것이다. 그런데 실재세계는 양상범주, 대립 범주, 범주적 법칙 등 삼군의 기본범주들(Fundamentalkategorien)

을 토대로 그 위에 구축되는 바 그 최하층의 하부에 분량 범주들이 실재세계 전체를 상층으로 하는 하나의 하층을 형성한다. 그리고 실재세계는 물질층, 생명층, 심리층(의식층), 정신층 등 사층(四層)의 성층구조에 있어서 구성된다. 이상과 같은 것이 하르트만의 존재론에서의 범주체계요, 또 이에 의한 세계상의 파악이다.

5. 결론

하르트만의 존재론에서 문제설정과 방법론 및 존재론과 범주론과의 관계 등의 제 문제에 대해서는 이미 각각 해당한 항에서 논자의 견해를 밝힌 바 있으므로, 여기서는 다만 그의 범주체계의 특성에 관하여 결론을 말해 두고자 한다.

하르트만은 범주분석의 지반을 현상에서 취한다. 그럴 적에 그는 현상학자들처럼 현상의 의식면(意識面)에 편중하지 않고 그 대상면(對象面)을 아울러 중요시한다. 이 경우, 현상의 대상면을 제공하는 것은 주로 실증적 제 과학이다. 다시 말하면 과학의 경험자료가 현상의 대상면을 구성하는 중요한 요인을 이룬다. 그러므로 범주분석은 언제나 당시의 과학의 성과에 결부되어 있는 것이다. 하르트만은 범주분석에서 이 역사적 제약성을 무시할 수 없다고 본다.

이 점은 하르트만의 범주체계의 특성을 결정짓는 중요한 요인으로 된다. 하르트만은 범주를, 아리스토텔레스와 같이 품사(品詞)의 종류에서 도출하지도 않고, 또 칸트와 같이 판단의 종류에서 도출하지도 않는다. 그의 『자연철학』에서 다루어진 대부분의 범주는 과학의 각 분야에서 확립된 원리들이다. 현대과학은 한 때 분산, 분열의 상태에 있었으나 지금은 점차 집중, 수렴의 경향을 띠고 있으며, 이리하여 화학과 물리학, 원자력학과 천체물리학, 생리학과 콜로이드화학 사이에 공동의 연구영역이 확대되어 가고 있다는 것이다. 과학의 이와 같은 상황은 자연의 영역에 있어서의 범주론, 즉 자연철학을 요구하며 또 가능케 하고 있다고 한다. 하르트만은 헤겔처럼 어떤 형이상학적 전제 아래 개념의 변증법적 자기 전개로서 범주의 체계를 구성하려 하지도 않는다(변증법은 하르트만에 있어서 헤겔의 전형에 따르지 않고 오히려 플라톤의 그것에 유사한 점이 많다). 범주의 체계는 순수한 사변에 의하여 구상될 것이 아니라 과학의 각 분야가 제공하는 자료를 토대로 하여 그 위에 비로소 구축될 성질의 것이라고 그는 생각한다. "체계의 역사는 동시에 개개의 범주가 의식되어 나가는 역사이다"(*Philosophie der Natur*, p.3).

그러므로 하르트만의 범주체계는 폐쇄된 체계가 아니라 미래로 향하여 개방된 체계이다. 비교적 정돈된 체계를 갖추고 있는 그의 『자연철학』 그것이 벌써 결코 완결된 체계를 자부하는 것이 아닌 이상, 그 분야의 여건 미숙으로 아직 본격적인 착수도 보지 못한 정신철학의 영역에 대해서는 더욱 위에 말한 바가 타당하다. 이 분야는 앞으로의 과제로서 우리에게 남겨져 있는 것이다. "이 전범주(全範疇) 연결(連結)에의 투기(投企)는 철학의 본래의 소망인 바, 이를 완수하기엔 한 개인의 역량뿐 아니라 한 시대의 역량조차도 오히려 부족하다. 이를 위해서는 세대에서 세대를 이어 노력하지 않으면 안 될 것이며, 언제나 다만 분명히 그 시대에 발언의 시기가 성숙한 것에 대해서만 처리할 수가 있는 것"(*ibid.*, Vorwort)이라고 그는 말하고 있다.

하르트만의 범주론에서 우리가 간과해서는 안 될 또 하나의 특성은 범주에 따라 상이한 타당한계(妥當限界)를 인정하고 있다는 점이다. 기본범주에 한해서는 그 타당한계가 일률로 보편화된다. 그것은 모든 존재층뿐만 아니라 모든 존재 권역에 대하여 공통한 것이기 때문이다. 그러나 특수적 범주는 각각 그 타당성의 한계를 달리하고 있다. 각개 범주에 대하여, 그것에 상응한 타당한계를 밝히려고 하는 점에서 하르트만은 "순수이성비판의 새로운 과제"(*ibid.*, p.3)를 제기한다. 칸트에 있어서는 범주표가 하나의 완결된 체계를 이루고 있었을 뿐만 아니라 12개의 범주가 한결같이 "가경험계(可經驗界)에 한해서"라는 타당성의 한계를 갖고 있었다. 그러나 하르트만은 자기의 범주체계 속에 열거된 범주로써 범주의 전체가 다하여진 것으로 보지도 않거니와 또 모든 범주가 똑같은 타당한계를 갖고 있는 것으로 보지도 않는다. 그는 언제나 실증적 과학의 발달에 따라 새로운 범주가 등장할 여지를 남겨 놓고 있으며 모든 범주에 대하여 개별적으로 그 타당한계가 구명되지 않으면 안 될 것으로 본다. 여기에 그의 이른바 순수이성비판의 새로운 과제가 있다는 것이다.

무엇보다도 우리는 여기에, 하르트만에 있어서는 범주가 순수오성 개념이나 절대자의 자기 전개로서의 개념적 운동과 같은 것이 아니며, 또 하이데거에 있어서와 같은 실존주(實存疇)도 아니라, 존재자의 존재 원리라는 점을 간과해서는 안 될 것이다. 존재자 일반에 공통한 존재 규정은 곧 하르트만에서 범주의 성격을 띤다. 물론 이 공통성의 범주에 일정한 제한이 있는 경우와 전연 제한이 없는 경우와의 구별은 있다. 전자일 경우에, 그것은 특수적 범주이고, 그 타당한계를 개개의 범주에 대하여 엄밀히 규정할 것이 요구된다. 후자의 경우, 그것은 보편적 기본범주에 속한다. 이리하여 하르트만의 존재론은 범주의 체계에 의하여 관철된다.

하기락(경북대)

1. 서론

1) 문제의 국한

니콜라이 하르트만(Nicolai Hartmann)은 존재자 일반을 그 현존 방식(Daseinsweise)에 따라 실재적(real) 존재자와 이념적(ideal) 존재자로 구분한다.[1] 무엇을 표준으로 이와 같이 구분하는가. 시간성을 표준으로 한다. 무릇 시간의 경과 속에 생기하는 것을 실재적 존재자라 한다. 개개의 물질현상, 생명체, 심리작용, 정신생활 따위가 그러한 존재자이다. 이와 반대로 실재적 존재자의 본질, 수학적 규정, 논리적 법칙, 각종의 가치와 같이 시간을 초월하여 타당한 것을 이념적 존재자라 한다. 하르트만은 그의 존재론의 제1부작 *Zur Grundlegung der Ontologie*에서 존재자 일반의 현상 분석에 의하여 실재성과 이념성이란 두 가지 현존 방식을 구분하였거니와 제2부작 *Möglichkeit und Wirklichkeit*에서는 존재 양상(Seinsmodi)이 이 두 가지 현존 방식에 있어서 어떻게 변모하는가를 엄밀히 검토함으로써 위의 구분의 타당성을 확인하고 있다.[2]

우리가 여기에서 문제로 삼는 자연은 위의 구분법에 의한 실재적 존재 권역(Seinssphäre) 내부의 한 부분 영역을 형성한다. 이리하여 무기적 물질의 영역과 유기적 생명체의 영역을 포함한 이른바 우주(Kosmos)가 우리의 연구 대상으로 된다. 유기체

1) N. Hartmann, *Zur Grundlegung der Ontologie*, 1935, p.151f; 242f 참조.
2) N. Hartmann, *Möglichkeit und Wirklichkeit*, 1938 참조.

내에 작용하는 심리적 현상과 심리작용을 토대로 그 위에 전개되는 정신생활의 영역은 여기에서 제외된다.

그러므로 우리가 여기에서 다루고자 하는 문제의 범주는 광의의 물리학과 생물학의 문제 범위와 합치한다. 그러나 우리의 과제는 이 영역에서 개개의 원리(Prinzip)를 표출하는 데 있지 않고 자연과학에서 이미 탐구된 제 원리에서 출발하여 그것들을 체계화하는 데 있다. 따라서 우리의 과업은 구체적 사상(事象)을 기술하고 분석하는 데서 시작되지 않고 원리의 시야에서 출발하여 원리 상호 간의 내재적 연관성을 구명함으로써 수행된다.

원리가 원리된 소이(所以)는 구체자(具體者)를 규정하는 데 있다. 다시 말하면, 구체적 사례는 원리에 의하여 규정지어진다. 원리의 적용을 받는다고 표현해도 좋다. 구체자는 원리의 적용을 받고 성립하는 고로, 역으로 구체적 사상을 기술하여 분석하는 데서 원리를 도출할 수 있다. 원리와 구체자 사이엔 이와 같은 관계가 성립한다. 그러나 원리 상호 간의 내면적 연관성은 구체자와의 관계로 되돌아서 밝혀질 성질의 것이 아니라 원리 영역의 내부에서 밝혀지지 않으면 안 될 것이다. 여기에는 오히려 이념(idea)의 분류 및 종속관계의 구명에 적용된 플라톤의 그것과 같은 변증법적 방법이 타당하다.[3]

구체자를 규정하는 원리를 하르트만은 범주(Kategorie)라 한다. 그것은 칸트에서와 같이 선험적(transzendental) 의미에서 선천적(a priori)인 것이 아니라 존재적(ontisch)으로 선천적(a priori)인 것이다. 헤르만 바인(Hermann Wein)이 말하듯이, "사물(Etwasse)"의 세계는 질서 있는 세계요, "구조를 가진 세계(Welt-mit-Struktur)"이다. 만일 세계에 질서가 없고 구조를 결한다면 그것은 혼돈(Chaos)에 불과하고 비세계(Nicht-Welt)임을 면치 못할 것이다. 하르트만의 존재론에 있어서는 실재적 세계의 구조가 범주체계에 의하여 파악된다. 그러므로 하르트만의 범주분석에 있어서 실재세계의 "구조논리학(Strukturlogik)"을 발견하고 그것을 현대적으로 이해된 수학적 보편성(mathesis universalis)으로 보려고 하는 바인의 견해도 성립하는 것이다.[4]

하르트만의 범주체계는, 볼노우(Bollnow)도 평하다시피, 그 내면적 완전성으로 보

---

3) 하기락, 「N. Hartmann에 있어서의 범주체계의 문제」, 한국칸트학회 논문집 『철학연구』 제1집, 1964, 101쪽 이하 참조.

4) Hartmann Wein, "Nicolai Hartmanns Kategorialanalyse und die Idee einer Strukturlogik", in: *Nicolai Hartmann, Der Danker und sein Werk*, 1952, p.183.

나 외면적 범위로 보나 "최근 수십 년 내의 최대의 체계구축"[5]이라고 하겠다. 그러나 그는 "체계가인 동시에 현상학자이다."[6] 범주 문제를 다룬 종래의 철학자들은 개관적 범주표의 작성을 서두르거나 일정한 최고원칙에서 범주의 체계를 연역하려고 한다. 그런 점에서 아리스토텔레스의 자연학이나 헤겔의 자연철학은 벌써 참고할 만한 가치가 없고 『순수이성비판』에서 칸트가 시도한 범주의 연역도 채택할 바 못된다. 자연에 관한 하르트만의 범주체계는 과학이 제공하는 광범한 현상 지반에 입각하여 실재적 세계 자체의 구조분석에서 구축된다. 그의 범주체계는 체계로서의 내면적 통일성을 갖고 있으나 동시에 과학의 발달에 대하여 항시 개방되어 있는 미완결의 체계이기도 하다.[7] 본 논문은 위에서 말한 의미에서 범주의 체계에 의하여 자연의 구성원리를 파악하고자 하는 데 목적을 두고 있다.

2) 예비적 개념규정

a. 자연의 공간시간성

자연의 기초를 이루는 근본 범주는 공간시간성(空間時間性)이다. 다시 말하면 자연계의 모든 현상은 공간시간성으로 생기한다. 물질의 질량이나 그 운동만이 공간적 배열을 가지는 것이 아니라 물리학적 힘이나 에너지도 또한 공간적 장을 갖고 있다. 물질의 화학적 성질 변화도 결국 공간적 양관계(量關系)로 환원시켜진다. 유기체가 공간적으로 형태형성된다는 것도 분명한 사실이다. 그런데 이 모든 자연현상은 반드시 시간적 과정을 갖고 생기한다. 자연계에 있어서 공간성은 시간성과 더불어 불가분한 하나의 체계를 이룬다.

그런데 기하학에 있어 이념적 공간에는 시간성이 적용 안 된다. 이와 반대로 심리작용과 정신생활은 시간적 과정을 가질 뿐 공간적 형태를 취하지 않는다. 설사 거기에 공간을 말하는 경우(이를테면 대화의 광장 운운)가 있다고 하더라도 그것은 변모된 의미로 사용되는 하나의 유비(analogie)에 불과할 것이다.

하나의 체계 속에 공속한 범주로서의 공간과 시간이 본원적 전형적으로 나타나는 것

---

5) O. F. Ballnow, "Die Behandlung der Tugenden bei Nicolai Hartmann", in: *ibid.*, p.82.
6) *ibid.*
7) 하기락(1964), 142쪽 참조.

은 자연에 있어서이다. 자연계에는 단순히 공간적인 또는 단순히 시간적인 현상이란 있을 수 없다. 자연계의 모든 현상은 공간적인 동시에 시간적이다. 다시 말하면 자연은 시공 4차원 체계에 있어서 전개된다. 시공 4차원은 그 속에(Worin) 자연이 전개되는 장(Feld)이라고 말할 수 있다. 이른바 자연의 공간시간성 혹은 약(略)하여 자연의 시공성(Zeiträum1ichkeit)이다.

b. 차원(次元)의 의미(意味)

차원(Dimension)의 범주적 본질은 그것과 유사성을 갖고 있는 다른 기본범주 즉 기체(Substrat) 및 연속성(Continuum)과 비교하는 데서 선명히 드러난다.[8] 차원은 무제한의 단계 구분, 규정, 관계의 매체인 점에 있어서 확실히 기체의 성격을 띠고 있다. 그러나 차원에는 가능한 단계 구분의 방향에서의 양극성이 본질적으로 속하는 점에 있어서 단순한 기체와는 다른 어떤 것임이 밝혀진다. 차원은 기체 성격 외에 그 내부에 있어서 가능한 모든 규정에 대하여 서열과 무대를 제공하는 질서 원리를 또한 포함하고 있다. 차원이 지닌 바 이러한 범주적 계기는 기체 성격에서 나오는 것이 아니라 오히려 그것과 반대인 형상(Form)의 계기에 속한다. 단순한 기체는 이러한 질서 원리를 요구하지 않는다.

다른 편으로 또 차원은 가능한 이행의 연속을 이루며 연속은 차원 내에서 연출된다. 그렇다고 해서 차원이 단지 연속에 그치는 것은 아니다. 차원은 부단(不斷)의 연속을 그 속에 가능케 할 뿐만 아니라 동시에 다양한 간격, 분잡(分雜), 구분을 또한 그 속에 허용한다. 연속과 구분(Diskretion)은 다 같이 차원의 무대 속에서 연출되고 그 질서 속에서 규정된다.

그러므로 하르트만은 "존재 대립 간에 가능한 이행의 연속이 긴장하여 있고 그 내부에 무한한 구분의 장이 열리는 곳이며 어디서고 차원이 성립한다"고[9] 한다. 차원의 범주적 근본 계기는 가능한 이행의 방향 대립과 그 속에 열리는 연속 및 구분의 질서 원리에 있다.

---

8) N. Hartmann, *Der Aufbau der realen Welt*, 1940, p.234f 참조.
9) N. Hartmann, *Philosophie der Natur*, 1930, p.45.

c. 순수한 차원과 실질적 차원

위에서 규정한 바에 의하면 수(數)의 계열로부터가 벌써 하나의 차원을 이룬다고 볼 수 있다. 그러나 수의 영역은 실재적 자연 영역 이전의 이념적 영역에 속하며 그럼으로써 수적 규정은 자연의 구성에 대한 단순한 도식(Schema)에 불과하다.

그런데 자연은 중량, 밀도, 온도, 힘, 속도 따위의 실질적 측정의 기체로서 경(經)·중(重), 농(濃)·희(稀), 냉(冷)·온(溫), 강(强)·약(弱), 지(遲)·속(速) 등의 방향 대립을 가진 다기한 특성의 차원적 구조복합에 있어서 구성되어 있다. 이와 같은 차원적 구조에는 본질적으로 물질의 실질적 계기가 결합되어 있고, 각 차원이 지닌 바 불가환원(不可還元)의 이질성은 이 실질적 계기에 의존한다.

공간과 시간은 무제한의 연속과 그 내부에 있어서 전(前)·후(後), 좌(左)·우(右), 상(上)·하(下), 선(先)·후(後)란 방향 대립에 있어서 차원적 구조를 선명히 드러낸다. 그러나 공간과 시간은 그 속에서 어떤 것이 연장(공간적 확장과 시간적 지속)을 가질 수 있는 순수한 장(Worin, Feld)일 뿐이지 연장하여 있는 어떤 것 자체가 아니기 때문에 내용적 실질적 계기를 결(缺)한다. 그러므로 공간과 시간은 다기한 내용적 차원에 비하여 내용 없는 순수한 차원이라 할 수 있으며 엄밀한 의미에서 차원적 범주이다.

공간과 시간에 관하여 흔히 빈 공간과 충실한 공간, 빈 시간과 충실한 시간을 말하는 수가 있다. 그러나 여기에 이른바 빈 공간 시간은 절대적으로 빈 공간 시간을 의미하는 것이 아니라 공간에 있어서 연장하여 있는 물체 간의 혹은 시간에 있어서 연장하여 있는 사건 간의 간격을 의미하는 데 불과하다. 빈 공간이니 빈 시간이니 하는 표현에 대한 이러한 의미상의 제한은 공간시간의 물화 내지 실체화를 방지하는 데 의의가 있다.

그러나 이와 반대로 실재적 세계로부터 유리하여 그 자체로서 존재하는 절대적 공간 시간이란 개념도 타당한 것이 되지 못한다. 왜냐하면 그것의 차원이 될 바의 어떤 것을 떠나서 차원이란 있을 수 없기 때문이다. 공간시간은 그 자체로서 실존하는 것이 아니라 실존하는 어떤 것에 결부되어 있는 것이다. 이념적 존재의 원리로서라면 사정이 다르겠지만, 실재적 존재의 원리로서는 빈 공간시간이나 그 자체로서 있는 공간시간이란 무의미하다.

d. 차원·연장·양·척도

우리는 앞에서 온도나 밀도 따위의 내용적 실질의 차원과 공간시간의 내용 없는 순수한 차원을 구별하였다. 이 이종(二種)의 차원에는 이종의 양, 즉 공간시간의 차원에 있어서 연장적 양(extensive Größe)과 내용적 차원에서 강도적 양(intensive Größe)이 대응한다. 연장적 양이란 무엇인가. 그것은 일정한 차원에 있어서 "뻗어나감(ausstrecken)"을 의미한다. 공간 차원에 있어서 확장(Ausdehnung), 시간 차원에 있어서 지속(Dauern)은 어느 것이나 제 나름의 연장(Extension)이다. 그러한 연장의 양을 연장적 양이라 한다. 강도적(强度的) 양이란 무엇인가. 그것은 일정한 차원에서 가능한 증가 내지 감소의 정도에 관한 양이다. 강도적 양에 있어서는 이를테면 냉·온, 농·희와 같은 특성의 대립이 "사닥다리 꼴"을 이루는 데서 차원이 성립하며 그 속에서 연장 없이 점적(點的)으로 나타나는 양(量)은 도(Grad)의 형식을 취한다. 연장적 양은 "채운다"는 양상을 띠게 되는데 이 양상은 본래 공간시간 차원에서 성립한다. 그러므로 연장적 양은 "공간이나 시간에서의 뻗침"이라고 정의된다.[10]

이 이종의 양은 우리의 직관과 관계시킬 때 그 차이가 더욱 뚜렷이 나타난다. 즉 연장적 양규정(量規定)은 연장적 양규정의 매개를 거쳐서야 비로소 직관될 수 있다. 그러므로 과학에서 강도적 양은 언제나 공간시간의 연장적 양으로 환원시켜서 측정된다.

일반적으로 양(Größe)은 언제나 실재하는 '어떤 것의(von etwas)', 이를테면 실재하는 중력, 압력, 지속, 연장 등의 양을 가리킨다. 순수량(reine Quantität)은 실재하는 어떤 것 이전의 양으로, 말하자면 '아무것의' 양도 '아닌(von nichts)' 양이다. 이러한 순수량은 순수한 수와 수관계에 의하여 표현되는 바, 그것은 가능한 실재적 양에 대한 순수한 도식(Schemata)에 불과하다.

척도(Maβ)는 양과 불가분의 관계를 맺고 있으며 차원과의 관계에 있어서 양자의 특성이 잘 나타난다. 차원은 그 자체가 계량(Ausmessung)은 아니지만, 그러나 차원에 있어서 연장하여 있는 것의 가측성(可測性)을 그 본질적 계기로서 갖고 있다. 이는 강도적 양의 차원에 대하여도 타당하다. 즉 그 차원 속에 위치를 점한 것이면 무엇이든지 척도 규정을 갖고 있으며, 따라서 가측적인 것이다. 그러므로 차원과 양과 척도와의 관계는 다음과 같이 규정된다. 각종의 양은 당해(當該) 차원의 척도에 의해서만 측정이 가능하

---

10) *ibid.*, p.65f.

고, 각 척도는 당해 차원의 양에 대해서만 적용된다. 어떤 종류의 척도를 갖고 측정하여야 할 양의 종류는 차원의 종류에 의하여 결정되어 있는 고로, 척도의 종류는 차원의 종류에 의하여 결정되고 이를 타종(他種)의 차원에 전가하지 못한다.

실재적 제 관계에 대한 일체의 양규정(量規定)은 척도와 계량에 따라 행하여진다. 그런데 척도와 양의 종류를 규정하는 것은 차원인 고로, 어떤 종류의 양은 일정한 차원에 있어서만 주어진다. 그런데 공간시간 차원에 있어서 양은 연장적 양으로서 양적인 것의 전형이 되며 그럼으로써 또한 가측적인 것의 전형으로도 된다. 물리학적·실질적인 모든 차원을 공간시간 차원으로 환원시켜서 강도적 양의 척도가 연장적 양의 척도로 표현되는 것은 그 때문이다. 이렇게 함으로써 각종의 양차원(量次元)의 척도계(尺度系) 내에 비로소 통일(統一)이 서고, 연장적 양의 직관성(直觀性)이 강도적 양의 다기성과 그 상호관계에 적용된다. 과학에서 각종의 측정 도구는 결국 이 원리에서 벗어나지 않는다.

그러나 공간시간 차원은 본래 가능한 양과 그 측정의 기체이지 실체도 실체의 속성도 아니다. 따라서 공간시간의 차원 자체에는 양도 없고 척도도 없다. 공간에는 또 초점 혹은 중심점이 없다. 따라서 공간은 위치계(位置系)나 좌표계(座標系)가 아니다. 위치계 또는 좌표계는 공간시간 차원에서 실재하는 연장자(물적 존재 및 그 과정)에 의존하고 공간시간의 차원계를 전제로 함으로써 비로소 성립하는 것이다.

2. 시공 4차원 체계(時空四次元體系)

1) 차원 일반(次元一般)

일반적으로 차원의 범주적 근본계기는 가능한 양(Größe)의 기체(Substrat)라는 점에 있다. 그런데 양에는 연장적(extensive) 양과 강도적(intensive) 양이란 이종(二種)이 있다. 그리고 연장적 양에는 공간적 확장(Ausdehnung)과 시간적 지속(Dauern)이란 이종이 있으니, 이 이종의 조(祖)의 기체가 곧 공간 차원과 시간 차원이다.[11] 강도적 양의 차원은 공간시간의 순수한 차원에 특정의 실질적 내용이 첨가될 때 성립하는 제2차적 차

---

11) 「본 논문」 서론, 2. d, 참조.

원이다.

공간과 시간은 단지 가능한 양의 기체일 따름으로 그 자체 양이나 척도를 가진 것이 아닐 뿐더러 어떤 실체나 실체의 속성도 또한 아니다. 다시 말하면 공간과 시간은 그것에서 물(物)이 형성되어 나오는 바의 어떤 것도 아니고 물에 부속하여 있는 어떤 성질도 또한 아니다. 공간과 시간은 실재적 세계에 있어서 온갖 실체와 그 속성이 그 속에서 (Worin) 출현할 수 있도록 하는 일반적인 범주적 제약에 불과한 것이다.

그런데 공간에는 실재공간과 직관공간과 기하학적 이념공간의 삼종(三種)이 있다. 실재공간은 그 속에서 실재적 자연이 전개되는 차원으로서의 공간이고, 직관공간은 자연을 직관하는 우리의 의식의 형식으로서의 공간이다. 이 이종의 공간은 소박한 의식에 대하여도 잘 구별이 된다. 그러나 실재공간과 이념공간의 구별은 그렇게 쉽지 않다.

실재하는 세계는 단 하나밖에 있을 수 없다. 따라서 그것을 의식하는 형식으로서의 직관공간도 또한 하나밖에 있을 수 없다. 그러나 기하학에 있어서는 유클리드적인 3차원의 공간 외에 비유클리드적인 차원의 이념적 공간이 성립한다. 뿐만 아니라 기하학적 이념공간의 차원은 반드시 직(直)이 아니라 곡(曲)일 수도 있다. 그리고 그것이 어떤 종류의 곡(曲)이냐에 따라 타원적(elliptisch) 공간과 쌍곡적(hyperbolisch) 공간이 성립한다. 이들의 공간형에는 각기 독특한 공리체계(公理體系)가 있고, 그 아래에서 공간적 형상은 각각 다른 법칙에 따라 다른 형태를 구성한다. 그럴 적에 실재공간은 다종의 이념공간 중의 하나의 특수 사례(一特殊例)에 불과한 것이다. 다시 말하면 다종의 이념공간 중의 한 종(一種)이 실재공간에 적중한다. 이념공간과 실재공간은 말하자면 유와 종의 관계에 있다.

위에서 공간에 관하여 말한 바가 그대로 시간에 관하여도 적용된다. 시간에도 실재시간, 직관시간, 이념시간의 삼종이 생각될 수 있다. 그런데 이념공간에 관한 기하학과 같이 이념시간에 관한 각종(各種)의 수학이 성립하지 못하고 있음은 무슨 까닭일까. 그것은 아마도 공간의 다차원성은 형태다양성을 갖고 있음에 비하여 시간의 일차원성은 그러한 다양성을 결하기 때문이라 하겠다.

그러나 실재시간 외에 이념상 타종의 시간이 어쨌든 문제로 될 수는 있는 것이다. 여기에 있어서 시간이 띠고 있는 차원의 형식 여하가 결정적 의미를 갖고 있다. 즉 시간차원이 직(直)이냐 곡(曲)이냐, 시간차원에 지속이 있느냐 없느냐가 결정적 문제로 된다. 시간차원이 곡일 경우 자기귀환적 타원적 시간과 주기적 나선적 시간이란 이종(二種)의 형(型)이 생각된다. 그러나 그 어느 편이건 간에 이 경우 범주적으로 중요한 것은, 하나의 차원이 구부러지기 위해서는 그 속에서 그것이 구부러질 수 있는 다른 하나의 차원이 전제되어야 하고, 이 후자가 본래의 기초적인 차원으로 생각되지 않으면 안 된다는 것이다. 이 사정은 공간 차원의 곡에 관하여도 마찬가지이다. 그러나 시간차원에 있어서 이 문제가 한층 중요한 의미를 갖게 된 것은, 곡을 위해선 최소한 둘 이상의 차원이 요구되는 고로 곡차원(曲次元)의 시간은 시간의 일차원성을 폐기하게 된다는 사정 때문이다.

다음으로 문제되는 것은 시간차원의 '흐름'은 동형적인가 그렇지 않고 그 속에 지속의 차이가 있는가 하는 것이다. 시간차원의 형식에 관한 곡(曲)·직(直), 지(遲)·속(速) 여하라는 이러한 사변적 문제를 유효하게 다루기에는 우리에게 주어지는 현상면(現象面)의 논거가 아직 극히 빈약하다.

그러나 기하학은 이념공간에 관하여 충분한 자료와 논거를 제공하고 있으며 이념공간과 실재공간은 유와 종의 관계에 있으므로, 우리는 먼저 이념공간에 관하여 보편적 범주 규정을 설정하고 나아가 실재공간에 관하여 그 종차를 밝힘으로써 공간 차원을 문제로 삼고자 한다. 그런 뒤에 다시 시간 차원의 특성을 공간 차원과 비교하면서 밝혀볼 수 있을 것이다.

2) 이념공간(理念空間)의 범주적 제 계기

하르트만은 각종의 이념공간에 공통한, 따라서 실재공간에도 타당할, 보편적인 범주적 제 계기를 다음과 같이 규정한다.[12]

(1) "공간은 연장적 양의 순수한 차원체계이다." 공간을 이루는 데는 하나의 차원으로서는 부족하고 최소한 둘 이상의 차원이 있어야 한다. 차원의 "체계"라 함은 그 때문이다. 다종의 이념공간의 차이는 차원의 수와 형태에 달려 있고 순수한 차원체계임에는 변동이 없다.

(2) "공간은 동질적이다." 공간은 그 각 부분에 있어서 구별이 없다. 공간은 위치계(Stellensystem)도 아니고 좌표계(Koordinatensystem)도 아니다. 이것들은 공간 내에 자

---

12) N. Hartmann, *Philosophie der Natur*, p.75f.

리잡은 어떤 것과의 관계에 있어서 성립하는 것으로 그 자체 동질적 공간을 전제한다.

(3) "공간은 연속적이다." 공간은 그 차원 속에서 가능한 어느 방향으로나 한결같은 철저한 연속을 이룬다. 공간의 무한한 가구분성(可區分性)은 그 연속성에 의거한다. 구분의 한계는 무연장자(無延長者) 즉 점(點)이다. 여기에 연장과 공간성의 구별이 뚜렷이 나타난다. 점은 연장이 아니지만 그래도 공간적인 어떤 것, 다시 말하면 공간성을 가진 어떤 것이다.

(4) "공간에는 한계가 없다." 공간 차원의 뻗침에는 한계가 없다. 유클리드적 공간에 있어서 이는 자명하다. 쌍곡공간(双曲空間)에 있어서도 곡의 방향이 변화할 뿐으로 뻗침은 끝없이 나간다. 타원공간(楕圓空間)에 있어서는 차원의 뻗침이 자기귀환적(自己歸還的)인 고로 공간이 무한하다 할 수는 없으나 차원의 뻗침에는 한계가 있을 수 없다. 그러나 곡차원(曲次元) 자체가 그 속에서 구부러져 있어야 할 보다 근본적인 다른 차원을 전제한다는 데에 생각이 미칠 때, 타원공간이 무한계(無限界)이긴 하나 무한(無限)은 아니라고 단정할 만한 근거는 없다.

(5) "공간은 양을 갖고 있지 않다." 유한 무한 간에 양을 가지는 것은 공간 내의 연장자이지 공간 자체가 아니다. 공간적 양이란 "공간의" 양이 아니라 "공간 속의" 양이다.

(6) "공간의 한계가 있는 것이 아니고 공간 속의 한계가 있을 뿐이다." 공간의 시(始), 중(中), 종(終)이 아니라 공간 속의 일정량(一定量)의 연장자(延長者)의 시, 중, 종이 있을 뿐이다. 어느 점으로부터서이건 차원은 한계 없이 뻗어나간다. 공간에는 중심점이 없다.

(7) "공간 자체는 그 자신 무척도(無尺度)이다." 공간 내의 연장자만이 척도를 제공한다. 그런데 공간 자체는 연장하여 있는 것이 아니다. 그러므로 공간의 본질에서 척도가 나오지는 않는다. 척도의 종류가 차원의 종류에 의존하는 한에 있어서 공간은 척도의 종류를 규정할 뿐이다.

이상 각 항은 공간의 각 차원에 공통한 계기들이다. 여기서는 아직 차원 간의 상호관계가 밝혀지지 않고, 따라서 체계의 성격이 드러나지 않는다. 하르트만은 나아가 공간의 차원들 상호 간의 관계를 다음과 같이 규정한다.[13]

(1) "공간의 차원은 서로 동종적(gleichartig)이다." 따라서 서로 교환될 수 있다. 공간은 그 자체에 있어서 동질일 뿐만 아니라 그 차원 상호가 또한 동질이다. 시간 차원은

---

13) *ibid.*, p.77f.

공간 차원과 이종적(異種的)이요, 따라서 서로 교환이 안 된다.

(2) "공간은 그 자체 동단위적(同單位的, isometrisch)이다." 다시 말하면 공간의 한 차원에 타당한 척도는 타차원(他次元)에도 타당하다. 기하학적 형상이, 평면적이건 입체적이건 간에 그 형태에 손상을 입지 않고 공간에 있어서 임의로 전회(轉廻)시켜지는 것은 그 때문이다.

(3) "공간의 차원은 서로 수직이다." 자연스러운 기준각도는 직각으로서 이 관계가 차원 상호 간에 적용된다.

(4) "공간의 차원체계는 좌표계(Koordinatensystem)가 아니다." 좌표계는 좌표들이 거기로 집중하고 거기로부터 출발하는 0점을 갖고 있으며 각 좌표는 공간 내에 일정한 위치와 방향을 갖고 있다. 그러나 공간 자체에는 여하한 기준점도 기준방향도 없다. 좌표계는 차원체계 내에 성립하는 것으로 그 제약으로서 차원체계를 전제하고 있다.

기하학적 공간에 대한 위의 제 규정은 이념공간과 실재공간에 공통한 범주적 근본계기로서 여기서 공간의 본질에 관하여 다음과 같은 결론이 도출된다.[14]

(1) 공간 내에 세 단계의 연장이 있다. 즉 점의 운동에서 선이, 선의 운동에서 평면이, 평면의 운동에서 입체가 성립한다. 3차원 이상의 공간에 있어서는 같은 방식으로 제 n차원까지 진행된다. 그러나 점이 선보다, 선이 평면보다, 평면이 입체보다 앞서 있는 것이 아니라 전체적 차원체계가 이 모든 계기에 선행하고, 그 속에서 각 단계의 연장이 성립하는 것이다.

(2) 공간에는 방향의 계기가 연장의 계기와 밀착하고 있다. 즉 공간 내의 모든 연장은 그 일정한 방향을 갖고 있다. 한 차원에는 두 방향만 있고, 두 개의 차원에는 벌써 무한히 많은 방향이 있다. 이 무한성은 차원이 더해짐에 따라 더욱 강화된다. 그리하여 차원의 동질성과 동단위성이 그 속에서 가능한 방향의 다양성에 전가된다.

(3) 방향의 무한성은 차원의 수다성(數多性)과 동종성(同種性)을 전제하는 외에 한 차원(一次元)에서 다른 차원(他次元)에로의 방향의 연속적 이행을 또한 전제한다. 이 연속적 방향 이행이 이른바 전회(Drehung)이다. 회전(廻轉)은 일정한 위치와 방향을 가진 축(Achse)에 기준한다. 2차원의 평면에 있어서는 단 하나의 회전만이 성립하고 축은 점으로서 나타난다. 3차원 공간에 있어서는 가능한 방향 이행의 폐쇄적 체계를 이루는 세

---

14) *ibid.*, p.79f.

개의 회전 평면이 교착(交錯)한다. 그러나 회전축 자체가 한 차원에서 다른 차원에로 연속적으로 이행함으로써 3차원 공간에서의 회전 평면의 수는 무한히 크게 된다.

(4) 연장과 방향은 공간에 있어서 두 개의 등기본적(等基本的)이며 자립적인 계기로서 서로 밀착하여 있다. 그러므로 공간에 있어서 양과 척도에는 두 개의 상이한 불가환원적인 종류, 즉 연장 계기에서의 길이 척도와 방향 계기에서의 각도가 있다. 이에 따라 공간에는 이종(二種)의 동일성, 즉 연장의 동일성으로서의 상등성(相等性, Gleichheit)과 각의 동일성으로서 상사성(相似性, Ähnlichkeit)이 있다

(5) 연장의 척도는 차원수(次元數)를 자승(自乘)함으로써 선의 척도, 평면의 척도, 입체의 척도로 분화한다. 차원은 동단위(同單位)인 고로, 이는 곧 동일(同一)의 길이 척도의 자승을 의미한다. 연장 척도는 공간 자체에서 나오는 것이 아니라 경험적으로 임의로 도입된다. 그러나 각 척도(角尺度)는 그렇지 않다. 공간에 있어서 방향 변화에는 직각이 차원 상호 간의 수직관계에서 자연스럽게 나오는 척도로 된다.

3) 실재공간의 종차(種差)

이념공간과 실재공간은 유와 종의 관계에 있다. 다시 말하면 실재공간은 다종의 이념공간 중의 하나의 특수한 사례(一特殊例)로서 이념공간의 보편적 제 규정 위에 다시 특수적인 제 규정을 겸하여 갖고 있다. 하르트만은 실재공간의 특수적 계기는 다음과 같은 3항에 있다고 본다.[15]

(1) 실재공간은 유일이다. 이 유일성은 실재적 세계의 유일성에 논거한다. 실재적 세계가 하나밖에 있을 수 없으니까 그 속에 세계가 놓여 있는 공간도 하나밖에 있을 수 없다는 것이다.

그러나 이는 실재공간이 반드시 유클리드적 공간이라고 단정하는 것은 아니다. 실재공간의 차원은 곡(曲)일 수도 있는 것이다. 또 곡의 형이 타원일 수도 변곡일 수도 있다. 그러나 어쨌든 그중의 하나만이 실재공간에 적중한다. 실재공간의 차원이 직이냐 곡이냐를 결론하기에 우리의 경험은 아직 너무 협소하다. 그러나 이를 결정지을 수 없다는 것과 그중의 하나만이 적중한다는 것은 별개의 문제이다.

---

15) *ibid.*, p.86f.

(2) 실재공간은 3차원이다. 차원의 수를 셋으로 결정할 만한 선천적인(a priori) 확실한 논거는 없다. 그러나 공간적 실재현상의 범주 내에서 3차원 이상을 추론할 만한 접점은 아직 발견되지 않는다.

(3) 실재공간에서는 기체성격(基體性格)이 두드러지게 나타난다. 일반적으로 차원은 가능한 양의 기체라는 성격을 띠고 있으나 이념공간에서는 유일의 공간이라 다수의 가능한 공간이 문제가 되고 있음으로 해서 이 기체성격은 극도로 희박해진다. 그러나 실재공간의 경우는 사정이 다르다. 실재공간 내에 존재하는 것은 단지 그렇게 존재함으로 해서 벌써 실재성을 가지면 세계공간 내에 있게 된다. 그리고 실재공간 내에 양을 가지는 것은 그럼으로써 바로 실재적 양을 가진다.

위와 같은 종차를 염두에 두고 공간 일반의 유적 특성을 재고할 때, 그 개개의 계기가 실재공간에서는 별개의 중요성과 의의를 띠게 된다고 하르트만은 생각한다.[16]

(1) 실재공간도 동질적이다. 공간에는 부분, 장소, 위치의 구분원리가 없다. 공간 내에는 다양한 위치계 또는 좌표계가 설정될 수 있다. 그러나 이것들은 공간 내의 연장자에 의존하지 공간 자체에 의존하는 것은 아니다.

(2) 실재공간도 연속적이다. 공간에 비약은 없다. 실재공간은 유일의 3차원적 연속을 이룬다. 그래서 무한히 분할될 수 있다. 그런데 분할의 궁극항(窮極項), 즉 무연장의 절대적 점은 실재공간에서는 이념공간에서와 사정이 다르다. 이념공간에서는 다른 형상과 마찬가지로 점도 또한 이념적인 어떤 것이지만 실재공간에서 점은 실재적 물체와 마찬가지로 실재적인 어떤 것이 아니다. 공간에 있어서 실재존재에는 공간성만으로 족한 것이 아니고 공간 내에 연장하여 있음이 속해야 하는 때문이다. 그런데 절대적 점은 연장이 없는 것이다. 그러므로 점은 비실재적이다.

(3) 실재공간에도 한계가 없다. 모든 공간적 한계는 공간 내의 한계이지 공간의 한계가 아니다. 공간은 가능한 양이 그 속에 연장할 수 있는 제약으로서 순수한 차원일 따름이다. 일체의 연장은 공간 내에 있다. 그런데 공간이 공간 내에 있는 것은 아니다. 공간에는 연장이 없다. 따라서 한계도 없다.

그런데 만일 실재공간이 유클리드적이 아니고 타원적이라고 한다면 어찌 될까. 이 경우 이념공간에 관하여 말한 것이 실재공간에도 타당하다. 즉 무한은 아니나 무한계이

16) *ibid.*, p.92f.

다. 그러나 자기귀환적 타원의 곡은 그 자체 같은 형(型)이 아닌 하나의 다른 차원 속에서만 곡일 수 있는 한, 이 경우에서도 또한 실재공간에 대하여 끝없이 뻗침을 부정할 아무런 근거도 없다. 왜냐하면 곡차원(曲次元)이 그 속에서 구부러질 수 있는 이 제1차의 차원이 실재공간의 본래의 차원이어야 하기 때문이다.

공간 내에 연장한 우주적 '세계(Welt)'와 '세계공간(Weltraum)'이 혼동되기 쉬우므로 이 문제는 실재공간에 관하여 극히 중요한 의의를 갖고 있다. 세계의 유한 무한은 세계공간의 유한 무한과는 전연 별개의 문제이다. 유한한 세계가 무한한 세계공간 내에 있을 수 있기 때문이다.

현대의 이론물리학은 나상성운(螺狀星雲)의 분광기에 있어서 거리에 결부된 적색이동(赤色移動)의 현상에 의거하여 세계공간이 일정한 양을 갖고 부단히 증대 혹은 감소할 수 있는 것처럼 생각한다. 그러나 이 이론은 실상 세계공간의 증감설이 아니라 세계의 증감설에 불과하다. 왜냐하면 공간 내에 양을 가진 어떤 것만이 증감할 수 있는데 공간은 유한 무한 간에 전연 양을 갖지 않기 때문이다. 공간은 그 자체 연장이 아니라 일정량의 연장을 그 속에 가능케 하는 차원적 제약일 따름이다.

4) 공간과 공간성

우리는 여기에 공간 내에 있는 공간적인 것의 공간성(Räumlichkeit)과 공간 자체를 구별하지 않으면 안 된다. 공간은 그 자체 물(物)이 아니라 물의 공간성의 기초를 이루는 범주적 제약이다. 공간 내에 연장을 가진 물의 양, 위치, 방향, 운동 등은 물의 공간성의 본질계기인 바, 이들의 계기에 있어서 상대성(Relativität)은 공간의 상대성이 아니라 공간적인 것의 공간성의 상대성에 불과하다.

물리학적 양질서(量秩序)의 단계에서는 모든 것이 서로 상대적으로 크거나 작을 뿐이다. 공간 자체는 일체 양이나 척도를 갖고 있지 않다. 그러므로 양의 상대성은 공간 내의 공간적인 것의 공간성에 대하여 말하여질 뿐 공간의 상대성은 아니다. 실재공간에는 또 절대적 위치란 것이 없다. 실재공간 내의 모든 장소나 그 위치는 서로 상대적이다. 방향에 관해서도 마찬가지다. 즉 공간적으로 있는 물체의 체계에 대하여 상대적으로 규정되는 방향이 있을 뿐이다. 방향의 상대성 역시 공간에 관한 것이 아니라 공간 내의 연장자의 공간성에 관한 것이다.

물체의 운동에 관하여도 마찬가지다. 만일 공간이 좌표계이거나 그 자체의 본질에서 규정되는 좌표계를 갖고 있다고 할 것 같으면, 공간적 운동은 이것에 관계시켜 절대적인 것으로 될 것이다. 그러나 실재공간은 좌표계도 아니고 그러한 좌표계를 갖고 있지도 않다. 실재공간은 물체의 운동이 그 속에서 행해지는 차원체계에 불과하다. 하르트만은 여기에서 운동의 상대설에 관하여 다음과 같은 결론을 도출한다.[17]

(1) 물체 운동의 양 근본계기, 즉 방향과 속도는 다 같이 다른 물체 또는 물체계에 대하여 공간적으로 상대적이다.

(2) 따라서 동일물체(同一物體)가 동시에 상이한 방향에서 상이한 속도로 운동하는 바, 이 상이한 운동은 관찰에 대하여만 그러할 뿐이 아니라 실재공간에 있어서 실지로 행하여진다. 일단 상이하게 운동하는 기준계에 대하여 상대적으로.

(3) 단순한 직선적 운동에 관하여 말한 것이 회전운동에 관하여도 또한, 타당하다. 만일 그것을 기준으로 방향 변화가 행하여지는 자연스러운 기준방향이 실재공간에 있을 것 같으면 절대적 회전을 말할 수 있을 것이다. 즉 실재공간은 전회하는 물체가 그것에 대하여 회전할 수 있을 정지자(靜止者)로 될 것이다. 그러나 실재공간은 그러한 기준방향을 갖고 있지 않다. 그것은 실재공간에 절대적 방향이 없는 이유이었다. 그것은 또 실재공간에 절대적 회전이 없다는 이유로도 된다. 실재공간은 직선적으로거나 원으로거나 그것에 대하여 어떤 물체가 운동할 수 있는 정지자가 아니다. 운동도 정지도 실재공간에 속한 어떤 것이 아니라 공간 '내'에 있는 공간적자(空間的者)에 속한 것이다.

(4) 위의 각 항을 종합하면 다음과 같이 된다. 운동이 공간적인 한 실재공간은 운동의 제약이다. 그러나 실재공간은 방향상으로나 속도상으로나 운동의 규정자는 아니다. 왜냐하면 실재공간은 '그것에로(wogegen)' 어떤 것이 운동하는 바의 것이 아니고 단지 '그 속에서(worin)' 어떤 것이 운동하는 바의 것이기 때문이다. 운동의 '그것에로'는 언제나 공간 내에 운동하는 어떤 것이다. 운동에 관한 이 규정을 위치와 방향에도 타당하게끔 좀 더 보편적으로 표식하면 다음과 같이 된다. '공간적으로 실존하는 모든 것은 공간적으로 실존하는 다른 어떤 것에 대하여 상대적이다.' 그런데 실재공간은 실존하는 것이 아니다. 그러므로 공간적으로 실존하는 것이 상대적임은 실재공간에 대하여 그러한

<hr />

17) *ibid.*, p.108f.

것은 아니다.

위에서 말한 운동의 상대설은 '단순한' 상대설이라 부를 수 있는 것으로 시간과의 관계에서 고찰되는 사변적인 '상대성이론(Relativitätstheorie)'과는 구별된다. 이 후자에 관해서는 다시 논급(論及)하기로 한다.[18]

5) 시간 차원의 이종성(異種性)

시간 차원은 공간 차원과 더불어 4차원 체계를 형성한다. 이 네 개의 차원은 가능한 연장적 양의 기체라는 범주적 성격을 공통으로 한다. 그러나 그 중의 공간의 3차원은 동종적이지만 시간의 1차원은 이종적이다. 하르트만에 의하면 시간 차원의 이질성은 1. 1차원성, 2. '흐름(Fließen)', 3. '흐름'에 있어서의 '현시(Jetzt)'의 출현 등 세 계기에 있다.[19]

(1) 시간에는 차원이 하나밖에 없다.

(2) 시간의 1차원은 '흐름'을 근본 계기로 한다. 이 역동(力動)은 시간을 단순한 차원 이상의 것으로 만든다. 이 차원 이상의 것은 어디에 성립하는가. 그것을 개념적으로 규정하기란 극히 어렵다. 그것을 표상하기 위하여 원용(援用)되는 여러 가지 상(像), 이를테면 사건의 내(來) 거(去), 물(物)의 발생 소멸, 소거, 탈거(奪去), 활주(滑走) 등의 어떤 상을 빌려 봐도 그것은 벌써 시간적 생기를 이미 전제하고 있다. 시간의 비정체성 불가확보성을 여실히 표상하는 상으로서는 역시 '흐름'의 표상에 대신할 만한 것을 찾기 어렵다.

(3) '흐름' 속에서 시시각각 출현하는 '현시(現時)'는 흐름 자체의 부분 요소가 아니라 제3의 새로운 계기이다. 세계 생기는 한 번 나타나 다시는 되풀이 하지 않는 이러한 '현시'점들의 연속이다. 그런데 그때마다 하나의 '현시'가 다른 모든 '현시'보다 일종(一種)의 존재우위를 갖고 특출함은 '흐름'의 기능으로도 그 1차원성으로도 기타 여하한 계기로도 환원할 수 없는 실재성의 본질 계기 중의 한 계기(一契機)이다.

위에서 말한 시간 차원의 세 계기에서 다시 다음과 같은 특성이 도출된다.[20]

(1) 시간의 1차원에 있어서는 방향이 하나밖에 있을 수 없다. 여기서 문제 되는 것은 시간에 있어서 1차원성과 '흐름'과의 내면적 연관성이다. '흐름'은 1차원으로 족하고 제2

---

18) 하기락(1964), 18쪽 이하 참조.
19) N. Hartmann, *Philosophie der Natur*, p.145f.
20) *ibid.*, p.148f.

의 차원을 요하지 않는다. 차원의 다(多)와 방향의 다(多)는 '흐름'을 폐기한다.

공간의 3차원에 있어서 다수(多數)의 방향이 무한히 가능하다. 공간의 3차원은 정적 체계에 불과하다. 그 속에서는 동(動)이 나오지 않는다. 일체의 움직임 혹은 경과에는 시간 차원이 결부되지 않으면 안 된다.

실재공간에 있어서 어찌하여 차원이 삼(三)인가 그 근거는 밝혀지지 않는다. 그것은 불가도출(不可導出)의 사실성이다. 그러나 실재공간에 있어서는 '흐름'의 계기 자체는 불가도출인데 그러나 그 속에 차원이 하나뿐인 근거가 포함되어 있다.

(2) 1차원성으로는 '흐름'의 방향을 결정하는데 아직 부족하다. '하나'의 차원 속에는 언제나 두 개의 방향이 있을 수 있기 때문이다. 이를테면 실재공간의 각 차원에 있어서는 반대 방향의 진행이, 전진과 배진(背進)이 가능하다. 그러나 실재공간의 1차원에서는 사정이 전혀 다르다. 여기서는 운동의 한 방향만이 있고 반대 방향에로의 역행은 있을 수 없다. 여기에는 전실재(全實在)를 휩쓸고 가는 하나의 사간류(時間流)의 전진만이 있을 뿐이다. 시간 차원에서 방향 결정성은 절대적이다. 그것은 물질적, 유기적, 심리적, 정신적인 일체 과정에 일의적(一義的)으로 타당하다. 그것은 매시(每時)의 상이한 실재 요인에 의존하는 것이 아니라 실재세계의 기본범주로서의 시간 자체의 본질에 의존한다.

(3) 시간 차원에서 '흐름'의 방향 통일성은 다른 차원의 방향 차이성에 대하여 무관하다. 그것은 이질적인 것을 자기 속에 섭취하여 시간적으로 일의적인 관계에 서게끔 그것들을 시간 경과 속에 결합시킨다. 이리하여 세계 생기에서 각종 차원의 방향 다양성은 시간 차원의 방향 통일성에 합류한다.

(4) 유일의 실재공간의 3차원적 넓이(weite) 속에는 물(物)과 물관계(物關係)가 병립하는데 유일의 실재시간의 1차원적 협소(Enge) 속에는 중첩하는 생기(生起)의 제 관계가 밀집한다.

(5) 하나의 전체적 '흐름'으로서의 시간의 유일성은 개개의 시간 단계와 그 속에 결집한 모든 것에 긍(亘)한다. 세계 생기의 '흐름' 전체에 있어서와 한가지로 모든 '현시'에 있어서도 또한 일회적인 유일한 실재 연관이 성립한다. 모든 실재자(實在者)에 공통한 개성은 이 일회성에 성립한다. 시간성, 개성, 실재성 등의 범주적 계기가 불가분의 연관을 가지는 것은 그 때문이다.

6) 시간 차원과 공간 차원의 차이

실재공간과 실재시간의 범주적 계기를 비교하면 양자의 차이가 뚜렷해진다.[21]

(1) 차원의 동종성과 동단위성(同單位性)은 시간에 있어서 재현하지 않는다. 즉 공간의 3차원은 동종(同種) 동단위(同單位)인데 시간 차원은 공간 차원과 동종도 동단위도 아니다. 그러나 시간 차원 혹은 시간류 자체 내부의 동종성은 말할 수 있다. 시간 자체는 동질적이기 때문이다.

(2) 공간은 좌표계가 아니라 임의의 좌표계가 그 속에 가능한 차원계이다. 공간에는 기준점과 기준방향이 없다.

이 사정은 실재시간에 재현한다. 즉 시간이야말로 좌표계가 아니다. 그러나 그것은 다른 이유에서이다. 시간에 있어서 '흐름'의 일의적 통일적 방향이 기준으로 될 수 있고, 매시의 '현시가 기점으로 될 수 있다. 시간에 있어서 여하한 좌표계도 성립할 수 없음은 오히려 1차원의 유일성 때문이다. 여러 차원의 체계에 있어서만 비로소 좌표계가 성립하는 것이다.

(3) 하지만 실재시간은 적어도 좌표계에 대한 소지(素地)를 포함한다. 즉 시간은 가지지 못한 확고한 기준계기를 포함한다. 시간의 1차원은 다른 차원의 가능한 종좌표(縱座標)의 횡좌표(橫座標)로 된다.

실재세계의 구조통일을 위하여 이는 중대한 의의를 가진 것이다. 왜냐하면 상이한 존재층의 형태와 과정은 공간적 및 비공간적인 각종 차원계 속에 연출되는 바, 그것이 모두 동일의 실재시간 속에 연출됨으로써 시간의 흐름의 1차원이 모든 복합된 좌표계의 공통한 횡좌표를 이루기 때문이다.

(4) 시간에는 공간에 있어서와 같은 한 방향에서 다른 방향에로의 연속적 이행, 각도 변화, 회전 등이 있을 수 없다. 1차원에 있어서는 두 개의 방향만 있을 수 있으므로 방향 간의 이행은 불가능하고 오직 두 방향 간의 예리한 대립이 있을 뿐이다. 더욱이 시간은 차원에 그치지 않고 또한 '흐름'인 고로, '흐름'의 방향이 일의적으로 결정되어 있다.

(5) 시간에는 공간에서처럼 양과 척도에 두 종(二種)이 있지 않고 한 종이 있을 뿐이

---

21) *ibid.*, p.15lf.

다. 각도량(角度量)은 특별히 공간적 양이다. 시간에는 시간적 연장(지속)의 양밖에 없다.

7) 실재공간과 공통한 범주적 제 계기에서의 실재시간의 특이성

실재공간과 공통한 실재시간의 범주적 제 계기에 있어서 실재시간의 특이성은 새로운 각광을 받는다.[22]

(1) 공간과 시간은 단순한 차원의 체계이다. 이 양자는 가능한 연장의 기체일 뿐 실체도 아니고 실체의 속성도 아니다. 실체는 존속자(存續者)인데 시간은 오히려 멈출 수도 없는 주요 경과다.

시간은 또 실체의 속성도 아니다. 공간은 질량이나 힘과 같은 실체의 속성으로 오해되기 쉬우나 시간에는 그러한 위험이 없다. 시간은 물질을 연상시키기보다 오히려 과정을 연상시키기 때문이다. 그런데 과정은 시간 속에 연장한 것, 다시 말하면 시간 속에 그 시(始)와 지속(持續)과 종(終)을 가진 것이다. 그러나 시간은 연장한 것이 아니라 연장의 기체, 즉 가능한 연장의 제약이다. 실체는 시간에 있어서 존속자요, 속성은 시간에 있어서 변화자이다. 시간은 그 속에서 실체의 존속을 가능케 하고 속성의 교체를 가능케 하는 제약으로서 순수한 차원에 불과하다.

만일 시간이 과정, 힘, 원인 따위의 산물에 불과하다고 가정한다면, 상이한 제력(諸力), 제과정(諸過程), 제작용(諸作用)은 각자가 산출한 상이한 시간 속에 연출되어야 할 것이므로 서로 교체하고 영향(影響)하는 일이 없을 것이다. 그럴 때 실재시간의 통일성과 유일성이 폐기될 뿐만 아니라 세계과정의 통일성도 또한 폐기되지 않을 수 없는 것이다.

(2) 실재시간은 동질이다. 시간은 차원으로서나 '흐름'으로서나 자기 속에 구별을 가지지 않는다. 위치계의 소질을 가진 것은 '현시'뿐이다. 그러나 '현시'는 정립하여 있지 않고 순간마다 이미 다른 '현시'이다. 어떤 사건으로 표식된 하나의 시간점은 시간 구분의 출발점이 되지만, 그 시간점을 '현시'점의 계열에서 특출케 하는 것은 그 시간점을 표식하는 사건, 즉 시간 속에 생기는 실재자이다. 실재시간 내의 모든 표식은 임의적이며 시간의 흐름에 대하여 외면적이다. '현시'점은 '흐름'에 있어서 존속하지 않고 과거 속

---

22) *ibid.*, p.152f.

으로 잠적해 버린다. 일순간 특출하였다가 곧 잠적하고 만다. 이리하여 '현시'점의 교체하는 전계열(全系列)은 동질이요, 전연 구별이 없다. 교체하는 '현시'점의 이러한 무차별성에 실재시간의 동질의 '흐름'이 성립한다. 실재시간의 동질성은 공간의 그것보다 다른 의미를 갖고 있다. 실재시간은 보다 더 빠르게 혹은 보다 더 더디게 경과하지 않고 동형으로 경과한다. 실재시간의 '흐름'에는 늘어남이나 줄어듦이란 것이 있을 수 없다.

(3) 동질적 시간류는 연속적이다. 그 속에는 비약이나 접합이 없다. 유일의 연속을 이루고 무한히 가분적(可分的)이다. 그러나 분할이 최후 항, 즉 절대적 시간점은 시간적 비연장자인 시간한계에 불과하다.

운동의 연속성은 시간의 연속성에 의거한다. 만일 실재시간이 그 이상 분할할 수 없는 시간단위, 말하자면 시간원자에서 구성된다고 할 것 같으면, 질량의 전달이나 공간 운동의 연속성이 성립되지 않을 것이다.

(4) 실재시간은 무제한이다. 이 무제한성은 제1차적으로 차원에 의존하지 '흐름'에 의존하는 것이 아니다. 그러나 시간은 단지 차원에 그치는 것이 아니라 동시에 '흐름'이기 때문에, 이 무제한성은 차원에서 '흐름'에로 전가된다. 한계를 아니 가짐, 사뭇 뻗어나감(immer weiter gehen)이 차원의 본질에 있으니, 이것이 '흐름'에도 타당하다. 시간에 정지는 없다.

실재공간의 한계에 관하여 말한 바가 실재시간에도 타당하다. 그것은 공간과 시간이 다 같이 차원이기 때문이다. 차원은 가능한 연장적 양의 기체일 뿐 그 자체로서는 양도 척도도 없다. 따라서 한계도 없다. 일체의 차원 내의 연장자(延長者)의 한계이다.

실재시간의 차원이 비유클리드적 이념형이어서 원형 혹은 타원형으로 자기 내로 귀환하거나 또는 주기적 나선형으로 뻗어나간다면 어찌될까. 한계가 문제 되는 것은 첫째 경우다. 이 경우 타원적 실재공간에 관하여 말한 바가 실재시간에 관하여도 타당하다. 즉 무한은 아니나 무제한이다. 왜냐하면 자기 내로 귀환하여 달림은 무제한의 전진일 수 있기 때문이다. 여기서도 또한 하나의 차원이 구부러져 있기 위해서는 그것이 그 속에서 구부러져야 할 다른 제1차원적 차원이 생각되지 않을 수 없다는 것이 타당하다.[23] 여기에서 실재시간의 구조는 매우 복잡한 것으로 되겠으나 그 무제한성에는 하등의 영향이 없다.

―――――――
23) 하기락(1964), 7쪽 참조.

기왕에 사람들이 시간의 유한성 무한성을 문제로 삼았을 적에 언제나 세계과정의 유한성 무한성과 혼동하고 있었다. 그러나 이 양자는 동일한 문제가 아니다. 무한한 세계과정이 유한한 시간 내에 지속할 수는 없지만 무한한 실재시간 속에 유한한 세계과정의 지속은 가능한 것이다.

(5) 실재공간과 마찬가지로 실재시간도 그 본질에서 시간적 양과 척도의 종류를 규정한다. 시간과 공간은 다 같이 연장의 기체이다. 그러나 그 연장의 종류가 다르다. 즉 시간적 연장(지속)과 공간적 연장(거리)은 상호 간에 환원이 안 된다. 이 양자는 운동에 있어서 비로소 일의적으로 배열될 뿐이다. 그러므로 공간적 양에 의한 시간적 양의 측정은 간접으로 운동을 매개로 해서야 비로소 가능하다. 공간 차원과 시간 차원은 서로 동종도 동단위도 아니다. 양자는 각자 독자적 양과 척도를 규정한다.

실재시간 자체에는 유한 무한 간에 전연 양이 없다는 것, 모든 경험적 척도는 임의적 우연적이라는 것도 또한 실재공간에 있어서와 마찬가지이다.

그러나 시간은 단지 차원에 그치는 것이 아니라 또한 '흐름'인 고로, 여기서는 또 하나의 다른 종류의 척도, 즉 '흐름'의 속도가 문제된다. 그런데 모든 속도의 척도는 시간에 '있어서'의 경과의 속도이지 시간 자체의 경과의 척도는 아니다. 속도는 시간에 의존하지 않고 시간 내에 경과하는 과정에 의존한다. 실재시간 자신은 자연스러운 속도의 여하한 척도도 제공하지 않는다. 범주적이건 경험적이건 간에 대체로 시간에는 여하한 속도 척도도 없다. 경험적 속도 척도는 물론 충분히 있을 수 있다. 그러나 그것은 시간 척도가 아니라 동질의 시간의 '흐름'을 전제하고 있다. 그리고 초경험적 척도란 우리가 가질 수 없다. 요컨대 실재시간은 보다 더 빠르게 혹은 보다 더 느리게 달림이 없는 동질의 '흐름'이다.

8) 우주론적 시간공간성

하르트만은 공간과 시간과의 관계에 관하여 "4차원적 다양성의 근본원리는 공간의 3차원에 시간의 1차원이 수직으로 서 있다"고 표현한다(*ibid*., p. 218).

공간의 3차원은 서로 동종적인데 시간 차원은 이종적이다. 그러나 모든 관점에서가 아니라 일정한 관점에서만 이종적이고 다른 일정한 관점에서는 동종적이다. 이 동종성은 어디에 있는가. 다 같이 연장적 양의 차원이라는 점에 있다. 공간과 시간에 있어서 양은 강도적(强度的) 양과 같이 하나의 점(도)을 의미하지 않고 연장을 의미한다. 이 연장의 계기가 공간과 시간의 이종적 차원 간의 수직관계를 가능케 하는 것이다. 왜냐하면 여기서 문제되는 것은 각도의 양이 아니고, 공간 차원 상호 간의 관계와 동일한 관계가 시간 차원과 각 공간 차원 간에 문제되고 있기 때문이다. 또한 아울러 생각해야 할 것은 공간 차원 상호 간에서도 모든 가능한 각도 중에서 직각이 가장 자연스러운 관계로 생각된다는 점이다.

공간관계 내부에서는 1차원 내의 각 점에는 다른 1차원 내의 직선이 대응하고, 다른 2차원 내에서는 평면이 대응한다. 이 관계가 용이하게 공간시간체계로 전가된다. 즉, 각 공간점에서 시간 차원에로 직선이 그어진다. 그리고 각 시간점에서 공간의 3차원 중의 1차원에로 하나의 선이 무한히 그어지고, 두 개의 차원에로 하나의 평면이, 3차원 모두에로 전공간(全空間)이 열린다. 상이한 공간점에서 그어지는 모든 시간점은 평행으로 나간다. 왜냐하면 그 속에 시간선(時間線)이 그어지는 시간 차원은 어디서나 동일하기 때문이다. 그리하여 시간선의 다양성이 공간 차원들에 의하여 형성되는 시간류(Zeitstrom)의 폭을 이룬다. 이 '흐름'의 각 단면은 제각기 동시성에 있어서 공존하는 3차원적 다양성을 형성한다. 이를 달리 표현하면 다음과 같다. 각 공간점은 시간류에 있어서 시간점의 무한한 전계열을 통과하고 시간은 각 공간 위치에 있어서, 동일한 연속적 '흐름'이다. 이 사태는 "세계공간(Weltraum) 전체가 시간류를 따라 활주한다"고 표현된다. 우리는 여기서 잠깐 이상과 같은 하르트만의 시공관을 뮐러(G. Müller)의 그것과 비교해 보고자 한다. 뮐러는 시간에 관하여 존재시간(Seinszeit)과 현재시간(Gegenwartszeit)의 이종(二種) 및 공간에 관하여 시간공간(Zeitraum)과 세계공간(Weltraum)의 이종을 구별한다.[24]

존재시간은 단지 어떤 것의 단순한 현존(Dasein)에 있어서만 성립하는 시간 일반 또는 순수한 시간으로서 여하한 척도도 갖고 있지 않다.

시간공간은 초실재적(überreal) 세계 생성 전체의 배열형식이다. 이 속에는 실재적 세계 생성 연속의 접속에 있어서 오고 가는 모든 개개의 형태가 변경할 수 없는 동시성 계열 속에 차례로 서 있다.

---

24) G. Müller, "Seinszeit und Gegenwartszeit, Zeitraum und Weltraum", in: *Philosophia Naturalis*, Bd. VIII Heft 1/2, 1964, p.9lff.

현재시간은 곧 직관시간이다. 우리가 경험하는 시간이요, 실재적 세계 생기가 현상하는 시간이다. 순수한 시간, 즉 존재시간은 시간공간세계에 성립하는데 현재시간은 세계 현전(Weltgegenwart)의 변이에 성립한다. 현재시간은 시간공간적으로 연장한 세계 생성 전체의 변경할 수 없이 정지하는 영속현실적(永續現實的) 형태계열을 멈출 수 없이 변이하는 매시현실적(每時現實的) 세계생성연속(世界生成連續)으로서 체험하는 고로, 현재시간에 있어서만 그리고 현재시간에 대하여만 과거와 미래가 있다. 존재시간 중에서 현재시간이 이미 통과한 부분이 이른바 과거이고, 아직 통과하지 않은 부분이 이른바 미래이다. 시간공간세계를 통하여 현재시간이 변이함에 있어서 규칙적으로 배열된 형태연관이 발견된다. 실재적 생기의 경과가 경험시간에 있어서 일정한 척도에 따라 분기되는 것은 그 때문이다.

세계공간은 변이하는 현재에 있어서 시간공간세계의 매시의 단면으로서 각종 운동의 정지 없는 착종을 갖고 있다. 경험시간, 즉 직관시간에 나타나는 것은 시간공간 자체가 아니라 매시의 소여 세계공간이다. 세계공간이 직관시간에 대하여 3차원으로 연장한 형태로 현상할 수 있음으로써 시간공간세계는 제4의 연장 방향을 가질 수 있다.

비록 표현은 다르나 하르트만과 뮐러의 실재시간 파악은 서로 잘 부합하고 있음을 우리는 발견한다. 뮐러의 이른바 '존재시간'과 '시간공간'은 하르트만의 '실재시간과 '시간공간 4차원 체계'에 일치한다. '세계공간전체'가 시간류를 따라 활주하는 '세계선(Weltline)'을 뮐러는 "하나의 부동의 초실재적 세계 생기 전체의 현재시간적 현상으로서의 유동하는 실재적 세계 생기 연속"으로서 표상한다.[25]

이 시간류의 각 시간점에서 시간점에로 재현하는 공간(세계공간)은 언제나 동일한 동질의, 무한계의, 무량의, 무척도의 공간이다. 공간은 흐르지 않고 시간의 흐름에 있어서 동일로 머물러 여하한 변화도 입지 않는데, 시간만이 흐른다. 공간 내의 모든 연장자, 즉 물체는 시간의 흐름에 종속하거니와 그것들의 범주적 형식인 공간 자체는 그렇지 않다. 범주는 시간적 존재가 아니기 때문이다.

실재공간적인 모든 것, 공간 자체가 아니라 그 속에 연장하여 있는 모든 것은 또한 실재시간적이며 시간의 흐름에 종속한다. 그러나 그것이 이 '흐름'에 종속하는 것은 공간적이기 때문이 아니라 실재적이기 때문이다. 시간 속에 발생 소멸하는 것만이 실재적

---

25) *ibid.*

이다. 그러나 역으로 실재시간적인 모든 것이 실재공간적인 것은 결코 아니다. 물리학적 존재와 유기적 존재에 한하여 공간성과 시간성은 불가분하게 결합하여 있다. 그러므로 하르트만은 "이 한계 내의 모든 존재자는 시공의 4차원에 의하여 규정된다. 여기서는 어떤 것이 적어도 성립하는 한, 그것은 그 실존의 4차원적 곡선을, 공간시간에서 세계선(Weltlinie)을 그린다"고 말한다(*ibid.*, p.222).

3. 운동

1) 운동의 범주적 제 계기

자연의 공간시간 관계의 범주적 규정은 실재현상의 시공성에서 가장 잘 나타나거니와 이 중에서 중심적인 현상은 운동이다.

운동은 흔히 아주 조잡하게도 공간과 시간과의 관계라고 정의되고 있다. 그러나 운동은 시공 4차원 체계 그 자체가 아니라 이 체계에 '있어서' 나타나는 어떤 것이다. 운동은 시간위치의 연속을 연속적인 공간위치가 통과하는 것을 가리킨다. 혹은 점(點)에서 선(線)에로의 활주하는 이행이라고 표현할 수도 있다. 이는 공간거리와 시간거리가 다같이 연속적임으로서 가능하다. 여기서 일정한 거리에 있어서 무한한 공간점에 무한한 시간점이 상응한다. 그럴 적에 '흐름'은 공간에로 전가되면서도 어디까지나 시간의 것이다. 다시 말하면 공간 자신은 흐르지 않는다. 공간 자체에 있어서는 일체의 연속적 이행이 결국 정적이다. 공간차원이 시간차원과 종합됨으로써 비로소 '흐름'의 계기가 공간 내에 도입된다. 즉 시간적 연속이 공간점의 계열로 전가된다.

우리는 여기서 시공체계의 범주적 구조에서 운동의 구조계기를 찾아내야 한다. 우선 정밀과학의 기초를 이루는 운동의 수학적 가파악성(可把握性)이 문제 되는 바, 이는 공간과 시간의 차원에 공통한 근본 계기, 즉 연장적 양의 계기에 의거한다. 차원 자체가 연장을 갖고 있는 것은 물론 아니나 차원 내에 있는 모든 것이 연장을 갖고 있다. 그런 고로 운동의 수학적 규정이 공간거리와 시간거리와의 관계에 의하여 가능케 된다. 이 관계가 운동의 속도를 이룬다. "공간에 있어서 방향과 속도 및 기준계가 운동의 일의적 규정을 짓는다. 이와 반대로 시간에 있어서 방향과 속도는 하등의 규정요인도 되지 못한다. 그 이유는 시간에 있어서는 모든 운동과 모든 방향이 동일하기 때문이다. 운동의 수학적 규정의 단순성은 계산에 있어서 언제나 상수로 되고 있는 이 시간의 흐름에 의거한다. 모든 차이는 방향변화, 속도변화, 가속도변화 등등 공간적 요인의 가변성에 의하여 개입한다. 그러나 시간상수에 대한 근본 관계는 공간상수의 모든 변동에 있어서 언제나 동일하다"(ibid., p.229).

여기에서도 또한 공간과 시간의 범주적 대립 계기가 명료하게 나타난다. 위선(爲先) 차원의 이종성(異種性), 공간적 연장과 시간적 연장 간의 동단위(同單位)의 결여 등이 그러하다.

그러나 가장 중요한 대립 계기는 여기서도 또한 공간 차원의 정적 성격에 대한 시간 차원의 '흐름'의 계기이다. 오직 시간에 의해서만 공간위치의 계열이 유동하게 된다. 다시 말하면 공간위치의 계열이 시간의 위치계열에 배열됨으로써 비로소 운동이 나오는 것이다. 이 흐름이 없다면, 넷으로 차원화된 전다양성(全多樣性)이 정적인 다양성에 불과할 것이다. 시간에 있어서는 물(物)이 그 일정한 시간위치에 결부되어 있을 뿐인데 공간에 있어서 비로소 물이 자유로 움직일 수 있음을 생각할 때 이는 주목할 만한 사실이다.

그러나 이는 조금도 역설이 아니다. 공간 차원에서 가동성(可動性)은 결코 운동 자체가 공간현상임을 의미하는 것은 아니다. 운동에서 시간을 빼어 보라. 그러면 거기에 운동 없는 공간거리가 남을 뿐이고, 이는 단순히 공간적인 모든 것처럼 전연 정적인 성격을 가질 뿐이다. 그 흐름과 함께 시간 차원이 첨가되는 곳에 비로소 시간위치에서 공간위치의 지속적인 운동이 생기게 된다. 공간에 있어서 운동자유성은, 시간은 2차원과 함께 방향과 속도가 결정지어져 있는데 공간의 차원은 스스로 방향과 속도를 결정짓지 않는다는 것을 의미할 뿐이다. 다시 말하면 운동은 공간에 있어서 그때마다의 역학적 관계에 있어서는 언제나 실재공간 자체의 등질유동(等質流動)의 유일의 방향과 속도에 의하여 결정된다. 이 패러독스는 다음과 같이 표현된다: "운동은 시간에 있어서 결박되어 있으나 공간에 있어서는 자유롭다. 공간은 정지한 형식인데 시간은 유동하는 형식이다. 부동의 체계 속에서 물체는 자유롭게 움직이고 유동하는 체계 속에서 물체는 부동으로 그 위치에 결박되어 있다."(ibid., p.230) 결합된 차원체계에 있어서, 정적 차원에 있어서는 자유로운 가동성이 지배하는데, 그것은 그 차원 자체가 부동인 때문이고, 이와 반대로 유동하는 차원에 있어서는 그러한 자유가 없으니, 그것은 그 차원 자체가 벌써 자기 속에 있는 모든 것에 자기의 유동을 분여(分與)하기 때문이다. 요컨대, "공간정지와 시간 유동이 여기에 대립한 계기로서 작용하고, 양자의 종합이 운동을 가능케 한다."(*ibid.*)

우리는 이 "가능케 한다"는 말을 너무 과장해서는 안 될 것이다. 운동을 만들어내는 것은 시간이 아니다. 물체로 하여금 한 장소를 버리고 지속하여 다른 장소로 옮아가게 하는 것은 시간이 아니다. 이렇게 하는 것은 그 자체 시간 속에 나타났다가 사라지는 전연 다른 실재요인이다. 시간은 그것을 움직이게 하는 작용을 가능케 할 뿐이다. 이 '가능케 함(Möglichmachen)'은 '가능성의 제약(Bedingung der Möglichkeit)'이란 범주적 형식으로서 이해되어야 한다. 만일 시간이 공간 차원과 같은 종류의 제4차원에 불과하다고 할 것 같으면, 시간점의 계열에서의 공간점의 이동은 운동이 아니라 기하학적 공간에서의 4차원적 곡선에 불과한 것으로 되고 만다. 이것이 운동으로 되려면 이 네 개의 차원 중의 어느 하나에 있어서거나 혹은 제5의 차원에 있어서거나 간에 하나의 유동의 계기가 요구되는 것이다.

2) 운동의 상대설

상대성이론에는 운동에 관한 단순한 뉴턴적 상대성이론과 현대 물리학의 사변적 상대성이론이 있다. 전자는 공간 자체나 시간 자체의 상대화가 아니라 공간시간 차원에 있어서 운동의 상대화에 관한 이론이다. 그러나 후자는 공간시간 자체의 원리에 저촉한다. 더욱이 직관공간과 직관시간의 원리뿐만 아니라 실재범주로서의 공간시간의 본질을 침범한다.

(1) 뉴턴적 상대설

운동에 관한 뉴턴적 상대설 또는 단순한 상대설은 공간성에 속한 여러 가지 상대설, 이를테면 방향의 상대성과 속도의 상대성과 같은 것 중의 하나인 운동의 상대성에 관한 이론이다. 이들의 상대성은 결국 관계계(Bezugssystem)에 관한 문제로서, 동일의 물체가 동시에 상이한 방향에 있어서 상이한 속도로 운동할 수 있다는 것이다. 서로 상이하게 운동하는 관계계가 있거나 혹은 하나의 관계계가 다른 관계계의 내부에서 운동하게

끔 서로 포함관계에 있을 때 위에 말한 것이 적용된다. 이 상이한 운동은 모두 실재적 진행이 아니면 안 되고 단순히 관점에 대해서만 상이하게 설정된 진행이거나 상이하게 운동하는 관찰자에게만 타당한 것이어서는 안 된다. 그럴 때 위에 말한 운동의 상대성에는 아무런 모순도 없다.

그러나 만일 하나의 물체가 동일의 관계물체(Bezugskörper)에 대하여 동시에 상이한 방향에 있어서 상이한 속도로 운동한다고 하면, 이는 모순이다. 그리고 만일 또, 하나의 물체가 동시에 두 개의 상이하게 운동하는 관계물체에 대하여 동일의 방향에 있어서 동일의 속도로 운동한다고 하면, 이것도 또한 모순이다. 이러한 모순은 4차원적 체계의 통일성에 있어서 배제되어 있다. 상이하게 운동하는 체계에 대한 운동의 방향과 속도의 상이성은 이 통일성의 단순한 귀결이다.

그런데 여기서 한가지 분명히 밝혀 둬야 할 것은 이 상대성은 운동의 공간적 측면에 의존할 뿐 시간적 측면에는 의존하지 않는다는 점이다. 이것은 공간에 있어서 방향과 속도의 상대성이지 시간에 있어서 상대성은 아니다. 4차원 체계에 있어서 시간차원의 특수성에 유의하지 않고 그것을 단순히 공간 차원과 동질적인 연속으로밖에 보지 않는다면 운동은 수학적 분석에서 보는 바와 같은 4차원적 곡선에 불과한 것으로 됨으로써 위에서 말한 구별이 간과되고 말 것이다.

운동은 대체로 상이한 방향을 공간에 있어서만 가질 수 있다. 그 이유는 공간에 있어서만 운동이 역학적 조건에 따라 자유로 변동될 수 있는 것이기 때문이다. 그런데 시간에 있어서는 모든 과정이 시간의 흐름과 같은 속도로 경과한다. 공간적으로 상이한 방향을 갖고 상이한 속도로 경과하는 상이한 운동에 대하여 이것을 말할 수 있다면 동일의 운동에 대해서는 더 말할 나위도 없다. 하나의 운동이 상이하게 운동하는 물체계에 관계하여 공간적으로 아무리 방향을 달리하고 속도를 달리한다고 하더라도 시간적으로는 이들에 관계하여 동일의 방향과 속도를 가진다. 왜냐하면 이 운동의 방향과 속도나 관계한 물체계의 방향과 속도가 모두 시간적으로는 시간의 흐름의 방향과 속도에서 벗어나지 않기 때문이다.

그러므로 운동의 상대성이란 결국 공간적 방향과 속도의 상대성이지 시간적 방향과 속도의 상대성은 아니다. 시간은 공간성이 지닌 상대성을 분유하지 않는다. 그 이유는 시간의 본질은 차원임에 그치지 않고 동형의 '흐름' 및 방향과 속도의 철저한 결정성에 성립한다는 데 있다.

3) 공간시간의 상대설

현대 물리학에서 상대성이론은 갈릴레이, 뉴턴의 고전적 역학과 맥스웰의 전자역학을 결합하려고 할 때 부딪히는 난문제(難問題)를 해결하고자 하는 데서 성립한다. 전자는 공간에 있어서 절대적 운동속도를 부정하고 후자는 그것을 요구한다. 로런츠 변환(Lorentz-Transformation)은 수학적으로 가능한 유일의 출구를 여기에 제시한다. 그러나 그것은 고전적 역학의 기초를 흔들어 놓고 분쟁을 사실상 새로운 전자역학에 유리하도록 결정한다.

상대성이론의 본래의 근본 명제는 다음과 같다. 절대적 공간이나 절대적 시간은 있지 않다. 장소와 운동상태에서 독립한 시간은 없다. 시간표시는 양쪽 입장 사이의 거리와 상대적 속도를 계산에 넣을 때, 한쪽 입장에서 다른 쪽 입장에로 환산될 뿐이다. 따라서 상이한 장소에 있는 관찰자에 대한 동시성도 폐기된다. 그러나 동시에 상대성은 공간에로 옮겨 놓인다. 하나의 거리의 단순한 거리표시가 벌써 아무런 상수일 수도 없고, 그것을 향하여 운동하지 않는 관찰자에 대하여 보다 그것을 향하여 운동하는 관찰자에 대해서는 하나의 다른(단축된) 것으로 되지 않으면 안 된다.

공간시간 규정의 이와 같은 상대화에 있어서 저절로 다른 하나의 상수가 요구된다. 로런츠 변환(Lorentz-Transformation)은 그 제1방정식과 제4방정식에서 이러한 상수를 선견(先見)하였다. 그것은 광속도 C이다. 광속도는 물체의 운동에 의하여 추월되지 않는다. 그러므로 그것은 한계속도가 되고, 특히 그것은 '빈 공간'에 있어서의 전자기적 장의 전달속도에서 나오는 근본 상수로서 주지되었다. 여기에서 하나의 일반적인 역학적 상수를 만들면 일거에 '빈 공간'과 '세계에테르' 간의 논쟁이 지양되고 하나의 보편적 운동설의 단순한 상이 나온다.

상대성이론에 있어서 문제는 실재시간에서 시간 내의 일정한 관계의 가확인성(可確認性)에로 옮겨진다. 관찰자는 아득히 먼 세계공간에 일어난 광선에 의하여 그에게 전달되는 하나의 사건의 시간점을 어떻게 해서 확정할 것인가. 광선이 그에게 도달하는 시간점을 시계에 의하여 기록할 도리밖에 없다. 그러나 광선은 그에게 연착한다. 더욱이 이 연착은 그의 운동상태에 따라 또 변동한다. 즉 그가 광선으로 향하여 운동하면 기록된 사건은 보다 빠르게 계속하고, 그가 광선의 방향으로 운동하면 보다 느리게 계속한다. 이 두 경우 관찰대상의 시간질서는 상이하다. 그에게 대하여 동시적인 것은 그에게 동시에 관찰하는 것에 의존한다. 상이하게 운동하는 관찰자에 대하여는 그러므로 상이한 사건이 동시적인 것을 보이고, 동일의 사건계속이 그들에게 상이한 시간질서를 가진 것으로 보이게 된다.

여기서 일보 진(進)하면, 입장에 의존하지 않는 시간규정이란 있을 수 없고, 따라서 절대적 동시성이란 있을 수 없다는 명제가 나온다. 이렇게 되면, 실재시간의 등질류(等質流)가 폐기되고, 공간량(空間量)은 운동방향에 따라 신축(伸縮)하게 된다. 그런데 절대적 공간의 '거리'와 절대적 시간의 지속과는 상보관계에 있다. 한편이 성립하면 다른 편도 성립하고 한편이 폐기되면 다른 편도 폐기된다. 그러한 결과를 우리는 로런츠 변환에서 본다.

이 이론의 출발점은 관찰과 확인에 관한 문제에 있다. 그러므로 인식론적 반대론자는 대뜸 이 이론을 주관주의라고 규정해 버린다. 하지만 관찰자의 역학적 상황과 가확인성의 한계에서 출발한다는 것은 훌륭히 객관적이다. 일정한 거리와 운동상태를 떠나서 동시성을 확인할 수 없다는 것은 관찰하는 주관의 인식조건에 기인하는 것이 아니라 그의 입장의 운동관계에 기인하고, 이것은 관찰되는 사건과 마찬가지로 객관적 대상영역에 속하기 때문이다. 그러므로 위의 평가는 부당하다. 어떤 것의 동시성이 확인 안 된다고 하더라도, 그것은 동시적으로 '있을' 수 있다는 것이 거기서는 전연 고려되지 않고 있다. 동시성과 비동시성은, 다른 모든 실재관계와 마찬가지로, 관찰과 확인에 의존하지 않고 또 가확인성의 한계에도 또한 의존하지 않고서 존립한다. 공간 내의 광도(光道)의 일정한 지속이라든지 관찰자의 운동상태에 따른 광도 지속의 증감을 말할 수 있는 것은 어떤 방식으로든지 동시성이 성립한다는 것을 암암리에 전제하고 있는 것이다.

이 비의존적 동시성을 확인불가능이라 해서 공허한 추상에 불과하다고 할 것인가, 또는 단순한 통속적 견해에 불과하다고 할 것인가. 아니다. 그것은 오히려 가능한 과학적 기본 전제인 것이다. 광도는 자기의 지속을 갖고 있다. 그럼으로써 사건의 동시성은 관찰과 동일하지 않을 수도 있는 것이다. 여기와 저기서 동시적으로 생기한 사건이 동시적인 것으로 확인 안 될 수 있고, 동시적인 것으로 확인되는 것이 여기와 저기서 동시적으로 생기한 사건이 아닐 수 있는 것이다.

여기에서 전제로 되고 있는 동시성은 실재시간의 동시성으로서 그것은 주관의 가확인성의 한계와는 아무 상관이 없다. 상대성이론에 있어서 그것의 등질류가 논란되고 있는 시간은 실재시간이 아니라 이론의 세계에 있어서만 출현하는 다른 종(他種)의 시간이다. 일체의 상대성은 가확인성과 측정에 관한 것일 뿐 측정의 기체에 관한 것이 아니다. 모든 공간거리와 운동상태의 기초에, 가확인성과는 상관없이, 실재시간의 등질류와 동시성이 전제되어 있고, 이 전제 아래 비로소 일정량이 관찰에 대하여 가속 혹은 지연할 수 있는 것이다.

4) 상대성이론에 대한 비판

상대성이론에 의하면, 한결같이 동형으로 흐르는 시간이란 있을 수 없고, 그 속에 진행하는 사건의 운동상태 여하에 따라 보다 빠르게 혹은 보다 느리게 흐르는 시간이 있을 뿐이다. 이와 같이 상대화된 시간에 있어서는 가장 젊은 것이 가장 늙은 것을 시간적으로 추월할 수도 있게 된다. 상술한 하르트만의 공간시간론에 의거하여 이 이론은 다음과 같이 비판된다.

시간적으로 보다 빠르다거나 보다 느리다는 것은 무엇을 의미하는가. 그것은 상이한 진행이 동일의 시간에 있어서 상이한 거리의 시간연장을 경과한다는 것을 말한다. '동일의 시간에 있어서'가 아니라고 한다면, 시간적으로 보다 빠르다거나 보다 느리다는 것이 말하여질 수 없다. 동일의 시간에 있어서라고 하는 이상, 그 속에서 이 동일성이 성립하고 또 그 속에서 신축 있는 시간이 보다 빠르게 혹은 보다 느리게 흐를 수 있는 그러한 시간이 있어야 할 터인 바, 이 시간이 그 자체 다시 보다 빠르게 혹은 보다 느리게 흐르는 시간일 수는 없다. 이 시간은 그 속에 연장하여 있는 것의 여하한 운동상태에 있어서나 항시 등속으로 흐르는 시간이 아니면 안 된다.

이 사정은 타원적 공간의 경우와 마찬가지다. 공간 차원이 구부러져 있다는 것은 있을 수 있는 일이다. 그러나 그럴 때에는, 그 속에서 그것이 구부러져 있을 다른 하나의 차원이 있어야 하며 이것이 다시 구부러져 있을 수는 없다. 그 차원이 곡(曲) 혹은 직(直)일 수 없고 오히려 면(面)이나 직(直)의 제약일 수밖에 없는 그러한 범주적 공간이 없을 수 없는 거와 마찬가지로 시간문제에서도 또한 시간적 상대성의 제약으로서 동형의 실재시간이 없을 수 없는 것이다.

상대성이론은 또 공간을 상대화한다. 즉 동일의 공간거리가 운동상태에 따라 양(量)을 달리한다. 로런츠 변환의 제1방정식에 의하며, 물체의 거리가 운동의 방향에 있어서는 줄어들고 반대 방향에서는 늘어난다. 그런데 공간 내의 운동 자체가 또한 상대적이다. 즉 하나의 물체는 상이하게 운동하는 물체에 대한 관계에 있어서 동시에 상이한 속도로 운동한다. 그러므로 하나의 물체는 이들의 물체에 대한 관계에서 동시에 상이한 거리를 가지지 않으면 안 된다. 여기서 나아가, 운동상태에 따라 공간 자체가 줄어들고 혹은 늘어난다고 결론한다.

공간 내의 연장자, 즉 물체, 거리, 위치관계 등이, 그리고 상이하게 운동하는 물체에 대한 관계에서의 이것들의 거리가 줄어들거나 늘어난다는 것은 범주적으로 물론 가능하다. 그러나 공간 자체도 또한 늘어나고 줄어들 수 있는가. 그렇기 위해서는 공간 자체도 연장자가 아니면 안 된다. 그리고 여기서 문제가 되는 것은 공간적 연장자이므로, 공간이 공간 내에 연장하여 있지 않으면 안 된다는 말이 된다. 이는 범주적으로 배리(背理)이고 차원과 연장과의 근본 관계에 배치한다.

실재공간과 실재시간은 연장도 아니고 연장자도 아니라 다만 가능한 연장의 범주적 제약일 뿐이다. 다시 말하면 그 속에 물체나 거리가 양을 가지고 사건이 그 지속을 가질 수 있는 제약이다. 물체의 거리와 그 척도는 공간적으로 신축할 수 있다. 그러나 공간 자체가 신축할 수는 없다. 양을 가진 것만이 그 양을 변할 수 있다. 그런데 공간은 여하한 양도 갖고 있지 않다. 환언하면 연장하여 있지 않다. 가능한 연장의 범주적 제약은 동시에 가능한 양의 제약이다. 이 제약은 연장하여 있거나 양을 갖고 있는 것이 아니다. 상대성이론은 공간시간에 있어서 세계의 상대성을 공간시간 자체의 상대성으로 오인하고 있는 것이다. 우리는 물론 공간시간 차원 내에 연장하여 있는 세계의 상대성을 말할 수 있다. 그러나 공간시간 차원 자체를 상대화해서는 안 된다. 공간시간을 상대화하면 상대화된 공간시간의 배후에 다시 그 제약으로서의 절대적 공간시간 차원이 나타나지 않을 수 없다.

자연의 범주체계 II
- 우주론적 제 범주 -

하기락(경북대)

1. 서론

우리는 「자연의 범주체계 I」에서 공간시간의 4차원 체계는 그 속에 자연이 연출되는
질서 원리라는 점을 밝혔다.[1] 이 질서 속에서 자연은 어떤 구조를 갖고 전개되는 것일
까. 이것이 본 논문에서 다루고자 하는 과제다.

하르트만에 의하면, 실재적 세계는 무기적 물질층, 유기적 생명층, 심리적 의식층 및
정신적 존재의 층이란 네 개의 층으로 구성되는바, 이 중의 물질층과 생명층이 이른바
'자연(Natur)'을 형성한다. 그런데 물질층과 생명층 사이에는 "가공형성관계(Überformu-
ngsverhältnis)"가 성립한다.[2] 이 관계에 있어서는 하층에 나타난 범주가 전부 상층에 재
현하여 상층에 비로소 나타나는 신규의 범주들과 협동함으로써 하층의 물질적 존재는
보다 복잡미묘한 상층의 생명층 형태형성의 질료가 된다.

그러므로 자연의 제 범주는 물질층에서 비롯하여 생명층에까지 관통하는 보다 기본
적인 범주와 생명층에서 비로소 등장하는 비교적 특수적인 범주로 구별되는 바, 하르트
만은 전자를 우주론적(kosmologische) 범주라 하고 후자를 유기체론적(organologische)
범주라 한다. 이리하여 하르트만의 『자연철학(Philosophie der Natur)』(1950)은 1. 차원
적 제 범주, 2. 우주론적 제 범주, 3. 유기체론적 제 범주 등의 3부로 편성된다. 『철학연
구』제3집에 발표한 졸문(拙文) 「자연의 범주체계 I」은 주로 하르트만의 『자연철학』의 제

---

1) 하기락, 『철학연구』 제3집, 1966.
2) N. Hartmann, *Der Aufbau der realen Welt*, 1950, p.485.

1편 「차원적 제 범주」를 참고로 하였고, 이제 본 논문은 그 제2편 「우주론적 제 범주」에 의거하여 물질층과 생명층을 일관하여 지배하는 자연계의 기본적 범주를 체계화하려고 한다.

하르트만의 『자연철학』은 수학과 자연과학에서 선천적 종합판단은 어떻게 해서 가능한가를 밝히고자 한 칸트의 『순수이성비판』과 공통한 문제영역을 갖고 있다. 칸트의 이 저서는 그의 자연철학을 포함한다. 『순수이성비판』의 「감성론」은 문제영역상 하르트만의 『자연철학』의 「차원적 제 범주」에 해당하고, 전자의 「분석론」은 후자의 「우주론적 제 범주」에 해당하는 것이다. 하르트만은 여기다가 다시 「유기체론적 제 범주」를 첨가하여 자연의 범주체계를 완성한다.

그러나 하르트만은 문제해결에 있어서 칸트와 견해를 전연 달리한다. 칸트에 의하면, 공간과 시간은 직관의 근저에 있는 선천적 표상으로서 순수직관이다.[3] 그런데 하르트만에 의하면 칸트의 이른바 공간과 시간은 의식범주로서의 직관공간에 불과하고, 이외에 자연의 객관적 형식으로서 실재공간과 실재시간이 생각되어야 하고 또 이념적인 공간 및 시간이 문제되지 않으면 안 된다고 본다.[4]

칸트에 의하면, 범주란 것은 오성의 순수한 선천적 개념이다. 공간과 시간이 감성의 선천적 형식이고, 범주 즉 순수오성 개념이 오성의 선천적 형식임으로 해서 수학과 자연과학에서 선천적 종합판단이 가능케 된다는 것이 칸트의 해답이었다. 칸트에서 범주는 오성의 선천적 형식인 고로, 오성 자체의 기능을 분석하는 데서 범주의 완결된 체계가 무난히 도출된다. 칸트는 판단표에서 도출한 12개 범주를 수학적 범주와 역학적 범주로 구분한다. 전자는 '직관의 대상에 관계하는' 양 범주(단일성, 다수성, 총체성)와 질 범주(실재성, 부정성, 제한성)이고, 후자는 '이 대상의 존재(Dasein)에 관계하는' 관계 범주(실체성, 인과성, 상호성)와 양상범주(가능성, 현실성, 필연성)이다.[5] 칸트의 이른바 수학적 범주란 수학적 인식을 가능케 하는 범주이고, 역학적 범주란 물리학적 인식을 가능케 하는 범주이다.

칸트의 「분석론」은 「개념의 분석론」과 「원칙의 분석론」의 2부로 된다. 오성의 선천적 개념은 인식이 성립하기 위한 규칙인데, 판단력의 선험적 이설(理說)로서의 원칙은 이

---

3) Kant, *K.d.r.V.*, B. 38.
4) 하기락, 「자연의 범주체계 I」 참조.
5) Kant, *K.d.r.V.*, B. 110.

규칙에 기(基)하여, 성립하는 구체적 판단이다. 순수오성의 개념, 즉 범주를 가능적 경험에 사용함에 있어서 어떤 경우는 바로 직관에 관계하고 어떤 경우는 현상 일반의 현존(Dasein)에 관계하는 고로, 원칙에도 수학적 원칙과 역학적 원칙이 구별된다. 수학적 원칙이란 양 범주에 의하여 성립하는 '직관의 공리'와 질 범주에 의하여 성립하는 '지각의 예료(豫料)'를 가리키고, 역학적 원칙이란 관계 범주에 의하여 성립하는 '경험의 유추'와 양상범주에 의하여 성립하는 '경험적 사유 일반의 요청'을 가리킨다. 수학적 원칙은 수학의 원칙을 가능케 하는 순수오성의 원칙이고, 역학적 원칙은 역학의 원칙을 가능케 하는 순수오성의 원칙이다. 이리하여 칸트의『순수이성비판』의「감성론」과「분석론」은 수학적 자연과학의 기초를 밝히는 자연철학의 성격을 띤다는 것이 자명하게 된다.

하르트만에 의하면, 존재자 일반은 그 존재 방식에서 실재적 존재와 이념적 존재로 구분된다. 그런데 하르트만의 범주체계에서 가능성, 현실성, 필연성 등의 양상범주의 일군은 '범주적 제 법칙' 및 '존재 대립의 제 범주'와 더불어 존재자 일반에 적용되는 가장 기본적인 범주에 속한다.[6] 그러므로 양상범주는 존재 방식에 따라 실재적 가능성, 현실성, 필연성과 이념적 가능성, 현실성, 필연성으로 분화하게 된다. 칸트가 '경험적 사유 일반의 요청'으로서 다루고 있는 원칙은 하르트만의 이른바 실재적 가능성, 현실성, 필연성에 해당하는 것으로, 경험적 대상 혹은 현상 일반의 현존(Dasein)의 양상에 관계한 것이다. 그런데 양상범주란 일반적으로 존재자의 현존 방식(Daseinsweise)에 관한 것으로 존재자의 내용존재(Sosein)의 구조적 계기에는 전연 저촉하는 바 없다. 자연철학은 자연의 구조적 내용에 관한 원리적 이론에 성립하는 것이므로 칸트의 자연철학의 핵심적 부분은 결국 관계 범주에 관한 '경험의 유추'에 있다고 하겠다.

칸트에서 '실체의 지속성의 원칙', '인과율에 좇은 계기의 원칙', '교호작용 혹은 상호성과 법칙에 좇은 동시존재의 원칙'이란 세 가지 '경험의 유추'가 자연과학의 기초적 명제로 생각되고 있다. 그러나 하르트만에 의하면, 이들의 기본명제와 물리학의 특수적인 제 근본개념, 이를테면 질량, 힘, 에네르기, 열, 광, 파동, 전자(Elektron), 양성자(Proton) 등과의 사이엔 한층 일반적인 제 원리가 삽입되어야 할 넓은 공백이 벌어져 있다. 자연에 대한 인지는 아직 이 공백을 완전히 메꾸어낼 수 있는 단계에 이르지 못하고 있으나, 그러나 상당한 보충을 삽입할 수 있을 것으로 보는 것이다(*Philosophie der Natur*, p.

---

6) 하기락,「N. Hartmann의 Ontologie에 있어서의 Kategoniensystem의 問題」『철학연구』제1집, 1964 참조.

151).

　하르트만은 우선 칸트의 세 범주에다가 '법칙성(Gesetzlichkeit)'이란 범주를 추가해야한다고 본다. 고전물리학에서 제 자연법칙의 발견 이래 사람들은 법칙성을 인과성과 혼동하여 왔으나 그 범주적 고유 성격이 간과되어서는 안 된다는 것이다.

　실체성, 인과성, 상호성, 법칙성이란 네 개의 중심적 범주를 기준으로 해서 위로는 보다 특수적인, 아래로는 보다 일반적인 제 범주가 보충된다. 여기서 '아래'라 하는 것은 보다 일반적 보편적인, 따라서 보다 기초적 기본적인 것을 가리킨다.

　아래로는 실재시간과 인과연쇄와의 중간에 '과정(Prozess)'이란 범주가 발견된다. 과정은 아직 모든 결정형식의 피안에 있다. 하나의 특수한 결정형식으로서의 인과연관은 그 자체 과정을 전제로 하고 있다. 과정 속에서 과정에 항거하여 지속하는 어떤 것이 아닌 실체의 지속이란 생각될 수 없는 한, 실체도 또한 과정을 이미 전제하고 있다. 그러므로 과정성은 실증성과 인과성보다 한층 기본적인 범주라고 생각된다.

　과정성이 한층 기본적인 범주라면, 그 대립항으로서의 '상태성(Zuständlichkeit)'도 또한 그러하다고 보지 않을 수 없다. 과정은 상태들의 접기(接起)에서 구성되는 것이기 때문이다.

　셋째로, 과정과 상태를 함께 포괄한 한층 일반적인 범주는 '실재관계(Realverhältnis)'란 범주다. 과정도 관계의 일특수형(一特殊型)이요, 상태도 또한 관계의 일특수형이기 때문이다. 우주론적 제 범주의 전 계열은 결국 관계 범주에서 시작되는 그 분화라고도 볼 수 있는 것이다. 이 사정은 다음과 같이 도식화될 수 있다.

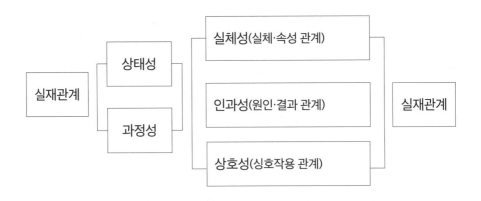

이 도식에 있어서 전항(前項)은 보다 일반적 기본적이고 후항(後項)은 보다 특수적이다.

이상 7개의 기초적 범주를 기초로 하여 그 위에 다시 과정에 대한 다른 하나의 대립항으로서 '역학적 결합체(dynamische Gefüge)'란 범주가 있다. 이 결합체는 각종의 특수한 종류 및 단계에서 그 자체의 체계를 갖고 있다.

그리고 서로 다른 서열의 결합체가 서로 관련을 갖고 상호제약하는 데서 자연의 '계층구조(Stufenbau)'란 범주가 생각된다.

나아가 상이한 서열의 결합체 간의 계층구조 속에 지배하는 '결정형식(Detrmination-sform)'이란 범주가 문제로 된다.

끝으로 모든 결합체에는 그 안정성(Stabilität)의 방식이 또한 독특한 범주적 계기를 이루고 있으니, 이것은 '역학적 평형성(dynamische Gleichgewicht)'이란 범주다.

하르트만은 이상 11개의 범주로써 무기적 자연의 범주체계가 완결되는 것으로 믿지는 않는다. 이 계열을 보충하기 위하여 인류에게는 무제한의 연구가 과하여져 있는 것이다.

하나의 존재층에 속하는 모든 범주는 '공속(Kohärenz)의 법칙' 아래에 있으므로 각개의 범주는 단독으로 고립하여 있지 않고 상호포함 관계에 있다. 그러나 연구의 사정상 이들을 분리시켜 고찰하지 않을 수 없다. 그것은 인간의 지성의 어쩔 수 없는 제약인 것이다.

2. 관계 범주

자연은 공간시간 4차원 체계 속에 전개되는 각종의 연장적(extensive) 양(체적, 존속, 속도, 가속도, 방향, 방향 변화 등)의 관계에 이질적인 각종의 실질적 차원(힘, 질량, 밀도, 압력, 온도, 파장, 빈도, 광도 등)에서의 강도적(intensive) 양의 관계가 첨가되는 데서 형성되는 것이다. 자연현상에서 법칙성은 일반적으로 수학적 공식으로 표현되거니와 이는 상이한 차원 간의 양관계(量關係)에 있어서 한 차원의 양(量) 변화가 다른 차원의 양(量) 변화에 의하여 규정되는 의존성에서 성립한다. 자연에서 연장적 양관계와 강도적 양관계를 포괄하는 전실재관계(全實在關係)는 이와 같은 가변적 양의 함수관계에 의하여 지배된다.

이 견지에서 하르트만은 관계(Verhältnis)의 범주를 자연의 가장 기본적인 보편적 범주라고 본다. 이 견해는 자연의 중심 범주를 관계 범주라고 보고 그 근본 명제를 '경험의 유추'로서 이해한 칸트철학의 전통과 일치한다.

하르트만에 의하면, 관계에는 동시적인 관계와 계시적(繼時的)인 관계가 있다. 전자는 정적인 관계로서 자연의 형성체(Geblide) 간에 성립하고, 후자는 동적인 관계로서 과정단계(Prozessstadien) 간에 성립한다. 칸트에서 전자는 실체·속성의 관계 및 교호작용의 관계에 해당하고, 후자는 원인·결과의 관계에 해당한다. 그러나 자연에 대한 전면적 고찰은 언제나 이 양자를 동시에 포괄하지 않으면 안 된다. 형성체는 부단의 과정에서 이해되어야 하고, 또 과정은 한편으로 형성체의 내부에서 진행되고 다른 편으로 과정 자체가 형성체를 산출하며 형성체는 과정의 결과에 지나지 않는다(*Philosophie der Natur*, p.256). 예컨대 화학적 과정에서 복합적 분자의 결합은 과정에서 이해되어야 할 형성체이고, 원자의 내부에서 전자운동은 형성체의 내부에서 진행되는 과정으로서 이해되어야 한다.

이리하여 관계의 범주는 자연의 가장 포괄적인 기본적 범주이고, 여타의 제 범주는 관계 범주의 분화에 불과한 것이다.

3. 상태성과 과정성

상태성(狀態性)과 과정성(過程性)은 관계 범주의 제1차적 분화로서 실체성과 인과성보다도 오히려 선행한다는 것은 이미 서론에서 언급한 바 있다.

그러나 하르트만은 책 『자연철학』에서 과정성과 실체성을 다루고 나서 상태성을 다루고 있다(*Philosophie der Natur*, pp.259-318), 이와 같이 상태성을 뒤로 미룬 이유로서 그는, 첫째로 상태성이 과정성과 불가분의 연관을 맺고 있으나 실체성도 또한 과정성과 불가분의 연관을 맺고 있고, 둘째로 철학의 전통에서 상태성은 실체의 양태(modus)로서 언제나 실체와의 연관에서 고찰되어 왔기 때문이라 한다(*Philosophie der Natur*, p.

311). 하르트만에서 서술의 순서가 그러함에도 불구하고, 상태성과 과정성은 관계 범주의 제2차적 분화로서 엄밀한 상관관계에 있는 기초적 범주로 이해되고 있다. 이 견지에서 하르트만은 상태성의 범주적 본질을, 철학의 전통과는 달리, 실체성과의 대립에서가 아니라 오히려 과정성과의 대립에서 찾고 있다.

하르트만에 의하면, 상태(Zustand)는 일정한 시점에서(zu bestimmter Zeit) 사물의 상황(Stand)으로서 "일정한 현시(Jetzt)의 동시성에서 결집된 제 실재관계의 다양성에서 형성된다"(*Philosophie der Natur*, p.313). 사물의 상황을 이루는 이 제 실재관계의 집결의 축을 어떻게 잡건 그것은 상관이 없다.

상태의 근본 계기를 이루는 것은 일정한 시점에서의 동시성인데, 이와 반대로 과정(Prozess)의 근본 계기를 이루는 것은 "시간의 흐름(Fliessen der Zeit)"이다. "과정은 과거에서 미래로 향하여 불가역적으로, 제 사건의 엄격한 평행성을 유지하면서 시간의 등속진행에 따라 멈출 수 없이 전진한다"(*Philosophie der Natur*, p.259).

그러나 과정은 시간과 구별되지 않으면 안 된다. 왜냐하면 시간은 하나인데, 그 속을 흐르는 과정은 여럿이기 때문이다. 시간은 단순한 차원에 불과한데, 과정은 그 속을 경과하는(흐르는), 따라서 그 속에서 연장(지속)을 가진 실재적인 것이기 때문이다. 그러므로 하르트만은, 과정은 "각 시간단계로 상호분리된 것의 연속 집결, 시간적으로 한 번도 공재(共在)하지 않는 것의 공속성, 부단히 다만 일순간 존립했다가 부단히 소거하는 것의 계속적 상호연접에 의한 하나의 진행의 전체적 통일"[7]이란 형식의 통일이다.

이러한 통일형식의 과정은 단순한 '생성(Werden)' 이상의 어떤 것이다. 생성은 시간적으로 연장한 전체가 통일로 집결됨이 없이 다만 사건들의 상호추출이 계속됨을 의미하는데, 과정에 있어서는 이 집결된 통일이 본질적 계기를 이룬다.

하르트만에 의하면, 목적론적으로 구상된 아리스토텔레스의 잠재적 현실태(dynamis-energeia)란 도식은 형태형성적 과정만을 문제로 삼고 형태해체적 및 중립적 과정은 고찰되지 않을 뿐더러 형태형성적 과정에 대해서도 이 도식은 과정의 발단과 말단에 적용될 뿐 양단 간의 이행 과정이 정당하게 고려되지 않는다는 점에서 과정의 올바른 파악

---

7) "das Kontinuierliche Zusammenhalten des in die Zeitstadien Auseinadergerisseren, die Zusammengebörigheit des zeitlich niemals Beisammenden, die ganzheitliche Einheit, 'eines' Vorganges durch das sukzessive Aneinanderschliessen des immer nur für einen Augenblick Entstehenden und dann für immer Vergehenden"(*Philosophie der Natur*, p.262).

이 되지 못한다는 것이다(*Philosophie der Natur*, p. 266).

과정의 통일성은 형태형성 과정과 형태해체 과정을 다 같이 포괄함으로써 생성과 소멸이란 개념의 이원성을 폐기한다. 뿐만 아니라 생성과 소멸을 변화란 개념으로 종합할 때, 자연현상에서 모든 변화가 결국 운동과 에네르기 전환으로 환원된다는 것이 근대과학에서 입증됨으로써 과정의 통일성은 한층 확실한 것으로 된다. 그러나 하르트만은 나아가 이 통일성을 과정이 지니는 양상 계기의 설명에서 완전히 구명한다. 과정의 경과에 따라 점차 규정이 첨가됨으로써 가능적인 것의 범위가 부단히 축소되어 마침내 가능성은 현실성으로 전환한다는 것이다.

종래에 사람들은 과정이 경과하는 한, 여하한 상태도 존속하지 않고, 상태가 존속하는 한, 과정의 경과는 있을 수 없다는 식으로 상태와 과정과의 관계를 생각해 왔다. 그러나 상태와 과정이 서로 교체한다고 보는 이러한 견해는 잘못된 견해다. 과정과 상태가 서로 교체하는 것이 아니라 실은 과정에서 상태들이 교체하는 것이다. 상태는 어떤 순간에 집결된 제 실재관계의 배열(Kollokation)에 성립하는 바, 이 배열의 변화에 따라 변화하는 상태들이 과정의 단계들을 이룬다. 이리하여 상태는 과정의 경과에 대하여 계시성(繼時性)에 대한 동시성과 같은 관계에 있고, 매 순간의 동시성에서 각 배열은 시간류와 개별의 차원(반드시 공간 차원에 한하지 않는)에서 서열을 갖고 있다. 이 차원 속에 공재(共在, Beisammen)하는 것이면 무엇이거나, 그것이 잠시적이냐 비교적 존속적이냐에 상관없이, 시간 차원에 수직된 동시적 공존성을 갖고 있다. 아닌 게 아니라 과정의 경과에서 전체상태로서 장단간에 비교적 지속하는 존속상태가 없지 않고, 그 각 단계는 다른 과정에 비하여 상대적인 정지상태로 보이게 된다. 그러나 과정의 지속에 대한 모든 척도는 임의적인 것으로 다른 과정과의 비교에 의존할 뿐이며, 이는 또 우리의 체험류(體驗流)에서 상(像)의 변역(變易)에 대한 주관적 파악 정도에 의존할 뿐 존재론적으론 지속의 구별이 있을 수 없다. 그리고 과정이 공간적 운동에서처럼 연속적인 이행이냐 에네르기 전환에서처럼 비약적이냐 하는 것도 아무 상관이 없다.

이리하여 상태와 과정과의 관계는 일반적으로 "과정은 제 상태의 변역이요 교체하는 제 상태의 시간적 계열"이라고 규정된다(*Philosophie der Natur*, p. 314).

4. 실체성

자연의 범주체계는 공간과 시간이란 차원적 범주에서 시작되었다. 공간시간의 4차원 체계는 그 속에서 자연이 전개되는 질서 원리요 무대였다. 자연의 실질적 내용은 이 속에서 실재적 제 관계의 그물(망)으로서 전개된다. 즉 동시성에서 실재적 제 관계의 집결로서의 상태성과 계시성에서 제 상태의 관계로서의 과정성은 날과 씨를 이루어 전자연(全自然)을 망라한다.

그러나 관계는 관계의 담지자(Träger)와의 관계에서 비로소 실질적 의미를 얻는다. 이것 없이는 관계가 관계들의 관계에 불과한 것으로 되고, 관계들의 관계란 무한후퇴하므로, 결국 '아무것의' 관계도 '아닌(von nichts)' 관계가 되고 만다. 이러한 관계는 넌센스요, 진정한 의미의 관계일 수 없다.

그러므로 모든 관계의 밑바닥에(zugrunde) 그것의 담지자(Träger)로서의 실체(Substanz)가 있지 않으면 안 되는 것이다. 그런데 관계는 동시성에서 관계에 한(限)하지 않고, 이것이 다시 계시성에서 관계로 연결되는 고로 관계 일반의 담지자는 시간에서 지속성을 갖고 있지 않으면 안 되는 것이다. 이리하여 실체는 자연의 모든 실재적 관계의 밑바닥에 있는 지속적인 것으로서 기체성(Substrat)과 지속성(Beharrung)을 아울러 갖고 있지 않으면 안 된다. 실체 범주로써 우리는 자연의 실질적 내용에 저촉하기 시작한다. 그런 의미에서 실체는 자연의 범주체계에서 핵심적 위치를 점한다. 고전적 물리학에서 자연의 모든 운동과 변화의 담지자로서 설정된 '물질(Materie)'이란 개념은 위와 같은 의미에서의 실체이다. 칸트는 여기서 실체 문제를 계승하고 있다. 그의 '경험의 유추'의 제1원칙은 다음과 같다.

> "모든 현상은 대상 자체로서의 지속적자(持續的者, 실체)와, 그 규정에 불과한 것으로서의, 즉 대상이 존재하는 방식으로서의 변천적자(變遷的者)를 포함하고 있다."(제1판)
> "현상의 모든 변역(變易)에도 불구하고 실체는 지속하고, 그 양은 자연에서 증감하지 않는다."(제2판)

칸트는 이 원칙을 다음과 같이 증명한다: "일체의 현상은 시간에서 존재한다. 그리고 기체로서의(내적 직관의 지속적 형식으로서의) 시간에서만 동시존재와 계기가 표상될 수 있다. 즉 현상의 일체의 변역이 그 속에서만 사유되지 않으면 안 되는 바의 시간은 지속하여 변역하지 않는다. 왜냐하면 시간은 계기적 존재와 동시적 존재가 다만 그 규정으로서 그 속에서 표상될 수 있는 것이기 때문이다. 그런데 시간이란 것은 지각될 수 없다. 따라서 지각의 대상, 즉 현상에서 기체에 마주치지 않으면 안 된다. 즉 시간 일반을 나타내는 바의, 그리고 이에 대한 현상의 관계에 의하여 일체의 변역과 동시존재가 지각될 수 있는 바의, 기체가 있지 않으면 안 된다. 그런데 모든 실재적인 것, 즉 물(物)의 현존을 구성하는 바의 것의 기체는 실체이다. 그리고 실체에서 그 현존을 구성하는 모든 것은 그 규정으로서만 사유될 수 있다. 따라서 그것과 관계해서만 현상의 모든 시간관계가 규정될 수 있는 지속적자(持續的者)는 현상의 실체이다. 즉 현상의 실재적자(實在的者)이고 모든 변역의 기체로서 항상 동일한 것이다. 즉 실체는 현존에서 변역할 수가 없는 고로, 그 양은 자연에서 증감될 수가 없다."[8]

이 증명을 요약하면, 우리가 어떤 두 개의 사물이 동시에 존재하고 있는가 아니면 시간적인 선후관계에 있는가를 결정하기 위해서는, 그 사물을 시간 속에 자리잡혀야 할 것인 바, 시간이란 것은 본래 지각될 수 없는 것이므로, 시간 속에 부단히 지속하고 있는 실체의 존재가 생각되지 않을 수 없다는 것이다. 칸트의 증명이 과연 성공하였느냐는 것은 별개의 문제로 하고, 우리는 여기에서 다음과 같은 두 가지 사항에 주목할 만하다.

1. 칸트는 종래의 형상실체(Formsubstanz)의 개념에 있어서와 같이 실체를 지속성의 계기에서만 이해하지 않고 기체성과 지속성이란 두 가지 계기의 종합에서 이해하고 있다.

2. 칸트는 지속성을 시간 외부적(ausser-zeitliche)인 것으로서가 아니라 시간 속에서의 지속, 과정에서의 지속으로 이해하고 있다.

이 제2항에 관하여, 하르트만은 칸트의 증명서에서 일종의 '변화의 변증법(Dialektik der Veränderung)'을 발견한다. 변화의 변증법이란 변화를 그 대립자인 지속성에서 파악하는 논리를 가리킨다. 변화는 어떤 것의 소멸과 다른 것의 생성에서 성립하는 것이 아니다. 그러한 것은 한갓 존재자의 교체에 불과한 것으로 변화라 할 수가 없다. 변화

---

8) Kant, *K.d.r.V.*, B. 225.

란 어떤 것이 그 자신 동일을 유지할 때, 다시 말하면 지속할 때, 그것에서 상태들의 교체를 의미한다. 이러한 지속자 없이는 경과의 통일성이 있을 수 없고, 과정에 변화가 있을 수 없다. 지속자는 바로 그것만이 변화할 수 있고, 또 그것의 변화에서만 그 지속이 가능케 되는 그러한 것이다. 이리하여 변화의 변증법은 하나의 존재자는 "자기가 동일한 것으로 존속함으로 해서만 다르게 될 수도 있다"고 표현된다(*Philosophie der Natur*, p. 280). 칸트는 이것을 다음과 같이 표현한다: "지속자(실체)만이 변화시켜진다. 변전자(變轉者, das Wandelbare)가 입는 것은 변화(Veränderung)가 아니라 변역(Wechsel)이다. 왜냐하면 약간의 규정이 감(滅)하고 다른 약간의 규정이 생(生)하는 것이므로".[9]

칸트는 '물질(Materie)'을 절대적 지속자로서 증명하려고 한다. 그러나 이는 지나친 요구이다. '지속자만이 변화할 수 있다'는 명제에서 그 지속자가 반드시 절대로 소멸하지 않는 영원자라야 한다는 결론은 나오지 않는다. 과정의 통일성에는 변화의 담지자가 교체하는 상태들의 변역을 넘어감으로써 족한 것이다. 다시 말하면 상태의 변화는 상대적으로 불변한 어떤 것에서 수행되고, 반드시 영원한 불멸성을 요구하지 않는다.

일찍이 헤라클레이토스(HeraklIit)는 '만물은 유전하여 잠시도 정체함이 없다'고 하였다. 이 명제는 생성의 일반화, 즉 과정의 영속한 지속을 의미한다. 생성의 과정은 과연 영원히 지속하는 것일까. 하르트만은 이 문제를 물(物)의 지속과의 변증법적 관계에서 고찰한다. "만물이 생성의 과정에 휩쓸려 간다면, 물의 지속은 거부된다. 그럴 때는 과정 자신만이 지속하게 된다. 과정이 물을 자기 속에 휩쓸어 넣음으로써 물에서 박탈한 존속자 혹은 실체란 범주적 계기가 바로 자기 자신 위로 전가된다. 헤겔식으로 말한다면, 과정은 자기가 폐기한 규정을 그 자신 보유하게 된다. 만일 과정이 지속하지 않는다고 할 것 같으면 그것은 과정이 멈추어 섬(停立)을 의미할 것이다. 그런데 과정의 정립(停立)이란 곧 물(物)의 지속 이외의 다른 아무것도 아닐 것이다. 왜냐하면 과정은 바로 물의 지속의 폐기(廢棄)이었으니 말이다. 따라서 과정의 정립은 이 폐기의 폐기, 즉 지속하는 물의 재설정이다. 그러므로 과정이 경과하거나 정립하거나 간에 어느 편이건 하나의 지속자가 있다. 즉 물이 지속하지 않으면, 과정이 지속하고, 또 과정이 지속하지 않으면 물이 지속한다."(*Philosophie der Natur*, p. 282)

생성의 변증법(Die Dialektik des Werdens), 즉 과정이 지속할 것이냐 물이 지속할 것

---

9) Kant, *K.d.r.V.*, B. 231.

이냐, 혹은 부정적으로 말해서, 과정이 정립할 것이냐 물이 소멸할 것이냐 하는 이 문제는 칸트의 제1 이율배반(Antinomie)에 통하는 문제인 바, 칸트는 이율배반을 세계의 시초에 관해서만 적용했지만 세계의 결말에 관해서도 똑같이 이율배반이 적용된다.

이 문제에서 우리가 도출할 수 있는 성과는, 과정은 그 고유한 본질에서 선천적(a priori)으로 말할 수 있는 실재적 세계 내의 유일한 필연적 지속자이나 기체의 계기를 결하고, 물은 기체의 계기를 갖고 있으나 항구한 지속성이 없으므로, 어느 쪽이나 절대적 실체일 수 없다는 것이다.

하르트만은 칸트의 실체지속의 원칙을 받아들여 그 한계를 밝히는 데서 다음과 같은 몇 가지 긍정적 규정을 얻는다.

1. "실체는 과정의 밖에(ausserhalb) 있지 않고 그 안에 있다. 실체는 무시간적자(無時間的者)가 아니라 과정과 마찬가지로 시간적 존재자이다. 실체의 지속은 과정의 지속과 마찬가지로 계속(Dauer)이란 형식을 갖고 있다."

2. "실체는 과정 자체가 아니라 과정 속에 있으면서 과정에 항립(抗立)하는 어떤 것이다. 실체의 지속은 과정의 지속이 아니라 과정의 흐름(경과) 속에서 이 흐름에 대항하여 버티어 나가는 것이다."(*Philosophie der Natur*, p. 285)

"과정에서 실체의 항립"이란 변역하는 상태들을 지니면서도 변역하지 않고서 동일의 시간의 "모든 시간에 있음(Sein in aller Zeit)"을 의미한다. 과정단계의 다수성에서 실체의 이러한 자기 자신과의 시간적 동일성은 어떻게 파악되어야 할 것인가. "시간성의 양상으로서의 계속(Dauer)은 시간성에 머무름(Beharren)을 의미하지 않고 시간점을 통과(Durchlaufen)함을 의미한다. 시간점에 결부된 것은 시간점과 함께 소거한다. 시간점은 현시(Jetzt)에서 과거로 활주하기 때문이다. 그러나 시간류에서 미래의 방향으로부터 현시는 부단히 진출한다. 계속이란 진출하는 현시와의 동행, 현시에의 체류 혹은 현시 속에 지지됨을 말한다. 시간에서 실재적 존속자란 이런 방식으로밖에 달리 있을 수 없다."(*Philosophie der Natur*, p. 286)

"과정에서 실체의 항립"이란 명제의 의미는 위와 같은 시간의 양상으로서의 계속을 분석하는 데서 명확하게 된다.

"과정은 시간류에 따른다. 과정의 제 단계는 시간류에 휩쓸려간다. 실체도 물론 현시의 대립적 상대운동에 따름으로써 시간의 법칙에는 복종하지만, 그러나 시간류에 따르지는 않는다. 이 말은 실체가 현시 속에 머무른다(지속한다)는 것을 의미한다. 실체는 소거에 항립할 뿐, 다시 말하면 과정의 법칙에 항거할 뿐, 시간의 법칙에는 항거하지 않는다."(*Philosophie der Natur*, p.286) "실체는 과정에 의하여 현시 밖으로 구축되지 않는 것, 그러므로 변천하는 현시 속에 확보되는 것이다."(*Philosophie der Natur*, p.286) "시간류는 중립적인 것으로 아무것도 현시 밖으로 밀어내지를 않는다. 생성된 것을 다시 구축하는 것은 시간에 있어서 과정이다."

"과정에서 실체의 항립"이 구명됨으로써 다시 다음과 같은 실체의 규정들이 밝혀진다.

3. "이와 같은 지속은 존재자의 고차(高次)의 형태에서 구할 것이 아니라 저차(低次)의 가장 요소적(要素的)인 형태에서 구하여야 한다. 모든 고차의 존재형태는 저차의 형태에 의하여 제약된, 그리고 그 위에 얹혀 있는 존재이다. 그런데 실체는 어떤 것 위에 얹혀(aufruhen) 있지 않고 밑바닥에 놓여(liegt zugrunde) 있다."

4. "실체는 단지 지속만이 아니고 지속자이다. 실체는 지속인 동시에 지속의 담지자(기체)이다. 그러므로 실체 속에는 지속과 기체란 서로 합치 안 되는 두 가지의 단단히 묶여진 범주적 계기가 포함되어 있는 것이다. 그것이 어떤 종류의 기체이냐는 것은 선천적(a priori)으로 결정되지 않는다."

5. "하나의 절대적 지속자의 존립에 대한 확실한 논증은 없다. 기체를 어디에서 구하든, 그것은 언제나 다만 상대적 지속자에 불과하다는 것이 밝혀진다."(*Philosophie der Natur*, p.285)

실체에는 지속성과 기체성이란 이질적인 양계기가 결합되어 있다는 것은 무엇을 의미하는가. 실체는 지속성으로 말미암아 계속(Dauer)이란 시간성의 양상을 띤다. 그러나 다른 편으로 기체성으로 말미암아 제 관계의 담지자(Träger)라는 성격을 아울러 가지게 된다. 지속성은 반드시 기체와 더불어서만 결합되는 것은 아니다. 형상계기 혹은 관계계기도 지속적인 것일 수 있으니 말이다. 기체성의 범주적 상관자는 지속성이라기보다 오히려 관계성이다. 기체는 자연의 모든 형태, 관계, 양규정의 담지자로서 그 밑바닥(기저)에 있는 그 자신 불가분해하고 비규정적인 비합리적자(非合理的者)이다. 관계와 규정이란 합리적 내용의 담지자 자신은 비합리적자라는 이 말은 결코 불합리한 말은 아니다. 물리적 실재자의 일체의 수학적 규정은 전연 비수학적인 어떤 것에 입각하고 있다는 사실을 우리는 여기에서 상기하여야 하겠다.

이리하여 실체의 본질은 지속성과 기체성, 즉 과정에서 시간적 동일성과 제 관계의 담지자로서의 불가분해한 비규정성이란 두 가지 이질적 계기에서 성립한다. 이 양 계기의 단단히 묶여 있음을 보지 못하고 실체에서 기체 계기를 간과하거나 실체와 기체를 혼동하는 과오를 전통적 형이상학은 범하여 왔다. 그러므로 하르트만은 전통적 형이상학에서 실체관을 비판하는 데서 실체 범주를 한층 명확하게 규정하고자 한다. 전통적 형이상학에서 실체 개념에는 유일, 무한, 불가분할, 보편 등의 제 규정이 부여되었다. 이러한 규정들은 실체로 하여금 다른 존재자와 구별되는 높은 품격을 갖추게 하고 이와 반대로 다른 존재자는 실체의 우유성(偶有性, Akzidenz)에 불과한 것으로 낮추어졌다. 그러나 이는 잘못된 견해다.

1. 실체는 그 본질상 결코 단일하다고 단정할 수 없다. 실체는 수적으로 다(多)이고 차이가 있을 수 있다. 이 문제에 대해서는 오로지 경험적 탐구가 결정을 지을 수 있을 뿐이다.

2. 실체는 반드시 무한적일 것을 요구하지 않는다. 이 무한성 요구의 배후에는 자고로 무한하지 않으면 언젠가는 바닥을 보리라는 사상이 곁들어 있는데, 이 사상은 실체가 소모된다고 봄으로써 비로소 성립하는 것으로, 지속성은 실체의 본질 계기로 인정하는 이상 실체는 무한한 지속일 수도 있고 유한한 지속일 수도 있는 것이다.

3. 실체는 불가분할자가 아니다. 실체에다 불가분성을 부여한 것은 실체와 요소(Element)를 혼동한 결과다. 물질적 실체가 무한히 가분할적(可分割的)이냐 불가분할적이냐 하는 문제에서 라이프니츠는 전자의 입장에서 물질에 대하여 실체성을 부인하고 불가분성을 비물질적 실체로 전가하였다. 그러나 라이프니츠적 실체는 기체 성격을 결한 것으로 본래의 범주적 의미에서의 실체가 아니다.

4. 실체는 보편적인 것도 아니다. 이 보편성이란 빈사는 한편으로 형상실체(이는 기체를 결하는 고로 진정한 실체가 아니다)에서 유래하고 다른 편으로 그 부분이 질적으로 무차별한 한에 있어서 기체의 무형식성과 비규정성에서 유래하는 바, 어느 편이고 착오다. 이를테면 물질로서의 실체의 분할에 있어서 비록 질적 차이성 등 기타의 제 규정이 없다고 하더라도 분할된 각 부분은 단순히 부분으로서도 각각

다른 것이다. 이는 바로 물질에 의한 개별화란 고대사상이다. 즉 형상은 공통자이고, 물질은 분리자이다.

5. 실체는 반드시 절대자임을 요구하지 않는다. 스피노자 이래 실체는 in se esse, per se, concipitur, causa sui라고 생각되어 왔다. 그러나 실체는 per se가 아니라 오히려 per aliud concipi이다. 즉 실체는 우유성(양태)에 의해서 파악되는 수밖에 없다. 실체는 또 관계를 떠나 성립할 수 없다. 따라서 절대적인 것이 아니다. 상대적 사물에서 유리(遊離)하여 있을 수 있는 것도 아니다. 실체(Substanz)는 그 어의(語義)부터가 벌써 "밑에 있는 것(Darunter-Stehendes, sub-stans)"이다. 실체는 그 기체 성격으로 말미암아 본질상 관계(Relation)의 대립항이다(*Philosophie der Natur*, pp. 290-291).

그러므로 실체는 고립하여 있지 않고 관계(Relation)가 걸려 오는 관계체(Relatum)로서 존재한다. 종래에 사람들은 '실체-우유성(Substanz-Akzidzenz)' 혹은 '실체존속내속성(Subsistenz-Inhärenz)'의 대립에 있어서 실체의 대립항으로서의 우유성 또는 내속성은 언제나 중요치 않은 제2차적인 존재, 완전한 의미에서 존재하는 것이 아닌 부속적인 존재라고 생각해왔다. 우유성은 또 우연성(Zufälligkeit)이란 양상범주와 혼동되기도 한다. 그러나 이 상관관계는 존재 규정과 규정의 담지자와의 담지 관계이며, 이 담지자로서의 실체는 기체이다. 그러므로 실체-우유성의 상관은 실은 기체-관계의 상관인 것이다.

그럴 적에 실체만이 본래적 존재이고 그것의 관계 항들은 부차적 존재에 불과하다고 생각하는 것은 잘못이다. 제 성질, 제 관계, 제 상태(우유성), 이들의 생성 혹은 과정 없이는 실체가 있을 수 없다. 실체는 과정 속에서 과정에 항거하면서 관철되고 있는 바의 것이다. 우유적인 것도 실체적인 것에 못지않게 존재적인 것이다. 실재적인 것의 존재 성격에서는 그것이 '밑바닥에 있느냐(zugrunde liegen)' 아니면 '담지되어 있느냐(getragen)', 지속하느냐 잠시적으로 변역하느냐, 그것이 관계 기체냐 관계 항이냐에 하등의 구별이 없다. 실체는 실체에 의존하는 것에 대하여 상대적(관계적)이다. 담지된 것이 실재가 아니라면 담지자도 실재가 아닌 것으로 된다.

근대의 형이상학에서 실체는 통일성, 불가분할성, 무한성, 절대성 등의 규정으로 말미암아 경험적 실재관계를 초탈한 것으로 생각되고, 따라서 '실체는 작용을 받지 않는다'고 생각된다. 그러나 만일 실체가 일체의 작용의 영향을 받지 않는 것이라고 할 것 같으면, 그것은 또한 일체의 실재적 제 관계의 변화에서 유리되지 않을 수 없다. 그런데 실체 없이는 관계가 실재적 관계일 수 없고, 그 속에서 제 실재관계가 연출되는 공간 시간의 차원 체계도 또한 실재적 범주일 수 없다. 이리하여 마침내 자연을 단순한 '현상(Erscheinung)'으로 폄하하여 실재적 세계의 기저층을 무시하는 결과에 이르고 만다. 그러나 실체는 자연에 있어서 핵심적인 범주로서 실체야말로 다양한 작용 연관 속에서 스스로 변화하고 있는 바의 것이다. 변화는 본질적으로 작용과 반작용에 의거하는 것인즉, 실체가 작용을 하고 작용을 받을 수 있는 것이 아니면 안 된다. 실체에 대한 위와 같은 비판적 고찰에서 하르트만은 실체의 본질을 이루는 지속성과 기체성의 엄밀한 규정을 시도한다.

하르트만은 실체의 지속성에 의한 존속(Erhaltung)과 실체 아닌 다른 불변자의 지속성에 의한 존속을 구별한다. 이 두 가지 존속의 형식은 1. 형성되는 형성체의 변역에도 불구하고 어떤 기체의 관성에 의존하는 존속, 2. 기체를 결한 존속이다. 이는 과정에 있어서 같은 형태의 형성체가 반복하여 출현한다는 의미에서의 존속이다. 이를테면 모든 자연현상의 생성소멸 기저에 일관된 "물질(Materie)" 혹은 "에네르기(Energie)"의 항존은 전자에 속하고, 무기적 물질계에서 자연법칙 혹은 생물계에서 개체의 재생산에 의한 종의 존속은 후자에 속한다. 전자에 있어서는 "형식 없는 것(das Formlose)"이 존속하고, 후자에 있어서는 "고도로 형태형성된 것(das Hochgeformte)"이 존속한다. 하르트만은 이 양자를 구별하여 "실체의 실체존속(Subsistenz der Substanz)"과 "항상자의 항상존속(Konsistenz der Konstanz)"이라고 한다(*Philosophie der Natur*, p.301). 양자의 식별 기준은 그 존속이 기체(Substrat)에 의존하느냐의 여부에 있다. 기체에 의존하는 지속성이 미래의 의미에서 실체의 지속성이고, 이러한 지속성은 최저의 물질층에서만 성립한다. 이와는 달리 기체를 결한 항상존속(Konsistenz)은 실재적 세계의 어느 층에서나 성립한다. 물질층에서 자연법칙, 생명층에서 유전의 법칙, 심리층에서 의식의 통일, 정신층에서 인격의 존속 혹은 객관적 정신으로서의 전통의 존속과 같은 것은 기체의 존속에 의존하지 않는 존속이다. 이와 같이 기체를 결한 존속자를 항상자(Konstanz)라고 명명하여 기체에 의존하는 존속자인 실체(Substanz)와 구별함으로써, 실체 개념의 적용은 물질층에 국한된다. 즉 기체를 가진 지속자만이 실체이다.

그러면 물질층에서 기체는 무엇인가. 자연과학에서는 오랫동안 '물질'이 기체라고 생각되어 왔다. '물질'은 지각되는 것 아니라 지각 대상과의 유추에 의하여 구성된 개념이다. 그러나 '물질'을 기체라고 봐야 할 하등의 이론적 근거는 없다. 그러기에 플라톤이나 데카르트는 '물질' 대신에 '공간'(연장성)을 기체라고 봤다. 그러나 물리학적 실체는 공간 내에 있는 어떤 것이라야 하는 고로, 공간 자체가 실체일 수는 없다. 이러한 견해들에 있어서 시사되는 바는 기체를 '물질' 이외의 다른 어떤 것에서 구할 수도 있다는 가능성이다.

그런데 우리가 '물질'에 관하여 아는 바는 무엇인가. 이렇게 물을 때, 그 질량적 기체 자체는 우리에게 주어지지 않고 다만 그 밖으로 나타나는 작용이 주어질 뿐이다. 이 작용은 '힘(Kraft)'으로써 경험되는 바, '힘'에는 항력(Widerstand), 관성(Trägheit), 중력 (Schwerkraft)이란 삼종(三種)이 있다. 항력은 불가투입성(Undurchdringlichkeit)이요, 중력은 인력(Gravitation)이요, 관성은 물체의 운동상태의 변화에 저항하는 형식을 취하는 고로 항력과 유사하다. 그러므로 물리학에 있어서는 '질량(Mass)'을 그 중력과 관성에 의하여 측정 계량한다.

그러나 '힘' 개념은 '물질' 개념을 전적으로 해소하기 부적합하다. 왜냐하면 실체의 기체 계기와 지속 계기가 양면 다 '힘' 개념에 있어서는 만족시켜지지 못하기 때문이다. '힘'은 자기를 유지하지 않고 오히려 작업에 있어서 소모되는 것이다. 그럴 때 언제나 새로운 '힘'이 성립하기는 하나 전자가 후자로 이행함에 있어서 실체지속자(Subsistierendes)의 동일성이 파악되지 않는다. '힘'에다 기체 성격을 부여하고 아울러 그것을 지속자로서 주장하는 학설도 성립할 수는 있으나, 그럴 때는 벌써 협의의 '힘' 개념을 벗어난다. 이리하여 19세기의 역학에서 '힘' 개념은 '에네르기' 개념으로 변천하였다.

외면적으로는 다만 양적 파악 방식이 다름으로 해서 '에네르기'는 '힘'과 구별되지만, 그 속에는 보다 내면적인 본질상 차이가 있음을 간과할 수 없다. 왜냐하면 양이란 본래 기체에 관계하는 것인 바, 그 기체 성격이 다르기 때문이다. 그렇다고 해서 '에네르기'가 '힘'과 상관없이 성립하는 것은 결코 아니다. 오히려 '에네르기'의 본질은 여러 가지 '힘' 관계의 변천에서 기체 계기에 성립한다.

다른 편으로 '에네르기'는 본질적으로 과정적인 것으로서, '에네르기' 항존명제로써 우리는 실체에 요구하는 과정의 지속성에 접근한다. '에네르기'는 물론 과정 자체는 아니나 과정 속에 지속하는 것으로서 모든 부분 과정의 각 단계와 그 각양의 현상 형태를 통하여 변천하는 역학적 기체이다.

과정이 비교적 완만한 상태로 진행할 때 '낙차(Gefälle)'의 긴장 관계에서 유지되는 '위치 에네르기(potentielle Energie)'의 현상도 '운동 에네르기(kinetische Energie)'의 과정 지속성에 모순되는 것은 아니다. 양자 간에는 하등 본질적 차이가 없고, 그 차이는 상대적일 뿐이다.

그러나 '에네르기' 항존명제에 대한 하나의 한계가 있으니, 이는 '열에네르기'의 일반적 평형화의 경향에 관한 '열역학계수(熱力學係數)'의 법칙이다. 이것을 '엔트로피(Entropie)'의 법칙이라 부른다. 즉 모든 '낙차'가 중화되어 '운동 에네르기' 자체가 지양되는 상태를 '엔트로피'라 한다. 그러나 '엔트로피'는 '에네르기'의 파괴를 의미하지 않고 다만 벌써 여하한 전환도 일으켜지지 않는 하나의 완전한 중화상태(Neutralisierung)를 의미할 뿐이다. '에네르기'의 경과가 어디까지 가서 멈추어질 것인가를 여기에 구명할 것은 없다. 이 점에 대해서는 물리학도 다만 가설을 세우는 데 그치고 있다. 우리가 여기서 얻을 수 있는 존재론적 의미는 '에네르기' 개념 역시 실체는 반드시 절대적 지속자일 것을 요구하지 않고 상대적 지속자로서 충분하다는 것을 입증한다는 데 있다.

5. 인과성

우리가 앞에서 고찰한 실체의 지속성은 시간에서 상태들의 변역(變易)에 성립하고 형성의 과정성도 또한 시간에서 상태들의 지속에 성립하는 것이었다. 이들의 범주에 있어서는 단지 새로운 상태 혹은 단계가 앞의 것에 지속하여 나타나는 데 그치고 그 연결이 아직 내용적 구조관계에 의하여 규정되지 않는다. 이 연결 속에 내용적 구조를 규칙으로 삽입하는 것은 인과성(Kausalität)이다. 인과성으로 말미암아 자연의 과정은 단순히 제 상태의 연속에 그치지 않고 하나의 상태가 다른 상태에 의존하는 계열 질서를 갖게 된다. 이리하여 인과성에서 자연의 내용적 구조연관이 좀 더 뚜렷이 나타난다. 그리고 이 구조연관에 특수한 형식들이 첨가될 때 각종의 자연법칙이 성립하는 것이다. 그런 의미에서 인과성은 자연계를 지배하는 가장 중심적인 범주라 할 수 있다.

인과성은 자연과학뿐만 아니라 일반적으로 경험적 제 과학의 근본 문제다. 과학이란 본래 원인의 탐구에 성립하는 바, 인과율을 전제하지 않고서는 이 탐구가 전연 무의미한 것으로 되기 때문이다. 근대의 자연과학은 자연의 각 분야에서 원인의 탐구를 시도하는 한편 인과성 자체에 대한 설명도 여러 가지로 시도하고 있다.

그러므로 근대 자연과학의 성립 이래 이 근본 전제를 밝혀내고자 하는 철학적 노력도 끊임없이 계속되고 있다. 우리는 여기에 그 몇 가지 중요한 것을 참고하고자 한다.

홉스(Hobbes)는 아래와 같이 인과성을 설명하려고 한다.[10] 시간점(時間點)에 A가 나타나는 데, 그것을 일으키는 원인이 없다고 가정하자. 그러면 어느 시간점에 있어서나 A가 나타날 가능성이 있게 된다. 시간점은 서로 무차별하기 때문이다. 그런데 시간점 t의 수는 무한히 크다. 따라서 t1에서 A의 출현 가능성은 무한히 작아져서 0에 가깝게 된다. 이는 t1에 A가 나타난다는 가정과 모순된다. 그러므로 A는 어떤 원인을 가져야 한다.

이 증명은 결국 생기하는 모든 것이 우연적으로 생기한다는 귀결에 도달할 뿐이다. 그러므로 마이농(Meinong)은 이 증명을 필연성의 양상으로 개선하려고 한다.[11] A와 X가 선후(先後)하여 출현하는 데, X가 A에 의하여 일으켜지는 않는다고 하자. 그러나 양자 간에는 어쨌든 어떤 관계가 있어야 할 것이고, 적어도 X가 A에 의하여 가능케 되고 있다고 보지 않을 수 없다. 이 가능케 된다는 것은 무엇을 의미하는가. 그것은 X와 non-X가 동시에 가능하다는 것을 의미하는가. 그럴 수는 없다. X는 그 시간 위치에서 현실적으로 되고, 그 현실성에서 non-X의 가능성은 배제되기 때문이다. 따라서 X의 적극적 가능성만이 남는다. 그런데 이는 바로 A에서 X가 필연적으로 되고 실지로 포함되어 있었다는 것을 의미하는데 지나지 않는다. 이 포함관계가 곧 인과성이다.

이 증명에 있어서는 적어도 사건의 연결에서 필연성이 논리적으로 도출되고 있으나, 다만 필연성의 논리적 양상과 실재적 양상과의 분명한 구별을 결한다는 결점이 있다.

범주란 일반적으로 근본적 전제인 고로, 그 객관적 타당성은 선천적(a priori)인 한 근거에서 통찰될 성질의 것이 아니라 도리어 그것에 의존하는 구체자로부터 역추리되는 수밖에 없다. 인과성에 대한 흄(Hume)의 비판은 이러한 자각에서 출발하고 있다.

흄에 의하면, 인과율이란 우리의 관념 연상의 습관에 의한 주관적 산물에 불과하다. 즉 우리는 계기하는 두 개의 지각을 반복하는 습관으로 말미암아 하나의 관념을 가질

---

10) Hobbes, *Eng. Works. ed. Molesworth*, 1840, p.276.
11) Meinong, *Zum Erweise des allgemeine Kausalgesetzes*, Wien, 1918, pp.42-66.

때 다른 관념을 연상하게 되고, 두 개의 사건 사이에 흡사(恰似)히 인과관계가 있는 것처럼 생각하게 된다는 것이다. 인과율이란 개념은 어떤 사건에 접할 때 다른 어떤 사건을 기대하는 주관적 신념에 불과하다. 흄은 지각의 계기와 사건의 계기를 동일시한다. 이리하여 인과율은 경험의 산물에 지나지 않는다.

칸트(Kant)는 인과율을 '경험의 유추'의 하나로 다룬다. 흄에서 '연상'이란 개념이 칸트에서 '유추'란 개념으로 바뀐다. 칸트는 흄의 인과율 비판에 접하여 독단의 꿈을 깨고, 거기서 다시 문제를 일반화하여 사물의 연결을 선천적으로 사유하기 위한 개념이 오성 속에 존재하지 않는지 어떤지를 검토하는 데서 비판철학의 체계가 나왔다는 것을 스스로 고백하고 있다.[12] 인과율은 칸트의 세 가지 '경험의 유추' 중에서도 중심적 위치를 점한다. 그 제2의 유추는 다음과 같다.[13]

"산출의 원칙 – 무릇 생기하는(있기 시작하는) 모든 것은 이것이 하나의 규칙에 좇아 그것에 계기하는 어떤 것을 전제한다."(제1판)
"인과율에 좇는 계기의 원칙 – 모든 변화는 원인 결과의 연결의 법칙에 좇아 생기한다."(제2판)

이 원칙에 대한 칸트의 증명은 다음과 같이 요약된다.

우리의 각지(覺知, Apprehension)는 언제나 계시적(繼時的)으로 행해진다. 그런데 우리는 이 계시적인 각지에서, 어떤 경우는 객관적 사건의 계기(이를테면 강을 떠내려가는 배)를, 어떤 경우에는 동시 존재(건물의 각 부분)를 인식한다. 이 구별은 각지에서 지각의 순서의 불가역성 혹은 가역성(可逆性)에 달려 있다. 즉 각지에서 지각의 순서가 불가역일 때, 객관적 사건의 계기를 인정한다. 지각의 순서가 불가역일 때, 어떻게 해서 사건의 계기를 생각하게 되는 것일까. 그것은 사건의 계기가 인과율에 의하여 일정한 순서로 규정되어 있기 때문이라고 생각하지 않을 수 없다는 것이다.

칸트에 의하면, 모든 각지에서 지각은 언제나 계기하기 마련인데, 그러나 그 순서가 가역이냐 불가역이냐에 따라 동시 존재와 계기적 사건이 구별된다. 이 구별은 칸트의 예리한 통찰이다. 그러나 지각 순서의 가역, 불가역은 요컨대 지각 순서의 문제이지 지

12) Kant, *Prolegomena*, Vorrede, p. 260.
13) Kant, *K.d.r.V.*, A. 189, B. 232.

각의 계기를 곧 사건의 계기라고 볼 수는 없는 이상, 지각이 일정한 순서로 계기한다고 해서 사건이 일정한 순서로 계기한다고 생각할 근거는 없는 것이다. 그런 고로 칸트는 우리가 지각의 불가역성에서 사건의 계기를 생각하게 될 때, 실은 사건의 일정한 순서에 의한 계기란 관념을 사전에 가지고 있음으로 해서 지각의 순서가 일정할 때 사건의 계기가 있다고 생각하게 되는 것이라고 한다. 그러나 문제는 바로 사건의 계기가 일정한 순서로 된다고 해서 반드시 사건의 계기가 인과율에 의하여 규정되어 있다고 단언할 수 있느냐 하는 데 있다. 여기에서 결정성·의존성이란 보편적 형식의 연결을 원인·결과란 하나의 특수적 형식의 연결이 되게 하는 내용적 계기가 첨가되지 않으면 안 된다.

인과성은 과정에 있어서 상태들의 계열이 임의로 접속하지 않고 일정한 계열 질서에서 계기하여, 하나의 상태가 시간의 계속에서 다른 상태에 의존하는 데서, 다시 말하면 하나의 상태가 다른 상태에 의하여 일으켜지는 데서 성립한다. 그럴 적에 앞 상태는 원인이고, 뒤 상태는 결과다. 전자는 일으키고, 후자는 일으켜진다. 그런데 어느 원인이나 벌써 그 앞의 원인의 결과이고, 어느 결과나 다시 그 뒤의 결과의 원인이다.

이리하여 과정의 시간적 경과에 따라 계기하는 선(線)적 계열 형식이 성립하나, 이 형식을 인과 계열 혹은 인과 연쇄라 한다. 그러므로 하르트만은 인과성의 범주적 계기로서 1. 선적 계열 형식, 2. 시간에서 직진성(Rechtläufigkeit), 3. 연속적 산출(Hervorbringen), 4. 불가역성 등을 들고 있다(*Philosophie der Natur*, p.320).

인과 계열에서 원인과 결과는 물(物)이나 실체나 기타 어떤 복합된 형성체가 아니라 물의 제 상태, 과정의 제 단계, 실재적 제 관계 및 그 배열(Kollokation)이다. 물에 대한 물이 아니라 타물(他物)에 대한 물의 상태에 원인이 있다. 물의 상태(Stand der Dinge) 또는 상황들의 배열(Kollokation von Umständen)이 원인을 이룬다. 이를테면 봄이란 계절의 원인은 태양이 아니고 지구의 궤도운동(軌道運動)과 태양과의 관계이다. 이와 같이 원인은 개별적 존재 요인에 성립하지 않고 제 요인의 다양성에서 성립하는 것이다. 그리하여 원인의 각 요인에 결과의 각 요인이 대응한다. 그럴 적에 원인의 각 요인을 부분 원인이라고 볼 수 있다. 각 부분 원인은 고립하여 단독으로 결과를 결정짓지 아니하나 그러나 그 일정한 부분 결과를 일으킨다. 그리고 전체 원인의 성분에서 사소한 변동도 전체 결과의 성분에서 대응한 변동을 초래한다. 이리하여 인과관계에 관하여 다음과 같은 명제들이 성립한다.

1. 동일의 원인에서는 동일의 결과가 나온다. 실재적 세계의 생기에 있어서 완전히 동일한 전체 원인이 존재하느냐 하는 것은 별문제로 하고, 만일 그러한 원인이 있다고 한다면 그러한 결과가 재현한다는 것을 이 명제는 말하고 있다.

2. 상이한 원인에서는 상이한 결과가 나온다. 이 명제는 부분 원인의 사소한 차이도 부분 결과와 나아가서는 전체 결과를 다르게 만들기에 족하다는 것을 말한다.

3. 사소한 원인에서 중대한 결과가 나온다. 이 명제는 부분 원인에서 전체 결과를 본 것이다.

이상 세 가지 명제를 종합할 때, 인과관계 속에는 전적으로 결정성이 포함되어 있으며, 이 결정성은 법칙의 성격을 띠고 있다는 것을 알 수 있다. 즉 결과는 원인을 근거로 해서 필연적이며, 더욱이 실재필연성이다. 이는 단순히 논리적 필연성 이상의 것이다. 원인이 나타나 있다면, 결과는 안 일어날 수 없으며, 또한 그 전체 원인의 제 부분 요인에 의거하여 결과되는 것과는 달리 될 수는 없다. 결과는 그러므로 그 현존(Dasein)으로 보나 용재(Sosein)로 보나 실재필연적이다(*Philosophie der Natur*, p.322).

인과성은 첫째로 필연적 계기이고, 둘째로 상태 간의 관계이고, 셋째로 한 상태에 의한 다른 상태의 결정성이다. 이를 종합하면 연속적 상태 간의 필연적 결정성이라고 말할 수 있다. 이 점에 있어서 인과성은 법칙이란 계기를 갖고 있으나, 그러나 법칙에 그치는 것은 아니다. 무엇보다도 인과필연성은 법칙필연성 이상의 것이라는 점에 주목해야 한다. 법칙은 보편성에 의한 필연성을 가질 뿐인데 인과성은 실재필연성이기 때문이다. 인과성의 본질에는 이 네 가지 계기 외에 다시 생산성이 첨가된다. 그런데 인과관계는 단순히 원인·결과의 이항관계(二項關係)로 그치는 것이 아니라 과정단계(제 상태)의 계기에 있어서 계열적으로 연속하는 고로 연속적 산출이란 형태를 취한다.

이리하여 인과성은 인과 연쇄와 이에 의거한 인과 계열이란 두 계기에 의하여 특징지어지는 다른 측면을 갖고 있다. 계열의 성격은 모든 결과는 그 위 결과의 원인이요, 모든 원인은 그 앞 원인의 결과라는 점에 성립한다. 이 선(線)적 연결은 끊기지 않아 무한한 인과 과정을 이룬다. 그런데 연쇄의 성격은 연속적 산출에 성립한다. 인과 연쇄란 각 과정 단계가 후속 단계를 결정짓는 결정성 이상의 다른 아무것도 아니다. 그것은 연쇄적인 능산(能産)과 소산(所産)이다. 그리고 계열의 방향성, 즉 그 불가역성은 바로 이 연쇄성에서 파악되는 것이다. 인과성에서 산출의 역동적 측면을 뚜렷이 하고자 한다면,

"제 상태를 발생케 하고 또 소거케 하는 결정적 힘"이라고 표상할 수 있다(*Philosophie der Natur*, p.325).

인과 과정에 있어서 원인과 결과는 지속하지 않고 계속적인 산출만이 지속한다. 원인은 자기를 유지하지 않고 결과 속으로 소실하는데, 그것은 자기를 결과 속으로 끌고 들어가는 방식으로서가 아니라 결과를 일으킴에 있어서 자기를 소모하고 소멸하는 방식으로 행해진다. 결과는 또 이미 원인 속에 잠재하여 있던 것이 아니라 새로이 발생하는 것이다. "결과는 원인이 소거함으로써 비로소 발생한다. 결과 속으로의 원인의 소실과 원인으로부터의 결과의 출현은 동일의 진행이다"(*Philosophie der Natur*, p.326). 인과 과정은 창조적 생산 과정이다.

인과 과정을 위와 같이 파악할 때 비로소 여러 가지 잘못된 견해들이 시정될 수 있다. 원인은 결과의 잠재태(Potenz), 결과는 원인의 현실태(Aktus)라고 보는 것은 잘못이다. 인과 과정에서 산출은 소질로서 원인 속에 포함되었던 것의 결과에로의 발전이 아니다. 이러한 견해는 인과 계열의 창조적 생산성을 오인하는 것이다. 그러므로 "창조적 진화(Schöpferische-Evolution)"란 개념은 그 자체 모순적인 개념이다. 인과 과정을 기계적인 운동으로 보는 견해도 그 창조성을 간과하는 그릇된 견해다. 스콜라 철학에 내재 원인(cousa immanens)과 초월 원인(causa transiens)이란 개념이 있어, 전자는 초시간적인 형상의 목적론적 원인을 의미하고 후자는 시간적 과정에서 결과로 소거하는 원인을 의미하거니와, 인과 과정에서의 원인은 후자에 속한다.

인과성에 관하여 우리는 대충 위와 같이 논하여 왔거니와, 그 속에 포함된 계기, 계열, 연속적 산출 등 제 계기는 실로 법칙 이전의 근원적인 것으로서 우리의 통찰을 불허한다. 우리가 인과관계를 경험적으로 탐구하여 거기에 어떤 힘 또는 법칙과 같은 것을 발견한다고 하자. 그러나 그것은 벌써 인과성을 전제로 한 것이지 인과성의 설명은 되지 못한다. 이 모든 후천적인(a posteriori) 인식은 그 특수 형태에 관한 것으로 그 자체 인과성을 전제하고 있다. 이는 비단 인과성의 제 계기에 관한 것이 아니다. 공리적 성격을 띤 모든 궁극적 원리, 이를테면 공간, 시간, 실체 등도 마찬가지다. 그러므로 다음과 같이 말하여 조금도 이상할 것은 없다: "자연현상은 인과 연쇄에 의하여 파악된다. 그러나 이 연쇄의 내적 핵심 실체는 파악되지 않는다"(*Philosophie der Natur*, p.330).

이리하여 여기에 인과성에 관한 다음과 같은 몇 가지 형이상학적 문제가 제기됐다.

1. 인과 연결의 객관적 실재성의 문제

2. 제1원인에 관한 이율배반의 문제

3. 목적 연쇄(Finalnexus)와의 관계의 문제

첫째 문제는 흄에 의하여 제기되고 칸트에 의하여 계승된 문제로서 이미 본 논고의 서두에서 논급한 바 있다. 둘째 문제는 칸트의 『순수이성비판』의 변증론에서 다루어진 문제다. 여기서는 인과 연쇄가 목적 연쇄와 어떤 관계에 있는가 하는 셋째 문제를 고찰하여야 하겠다. 목적·수단의 연결에 의한 세계이해는 아리스토텔레스로부터 헤겔(Hegel)에 이르기까지의 전통적 견해로서, 그들은 인과관계의 배후에 목적·수단 관계를 예상한다. 그들이 생각하는 내재 원인(causa immanens)은 곧 목적 원인(causa finalis)이다. 그들은 세계의 모든 운동을 지배하는 초월적 섭리가 있다고 본다.

원인·결과 관계와 목적·수단 관계는 시간적으로 정반대 방향에서 성립하는 것이다. 전자를 전진 운동이라고 한다면, 후자는 견인 운동이다. 동일의 운동 과정은 출발점에서 보느냐 도착점에서 보느냐의 차이가 있는 것으로, 관점을 취하기에 따라 어느 편으로나 해석될 수 있는 것이다. 그러나 목적 연쇄에는 1. 목적의 예정, 2. 수단의 소급 결정, 3. 수단에 의한 목적의 시간적으로 전진적인 현실화라는 세 가지 계기가 불가결하다. 이 기능은 의식작용에 의해서만 행해질 수 있다. 그런데 이 세계 내에 신적 이성 혹은 세계 이성을 가정하지 않는 한, 자연 속에는 이 기능을 행할 만한 것을 발견할 수 없다.

그러나 인과성은 직선적 실재적 연쇄로서 계열적으로 계속되는 결정성의 최소한(Minimum)이다. 그것은 최기본적(最基本的) 최저, 최소한의 결정 형식으로서 유기적 연쇄, 목적 연쇄, 의사(意思) 의식적 '이니셔티브' 등 고차의 결정성에 의하여 가공형성될 수 있는 수동적 질료(Materie)가 될 수 있다. 그러나 그 역은 아니다. 자연 이상의 고차적 존재는 각자 독자적 결정 형식을 갖고 있어 저차의 결정성에다 자기의 결정성을 첨가할 수 있다. 그럴 때 인과성은 고차의 결정성에 의하여 가공형성되어, 어느 정도로 인과 과정의 방향이 변경될 수는 있으나, 인과 결정성을 폐기하지는 못한다.

인과 계열에서 어느 원인이나 벌써 그 앞 원인의 결과이고, 어느 결과나 그다음 결과의 원인인 고로, 이 계열에서 모든 원인은 동시에 결과이고 또 모든 결과는 동시에 원인이다. 그러므로 계열 전체에서 보면 원인 계열은 결과 계열과 동일하다. 원인과 결과와의 동일성은 한 결과가 그다음 결과의 원인과 동일함에 성립하는 고로, 이것을 원인과 결과와의 "부단히 추이(追移)하는 동일성(fortlaufend verschobene Identität)"이라고 표현할 수 있다(*Philosophie der Natur*, p.312). 그러나 일정한 시간에서 일으키는 것과 일으켜지는 것, 결정자와 의존자는 교체될 수 없다. 그리고 이 추이하는 동일성에 '제1원인'이란 하나의 한계가 생각될 수 있다. 그러나 이는 하나의 형이상학적 문제로서 이율배반에 빠진다.

인과 과정의 각 단계에서 전체 원인 속에는 거의 매거(枚擧)할 수 없으리만큼 많은 원인 성분이 집결하여 있다. 그러나 그 속에 협동하고 있는 모든 조건은 전적으로 긍정적이요 유효한 요인들이다. 부정적 인과 요인, 혹은 결여된 인과 요인이란 있을 수 없다. 결여된 요소라 생각된 것은 실은 우리가 기대했던 것과는 다른 요소라는 것을 의미할 뿐이다. 이러한 착오는 우리의 의견에 성립할 뿐 자연 과정 자체 속에는 의견이나 기대란 것이 없고, 따라서 착오도 있을 수 없다. 우리가 흔히 말하는 우연이란 것을 무원인의 생기(마찬가지로 무결과의 생기)라고 이해한다면, 인과 계열 속에 그러한 우연도 있을 수 있다.

인과 계열은 전후 양방향으로 원인 ← 원인의 방향과 결과 → 결과의 방향이 전적으로 연결되어, 이 이중(二重)의 연결이 우주적 전체 과정을 관철한다. 이 계열은 이종(二種)의 무한성을 갖고 있으니, 하나는 무한한 진행의 연장적 무한성이요, 다른 하나는 무한한 가분성의 무한소적(미분적) 무한성이다. 양자 공히 이율배반에 낙착(落着)한다. 그러나 이 이율배반은 실재적인 것으로 존재상의 현실적 모순을 고지하는 것일 수 있다. 그러나 우리의 인식에 대해서는 그것이 가파악성(可把握性)의 한계로 된다.

실체와 인과성은 연속적 이행의 동일한 과정의 범주적 계기로서 그 상이한 측면을 성격짓는다. 즉 실체는 과정에서 지속의 계기요, 인과성은 그 결정성의 계기이다. 인과성은 곧 과정성이 아니라, 과정성에 있어서 범주적으로 새로운 계기(新契機)이다. 과정성은 실체에 있어서 우유성의 교체일 수도 있다. 과정이 계열적 직선적 결정성일 경우도 그것이 반드시 인과적 결정성이 아니라 목적적 결정성일 수도 있다. 그러나 인과 구조로 말미암아 과정은 전적으로 자연현상의 과정으로 된다.

과정은 자체가 법칙이 아닌 것과 마찬가지로 인과 연쇄도 법칙은 아니다. 법칙은 보편적인데 과정이나 인과 연쇄는 일회적이요 개별적이기 때문이다. 인과 결정과 함께 세계과정은 유일하다. 그 속에 생기하는 모든 것도 또한 유일하다. 세계과정은 반복하지 않고, 동시적 병행에 있어서거나 계기에 있어서거나 세계과정 속에 반복하는 것이라곤 있을 수 없다.

세계 생기(世界生起)의 전체 과정에서 부분 원인 간에는 얼마든지 같은 경우가 있을 수 있다. 부분 결과도 마찬가지다. 그러나 어떤 전체 원인도 다른 전체 원인과 같을 수 없고, 어떤 전체 결과도 다른 전체 결과와 같을 수 없다. 따라서 어떤 인과적 산출도 다른 산출과 같은 것일 수 없다. 그리고 한 과정의 어떤 경우 곡선도 다른 곡선과 완전히 부합하지는 않는다.

세계과정에서 인과적 생기의 계속은 시간의 연속을 통한 하나의 역동적 실체의 자기 연혁(自己沿革, Sich-Entlangwälzen)이다. 여기서 과정에로의 실체의 분해는 동시에 개별성에로의 실체의 분해를 의미한다는 것이 밝혀진다(*Philosophie der Natur*, p.352).

인과성에 관한 이제까지의 논구는 고전적 물리학의 범위 내에서 타당하다. 그러나 현대의 양자역학적 이론에 있어서는 이러한 고전적 인과성 개념이 중대한 위기에 봉착한 것 같아 보인다. 그 견해에 의하면 미시적 세계에서 원자와 전자의 운동은 불규칙하고 비규정적이어서 그 개별적 운동을 정확하게 측정할 수 없고 다만 통계적 평균치에 의하여 법칙 혹은 그 비슷한 것이 주어질 뿐이라 한다. 이리하여 여기서는 인과성이 폐기되는 것 같이 보인다.

뿐만 아니라 측정 자체가 그 설정하지 않을 수 없는 일정한 전제로 말미암아 일정 시점에서 원자의 사태에 영향을 끼쳐서, 전자가 벌써 미립자의 성격을 띠지 않게 되고, 그래서 지적될 수 있는 여하한 위치도 취하지 않게 된다. 이 점을 고려한 것이 파동역학인데, 여기서도 또한 일의적인 결정성은 포기된다. 이 이론에 있어서는 전자의 일정한 속도에 대응하는 단순한 주기적 물질 파동이 대치되는데, 이것 역시 어쨌든 그 규정을 갖고 있다. 그리하여 이에 의거하는 거시물리학적(巨視物理學的) 현상은 그 규정성이 잘 파악되기조차 하며 고전적 물리학의 인과적으로 이해되는 현상과 분명한 근사 관계를 갖고 있다. 이는 곧 미시역학적 과정은 분명히 거시역학적 과정과 엄밀한 연관성을 갖고 있다는 것을 의미하는 것이다. 그렇다고 한다면, 우리는 인과성을 그 일방에서는 보유하면서 타방(他方)에서 배제할 수는 없는 것이 아닌가.

그러면 미시역학적 과정에 추측된 '우연성'의 참 의미는 무엇인가. 그것은, 인과성이 전연 없다는 것을 말하는 것은 아닐 것이다. 그것은 다만 인과관계의 어떤 특수성, 즉 고전물리학에서 우리가 익혀 왔고 그 특수한 제 법칙과 결부시켜 온 특수형을 폐기하는 것으로 생각할 수 있다. 이 문제에 대한 하르트만의 견해는 다음과 같이 요약된다 (*Philosophie der Natur*, p.372f).

1. 고전물리학의 법칙이 부정되었을 때 인과성도 무너져야 할 것으로 생각한 것은 인과성과 법칙성을 구별하지 못한 탓이다. 그러나 이 양자는 별개의 것이다. 고전 물리학에서 제 법칙은 인과성을 전제하는 것으로 이것 없이는 그 토대를 상실한다. 그러나 그 역은 아니다. 인과성은 고전물리학의 제 법칙 없이도 성립한다. 자연법칙의 일정형의 타당성의 한계가 드러난다고 해서 인과성이 폐기되어야 할 이유는 없다.

2. 원자의 과정에서 부정되는 것은 법칙의 가파악성(可把握性)일 따름이다. 이것은 원인의 지(知)가 불가능하다는 것이지 원인이 없다는 말이 아니다. 부분 원인들을 이루는 제 실재 요인의 배열이, 그것과 함께 전체 원인이 파악이 안 된다는 것을 의미할 뿐이다. 일정한 인식 수단을 갖고 파악이 안 된다고 해서 반드시 실재 연관에서 원인이 결여된다고 볼 수는 없다.

3. 통계란 우리의 고찰 방식 또는 계산에 관한 것이지 법칙 자체의 내용에 관한 것은 아니다. 다시 말하면 법칙이 통계적인 것이 아니라 법칙에의 접근 방식이 통계적이다. 개개의 원자 또는 전자의 현실적 운동이 아니라 이 모든 운동의 평균치가 통계로서 나타난다. 그런데 이 평균치는 실례의 수가 크면 클수록 더욱 더 정확해진다. 미시 역학에서 우리가 이 평균치의 정확성을 기하기 어렵다는 것은 아직 우리가 처리한 실례의 수가 충분치 못하다는 것을 의미할 뿐이다.

4. 그러나 실재 사례 자체 속에 어떤 결정성이 성립함이 없이도 평균치에 있어서 법칙성이 성립할 수 있는 것일까. 그렇다면 어떻게 하나의 빈도최고액(頻度最高額)이 통계적 곡선에 있어서 단 하나의 위치라도 점할 수 있단 말인가. 실재 요인들의 배열 속에 어떤 질서 없이는 이것이 불가능할 것이고, 그 배열은 또 전체 원인이라야만 한다.

5. 근사치 계산은 결코 단순한 '주관적 기대의 양에 관한 것이 아니라 기대도를 객관적인 것으로 높이는 것이다. 근사치는 이것을 실재적 생기 자체 속에 성립하는 토

대 위에 세운다.

6. 원자 운동이 우연적이란 말은 본래 무엇을 의미하는가. 우리가 원인을 알지 못할 때 우연하다고 불리는 그것은 바로 인과적으로 필연적인 것이다. 그것은 단지 우리의 기대에 대하여 우연할 뿐이다. 즉 우리에게 기대되지 않았던 것이 우연한 것으로 보인다.

7. 인과성은 예견가능성에서 성립하는 것이 아니라 그 파악가능 여부에 상관없이 실재 요인들의 배열에 의한 존재적 제약성에 성립하는 것이다.

8. 통계의 법칙은 개별 사례의 외관상 다양성에도 불구하고 엄밀한 인과 의존성이, 더욱이 그 가인식성(可認識性)의 정도에 상관없이, 지배한다는 데 대한 증거로 된다.

6. 자연 법칙성과 교호 작용성

6.1 자연 법칙성

과학에서 자연의 법칙(Gesetz)은 수학적으로 공식화되고 명제의 형식으로 표현된다. 법칙은 과정의 경과 형식의 동종성(Gleichartigkeit), 즉 동일의 곡선을 그리는 유형에 성립한다. 법칙은 형상 유형의 '항상자(恒常者, Konstanz)'요, 기체(Substrat)를 결하는 '항상존속(Konsistenz)'이다. 개별적 사례의 다양성에서 보편자다. 그 보편자가 수식으로 표현되는 것이다.

과정에 있어서 자기를 유지하는 것에 몇 가지가 있다. 첫째로 과정 자체가 과정에 있어서 자기를 유지한다. 다시 말하면 여러 단계들이 차례로 왔다가 가는데 그 속에 과정은 계속된다. 다음으로는 실체가 유지된다. 자연 법칙성(Naturgesetzlichkeit)도 또한 유지된다. 그러나 그 유지되는 방식이 다르다. 그것은 재현(Wiederkehr)의 방식이다. 하지만 전적(全的) 재현은 아니다. 실재적인 다른 모든 것과 마찬가지로 과정의 경우도 역시 언제나 일향적(一向的)이기 때문이다. 그러므로 동형(同形)의 경우가 과정 속에 재현하는 것은 모든 세목(細目)에 걸쳐서가 아니라 일정한 근본특징에 있어서이다. 그러나 어쨌든 그것이 과정에서 합리적 측면을 이루며, 이것이 수식으로 표현되는 것이다.

그러나 '법칙'과 '법칙적임', 즉 '법칙성'은 구별되어야 한다. 하르트만은 그것을 다음과 같이 구별한다: "법칙에 따르는 것이, 자연에서는 과정이, 법칙적이다. 법칙은 과정을 법칙적이게끔 하는 것, 과정에다 동종성 혹은 유형의 요소를 삽입하는 바의 것이다"(*Philosophie der Natur*, p.384).

법칙은 과정을 떠나 있는 것은 아니다. 그러나 과정에 그치는 것도 또한 아니다. 개별적 과정에 대한 법칙의 관계는 일반적으로 개별자에 대한 보편자의 그것과 같은 관계이다. 그런 의미에서 그것은 구체자에 대한 원리 존재에 비할 수 있다. 자연의 법칙은 과정의 실재적 경과 속에다 동형성(Gleichförmigkeit)을 삽입하여 그것을 결정한다. 이리하여 자연의 과정은 법칙성을 띠게 된다. 이것이 이른바 자연의 법칙성이다. 이리하여 법칙성도 자연 과정에서 결정성의 일종으로 된다. 그러나 이것은 인과성과는 별개의 결정성이다. "인과성에서는 시간 연속에 있어서 한 과정단계가 다른 과정단계를 결정한다. 법칙성에서는 보편자(법칙)가, 보편적인 것으로서 무시간적자(無時間的者)가, 결정자이다"(*Philosophie der Natur*, p.385). 인과적 결정을 수평적이라고 표현한다면, 법칙적 결정은 수직적이라고 할 수 있다. 양자는 십자형(十字形)으로 교차한다.

법칙성과 인과성과 수학적 결정성이란 세 가지 결정성은 원칙상 별개의 결정성이지만 실재적 자연에서는 이 삼자(三者)가 불가분하게 결합해 있다. 더욱이 인과성은 그 자체 하나의 법칙인 고로, 법칙성과의 구별을 가려내기가 쉽지 않다. 그러나 여기에 하나의 뚜렷한 식별의 표식이 있다. 그것은 인과성의 본질에는 '산출(Hervorbringen)'의 계기가 속한다는 점과 반드시 경과의 동종성이 요구되지 않는다는 점에 있다. 그러나 사실상 법칙성은 인과성에 의거하여 있으며 인과성은 또 법칙성의 틀에 박혀 법칙성에 의하여 가공형성되고 있음을 우리는 발견한다. 이는 요컨대 사실의 문제이지 범주적 본질에서 나오는 필연성은 아니다. 다시 말하면 자연현상에서 동종의 원인 복합의 부단한 재현에 기인하지 인과성의 범주적 본질에 기인하는 것은 아니다. 인과성은 일회적인 일정한 실재 요인들의 배열에 근거한 경과의 필연성을 갖고 있다. 이것은 실재적 필연성이다. 자연 법칙성은 과정의 동일한 시간류에서 별개의 필연성, 원리(법칙)에 근거한 개별적 경과의 일정한 용재(Sosein)의 필연성이다. 그것은 실재필연성(실재자에 근거한 실재자와 필연성)이 아니고 본질필연성(보편적 원리에 근거한 실재자의 필연성)이다. 이 양자가 십자로 교차하여 상호 보충하는 곳에 완전한 자연필연성이 성립한다. 여기에 있어서 인과성과 그 개별 요인이 조화롭게 공존하는 한편, 법칙의 보편성은 또 개별 사례의 개별성과 조화롭게 공존한다. 하르트만은 이러한 이중 관계를 다음과 같은 네 가지 항목으로 종합한다(*Philosophie der Natur*, p.393).

1. "자연 내에 생기하는 모든 것은, 미리 규정됨이 없이 제약들의 결집에 의존한다. 그러므로 그것은 우연적으로 생기한다."

2. "우연적으로 생기하는 모든 것은, 선행하는 것에 근거하여 결과하는 것과는 달리 결과할 수는 없다. 그러므로 그것은 필연적으로 생기한다."

3. "필연적으로 생기하는 모든 것은, 그 완전성에 있어서 일회한(一回限) 생기한다. 그것은 질적으로 개별적이다. 그것은 이 개별성을 원리에 의거해서가 아니라 실재 연관에서 수취한다."

4. "일회적으로 생기하는 모든 것은, 일회적인데도 그 모든 개별 규정에서 보편적 원리 아래 종속한다. 그러므로 그것은 또 엄밀히 보편적인 것의 본질필연성을 자체 내에 갖고 있다. 이 엄밀히 보편적인 것이 곧 자연 법칙성이다."

자연현상에는 합리적 요소와 비합리적 요소가 결합되어 있으니, 전자는 우리의 통찰과 예견을 가능케 하고 정확히 계산되어 수식으로 표현되는 수학적인 것이고, 후자는 수식의 형식으로 표현되어지는 바의 기체이다. 제2차적으로는 순수한 양규정(量規定)의 차원으로서의 공간과 시간, 제2차적으로 속도, 가속도, 중력, 압력, 밀도, 온도와 같은 실질적 양규정의 기체가 그러한 비수학적인 것이다. 자연법칙에서 수학적인 것은 상기의 각종 차원 혹은 기체의 양, 즉 그 수치(數值) 상호가 어떻게 관계하느냐 하는, 그 방식에 성립한다. 이 근본적 양관계(量關係)는 양변화(量變化)에서 항상자(Konstanz)로서 함수 관계에 있어서 표상된다.

6.2 교호 작용성

교호 작용(Wechselwirkung)은 칸트에서 제3의 관계 범주로서 다루어지고 있다. '작용은 반작용과 상등하다'는 뉴턴 물리학의 제3공리를 칸트는 모든 실체의 일반적 상호 관계로 확대한다. 이리하여 칸트의 제3의 유추 원칙은 다음과 같다.

"상호성의 원칙 ─모든 실체는, 동시에 존재하는 한, 범통적(汎通的) 상호성의 관계
에 있다. 즉 서로 교호 작용을 한다"(제1판).

"교호 작용 혹은 상호성의 법칙에 좇는 동시존재의 원칙 ─모든 실체는 공간에서
공존하는 것으로서 지각되는 한, 범통적 교호 작용을 한다"(제2판).

  그러나 이 관계를 실체에 한(限)해야 할 근거는 없다. 그것은 모든 상태, 과정 및 모
든 종류의 형성체에도 마찬가지로 적용될 수 있다. 이 견지에서 하르트만은 칸트의 명
제를 다음과 같이 일반화한다.

  "공간 내에 동시적으로 존재하는 것은 범통적 교호 작용을 한다"(*Philosophie der
  Natur*, p.420).

  이 명제는, 어느 시간점에 있어서나(다시 말하면 세계과정의 어느 단면의 전체상태에 있
어서나) 공간적 세계는 그 속에 모든 것이 모든 것과 상호 제약하는 하나의 완결된 전체
를 이룬다는 것을 말한다. 이리하여 이 원리는 인과 원리와 긴밀히 병행하여 실재적 세
계의 전체 구조를 규정한다. 이 원리가 말하는 동시적 상호 제약성은 발향이 가역적인
점에 있어서 인과 의존성과 근본적으로 성격을 달리한다.
  인과성은 시간에 있어서 부단히 전진하는 계열적 선(線)적 연쇄를 이룬다.
  법칙성은 시간을 벗어난 보편자에 의하여 지어지는 결정성이다.
  교호 작용은 다차원적, 편물식(編物式)의, 동시성에 있어서 상호적인, 제약과 피제약
과의 상호 의존성이다.
  교호 작용의 결정 형식은 인과 결정의 형식과 더불어 서로 침해하지 않고 도리어 보
충하면서 실재 연관의 결정성으로서 조화롭게 공존한다. 양자의 이질성은 여기에 장벽
이 되거나 항쟁을 일으키지 않고 전체 결정성으로 통일된다. 뿐만 아니라 이 결정 형식
은 자연 과정을 관통하는 법칙성과도 잘 융합한다. 이리하여 동일의 실재자가 동시에
세 가지 결정성에 의하여 결정되는 것이 자연현상이다.
  이 사정을 올바로 이해하기 위해서는 이 세 가지 결정성의 상호 관계가 일층 명료하
게 구명될 것이 요구된다. 이 요구에 응하기 위해서는 삼자(三者)의 특성을 구별하는 것

만 가지고서는 아직 부족하고 '과정' 범주로까지 되돌아가 이 세 결정 형식이 제각기 거기다 무엇을 첨가하여 거기서 어떻게 서로 결부하는가가 밝혀져야 할 것이다.

'과정'은 모든 실재자가 시간 연쇄에서 상태들의 계열로 풀려 놓이는데 성립한다. 여기서는 어느 단계에 있어서나 그 후의 경과에 대한 여러 가지 가능성이 열려 있다. 이와 반대로 '상태'는 과정에서 한 단계가 동시적 연관의 완결된 전체를 이루는 데서 성립한다. 그런데 인과성은 과정에서 각 상태가 임의로 계기하지 않고 시간 연속에서 한 상태가 다른 상태를 산출하는, 따라서 일정한 단계에서 여러 가지 가능성이 아니라 유일의 가능성이 남게 되는 것이다. 끝으로 법칙성은 원인 복합의 다양성이 무제한하게 하지 않고 그것을 유형적인 것으로 만들어 과정의 경과에 항상 동종적인 것이 재현하게 하는 것이다.

그러면 교호 작용은 어떠한가. 인과성은 계기적이고, 교호 작용은 동시적이다. 그것은 과정이 시간적이고 상태가 공간적임에 대응한다. 과정에 대한 상태의 관계와 같이 인과성에 대하여 교호 작용은 십자형으로 관계한다. 그런데 인과성은 시간 차원에서 과정의 결정 형식이다. 마찬가지로 교호 작용은 공간 차원에서 결정 형식이다. 인과성이 과정에 있어서 상태들의 연속을 결정하는 것과 마찬가지로, 교호 작용은 상태에 있어서 제 실재 요인의 배열을 결정한다. 그리고 인과성이 과정의 경과에 있어서 가능성의 다수를 유일의 가능성으로 한정하듯이 교호 작용도 또한 가능한 배열의 다양성을 비록 유일의 유형으로는 아니나 적어도 몇 개의 유형으로 한정한다. 왜냐하면 인과성은 과정의 계열에서 제 요항(要項)의 내면적 의존성인데, 교호 작용은 상태 내의 배열에서 제 요항의 내면적 의존성이기 때문이다. 상태에는 시간의 흐름이 속하지 않고 다만 동시적 병존이 있을 뿐이므로, 교호 작용은 연속적 계열의 형식을 취하지 않고 전면적으로 상호성의 형식을 취한다.

그런데 교호 작용은 상태에서 내면적 의존성이고 또 상태들 상호는 교체하여 인과적 계기를 연출하는 고로, 과정에 있어서 인과 연속의 동종성을 형성하는 법칙성은 필연적으로 동시에 상태 내에 동종성을 형성하는 법칙성이 아니면 안 된다. 왜냐하면 상태들에 있어서 동일한 배열, 즉 동일한 원인 복합의 재현은 그 아래서 과정의 동종성과 유형적 경과의 재현을 가능케 하는 제약이기 때문이다. 이리하여 세 가지 결정성의 내면적 관계는 교호 작용이 별개의 독자적 법칙성에 따르지 않고 과정의 경과에 있어서 인과 계열을 관통하는 바로 그 법칙성에 따른다는 것을 분명히 보여준다. 요컨대 두 가지 자연 법칙성이 아니라 전적으로 하나의 자연 법칙성이 있을 뿐이다. 즉 인과 계기의 동종성은 곧 교호 작용의 동종성이다. 과정에 적용되는 법칙은 곧 상태에 적용되는 법칙이다(*Philosophie der Natur*, p.425f).

7. 역학적 결합체

앞에서 우리는 차례로 여러 가지 자연 범주를 고찰하였거니와 맨 나중의 교호 작용성에 이르기까지 이들에 있어서는 언제나 연속성과 무한계성이 득세하였다. 그러나 여기 역학적 결합체(dynamisches Gefüge)로부터는 한계와 구별이 두드러지게 나타난다.

역학적 결합체는 그 속에 포함된 요항(Glieder) 상호 간의 힘 관계로 말미암아 내면으로부터 제약된 하나의 형태를 이루어 다른 물질세계로부터 구별되는 한계를 갖고 있다. 지구와 같은 고정적 물체뿐만 아니라 태양계와 같은 하나의 운동 체계도 또한 역학적 결합체다.

결합체는 조직체(System)라 해도 좋다. 그러나 '결합체(Gefüge)'란 표현은 '요항들의 접합(Sich-einfügen der Glieder)'을 성형적(成形的)으로 잘 나타낸다. 그것을 특히 '역학적(dynamisch)'이라 함은 힘들 또는 과정들 상호 간의 항쟁에서 그 구조가 성립하기 때문이다.

역학적 결합체를 일반적 교호 작용과 구별되게 하는 범주적 계기는 1. 상대적 안정성(Stabilität), 2. 그 결합체를 밖으로 한계 짓는 구별성에 있다. 이로 말미암아 그것은 안으로 폐쇄된 하나의 형태를 가지고 자립한다. 이리하여 역학적 결합체는 1. 밖으로부터의 역학적 작용의 영향에 대항하는 안으로의 집결성, 2. 통일된 하나의 전체에서 내부의 힘들이 외부의 해체적 영향력을 능가하는 데서 성립하는 항상성(Konsistenz) 등의 중심적 근본특징을 갖고 있다.

그러나 역학적 결합체의 안과 밖은 예리한 공간적 표면으로 한계 지어지는 것이 아니라 불분명한 공간적 둘레에서 밖으로 흐려지고 있는 것이다. 성운(星雲)이나 태양계와 같은 대규모의 결합체가 그러하고, 태양과 같은 단일의 구체도 또한 밖으로 향하여 감퇴하는 밀도의 몇 개의 층을 이루는 '가스'체(體)로서 이른바 '광구(光球, Photosphäre)'의 방사 현상에 불과하다. 그 둘레에 대기권을 가지고 있는 유성에서도 분명한 한계 표면을 말할 수 없다. 대기권으로 둘레 하지 않은 달의 경우는 공허한 세계공간 내에 뚜렷이 부각되는 표면을 말할 수 있으나, 그 반면 내면의 힘 관계로 인한 자립성은 벌써 상당히 제한된 것이 아닐 수 없다.

같은 원리가 자연의 최소구성요소(最小構成要素)에 대해서도 또한 타당하다. 원자는 원자핵과 전자들 간의 하나의 복잡한 운동 체계인 바, 여기서는 벌써 물체란 개념이 적용될 수 없는 순수한 역학적 결합체를 본다. 여기에 있어서는 다만 전자의 궤도가 원자의 양, 즉 한계를 규정할 뿐이다. 원자에 대해서도 원칙적으로 대규모의 우주적 결합체에 대해서와 같은 동일 한계형(限界型)이 타당하다. 그런데 우리는 그 이상 물질의 구성원리를 추구할 수 없다. 전자와 원자핵에 관해서는 전기역학적 하전(荷電) 성격을 알 뿐, 공간적 구조와 그 한계 내지 표면을 말할 수 없기 때문이다.

역학적 결합체는 대체로 하나의 중심 영역을 둘러싼 '역학적 무관성(無關性)의 지대(eine Zone dynamischer Indifferenz)'에 의하여 그 둘레의 보다 대규모의(그러나 그 영향에서는 훨씬 열세인) 다른 힘들의 장(場)으로부터 구별된다. 이리하여 하나의 표면에 의해서라기보다 오히려 하나의 지대(地帶)에 의하여 상대적으로 안정적인 폐쇄적 형태가 성립하고, 그 내부의 힘들 상호 간의 평형에 의하여 그 형태가 유지된다.

예컨대 태양계에 있어서 각 유성의 운동 궤도가 원심적 관성력과 태양의 인력이란 두 개의 힘의 긴장에 의하여 규정되며 이러한 힘들의 균형으로 말미암아 태양계란 하나의 역학적 결합체가 성립하는 것이다. 이 관계는 원자에 대해서도 또한 마찬가지로 적용된다. 일반적으로 역학적 결합체의 존속은, 첫째로 내부 힘들의 득세에 의하여, 둘째로 외부의 힘들의 영향에 대한 내부의 힘들의 결속력의 득세에 의하여 제약되고, 그 해체는 이 결속력이 풀리거나 혹은 그보다 강한 힘들의 장에 편입할 때 일어난다. 그러므로 역학적 결합체의 상대적 안정성은 내부의 힘들과 외부의 힘들 간의 함수관계에 의존한다고 말할 수 있다. 이리하여 역학적 결합체는 원자에서 비롯하여 나상성운(螺狀星雲)에 이르기까지 모든 종류와 규모에 있어서 차례로 포개지는 공간적 포섭 관계에서 전우주(全宇宙)를 관철한다.

이 포섭 관계를 일관하여 같은 규모의 결합체는 힘이 강하고, 큰 규모의 결합체는 힘이 약하다. 이리하여 힘의 강약과 규모의 대소는 대체로 정반대이다. 원자핵은 원자보다, 원자는 분자보다 힘이 강하다. 마찬가지로 지구는 태양계보다, 태양계는 성운보다 힘이 강하다.

역학적 결합체에서 '안'과 '밖'이란 대립에는 '동'과 '정'이란 다른 대립이 결부된다. 즉 그 '안'에는 힘들의 항쟁이 속하고, 그 '밖'에는 형태의 안정성이 속한다. 밖으로 나타나는 형태의 안정성은 안에서 유지되는 힘들의 균형에 대응하는 것이다. 이 형태에 있어서 외면은 동적(역학적)이고 내면의 정적 외화(外化)에 불과하다. 그러므로 역학적 결합체는 자기 속에 그 내면을 가지고 있는 자연의 형성체라고 정의할 수 있다. 그런 고로, 그것은 자립적이요 그 한계는 고유한 본질 규정에 속하며 그 전체성은 역학적으로 형성된 통일이다(*Philosophie der Natur*, p.468).

역학적 결합체는 중심성을 갖고 있다. 그러나 그것은 점(點)적 중심을 의미하지 않고 제 결합력의 중심적 지침을, 하나의 중심적 지대를 의미한다. 태양계에서 태양이나 원자에서 원자핵과 같은 중심체가 있는 경우도 있으나 분자 결합이나 결정체 또는 대다수의 성운에 있어서와 같이 그러한 중심체를 흠(欠)하는 예도 많다. 그 어느 편이건, 역학적 결합체에서 중심성이란 그 자체 하나의 순수한 역학적 중심성이다. 즉 역학적 결합체에서 한계, 폐쇄성, 전체성은 내적 역학적 균형의 함수라는 점에 그 역학적, 중심성이 성립하는 것이다.

우리는 여기에 역학적 결합체에 고유한 새로운 형(型)의 결정성에 마주친다. 하르트만은 이 결정성을 "중심 결정성(Zentraldetermination)" 또는 "결합체 결정성(Gefügedetermination)"이라고 부른다(*Philosophie der Natur*, p.469). 중심 결정성은 법칙성, 인과성, 교호 작용성 등의 일반적 결정성에 부담(負擔)되어 있으나 거기다 전체적 형태의 유지라는 새로운 계기를 첨가한다. 인과성이나 교호 작용성은 외면에 대한 내면을, 한계로써 폐쇄된 전체를 갖고 있지 않다. 앞에서 역학적 결합체를 "자체 속에 그 내면을 가지고 있는 형성체"란 새로운 정의가 첨가되고, 양쪽을 종합하여 "자체 속에 그 내면적 중심이 있어, 이것으로 말미암아 고유한 중심 결정성을 가지고 있는 형성체"라고 정의된다(*Philosophie der Natur*, p.470).

8. 자연의 계층구조

전체로서 무기적 자연은 한 규모의 결합체가 다른 규모의 결합체를 포섭하는 그러한 계층구조로 일관되어 있다. 이는 자연에 있어서 한계된 결합체 자체의 출현과 똑같이 범주적으로 본질적인 계기이다. 왜냐하면 결합체는 비단(非但) 부분들, 과정들, 힘들의 단순한 역학적 조직체일 뿐만 아니라 또한 결합체들의 결합체이기도 하기 때문이다.

이 계층구조는 다음과 같은 특징들을 갖고 있다(*Philosophie der Natur*, p.474f).

첫째로, 여기서는 낮은 형성체에서 높은 형성체로 단계지어지지 않고 다만 공간적으로 작은 형성체에서 큰 형성체에로 단계지어질 뿐이다. 여기서는 큰 형성체라 해서 반드시 높은 형성체를 의미하는 것은 아니다. 태양계가 반드시 원자보다 고차적인 형태인 것은 아니다.

둘째로, 여기서는 계층구조가 공간적 포괄 관계, 즉 상이한 규모의 결합체 간의 편입 관계에 성립한다. 이 관계는 어디까지나 동시적 관계이다.

셋째로, 이 계층구조는 상대적으로 안정된 형성체에 관한 것으로, 구조에 대한 구성요소라는 정적 관계가 배열된다. 이 관계는 세 짝의 기본범주에 의하여 다음과 같이 특징지어진다.

1. 부분과 전체. 부분은 그 자체 다른 부분들의 전체이고, 전체도 그 자체 다른 전체의 부분이다. 전체의 규모는 계열적으로 계속된다.
2. 질료와 형상. 작은 결합체는 큰 결합체의 질료가 될 수 있고, 큰 결합체는 작은 결합체의 가공형성에서 성립한다. 자연의 계층구조에서는 모든 질료가 그 자체 형상이고, 모든 형상은 그 자체 가능한 형태형성의 질료로 된다.
3. 전이항(前二項) 관계의 상위에 결합체와 요소와의 관계가 성립한다. 이 관계에서 비로소 계층구조의 역학적 배경이 파악된다. 모든 결합체는 보다 큰 결합체의 요소로 될 수 있고, 모든 요소는 다시 보다 작은 요소들의 결합체가 될 수 있다. 이 계열도 또한 무한히 계속된다. 실재적으로는 아래와 위로 이 계열의 한계가 있다. 그러나 그것은 실재적 세계가 유한하기 때문이지 결합체와 요소의 범주적 질에 근

거가 있는 것은 아니다.

역학적 결합체의 계층 계열은 힘 관계의 상호개입에서 이루어진다. 큰 결합체의 구성요소가 되는 작은 결합체에 있어서 결정적 역할을 하는 것은 자체의 한계를 넘어서 둘레의 공간으로 작용을 뻗쳐나가는 힘들이다. 이러한 힘들은 그 결합체를 둘러싸고 하나의 역장(力場, Kraftfeld)을 형성한다. 하르트만은 이를 결합체의 "외면제력(外面諸力, Aussenkräfte)"이라 부른다. 결합체의 내면제력(內面諸力, Innerkräfte)과 "외면제력"과의 사이엔 "작은 결합체의 외면제력은 동시에 큰 결합체의 내면제력"이란 관계가 성립한다. 작은 결합체의 외면제력은 큰 결합체를 교란하거나 방해하는 계기가 되지 않고 오히려 그 적극적 구조 계기가 된다. 이것은 결합체 간의 계층구조에 관한 역학적 근본법칙이다(*Philosophie der Natur*, p.479).

그러나 여기엔 일정한 선택원리가 있다. 작은 결합체의 역장이 큰 결합체의 구성요소로 되는 것은, 이 역장이 그 속에서 상위의 힘 균형의 계기로 될 수 있는 큰 결합체에 한해서이다. 이는 곧 주어진 요소에 있어서 그 외면제력이 동시에 한 결합체의 내면제력으로 되는 그러한 결합체만이 성립할 수 있다는 것을 말한다. 이것을 하르트만은 결합체 간의 계층구조에서 "선택법칙(Selektionsgesetz)"이라 한다(*Philosophie der Natur*, p.480). 위의 경우, 선택법칙은 전적으로 요소 측에, 따라서 작은 결합체 측에 있고, 그럼으로써 계층구조는 '밑으로부터(von unten her)' 결정된다. 그러나 큰 결합체가 먼저 있을 때, 선택작용은 이편에서 행해질 수도 있다. 즉 작은 결합체의 외면제력이 큰 결합체의 내면제력의 구성요소로 될 수 있는 것이다. 예컨대 임의의 결합 경향을 가진 임의의 원자가 아니라 일정한 친화성을 가진 일정한 원자만이 화학적 분자 결합에 편입될 수 있는 것이다. 이는 말하자면 '위로부터(von oben her)' 행해지는 선택이다.

외면제력과 내면제력에 관한 위의 명제는 도역(倒逆)될 수는 없다. 작은 결합체의 외면제력은, 작은 결합체가 큰 결합체의 구성요소로 되는 경우, 언제나 동시에 큰 결합체의 내면제력이다. 그러나 역으로 같은 경우에서 큰 결합체의 내면제력이 모두 동시에 작은 결합체의 외면제력인 것은 아니다. 만일 그렇다면, 그것은 큰 결합체 속에는 하등의 새로 시작되는 고유제력이 있을 수 없다는 것을 의미할 것이고, 이는 또 큰 결합체의 자율성을 폐기하는 결과가 될 것이다. 이는 실제와 맞지 않다. 왜냐하면 큰 결합체 속에는 독자적인 고유제력이 출현하기 때문이다. 큰 결합체 속에는 요소들의 외면적 장력(場力)에 그 결합체에 고유한 내면제력이 첨가된다. 그리고 결합체 전체가 안정성을 가지려면 전자와 후자 사이에 균형의 안정적 형식이 설정되어야 한다. 여기에 작은 결합체의 힘의 강함에도 불구하고 결합체의 자율성이 있는 것이다.

그러므로 동일의 힘도 상이한 규모의 결합체에 있어서는 아주 다른 어떤 것으로 되며, 따라서 균형 관계에 대한 아주 다른 대립력(對立力)을 요구한다. 이를테면 원자핵의 장작용(場作用)은 원자의 내부에 있어서와 외부에 있어서 전연 달라진다. 방사압력은 큰 가스구(항성) 내부에 있어서와 그 외부의 세계공간에 있어서 전연 달라진다. 이러한 힘의 변질을 결합체 고유 결정성과 그 선택법칙에 연관시켜 볼 때, 자연의 계층구조는 동형적으로 상승하는 것이 아님, 체계의 규모 계기에 간격이 있음을 알게 된다.

우리는 이 간격이 그 사이에 벌어지는 역학적 결합체의 두 개의 밀착한 계열을 알고 있으니, 그 하나는 극소 체계이고, 다른 하나는 극대 체계이다. 극소 체계는 원자를 중심으로 결집한다. 최소의 구성요소인 전자(Elektron), 양성자(Proton), 중성자(Neutron) 등이 결합체인지 최후의 요소인지는 아직 결정할 수 없다. 그러나 원자의 위로 향하여 화학적 결합의 분자는 분명히 역학적 결합체이다. 다시 그 위로 이른바 유기적 결합체란 고도로 복잡한 분자가 있다. 여기로부터 계열의 연쇄가 끊기고 독자적 고유 형태가 없는 단순한 집합이 따른다.

극대 체계는 물질이 구체로 뭉쳐서 성체를 이루는 데서 시작되어 나상성운을 이루는 데서 끝난다. 이 두 개의 계열 사이에 커다란 간격이 벌어져 있다. 이 사이에는 물론 중간적 규모의 형성체들이 없는 바 아니나, 그러나 자립적 역학적 결합체의 연속된 계열을 이루지 않고, 다만 보다 큰 결합체의 파편 혹은 부분 단편에 불과한 물체들로 그 간격이 채워져 있을 뿐이다.

역학적 결합체의 계층구조에서는 부분에 의한 전체의, 요소에 의한 결합체와 규정이란 새로운 결정 형식이 등장한다. 그것은 단계의 상승 방향에 따른 직진적 결정성이다. 이 결정성은, 작은 결합체의 외면제력은 동시에 큰 결합체의 내면제력이라고 하는 계층구조의 역학적 근본법칙과 일치한다. 이 내외의 관점에서 볼 때, 그것은 또 단계지어진 중심 결정성이라고 부를 수 있다.

중심 결정성은 어느 규모에 있어서나 내면에서 외면에로 행해진다. 한 결합체의 형태 전체는 내면의 외화요, 이는 다시 그 결합체를 포괄하는 형태 전체의 내면의 외화다. 이리하여 우리는 결합체의 '밑으로부터'의 일의적 의존성을 얻게 된다. 다만 이것을 일반화해서는 안 된다.

이와 반대로 결합체의 계층구조에 있어서 전체에 의한 부분의 결정도 성립한다. 이는 역학적 전체 결정성의 형식을 취한다. 중심 결정성은 내면으로부터 외면에로의 방향을 취하여 한 결합체의 그 자체 내에서의 역학적 자립성(자율성)을 이루는데, 전체 결정성은 외면으로부터 내면으로의 방향을, 좀 더 엄밀히 말한다면 외면과 내면과의 총합, 즉 전체에서 그 전체를 구성하는 각 요소에로의 방향을 취한다. 전체 결정성은 결합체에 의한 요소의 결정성이다. 이것을 계층서열의 관점에서 볼 때, 직진적(rechtläufig) 중심 결정성과 반대로 배진적(背進的, rückläufig) 결정성이라고 할 수 있다. 전체 결정성은 중심 결정성을 폐기하지 않고 도리어 전제한다. 그러나 전체 결정성은 중심 결정성으로 다하여지는 것이 아니라, 결합체의 역학적 계층구조에서 신규자(新規者, das Novum)로서 중심 결정성에 첨가되는 것이다.

전체 결정성이 첨가하는 신규자는 단계구조의 역학적 근본법칙에 연관시켜 볼 때 뚜렷이 나타난다. "작은 결합체의 외면제력은 동시에 큰 결합체의 내면제력이다." 이 근본 법칙은 동일성 공식을 취하고 있다. 그러나 이는 도역(倒逆)될 수는 없다. 큰 결합체의 내면제력이라 해서 반드시 동시에 작은 결합체의 외면제력이 되는 것은 아니니 말이다. 그러므로 위의 동일성 공식은 중심 결정성을 표현하기에 족하나 전체 결정성을 표현하기에는 부족하다. 위의 동일성 공식은 다음과 같이는 도역될 수 있다: "큰 결합체의 자율적 내면제력이 동시에 작은 결합체의 결정적 외면제력인 그런 경우도 또한 있다"(Philosophie der Natur, p.488). 이는 전기(前記)의 근본 법칙과 내용상 일치한다. 다만 결정성의 방향이 다를 뿐이다. 즉 전자에 있어서는 요소의 외면제력이 결합체의 구조를 결정하는데, 후자에서는 결합체의 내면제력이 요소의 구조를 결정짓는다. 이 후자의 경우가 곧 전체 결정성이다.

이리하여 전체로서의 자연의 계층구조도 또한 밑으로부터 결정지어지는 동시에 위로부터 결정지어진다. 즉 중심 결정성은 최소의 결합체로부터 위로 향하여 포개지면서, 그리고 전체 결정성은 최대의 결합체로부터 밑으로 향하여 관철하면서, 자연의 구조를 (그리고 또한 자연의 생성 과정을) 양 측면에서 규정한다.

9. 역학적 평형

역학적 결합체를 논함에서 벌써 역학적 평형은 자주 언급되어 왔다. 모든 규모의 결합체는 바로 역학적 평형에 의거하고 있다.

결합체 내에 진행하는 과정의 대다수는 그 불균형에 의존한다. 그런데 불균형은 결합체의 불안정성의 계기인 고로, 과정의 진행은 분명히 결합체의 무상성(無常性)과 연관을 맺고 있다. 다른 편으로 또, 과정의 진행은 결합체의 안정성을 이루는 것이므로, 그 안정성이 그 불안정성에 의존하고 있다는 이러한 일견 모순적인 관계가 거기에 개재(介在)하고 있다.

역학적 평형은 한 결합체 내의 이질적 힘들 상호 간에 평형이 이루어지는 경우 혹은 과정들 상호 간에 진행을 유지시키는 경우에 성립한다. 전자의 예는 원심력과 인력과의 관계에서 성립하는 타원궤도이고, 후자의 예는 태양과 같은 가스체에서 성층 간의 방사평형에서 볼 수 있다.

모든 물리적 과정은 역학적 평형의 방향을 취한다. 잠재 에너지는 본래 낙차를, 불평형(不平衡)을 갖고 있으며, 그럼으로써 운동 에너지로 전환한다. 과정이란 낙차가 있는 곳에서만 진행한다. 낙차가 없어지면 과정도 멈추어진다. 낙차가 있는 곳에서만 과정이 진행한다는 것이라면, 이는 곧 불평형이 성립하는 곳에서만, 혹은 적어도 일반적 평형 속에 불평형의 계기가 출현하는 곳에서만, 과정이 진행한다는 것을 의미하는 것이다. 낙차란 그 자체 바로 불평형이다. 그것은 수준의 차이를, 공간적 높이의 수준이건 압력의 혹은 온도의 기타 어떤 종류의 수준이건 간에, 수준차를 의미한다. 과정은 곧 불평형의 평형화이고, 과정의 한계는 평형이다.

그러나 모든 과정이 평형에로 경향하고 또 평형에서 끝난다고 하지만, 평형은 반드시 정립(停立)을 의미하지 않는다. 역학적 결합체에서는 특히 과정 자체의 평형이, 동시에 작용을 계속하는 힘들이 문제로 된다. 역학적 평형에서는 움직이는 모든 힘들이 어떤 방식으로든지 맞서는 힘들과 맞닥뜨려 쌍방이 서로 움직이는 상태를 유지함으로써 결합체의 결렬을 방지한다. 역학적 결합체에 고유한 안정성과 불안정성과의 일견 역설적인 관계는 이리하여 해소된다. 불평형 상태는 다른 힘들에 대한 어떤 힘의 득세에서 성립하고, 이러한 득세가 과정을 진행시킨다. 만일 세계 내의 모든 것이 평형을 이루고 있다고 한다면, 세계는 절대적으로 안정상태를 이루고 아무런 낙차도 없어짐으로써 일체의 과정이 진행을 멈추게 될 것이다. 그러나 사실은 물리적 세계에 있어서 모든 것이 평형을 이루어 있는 것은 아니다. 거기엔 여러 가지 불평형을 포함한 결합체가 있다. 그런 고로 그 속에 낙차가 있고, 그런 고로 그것들은 움직이는 과정 결합체인 것이다. 평형과 불평형과의 이 상호 포함이 과정의 진행을 유지하고, 과정의 결합에서 결합체가 성립한다. 이리하여 평형과 불평형도 또한 우주 내에서 서로 평형을 유지한다고 하는 수수께끼가 풀린다.

하기락(경북대)

하르트만(Hartmann)에 의하면 무기적 물질층, 유기적 생명층, 심리적 의식층, 인간에 있어서 비로소 나타나는 정신생활의 층 등으로 중첩하는 실재적 세계의 성층구조(成層構造)에 있어서 제1층과 제2층 간에는 가공형성관계(加工形成關係, Überformungsverhältnis)가 성립하고, 제2층과 제3층 간 및 제3층과 제4층 간에는 가상구축관계(架上構築關係, Überbauungsverhältnis)가 성립한다. 가상구축관계란 하층의 제 범주 중의 일부가 상층에 재현하고 다른 일부는 층경계선(層境界線)에서 중단됨으로써 상층의 형성체가 하층을 토대로 그 위에 얹혀 있는 그러한 형식의 관계를 말한다. 가공형성관계란 하층의 제 범주가 전부 상층에 재현하여 상층에 신규로 등장하는 제 범주와 협동함으로써 하층 존재가 상층의 한층 복잡미묘한 형성체의 질료가 되는 그러한 관계를 말한다. 무기적 물질층과 유기적 생명층 간에는 이와 같은 가공형성관계가 성립한다. 그러므로 우리가 본 논문에서 문제로 삼는 유기적 생명의 영역은 다음과 같은 범주군(範疇群)의 적용을 받고 있다.

1. 3군(三群)의 기본범주

즉 24개의 대립 범주, 12개의 양상범주, 16개의 범주적 법칙. 이 기본범주들은 실재적 존재의 각 층뿐만 아니라 이념적 존재에도 적용되는 고로, 무릇 존재하는 것 치고 이들의 적용에서 벗어날 예외가 있을 수 없다.

2. 차원적 제 범주

시공 4차원 체계는 물질층과 생명층을 포함한 전자연(全自然)에 적용된다.

3. 무기적 물질층에 나타났던 우주론적 제 범주

가공형성관계에 의하여 이 범주들이 전부 생명층에 재현하여 이 층의 신규 범주들과 협동한다.

4. 유기적 생명층에 신규로 등장하는 유기체론적 제 범주

바로 이 제 범주가 본 논문의 주제를 이룬다.

그러므로 생명체는 전기(前記) 4항의 제 범주의 규정을 함께 받고서 형성된다. 다시 말하면 제4항의 제 범주의 밑바닥엔 이미 제1, 2, 3항의 제 범주가 그 기초로서 깔려 있다고 봐야 할 것이다. 이 전제 아래 비로소 유기체론적 제 범주가 문제될 수 있는 것이다.

하르트만은 유기체론적 제 범주를 다음 4군(四群)으로 구분하여 체계를 전개한다 (*Philosophie der Natur*, pp.513-514).

제1군 '유기적 조직체', 그 제 범주: 1. 개체, 2. 형태형성 과정, 3. 과정들의 대항, 4. 형태 조직과 과정 조직, 5. 자기 조정

제2군 '초개체적 생명', 그 제 범주: 6. 종의 생명, 7. 재형성과 유전성, 8. 사(死)와 생식, 9. 가변성, 10. 종생명(種生命)에서 조정적 제 요인

제3군 '계통발생', 그 제 범주: 11. 변종, 12. 합목적성, 13. 도태(및 향상 형성), 14. 변이, 15. 진화

제4군 '유기적 결정성', 그 제 범주: 16. 유기적 평형, 17. 생동성, 18. 생기 연쇄(生氣連鎖), 19. 종법칙성(種法則性).

본 논문은 이 순서에 따라 하르트만의 『자연철학』에서 유기체론적 제 범주를 간추려 본다.

1. 유기적 조직체

모든 유기체(Organismus)는 개체(Individuum)로서 존재한다. 그리고 모든 개체는, 최소의 단세포로 된 개체라 할지라도, 벌써 복잡한 불가분 전체를 이룬다. 유기체의 불가분성은 유기적 조직체(organisches Gefüge)의 성격에 기인한다. 유기적 조직체에 있어서는 부분이 한갓 부분 이상의 것이고 전체도 또한 한갓 전체 이상의 것이다. 즉 부분은 전체에서 각기 다른 기능을 수행하는 지체(Glied)이고, 따라서 그 기능에서 규정된 특수한 본질적 위치를 전체 속에서 점하고 있다. 이리하여 전체도 또한 한갓 조직체임에 그치지 않고 특히 '유기적'인 조직체이다.

유기적 조직체란 무엇인가를 완전히 정의하려면 유기체론적 제 범주의 전계열(全系列)을 요한다. 그러나 우리는 그 단서를 유기체에서 부분의 지체 기능에서 잡을 수 있다. 유기적 지체는 조직체 전체에서 수행하는 그 기능에 의해서만 본질적으로 규정되는 것이며, 여기서 분리되면 전연 무의미하다. 이 의미에서 지체는 일정한 부분 기능의 기관(Organ)이고, 기관들이 수행하는 부분 기능이 종합된 조직체는 곧 유기체(Organismus)이다.

1) 개체

제1군의 5개 범주 중에서 가장 근본이 되는 범주는 개체란 범주이고, 다른 4개의 범주는 이 범주의 부분 계기에 불과하다. 그러나 이들에 있어서 개체의 가장 중요한 본질 특징들이 명료하게 나타난다.

조직체라 하면 어느 것이나 고유한 형식으로 하나의 통일체를 이루거니와, 유기적 조직체는 두 가지 방식으로 그러하다. 즉 한편으로 제 형태의 체계(그 각 부분은 각 기관)로서 형태학적 연구의 대상의 되고, 다른 편으로 상호 교착한 제 과정의 체계로서 생리학적 연구의 대상이 된다.

유기체의 독특한 존재 방식은 생명(Leben)이며, 생명 과정은 다른 모든 실재 과정과 구별되는 특수 형식을 갖고 있다. 생명의 과정 형식은 다른 과정 형식과 무엇으로써 구별되는가. 자연철학에서 특히 문제로 삼아야 할 것은 그것이 무기적 과정 형식과 어떻게 다른가 하는 것이다. 하르트만은 생물계의 일반적 현상에서 다음과 같은 계기들을 지적한다(*Philosophie der Natur*, p.519).

1. 생명 과정은 그 독특한 시(始)와 종(終), 즉 출생과 사망이란 한계를 가졌고, 이 양자는 과정을 관통하는 조직 자체에 의하여 내면으로부터 규정된다. 생명이란 곧 자기 자신을 한정해 나가는 과정이다.

2. 이리하여 여기에서 발생과 소멸이란 범주적 대립이 문제된다. 일반적으로 생성의 본질에는 상태들의(혹은 형태들의) 발생·소멸이 따르기 마련이다. 하지만 무기적 자연에서는 사실상 동일의 존재 질서에 있는 어떤 것이 다른 것으로 부단히 이행할 뿐, 이 과정의 계속에 한계가 있을 수 없고, 다만 특정의 형성체에서 볼 때만, 생성과 소멸이 말하여질 뿐이다. 그러나 유기체에서는 사정이 달라진다. 생명체는 그 사망에 있어서 다른 생명체로 전환되지 않고 무생물로, 원자와 분자로 돌아간다. 사망은 엄밀한 의미에서 소멸, 생명 자체의 소멸이다. 그것은 무생명자(無生命者)에로의, 생명의 무(無)에로의, 자기의 존재 질서의 부정에로의, 자기의 폐기에로의 이행이다. 개체는 물론 다른 개체를 산출할 수 있고, 그럴 때 생명 과정의 연속이 가능케도 된다. 그러나 산출된 개체는 어디까지나 하나의 새로운 개체(新個體)이고, 연속되는 생명 과정은 개체로서의 자기의 생명 과정이 아니라 종의 생명 과정이다.

유기체는 출생과 사망 간에 하나의 통일된 과정 조직을 이룬다. 그것은 소년, 장년, 노년의 각 단계를 경과하여 유기체에 고유한 하나의 '생명 곡선(Lebenskurve)'을 그리고, 선(線) 간의 각 단계에 성립하는 형태들은 한 개체의 동일성을 인정키 어려우리만큼 서로 형상이 달라진다. 그럼에도 불구하고 이 곡선을 관통하는 것은 분명히 동일의 총체이다. 이는 어떻게 가능한가. 시기에 따라 형태가 변화하고, 물질도 부단히 대치하는 고로, 개체의 통일은 결국 과정 자체에서 구하는 수밖에 없다. 그런데 과정은 바로 변역의, 비동일성의 계기가 아닌가. 그렇다면 비동일성의 계기인 과정이 어떻게 동시에 동일성을 가능케 하는 것일까.

생명 과정에서 동일을 유지하는 것은 하나하나의 단계도 아니고 어떤 단계에서 유기적 형태도 또한 아니다. 시간적 형태 성격을 지닌 과정 조직, 즉 각 단계가 전방과 후방으로 여타의 제 단계와 굳게 결부된 생명의 총체 율동(總體律動)이 동일을 유지할 뿐이다. 그러므로 과정 곡선 그것이 동일자이고, 이것이 바로 시간적으로 산재한 제 단계를 집결하는 것이다. 좀 더 정확히 표현한다면, "하나의 시간적인 전체가 각 단계 속에 함께 나타나는 통일이다"(*Philosophie der Natur*, p.23). 왜냐하면 이 과정 형식에서는 지나간 단계라 해서 전연 지나가 버린 것이 아니고 미래의 단계라 해서 전연 아직 아니온 것이 아니니 각 단계가 현재의 단계 속에 연관하여 있기 때문이다. 이와 같이 과정의 전체성이 개별 단계를 함께 규칙하고 있다면, 선행한 단계와 마찬가지로 후속할 단계도 또한 현재 단계 속에 작용하고 있단 말이 된다. 이는 어떻게 해서 가능한가.

인과 과정은 이럴 수 없다. 인과성은 시간적으로 배진적일 수 없으니 말이다. 그것은 또 목적 연쇄일 수도 없다. 의식 주체가 있고서야 비로소 목적적 과정은 가능한 것이기 때문이다. 그러므로 여기엔 분명히 하나의 새로운 결정 형식이, 말하자면 '생명 연쇄(Vitalnexus)'라고나 부를 만한 결정형이 문제 된다. 그것은 생명이 내포한 소질계(素質系)의 전개 과정이다.

유기체는 또 그 생명 기능을 갖고 둘레의 물리적 세계 속으로 깊숙이 넘어나가고 있다. 즉 호흡, 신진대사, 영양 탐구, 자기보존 등이 일단의 작용과 반작용의 집결을 형성하고, 이것으로써 유기체는 스스로 자기 자신을 넘어서 공간적 환경 세계 내로 뻗어나가 그것과 불가분하게 결부된다.

유기체의 생명 과정은 결코 단순한 내부적 과정이 아니라 본질적으로 둘레의 자연과의 교섭, 즉 일정한 범위 내에서의 세계의 활용이다. 생명 과정은 미래 '환경 세계에서 생'인 동시에 환경 세계의 공동 형성 과정이다. 즉 "개체 자신의 생명 기능의 위(圍) 내로 환경 세계를 편입함"이다(*Philosophie der Natur*, p.526). 역학적 조직체도 벌써 그 층위에 무관 지대(Indifferenzzone)를 띠어 인멸(湮滅)적 한계를 형성하거니와 유기적 조직체는 그 자체 한계를 훨씬 멀리 넘은 데까지 이 지대를 확장한다. 이리하여 유기체의 생은 환경 세계와의 교섭에서 성립한다.

유기체는 자기 자신을 하나의 권역(Sphäre)의 '중심'으로 만든다. 이리하여 유기체는 자체의 내부에 자기의 내면을 가지는 동시에 전생활권계(全生活圈界)의 내부에 자기의 내면을 가지며 자체의 표피에 자기의 외면을 가지는 동시에 그것을 훨씬 넘은 곳에 자기의 외면을 가지고 있다. 그러므로 유기체는 자기의 표피 내에 폐쇄된 존재이면서 동시에 항상 자기 밖으로 초월하고 있는 존재다. '자기 속에 있음(폐쇄성)'과 '자기 밖에 있음(자기 외 존재)'은 동일의 유기적 통일형식의 상호보충적 표리(表裏)를 이룬다.

그러므로 유기체는 "자기 자신을 공간적으로 초월하는 존재"라 규정된다(*Philosophie der Natur*, p.528). 이 규정으로서 유기체는 마침내 역학적 조직체의 범주적 성격을 벗어난다. 개체의 '중심성(Zentralität)'에 대한 '자기 초월(Selbsttranszendenz)'의 관계는 앞에서 말한 '폐쇄성(Geschlossenheit)'에 대한 '자기 외 존재(Aussersichsein)'의 관계와 손잡고 있다. 개체는 자기의 환경 규정적인 확산적 통일로 말미암아 자기를 한 생명권계의 중심으로 만들고, 그럼으로써 자기의 외견상의 한계를 넘어선다. 그러나 그 폐쇄성은 완결성이 아니고, 그 중심성은 배제성이 아니다. 그런 고로, 또한 그 자기 초월은 해체가 아니고, 그 자기 외 존재는 자기 상실이 아니다.

자기 초월의 특수한 제 계기 중 가장 현저한 것은 유기적 '능동성(Aktivität)'이다. 여기 말하는 능동성은 '에네르기'와는 다른 어떤 것이다. '낙차(Gefälle)'에 따른다는 것이 '에네르기'의 법칙이다. 그러나 능동성은 이 법칙에 따르지 않는다. 그것은 일정한 경향을 가진 '자기 활동성(Selbsttätigkeit)', 즉 '자발성(Spontanität)'을 갖고 있다.

2) 형태형식 과정(形態形式過程)

원형질(Protoplasma)의 콜로이드(Kolloid)에서 다세포체(多細胞體)에 이르기까지 모든 유기체의 형태는 과정에서 형성된다. 개체의 형태가 전체적 생명 과정에서 형성될 뿐만 아니라 개체 기관의 독특한 형태도 또한 그 기관의 특수한 부분 과정에서 형성한다. 유기적 과정이란 본래 기관화(organisieren)하는 과정이요, 형태형성적 과정이다.

유기적 과정의 형태형성적 성격은 개체 혹은 기관의 발생 과정에 한하는 것이 아니다. 동화작용의 과정에서도 우리는 그것을 볼 수 있다. 식물적 성형질(成形質, Plasma)에 의한 유기적 물질의 제1차적 동화작용이나 동물적 성형질에 의한 식물적 물질의 제2차적 동화작용에서 우리는 보다 고차적인 형태에로의 물질의 형성을 발견한다.

유기적 형태는 유기적 과정에서 형성되고 또 유지되지만, 일단 형태가 형성되면 형태 편에서도 과정을 규정한다. 그러나 과정과 형태와의 이 상호제약적 교호 작용도 또한 과정에서 발생하고 과정에서 다시 해소한다. 다른 편으로 또 형태형성적 과정에 병행하여 형태해체적 과정이 대립하나, 전체 과정의 더 큰 연관에서 보면, 형태해체적 과정 자체도 간접적으로 형태발생적 역할을 한다. 왜냐하면 형태의 부단한 해체 없이는 형태의 더 고차적인 재형성은 있을 수 없기 때문이다.

형태형성적 및 형태해체적 과정은 유기체에 한한 것이 아니라 역학적 조직체에서도 또한 행해지나, 그 규정적 조건은 조직체 자체에 있지 않고 그것을 구성하는 외력과 내력과의 제 관계에 있다. 그러나 유기적 과정은 자발적으로 일정한 형태를 구성하는 과정이다. 유기적 과정에서도 물론 둘레의 외적 제 관계가 함께 제약하지 않는 것은 아니나, 그러나 그 형태형성의 방향이 거기서 규정되는 것은 아니다. 유기적 과정은 외적 제 관계의 제약을 받으면서도 어디까지나 일정한 형태로 소질(素質)되어 그 방향으로 이끌려가는 과정이다.

유기적 과정은 그러나 단지 형성 과정에 그치는 것이 아니라 재형성 과정이다. 물질의 동화작용이 그러하고, 개체의 발생 과정이 또한 그러하다. 전자에서는 과정이 유기화한 성형질에서 출발하여 섭취한 물질을 그 유기적 구조로까지 형성해낸다. 후자에서는 과정이 완전히 성숙한 친개체(親個體)에서 출발하여 그 유기적 전체 형태를 재형성한다. 양편 다 과정에서 산출되는 형태와 동일한 형태에서 과정이 출발하고 있다.

그러므로 유기적 형태형성 과정은 같은 내용의 두 개의 형태 단계 간을 연결하는 한정된 과정이며 일정한 형태를 형성하는 방향으로 과정이 규정되는 재형성(재생산적) 과정이다. 이 과정은 시발점부터 형태의 원리를 소질로 포함한다. 이는 무엇을 의미하는가? 이 문제는 특히 유기적 결정성의 문제로서 별도로 고찰되어야 한다.

3) 과정과 과정과의 대항 연출(對抗演出)

생물의 가장 기본적 요소인 성형질(Plasma)부터가 벌써 능동적 조형자(造形子, Plasson)인데, 그것은 또 동질적인 것을 재형성한다는 점에서 동조형자(同造形子, Isoplasson)라고 부를 수도 있다. 성형질은 형성된 산물로서의 형태에 그치지 않고 형태를 형성하는 조형자이기도 하다. 그러므로 성형질은 '조형적 성형체'라 불러서 마땅하다.

밖으로부터 물질을 섭취하여 자기 자신의 내면적 구조에 맞도록 그것을 동질화함으로써 거기에 새로운 성형질을 발생케 하는 동화작용의 능동성은 생명을 가진 성형질만이 가지고 있는 특성이다. 성형질의 생명은 바로 동화작용에 성립한다. 화학자가 실험실에서 여러 가지 물질로써 성형질과 같은 구조의 성질을 만들어낼 수 있을지 모르나, 그것은 능동적 동력력을 가지지 못한다. 동화작용을 못한다는 말과 생명이 없다는 말은 결국 같은 말이다.

동화작용(Assimilation)이란 자기와 '같게 만듦(Ähnlichmachung)'이다. 저차조직(低次組織)의 물질을 임의의 구조에로가 아니라 동화작용을 하는 유기체 자신의 유기적 구조에로까지 형성해 올리는 내용적 규정성이 결정적 의의를 가지고 있다.

물리적으로 볼 때, 생명 과정은 물질의 신진대사에서 성립한다. 영양의 섭취 및 배설, 세포의 갱신교체(更新交替), 호흡에서 연소 과정, 선(腺)의 분비 구조, 신경계의 전도 과정(傳導過程) 등이 신진대사란 기초 위에 행해진다. 이리하여 유기체란 조직체에서는 신체 전체나 그 비교적 큰 부분을 이루는 기관들의 형태는 어느 기간 같은 양상을 유지하나 최소의 구성요소는 부단히 변역(變易)하고 있다.

동화작용이 저차의 조직체, 즉 분자가 함유한 '에네르기'를 섭취할 때, 유기적 작업에서처럼 단순히 그것을 소모하는 데 그치지 않고 고차의 형성체로 형성하거니와 마찬가지로 분해작용(分解作用, Dissimilation)도 또한 부산물의 단순한 처분이 아니라 한편으로 유기적 고차형태(高次形態)의 물질을 원소적 형태로 역형성함인 동시에 다른 편으로 유기체 자신에 필요한 구성 물질을 저장함이다. 이리하여 동화작용과 분해작용은 동일의 신진대사 과정의 표리를 이루는 바, 이 과정에서 물질 교류는 물리적 '에네르기'의 작용으로서 이해되어야 하겠으나, 그러나 단순히 낙차(Gefälle)의 법칙에 따르는 '에네르기' 운동에 그치는 것이 아니고 유기체 자신에 의하여 자발적으로 행해지는 물질의 정밀한 취사와 일정한 방향으로 그것을 형태형성하는 고차적 결정성이 문제되지 않을 수 없다.

유기체의 형태형성 과정은 원형질의 교질(膠質, 콜로이드) 형성, 기관을 가진 세포의 형성, 다세포체의 형성 등 몇 단계로 중첩하여, 언제나 위 단계의 과정은 아래 단계의 산물을 재료로 수취하여 고차의 형태로 형성한다. 그러나 이 모든 형태형성 과정은 어느 기간을 계속하다가 끝나는 일회한(一回限)의 구성이 아니고 어느 형태 구성에나 부단한 형태해체가 수반하고 해체로 말미암아 구성이 추진되는 부단의 구성과 재구성의 과정이다. 형태상으로 보면 그것은 부단한 붕괴와 대충의 대항 연출이지만, 과정으로 보면 피차에 상대방을 추진시키고 피차의 작업을 조정하는 상호보충적 제 부분 과정의 조직이다. 이 상호보충적 제 과정의 대항 연출이란 계기는 모든 유기적 조직체의 범주적 근본 계기이며 형태발생적 과정과 병행하는 독자적 범주이다.

4) 형태 조직과 과정 조직

역학적 조직체부터가 벌써(그 부분 혹은 지체의) 형태 조직(Formgefüge)인 동시에 과정 조직(Prozessgefüge)이란 이중적 성격을 보여 주었다. 그리고 거기서도 또한 과정 조직은 과정들 자체 혹은 그 배후에 있는 힘들의 대항 연출에 의거하고 있었다. 그러나 형태의 안정성은 대항하는 힘들의 평형상태에 불과하다.

그러나 유기체에서는 형태 조직과 과정 조직의 관계가 전연 달라진다. 여기서는 과정은 본래 형태를 형성하는 과정인데, 형태도 동시에 형태형성에 대하여 규정력을 개입시키며, 이리하여 형태형성 과정은 역학적 과정처럼 단순히 낙차에 따르는 것이 아니라 그 자신의 방향을 갖게 된다. 여기서는 형태의 능동성과 과정의 형태형성적 경향이 완전히 서로 내적으로 부합하고 있다.

유기체에서 형태 조직과 과정 조직은 상호침투하는 두 개의 체계라기보다 오히려 형태 조직인 동시에 과정 조직인 동일의 체계다. 유기체가 두 가지 조직체계로 보여짐은 역학적 관계에서 유래한 형태(상태)와 과정이란 범주적 차이를 유기적 조직체에다 전가한 인간의 두 가지 보는 방식에 불과하다.

성형질부터가 벌써 분화되어 있다. 즉 세포의 종류마다 제각기 그 독특한 '자기 성형질(自己成形質, Idioplasma)'을 갖고 있다. 그리고 각종의 세포는 물질을 자기의 성형질적 구조에로 형성하는 고로, 구성 과정의 능동성도 또한 분화하여 있다. 이리하여(각 기관의) 특수한 부분 형태에는 특수한 형태형성 과정이, 특수한 동화작용이 대응한다. 계속적 동화작용에 의한 전체의 형태 유지는 곧 상호연관적 제 형태의 체계에서 분화한 형태발생적 제 과정의 상호연관적 체계로서 이해된다(*Philosophie der Natur*, p.546).

유기체의 모든 부분(지체, 기관, 세포)에서 형태와 과정이 상호제약하면서 조화를 이루는 것과 마찬가지로 부분 형태들 상호 간에도 또한 상호제약과 조화가 이루어진다. 그러나 부분 과정들 상호 간에는 위에 말한 바가 더욱 절실히 타당하다. 하나의 유기체 내에서 경과하면서 서로 결합하여 전체적 생명 과정을 이루는 것은 이러한 부분 과정들의 조직이기 때문이다. 유기체의 전체 형태의 상대적 안정성은 바로 쉬지 않고 움직이는 이 과정 조직의 일관된 불안정성(유동성)에 의거하여 있다. 과정의 진행이 무디어지거나 멈추어진다는 것은, 형태의 노쇠 혹은 붕괴를, 유기체의 죽음을 의미한다.

5) 유기적 자기 조정

유기체의 생명 과정은 단순히 지속이 아니고 보다 높은 형태를 만들어내는 발전이다. 우리는 거기에 상호 간에 대항 연출 관계에 있는 제 부분 과정의 평형의 자기 조정과 이 조정의 한세란 새로운 범주적 세기를 발견한다.

역학적 평형은 자동적으로 조정될 뿐 자발적으로 조정되지는 않는다. 역학적 평형은 외부로부터 오는 방해에 대하여 능동적 대항을 하지 못한다. 그 조정은 대립적 제력(諸力)이 평형을 유지하는 안정성의 범위 내에서만 가능하다. 그러나 유기적 평형은 능동적으로 조정된다. 밖으로부터의 방해에 부닥칠 때 비로소 능동적으로 되는 것이 아니라 본래부터가 능동적이다.

유기적 조정은 다음과 같이 행해진다. 유기체의 자기 소모에 수반하는 내적 형태 붕괴의 과정은 거기에 흠손(欠損) 자체가 환기하는 재형성에의 자극이 높아짐으로써 균형을 얻는다. 반대로 또 모형(模形)하는 구성 활동의 과잉은 형태해체에의 강화된 자극에 따라 균형을 얻게 된다. 유기적 조정은 흠손에다 과잉을, 그리고 과잉에다 흠손을 대립시키는 변상의 방식으로 행해지고, 상호보완적 제 과정에서 연출된다. 유기적 조정에서 주목할 만한 것은 균형화 자체에 있지 않고 균형화하는 방식에 있다. 구성적 및 해체적 과정 자체의 본질 속에는 한편이 다른 편에다 자극을 환기한다는 것이 포함되어 있지 않다. 그러므로 과정들의 단순한 대항 연출에서 조정의 근거를 찾을 수는 없다. 두 과정의 어느 편이나 상대편 과정의 발동 또는 강화를 초래한다는 것은 단순한 인과 작용이 아니라 과정에 대한 유기적 형태 자체의 특수한 반응방식이기도 한 것이니, 이 반응방식에 유기적 조정의 범주적 신규자가 있다(*Philosophie der Natur*, p.552).

유기적 형태 조직은 외부의 영향에 대해서뿐만 아니라 자체 내부의 과정에 대해서도 반응한다. 즉 구성 과정과 해체 과정과의 대항 연출에서 플러스나 마이너스는 곧 자극을 일으킨다. 흠손(欠損)은 새로운 구성을, 과잉은 강화된 해체를 자극한다. 그런데 이러한 자극은 유기체에 독특한 반응 능력을 전제로 하지 않고선 이해할 수 없는 것이다. 유기적 조정은 역학적으로 이해될 수는 없다. 역학적으로 본다면, 재생산에서 흠손은 과잉 생산을 유치(誘致)하기는커녕 오히려 재생산력을 저하시킬 것이며, 과잉은 또 재생산력을 방해하기는커녕 오히려 강화할 것이므로, 조정이 불가능하다.

더욱이 유기체는 강화된 재형성에서 자체 내의 '에네르기' 소모가 강화되어 있을 것인즉, 그 흠손을 어디로부터 보충할 것이냐가 역학적으로 이해될 수 없다. 여기에는 다른 원리가 개입하여야 한다. 즉 유기체는 신진대사에 의하여 자기의 '에네르기'가 아닌 다른 '에네르기'를 이용한다. 다시 말하면 이용가능한 저차조직의 물질을 섭취하여 그 화학적 '에네르기'를 합목적적으로 자기의 구성 과정 내에 도입한다. 그럴 적에 유기체는 자기의 '에네르기'의 최소량을 지출하면서 '에네르기'의 훨씬 많은 양을 밖으로부터 도입하는 것인즉, 이는 단순한 역학적 관계일 수는 없다.

이리하여 유기체는 자기 자신의 '에네르기' 저장량에 구속되지 않고 신진대사에 의하여 필요한 '에네르기'를 밖으로부터 도입하는 능력을 가지고 있다. 유기체의 생명권은 자기의 외피 속에 국한되지 않고 둘레의 물리적 세계로 확장된 자기의 세력권, 즉 자기의 임의로 처리할 수 있는 '에네르기'의 범위에 의하여 규정된다.

유기체의 성장이란 현상은 구성 과정과 해체 과정과의 평형을 깨뜨리는 것으로 보인다. 왜냐하면 성장은 바로 재형성이 단지 해체에 대한 보상에 그치지 않고 초과 보상을 산출한다는 것을, 살아 있는 성형질의 부단한 재생산에 그치지 않고 초과 생산이라는 것을 의미하기 때문이다. 세포에 있어서 화학적 및 형태학적 동화작용에서 비롯하여 조직 내의 새로운 세포 형성과 다세포적 유기체 전체의 성장에 이르기까지의 모든 형성 과정에서 우리는 이와 같은 초과 생산의 현상을 볼 수 있다. 그러나 이러한 초과 생산에도 유기적 형태 자체에 의하여 환기되고 제동되는 자기 조정이 행해진다. 유기체에서는 언제나 동화작용이 높여짐에 따라 분해작용도 함께 높여진다. 성장이란 곧 물질의 교환액이 높여짐을 의미하는 것이다. 그러나 분해작용은 근소한 액으로나마 약간의 차이를 갖고 파행적으로 뒤따르고 동화작용은 항상 몇 걸음씩 앞서지 않으면 안 된다. 그런 고로 성장은 조정의 부인이 아니라 다른 종류의 조정, 즉 제 과정이 완전한 균형을 이루지 않고 항상 재형성의 과잉 편으로 약간 기울어지도록 조절되는 더 고차적인 조정이라고 할 수 있다.

이러한 조정은 형태 조직과 과정 조직과의 조정에 그치는 것이 아니라 전체 조직을 관통하는 생명 과정의, 개체의 생명 곡선의 조정이다.

요컨대 조정이란 재형성의 과잉이 일정량에 도달하면 능동적으로 지양되고 평형이 다시 회복되도록 함을 가리킨다. 조정에는 대체로 삼단계가 구별된다. 첫째로 보충적 과정들 간에 세워지는 평형이 있고, 둘째로 구성적 과정의 과잉으로 말미암은 불균형의 조절이 있고, 셋째로는 개체의 성장 과정에서 둘째 번의 불균형 상태에서 첫째 번의 균형 상태로 복귀하는 조정이 있다.

2. 초개체적 생명

1) 종생명(種生命)

가시적 개체의 생명 배경엔 개체를 초월한 대규모의 생명 과정으로서 종의 생명이 존속한다. 종생명이란 범주와 함께 개체의 재생산, 사망과 산출, 종의 가변성, 종생명의 조정 등의 새로운 범주들이 여기에 등장한다.

종의 생명 과정은 다수의 개체 속에 동시에 진행된다는 의미에서 수적으로, 그리고 개체 생명의 한계를 넘어서 보다 큰 규모로 계속되는 과정이라는 의미에서 시간적으로 개체의 생명을 초월한다. 그러나 종생명은 개체 생명 밖에 따로 있거나 그 배후에 숨어 있는 생명이 아니라 개개의 개체 생명에 담지되어 그 속에 있는 생명이다. 그리고 개체는 종의 전체 생명 과정 속에 자리 잡아 종생명의 기능을 자기의 본질적 기능으로 삼고 있다. 그러므로 종생명과의 연관에서 개체를 다시 봐야 할 것이 여기에서 요구된다. 그럴 적에 형태발생 과정, 과정들의 대항 연출, 평형, 조정 등의 개체의 제 범주가 새로운 각광을 받고 보다 고차적인 생명 과정 속에 확대되어 재연하는 것을 본다(단 형태 조직의 범주를 제외하고).

종의 생명 과정은 그 속에 개체가 발생하고 소거(消去)함으로써 동일을 유지하며 지속한다. 종의 전체 생명의 과정 속에서 개체가 교역(交易)함은 개개의 유기체 내의 신진대사와 유사하나 양자가 전연 같은 것은 아니다. 개체는 무형태(無形態)의 물질(Stoff)이 아니라 종생명을 담지한 그 대표이며 따라서 형태를 갖추고 있으니 말이다.

종생명은 개개의 유기체와 같은 형태 조직을 갖고 있지 않으나, 고차의 과정 조직을 갖고 있다. 이 과정 조직도 또한 자발적 부분 과정들과 그 대항 연출, 독특한 형태발생 과정, 능동적 자기보존과 조정 등을 가지고 있는 철저히 유기적인 조직이다. 다만 개체에서 보는 바와 같은 물적 현상 방식의 가시적 형태를 결한 것뿐이다. 그러므로 그것은 물론 유기체는 아니지만 유기체들의 조직체, 즉 개체들과 그 세계들의 계속적 분절된 계열로서 하나의 통일체를 조성한다.

이 견지에서 종생명은 말의 엄밀한 의미에서 개적자(個的者, Individuelles), 즉 세계의 실재 연관 속에서 일 회만 출현하는 바의 것이다. 종의 계통 생명은 시간 속에 연출되며 시간 속에 그 시초와 종말들, 생존을 위한 투쟁들, 그 연혁과 운명을 지니고 있다.

종생명은 개체를 자기의 지체로 포함한다. 개체는 그 속에 출생하여 한동안 생명을 같이 하며 종으로부터 받은 특성을 다른 개체에 물려준다. 그 반면 종생명은 이 지체에 담지되어 그 속에서만 존속할 수 있다. 종은 개체의 수효가 많은 선택으로 개개의 담지자에 의존하지 않고 또 개개의 담지자에 무관하나 개체 일반에 무관할 수는 없다. 개체의 수효가 너무 적게 되면 종의 생명이 위협되고, 개체가 하나도 남지 않게 되면 종의 생명도 근절된다. 이리하여 종생명의 개체 생명은 상호제약적 제약의 관계에 있다.

종생명에서 개체의 재생산은 고차의 형태발생적 과정으로서 개체에 있어서 동화작용에 비할 수 있다. 개체 내의 신진대사에서 화학적 및 형태학적 구성요소가 재형성되듯이, 종의 생식에서는 개체가 재형성되고, 생명 전환의 역할을 다한 후 전체 생명에서 탈락하여 개체가 사망함은 동화작용과 분해작용에 해당한 것이다. 그러나 생산하는 개체는 이 과정의 출발 단계만을 직접 제공하고 이후의 모든 단계는 여기서 규정된 소질계를 새로운 개체가 자립적으로 전개한다. 개체의 부단한 소거와 재발생을 통한 종생명의 항상 존속(Konsistenz)을[1] 가능케 하는 것은 이 생식기능이다. 단세포체의 단순한 분열에서 고도로 발달한 성생식에 이르기까지의 모든 생식기능은 결국 개체에 있어서 종의 전체 생명의 기능으로서 이해되어야 할 것이다.

개체에서 동화작용과 종에서 개체의 생식이란 두 가지 재생산의 상하 등급 관계에서 하르트만은 재생산 법칙(Reproduktionsgesetz)이란 생명의 근본 법칙을 파악한다

---

1) Substanz와 Konstanz, Subsistanz와 Konsistanz의 구별은 하기락, 「자연의 범주체계Ⅱ」, 『철학 연구』 제4집, 1966, 83쪽 참조.

(*Philosophie der Natur*, p.573).

이 이종(二種)의 재생산(자기 재형성)은 어느 편이나 생명의 자기 유지인데, 단 거기에 유지되는 것은 동일 계층의 생명이 아니고 직접 상위 계층의 생명이다. 즉 저차의 생명 단위의 재생산에서 고차의 생명 단위가 유지된다. 이 경우 능동적으로 재형성을 수행하는 것은 비록 저차의 조직체라 하더라도 그 기능은 어디까지나 그것에 있어서 고차 단계의 생명의 기능으로서 이해되는 것이다. 이를테면 동화작용은 동화하는 성형질의 동일을 유지하지 않고 개체의 동일을 유지하며 개체의 생식은 개체를 유지하지 않고 종의 계통 생명을 유지한다. 생물계에서 종의 전체 생명 없이 개체의 생명은 있을 수 없다.

2) 개체의 재형성

개체의 재형성은 어떻게 진행되는가. 형태형성 과정은 복잡한 전체 구조를 가진 것으로 어떤 형태가 형성되기까지에는 많은 중간 단계가 개입하는 바, 이 중간 단계들의 계속은 하나의 소질계(Anlagesystem)에서 규정된다. 개체의 새로운 형성의 배후에는 형태형성의 결정성 전체를 내포한 유전자가 잠재할 것인 바, 유전자는 그 자체 벌써 동화작용과 재생산에 따라 유지되는 소규모의 유기적 조직체인데, 그러나 성장한 유기체와는 형태상으로나 기능상으로 전연 다를 것으로 추측된다.

현대 물리학에 의하면, 형태형성을 지배하는 것은 일부는 동질적인, 그리고 일부는 이질적인 연속적 세포분열이고, 이는 다시 마찬가지로 세포핵의 동질(균등)분열과 이질분열의 교대에 근거한다. 세포분열과 핵분열은 양편 다 관찰이 가능하다. 그러나 거기서 연출되는 이질성은 다만 세포의 한층 진행된 분화에서 추론될 수 있을 뿐, 핵물질의 미묘한 구조를 관찰할 수도 없고, 따라서 결정성의 담당자가 무엇인지를 파악할 수 없다. 이 결정요인은 아마도 세포핵의 염색체 속에 포함되어 있을 것으로 추측되나, 염색체의 내용이 또한 매우 활발하게 변역하는 고로, 그 자체 종의 항상성의 담지자일 수는 없고, 어느 염색체나 벌써 오히려 일정한 소질 통일의, 즉 결정성 혹은 유전자의, 전체계(全體系)이다. 이 유전자에 대해서는 여러 학설이 있으나 모두가 가설의 범위를 벗어나지 못하고 있다.

단세포 생물에서는 모개체(母個體)에서 새로운 개체가 직접 발생한다. 즉 여하한 이

형적(異形的) 이행단계도 이 과정 속에 개입되지 않고 세포의 한복판이 잘리어 두 개의 자세포(子細胞)가 발생한다. 여기서는 모개체가 없어지는 것이 아니다. 다시 말하면 죽지 않는다. 분열로 말미암아 한 개체의 신체는 직접 두 개의 새로운 개체로 이행하는데, 주변의 기관은 분열 후 새로이 형성되기 위하여 탈락하나 중심적 기관은 그렇지 않다. 그러므로 개체의 교대는 여기에서는 개체의 연속적 계열을 관통한 성형질(成形質)의 계속적 생존이라고 볼 수 있다.

그러나 다세포 생물에 있어서 생식을 담당하는 것은 신체 전체가 아니고, 재생산 활동을 하는 생식세포의 작은 복합체에서 언제나 개체의 새로운 형성이 시작된다. 그럴 적에 신체는 빈번히 사멸하나 생식세포의 생명은 개체에서 개체로 연속적으로 존속한다. 이러한 생식세포의 내부에서는 핵이, 그리고 핵의 내부에서는 염색체가 주역할(主役割)을 연출하고, 이 염색체 속에 분명코 전소질계(全素質系)가 포함되어 있을 것으로 추측된다.

염색체 속에 포함된 이 소질계가 성숙한 유기체의 형태로 발전하는 과정은 어떤 결정성 형식에 의하여 진행되는가. 그것은 인과적 요인과 초인과적 요인이 복합된 새로운 결정성 형식으로서 다음과 같은 몇 가지 규정에 따라 그 구조 성격이 밝혀진다 (*Philosophie der Natur*, p. 580).

1. 이 과정은 적절히 "전망적 잠세(prospektive Potenz)"라 표현될 수 있으니, 인과 계열에서처럼 결과와 무관한 것이 아니라 오히려 그것을 목표로 진행된다. 그러나 의식의 기구를 결하므로 목적 연속에서처럼 선견(先見)과 선규정(先規定)에 의하여 진행되는 것은 아니다.

2. 결과에 결박되어 있음은 분명코 과정을 추진시키는 제약 복합이 인과 연쇄에서처럼 외부의 제 요인을 임의로 그 권내에 들어올 수 있게 허용하지 않고 하나의 폐쇄된 제약 복합일 때에만 가능하다.

3. 그러므로, 유기체는 어떻게 해서 하나의 폐쇄된 제약 복합을 산출하느냐가 문제된다. 이에 대한 해답은 유기체가 형태와 형태와의 중간에 재생산의 중간항으로 삽입하는 소질계에서 구(求)하여진다. 즉 완전히 발전한 형태가 소질계를 교부하고, 발전과정은 이 소질계에서 다시 완전히 발전한 형태에로 유도된다. 유기체는 이 과정에서 일정한 제 요인의 확고히 국한된 결속을 가려내어 이것으로 하여금

계속 인과작용을 하게 한다.

4. 그러나 이 요인 결속은 결코 완전한 것이 못되므로 전체 형태의 재형성에는 더욱 많은 다른 요인들이 요구되는 바, 유기체는 전기(前記)의 요인 결속이 보증하는 적응의 범위 내에서 외부로부터 이 요인을 받아들인다.

5. 재형성 과정의 규칙성으로 말미암아 종의 생명은 존속하는 바, 이 규칙성은 외적 제 요인이 또한 일종의 항상성을 유지하는 경우에만 성립한다. 외부의 무기적 자연은 본래 철저한 동형성과 법칙성을 갖고 있거니와, 이것이 유기적 생명에 대하여 충분한 항상성에서 조건을 갖추어 줄 것이 요구된다.

3) 사망과 생식

무릇 생명은 불사성(不死性)에의, 자기보존의 경향에의 경향을 가지고 있다. 그러나 이 경향은 개체에 있어서가 아니라 개체를 초월하여 존속하는 종의 생명에 있어서 비로소 충족시켜진다. 자연적 사망은 개체의 내면으로부터 규정되는 시간적 자기 한정인 바, 그것은 노쇠 현상, 즉 분해작용과 동화작용의 순화에, 그리고 마침내는 그 완전한 불능 등에 나타난다.

그러나 저차(低次)의 단세포 생물에는 자연사가 없다. 단세포체에서는 생식세포 성형 질과 별도로 '신체(Soma)'란 것이 형성되지 않는다. 그것은 일정한 부피로 성장하면 자기 분열을 일으키면서 분열한 세포들에서 동일한 생명을 연장한다. 개체의 계열은 여기서도 물론 성장과 분열이 계속적으로 교체하는 생명 과정의 주기성을 보여 주나 본래의 중단 혹은 비연속성은 그 속에 개재하지 않는다. 이 의미에서 단세포 생물은 '잠재적 불사성(potentielle Unsterblichkeit)'을 갖고 있다. 단세포 생물이 바로 생명의 가장 단순한 그리고 발생학적으로 가장 근원적인 형식이라 할 수 있으므로, 이 잠재적으로 불사적인 자기 분열에 의한 생명의 연장이 곧 종의 생명의 제1차적 형식이고, 개체의 사망은 생물의 근원적 특성이 아니라 오히려 제2차적 파생물이라 하겠다.

죽음은 개체가 그 신체적 구성에 있어서 등질적(等質的)으로 자기 분열하기에 너무 규모가 크고 복잡하게 되었을 때 비로소 나타나는 현상이다. 죽음이란 단지 개체의 관점에서 그 노쇠 현상 또는 시간적 자기 한정으로서만 이해될 것이 아니라 그보다도 오히려 성기능 및 생식과 마찬가지로 종의 생명이란 관점에서 깊은 의미를 간직한 것으로 봐야 할 것이다. 이 견지에서 볼 때, 종의 한정된 생명 공간 내에서는 노후한 개체가 신생의 젊은 개체를 위하여 자리를 비워주지 않으면 안 된다.

다세포 생물에서는 새로운 개체의 생산에 즈음하여 생식세포의 등질(균등)분열의 연속에서 개체의 신체를 형성하는 세포의 이질분열의 과정이 갈리어 나온다. 그러나 이 과정에서는 세포의 분열과 축적이 무한히 연속적으로 진행되지 않고 성숙한 개체의 형태를 형성하는 데서 고비에 다다른다. 그리하여 그것은 자발적으로 제한되어 자기 해체, 즉 죽음에 이르는 막힌 길의 과정이다. 그러나 생식세포는 개체의 신체 속에서 보호받고 양육되면서 개체의 계열을 관통하여 종의 연속적 생명을 유지한다. 그런 의미에서 개체는 생식세포 생명의 일시적 담지자에 불과한데, 단세포 생물에서 보는 바와 같은 종생명(種生命)의 원형식(原形式)은 생식세포 성형질의 연속성에서 재현한다.

종의 전체 생명의 견지에서 본다면, 개체의 사망은 합목적적 조절이다. 생명은 계통 생명에서 그 공헌을 다하고 나서 쓸모없게 된 것을 탈락시킨다. 이 공헌은 생식에 있다. 종생명을 위해서는 생식을 다하고 난 개체는 무용지물이다. 그것이 아직 젊은 것의 보호에 이바지하는 한 무용지물은 아니나, 그 기능마저 다하고 나면, 영양을 위한 과다한 경쟁자의 틈에 끼어 그것은 벌써 불필요한 짐이 된다. 고로 사망은 합목적적이다.

생물이 새로운 개체를 산출하는 현상을 '생식'이라 하는데, 생식에는 신체 일부가 새로운 개체로 되는 '무성생식'과 두 종류의 특수한 세포가 합체한 것이 새로운 개체로 되는 '유성생식'이 있다. 유성생식에 있어서 생식을 위하여 분화한 세포를 '생식세포' 또는 '배우자'라 하고, 생식세포의 합체를 '접합' 또는 '수정'이라 한다. 수정으로 인하여 생긴 새로운 세포를 '접합자'라 한다.

식물에는 무성생식을 하는 것과 유성생식을 하는 것이 있는데, 무성생식에는 이분법(二分法), 출아법(出芽法), 포자법(胞子法), 유주자법(游走子法), 영양생식(營養生殖) 등이 있다.

동물의 경우, 원생생물은 주로 무성생식을 하고 유성생식을 하지 않는다. 간혹 유성생식을 하는 경우가 있어도 성(性)의 분화가 불완전한 원시적 형태에 불과하다. 후생동물에서는 무성생식을 하는 하등동물도 동시에 유성생식을 한다. 후생동물에서는 다수의 생식세포가 생겨 그 수정으로 인하여 새로운 개체가 나오므로 유성생식은 '증식'을 의미한다. 원생동물에 있어서 두 개체가 합체하여 새로운 개체가 생기는 것을 '교합'이라 하는데, 이는 후생동물의 수정에 해당한다. 후생동물의 유성생식은 일반적으로 양성생식이니, '난'과 '정자'와의 합체, 즉 수정에 따라 새로운 개체가 생긴다. 후생동물의 유성생식의 특수한 예로서 난에 수정하지 않고서 성립하는 생식을 '처녀생식'이라 한다. 난이 수정 또는 어떤 자극으로 인하여 분열을 시작하고, 점차 세포의 수가 증가하고, 세포 간에 분화가 생겨 조직과 기관을 형성하여 모개체와 같은 형태의 크기로 되기까지의 과정을 '발생'이라 한다. 이른바 형태발생 과정이다.

하등생물에서 고등생물로 상승할수록 대다수 생물에서 무성생식보다 유성생식이, 그리고 처녀생식보다 양성생식이 행해짐은 무슨 까닭일까. 그것은 종생명의 보존에 한층 합목적적이기 때문이다.

개개의 재생산이 완전히 유일한 개체의 생식세포의 소질에 의거하는 경우엔, 한번 발생한 생식세포질의 기형화가, 따라서 새로이 발생한 개체의 기형화가 또한, 생식의 계속에 따라 증대될 것이다. 이와 반대로 새로운 개체의 생산을 위하여 두 개의 개체가 협동하지 않으면 안 될 경우는, 언제나 양쪽의 생식세포질이 섞이기 마련이다. 이리하여 정상으로부터의 유전소질의 편차가 대체로 균형화함으로써 정상적 종의 형이 유지된다. 생식세포질의 이러한 가정(家政)을 생물학에서는 '양친유전질혼합(Amphimixis)'이라 칭하거니와, 이 원리는 종의 생명을 보존하는데 가장 합목적적이다. 생식세포 발생에서 '감수분열(Reduktionsteilung)'의 현상도 또한 합목적적이다. 난(卵)은 감수분열로 인하여 수정을 요구하게 되거니와, 교합 시 다시 본래의 수로 환원되도록 염색체의 수가 반감되는 점에 그 합목적성이 있다. 이질적 유전소질을 간직한 개체들의 교합으로 인한 종형(種型)의 불안정성을 통하여 도리어 종생명의 존속이 가장 잘 보증되는 것이다. 교합이 좁은 계통 계열 내에서만 행해지는 '동종 번식(Inzucht)'의 한계와 그것이 초래하는 종의 퇴화란 현상도 이 원리에서 이해되어야 할 것이다.

급속한 세대 연속을 통하여 강력히 번식하는 유기체의 경우, 특히 단세포 생물에서, 우리는 혼합된 생식방식을 발견한다. 즉 단순한 세포분열이 계속되다가 교합이 삽입되는 식으로 무성생식과 유성생식이 교합한다. 급속한 세대교체에서는 염색체 성분의 주기적 혼합만 가지고도 종형의 조정에 족한 것이다. 다수의 다세포 생물에서도 사정은 매한가지니, 그 예로서 진딧물(蚜蟲)을 들 수 있다. 여기서도 또한 수세대에 걸린 무성생식으로 충분히 넉넉한 개체의 증가를 얻는다고 하는 이점이 있다. 비교적 고도로 유기화한 생물에 있어서조차 인공에 의한 처녀생식이 가능하다. 그러나 최고도의 유기화와 거기 따른 소질계의 복잡성을 지닌 생물에서는 처녀생식이 불가능하다. 무성생식과 처녀생식으로 인한 유전의 고정화는 종형태를 고정시켜 변화하는 생활 조건에 적응하지 못한다는 불리한 점을 갖고 있다.

4) 가변성

종의 형은, 종래 사람들이 생각하듯이, 절대 영원 자동(自同)의 실체가 아니다. 그것은 세대의 계열을 통하여 가변적이다.

개체의 재생산을 통하여 연속적 생명을 유지하는 생식세포질 자체가 근원적으로 가변적이고, 따라서 종생명의 소질계는 본래 고정된 형식이 아니라 가동적이고 불안정하다.

가변성이란 소질계의 비항상성, 말하자면 그 항상성의 결여 혹은 방종을 말한다. 종은 하나의 형을 중심으로 부단히 진동한다. 여기에 외부 조건의 선택작용이 개입하면 진폭이 일정 방향으로 기울어 변종이 발생한다. 생식세포질이 고정되는 경우가 없지 아니하나, 그렇게 되면 종은 변화하는 생활 조건에의 적응력을 상실한다.

외관상 종형의 안정성은 근원적 안정성이 아니라 종생명의 능동적 조정 기능에 의거한 제2차적 안정성에 불과하다. 그런 고로 그것은 언제나 상실될 수 있는 안정성이다. 왜냐하면 모든 조정은 일정 한계 내에서만 기능을 발휘하는 것이기 때문이다. 이 조정은 그 평형 형식에서 진동적이고 그 진폭 자체가 적응성의 한계에 의하여 조정되고 있다.

5) 종생명(種生命)의 조정

수명이 짧고 개별적인 인간 자신의 척도에서 볼 때, 개체의 생명이 본래의 생명인 것처럼 보인다. 그러나 과학적 견지에서 본다면 종의 계통 생명이 우위에 있고, 개체는 그 속에서 경과하는 한 점으로서의 역할밖에 연출하지 않는다. 생식세포질은 개체의 교체를 통하여 연속적으로 생존하는데, 그 생명은 다만 공간상으로 규모가 작을 뿐, 시간적으로는 훨씬 대규모의 생명이다. 오직 이 생명의 견지에서만 사망과 생산, 교합과 재생산, 조정, 종생명의 항상성과 가변성 등의 개체에서 종생명의 근본 현상이 설명되는 것이다. 이 견지에서 볼 때, 여러 세대의 개체 지속에서 종의 생명은 "대규모 살아 있는 개체(lebendes Individuum grossen Stils)"다(*Philosophie der Natur*, p.602).

그것은 단지 비유에 불과한 것이 아니다. 계통 생명은 개체의 생명보다 훨씬 엄밀한 의미에서 개별성이 있다. 왜냐하면 개체는 다수인데, 계통 생명은 실지로 유일한 것이니 말이다. 계통 생명은 그 자체의 시작과 끝을 가지고 있는 시간적 현존(Dasein)이며 또한 그 자체의 일회적인 역사를 가지고 있다.

하나의 전체 개체로서의 종의 생명에서 안정성(고정성) 현상과 가변성 현상은 그 자체에 의하여 수행되는 조정으로서 이해된다. 그것은 단지 종의 질적 보존, 즉 일단 성립한 형상형(形相型)의 보존을 목표로 한 것이 아니라 오히려 살아 있는 전체 개체의 보존을 목표로 한 조정이다. 전자와 후자는 동일한 것이 아니다. 왜냐하면 계통 생명에서는 개체의 형상형이 변할 수 있고, 이 변화를 통하여 바로 계통 생명 자체가 보존되는 것이기 때문이다. 그러므로 종생명의 조정은 고정적 종형에서 이해될 것이 아니라 오직 계통 생명의 변동하는 형상형에서만 이해될 뿐이다. 만일 종생명에서 질적 조정이 일단 성립한 형상형을 위한 것이라고 한다면, 생식세포질의 모든 가동성은 비합목적적일 것이고, 조정은 완전히 이에 대한 방어에 불과할 것이다. 그러나 이 조정이 계통 생명의 보존을 위한 것이라고 한다면, 생식세포질의 불안정성과 종형의 가동성은 바로 계통 생명의 보존에 대하여 합목적적인 것으로 된다. 왜냐하면 이 두 가지는 계통 생명으로 하여금 가변적 환경 세계에 적응할 수 있도록 하는 주요 조건이기 때문이다.

종의 생명에는 질적 조정 외에 최적 조정이 있으니, 이는 개체의 수에 관한 것으로서 더 단순하고 초보적이나 똑같이 중요한 조정이다. 양적 조정은 개체의 가사성(可死性)과 재생산과의 균형에 관한 것이다. 그것은 개체의 생명에서 동화작용과 분해작용과의 양적 조정과 유사하다. 여기서와 마찬가지로 거기서도 또한 구성적 과정과 해체적 과정과의 대항이 연출된다. 다만 과정 자체가 별개의 과정일 뿐이다.

물질의 동화작용에서와 마찬가지로 개체의 재생산에서도 상실된 것의 대체에 그치지 않고 대개는 과잉 대체가, 초과 재생산이 행해진다. 그러나 엄청난 수의 초과 재생산은 엄청난 수의 사망으로 상쇄(相殺)된다. 종의 생명은 개체의 유년기에서 높은 사망률로 말미암아 멸종의 위험이 있을 때, 초과 재생산으로써 이 위험에 대처한다. 그것은 과도한 생존의 위협에 대한 종생명의 능동적 반동이다.

이 형식의 조정은 종생명이라는 일층 고차적 생명 단위만이 가지는 새로운 것이다. 종의 생명이 적을 방비하는 수단에는 이 밖에도 여러 가지가 있으니, 보호색, 의태, 호신 무기, 도주 능력 등을 들 수 있다.

이 밖에 또 이종(異種) 상호 간의 양적 조정이 있다. 예컨대 맹수와 이식동물(餌食動物) 간의 수의 증감은 상호제약적이다. 이식동물이 번식하면 맹수의 수가 늘고, 맹수의 수가 늘면 이식동물의 수가 줄어들고, 그 결과 맹수의 수도 또한 줄어든다. 그러나 이러한 조정은 한 종의 생명이 능동적으로 행하는 유기적 조정이 아니라 이종 간에 단순히 자동적으로 행해지는 조정으로서 오히려 저차의 역학적 조직체의 조정에 가까운 편이라 하겠다.

종생명에서 조정과 개체 생명에서 조정을 비교하면 과정 간의 대항, 균형의 방식, 불안정의 요소, 자행적(自行的) 안정화의 양상 등이 모두 같고 다만 그 규모의 크기가 다를 뿐이다. 그럼에도 불구하고 양자 간에는 근본적인 차이가 있으니, 그것은 재생산 현상의 유무에 있다. 개체는 재생산하는 데, 종은 그렇지 않다. 종은 '대규모의 개체'로서 있다. 종은 자기 외에, 자기의 뒤에, 자기의 앞에 같은 규모의 전체 형성체를 갖고 있으나, 같은 종의 그것은 아니다. 종에도 생과 사가 있다. 그러나 재생산은 없다. 종의 사멸은 생식세포질의 고정화로 말미암아 변형 능력과 적응력이 듣지 않는 데에 있다. 적응력이 존속하고 생식세포질이 변형 능력을 가지고 있는 한, 일정한 종형의 종말은 있을 수 있지만, 이는 종생명의 종말이 아니라 오히려 변종에 의한 종생명의 존속이다.

종생명에는 이 외에도 여러 가지 조정의 형식이 있으나, 그것은 대부분 적응 현상과 연관성을 갖고 있다. 첫째로 공서생물(共棲生物)의 경우가 여기서 문제된다. 그것은 아주 다른 종 상호 간의 합목적적 형태형성 및 기능형성에서 성립한다.[2] 이러한 조정은 단지 자기 자신의 계통 생명을 위한 것일 뿐만 아니라 다른 종의 계통 생명을 위한 것이기도 하다.

뿐만 아니라 우리가 다세포 생물은 단세포 생물에서 발전한 형태라고 생각한다면, 우리는 그 출현을 공서생물과 유사한 계통에서 파악해야 할 것이다. 이 관계가 본래의

---

2) 이 예로서 꽃식물과 어떤 종류의 날으는 곤충과는 피차 상대방 없이 생존이 불가능하다.

이종성(異種性)의 공서(共棲)와 구별되는 것은 다만 개체의 발전도상에서 세포종류 간의 역할 분담은 추후에 비로소 성립한 것이고 그 근거는 공통적이라는 점이다. 여기에 제 기능의 유기적 상호 개입을 지배하는 조정은 다세포적 유기체에서 개별적 생명의 조정과 동일하다. 이는 곧 여기서 문제가 되는 것은 개체 생명의 조정과 종생명의 조정 간의 이행항(移行項)이라는 것을 의미한다. 이 두 가지의 외견상 아주 다른 조정 형식은 오히려 근본적으로 동일의 근원이요, 동일의 종류라는 결론이 나온다.

3. 계통발생사

1) 변종

종래에 종은 항상 불변한 것으로 믿어져 왔다. 기독교는 그것을 신의 창조에 돌리고 있었다. 그런데 19세기 초부터 종은 변한다는 것, 종형은 시간적으로 발생했다는 것, 땅 위의 모든 생물이 유일의 계통 연관으로 포괄된다는 것을 주장하게 되었다.[3]

여기에 생물의 계통발생이 문제되고, 그것을 설명하는 원리로서, 종의 기원에 관한 진화사상이 확립되었다.[4]

이 사상에 길을 열어준 것은 비교해부학이다. 이 학문은 외관상 상이한 생물들의 내부구조, 특히 골격, 근육, 맥관계, 신경계, 각 기관의 위치 및 기능 등에 현저한 유사점이 있다는 것을 보여주었다. 이러한 유사점에 기초하여 생물의 자연적 분류가 가능케 되었고 나아가 생물의 공통된 '계통수(系統樹)'를 세우게 되었다.

다른 편으로 발생학적 연구는 고등동물의 태아 초기 제 발전단계는 하등동물 형태의 근본특징을 여실히 보여 준다는 사실을 밝히고 있다. 헤켈(Häckel)은 이 관찰에 입각하여, 개체발생사는 계통발생사의 단축된 반복이라는 생물발생의 근본 법칙을 세웠다.[5] 개체의 형태발생은 일정한 근본특징에서 종의 근원적 일회적 형태발생의 제 단계를 밟아 행해진다. 다시 말하면 개체에서 형태의 재생산은 종에서 근원적 형태생산의 복사라

---

3) Lamark, *Philosophie zoologique*, 1809.
4) Darwin, *On the origin of species by means of natural selection*, 1859.
5) E. Häckel, *Generelle Morphologie der Organismen*, 1886.

고 볼 수 있다. 그러나 개체발생사에서 계통발생사의 반복은 전면적인 것이 아니라 부분적인 것이고, 단축된 것일 뿐만 아니라 또한 혼미한 것에 불과하다.

개체의 형태발생의 제 단계가 대체로 종의 형태발생의 제 단계를 반복하고, 이 제 단계는 다시 하등생물에서 고등생물에로 상승하는 제 등급을 대표함으로써 지상에 서식하는 모든 생물의 통일된 계통을 거기에 반영한다. 이리하여 우리는, 개체의 재생산과 사망을 통하여 연속적 종생명의 통일이 성립하듯이, 부단히 상승하는 새로운 종에로의 변종을 통하여 전생물계(全生物界)의 계통의 통일이 성립하는 것을 본다.

변종(變種, Abartung)은 종형(種型)의 테두리 안에서의 형상의 변동에 불과한 변형(Variation)이 아니라 종형 자체의 변화를 의미한다. 그것은 변화한 생활환경에 적응하기 위하여 종형이 더 높은 형태로 개조되어 새로운 종형을 산출하는 것을 가리킨다. 그것은 새로운 형태형성이요, 상승적 새로운 창조 과정이요, 개량 형성이다. 이러한 과정을 진화(후손, Deszendenz)라 이르는 바, 상승적 과정이란 점에서 오히려 선조(Aszendenz)라고 표현하는 것이 타당하다.

생물에서 다른 모든 형태형성 과정(이를테면 세포의 형성 과정이나 개체의 형성 과정)이 단순한 재생산에 불과한데, 계통발생만은 순수한 생산이요, 일회적이고 근원적인 생산적 형성 과정이다. 그것은 형태에 의하여 유도되는 형태형성 과정이 아니라 처음으로 형태를 만드는 과정이다.

2) 합목적성

변종과 진화란 범주는 생성 과정 자체를 문제로 할 뿐, 이 과정이 무엇에 의거하는가, 어떻게 해서 그것이 성립하는가, 어째서 그것은 언제나 위로만 향하는가, 그 결과가 전체적으로 항상 보다 높은 적응성, 형태, 유기화로 향하는 이유는 무엇인가 하는 것은 아직 거기서 말하여지지 않는다. 이 문제는 합목적성(Zweckmässigkeit)이란 범주에 있어서 비로소 다루어진다.

여기서 말하는 합목적성이란 밖으로부터 생명에 부여되는 그러한 것이 아니라 생물의 내면적 구성적 본질 특징을 이루는 것이다. 생물의 분화란 곧 합목적성의 분화이다. 부분과 부분 과정의 상호연관적인 내면적 합목적성의 특수한 형식에서 바로 유기체의 본질적 종형이 성립하는 것이다.

그런데 이러한 합목적성의 근거는 무엇일까. 목적을 설정해 놓고 그것을 의식적으로 추구하는 인간의 오성과 같은 것이 그 속에 없는데도 기능의 연장장치 속에 합목적성이 있다는 것은 도대체 어떻게 해서 가능한가. 종래에 사람들은 자연은 합목적적으로 향도(嚮導)하는 신의 섭리를 예상하였다. 그러나 오늘날 성숙한 과학이 이런 데서 해결을 구할 수는 없다. 그렇다면 우리는 이 합목적성을 어떻게 이해하여야 할 것인가. 목적적 활동을 하는 어떤 것의 향도 없이 성립하는 합목적성을 어떻게 이해하여야 할 것인가.

생명의 모든 현상에서 우리는 한발 한발 합목적성에 마주친다. 특히 생명의 모든 종류의 조정 현상에서 그것이 뚜렷하고, 소질계에서 어떤 형태가 발전하는 형태형성 과정이 또한 그러하다. 유기체의 발생 과정이 그러할 뿐 아니라 형성된 유기체 내부의 각 부분과 부분과의 관계 및 각 부분 기능과 부분 기능과의 관계가 상호 간에 합목적적이고, 각 부분이 전체에 대하여 그리고 전체가 각 부분에 대하여 또한 합목적적이다.

위에서 말한 것은 다만 합목적성이란 다툴 수 없는 사실의 적시에 불과하다. 이 사실을 생물의 세계에서 하나의 보편적 법칙이 되게 하는 원리는 무엇인가.

합목적성은 개개의 경험적 사실에 상관없이 일반적으로 생물의 본질에 포함되어 있다. 비합목적적으로 작용하는 기관은 유기체의 생명 과정을 저해하고 그것을 완전히 정지시키기조차 한다. 비합목적적인 어떤 것이 붙어 있는 개체 혹은 종은 생존의 격렬한 투쟁에서 멸망을 면치 못한다. 기관(Organ)이란 본래 도구(Werkzug)를 의미하고, 도구는 이런 목적에 사용된다. 그러므로 유기체의 각 기관은 합목적적이기 마련이다. 하나하나의 기관만이 아니라 유기적 조직체 전체가 또한 합목적적 조직체다. 조직체(Gefüge)라 하면 어느 조직체나 그 형태와 기능이 서로 상호제약적 관계를 가지고 있으려니와 유기적 조직체에 있어서는 이 상호제약성은 동시에 합목적적이다. 유기적이란 말은 곧 합목적성, 즉 어떤 것을 위한 수단을 의미한다. 비합목적적 기관이란 그 자체에 있어서 모순되는 말이다(*Philosophie der Natur*, p.625).

세포, 다세포 개체, 계통 생명으로 중첩하는 생명 과정들 간에도 또한 합목적성의 연관이 있다. 이들은 각자 자체에 있어서 하나의 완결된 합목적적 체계일 뿐만 아니라 또한 그들 상호 간에 합목적성 체계를 이룬다. 즉 저차의 유기적 조직체의 재생산은 직접 고차의 유기적 조직체의 존속을 위하여 합목적적이다. 조직체에서 과정을 가지고 말하면, 저차의 과정은 고차의 과정에 대하여 합목적적이다. 그럴 적에 합목적성은 생명 과정들의 전중첩(全重疊)을 밑으로부터 위로 향하여 관철한다. 그리고 최상 단계 속에 그 결정적 계기가 포함되어 있다. 이리하여 동화작용과 분해작용은 개체의 생명을 담지하여 그 존속을 위한 수단과 같이 관계하고, 재생산과 가사성(可死性)은 마찬가지로 해서 종의 생명을 담지한다.

말하자면 조정의 중첩에서도 또한 저차의 조정이 불가능케 되는 곳에 고차의 조정이 시작되어, 유기적 평형의 상실이 일층 대규모의 생명 과정 속에서 다시 평형을 회복한다.

3) 유기적 도태

종의 변종은 생물의 근원적 형태발생이요, 일체의 재형성에 앞선 본래의 새로운 형성이었다. 이와 같은 변종이란 범주와 합목적성이란 범주를 연관시켜 볼 때, 변종 속어에는 무목적적 생성의 세계 내부에서 합목적적자(合目的的者)의 첫 번째의 발생 방식이 포함되어 있지 않으면 안 된다. 그런데 합목적성의 배후에 여하한 목적적 활동자도 기재하여 있지를 않다. 그렇다면 종은 어떻게 해서 발생하는 것일까. 목적에 무관한 세계에서 유기적-합목적적자의 발생을 어떻게 이해하여야 할 것인가. 다윈(Darwin)은 '자연도태(natürliche Zuchtwahl)'란 원리에 의하여 이 문제에 해답한다. 이 원리는 생존을 위한 투쟁에서 개체들의 불가피한 경쟁의 결과 각 세대에서 가장 합목적적으로 적응한 개체가 존속한다는 것을 의미한다.

하르트만은 자연도태를 가능케 하는 조건으로서 다음과 같은 네 가지를 든다 (*Philosophie der Natur.* p.641).

1. 개체의 과잉 생산. 세대마다 개체가 수적으로 과잉 생산되지 않으면 도태의 계속으로 말미암아 멸종의 위험성이 있다.
2. 종형의 가변성. 도태는 질적 분산에 있어서만 가능하므로 개체의 생식세포질에 변동이 있어야 한다.
3. 변형의 유전성. 같은 성질의 편차를 가진 생식세포소질의 결합으로 변형이 유전될 수 있어야 한다.

4. 생존을 위한 투쟁. 일정한 변형에다 다른 변형보다 우위를 주는 도태 요인이 종의
   생활 조건 속에 포함되어 있어야 한다.

이 제4항의 조건은 자연도태에서 인공적 사육자의 역할을 대행한다. 흡사히 자연적
과정의 배후에 목적에 적합한 개체를 선택하는 오성이 있어 도태 과정을 조정하는 것
처럼 보이게 하는 것은 바로 이 생존경쟁의 원리이다. 생존경쟁이란 개념은 어떤 목적
론적 개념이 아니라 아주 복잡한 자연적 관계의 요약이다. 기후와 풍토의 제 조건, 제한
된 식물자원, 맹수나 기생충과 같은 종의 적 등으로부터 받은 위험 속에서 몸이 강하고
민첩하거나, 도망 혹은 추적에 빠른 속력을 가졌거나, 더 나은 무기, 더 예민한 감성, 더
정확한 본능을 가졌거나 기타 어떤 장점을 가지고 있는 개체는 생존 투쟁에서 적자로서
존속하고 그렇지 못한 개체는 낙후하고 마침내 몰락한다. 이리하여 여기에 어떤 의도를
가진 생물의 사육자와 같이 합목적적인 것의 방향으로 어김없이 선택하는 자연적 요인
이 있다. 그러나 그것은 어떤 목적의식 아래 행해지는 선택이 아니다. 그것은 말하자면
무목적적인 것으로부터의 합목적적인 것의 발생으로서 칸트의 이른바 '목적 없이 되는
합목적성(Zweckmässigkeit ohne Zweck)'이다.

좀 더 근본적으로 말하면, 생식세포질에서 소질계의 가변성부터가 벌써 생명 과정에
대하여 무조건 필요한 합목적적인 것이다. 이것이 만일 절대적으로 고정된 질이라고 한
다면, 그러한 질을 가지고 있는 종은 필요한 경우 새로운 적응을 할 수가 없을 것이다.
그러므로 이 가능성은 생활 조건의 변화에 순응하는 계통 생명의 적응성을 의미한다.
즉 생식세포질의 가변성을 유지하는 종이 생존경쟁에서 존속할 선택의 기회를 가지게
된다.

이 밖에 또 성적(性的) 도태란 다른 선택원리가 있으니, 이를테면 명금(鳴禽) 수컷의
찬란한 깃털이나 나비의 호화스러운 옷과 같은 것을 들 수 있다. 여기서는 선택이 생존
투쟁에 의하여 되지 않고 암컷의 수가 적은 데서 행해진다. 여기엔 암컷의 성적 본능이
질적으로 아주 분화되어 있어 암컷과 교접을 갖지 못하는 대부분 수컷은 번식하지 못한
다. 전기(前記)의 특징을 가지고 있는 수컷은 생존을 위한 투쟁에 합목적적이라기보다
오히려 번식을 위한 투쟁에 합목적적이다. 이러한 성적 도태는 인공에 의한 의식적 도
태와 일반적 자연도태와의 중간항을 이룬다. 여기서 도태 원리는 이성도 냉혹한 경쟁도
아니라 특수한 자극에 대한 암컷의 특수한 반응작용이다. 식물 세계에도 또한 곤충류의

화려한 색채에 유사한 것이 있는데, 다른 점은 다만 여기서는 선택작용을 하는 것이 성상대자(性相對者)가 아니고 화분을 나르는 곤충이라는 데 있다.

도태의 모든 형식에 공통한 것은 새로운 다양성에로의 방향, 더 고차적인 분화에로의 상승이다. 어떤 종의 형은 변역한 존재 관계(생활환경) 아래 변화하지 않고서는 유지될 수 없다. 그러므로 종의 자기변형은 존속을 희생하고서 행해지는 것이 아니라 바로 생명의 더 고차적 형식의 존속을 의미한다. 유기적 물질은 존속될 수 없다. 그런 고로 개체는 그것을 재생산하지 않으면 안 되고, 물질이 신진대사를 함으로 해서 개체는 존속한다. 개체는 존속될 수 없다. 그런 고로 개체는 재생산되지 않으면 안 되고, 개체가 교체됨으로 해서 종이 존속한다. 마찬가지로 종은 그 형을 영구히 존속시킬 수 없다. 그런데 종은 재생산될 수 없는 고로 도태적 방법으로 변형되지 않으면 안 된다. 종형이 변역함으로 해서 계통 생명이 존속하게 되는 것이다(*Philosophie der Natur*, p.651).

그런데 변형의 방향이 어찌하여 상승의 방향, 즉 고차 형성을 취하는가. 이 문제에 대한 해답은 도태 원리에서, 생존경쟁에서 구하여진다. 어찌하여 고차적으로 유기화한 형태가 저차의 그것보다 생존 우위를 가지는가. 그것은 고차적 유기화는 대개 고도의 능동과 저항력을 조달하고 생존의 위험에 대처할 수 있는 보다 많은 가능성을 개척하는 까닭이다. 고차적 형태형과 기능형은 생존투쟁의 경쟁에서 일층 합목적적이다.

4) 돌연변이

자연도태의 원리가 생물의 형태발생 과정에다 밝은 조명을 비춰준 것은 사실이다. 그러나 모든 유기적 현상이 이 원리에서, 특히 그것을 고립된 원리로서 다룰 적에, 완전히 설명될 수 있는 것은 아니다. 도태는 생물의 상승적 변형 과정에서 역할을 연출하는 유일의 범주일 수는 없다. 오늘날 우리의 지식의 커다란 공백을 메우기 위하여 우리는 유기적 합목적성의 배후에 숨어 있는 보다 많은 범주를 색출하지 않으면 안 된다.

드 브리스(De Vries)의 돌연변이(Mutation) 사상은 그러한 한 가지 시도라고 하겠다.[6] 이 사상은 종형태의 돌연한 변화가 생식세포질(生殖細胞質)의 돌연한 자발적 변화를 근거로 출현한다는 것을 말한다. 생식세포질의 돌연한 변화라 함은 눈에 띄지 않는

---

6) De Vries, *Die Mutationstheorie*.

완만한 편차에서 도태되어 나오는 변화가 아니라 소질계의 구성에서 돌발적 급변을 가리킨다. 이는 물론 하나의 가정에 불과한 것으로 범주적 원리로서 확립된 것은 아니나, 이 사상이 나오게 되는 일련의 근거를 하르트만은 다음과 같이 지적한다(*Philosophie der Natur*, p.658).

1. 모든 유기적자처럼 생식세포질도 또한 조정 없이는 그 형태를 유지할 수 없는 가변적 형성체이다. 대체로 전형으로부터의 편차가 정규적으로 출현하는 것이 사실이라면, 거기엔 특수한 사실 아래 개별적 변형이 전형으로부터 크게 빗나간 상태를 보여 줄 수도 있는 것이다. 이러한 변형이 유전적이라고 한다면 이와 함께 돌연변이도 있을 수 있지 않은가.

2. 생식세포질에 대한 물리적 영향도 또한 있을 수 있다. 밖으로부터 직접 받건 유기체의 신체적 기능을 매개하여 간접으로 받건 간에, 외부의 생활 조건의 강렬한 변화에서 우리는 개체의 개별적 생식세포에서 변이를 생각할 수 있을 뿐만 아니라 전체적 종의 총체 현상으로서의 변이를 또한 기대할 수 있다.

3. 외부로부터의 원인 없이 내부로부터의 유전자의 자발적 형태 변화도 또한 있을 수 있다. 염색체 내의 유전자의 배열에 관한 연구가 이 문제에 대한 미광(微光)을 던져 주고 있다.

4. 변이는 또 인접 종 간의 교차에서도 생각될 수 있다.

5. 개체의 신체적 생활에서 직접 생식세포의 소질계가 영향을 받는 일은 없으나, 다기한 형태 변화의 장구한 기간을 통해서는 이러한 영향을 전연 생각할 수 없는 것은 아니다. 상기의 제 근거에서 생각되는 돌연변이는 물론 도태 과정에 의존하지 않는 자립적 변화의 요인이다. 그러나 변이에 의한 종의 형태 변화는 결코 단독으로 나타나지 않고 반드시 도태 원리 아래 나타난다. 돌연변이가 자립적 요인이라는 것, 즉 그 기원이 도태 과정에 의존하지 않는다는 것과 변이(소질계의 돌연)가 합목적적 선택 가치를 가질 때 도태 원리에 따라 존속을 얻는다는 것과는 결코 모순되지 않는다.

5) 근원적 형태형성

사람들은 지상에서 생물의 '최초의' 출현, 즉 무기적자(無機的者)에서 유기적자(有機的者)에로의 이행을 문제로 삼고, 이 문제가 해결되면 생명현상에 관한 많은 수수께끼를 풀어줄 것으로 기대한다. 그러나 이는 그릇된 기대다. 왜냐하면 생물의 계통발생사는 부단히 계속되는 '최초의' 형태형성이 상승하는 과정이기 때문이다. 그러므로 형태발생의 시원적인 한 단계가 밝혀진다고 해서 그 후의 모든 단계가 더 잘 설명되는 것은 아니다. 형태형성의 일련의 계열에 있어서 그 시원의 발단은 계통발생사의 일반적, 문제와는 별도로 독자적 특수 문제로 되는 것이 아니라 기껏 하나의 한계 문제에 불과하다. 여기서도 역시 일반적으로 다양한 종의 발생에 있어서 연출된 동일의 도태 원리가 적용된다. 즉 다종의 원생물 중에서 동화작용에 따라 자기의 형태를 가장 잘 유지할 수 있는 합목적적자(合目的的者)가 적자생존의 원리에 의하여 선택되어 존속하고 다른 것(他)은 몰락하지 않으면 안 되는 것이다.

4. 유기적 결정성

유기체론적 제 범주의 제4군은 다른 3군처럼 독자의 완결된 문제영역을 가졌기보다 오히려 다른 데서 문제로 삼았던 동일의 현상을 문제로 삼으면서 그것을 한층 원리적으로 정초한다. 이 제4군의 범주들을 '유기적 결정성(organische Determination)'이란 공통 명칭 아래 포괄하는 것은 유기적인 과정이라는 특수한 형식 연쇄가 그 중심적 위치를 점하기 때문이다.

1) 유기적 평형

유기적 평형(oranische Gleichgewicht)은 조정의 기초에 있으며 조정에 의하여 확립되는 관계이다. 개체와 종이란 두 가지 계층에서 우리는 생명 과정의 유기적 평형을 볼 수 있다. 개체의 존속은 동화작용과 분해작용과의 평형에 바탕(基)하고 종생명의 존속은 개체의 생산과 사망과의 평형에 바탕한다. 그럴 적에 하위계층에서 대립된 두 개의 과정이 서로 균형을 유지하는 데서 상위계층에서의 평형이 성립한다. 이 경우 적극적 과정 요인은 재형성적 형태형성, 즉 기존의 유기적 재생산에 있다. 이리하여 여기에, 유기적 형태의 각종 자체 재생산은 동시에 직접 상위계층의 생명의 자체 존속이라는 재생산법칙이 성립한다(*Philosophie der Natur*, p.668).

유기적 평형은 본래 불안정한 평형이라는 점에 역학적 평형과의 근본적인 차이가 있다. 그것은 자동적 진자운동에서 성립하는 평형과 같은 것이 아니라 특별한 조정 기능에 의하여 능동적으로 세워지는 평형이다. 여기에서 붕괴 과정은 새로운 구성 과정이 시작되게 하는 자극으로 되고 있지만, 그러나 단순히 전자에서 후자가 일으켜지는 것은 아니고 개체 혹은 종의 생명이란 성립의 전체가 자발적으로 행하는 특별한 반응방식에서만 그것은 일으켜질 수 있는 것이다. 그러므로 평형의 조정은 어느 경우나 생명의 고차적 전체에서 행해지며, 이 우로(迂路)를 통하여 비로소 본래 불안정한 유기적 평형이 상대적으로 안정된 평형으로 전환한다.

최저의 생명 형태인 세포성형질에서부터 벌써 동화작용과 분해작용이라는 초보적 과정에 평형이 성립한다. 이 평형은 결코 안정된 평형이 아니다. 그것은 다만 일정 한도 내에서 조정될 뿐, 성장에서 초과도와 노쇠 및 사망에서 부족도를 겪지 않으면 안 된다. 개체 죽음은 구성적 과정과 해체적 과정과의 평형이 자동적인 것이 아니고 다만 부단의 조정에 의하여 유지되는 것임을 알게 된다. 개체 생명의 직접 상위계층, 즉 종의 생명이 비로소 평형의 불안정을 극복한다. 그러나 종이 이를 극복하는 것은 개체의 내적 조정 기능이 행한 것과는 다른 방식에서다. 종은 기왕의 평형을 돌이키지 않고 새로운 평형을 세워낸다. 종은 개체를 재생산한다. 그럼으로써 종은 생명의 연장을 개체로부터 해방한다. 종의 생명에 있어서 비로소 개체의 사망과 재생산과의 안정된 평형이 회복된다. 이 새로운 평형에서 해체적 과정 성분, 즉 개체의 사망은 곧 동화작용과 분해작용과의 평형의 실패라는 저차의 평형의 불안정을 의미한다. 그러므로 저차의 평형의 불안정성은 고차의 상위 평형의 선행 조건이 된다. 그러나 고차의 평형도 또한 똑같은 동요를 면치 못한다. 그것은 비교할 수 없을 만큼 오랜 시간을 유지하기는 하나 근본적으로는 역시 불안정한 평형이다. 이 평형은 오직 스스로 행하는 조정에 의해서만 유지된다. 개체의 재생산은 여러 가지 위험에 봉착하는 복잡한 과정이다. 종생명은 과잉 생산으로써 이에 대처하나, 생활 조건의 전면적 변화에는 그것으로써 대항할 수 없다. 기성의 종형이 이에 대하여 비합목적적으로 되는 마당에 재형성을 가지고서는 아무런 도움이 되지 못하므로 남은 길은 오직 개조 형성이 있을 뿐이다. 그러므로 종생명에서 결정적 불평형은 한층 상위의 고차적 평형에 의하여 보상되는 것이 아니라 하나의 새로운 형태 창조에 의하여 보상된다. 이 경우 계통 생명은 기존 종형을 탈락시키고 새로운 종을 형성한다(*Philosophie der Natur*, p.673).

여기에 우리는 동일의 관계가 계층적으로 중첩하여 재현하다가 상한의 한계에 다다라서 다른 관계로 바뀌는 것을 본다. 생명 과정들은 서로 밀접히 결합되어 있는 것이므로, 이 관계는 재생산법칙과 긴밀한 관계를 갖고 다음과 같은 유기적 평형의 법칙으로 공식화된다. 유기적 과정의 대항에 성립하는 평형의 동요는, 해당한 계층에서 균형을 취하지 못할 때, 곧 하나의 새로운 평형의 소극적 선행 조건으로 되는 바, 단 이 평형은 동일 계층의 평형이 아니라 직접 상위계층의 평형이다. 성형질의 동요하는 평형에서 개체의 안정된 평형이, 그리고 개체의 동요하는 평형에서 종의 안정된 평형이 성립한다. 하위계층의 불평형이 비로소 상위의 생명 과정과 그 고차적 평형을 가능케 한다.

하나의 전체적 조직체의 자기 형성과 자기 해체에 성립하는 생명 과정은 이 조직체가 무상한 것임으로 해서만 진행될 수 있다. 유기적 조직체의 무상함은 하나의 내면적인 완전히 제거할 수 없는 평형의 동요에 그 근거가 있다. 한 유기체 내의 신진대사는 성형질로 형성된 물질이 불안정함으로 해서만 진행되고, 종의 계통 생명은 개체의 수명이 불안정함으로 해서만 존속하며, 종형성의 연속적 과정도 또한 긴 안목으로 볼 때 종형이 불안정함으로 해서만 존속하는 것이다. 그러나 평형의 계층 연속은 위로 향하여 그 이상 수선(修繕)이 들지 않는 불평형의 상한에 다다른다. 종에 이르면 재형성(재생산) 대신에 새로운 형성(개조 형성)이 행해질 뿐이다.

생명이란 본래 운동이요, 과정이요, 형태형성이요, '다르게 됨'이요, 상승이다. 그런데 존속은 정립이다. 그러므로 생명의 본질을 존속에서 찾는 것은 잘못이다. 존속은 모든 계층에서 과정 구조상의 한 계기에 불과하다. 생명은 스스로 행하는 조정에 의하여 놀랍게도 높은 존속의 형식을 산출하나, 그러나 동시에 어느 계층에서나 그것을 다시 폐기하고 만다. 그리하여 최고 계층에서 존속하는 것은 바로 존속과는 본래 범주적으로 대립하는 '영원한 변화'이다.

성형질에서 개체를 거쳐 종에 이르는 생명 과정은 상대적 평형과 안정상태의 단계 체계에 불과하며, 이 속에서 모든 정립은 다시 운동으로 해소하는 것이니, 안정과 운동이 교체하는 이 계열에서 전개되는 지평이 곧 계통발생사이다.

2) 생명 과정

생명에 독특한 생동성은 유기적 생성이다. 이 생성은 물리적 생성(존재적으로 저차적인)이나 역사적 생성(존재적으로 고차적인)과는 근본적으로 구별되는 독특한 과정의 형식이다. 생명의 모든 형태와 기관은, 그리고 모든 계층의 유기적 조직체는 결국 이 과정의 여러 가지 규정에 불과하다. 그 형식은 유기적 형식이요, 그 기관은 작용의 기관화에 불과하고, 그 조직체는 하나의 전체 과정 내의 제 부분 과정의 조직체에 불과하다.

과정이란 본래 실재자(實在者) 일반의 범주적 존재 형식이다. 실재자의 각 층은 그러므로 제각기 독특한 과정 형식을 갖고 있다. 생동성은 유기체에 독특한 과정 형식이며, 따라서 그 범주적 근본 형식이다. 생명 과정은, 물리적 조건이 주어져 있는 한, 스스로 끝나는 일이 없다. 한 조직체가 가지고 있는 그 고유한 구조로 말미암아 종래에 도달하는 경우 생명 과정은 하나의 새로운 조직체에 점화하여 다시 자기 자신을 진행시킨다. 이는 결코 물리적 과정처럼 자동적(automatisch)으로 행해지지 않고 능동적 진력에 따라 자발적으로 행해진다. 이 점에 유기적 과정과 물리적 에네르기 과정과의 근본적 차이가 있다. 유기적 과정에서도 물론 물리적 에네르기의 전환이 행해진다. 그러나 유기적 과정은 자기의 물리적 환경으로부터 자발적으로 자기에게 필요한 에네르기를 끌어들이고, 환경에서 그것을 찾아내고 변역시키고 만들어내는 점에 특성이 있다.

뿐만 아니라 생명은 밑으로부터 자기 자신의 형태를 위로 향하여 넘어가는 과정이다. 물리적 에네르기 과정은 낙차에 의해서만 규정되지만 유기적 생명 과정은 형성된 형태를 넘어서 보다 높은 데로 경향(傾向)하는 상승적 방향을 갖고 있다.

세포에서의 물질의 동화작용, 개체의 재생산, 종형의 변화 등 3단계의 생명 과정은 계층적 상승 방향으로 불가분하게 연결되어 있다. 부단한 개체의 재생산 없이 종이 형성될 수 없고, 부단한 물질의 동화작용 없이 개체가 형성될 수 없다. 다른 편으로 생명 과정의 각 단계 내부에서도 또한 상승적 방향을 발견할 수 있으니, 동화작용부터가 벌써 섭취한 물질의 향상 형성이요, 개체발생사와 계통발생사는 더욱 뚜렷이 상승의 성격을 띠고 있다. 이를 종합하면, 이 과정 형식들의 어느 것이나 다른 과정 형식 없이는 계속적으로 유지될 수 없다고 말하여진다. 고차적 과정이 저차적 과정을 필요로 한다는 것은 자명하나, 저차적 과정이 또한 고차적 과정을 필요로 한다는 것은 특히 적시되지 않으면 안 될 것인 바, 이는 각 단계에서 과정들의 평형 속에 개재한 지양될 수 없는 불안정성에서 잘 보여진다.

생명의 각 단계에서 그 형성체가 더 큰 총체 과정과 더 고차적인 전체에 대하여 벌써 합목적적인 것이 되지 못하게 될 때 생명은 그것을 탈락시킨다. 개체의 생명은 형성된 원형질이 이미 소모되자마자 그것을 탈락시키며, 종의 총체 생명은 개개의 종이 벌써 적응 능력을 상실했을 때 그것을 탈락시키고 새로운 종을 형성한다. 이러한 운동 속에서 우리는 생명 과정의 생동성을 볼 수 있는 것이다(*Philosophie der Natur*, p.678).

3) 유기적 연쇄

앞에서 고찰한 유기적 과정을 결정하는 형식은 단순한 인과 연쇄도 아니고 목적 연쇄도 또한 아니다. 그것은 복잡한 구조를 가진 독특한 '유기적 연쇄(nexus organicus)'이다. 하르트만은 여기에 다음과 같은 몇 가지 결정성 요인을 들고 있다(*Philosophie der Natur*, p.703f).

다세포 생물의 개체 발생에는 중심 결정성과 전체 결정성이 다양하게 교착한다. 중심 결정성은 생식세포질에 있고, 전체 결정성은 형태가 수행하는 기능에 있다. 그런데 생식세포질은 직접으로는 세포를 규정할 뿐이다. 그리고 세포의 증가는 분열에 의거하고, 분열은 다시 전체 결정성의 형식을 가지고 있는 고로, 상위의 중심 결정성은 하위의 전체 결정성에 바탕해 있다. 다른 편으로 또 세포의 분화는 전체상태의 기능적 자극에 의존하고, 후자는 상위의 전체 결정성이다. 그러므로 여기에는 분명히 세 가지 상이한 결정성이 다음과 같이 조화롭게 교착하고 있다. 즉 상위의 중심 결정성이, 부분적으로 하위의 전체 결정성에 의거하면서, 상위의 전체 결정성과 교차한다.

결정성의 이 전조직(全組織)은 계통발생적으로 생성한 것이므로, 그 발생은 계통 생명과 그 형태 변화란 일층 대규모의 결정성 아래 성립한 것이다. 그런데 이 결정성은 중심 결정성도 아니고 전체 결정성도 또한 아니다. 오늘날 우리가 범주적으로 간파할 수 있는 이 결정성의 유일한 측면은 도태 원리다. 그런데 도태의 기능은 반드시 개체의 재생산과 관계하고 있다. 그러므로 유기적 연쇄는 중심 결정성, 전체 결정성, 도태, 재생산 등 4항의 착잡(錯雜)한 조직에서 이루어진다.

4) 종법칙성

앞에서 고찰한 생물의 신진대사, 형태발생, 과정의 평형, 재생산과 존속, 고정화, 변형, 도태 등의 제 범주는 생물계에 일반적으로 적용되는 보편적 법칙의 성격을 띠고 있다. 이들의 범주는 보편성과 필연성을 따라서 시간적자(時間的者)에 대한 초시간적 타당성을 갖고 있으므로 자연법칙에 비길 수 있다. 생물의 종은 이 밖에 또 제각기 그 특수한 종의 법칙을 갖고 있다.

종의 법칙성은 그 형태와 마찬가지로 절대로 고정 불변한 것은 아니다. 그것은 어느 정도의 동요, 가변성, 분산과 변역의 여지를 남겨놓고 있다. 그것은 수학적으로 공식화되는 자연법칙과 같은 엄밀성을 갖고 있지는 않다. 종의 법칙은 종의 형태 및 과정 조직과 더불어 계통발생적 가동성을 분유한다. 이 점에 종법칙이 지니는 바 범주적 신규자(新規者)가 있다. 종법칙은 그 종이 일정한 형을 유지하는 한에서 종생명의 내부에서 모든 개체 및 개별적 과정을 지배한다. 그러므로 이 한도 내에서 종법칙도 또한 보편타당성을 갖고 있다고 하겠다. 그러나 무기적 자연의 법칙이 지니는 그러한 보편성과 필연성을 띤 항상성을 갖지는 못한다.

자연법칙은 본래 가변적이다. 그것은 발생 소멸하지 않는다. 그것은 시간적인 것을 초시간적으로 지배한다. 그러나 종법칙은 종의 형태 및 과정 조직과 함께 자연도태의 원리에 좇아 계통발생적으로 발생하여 거기에 형성된 형태가 유지되는 동안만 타당성을 가진다. 그런 의미에서 모든 종형성은 동시에 법칙 형성이요, 새로운 특수한 종법칙성의 창조라고 할 수 있다. 형태 계기에서 개체의 도태는 분명코 동시에 법칙 계기에서 도태인 것이다. 종의 특수한 법칙은 종생명 내부의 모든 개체에 대하여 합목적성을, 도태 가치를 갖고 있다. 생성하는 종법칙은 종의 형태의 개조 형성인 동시에 기능의 개조

형성이다.

　이상으로써 우리는 하르트만의 유기체론적 제 범주를 간추려 보았다. 하르트만은 생명의 비밀을 성형질에서 개체를 거쳐 종과 종의 변화에 이르는 전체적 연관에서 밝혀내려고 한다. 그리하여 생물학이 도달한 성과에다 범주론적 의미를 조명하는 데서 그의 자연철학이 성립하고 있다.

하기락(경북대)

1.

사람의 생각은 우선 그가 살고 있는 자연환경 속에서 싹트고 그의 생활을 통해서 성숙하는 것이다. 그러기에 우리는 먼저 인류의 문화와 그 사상은 대체로 어떤 지역에서 어떤 풍토 아래 발생했던가를 생각해 보고자 한다.

조용히 유라시아 대륙의 지형을 살펴보노라면, 히말라야·힌두쿠시의 영봉들이 세계의 지붕인양 높이 솟아, 그것이 서북으로 뻗쳐서 페르시아-튀르키에 고원을 거쳐 발칸과 알프스의 산맥으로 이어져 있고, 동북으로는 곤륜산맥(崑崙山脈)과 흥안령(興安嶺)으로 뻗어나가다가 다시 남으로 굽이쳐 내린 곳에 태백의 준령을 빼어놓고 있다. 아프리카 대륙과 남북 아메리카 대륙은, 인체에 비한다면, 양쪽 어깨에서 뻗쳐 내린 좌우의 팔과 같고, 대양주는 발처럼 보인다.

아시아 대륙을 동서로 가로지른 이러한 산세로 말미암아, 남에는 인더스와 갠지스의 유역에 고대 인도 문화가, 다시 서북 고원지대의 남쪽에 바빌론과 이집트의 고대 문화가, 그리고 그리스 반도와 이탈리아 반도가 지중해로 밀고 내려간 곳에 그리스·로마 문화가 산출되었고, 북에는 황하 유역에 고대 중국 문화가, 그리고 동북단에는 황해와 조선해가 가운데 밀고 내려간 한반도에 우리 배달민족의 문화가 산출되었다.

---

1) 이 글은 1977년 6월 11일 韓國哲學硏究會春季發表會(於淸州大學)에서 行한 「韓國에 있어서의 哲學의 오늘과 내일」이란 主題의 심포지엄에서의 基調演說임.

2.

기원전 15~18세기 간의 리그(Rig)-사마(Sama)-야주르(Yajur)-아타르바(Atharva)의 4
베다(Veda)는 인도철학의 선하(先河)를 이루는 세계 최고의 문헌이다. 거기엔 업·윤회·
해탈에 관한 인생지(人生智)가 읊어지고 있다. 그러나 학적인 인도철학의 전성기는 기원
전 5세기의 육사외도(六師外道)와 불타의 교설에서 비로소 전개된다. 인도철학 제2의 황
금시대는 나가르주나(용수)로 비롯하여 바수반두(세친)에 이르는 기원후 3~5세기의 대
승불교의 전개에서 볼 수 있다.

중국의 전통사상은 기원전 약 3천 년 삼황오제에 관한 설화 시대로 소급된다지만,
중국철학 최초의 전성기는 기원전 5~3세기 간에 백가쟁명하던 전국시대라 하겠다. 그
것은 종교적 사고방식에서 철학적 이론으로 전환하는 시기였다. 그중에서 유가(儒家)와
도가(道家)의 사상은 후세까지 오랜 영향을 끼치고 있다.

기원후 1세기에는 다시 인도로부터 불교가 들어와 도가사상과 융합함으로써 중국적
불교가 성립하고, 6~7세기에 선종과 천태화엄 양종이 성립하는 과정에서 중국철학 제2
의 융성기를 맞이한다. 그런 뒤에 도불양가(道佛兩家)에 의하여 자극을 받고 영향을 입
기도 하여 활기를 되찾은 11~12세기의 송대 유학에서 우리는 중국철학 제3의 황금시대
를 볼 수 있다.

한편 서양철학은 기원전 6세기 그리스에서 발원하여 다양한 자연철학이 전개되다가,
기원전 5~4세기에 소크라테스-플라톤-아리스토텔레스에서 전성기를 이루고, 철학적 지
성과 종교적 신앙이 서로 만나는 기원후 3~5세기에 플로티누스와 아우구스티누스에서
한번 높은 봉우리로 솟아오르고, 이어서 12~13세기의 스콜라 철학에서 기독교 철학 전
성기가 연출된다. 르네상스와 계몽기를 거쳐 서양철학은 18세기 독일 이상주의 철학에
서 근세 마지막 황금시대를 전개한다.

우리나라는 단군 개천 이래 고조선시대에 이미 중국 상고 문화에 어깨를 겨눌 만한
독자적 문화를 열고 있었다. 하나 이를 입론(立論)하기에 족한 전적(典籍)이 없으니, 우
리가 확실히 말할 수 있는 것은 수려한 산천과 고유의 습속으로 풍류를 즐기며 살던 우
리 겨레의 전승적 신선도(神仙道)에 융합한 불교와 유교가 삼국 이래의 정신생활을 이

끌어 왔다는 사실이다.

기원후 4세기 말 고구려, 백제, 신라의 순서로 불교가 전래한 후, 7~8세기의 신라 불교는 원측(圓測), 원효(元曉), 의상(義湘)과 같은 세계적으로 걸출한 도승과 학승을 배출하고 삼국통일의 정신적 원동력이 되기도 했으니 가히 한국철학의 황금시대라 할 -만하다. 이어서 고려 불교는 건국의 이념으로 되고, 11~12세기에는 의천(義天), 지눌(知訥)과 같은 고승으로 그 업적(業績)을 내외에 떨쳤다. 유교는 불교보다 앞서 우리나라에 전래했으나, 신라와 고려 양조(兩朝)에는 너무도 눈부신 불교의 성황에 비하면 열세에 몰리고 있는 형세였다. 그러나 여말선초부터 점차 불교를 누르고 조선의 국교 지위를 확립함으로써 16~17세기의 유학은 화담(花潭), 퇴계(退溪), 율곡(栗谷)과 같은 거성(巨星)에 있어서 창의적 영역을 열어 송학(宋學)에 못지않은 장관을 펼쳐놓고 있다.

전세기(前世紀) 중엽부터는 다시 근대 서구적 학문과 함께 기독교 신앙이 또한 도도한 기세로 밀고 들어와 불과 1세기 남짓에 1500~1600년 간의 유불 양교(兩敎)의 권위에 도전하는 신사조로 등장하고 있다. 한편 서학동점(西學東漸)에 항거하는 주체적 정신의 운동으로서 동학(東學)이 제창되고, 이 운동에서 천도교(天道敎)가 성립한다.

3.

앞에서 우리는 인도, 중국, 서양 및 우리나라 철학의 동태를 간추려 봤다. 그리하여 우리는, 철학의 운동은 어디서나 6~7백 년 내지 4~5백 년의 간격을 두고 융성기와 쇠퇴기가 바뀌면서 높은 봉우리와 기우는 골짜기로 이어지는 파상곡선(波狀曲線)을 그리는 것을 봤다.

그런데, 철학의 융성기는 대체로 한 민족 앞에 어떤 역사적 과제가 주어질 때 시작되고 그것을 성취함으로써 쇠퇴기로 기운다. 또한, 융성기의 철학이란 대체로 이질적 사상이 전승적 사상에 융합됨으로써 성립하는 것을 봤다.

예컨대, 기원전 5세기의 인도는 경제조직이 점차 발달하고 도처에 도성(都城)이 축조됨으로써 전제군왕(專制君王)에 의한 종족 간의 살육이 되풀이되던 전란의 시대였다. 외도육사(外道六師)와 불타의 교설은 바라문체제(波羅門體制)로 경화한 난국에서 중생을 제도하려는 자유사상가들의 이념으로서 이해된다.

중국의 제자학설(諸子學說)도 또한 전화(戰禍)로 시달린 민생을 구출하기 위한 새로운 질서의 모색이었던 것이다.

플라톤이나 아리스토텔레스의 철학도 이 시점에서 평가될 수 있으리라고 본다. 즉 기원전 5세기의 그리스는 폴리스적 체제가 바야흐로 무너지고 새로운 제국의 건설로 전환하려는 시대였다. 그것은 페르시아 전쟁으로 시작되고 펠르폰네소스 전쟁으로 저무는 세기였다. 이상국가를 그려낸 플라톤의 『국가(politeia)』는 그리스 세계의 황혼을 고지하고, '순수형상'에로의 목적론적 발전과정을 묘사한 아리스토텔레스의 『형이상학(metaphysica)』은 신제국의 여명을 고지하는, 예언의 서(書)라 해도 무방할 것이다.

아우구스티누스의 교의학과 토마스 아퀴나스의 스콜라 철학은 헤브리즘의 신앙과 헬레니즘의 철학이 만나는 곳에서 성립될 수 있었으며, 인도의 불교와 도가사상과의 접촉에서 중국 불교의 성격이 이해되고, 유불도 삼학(三學)의 융회(融會)에서 송학(宋學)의 성격이 이해되어야 할 것이다.

우리는 또 신라 불교나 고려 불교의 융성을 민족통일이란 역사적 과업과 연관시켜 이해하여야 하겠고, 조선 유학의 장관을 타락한 불교의 해독에서 민족의 정기를 회복하는 정신적 운동으로서 파악해야 하겠다.

이제 우리는 새로운 난국에 직면하여 새로운 과제를 안고 있다. 이 시점에서 오늘의 한국철학의 현황과 그 진로가 토구(討究)되어야 할 것이다.

4.

서양철학에 있어서 헤겔이 차지하는 위치에는 특이한 것을 볼 수 있다. 그의 과제는 무엇보다도 이원론의 초극에 있었다. 플라톤에 있어서의 이데아 대(對) 생성의 이원성, 아리스토텔레스에 있어서의 형상 대 질료의 이원성, 중세 스콜라 철학에 있어서의 자연 대 계시의 이원성, 데카르트에 있어서의 물질 대 정신의 이원성 등이 극복되어야 했다. 칸트에 있어서의 감성 대 오성, 형식 대 질료, 물자체 대 현상, 자연 대 도덕, 이론이성 대 실천이성의 이원론적 구조도 또한 극복되어야 했다. 뿐만 아니라 피히테에 있어서 미처 성취되지 못한 채 남겨진 절대적 자아에로의 비아(非我)의 일원화, 셸링에 있어서 무차별의 동일성으로 그치고 만 자연과 정신과의 이원성 등등. 이러한 모든 이원론적 구조를 절대적 정신이란 일원성으로 녹여 넣고자 하는 데에 헤겔 철학의 과제가 있었던 것이다.

이리하여 헤겔에 있어서는 일체의 존재가 절대적 정신의 유일의 발전적 체계 속으로 편입된다. 물질은 생명으로, 생명은 의식으로, 의식은 정신으로 향하여 움직이고, 정신은 다시 주관적 정신에서 객관적 정신으로, 객관적 정신은 절대적 정신으로 향하여 움직인다. 세계의 전 과정을 지배하는 것은 이처럼 자기 자신을 관철하려는 이성의 통일된 상승 운동이다. 그러므로 헤겔은 『법철학』 서론에서 "현실적인 것은 바로 이성적인 것이고, 이성적인 것은 바로 현실적인 것이다." 라고 말할 수 있었던 것이다. 그것은 절대적 정신, 즉 신의 자기표현 또는 자기실현이기 때문이다.

그러므로 헤겔의 과제는 비단 서양철학의 역사를 일관한 각종의 이원론의 극복에 그치지 않고 동시에 고대부터 근대에 이르기까지 언제나 이합(離合)이 무성하던 철학과 종교와의 관계의 유화(宥和)에도 있었던 것이다.

그의 『엔치클로페디(Enzyklopädie)』는 즉자적(即自的)이요 대자적(對自的)인 이념의 학인 논리학, 타재(他在)의 상(相)에서 이념의 학인 자연철학, 타재로부터 자기한테로 돌아오는 이념의 학인 정신철학의 순서로 엮어지거니와 이 논리학을 가리켜 "자연 및 유한한 정신의 창조에 앞선 영원의 본질적 존재의 상(相)에 있어서의 신(神)의 서술"이라고(『대논리학』 서언) 한다.

주지하다시피, 그의 『논리학』은 아래와 같은 유(有)와 무(無)와의 변증법으로 시작되고 있다.

"순수한 유가 시원이다. 시원엔 아직 여하한 매개도 규정도 있을 수 없으니, 이 순수한 유는 순수한 추상이요 절대적 부정에 불과하다. 그러므로 유 그대로가 바로 무이고, 무도 또한 그대로가 유다."

이것은 그의 『논리학』의 벽두를 장식하는 한 토막에 불과하다. 그러나 이로써 그 전체를 누비고 흐르는 변증법적 사변의 특성을 엿보기에 족(足)할 것이다. 헤겔에 있어서는 일체의 개념이 모순을 내포함으로써 각개의 개념은 원환(圓環)을 이루면서 움직이는 하나의 체계로 연결되는 개개의 고리가 된다. 이리하여 개념의 범주적 체계 속에 신의 이념이 표현되고 그 속에 자기를 시현(示顯)하는 자는 바로 신 자신이니, 이것이 다름 아닌 『논리학』이다. 헤겔을 가리켜, 신에 도취한 철학자라 평하고, 혹은 또 포이어바흐(Feuerbach)와 같이 논리를 가장한 신학이라 폄하기도 하는 것은 이 때문이다. 어느 편이건, 헤겔 철학으로 하여금 밝고 낙천적인 유(有)의 철학이 되게 하는 것은 그의 『논리학』임에 틀림이 없다. 우리는 거기에 서구적 근대 지성의 장밋빛 꿈이 서리어 있음을 느끼게 된다.

5.

일반적으로 서양철학의 기조를 밝고 합리적인 유의 사변에서 찾을 수 있다고 한다면, 동양철학의 기조는 유현(幽玄), 신묘(神妙)한 무의 사변에 있다고 말할 수 있겠다. 도가와 불가의 허무(虛無), 정적(靜寂)한 비리지리(非理之理) 속에서 우리는 그러한 기조를 발견한다.

노자는,

"天下萬物生於有 有生於無"(『老子』四十章)

라하고, 장자도 또한,

"泰初有無 無有無名"(『莊子』天地篇)

이라 한다. 그들의 이른바 무(無)는 곧 도(道)다. 도란 만물이 거기로부터 나오는 근원이지만 불가언(不可言), 불가사(不可思)의 절대적 대상이다. 그러므로 노자는,

"道可道 非常道 名可名 非常名 無名天地之始 有名萬物之母"(『老子』一章)

라하고, 또

"有物混成 先天地生 獨立不改 周行而不殆 可以爲天下之母 吾不知其名 字之曰道
強爲之名曰大"(同, 二十五章)

라 한다. 이에 반하여 만물은 모두 상대적, 상호의존적이다. 그러므로 장자는,

"物無非彼 物無非是 自彼則不見 自知則知之 故曰 彼出於是 是亦因彼 彼是方生之
說也"(齊物論)

라하고,

"其分也 成也 其成也 毁也 凡物無成與毁 復通爲一"(同上)

이라 한다. 이와 같은 기조는,

"諸行無常 諸法無我 一切皆苦 涅槃寂靜"

이라고 한 불설 사법인(四法印)에서 더욱 두드러지게 나타난다. 『반야경(般若經)』은 이
무상(無常)과 무아(無我)에서,

"色即是空 空即是色"

이란 명제를 도출한다. 대승불교는 '공'(空)을 기조로 하고 있다. 대승 팔종(八宗)의 조사
(祖師)라 일컬어지는 용수(龍樹)는 '공'의 근거를 연기(緣起)에서 구(求)한다. 연기란 만유
의 상대성, 상호의존성이다. 장자의 이른바 피시방생지설(彼是方生之說)이다. 용수는 아
(我)와 법(法, 사물)이 다 같이 인연소생(因緣所生)인 고로 무자성(無自性), 무실체(無實體)
요, 따라서 공이라 한다. 그의『중론』서게(序偈)는,

"不生亦不滅 不常亦不斷 不一亦不異 不來亦不去 能說是因緣 善滅諸戲論 我稽首
禮佛 諸說中第一"

이란 팔불귀경송(八不歸敬頌)이다. 그 취의(趣意)는 팔미(八迷)에 대한 파사현정(破邪顯
正)에 있다. 무엇이 미(迷)인가. 생(生)·멸(滅), 상(常)·단(斷), 일(一)·이(異), 내(來)·거(去)를
대립시키는 분별지(分別智)가 미망(迷妄)이다. 팔불(八不)은 팔(八)에 그치지 않고 선(善)·
악(惡), 미(美)·추(醜) 등 십불(十不)도 백불(百不)도 될 수 있다. 그러나 무분별지(無分別
智)는 이러한 모든 대립을 부정한다. 장자의,

"可乎可 不可乎不可 道行之而成 物謂之而然 惡乎然 然乎然 惡乎不然 不然於不然
物固有所然 物固有所可 無物不然 無物不可 (…) 道通爲一"(齊物論)

이란 서술과 이음동곡(異音同曲)을 이룬다. 장자도 또한 여기서 가(可)·불가(不可), 연(然)·
불연(不然), 대(大)·소(小), 미(美)·추(醜) 등의 상대적 분별지를 초월하여 도(道)의 입장에
서는 모두가 하나로 된다(道通爲一)고 한다.
『중론』 제24장 제18송은,

"衆因緣生法 我說郎是空 亦爲是假名 亦是中道義"

라고 한다. 공(空)·가(假)·중(中) 삼제(三諦) 속에 진공묘유(眞空妙有)의 세계가 회복된다.
마이트레야(Maitreya, 미륵)의 저(著)라 전하기도 하고 아상가(Asanga, 無着)를 사실
상 저자로 보기도 하는『중변분별론』(中邊分別論)의 제1, 2송은 용수의 중도의(中道義)를
다음과 같이 부연한다.

"虛妄分別有 彼處無有二 彼中唯有空 於此亦有彼"(1.1)
"故說一切法 非空非不空 有無及有故 是名中道義"(1.2)

이에 대하여 세친(世親)은 다음과 같이 주석(注釋)한다.

허망한 분별이 있으니, 그곳에 대립하는 소취(所取, 객관, 법) 능취(能取, 주관, 아)
양자에는 실체가 없고, 그 가운데 오직 공이 있을 뿐이니, 공에 있어서 또한 허망
한 분별이 있다(1.1).

고로 일체의 법은 공도 아니고 불공도 아니라고 설한다. 유라 함은 허망한 분별
이 있음을 가리키고, 무라 함은 소취, 능취의 허망함이요, 급유(及有)라 함은 허망
속에 공이 있고 공 속에 허망이 있음을 가리킨다. 고로 일체의 법은 공 일변(一邊)
도 아니고 불공 일변(一邊)도 또한 아니니. 이를 중도(中道)라 이름한다(1.2).

공상(空相)에 대한 제13송은 다음과 같다.

"無二有無故 非有亦非無 非異亦非一 是說爲空相"

공상에서 세계의 삼성설(三性說)이 나온다. 즉 세계는 삼성의 구조를 가지고 있다는
것이다. 첫째로 이 세계는 의타기성(依他起性)이란 성격을 갖고 있다. 의타는 연기적 상
대성을 의미하고, 허망한 분별이 여기에 연유한다. 그러나 그것은 아직 가치무기(價値無
記)의 세계다. 동에 대하여 서가 있고, 겨울이 가면 봄이 온다는 데는 선이니 악이니 하
는 가치판단도 개입하지 않았고, 윤회니 해탈이니 하는 인생의 의미와도 무관하다. 그
런데 거기에 인간의 집착이 붙고 보면, 이 무구(無垢)한 생성의 세계가 망상(妄想)된 변
계소집성(遍計所執性)으로 일변한다. 그리하여 내가 있다, 내 것이 있다는 따위의 아집
과 선악미추(善惡美醜)에 대한 집착이 생긴다. 이러한 오염을 말끔히 가셔내고 본래의
의타기성의 세계를 여시관(如是觀)하는 곳에 원성실성(圓成實性)의 세계가 나타난다. 그
것은 망상된 세계의 부정으로서 진실이고, 사람들이 저마다 힘써 성취해야 할 열반의
세계다. 세계의 이와 같은 삼성에는 생(生)·상(相)·공(空)이란 삼무성(三無性)의 의미가 동
시에 포함되어 있다.

앞에서 우리는 헤겔의 논리와 대승불가의 논리를 대조해 봤다. 전자는 개념의 범주체
계에 의하여 신을 서술하였고, 후자는 인생의 내면으로 파고드는 실존분석이라는 점에
서 양자의 문제의식과 문제경계에 차이가 없다 할 수 없으나 피차 우열을 가리기 어려운

고도의 변증적 사변을 구사하고 있다. 더욱이 주목해야 할 점은 양자 간에 천사오백 년이란 세월의 거리가 있다는 것이다. 이 사실은, 철학에 있어서는 옛것이라 해서 반드시 수준이 낮고 새것이라 해서 반드시 수준이 높다는 것은 아님을 입증한다. 문제가 절대자에 미치고 보면 어차피 이 같은 고도의 변증론이 되지 않을 수 없는 것이 아닐까.

6.

수당 시대의 중국 불교는 대승 경전들을 도가의 개념으로 비추어 보는 데서 성립한다. '이심전심(以心傳心), 불립문자(不立文字)'를 종지로 하는 선종의 비지지지(非知之知), 비양지양(非養之養), 무수지수(無修之修)는 도가의 무위지위(無爲之爲)와 더불어 방법상 일치한다. 이처럼 의미가 상통(相通) 귀일(歸一)함으로써 선사(禪師)와 도사(道士) 간에 청담(淸談)이 오갈 수 있었던 것이 아닐까. 불가의 좌선(坐禪)은 장자의 좌망(坐忘)과 일미(一味)라고 보지 않을 수 없다.

중국의 천태와 화엄 양 교종(敎宗)은 용수의 중도(中道)에 의거한다. 천태종은 공(空)·가(假)·중(中) 삼제(三諦)에 기(基)하여 즉공(即空)·즉가(即假)·즉중(即中), 일심삼지(一心三智), 일경삼제(一境三諦), 삼이일(三而一), 일이삼(一而三), 지즉경(智即境), 경즉지(境即智), 삼제원융(三諦圓融)을 강조한다. 또한 제법실상(諸法實相)에서 상(相)·성(性)·체(體)·력(力)·작(作)·인(因)·연(緣)·과(果)·보(報)란 구여시(九如是)의 사(事, 속제)와 여시본말구경(如是本末究竟)의 이(理, 진제)와의 상즉원융(相即圓融)을 역설하고 일색일향무비중도(一色一香無非中道) 일념삼천(一念三千)이라 한다.

화엄종은,

"三界虛妄 但是一心作 十二緣分皆依心"

이란 유심연기(唯心緣起)의 관점에 서고 있다. 제법실상(諸法實相)은 곧 연기의 여실상(如實相)이니 법계즉법성(法界即法性), 즉진여즉리(即眞如即理)이고, 사(事)는 이(理)의 기동(起動)이라고 본다. 이리하여 事理相即 事事無礙圓融 一即一切 一切即一 一多相容 一

微塵中容須彌山이라 한다. 우리는 여기에,

"天下莫大於秋毫之末 而太山爲小 (…) 萬物與我爲一"

이러한 장자 제물론의 사상과 동일한 것을 볼 수 있다.

동양인의 이러한 사상은 결국 현실 세계의 모든 발전단계를 신의 출현이라고 보는 헤겔의 범신론과 그 모티브를 같이하고 있다 하겠다. 헤겔에 있어서도 개별적 현실은 곧 신의 전체적 이념이 표현되는 각 단계에 불과했던 것이다.

송대의 유학은 유현(幽玄)하고 정적(靜寂)한 사변의 성역으로부터 세속의 합리적 현실의 지평으로 돌아나오는 곳에 성립한다. 그런데 유가에서 제아무리 도(道)·불(佛) 양가(兩家)와의 자기의 다름(異)을 주장한다 하더라도 이들로부터 그 기본개념을 받아들이지 않고서는 송학의 성립 자체가 의심스럽다고 보지 않을 수 없다. 왜냐하면 송학의 핵심 개념을 이루는 이(理)와 기(氣)는 불가의 이(理)와 사(事)란 개념에서 받아들인 것으로 봐야겠고 무극(無極)이니 태허(太虛)니 하는 용어나 그 개념 구성에 도가의 영향을 간과할 수 없으니 말이다. 현실에 대한 유가의 합리적 사고에다 그 철학적 기초를 제공한 것은 역시 도·불 양가라 아니할 수 없을 줄 안다.

송학의 개창자 주렴계(周濂溪)는 무극이태극(無極而太極)이란 구(句)로써 태극도설(太極圖說)을 시작하고 장횡거(張橫渠)는 기(氣)의 본체를 무형의 태허에서 구하고 있다. 그런데 이 무극이니 태허니 하는 것은 본래 도가의 개념이다. 송학의 대성자 주희(朱熹)는 태극을 이(理)라고 한다.

"太極只是天地萬物之理 在天地言 則天地中有太極 在萬物言 則萬物中各有太極"(語類, 一)

"事事物物 皆有箇極"(同上)

이라 한다. 정이천(程伊川)은

"至顯者莫如事 至微者莫如理 而事理一致 顯微一源"(『遺書』, 二十五)

이라 한다. 우리는 여기에 이사무애(理事無礙) 사사무애(事事無礙)란 화엄(華嚴) 사상의 영향을 간과할 수 없고, 또한 개별적 현실 속에 신의 이념의 표현을 보는 헤겔의 논리와 도 일치한다고 보지 않을 수 없다.

더욱이 명대(明代)의 대표적 유가 왕양명(王陽明)의,

"心卽理也 天下又有心外之事 心外之理乎"(『傳習錄』)

라는 명제에 이르고 보면 십이연분(十二緣分) 시개의심(是皆依心)이라고 한 화엄종(華嚴宗)의 유심연기설(唯心緣起說)을 방불케 한다.

7.

신라의 불교는 전래한 지 불과 2세기 만인 기원후 7세기에 벌써 세계의 정상을 달리고 있었으니, 이는 우리 민족의 정신의 본래적 바탕이 우수함을 보여 주는 하나의 사실이라고 볼 수 있겠다. 신라 불교의 탁월한 점은 그 사상 수준의 높이에도 있으려니와 이에 못지않게 현실을 이끌어 주는 영도력과 종파를 넘어선 화쟁(和諍)의 정신에서 찾을 수 있을 것이다. 저간의 사정을 우리는 원광법사(圓光法師)의

"事君以忠 事親以孝 交友以信 臨戰無退 殺生有擇"

이란 세속오계(世俗五戒)에서 엿볼 수 있고, 원효(元曉)의 『열반경종요(涅槃經宗要)』에

"統衆典之部分 歸萬流之一味 開佛意之至公 和百家之異諍"

이라고 설파한 데서 화쟁의 정신을 살필 수 있다.

의천(義天)은 신창(新創) 국청사(國淸寺) 계강사(啓講辭)에서,

"天台一枝明夷于代 昔者元曉稱美於前 諦觀法師傳揚於後"

라고 스스로 원효와 제관(諦觀)의 계승자로 자임하고 있다. 의천은 또 보살승(菩薩乘)의 입장에서 유불도 삼학의 원융(圓融)을 기(期)한다.

"十善五戒 人乘也 四禪八定 天乘也 四聖諦法 聲聞乘也 十二因緣 緣覺乘也 六度萬
行 菩薩乘也 以言乎人乘 與周孔之道同歸 以言乎天乘 共老莊之學一致 先民所謂修
儒道之敎 可以不失人天乘之報 古今賢達皆以爲知言也"

의천은 여기에 유가 도덕을 인승(人乘)과, 도가적 형이상학을 천승(天乘)과 일치시켜 불가의 성문(聲聞)·연각(緣覺)·보살(菩薩) 삼승(三乘)에 귀일시키고 있다. 의천은 또 회삼 (會三)승, 귀일(歸一)승 교관겸수(敎觀兼修), 일념삼천(一念三千)이란 천태의 종지에서 삼 한통일이란 고려의 국가 이념을 도출한다.

우리는 끝으로 16세기 조선 유학을 논급함에 있어 주자(朱子)의 주리설에 대립하는 화담(花潭)의 주기설, 퇴(退)·고(高) 간의 사칠논쟁(四七論爭) 및 율곡·우계 간의 이발기발 논쟁(理發氣發論爭) 등에 깊이 들어가지는 않겠다. 다만 당시 유학자들에 있어서의 주체 의식에 관한 몇 가지 사례를 적시하는 데서 그치려 한다. 화담은,

"程張朱說 極備死生鬼神之情狀 然亦未肯說破所以然之極致 皆引而不發"(鬼神死生
論)
"聖賢之言 已經先儒注釋者 不必更爲疊床之語 其未說破者 欲爲之著書 今病亟如是
不可無傳"(年譜)

이라 한다. 화담은 송학에서 아직 설파하지 못한 극치(極致), "千聖不傳之微旨"가 있으니 이를 "不可無傳"이라 한다. 우리는 거기에 진리에 대한 진지한 책임 의식과 의연한 주체 의식을 볼 수 있다. 율곡은,

"發之者氣也 所以發者理也 非氣則不能發 非理則無所發(發之以下二十三字 聖人復起

不易斯言) 無先後 無離合"(答成浩原)

"所謂氣發而理乘之者 可也 若理發而氣隨之說 則分明有先後矣 此豈非害理乎"(同上)

"建天地而不悖 俟後聖而不惑 聖人復起不易斯言 決然無疑 千百雄辯之口 終不可以回鄙見"(同上)

이라고 단언한다. 그리하여 마침내,

"若朱子眞以爲理氣互有發用 相對各出 則是朱子亦誤矣 何以爲朱子乎"

라고 극언한다. 우리는 여기서도 또한 진리에 대한 강인한 신념이 부동의 주체 의식으로 승화되고 있음을 본다.

주지하다시피 이발기발의 문제는 정지운(鄭之雲)의 천명도설(天命圖說)에,

"四端發於理 七情發於氣"

라고 한 구절을 퇴계가,

"四端理之發 七情氣之發"

이라고 정정한 데서 이른바 사칠논쟁(四七論爭)이 발단하였고 퇴계와 고봉 간의 오랜 논쟁 끝에,

"四端理發而氣隨之 七情氣發而理乘之"

라는 결론으로 양자 간에 의견의 접근을 봤던 것이다. 논쟁 도중 퇴계는 『주자어류』에서

"四端是理之發 七情是氣之發"

이란 구절을 발견하고, 자신의 주장이 주자와 일치한 것을 기뻐하여,

> "古人不云乎 不敢自信而信其師 朱子吾所師也 亦天下古今之所宗師也 得是說然後
> 方信愚見不至大謬"(與奇高峯書)

라 말하고 있다. 우리는 여기에 학문하는 태도에 있어서의 퇴·율 양자의 근본적 차이를
보게 된다.

8.

이상 논한 바에 따라, 우리는 한국철학의 앞날을 화쟁의 정신과 주체의식의 확립에
걸어 본다. 전자는 우선 폭넓게 다양한 사상재(思想材)를 섭렵하는 데서 비롯하여 그 가
운데서 공통한 동질성을 찾아내는 데 성립한다. 그것은 달리 말해서 수렴의 논리라 해
도 좋을 것이다. 후자는 본래의 자기와 외래의 타자와의 이질성을 식별하는 데서 일깨
워진다. 분석적 논리라 하겠다. 전자에서는 시대의 고금이나 지역의 동서를 가릴 것 없
이 인간의 사고에는 그 기본 구조로서 공통한 요소가 깔려 있을 것이라 예상되고 있는
데, 후자에 있어서는 그럼에도 불구하고 시대나 지역이나 개인에 따라 개별적 특수성
이 또한 없을 수 없다는 것을 전제한다. 이리하여 전자는 이중동(異中同)에 후자는 동중
이(同中異)에, 관심의 초점을 모은다. 때문에 전자는 진취적, 개방적인데, 후자는 보수적,
폐쇄적이다. 그러면서도 양자는 서로 배제하기보다 오히려 서로 보충하는 관계에 있다.
왜냐하면 이중동의 탐구에도 다양한 내용을 비량정제(比量整齊)하는 주체의 입지가 요
구되지 않을 수 없고, 동중이(同中異)를 가려내는 주체 의식도 또한 이질적 내용과의 접
촉 또는 수용에서 강화될 수 있기 때문이다. 몇 가지 사례를 들어 보자.

원효는 "통중전지부분(統衆典之部分) 귀만류지일미(歸萬流之一味)"라 했다. 화쟁의 정
신은 이보다 더 간명히 표현될 수 없을 것이다. 이른바 "중전(衆典)"은 하필 불가경전에
만 국한되지 않았을 것이다. 유도(儒道) 양가의 경전은 물론이고 전승적 선도사상(仙道
思想)까지도 총섭(總攝)하여 불타(佛陀)의 근본정신에 회통귀일(會通歸一) 시켰을 것으로

보인다. 그러기에 "만류지일미(萬流之一味)"라 한 것이 아닌가. 이 태도는 그대로 의천의 회삼귀일(會三歸一) 삼한통일(三韓統一)의 이념에도 계승되고 있다. 이럼으로써 신라불교는 능히 삼국통일이란 역사적 위업의 정신적 지주가 될 수 있었고, 고려불교 또한 국가의 성쇠(盛衰)를 좌우하는 지도이념이 될 수 있었던 것이 아닌가.

조선유학의 경우, 우리는 앞에서 이미 화담과 율곡에 있어서의 주체의식에 언급한 바 있기에 여기서는 중복을 피하겠다. 한 가지 첨가하고자 하는 것은, 전세기(前世紀) 후반 서학동점(西學東漸)에 자극을 받아 제창된 동학(東學)의 인내천(人乃天) 사상에 우리는 주체의식의 자각과 진작을 볼 수 있다는 것이다.

우리네 현실은 현하(現下) 심각한 국면에 처하여 있다 해서 조금도 과장이 아닐 것이다. 그것은 민족의 평화적 재통일이란 역사적 과제가 북한의 완강한 도전에 부딪쳐 있다고 해서만은 아닐 것이다. 우리의 정신세계는 서구적 근대과학과 그리스 이래의 서양철학, 유불도 삼교에다 기독교가 더해지고, 전승적 선도(仙道)에 바탕한 천도교, 유물주의·배금사상·권력지상 등과 대치한 인도주의·정신주의 등 이러한 온갖 사조가 혹은 평행선을 긋고 혹은 혼선을 빚어 바야흐로 사상의 무정부상태를 연출하고 있음으로 해서 더욱 그러하다. 주체의식과 화쟁의 논리가 강조되는 소이(所以)가 바로 여기에 있다.

그런데 주체의식을 강조한다지만, 우리가 돌아가야 할 정신의 본바탕은 무엇일까. 우선 풍토를 보자. 인간의 기질이란 그 풍토와 무관할 수 없을 것이니 말이다.

우리나라처럼 이렇게 밝고 맑고 푸른 하늘, 이렇게 청순하고 수려한 산천, 그리고 또 이처럼 조화로운 계절의 순환이 또 어디에 있을까. 그 속에 생(生)을 누리는 자 어찌 정신적 특질이 없을 수 있겠는가. 이 특질을 우리는 청허(淸虛)와 담백(淡白)이라 하련다. 빛깔로 말하면 무색지색(無色之色) 즉 흰빛이고, 마음으로 말하면 허심지심(虛心之心)이라 하겠다. 흰 빛깔은 다른 빛으로 물들여지기 쉽지만 다시 바래 질 수 있듯이, 허심(虛心)한 마음은 여러 가지 사상을 쉽게 받아들일 수 있지만 다시 비울 수 있다. 우리는 우리의 정신을 가득히 채워있는 온갖 내용을 일단 비우고 넘어서 보자. 그리하여 허명(虛明) 담백(淡白)한 본바탕의 심지(心地)로 돌아가서 선인들이 수범(垂範)한 염정원융(染淨圓融) 영허자재(盈虛自在)한 화쟁의 논리와 의연한 주체의식을 세우고 보자. 그럴 적에 사상 세계의 탁류 속에 새로운 질서가 잡힐 내일의 서광은 비추어질 수 있으리라고 본다.

제
9
장

우리는 서양철학을 어떻게 받아들일 것인가

하기락(경북대)

1. 머리말

이 소론은 금년(1979년) 5월 27일 이리 원광대학교에서 열린 한국철학자대회에서 발표한 강연 내용을 다시 가필 개고(改稿)한 글이다. "서양철학의 토착화 문제"가 본래의 주제였다. 그것을 여기서는 표제와 같이 개제(改題)했다.

이 문제를 푸는 데는 두 가지 부분적 고찰이 선행되어야 할 것이다. 즉 서양철학의 전통 속에서 그 일관된 특성을 찾아야 하는 한편 다른 편으로 또 우리 자신 속에 흐르고 있는 철학의 전통을 돌이켜 봐야 할 것이다.

서양철학의 전통 속에서 그 특성을 찾아낸다는 것 하나만 하더라도 너무나 방대한 문제영역이 아닐 수 없다. 광대한 영역에 걸쳐 있는 만만치 않은 이 같은 문제에 감히 도전한다는 것은, 코끼리의 복부를 만져보고 그것이 코끼리 전체인 양 속단해 버리는 소경의 편견에 빠질 우려가 없지 않다. 이런 위험을 무릅쓰고 주어진 문제에 접근을 시도하는 데는 불가불 어떤 기준 또는 관점을 선택하지 않을 수 없었다. 형이상학과 반형이상학, 이것이 논자가 취한 평가 기준이다.

이 관점에 설 때, 새로운 존재론(또는 형이상학)의 재건을 시도한 마르틴 하이데거(Martin Heidegger)와 니콜라이 하르트만(Nicolai Hartmann)은 서양철학의 역운(歷運)을 조준(照準)하는 좌표축(座標軸)과 같은 의의를 띠고 부각되었다. 이 두 사람의 대표적 현대 철학자는 서양철학의 일관된 주제가 존재 문제에 있다는 데에 의견을 같이하고 있다. 그러나 아리스토텔레스 이래의 전통적 형이상학이 한결 같이 주제로부터 빗나가 존재 문제를 망각하고 있으며, 그럼으로써 존재론의 재건이 금일 철학의 가장 긴급한 과제로서 우리 앞에 다가서 있다고 보는 점에서도 또한 의견이 일치한다.

전통적 형이상학이 그 권위를 실추한 것은 칸트에서 비롯된 일이었다. 그러나 우리는 철저한 반형이상학적 태도를 현대의 논리실증주의자들에게서 발견한다. 그들은 일체의 형이상학적 명제의 무의미성을 선포하고 있으니 말이다.

전통적 형이상학에 대한 불신을 같이하면서 한편은 형이상학의 재건을 시도하는가 하면 다른 편은 그것을 철저히 거부하고 있는 이러한 양극적 대립은 어떻게 화해될 수 있을 것인가. 서양철학을 받아들이고자 하는 경우 이는 자못 심각한 문제로 제기되지 않을 수 없다고 하겠다.

2. 존재론의 재건

"왜냐하면 '존재한다'는 말을 할 때, 본래 무엇을 의미하려는 것인지, 그것을 그대들은 오래전부터 잘 알고 있었을 것임에 틀림이 없다. 그러나 종래에 우리가 그것을 알고 있는 것처럼 믿어 왔건만 지금은 무엇이 무엇인지 도무지 알 수가 없게 되었단 말이다."

이것은 하이데거가 그의 『존재와 시간』의 서두에 인용한 플라톤의 『소피스테스』에 나오는 한 구절이다. 그것은 하이데거의 문제의식을 잘 표현하고 있다.

우리는 일상적으로, 존재란 무엇인가에 대한 막연하나마 일종의 평균적인 터득을 하고 있다. 하이데거는 그것을 '현사실(Faktum)'이라 한다. 이 현사실(現事實)에서 우리는 다시 존재자로서의 존재자를 규정짓고 있는 존재를 밝혀내야 한다. 그러나 이때, 존재는 존재자의 등 뒤로 숨어 버린다. 존재자가 지나치게 전면으로 노출되어 있기 때문이다. 우선 여기서 우리가 말할 수 있는 것은 "존재는 존재자와 같은 그러한 것이 아니라는 것뿐이다."[1] "존재자의 존재는 그 자신 존재자인 것은 아니다."[2] 그런데 사람들은 "마

---

1) M. Heidegger, *Sein und Zeit*, p.4.
2) *ibid.*, p.6.

치 존재가 어떤 하나의 존재자일 수도 있는 것처럼 그 존재자의 유래를 다른 존재자에게로 환원함으로써, 존재자로서의 존재자를 규정하지 아니하는"[3] 거기에서 바로 모든 잘못은 연유하고 있다는 것이다.

'생성하는 존재자(ὄν γιγνομενον)'를 초월한 영역에서 '본래적 존재자(ὄντος ὄν)'를 추구한 플라톤 이래, 그리고 '존재자로서의 존재자(ὄν ἦόν)'에 관한 학(學)을 제일철학으로 설정한 아리스토텔레스 이래, 2천 수백 년간의 서양철학의 역사를 하이데거는 "존재에 관한 거인적 분투(γιγαντομαχία περί τῆς οὐσιας)"[4]라 표현하고 있다. 플라톤과 아리스토텔레스는 숨쉴 사이도 없이 이 문제에 몰두했었건만, 이 두 사람이 획득한 성과는 여러 가지 빛깔로 물들여지며 갖가지 방향으로 빗나가면서도 헤겔의 『논리학』 속으로까지 일관하여 왔다. 현대가 비록 형이상학을 다시 긍정하게 된 것을 진보라고 생각한다고 할지라도 "존재 문제는 오늘날 망각되어 버렸다"[5]는 것이 서양철학을 보는 하이데거의 관점이다.

하르트만도 이 견해에 동조하고 있다. "존재 문제의 역사적 큰 계통은 설사 아무리 여러 번 중단되고, 모호하게 되고, 엄폐되어 왔다고 할지라도 역시 명료하고 일의적(一意的)으로 가려내어진다. (…) 이 계통을 그 근원으로 거슬러 올라가면 결국 아리스토텔레스의 『형이상학』에 이르게 된다. (…) 그는 이것을 제일철학이라 불렀으며 '존재자로서의 존재자'에 관한 학이라 정의했다."[6]

존재 문제에서 물음을 거는 상대는 '존재자로서의 존재자'일 수밖에 없지만, 이 물음에서 밝혀내어야 할 것은 존재자가 아니라 존재라고 보는 점에 있어서 하르트만도 하이데거와 의견을 같이한다. 하르트만은 아리스토텔레스의 고전적 공식에 따라 존재론을 '존재자로서의 존재자에 관한 학'이라 정의한다. '존재자로서의 존재자'를 문제로 삼는다는 것은 존재자의 일체의 특수한 내용을 초월하여 그것이 오직 존재자인 한에 있어서만, 다시 말해서 그 가장 보편적인 의미에 있어서만 물어지고 있기 때문에, 이 물음은 곧 개개의 존재자를 넘어가서, 말하자면 존재자 일반을 둘러가서 간접으로, 모든 존재자에 공통한 존재에 대한 물음이 된다는 것이다.

---

3) *ibid.*

4) *ibid.*, p.2.

5) *ibid.*

6) N. Hartmann, *Zur Grundlegung der Ontologie*, p.IX.

그런데 전통적 형이상학은 실체니, 절대자니, 신이니 하는 이름 아래 모든 다양한 존재자의 배후에 하나의 특정한 존재자를 가져다 놓고 있으며, 그럼으로써 존재와 존재자를 혼동하는 데서 존재론의 정궤(正軌)를 벗어나 존재자론, 이를테면 신학, 우주론, 영혼론 등으로 빗나가고 있다는 것이다.[7]

앞서 살펴본 바를 정리할 때, 우리는 하르트만과 하이데거 사이에 다음과 같은 일치점을 발견한다.

(1) 서양철학의 근본적 테마는 존재 문제에 있다.
(2) 존재론의 전통이 플라톤-아리스토텔레스로 소급되나, 그 이후의 전통적 형이상학은 존재론의 정궤를 벗어났으며, 이 일탈은 존재와 존재자를 혼동하는 데서 연유한다.
(3) 따라서 존재망각에서 존재회복이 요구되며 존재론의 재건이 절실한 과제로 된다.

3. 존재론의 갈림길

하이데거는 존재론의 테마를 아리스토텔레스의 고전적 문제설정의 정식에 따라 '존재자로서의 존재자'라고 보지만, 먼저 '존재의 의미' 문제를 제기한다. 존재의 의미는 어떤 존재자에게서 물어내어져야 할 것인가. 물음을 하는 존재자, 곧 우리들 자신에게서라고 한다. 이리하여 그는 "매양 우리들 자신이며 다른 존재자들 중에서도 특히 물음을 할 수 있는 그러한 존재자를 우리는 술어상 '현존재(Dasein)'라 표현한다"는 것이다.[8] 이 용어는 하이데거에서 독특한 의미로 사용되고 있다.

현존재는 다른 존재자들 틈에 끼어 병렬하는 하나의 존재자에 불과한 그런 존재자가 아니다. 현존재란 이 존재자에 있어서 특이한 점은 그의 존재와 함께, 그리고 그의 존재를 통해서, 이 존재가 그 자신에게 열리어 보여지고 있다는 것이다.[9] 존재해득(存在解得)

---

7) *ibid.*, p.41.
8) M. Heidegger, *Sein und Zeit*, p.7.
9) *ibid.*, p.12.

자체가 현존재에 속한 하나의 존재 규정(存在規定)으로 되고 있다는 말이다. "현존재의 존재적 우월성은 그것이 존재론적이라는 점에 있다."[10]

그러한 현존재의 본질을 하이데거는 '실존(Existenz)'이라 부른다. 실존은 "현존재가 그것에 대하여 이렇게(본래적, 무자각적 : 필자 주) 태도를 취할 수 있으며 또한 언제나 어떻게든지 태도를 취하고 있기도 한 그러한 존재 자신"을[11] 가리킨다.

이리하여 하이데거의 『존재와 시간』에서 테마로 되고 있는 것은 '존재자로서의 존재자' 일반이 아니라 특히 선택된 존재자인 인간의 현존재이다. 우선 이 현존재를 방법론적 통로로 삼아 존재자 일반의 존재에까지 도달코자 하는 데에 그의 당초의 의도가 있었을 것이다. 그래서 그는 현존재의 실존론적 분석론, 현존재를 주제로 한 해석학적 현상학에 기초하는 그의 이른바 '기초존재론(Fundamentalontologie)'에서 우선 실존분석에 의하여 현존재의 존재의미를 밝혀내려고 한다. "존재론이 제아무리 풍부하고 견고한 범주체계를 구축한다 할지라도 존재의 의미를 충분히 밝혀 놓지 못하는 한, 근본적으로 맹목하고 그 본래의 의도에 어긋난다"고[12] 그는 주장한다.

현존재의 존재란 무엇을 의미하는가. 사람이 산다는 것은 무엇을 말함인가. 하이데거에 따르면 마음쓰임(Sorge)을 의미한다. 심려 또는 관심이라 옮겨서 말해도 좋다. 생로병사라 함직도 하다.

그러한 걱정을 할 수 있게 만드는 지평은 무엇인가. '시간성(Zeitlichkeit)'이라 한다. 이리하여 결국 존재의 의미는 시간이라는 것이 밝혀진다. 『존재와 시간』이란 책 이름은 거기서 취해진 것이다.

그가 살고 있는 세계란 또 무엇을 뜻하는가. 그가 이용하는 '도구(Zuhandensein)'들의 유의의성(有意義性) 연관을 가리킨다. 그가 개척해 나가는 생활환경의 세계라 할 수도 있겠다. 하이데거가 현존재의 존재 구조로 제시하는 '세계내존재(in-der Welt-sein)'란 요컨대 생존이 개척하는 생활환경이라고 봐서 크게 어긋나지 않을 것 같다. 이에 따라 '불안(Angst)', '피투성(被投性)'과 '기투(企投)', '본래적 자기'와 '세인(世人)', '선험적 결의', '죽음에 이르는 존재', '양심의 호소' 등등의 실존 범주가 차례로 도출되고 있다.

하이데거에 의하여 당초에 계획되었던 '기초존재론'의 후편에는 '시간과 존재'란 제목

---

10) *ibid.*, p.13.

11) *ibid.*

12) *ibid.*, p.11.

이 붙여질 예정이었다. 시간의 각광을 받은 무대 위에 다시 존재자로서의 존재자 일반의 존재 범주의 체계, 즉 일반적 존재론이 전개될 예정이었던 것 같다. 그러나 이러한 당초의 계획은 겨우 전반, 즉『존재와 시간』을 내어놓은 뒤 중도에서 좌절되고 말았다. 시간을 통해서 다시 존재에로 돌아나올 길이 트이지 못하고 만 것이다.

하르트만에 따르면, 하이데거는 문제를 바르게 제출했지만, 그것을 풀어나가는 착수점(着手點)을 잘못 잡았다는 것이다. 하이데거는 존재론의 착수점을 현존재에 잡았으며 더욱이 그것을 인간의 현존재에 국한시킴으로써 존재자로서의 존재자 일반의 문제는 처음부터 폐기되고 말았다는 것이다.

하이데거는 먼저 존재의 의미부터 밝혀져야 한다고 주장하지만, 존재의 '의미'가 문제되어야 한다면 의미의 '존재'가 다시 문제로 되지 않을 수 없으며 이리하여 문제는 무한히 후퇴할 것이다.[13] 하이데거 자신은 이 점에 마음이 걸렸던지, 의미 문제가 순환론에 빠지지나 않을까 하는 의문을 스스로 제기하고, 이에 대하여 다음과 같이 해명하고 있다. 즉, 이 문제는, 평균적, 일상적 존재해득에서 명시적 존재해득을 밝혀내는 수속이니만큼 아무런 순환논법도 아니라고 변명하고 있다.[14]

그러나 하이데거의 현존재 해석에 있어서는 일체의 존재자가 처음부터 인간에게 의존시켜지고 있다고 하르트만은 반론한다. 존재자는 다만 나에게 대해서만 존립하며 나에게 해득됨으로서만 존재한다는 것을 의미한다. 그래서 일반적으로 존재자는 인간 각자의 자아에 의존시켜진다. 세계는 나에게 이용되는 도구들의 유용성 즉 유의의성(有意義性)의 관련 이상의 아무 것도 아닌 것으로 되고 만다. 내가 그 속에서 살고 있는 세계는 각자 자기가 개척하는 생활환경으로서 '각자의 나의 것(je meinige)'이며 진리도 또한 '각자의 나의 것'에 지나지 않는다. 그것은 나쁜 의미의 독아론(獨我論)에 빠뜨려질 위험을 안고 있다. 하이데거 철학의 이같은 위험은 어디로부터 나오는 것일까.

하르트만은 하이데거에 있어서 존재와 존재소여가 피차 너무 지나치게 접근시켜져서 서로가 혼동되고 있는 점에 착수점부터의 잘못이 있었던 것이라고 지적한다.[15]

하르트만과 하이데거가 똑같이 존재론의 재건을 시도하면서 서로 전혀 다른 길로 치닫고 있는 그 갈림길은 근본적으로 그들이 취하는 방법론의 차이와 무관하지 않을 것

---

13) N. Hartmann, *Grundlegung*, p.44f.
14) M. Heidegger, *Sein und Zeit*, p.7f.
15) N. Hartmann, *Grundlegung*, p.44.

같다.

하이데거는 존재론의 유일 가능한 방법은 현상학적 방법이라고 본다. 하이데거에 따르면, '현상(Phänomen)'은 "자기를 자기 자신에 있어서 현시함(Sich-an-ihm-selbst-zeigen)"이다. 따라서 '현상학(Phänomenologie)'은 "자기를 현시하는 바의 것을, 그것이 그 자신으로부터 자기를 현시하는 그대로, 그 자신으로부터 보여지도록 함(Das was sich zeigt, so wie es sich von ihm selbst her zeigt, von ihm sellbst her sehen lassen)"이라 한다.[16)]

이리하여 하이데거에 있어서 존재론과 현상학은 철학에 있어 다음과 같이 관계하게 된다.

> "현상학은 존재론의 테마로 되어야 할 것(인간의 현존재 : 필자 주)의 명시적 규정
> 방식으로 향하여 나가는 접근 방식이다. 존재론은 현상학으로서만이 가능하다."[17)]
> "실질적 내용으로 볼 때, 현상학은 존재자의 존재의 학, 즉 존재론이다."[18)]
> "존재론적 및 존재적으로 우월한 존재자, 즉 현존재를 테마로 하는 기초존재론은
> 존재 일반의 의미에 대한 설문이란 근본 문제에 직면한다."[19)]
> "현존재의 현상학은 해석학이다."[20)]
> "현존재의 존재의 해석으로서의 해석학은 실존의 실존성에 대한 분석이란 시원적
> 의미를 지니고 있다."[21)]

앞에서 열거한 인용들을 종합하면 결국 존재론의 테마는 인간의 현존재라는 것, 존재론은 현상학으로서만 가능하다는 것, 현존재의 현상학은 해석학이라는 것, 현존재의 해석에서야 비로소 존재 일반의 의미가 조명될 수 있다는 것, 현존재의 해석학은 실존 분석에 성립한다는 것 등이다.

이리하여 하이데거는 "존재론과 현상학은 다른 전문 분야들과 더불어 병립하는 두

---

16) M. Heidegger, *Sein und Zeit*, p.34.
17) *ibid.*, p.35.
18) *ibid.*, p.37.
19) *ibid.*
20) *ibid.*
21) *ibid.*

개의 서로 다른 전문 분야로서 철학에 속하는 것이 아니라 그 대상과 방법에 따라 철학 자체를 성격지우고 있는 두 가지 명칭이며, 철학은 현존재의 해석학에서 출발하는 보편적인 현상학적 존재론이다" 라고 규정하고 있다.[22]

하르트만도 역시 현상학적 방법에서 출발한다. 그러나 그것을 철학의 유일한 방법으로 삼지는 않는다. 현상학적 방법은 다만 하나의 예비적 방법으로써 철학의 종합적 방법 체계 속에 편입시켜진다.

하르트만에 따르면, 구체자(具體者)를 성립시키는 제약으로서 구체자 속에 포함되어 있는 존재 원리가 있다. 이를테면 개개의 생물이란 구체자 속에는 동화작용이란 존재 원리가 기능하고 있으니, 그것이 생물의 생물된 소이연(所以然), 즉 생물을 생물되게 하는 원리이다. 이 원리 없이는 생물이 성립할 수 없다는 말이다. 이러한 존재 원리를 하르트만은 범주(Kategorie)라고 부른다.

그러므로 범주는 개개의 구체자로부터 배진추리(귀납추리)하는 데서만 도출될 수 있는 것이다. 이 수속을 하르트만은 분석적 방법이라 한다. 그런데 이것을 가능케 하기 위해서는 사전에 여건들이 충분히 정리되어 있어야 한다. 구체자는 여러 가지 방식으로 우리에게 주어진다. 그러나 주어지는 그대로를 바로 분석의 출발점으로 취할 수는 없다는 말이다. 우리는 먼저 그 소여(所與)를 정확히 기술하고 평가하지 않으면 안 될 것이다. 소여는 곧 현상이다. 현상의 기술은 곧 현상학적 방법이다.

그러나 현상학적 방법과 분석적 방법으로써 방법의 체계가 완결되는 것은 아니다. 사실의 관찰(현상학적 방법)에서 개개의 원리 즉 법칙이 도출(분석적 방법)되었으면, 나아가 원리들 상호 간의 내면적 연관성이 밝혀지지 않으면 안 된다. 이는 곧 변증법적 방법이다. 이리하여 기술적 현상학적 방법, 분석적(법칙 도출적) 방법, 변증법적 방법 등 세 가지 방법 요소를 종합한 방법의 체계가 철학의 방법으로 된다.[23]

앞에서 우리는 방법론에 관하여 하이데거와 하르트만의 차이점을 살펴봤거니와 이는 동시에 전통에 대한 양자의 태도 차이와도 관련된다.

하이데거는 '존재론 역사의 파괴'란 과제를 내걸고, 존재의 의미를 밝혀내기 위한 지평에서 방해물을 제거하는 작업을 하고 있다. 여기에 그는 전통에 대한 철저한 부정적

---

22) *ibid.*, p.38.
23) N. Hartmann, *Der Aufbau ber realen Welt*, p.64f; *Philosophie der Natur*, p.40f; *Hartmanns Kleinere Schriften* Ⅲ. *Systematische Methode*, p.26f.

파괴자로서 임하고 있다.

예컨대 '실존(Existenz)'이란 개념부터가 벌써 그러하다. 서양철학의 전통에 있어서 existentia는 essentia와 대립 개념을 이루고 있었다. 존재자의 추상적 보편적 내용을 의미하는 essentia에 대립하여 existentia는 이러한 본질이 구체적으로 나타난 개별적 존재자의 현실 존재를 의미하고 있었다. 전통적 존재이론에서는 essentia와 함께 existentia는 인간이란 존재자를 포함한 모든 존재자 일반에 적용되었다. 하이데거는 이러한 전통을 깨뜨리고 실존을 인간의 현존재에 한정하고 있다. 더욱이 인간 이해에 있어서도 그 essentia에 두었던 중점을 그 existentia로 옮겨놓은 것이다. existentia에 대한 현대어인 현존재(Dasein)란 술어도 역시 종래에 존재자 일반에 적용되던 것을 인간의 현존재에 국한시키고 있으니, 이는 모두 전통을 무시한 독자적 사용법이라 하겠다.

하르트만은 존재자와 존재의 혼동으로 말미암은 전통적 형이상학의 빗나간 길을 배격하는 점에서는 하이데거와 의견을 같이하나 그 형이상학의 밑바닥에 깔려 있는 중요한 존재론적 개념들을 가려내어 자기의 새로운 존재론의 체계 속에 수장(收藏)하기를 게을리 하지 않았다. 그런 의미에서 전통에 대한 하르트만의 태도는 적극적 건설적이라 평할 수 있다. 방법론의 체계적 종합부터가 그러한 태도의 소산이었던 것이다.

철학하는 태도에 있어서의 하이데거와 하르트만의 이러한 차이는 과학에 대한 양자의 상반되는 태도에까지 연장되고 있다. 하르트만은 자기의 방법 체계의 한 요소인 현상학적 방법에 있어서 과학의 제 성과와 철학적 경험의 모든 자산을 현상 분석의 지반 속에 편입한다. "원초적 대상 현상은 결코 지각의 수준에서만 주어지는 것이 아니라 실증적 제 과학의 모든 성과가 또한 그 내용에 속한다. 뿐만 아니라 인류의 인식 경험의 수십 세기에 걸친 오랜 역사가 그 성분으로 산입(算入)되지 않으면 안 된다. 왜냐하면 모든 과학의 차안(此岸)에 성립한다고들 말하는 현상학자들의 이른바 '소박한' 의식이란 금일의 인간에 대해서는 하나의 재구성물에 불과하기 때문이다."[24] 과학에 대한 이러한 태도는 실존주의자(하이데거를 포함해서)들의 과학 경시와 좋은 대조를 이룬다. "철학적 지식은 기본적인 것(원리 : 필자 주)으로부터 개별적인 것을 도출해 나가는 길(사변적 연역 : 필자 주)을 취하지 않고 사실로부터 기본적인 것으로 배진추리(귀납 : 필자 주)하는 경험의 길을 취한다."[25] "철학은 자기 자신으로부터 시작하는 것이 아니다. 철학은 수 세

24) N. Hartmann, *Philosophie der Natur*, p.39.
25) N. Hartmann, *Der Aufbau.*, Vorwort.

기 동안에 집적된 지식과 모든 과학의 방법적 경험은 물론 철학적 체험들의 양인(兩刃)적 경험을 또한 전제하고 있다."[26] 이러한 그의 태도에는 "우리에게 대하여 먼저인 것으로부터 본질상 먼저인 것으로 향하는" 아리스토텔레스의 고전적 정식이 견지되고 있다. 우리가 여기서 주목해야 할 점은 과학에 대한 그의 깊은 관심이다. 과학과의 부단한 접촉 또는 유대를 유지하면서 거기서 현상 분석의 지반을 얻어오고 철학의 소재를 섭취하려는 그의 태도는 우리에게 자못 교훈적인 것이 아닐 수 없다. "그래서야만 철학이 경험의 저변에 대한 생생한 감각을 잃지 않을 것이라"[27] 한다.

이리하여 그의 존재론은 수학, 물리학, 생물학에 걸친 특수적 범주론을 저변으로 하고 그 위에 다시 존재자 일반에 적용되는 보편적 범주론을 구축한다. 그의 존재론은 범주체계의 전개로 일관하고 있다. 하르트만에 있어서는 철학=존재론=범주론이란 정식이 성립한다. "존재론이 제아무리 풍부하고 견고한 범주체계를 구축하고 있다 할지라도 존재의 의미를 충분히 밝혀 놓지 못하는 한 근본적으로 맹목이다"는 하이데거의 비평은 하르트만을 염두에 두고 한 말인 성 싶다.

하이데거는 존재의 의미를 인간의 현존재에 대한 실존분석에서 밝히려고 했다. 그의 철학은 결국 '인간중심적' 세계관으로 귀결되지 않을 수 없었다. 우리는 거기서 깊이 있는 인생의 체험에서 울려나오는 반향을 엿들을 수 있다. 그것은 정녕 하이데거 철학이 지니는 바 정서적 매력의 원천이라 하겠다. 그러나 그것은 우리의 학적 욕구를 충분히 만족시키는 것으로 될 수는 없다. 거기엔 '세계중심적' 세계관에 의한 보충이 요구된다. 그런 의미에서 하르트만 철학은 하이데거 철학에 대한 안티테제(Antithese)로서 정당화될 것 같다.

4. 반형이상학

하이데거나 하르트만은 종래의 전통적 이성주의 형이상학(연역적 사변에 의한)을 거부하는 점에서 반형이상학적인 일면을 갖고 있다. 그러나 존재론의 재건(또는 형이상학 부흥)을 시도하고 있다는 다른 측면에서는 전적으로 반형이상학적 입장이라고 볼 수는

26) ibid.
27) ibid.

없다. 우리는 현대의 논리실증주의에 있어서 비로소 철저한 반형이상학적 입장을 발견한다. 그러나 이를 논급하기에 앞서 먼저 형이상학에 대한 칸트의 태도를 살펴보기로 하겠다.

칸트는 전통적 형이상학에 대하여 반형이상학적 입장을 취하나 형이상학적 문제마저 부인하지는 않았다. 칸트는 형이상학적 문제의 불가피성을 인정할 뿐만 아니라 그의 이성 비판은 새로운 형이상학의 건설을 위한 터전을 닦으려 했으며『실천이성비판』에서는 실지로 형이상학에로 향한 혈로(血路)를 타개하고 있다. 그뿐이 아니다. 그의『프롤레고메나』에는 '학문으로서 출현할 수 있는 장래(將來)할 모든 형이상학에 대하여'라는 부제를 붙여『순수이성비판』의 근본 의도를 비춰주고 있다. 그의 비판이 배격한 것은 경험의 지반에서 유리된 사변적 형이상학이었던 것이다.

칸트에 따르면, 이성이란 본래 오성에 의한 인식에다 통일을 부여하는 능력이니 오성적 인식을 제약하는 제약의 계열을 부단히 추궁하여 절대적 무제약자에 이르지 않고서는 쉬지 않으려는 경향이 있다. 그런데 이 계열은 무한히 후퇴하는 까닭에 아무리 이를 추궁해 나가더라도 무제약자에 도달하지는 못하는 것이다. 무제약자란 우리의 이성으로서는 영원히 도달하지 못할 하나의 목표에 불과한 것으로, 칸트는 이것을 '이념(Idee)'이라고 부른다. 이념은 오성적 개념의 최대한 확장과 통일에로 유혹하는 목표이다. 이성에게는 본래 오성적 인식을 최대한 보편적인 것으로 향하여 접근해가는 '통제적 사용'이 허용되어 있을 뿐인데, 이성은 우리의 인식이 가경험계(可經驗界), 즉 현상계의 한계 내에 제한되어 있다는 것을 망각하고 초경험적 대상을 구성하는 데다 이성을 사용하게 된다. 이성의 이와 같은 구성적 사용에 있어서 자연스럽고 불가피한 망상으로서 '선험적 가상'이 성립한다. 칸트의 변증론은 전통적 형이상학의 세 분야를 이루는 합리주의적 심리학·우주론·신학에 있어서의 오류추리·이율배반·이념 등의 의사문제성(擬似問題性)을 폭로하는 것을 과제로 삼고 있다.

신칸트학파(Marburg) 출신으로서 하르트만은 그의 형이상학에 대한 태도에 있어서 칸트의 이러한 비판주의 정신을 이어받고 있는 것이다.

논리실증주의는 철학적 문제를 '과학의 언어의 형식적 구조론'에 국한시켜 일체의 형이상학적 문제를 배제하는 점에서 반형이상학적 입장에 철저하다.

루돌프 카르납(Rudolf Carnap)에 따르면,[28] 형이상학자들은 그들의 대상을 경험과학의 배후에서 구하려고 한다. 그러나 그들의 명제를 논리적으로 분석해 보면, 그것들은 전혀 명제가 아니라 낱말의 공허한 나열에 불과하다는 것이다. 철학은 경험과학의 대상의 배후에 있는 어떤 초월적 영역으로(그러한 것은 실제로 있는 것이 아니니까) 침투해 들어가려고 할 것이 아니라 오히려 "한걸음 물러서서 과학 자체를 대상으로 하지 않으면 안 된다. 철학은 과학의 논리이다."

이때 과학은 그 어떤 종류의 존재, 즉 물리적 및 심리적 또는 자연적 및 사회적 존재에 대한 포괄적 의미에 있어서의 지식의 집합적 체계를 의미한다. 그러나 철학은 경험적 제 과학의 실질적 내용을 다룰 것이 아니라 다만 논리적 관점에서만 그것을 다루어야 한다. 그러므로 "철학은 과학의 논리이다. 즉 과학의 개념들, 명제들, 논증들, 이론들의 논리적 분석이다."

그런데 과학의 논리란 어떤 성격을 지닌 것인가. 과학을 구성한다는 것은 상호 간에 철저한 일관성이 있는 명제들의 체계를 구성한다는 것을 의미한다. 그러므로 과학의 논리는 이 체계와 그 요항(要項)들 및 이들을 결합시키는 방법 등에 대한 논리적 분석이다.

이 체계에는 두 가지 측면, 즉 내용적 측면과 형식적 측면이 포함된다. 전자는 개념들과 명제들이 지니는 바 의미를 가리킨다. 후자는 이 의미에 상관없이 다만 그 형식적 구조만을 문제로 삼는다. 그러므로 과학의 논리로서의 철학의 성격은 "과학 언어의 형식적 구조이론, 즉 과학 언어의 논리적 구문론"이라 말하여진다.

빈학파의 선구자 비트겐슈타인(Wittgenstein)은 그러므로 "철학의 성과는 여러 가지 철학적 명제들에 있지 않고 명제들을 명료하게 만드는 데 있다"고[29] 주장한다. "말할 수 없는 것에 관해서는, 입을 다물지 않으면 안 된다." 철학은 어떤 의미 있는 내용을 말하려는 것이 아니라 말하여진 명제의 논리적 합법성 여부만 따지자는 것이다. 실질적 내용의 존재 탐구는 일체 실증과학에 위임하고 철학은 다만 그 합법성 여부만 가려내면 된다는 것이다. 경기자들을 그라운드에서 뛰게 해놓고 자신은 그들의 규칙 위반 여부만 가려내는 심판자의 입장에도 비유될 수 있겠다.

칸트가 사변적 형이상학의 가상을 밝혀낸 것처럼, 논리실증주의자들이 형이상학적 명제들의 무의미성을 밝혀내는 데 철학의 과제를 찾은 것은 그런대로의 의미가 없지는

---

28) Rudolf Carnap, *Philosophy of Science*, Ⅱ (1934), pp. 5-119, On the Character of Philosophic Problems.

29) Ludwig Wittgenstein, *Tractatus Logico-philospohicus*, 4.112.

않다. 그러나 과연 철학이 과학 언어의 논리적 구문론만으로서 만족할 수 있을 것인지 자못 의문이 아닐 수 없다. 왜냐하면 과학들도 결국 세계라는 하나의 통일된 존재에 대하여 제각기 그 부분 영역들을 다루고 있는 바, 그러한 분과적 과학 언어들이 발붙이고 있는 기초적 바탕이 생각되지 않을 수 없으니 말이다. 이런 점에서 생각할 때, 특수적 범주론들의 공통된 바탕으로서 보편적 범주론을 추구하는 하르트만의 존재론의 의의가 인정될 수 있을 것 같다.

5. 우리의 전통

지금 우리가 다루는 주제는 서양철학을 어떻게 받아들일 것인가 하는 데 있다. 지피지아(知彼知我)가 요구된다. 앞에서 우리는 형이상학과 반형이상학이란 관점에서 서양철학의 특징을 살펴봤다. 그리하여 서양철학의 중심 문제가 하이데거나 하르트만에서처럼 존재론 재건에 있건 논리실증주의에서처럼 반형이상학에 있건 적극적 또는 소극적으로 존재의 탐구에 있다고 본 것이다.

다른 한편 우리 자신의 전통은 어떠한가. 우리는 이미 삼국시대의 불교 수용 이래 15, 6세기 간의 철학의 경험을 쌓아 왔다. 불교철학이나 유가 및 도가의 사상이 비록 처음에는 외래사상이라 하더라도 이 땅에 벌써 뿌리를 내리고 상당한 결실도 거두어 온 이상 일반적으로 동양철학은 곧 우리 자신의 철학이라 말해서 지나친 말은 아닐 줄 안다.

서양철학과 우리의 전통철학을 비교할 때, 그 발상법이나 표현된 형태에 있어 물론 여러 가지 차이점이 없지 않을 것이다. 그러나 다 같은 인간 이성의 소산인 한, 공통된 바탕이 또한 없을 수 없을 것으로 예상되는 것이다. 이런 예상 아래 우리의 전통철학을 살펴보기로 한다.

먼저 철학의 주제를 살펴볼 때, 동양철학도 역시 존재 문제가 중심 문제로 되고 있는 것 같다. 『주역』 계사전에 "形而上者 謂之道 形而下者 謂之器" "易有太極 是生兩儀 兩儀生四象 四象生八卦"란 명제가 발견되는데, 그 이른바 도(道) 또는 태극(太極)은 곧 존재요 기(器) 또는 사상(四象), 팔괘(八卦)는 존재자에 해당한 것으로 볼 수 있겠다. "道生一一生二 二生三 三生萬物 (…)"이란 노자의 명제도 또한 존재(도)와 존재자(만물)와의 관계를 논한 것이리라. "太極只是天地萬物之理 在天地言則天地中有太極 在萬物言則萬物中各有太極"(『주자어류』)이란 주자의 명제에 있어 천지만물(天地萬物)은 곧 존재자요 태극(太極)은 곧 존재임이 더욱 분명하다.

불교철학에서도 같은 것이 지적될 수 있겠다. "諸行無常 諸法無我 涅槃寂靜"이란 삼법인(三法印)의 명제에 있어 행(行)이나 법(法)은 곧 존재자요 열반(涅槃)은 존재의 경지라고 해석될 것 같다. 아(我)나 법(法)은 공히 인연소생(因緣所生)이므로 무자성(無自性) 무실체(無實體)요, 그런 의미에서 공(空)이니, 공은 곧 존재자의 존재(성격)라 하겠다. 그러므로 용수(龍樹)는 『중론』에서 "不生亦不滅 不常亦不斷 不一亦不異 不來亦不去"란 팔불귀경송(八不歸敬頌)을 읊었으며 "衆因緣生法 我說卽是空 亦爲假名 亦是中道義"란 공(空)·가(假)·중(中) 삼제(三諦) 속에 진공묘유(眞空妙有)의 존재를 열어 보였던 것이다.

용수의 중론에서 천태종(天台宗)은 다시 "卽空卽假卽中 一心三智 一境三諦 三而一 一而三 智卽境 三諦圓融"이란 명제를 도출했고, 화엄종(華嚴宗)은 "三界虛妄 但是一心作 十二緣分皆依心"이란 유심연기(唯心緣起)의 명제를 도출했다. 제법실상(諸法實相)은 곧 연기(緣起)의 여실상(如實相)이니 법계즉법성(法界卽法性) 즉진여즉리(卽眞如卽理)이며 사(事, 존재자)는 이(理, 존재)에서 기동(起動)한다. 이리하여 "事理相卽 事事無礙圓融 一卽一切 一切卽一 一多相容 一微塵中容須彌山"이라 한다.

화엄종에 있어서의 이(理)와 사(事)란 개념의 영향을 받아 송학(宋學)에서는 이(理)와 기(氣)란 개념이 두 개의 존재 원리로서 등장한다. 주자는 이것을 계사전의 도(道)와 기(器)란 개념에 상응시켜 주리론(主理論)을 전개했다. 이에 맞서 우리나라 서화담은 주기론(主氣論)을 전개했다.

주자는 "太極只是一個理字" "未有天地之先 畢竟是先有此理" "有是理後生是氣" "理與氣 本無先後之可言 然必欲推其所從來 則須說先有是理"(語類一)라 주장한다.

이에 대하여 화담은 "太虛湛然無形 號之曰先天"(原理氣) "語其湛然之體曰一氣"(同上) "理不先於氣 氣無始理固無始"(理氣說) "氣外無理 理者氣之宰 所謂宰 非自外來而宰之 指其氣之用事能不失所以然之正者而謂之宰"(同上)라 주장한다.

서양철학에서 이(理)·기(氣)란 개념에 유사한 것을 구한다면 아리스토텔레스의 형상(形相)·질료(質料)라고도 하겠으나 그보다는 오히려 근대철학에 있어서의 법칙(法則)과 에너지(energy)에 더 가까운 개념이다.

조선 유학은 이기(理氣)란 존재 원리를 다시 인성(人性)에 적용한다. 이퇴계와 기고봉 사이에 전개된 사칠논쟁(四七論爭)은 결국 "四端理發而氣隨之 七情氣發而理乘之"란 명제로 낙착되었으나 이 문제는 후일 다시 이율곡에 의하여 재연되어 "發之者氣也 所以發者理也 非氣則不能發 非理則無所發"(答成浩原) "所謂氣發而理乘之者可也 若理發而氣隨之說 則分明有先後矣 此豈非害理乎"(同上)라고 반박되었다. 어찌 비단 인성뿐이랴, 만물이 다 기발이리승지(氣發而理乘之)라고 봤다. 율곡은 나아가 주자의 이동기이설(理同氣異說)을 이통기국(理通氣局) 이일분수설(理一分殊說)로 발전시켰다. 이(理)는 일(一)이요 보편적인 것이다. 기(氣)는 그 운동에 있어 편(偏)·전(全), 청(淸)·탁(濁), 수(粹)·박(駁) 등으로 국면이 달라지며 여기서 만수(萬殊)의 차별상(差別相)이 나온다는 것이다.

이 문제는 저 스콜라 철학에서의 개별화 원리에 관한 논쟁을 연상케 한다. 토마스 아퀴나스(Thomas Aquinas)는 아리스토텔레스의 입장에서 개별화 원리를 질료에서 구했다. 둔스 스코투스(Duns Scotus)는 형상 자체가 분화하는 것으로 보았다. 율곡은 토마스의 견해와 일치한다.

이상 고찰한 바에 의하여 우리 전통 철학의 주제가 존재 문제에 있었다는 것을 짐작할 수 있다. 그러나 서양철학에 있어서 경험주의, 실증주의, 실용주의, 논리실증주의 등의 반형이상학적 조류가 은연한 세력을 이루고 있는 것처럼 우리나라에 있어서도 조선 말기에 실사구시(實事求是)를 표방하는 실학운동이 유력한 사조로서 대두되고 있었음을 여기에 상기해야겠다.

6. 맺는 말

앞에서 우리는 서양철학의 특성을 형이상학과 반형이상학이란 관점에 맞추어 추적해 봤다. 그럴 때, 긍정적이건 부정적이건 간에 그 영속적 주제가 존재 문제에 있었다는 결론에 도달했다.

한편 동양철학의 흐름을 대체로 뒤밟아 볼 때, 여기서도 또한 그 중심 문제가 존재의 원리 탐구에 있었다는 것을 말할 수 있었다. 그러나 동양인에게 특이한 함축적, 직관적 사고방식과 한문이 지니는 독특한 구문법으로 인한 탓인지 개념들이 너무 추상적이고 명제의 의미 내용이 불분명하다는 결점을 면치 못할 것 같다.

여기서 우리가 생각해 봐야 할 점은 우리의 전통철학을 어떻게 보완할 것인가 하는 것이다.

첫째로, 태극(太極)이니 이(理)니 하는 추상적 개념에 그칠 것이 아니라 경험에서 귀납된 보다 더 실질적 내용을 갖춘 여러 가지 원리로 분화되어야 하겠다. '이일분수(理一分殊)'라 한 그 분수(分殊)가 알차게 추궁되어야 한다는 말이다. 그러기 위해서는 과학의 제 성과가 최대한 철학 속에 섭취되어야 하겠다. 동시에 이것을 엄밀한 범주체계로 조직할 것이 요구된다.

둘째로, 존재자와 존재와의 구별이 견지되어야 하겠다. 철학은 존재자론이 아니라 모름지기 존재론이어야 하겠기 때문이다. 과학은 각 분야에 있어서의 존재자론이어야 한다. 그러나 철학은 특정한 존재자를 대상으로 하지 않고 존재자 일반을 대상으로 하기 때문이다. 논리실증주의자들이 과학적 명제의 내용을 일체 추사(抽捨)하고 다만 그 형식적 논리구조만을 분석하려는 입장을 취하는 것은 철학이 존재자론이 아니라 존재론이어야 하는 데서 나온 태도로서 이해함직도 하다. 그러나 과학적 명제들이 형식적 논리구조상 합법칙적인 것으로서 유의미할 때, 그러한 특수적 존재원리들을 통일시키는 보다 보편적인 존재 원리들이 다시 탐구되어져야 할 것이 아닌가.

셋째로, 방법론의 확립이 요망된다. 방법의 행사와 의식적 방법론은 별개의 것이다. 생리학에 대한 지식 없이도 식물(食物)의 소화는 충분히 가능하다. 뿐더러 더욱 건전한 작용을 수행할 수도 있다. 마찬가지로 철학은 방법론 없이도 충분히 가능하다. 그러나 방법론 없이는 오류를 범하기 쉽다는 것도 또한 사실이다. 철학이 어떤 방법에 의거하느냐에 따라 그 논리 체계가 얼마나 다르게 나타나는가 하는 실례를 우리는 앞에서 하이데거와 하르트만을 비교하는 데서 역력히 보았다.

우리의 전통철학에서는 원효와 의천이 좋은 범례를 보여 주고 있다. 원효는 스스로 화쟁법(和諍法)이라 했다. 종합의 논리, 또는 수렴의 논리라 부름직하다. "統衆典之部分 歸萬流之一味 開佛意之至公 和百家之異諍"(『열반경종요』)이라 한다. 의천도 같은 방법에 따르고 있다. "十善五戒 人乘也 四禪八定 天乘也 四聖諦法 聲聞乘也 十二因緣 緣覺乘也 六度萬行 菩薩乘也 以言乎人乘 與周孔之道同歸 以言乎天乘 共老莊之學一致 先民所謂 修儒道之敎 可以不失人天乘之報 古今賢達皆以爲知言也"(國淸寺啓講辭)라 한다. 의천은

여기에 유가 도덕을 인승과, 도가의 형이상학을 천승과 일치시켜 불가의 성문·연각·보살 삼승(三乘)에 귀일(歸一)시키고 있다. 의천은 회삼(승, 會三乘) 귀일(승, 歸一乘) 교관겸수(教觀兼修) 일념삼천(一念三千)이란 천태의 종지에서 삼한통일이란 고려의 국가이념을 도출했던 것이다.

끝으로, 우리는 학문의 실용성을 결코 경시해서는 안 된다는 점이다. 이 점에서 우리는 경험주의의 한 형태로서의 실용주의를 높이 평가하고 싶다. 진리의 기준을 실용성에 두는 좁은 척도에서 그렇다는 것이 아니라 진리임으로 해서 이용후생(利用厚生)의 가치가 또한 따르기 마련인 그러한 철학이 소망된다는 말이다. 일찍이 마르크스는 종래의 철학은 세계를 해석만 해왔지만, 그러나 일층 중요한 것은 세계를 개혁하는 데 있다고 말하지 않았던가.

학문은 현실에 발을 붙여야 하겠다. 공리공론(空理空論)에 흘러서는 안 된단 말이다. 그것이 경험주의의 창설자 로크(Locke)의 철학 동기이기도 했다. 인간은 어떤 현실에 처하여 있는가. 이것이 먼저 문제로 되지 않을 수 없다. 하이데거는 인간이 처한 바 거기(Da)의 해명을 철학의 주제로 삼았었다. 그러나 그는 이 거기(Da)를 개개인이 놓여진 바 처지로서 이해했다. 그랬기 때문에 그에게 있어서 세계는 개인의 생활환경의 테두리를 벗어나지 않았다. 우리는 이 거기(Da)를 인류가 처한 바 사회적, 역사적 상황으로 이해하고 싶다.

서양 말로, 어떤 것이 어떤 자리를 잡아 나타나 있다는 것(dass, that)을 가리킬 때, Da sein N.(There be N.)이란 구문법이 되고, 그것이 가지고 있는 내용이 무엇임(was, what)을 가리킬 때, N sein so(Ne be so)란 구문법이 된다.

이리하여 일반적으로 어떤 것이 어떤 자리를 잡아 나타나 있음을 가리켜 그것의 Dasein(Therebe)이라 하고, 그것이 지닌 바 내용 존재의 무엇임을 가리켜 그것의 Sosein(Sobe)이라 한다(영어에는 아직 Therebe, Sobe라는 낱말이 없으나 독일어에서는 Dasein과 Sosein이 중요한 술어로 사용되고 있다). 그러므로 하이데거처럼 Dasein을 인간 개체에만 국한하는 것은 부당하다.

이것을 우리말로 옮기면, Dasein의 sein은 정확히 '있다'로 되고, Sosein의 sein은 정확히 '이다'로 된다. 서양 말의 sein이 우리말로는 '있다'와 '이다'로 분화한 것이다. '있다'와 '이다'는 두 개의 있음씨(존재사, 存在詞)이다. 둘 이상도 이하도 아니다.

이리하여 어떤 것이 어떤 자리를 잡아 나타나 있음을 가리킬 때 '있다'라고 말하여지고, 그것이 그러그러한 내용을 가지고 있음을 가리킬 때 '이다'라고 말하여진다. Dasein과 Sosein을 우리말로 옮기면 '거기있음'과 '그리있음'이라고 된다. '거기있음'과 '그리있음'은 있는 것(존재자) 일반이 가지고 있는 두 가지 있음(존재)의 계기(요소)이다. 아무런 '그리있음'도 아니 가진 것이 어떤 거기를 자리 잡아 나타날 수 없고, 어떤 거기도 자리 잡아 나타나지 아니한 것이 어떤 '그리있음'을 가질 수 없다. 그러기에 '거기있음'과 '그리있음'은 있는 것으로서의 있는 것 일반의 두 가지 있음요소라 하는 것이다.

무릇 있는 것 일반이 저마다 자리잡아 나타나는 '거기'(Da)는 어떤 거기일까. 시공적으로 규정지어진 '거기'가 있고, 시공적 규정이 없는 탈시공적 '거기'가 있다. 하르트만은 전자를 real(실사적, 實事的)한 거기라 하고 후자를 ideal(이상적, 理想的)한 거기라 한다. 실사적 거기에 나타나는 것은 저마다 일(作用, act)하면서 있으며 일이 끝나면 있기를 그친다. 이상적 거기에 나타나는 것은 어느 것이나 일삼아 하는 일이 없으며, 따라서 있기를 그치는 법도 없다. 물리적 현상들, 생물들, 심리작용들, 역사적 사건들은 실사적인 거기에 나타나는 존재자다. 수학적 존재, 논리적 법칙, 실사적 존재자의 본질, 가치 등은 이상적 거기에 나타나는 존재자다.

이 두 가지 방식의 '거기'에 대한 분명한 구별은 플라톤에서 비롯되었다. 플라톤은 이상적 존재에다 참다운 실재를 돌리고 실사적 존재는 비실재라고 봤다. 이와 반대로 하르트만은 실사적 존재만이 온전한 실재이고 이상적 존재는 실사적 존재에 관계를 함으로써 비로소 의미를 얻는 반존재(半存在, Halbsein)라고 본다.

아리스토텔레스는 있는 것 일반이 아울러 가지는 바 두 가지 '있음요소'에 더욱 주목을 했다. 그래서 그는 플라톤에게 있어서는 분리된 세계에 속했던 이상적 형상(eidos)과 실사적 질료(hyle)를 하나의 개체 속에 결합시켰다. 형상이 어떤 '거기'에 있는가 하는 문제는 나중에 스콜라 철학에서 보편논쟁(Universalienstreit)으로서 재연되었다. 보편자(개념 혹은 본질)가 자리하는 '거기'가 이상적 거기냐 실사적 거기냐, 아니면 마음 속(in mente)이냐에 대한 논쟁이었다. 칸트에게 있어 현상으로서의 있는 것 일반이 자리하는 거기는 주관(Subjekt)이었다. 헤겔은 칸트의 주관 대신에 정신(Geist)으로 바꾸어 놓았다.

하이데거는 이러한 모든 '거기'가 우선 인간이란 현존재(Dasein)의 거기(Da)를 통해서야 비로소 비추어질 수 있을 것으로 본 것 같다. 인간이 지닌 바 '마음 쓰임'(Sorge)의 눈이 존재자 일반을 열어 보여줘야 할 것이고, 그 시야를 여는 지평(Horizont)을 곧 시간성 내지 역사성이라고 봤던 것이다. 그러나 사물이 자리하는 '거기'는 보는 눈만 있으면 열릴 수 있는 것일까. 눈으로 하여금 볼 수 있도록 하는 빛이 있어야만 시야가 열리는 것이 아닐까. 전회(轉回) 이후의 하이데거가 '존재의 빛'을 요구하게 된 것은 그 때문일 것이다.

지금 한국철학에게 다급한 관심사는 우리가 처한 바 거기(Da)가 어떠한 구조의 거기인가 하는 데 있을 것 같다. 우리는 바야흐로 우리의 모든 과학적 및 철학적 경험을 동원하여 이 '거기'를 밝혀내지 않으면 안 될 과제를 안고 있다고 생각된다. 이 점에서 우리의 철학은 자연 및 사회의 각 분야에 걸친 실증적 제 과학과 긴밀한 협동을 하지 않으면 안 될 것이다. 철학자 자신이 실증적 탐구의 어떤 분야에 직접 관여하라는 것이 아니라 제 과학의 성과를 철학의 소재로서 풍부하게 받아들이지 않으면 안 된다는 말이다.

주리론의 전망

하기락(경북대)

1. 유가철학의 전승적 주제

『주역』「계사전」은 이 경전이 지닌 바 철학적 의의를 다음과 같이 풀이한다.

"易與天地準 故能彌綸天地之道"[1]

천지지도(天地之道)란 무엇을 의미하는가.

"一陰一陽之謂道"[2]

일음일양(一陰一陽)하여 생생만물(生生萬物)하는 법칙을 가리킨다. "천지인온 만물화취(天地絪縕 萬物化醇)"하는[3] 이치이다. 그러므로 "생생지위역(生生之謂易)"이라[4] 한다. 도(道)와 역(易)은 곧 동의어라 하겠다.

"一陰一陽之謂道 繼之者善也 成之者性也"[5]

---

1) 繫辭傳上, 第四
2) 同, 第五章
3) 同上, 第五章
4) 同上
5) 同上

도(道)를 이은 것이 선(善)이고, 도에서 성립한 것이 성(性)이고 보면, 존재법칙과 도덕법칙은 결국 귀일(歸一)이 아닐 수 없다.

법칙이란 본래 스스로 사려(思慮) 하거나 작위(作爲)하는 법이 없다. 그러면서도 모든 사물로 하여금 꼭 그렇게 되게 하는 소이연(所以然)의 이치인 것이다. "역 무사야 무위야 적연부동 감이수통천하지고(易 無思也 無爲也 寂然不動 感而遂通天下之故)"이다.[6] 그러기에 "형이상자위지도 형이하자위지기(形而上者謂之道 形而下者謂之器)"란[7] 명제가 성립한다.

그럼 도의 실질적 내용은 무엇인가.

"易有太極 是生兩儀 兩儀生四象 四象生八卦 八卦定吉凶 吉凶生大業"[8]

이는 곧 천지(天地)와 인사(人事)를 일관하는 하나의 원리이다.

이 원리는 어떻게 도출된 것인가. "앙이관어천문(仰以觀於天文) 부이찰어지리((俯以察於地理)"[9]하는 데서 도출된다. 팔괘(八卦)는 또 어떻게 해서 지어지는가.

"仰則觀象於天 俯則觀法於地 觀鳥獸之文與地之宜 近取諸身 遠取諸物 於是 始作

八卦"[10]

여기에 유가철학의 독특한 방법의 특징이 있다. 그것은 현상을 분석하는 방법이다. 천지 즉 자연이란 하나의 총체적 현상을 관찰하고 분석하는 데서 철학적 원리를 색출한다. 하늘과 땅, 못과 산, 불과 물, 우뢰와 바람이란 여덟 가지 대표적 자연현상에서 그것들의 특징을 찾아내고, 거기서 음기와 양기란 두 가지 기운(氣運)이 교체 순환하는 본질적 구조연관을 직관(直觀)한다. 그리하여 주야가 교체하고 사시(四時)가 순환하는 가운데 만물이 생육되는 원형이정(元亨利貞)의 덕을 발견하고 거기에 인의예지란 사성(四性)의 근원을 구하고 있다.

---

6) 同, 第十章
7) 同, 第十二章
8) 同, 第十一章
9) 同, 第四章
10) 同書下, 第二章

요컨대, 자연의 소이연(所以然)과 인간의 소당연(所當然)을 일관하는 하나의 원리를 밝히고자 하는 데 유가철학의 주제가 있다 하겠다.

주역에서 연원하는 이 주제가 자사(子思)와 맹자(孟子)를 거쳐 송학(宋學)으로 이어지고 그것이 다시 조선 유학에 의하여 계승된다.

자사에 있어 자연법칙과 도덕법칙과의 일관성은 더욱 뚜렷이 나타난다.

"天命之謂性 率性之謂道 修道之謂敎"[11]

이른바 천명지성(天命之性)은 소이연지고(所以然之故) 즉 자연법칙이고, 솔성지도(率性之道)는 소당연지칙(所當然之則) 즉 도덕법칙이다. 『중용』 서두의 이 간결한 한 구절 속에 유가철학의 핵심이 함축되고 있다.

"喜怒哀樂之未發 謂之中 發而皆中節 謂之和 中也者 天下之大本也 和也者 天下之
達道也 致中和 天地位焉 萬物育焉"[12]

여기에 이른바 중(中)은 곧 천명지성(天命之性)이요 천하지대본(天下之大本)이다. 화(和)는 도(道)의 성취다. 치중화(致中和)는 소당연(所當然)의 도리(道理)이다. 그러므로

"唯天下至誠 爲能盡其性 能盡其性 則能盡人之性 能盡人之性 則能盡物之性 能盡
物之性 則可以贊天地之化育 可以贊天地之化育 則可以與天地參矣"[13]

라 한다.

인성(人性)과 물성(物性)이 다 같이 천명(天命)에 근거한다고 본다. 성(誠)이란 무엇인가. 무사무위 적연부동(無思無爲 寂然不動)이면서 감이수통천하지고(感而遂通天下之故)하는 "천지도(天之道)"다.[14] 성심성의(誠心誠意) 이것을 이행하는 것은 "인지도(人之道)"이

---

11) 『中庸』
12) 同上
13) 同上
14) 同上

다.[15]

맹자는 인성에 본구(本具) 내재하는 인의예지(仁義禮智)를 천명지성(天命之性)이라고 본다. 천명은 여기서 일층 구체화되고 있다.

"人皆有不忍人之心 (…) 所以謂人皆有不忍人之心者 今乍見孺子將入於井 皆有怵惕惻隱之心 非所以內交於孺子父母也 非所以要譽於鄕黨朋友也 非惡其聲而然也 由是觀之 無惻隱之心非人也 無羞惡之心非人也 無辭讓之心非人也 無是非之心非人也 惻隱之心仁之端也 羞惡之心義之端也 辭讓之心禮之端也 是非之心知之端也 人之有是端也 猶其有四體也"[16]

맹자는 여기에 인간의 감정을 분석하고, 거기서 인의예지란 인간의 본성을 직관하고 있다. 여기서도 또한 현상학적 방법이 적용되고 있는 것이다.

주역에서 중용과 맹자를 거쳐 유가철학의 전승은 송학으로 이어진다. 송학의 화두를 꺼낸 것은 주렴계의 『태극도설(太極圖說)』이라 하겠다. 그것은 주역의 "易有太極 是生兩儀 (…) 八卦定吉凶 吉凶生大業"이란 명제를 부연(敷衍)하고 해석한 데 지나지 않으나 음양(陰陽)에다 오행설(五行說)을 곁들인 점이 새롭다면 새롭다고 하겠다.

"無極而太極 太極動而生陽 動極而靜 靜而生陰 靜極復動 一動一靜 互爲其根 分陰分陽 兩儀立焉(여기까지가 역유태극 시생양의(易有太極 是生兩儀)에 해당함 : 필자 주)
陽變陰合 而生水火木金土 五氣順布 四時行焉(양의생사상(兩儀生四象)에다 오행을 곁들인 곳 : 필자 주)
五行一陰陽也 陰陽一太極也 太極本無極也 五行之生也 各一其性 無極之眞 二五之精 妙合而凝 乾道成男 坤道成女 二氣交感 化生萬物 萬物生生而變化無窮焉(이상은 소이연지고(所以然之故) : 필자 주)
惟人也 得其秀而最靈 形旣生矣 神發知矣 五性感動而善惡分 萬事出矣 聖人定之以中正仁義 而主靜 立人極焉 故聖人與天地合其德 日月合其明 四時合其序 鬼神合其吉凶 君子修之吉 小人悖之凶 故曰 立天之道 曰陰與陽 立地之道 曰柔與剛 立人之

15) 同上
16) 同上

道 曰仁與義 又曰原始反終 故知死生之說 大哉易也 斯其至矣(이상은 팔괘정길흉 길

흉생대업(八卦定吉 凶 吉凶生大業)에 해당한 소당연지칙(所當然之則) : 필자 주)"[17]

주역의 "시생양의(是生兩儀)"를 주자는 태극동이생양 (…) 정이생음 (…) 분음분양 양의입언(太極動而生陽 (…) 靜而生陰 (…) 分陰分陽 兩儀立焉)이라고 풀이한다. 생자(生字)와 분자(分字)가 같은 뜻으로 쓰여지고 "시생(是生)"을 "태극동(太極動)"이라 표현하고 있다. 양의분립(兩儀分立) 이전이기에 "무극(無極)"이라 하고 분립(分立)의 근저이기에 "태극"이라 한다. 또한 "태극본무극(太極本無極)"이다.

위와 같이 전승된 유가철학의 주제에서 다음과 같은 몇 가지 문제가 제기된다.

1. 태극의 실질적 내용에 관한 문제

2. 이기선후(理氣先後)에 관한 문제

3. 이(理)의 동정(動靜)에 관한 문제

4. 소이연(所以然)과 소당연(所當然)에 관한 문제

5. 유가윤리학(儒家倫理學)의 특성에 관한 문제

다음에 우리는 상기 제 문제에 관하여 차례로 고찰코자 한다.

2. 태극의 실질적 내용

첫째로 고찰해야 할 문제는 태극의 실질적 내용에 관한 것이다. "태극생양의(太極生兩儀)"에 있어서의 태극을 발생론적 원인으로 볼 것이냐(因觀), 그렇지 않고 규정성 대 피규정성의 논리적 규정 관계에서 이해할 것이냐(對觀)하는 문제다.

『주역』「계사전」의 "역유태극 시생양의(易有太極 是生兩儀)"란 명제는 그 문맥상 분명히 태극을 발생론적 제1원인으로 해석함 직하다. 주자(周子)의『태극도설』도 또한 마찬가지다. "태극동이생양(太極動而生陽) (…) 정이생음(靜而生陰)"이란 말은 태극 자체가 스

---

17)『太極圖說』

스로 동정(動靜)하는 것으로 해석되지 않을 수 없겠다. "일동일정 호위기근 분음분양 양의입언(一動一靜 互爲其根 分陰分陽 兩儀立焉)"이란 구절은 태극이 동정하여 음양으로 분립한다는 것을 뜻하고 있다. 여기에 생자(生字)는 분자(分字)로 통(通)하고 있는 것이다.

기(氣)란 본래 운동을 그 속성(屬性)으로 한다. 그리고 운동에는 적극·소극의 양면, 즉 동과 정이 있다. 적극적으로 움직여 나가는 기운과 그것이 소모, 쇠퇴하여 정지하려는 다른 면이 있단 말이다.

앞에서도 지적하였듯이 유가철학의 방법적 특징은 소여 현상의 관찰, 분석에 있다. 물론 그것은 아직 현상학적 방법을 방법론적으로 충분히 의식한 위에서는 아니라 하더라도 그 격물치지(格物致知)의 태도상 어디까지나 '사상(事象) 자체'에 충실하려는 취의(趣意)를 분명히 내포하고 있다고 보겠다.

그들은 무엇보다도 주야(晝夜)의 교체나 사계절의 순환과 같은 두드러진 자연현상에 눈길을 돌리고 있다. 그리하여 그 가운데 음기와 양기란 운동의 본질적 계기를 직관(直觀)한 것이다.

태극이란 무엇인가. 주자(周子)에 의하면, 동정하려는 기운이다. 아직 음양 양극으로 분기되지 않은 잠세적(潛勢的) 기운이기에 '무극(無極)'이라 이름하고 만물이 생생(生生)하는 근원이기에 '태극'이라 이름하기도 한다. "五行一陰陽也 陰陽一太極也 太極本無極也"라는 구절은 무극에서 오행에 이르는 전 과정이 본래 기의 운동임을 명시하고 있다. "無極之眞 二五之精 妙合而凝 化生萬物 (…)"이란 구절도 또한 자연의 전 과정이 기의 운동이라는 것을 분명히 하고 있다.

장횡거의 『정몽(正蒙)』은 『태극도설』의 연장선상에 있다고 보겠다. 장자(張子)는 주자(周子)의 '무극'을 '태허(太虛)'라 이름한다.

"太虛者 氣之體 氣有陰陽屈伸 相感之無窮"[18]

태허 속에는 무궁한 변화의 계기가 내포되거니와 그것들이 아무런 모순도 충돌도 없이 화합하여 있다. 그러기에 태허는 또 '태화(太和)'라 이름되기도 한다.

---

18) 『正蒙』 乾稱篇

"太和所謂道 中涵浮沈升降動靜相感之性"[19]

"太虛無形 氣之本體 其聚其散 變化之客形爾"[20]

태극을 태허라고 개칭한 것은 취산(聚散)의 근저에 있는 잠세적(潛勢的) 기(氣)로서
무형무적(無形無迹)한 실체라고 봤기 때문일 것이다. 그러한 기의 본체가 순수한 운동력
으로서 전제되지 않을 수 없다고 본 것이다.

"太虛不能無氣 氣不能不聚而爲萬物 萬物不能不散而爲太虛"[21]

이 입장은 소강절(邵康節)에서도 그대로 유지된다.

"氣一本也 生則爲陽 消則爲陰 故二者一而已矣"[22]

"天生于動者 地生于靜者 一動一靜 交而天地之道盡之矣"[23]

이들의 문헌에서 볼 때 일동일정지간 지묘자본일기(一動一靜之間 至妙者本一氣)라는
사상이 뚜렷하다. 이른바 '천지지도(天地之道)'의 도(道)가 이(理)로서 파악될 수 있는 소
지를 갖추고 있으나 아직 그것을 이(理)라고 이름하지는 않았다.

정명도(程明道)에 있어서 그의 "形而上爲道 形而下爲器 須著如此說 器亦道 道亦器"라
는 명제에서 보듯이, 도와 기와의 상즉상응(相卽相應)하는 불가분성이 강조되고 있을 뿐
아직도 역(易)의 태극을 건원(乾元)의 일기(一氣)라고 보고 있는 듯하다.

정이천(程伊川)에 이르러 비로소 도가 이로서 파악되고 기(氣)는 형이하(形而下)의 기
(器)로 격하되면서, 여기에 양자의 존재론적 위계가 뚜렷이 나타난다.

"離了陰陽更無道 所以陰陽者 是道也 陰陽 氣也 氣是形而下者 道是形而上者 形而

---

19) 同, 太和篇

20) 同上

21) 同上

22) 『皇極經世』 觀物外篇

23) 同, 觀物內篇一

上者 則是密也"[24)

"至微者 理也 至著者 象也"[25)

"至顯者 莫如事 至微者 莫如理 而事理一致 顯微一源"[26)

이천(伊川)에 의하면, 도는 곧 이이고, 그것은 형이상(形而上)의 지극히 은밀하고 미묘한 것이다. 기(氣)는 곧 음양으로서 구상적(具象的)으로 현저한 사상(事象)이다. 그러면서 양자는 불가분하게 결합되어 있다. 그럼으로써 음양의 기(氣)를 떠나 따로 이(理)가 있는 것은 아니지만, 그러나 음양은 어디까지나 기(氣)이고 그것으로 하여금 음양되게 하는 소이연(所以然)의 이치는 도(道)요 이(理)라는 것이다. 이천은 여기에 도라는 개념을 이로써 파악하고 있다. 이는 형이상자(形而上者)인데 기는 형이하자(形而下者)이다. 계사전의 "형이하자 위지기(形而下者 謂之器)"란 구절의 기(器)의 자리에 기(氣)가 바꿔 놓여지고 있다. 이리하여 이와 기는 상하관계로 대치된다.

종래에 기(氣)는 그 근원 영역에 있어서 무형무적(無形無跡)한 자로서 상(四象)에 앞서 태극에 직결(直結)되었거나 또는 장자(張子)에 있어서처럼 태허(태극) 자체를 바로 기(氣)라고 보고 있었던 것이다.

그런데 이제 이천에 와서는 현저히 구상적인 자가 기(氣)이고, 이 의미에서 기는 형이하(形而下)의 사(事) 또는 상(象)으로서 기(器)에 불과한데 도(道)는 지밀지미(至密至微)한 자로서 이(理)라 이름하여진다. 이란 구상자(具象者)를 규정짓는 법칙이라는 것이다. 그러나 구상자에 대한 규정성을 떠나서 이가 법칙 구실을 할 수는 없다.

이리하여 태극은 만물생생의 시원적 원리라는 발생론적 개념에서 규정성 대 피규정성 또는 보편(법칙) 대 특수(구상)라는 논리적 규정 관계에서 이해되는 존재론적 개념으로 개주(改鑄)된다.

---

24) 『遺書』 十五
25) 『易傳』 序
26) 『遺書』 二十五

3. 이기선후 문제(理氣先後問題)

송학(宋學)의 전개 과정에서 기(氣)의 운동 형식을 기(器)에서 추출함으로써 이(理)란 개념이 확립된다. 이는 운동법칙을 가리킨 말이다. 법칙은 운동의 규정성 내지 동형성(同形性)을 의미하고, 그런 의미에서 보편적이다. 이른바 형이상자(形而上者)이다. 이와 기를 보편자 대 특수자란 형이상·하 관계에서 성격지울 때, 이에게 기보다 우선하는 존재론적 위계가 인정됨 직하다.

이미 이천(伊川)에 있어 이러한 경향이 나타나고 있었지만, 주자(朱子)에 와서 이는 기의 운동을 규제하는 형식적 원리에 그치지 않고 기보다 선재(先在)하는 존재론적 우선마저 인정되기도 한다. 이리하여 여기에 이기무선후(理氣無先後)냐 이선기후(理先氣後)냐 하는 착종한 문제가 제기되고 있다.

주자는 『태극도설해(太極圖說解)』에서

> "上天之載 無聲無臭 而實造化之樞紐 品彙之根柢也 故曰無極而太極 非太極之外復
> 有無極也"

라고 한다. 또한 다음과 같이도 말한다.

> "蓋其所謂太極云者 合天地萬物之理而一名之耳 以其無器與形而天地萬物之理無不
> 在 是故曰無極而太極 以其具天地萬物之理而無器與形 故曰太極本無極也"[27]

줄여서 말하면, 만물의 원리로서 태극이라 말하여지며 그 무기여형(無器與形)이란 점에서 무극(無極)이라 말하여진다는 것이다. 또한

> "其動其靜 則必有所以動靜之理焉 是則所謂太極也 (…) 然曰無極而太極 太極本無
> 極 則非無極之後別生太極而太極之上先有無極也 又曰五行陰陽 陰陽太極 則非太

---

27) 『朱子集』 卷七十六

極之後別生二五而二五之上先有太極也"[28]

라 한다.

　여기에 주자가 말하고자 하는 바는 분명하다. 원리로서의 법칙은 무형무적한 보편적
형식에 지나지 않으나 구체적 사상(구체자)을 규정짓는 데 그 의의가 있을 것이고 구체
자(具體者)에 대한 이 규정 관계를 떠나서는 원리의 원리된 소이가 성립하지 않는다는
것이다. 이 점에서 말한다면 이기무선후(理氣無先後)라 하지 않을 수 없다. 그러기에 다
음과 같이 말하여진다.

　　"太極之義正謂理之極致耳 有是理卽有是物 無先後次序之可言 故曰易有太極 則是
　　太極乃在陰陽之中而非在陰楊之外也"[29]
　　"有是理卽有是氣 氣則無不兩者 故易曰太極生兩儀"[30]

　여기에 '생(生)' 자의 뜻이 적절히 조명되고 있다. "기무불양 고태극생양의(氣無不兩 故
太極生兩儀)"라 한다. 이 해석에 따르면 생(生)은 곧 분(分)이다. 이일분수(理一分殊)의 분
(分)이다. 그러므로

　　"太極只是天地萬物之理 在天地言則天地中有太極 在萬物言則萬物中各有太極"[31]

이라고 말해진다.

　일리(一理)가 비록 각리(各理)로 분수(分殊)한다 할지라도, 각물(各物)의 유(類)나 종
(種)에 걸쳐서 그 이(理)가 보편자임을 잃지 않을 것이다. 그러므로 구체자에 대한 규정
성이란 대대(對待) 관계에서는 이기무선후(理氣無先後)라 하더라도, 기(氣)는 피규정자이
고 개별화의 원리인데 이(理)는 어디까지나 규정자이고 보편적 원리라고 하는 그 존재
론적 우열에서 말한다면, 이선기후(理先氣後)라고 하지 않을 수 없다. 다음 구절은 이 견

---

28) 同, 卷四十二
29) 同, 卷二十九
30) 同上
31) 『朱子語類』 卷一

지에서 해독하여야 할 것이다.

> "大抵天下事物之理 亭當均平 無無對者 唯道爲無對 然以形而上下論之 則亦未嘗不
> 有對也"[32]

　주자가 이기무선후(理氣無先後)를 말하는 한편 이선기후(理先氣後)를 주장한다는 것은 앞뒤가 모순되는 듯 하면서도 사실은 조금도 그렇지가 않은 것이다. 이러한 의문은 원리와 구체자와의 대대 관계에서 하는 말과 양자의 존재론적 우열 관계에서 하는 말을 분간할 때 비로소 석연(釋然)히 풀릴 수 있는 것이다.

> "理與氣本無先後之可言 然必欲推其所從來 則須說先有是理 然理又非別爲一物 卽
> 存乎是氣中"[33]
> "理未嘗離乎氣 然理形而上者 氣形而下者 自形而上下言 豈無先後"[34]
> "有是理後生是氣"[35]
> "未有天地之先畢竟是先有此理"[36]

　그 소종래(所從來)를 추론한다면 먼저 이 이(理)가 있다고 말해야 한다고 한다. 그 종래(從來)란 무엇을 가리키는가. 형이상하(形而上下)를 따져서 하는 말이다. 형이상하를 따져서 말한다면 어찌 선후(先後)가 없겠는가라고 한다. 이 점에서 말한다면 아직 천지(天地)가 있기에 앞서서 이 이(理)가 있다고 봐야 한다는 것이다. 여기서 말하는 선후(先後)는 시간상의 선후가 아니라 논리적 선후 또는 존재론적 위계의 상하이다. 위의 인용들을 종합해 보면, 이(理)의 존재론적 우위가 명시된다. 그것은 존재적 선재성(先在性)을 의미하는 것이 아니라, 존재(의미)론적 우선성(優先性, apriori)을 의미한다. 다음 글은 이 점을 더욱 뚜렷이 하고 있다.

---

32) 『朱子集』 卷二十四
33) 『朱子語類』 卷一
34) 同上
35) 同上
36) 同上

"又問 未嘗有一物之時如何 曰是有天下公共之理 未有一物所具之理"[37]

이른바 공공지리(公共之理)란 이(理)의 보편성을 가리킨 말이다. 개별적 구체자의 존망을 초월하여 그 보편적 원리로서 이(理)가 있어야 한다는 것이다. 이와 기는 물(物)에 있어서 언제나 불가분하게 결부되어 있다. 이것은 존재적 무선후(無先後), 즉 동시존재(同時存在)이다. 그러나 원리상으로 볼 때 이는 규정하는 보편자이고 기는 규정을 받는 특수자이다. 이 의미에서 이선기후(理先氣後)이니, 이것은 존재론적 상하관계이고, 이 관계에서 이(理)의 우선성(apriori)을 주장하더라도 그것은 이기의 존재적 무선후와 조금도 모순되는 것이 아니다. 그러므로 다음과 같이 말해진다.

"所謂理與氣決是二物 但在物上看則二物渾淪 不可分開 各在一處 然不害二物之各
爲一物也 若在理上看則雖未有物而已有物之理 然亦但有其理而已 未嘗實有是物也
(…) 須知未有此氣先有此性 氣有不存 性却常在 雖其方在氣中 然氣自氣生自性"[38]

위의 인용문은 이(理)와 기(氣)의 불상리(不相離) 불상잡(不相雜)의 관계를 잘 말해주고 있다. 이와 기는 물(物)에 있어서 불상리이기에 이이일(二而一)이고, 원리상 불상잡이기에 일이이(一而二)이다. 물(物)에 있어서(在物上)의 불리관계(不離關係)에서 보면 존재적 무선후 즉 동시적 공존이지만 원리상(在理上)의 불잡관계(不雜關係)에서 보면 이선기후 즉 이의 존재론적 우월성이란 의미에서의 선천성이 인정되지 않을 수 없다는 것이다. 존재적 무선후와 존재론적 선후는 결코 상호배제하거나 모순되는 것이 아니다.

주자의 입장은 이와 기란 두 가지 원리의 불리불잡(不離不雜)을 주장하는 점에서 이기이원론(理氣二元論)이고 이의 존재론적 우위(선천성)를 인정하는 점에서 주리론(主理論)이다.

합하여 주리적 이원론이라 하겠다. 주자의 입장을 충실히 이어받은 이가 우리나라 이황(퇴계)이다. 이와 달리 기일원론(氣一元論)으로써 주자의 입장에 대립한 이는 서경덕(화담)이다. 화담은

---

37) 同上
38) 『朱子集』 四十六, 答劉叔文

"太虛 湛然無形 號之曰 先天"[39]

"其大無外 其先無始 其來不可究 其湛然虛靜 氣之原也 彌漫無外之遠 逼塞充實 無

有空闕 無一毫可容間也 然挹之則虛 執之則無 然而却實 不得謂之無也"[40]

라 한다.

화담이 선천(先天)이라 부른 것의 정체는 과연 무엇일까. 현대과학의 용어로 바꾸어
말한다면 '에네르기'라고나 할 것인가.

"易所謂寂然不動 庸所謂誠者自成 語其湛然之體 曰一氣 語其混然之周 曰太一 濂

溪於此 不奈何 只消下語 曰無極而太極 是則先天"[41]

이라 한다.

여기에 이른바 '선천'은 실체를 가리킨 말이다. 어떤 의미에서 실체(Substanz)라 하는
가. 칸트의 정의에 따르면 "현상의 모든 변화에 있어서 실체는 지속하고 자연에 있어서
의 그것의 양은 증감하지 않는다."[42] 우리도 또한 그런 의미에서 실체를 이해코자 한다.
곧 실체란 변화를 통하여 지속하는 것이다. 그것은 모든 변화를 통하여 증감이 없다. 시
공상의 한계도 없다. 그러면서도 모든 현상이 그것으로부터 나오는 기체(Substrat)이다.
화담의 이른바 태허(太虛)의 일기(一氣)란 그런 의미에서의 기체(基體)이다. '에네르기' 자
체라 해도 좋을 것이다.

"無外曰太虛 無始者曰氣 虛卽氣也 虛本無窮 氣亦無窮 氣之源 其初一也"[43]

태허(太虛)의 일기(一氣)는 그것이 기(氣)인 까닭에 운동의 계기를 내포한다. 따라서
동정합벽(動靜闔闢)이 없을 수 없다. 밖으로부터 누가 시켜서 그런 것이 아니라 스스로

---

39) 『花潭集』 原理氣
40) 同上
41) 同上
42) Kant, *Kritik der renen Vernunft*, A. 182.
43) 『花潭集』 原理氣

할 수 있고 또한 스스로 하지 않을 수 없어서 그런 것이다. 이때 이(理)가 나타난다.

> "悠爾躍 忽爾闢 孰使之乎 自能爾也 亦自不得不爾 是謂理之時也 易所謂感而遂通
> 庸所謂道自道 周所謂太極動而生陽者也 不能無動靜無闔闢 其何故哉 機自爾也"[44]
> "旣曰 氣一便涵二 太虛爲一 其中涵二 旣二也 斯不能無闔闢 無動靜 無生克也 (…)
> 非自外來而宰之 指其氣之用事 能不失所以然之正者而謂之宰"[45]

주자에 의하면 이(理)와 기(氣)는 물(物)에 있어서 불상리(不相離)의 관계를 유지하면서도 이 두 가지 원리가 '기자기 이자리(氣自氣 理自理)'로서 불상잡(不相雜)의 이원(二元)으로 대립(對立)하는 것이었다.

그런데 화담에 의하면, 이(理)는 기(氣)의 운동 형식으로서 기 속에 내포된다. '이자리(理自理)'로써 자립하는 이(理)가 아니라 기(氣)의 속성화한 '기중리(氣中理)'이다. 이는 기중리로서 기에 내속(內屬)하면서 '기지재(氣之宰)'로 된다. 그러나 '자외래이재지(自外來而宰之)'하는 것이 아니라 '기지용사능불실소이연지정자(氣之用事能不失所以然之正者)'를 가리켜 재(宰)라 하는 것이다. 요컨대 기(氣)의 운동 형식으로서 기 자신의 기능에 속한 것이 이른바 이(理)이다. 기에는 물론 이 밖에도 질량(mass)으로서의 기체성(Substrat)과 그것의 지속성(Beharrung) 등이 또한 속성으로 되지 않으면 안 될 것이다. 그런 의미에서 이(理)는 기(氣)의 여러 성질 중에서 가장 기본적인 속성인 것이다.

이(理)는 기(氣)의 속성으로서 기에 내포되므로 "이불선어기 기무시 이고무시(理不先於氣 氣無始 理固無始)"[46]라고 말하게 되며 "약왈 이선어기 즉시기유시야(若曰 理先於氣 則是氣有始也)"[47]라 한다. 이들의 명제는 기와 이의 관계를 실체와 속성의 관계에서 이해한 것이다. 이리하여 존재론적 우위 내지 선천성(apriori)은 이에서 기에게로 전가된다. 존재론적 의미에서 말한다면 실체가 속성에 우선하기 때문이다. 화담의 입장은 기일원론(氣一元論)이고, 이를 부차적 원리로 보는 한에서는 주기론(主氣論)이라 하겠다.

이런 점에서 이율곡의 입장도 대체로 화담과 일치한다. 율곡에 의하면, "太極動而生

---

44) 同上
45) 同, 理氣說
46) 同上
47) 同上

陽 靜而生陰"이란 주자(周子)의 명제를 "太極動然後陽乃生 太極靜然後陰乃生"이라 해석해서는 안 된다는 것이다.[48] "於陰陽變易之中太極之理"[49]이고 "本體之中流行具焉 流行之中本體存焉"[50]이라 한다. 음양(陰陽)의 기(氣)는 "動靜無端 陰陽無始 理無始 故氣亦無始"이므로 "未嘗有不動不靜之時 陰陽未生太極獨立之時"[51]라 한다.

앞에서 인용한 "理不先於氣 氣無始 理固無始"란 화담의 명제와 "理無始 故氣亦無始"란 율곡의 명제, 그리고 "太極未生兩儀之前 兩儀固存乎太極之中 而太極已生兩儀之後 太極之理亦在乎兩儀之中矣"란[52] 이항(李恒)의 명제를 비교할 때 이기무선후(理氣無先後)라고 보는 점에서 삼자가 일치한다. 그것은 이와 기의 존재적 공존(不離)에 관한 공통한 견해이다. 그러나 존재론적 관점에 있어서는 보편과 특수와의 상하관계에서 이선기후(理先氣後)를 보는 주리론과 실체와 속성과의 내속관계에서 기중지리(氣中之理)를 보는 주기론과의 대립이 나올 수 있겠다.

4. 이동(理動)의 문제

"역유태극 시생양의(易有太極 是生兩儀)"(『계사전』)

"태극동이생양(太極動而生陽) (…) 정이생음(靜而生陰)"(『태극도설』)

등의 명제는 그 문맥상 분명히 태극이 동정(動靜)하는 데서 음양이기(陰陽二氣)가 발생한다는 뜻으로 해석됨 직하다.

태극의 내용을 태허(太虛)의 일기(一氣)라고 보는 횡거나 화담의 기일원론(氣一元論)에 있어서는 기(氣)란 본래 운동의 계기를 내포하므로, 위와 같은 해석에 아무런 어려움도 따르지 않을 것이다. 그러나 태극의 내용을 이(理)라고 보는 주자(朱子)나 퇴계의 주리론의 경우는 그렇지 않다.

주자는 태극을 동정(動靜)의 이(理)라고 본다.

48) 『栗谷全書』 卷一
49) 同, 卷三十一
50) 同, 卷十
51) 同, 卷九
52) 『高峯先生文集』 往復書, 卷一

"天地之間只有動靜兩端 循環不已 更無餘事 比之謂易 而其動其靜則必有所以動靜
之理 是則所謂太極者也"[53]

이(理)에 동정(動靜)이 있으니까 기(氣)에도 동정(動靜)이 있게 된다고 한다.

"理有動靜 故氣左動靜 若理無動靜則氣何自有動靜乎"[54]
"有這動之理 便是動而生陽 有這靜之理 便是靜而生陰 旣動則理又在動之中 旣靜則
理又在靜之中"[55]

전자의 인용문에서 '이유동정(理有動靜)'이라 한 것을 후자의 인용문에서는 '동지리(動
之理)' '정지리(靜之理)'라고 표현하고 있다. 이(理)에 동정의 법칙이 있으니까 이 법칙에
따라 기(氣)에 동정이 있게 되고, 기가 동하여 양이 되고 정하여 음이 된다는 것이다.
그러나 이(理)에 동(動)하고 정(靜)하는 법칙이 있다(理有動靜)는 것과 이(법칙) 자체가
동정한다(理動靜)는 것은 그 뜻하는 바가 저절로 다르지 않을 수 없을 것이다. 그러므로
다음과 같이 말한다.

"動靜非太極 而所以動靜者 乃太極也 故謂非動靜外別有太極則可 謂動靜便是太極
之道則不可"[56]

위의 구절은 다음 글과 아울러 생각할 때 그 의미가 더욱 분명해진다.

"蓋氣則能凝結造作 理却無情意 無計度 無造作 只此氣凝聚處 理便在其中 (…) 但
有此氣則理便在其中"[57]

태극은 동정이 아니라 동정하는 소이(非動靜而所以動靜者)란 말은 곧 이(理)에는 정의

---

53) 『性理大全』 一, 太極圖朱子小註
54) 『朱子集』 五十六
55) 太極圖朱子小註
56) 同上
57) 『朱子語類』 一

(情意) 계탁(計度) 조작(造作)이 없다는 말과 같은 뜻이다. "有此氣則理便在其中"이란 구절은 "非動靜外別有太極"이란 구절과 일치한다.

> "謂太極含動靜 以本體而言也 謂太極有動靜 以流行而言也 若謂太極便是動靜 則是
> 形而上下者不可分 而易有太極之言 亦贅矣"[58]

주자는 여기에 '태극함동정(太極含動靜)'과 '태극유동정(太極有動情)'이란 두 명제를 구별하고 있다. 전자는 본체상으로 한 말이고 후자는 유행상(流行上)으로 한 말이라는 것이다. 전자는 태극 속에 동지리(動之理)와 정지리(靜之理)가 포함되어 있다는 것이고, 후자는 기(氣)의 동정 속에 동정의 이(理)가 있다는 것이다. 만약에 태극 그것이 곧 동정이라 말한다면 형이상자와 형이하자가 분별될 수 없게 되고, 따라서 역유태극(易有太極)이란 말이 불필요하게 된다는 것이다. 주자는 앞에서 '재리상간(在理上看)'과 '재물상간(在物上看)'이란 표현을 사용한 바 있다.[59] 필자는 그것은 '존재론적 고찰'과 '존재적 고찰'이라고 해석하였다. 여기에 주자는 다시 '이본체이언(以本體而言)'과 '이유행이언(以流行而言)'이란 표현을 쓰고 있다. '재리상간'이나 '이본체이언'은 존재론적 고찰이고, '재물상간'이나 '이유행이언'은 존재적 고찰이다.

이는 보편성의 원리인데 기는 특수화의 원리이다. 이는 규정자이고 기는 피규정자이다. 이러한 존재론적 의미에서 이선기후(理先氣後)를 말할 수 있었듯이, 여기서도 또한 태극은 운동법칙(動之理)과 정지법칙(靜之理)을 포함한다. 태극함동정(太極含動靜)이라고 말할 수 있겠다. 왜냐하면 특수자를 규정지어 그러한 특수자되게 하는 보편자 즉 이의 규정 기능을 가리켜 '동(動)'이라 표현할 수도 있겠고, 오직 그런 의미에서만 '동'이란 표현이 허용될 것이기 때문이다. 그러나 특수자를 동정하게 하는 보편적 법칙 그것이 다시 동정한다고 말하는 것은 아무래도 순환논법이 아닐 수 없을 것이다. 그러므로 이유동정(理有動靜) 또는 태극함동정(太極含動靜)이라 할 수는 있어도 이동정(理動靜) 또는 태극동정(太極動靜)이라 해서는 안 된다는 것이다.

이 문제에 관한 일층 정치(精緻)한 사변이 조선 유학에서 전개된다. 이항(李恒, 一齋)이 "태극도중 상일권 전언리이불언기 하일권 겸리기이언(太極圖中 上一圈 專言理而不言

---

58) 太極圖朱子小註
59) 引用文 (117) 參照

氣 下一圈 兼理氣而言)"이라 한 데 대하여 고봉(高峯)은 다음과 같이 반박한다.

"最上一圈 正所謂太極也 次下一圈 所謂陽動陰靜者也 中小圈 乃太極之本體也 此
所謂卽陰陽而指其本體不雜乎陰陽而爲言者也 陰之靜則是太極之體所以立也 陽之
動則是太極之用所以行也 然太極非以陰陽爲體用也 特太極之體用 因陰陽而後見爾
蓋太極無象 而陰陽有氣 故其流行之際 不得不如是耳"[60]

최상일권(最上一圈)은 바로 태극이고, 그다음 일권은 음양의 동정(動靜)인데, 태극은
음양으로써 체용(體用)을 삼는 것이 아니라 다만 음양이 동정할 적에 나타나는 것이라
한다. 이에 대하여 이항(일제)은

"君不辨上一圈之理與下一圈之道 而通謂之太極不雜乎陰陽而爲言 何其謬哉 又易
曰 太極生兩儀 蓋兩儀未生之前 兩儀存乎何處 兩儀已生之後 太極之理亦存乎何處
從這裏面深思明辨 則庶見理氣之渾然一物耳 余以爲太極未生兩儀之際 兩儀固存乎
太極之度內 而太極已生兩儀之後 太極之理 亦存乎兩儀之中矣 然則兩儀之未生已
生 元不離乎太極也 若相離則無物矣 嗟呼 非知道者 孰能識之 余所謂相離則無物五
字 幸勿凡視也"[61]

라고 응수한다.

　이 인용문 중의 "太極未生兩儀之際 兩儀固存乎太極之度內 而太極已生兩儀之後 太極
之理 亦存乎兩儀之中矣"라는 구절은 본체의 영역에서나 현상의 영역에서 이와 기는 항
상 불리부잡(不離不雜)의 관계에 있다고 보는 퇴계의 입장을 잘 대변하고 있다. 이러한
견해는 '태극함동정'이지만 '동정비태극(動靜非太極)'이라는 주자의 견해와 완전히 부합한
다. 곧 본체의 영역에 있어서도 역시 동정의 기기(氣機)로서의 양의(兩儀)와 동정의 이
(법칙)로서의 태극은 공존(不離)한다는 것이다.

　이로써 볼 때, 퇴계의 주리론은 화담의 주기론과 양단으로 대립한다기보다 오히려
동일 내용을 보는 시각의 차이에 불과하다 할 수 있지 않을까. 왜냐하면 태극을 기라고

---

60) 『高峯先生文集』 往復書, 卷一
61) 同上

보는 화담에 있어서도 '기자이(氣自爾)'하는 운동법칙(이)이 이미 기 중에 포함되어 있어 기(氣)를 '재지(宰之)'한다고 말하고 있으며, 태극을 이(理)라고 보는 퇴계에 있어서도 "太極未生兩儀之前 兩儀固存乎太極之中"이라 말하지 않을 수 없을 것이니 말이다. 화담의 견해를 '이적기(理的氣)' 또는 '기함리(氣含理)'라 표현한다면 퇴계의 그것은 '기적리(氣的理)' 또는 '이함기(理含氣)'라 표현해서 과히 잘못이 아닐 것이다.

　　태극과 양의(음양)의 관계를 위와 같이 파악할 때, 그것은 이기대설(理氣對說)이 된다. 그런데 고봉은 위의 인용문에서 양자의 관계를 선후관계(先後關係)에서 이해하는 인설(因說)을 취하고 있다. 고봉은 이 입장에서 성정관계(性情關係)도 대설(對說)에서 이해하지 않고 인설(因說)에서 이해한다.

　　"大升以僞 朱子謂四端是理之發 七情是氣之發者 非對說也 乃因說也"[62]

5. 소이연과 소당연

　　다음은 『주자어류(朱子語類)』의 글이다.

　　"問天與命性與理四者之別 天則就其自然者言之 命則就其流行而賦於物者言之 性則就其全體而萬物所得而爲生者言之 理則就其事事物物各有其則言之 到得合而言之 則天卽理也 命卽性也 性卽理也 是如此否 曰然"[63]

　　이른바 천(天)은 곧 자연이다. 천이 물(物)에게 부여한 것이 명(命)이다. 성(性)은 물(物)이 천명(天命)을 받아서 지닌 바 본성이다. 이(理)는 법칙이다. 이리하여 '天卽理 命卽性 性卽理'라는 등식이 성립한다.

　　정자(程子)의 보는 바도 또한 마찬가지다.

---

62) 同上, 四七理氣往復書下篇
63) 『朱子語類』 五.

"天者 自然之理也"[64]

"自理言之謂之天 自稟受言之謂之性 自存諸人言之謂之心"[65]

위의 명제들은 『중용』의 '천명지위성(天命之謂性)'이란 명제에서 벗어나지 않는다. 요컨대 명이니 성이니 이니 하는 것은 천리(天理), 즉 자연법칙을 가리킨 말들이다. 그런데 이는 소이연(所以然)과 소당연(所當然)으로 나누어진다.

"天下之物 則必有所以然之故與所當然之則 所謂理也"[66]

소이연지고(所以然之故)는 불가역(不可易)이고 소당연지칙(所當然之則)은 불용이(不容己)라고 표현된다.

"其所當然而不容已與所以然而不可易"[67]

불가역(不可易)은 필연적 자연법칙이고, 불용이(不容己)는 당연행위를 요구하는 도덕법칙이다. 그리고 전자에서 후자의 근거가 구하여진다.

"所當然之則 (…) 皆天理使之然"[68]

"知所當然是知性 知所以然是知天 謂知其理所從來也"[69]

소당연(所當然)을 아는 것은 천명의 성(性)을 앎이고, 소이연(所以然)을 아는 것은 천(天)을 앎이요 천리(天理)의 소종래(所從來)를 앎이라 한다. 요컨대 도덕법칙의 근거를 자연법칙에 구하고 있는 것이다.

위의 인용들에서 주자의 진의를 대충 알만하다. 그러나 소당연의 도덕법칙이 과연

---

64) 『程氏遺書』 二十四
65) 同, 二十二
66) 大學或問朱子註
67) 同上
68) 同上
69) 同上

소이연의 자연법칙과 동일 연장선상에 있는 것일까. 소이연이불가역자(所以然而不可易者)에서 소당연이불용이자(所當然而不容已者)가 도출되는 것일까. 전자는 필연성인데, 후자는 당연성이다. 필연적 법칙과 당연적 법칙이 다 같이 법칙으로서 이(理)에 속한다 하더라도, 양자는 과연 동일의 존재 양상일 것인가. 자연법칙에서 도덕법칙을 연역하는 유가윤리학의 근본적 난점이 여기에 복재(伏在)한다.

존재에는 있을 수 있음(가능존재), 있음(현실존재), 반드시 있음(필연존재), 마땅히 있음(당연존재)이란 네 가지 양상이 있다.

자연계에서 현실존재는 가능존재 및 필연존재와 불가분하게 문합(吻合)되어 있다. 현실적으로 존재하는 모든 것은 다 그럴 만한 충분한 조건과 이유(이른바 소이연지고)가 있어 그렇게 있게 된 것이고, 그러한 조건들을 갖추고 있는 것이면 있게 되지 않을 수 없는 것, 다시 말해서 반드시 있게 마련이다. 현실존재로 현실화하지 않는 것은, 비록 처음엔 있을 수도 있을 것처럼 보였더라도 본래 있을 수 없었던 것이다. 현실존재로 되는 것만이 애당초 참으로 가능한 존재이었단 말이다. 여기서는 가능성과 필연성이 현실성과 밀착해 있다. 현실이란 그렇게 냉혹하고 준엄한 것이다.

당연존재(當然存在)는 그렇지가 않다. 당연존재는 현실·비현실에 상관없이 타당한 것이다. 심지어 가능·불가능마저 불고(不顧)하고 요구되는 것이다. 있어야 마땅한 것인데도 있지 않은 현실이 있는가 하면, 현실로 있는 것인데 있지 않아야 마땅할 것으로 거부되는 경우도 있다. 있을 수 없는 것이면서도 있어야 마땅한 것으로 요청되는 경우가 있는가 하면, 있을 수 있는 것인데 있지 않도록 저지해야 마땅한 경우도 있는 것이다. 당연존재의 양상은 이처럼 여타 존재 양상과 판이한 것을 본다.

실례를 들어 보자. 사람이면 누구나 정직한 마음씨가 있어야 마땅하다. 이것은 모든 사람에게 요구되는 당연존재이다. 이 요구는 정직자에게 대해서나 부정직자에게 대해서나 똑같이 타당한 것이다. 다만 그 사람이 현실로 부정직할 때, 이 요구가 더욱 절실한 것으로 된다는 점이 다를 뿐이다.

또 한 가지 다른 예를 들어 보자. 인류의 생활에 평화가 있어야 마땅하다는 요구는 현실의 세계가 평화롭건 그렇지 못하건 상관없이, 또한 그것이 실현될 가능성이 당장은 있건 없건 상관없이, 언제나 타당한 당연존재이다.

당연존재의 이러한 요구는 그것이 필연성에 결부되어 있지 않은 하나의 요청에 불과하므로 이 요구에 청종(聽從)할 인간의 개입이 요청되는 것이고, 거기에 인간의 당연행위, 즉 도덕적 의무가 성립하는 것이다. 『중용』의 말을 빌린다면, "찬천지지화육 여천지참(贊天地之化育 與天地參)"이 요구된단 말이다. 가령 모든 현실이 필연성과 결부되어 있다고 한다면, 당연존재가 발언할 여지가 없을 것이고, 따라서 인간의 참여는 한갓 무의미한 사족에 불과할 것이다. 거기에서는 도덕이 성립할 수 없다.

필연존재와 당연존재의 존재 양상이 이처럼 판이한 것이고 보면, 소이연의 필연적 존재법칙에서 소당연의 요청적 도덕법칙을 도출한다는 것이 과연 가능하며 타당할 것인가. 이 물음은 자연과 인간은 과연 동일 차원에서 동일 원리로써 다루어질 수 있을 것인가 하는 말로 바꾸어 표현할 수도 있겠다. 좀 더 구체적으로 말해서 인의예지(仁義禮智)란 인간적 사덕(四德)의 근거를 꼭 원형이정(元亨利貞)이란 천지지리(天地之理)에서 찾아야 하는 것일까, 그렇지 않고 이 근거를 별개의 원천에서 찾을 수도 있을 것인가 하는 문제다. 여기에 유가윤리학의 근본적 난점이 복재(伏在)한다.

6. 유가윤리학의 제 특성

우리는 앞에서 주자가 천·명·성·리란 사자(四者)의 관계를 천즉리 명즉성 성즉리(天卽理 命卽性 性卽理)라고 규정하는 것을 봤다.[70] 여기에 천=명=성=리란 등식이 성립하고 있다. 인의예지란 인성의 근거를 원형이정이란 천리에 구함은 이 등식에 의거한다. 유가의 철학은 본래 주야(晝夜), 사시(四時)의 순환하는 현상과 천택화뢰풍수산지(天澤火雷風水山地) 등 현저한 자연현상을 관찰하고 그 특징을 분석함으로써, 자연현상 일반을 음양이기(陰陽二氣)의 운동법칙과 금목수화토(金木水火土) 오행(五行)의 기능으로 환원하고, 이기교감 화생만물(二氣交感 化生萬物)하는 근저를 태극이라 한다. 여기에 현상 분석의 방법이 철학의 발판 구실을 하고 있음을 본다. 그럴 적에 그 태극을 이(理)라고 본 것이 주자의 주리론이다.

태극의 이(理)란 무엇인가.

---

70) 註 (142) 參照

"春之生氣貫徹四時 春則生之生也 夏則生之長也 秋則生之收也 冬則生之藏也"[71]

춘하추동(春夏秋冬)의 생장수장(生長收藏)은 곧 원형이정(元亨利貞)이요 태극(太極)의 이(理)이다.

"蓋天地之心 其德有四 曰元亨利貞 而元無不統 其運行焉 則爲春夏秋冬之序 而春生之氣無所不通 故人之爲心 其德亦有四 曰仁義禮智 而仁無不包 其發用焉 則愛恭宜別之情 而惻隱之心無所不貫 故論天地之心者 則曰乾元坤元 則四德之體用不待悉數而足論人心之妙者 則曰仁人心也 則四德之體目亦不待徧擧而該 蓋仁之爲道乃天地生物之心 卽物而在 情之未發 而此體已具 情之旣發 而其用不窮 誠能體而存之 則衆善之源百行之本莫不在是"[72]

이른바 '천지지심(天地之心)'의 심(心)자는 곧이곧대로의 심리작용이 아니라 물(物)을 생(生)하는 천지(자연)의 기능 또는 의의를 심(心)에 견주어서 한 말일 것이다. 낮과 밤이 교체하고 사계절이 순환하는 가운데 만물을 생장수장하는 천지 즉 자연의 기능을 가리켜 원형이정의 사덕(四德)이라 이름한 것이다. '천지지심 기덕유사 (…) 고인지위심 기덕역유사(天地之心 其德有四 (…) 故人之爲心 其德亦有四)'라 한다. 천지의 기능(덕)에다 인간의 덕을 대응시키고 있다. 자연에 원형이정의 사덕이 있으니까 이것을 받아서 인간에게도 또한 인의예지의 사덕이 있게 된다는 것이다.

자연의 필연적 존재법칙과 인간의 당연적 도덕법칙을 동일 차원에서 동일 원리로서 다루고 있다함은 이를 두고 한 말이다. 유가철학의 이 기조는 주역에서 비롯하여 송학을 거쳐 조선 유학에 이르기까지 면면히 흐르고 있거니와 여기다 다시 확고부동한 밑받침을 한 것이『중용』과『맹자』다.

"天命之謂性 率性之謂道"(『중용』)
"喜怒哀樂之未發謂之中 發而皆中節謂之和"(『중용』)

---

71) 『朱子集』 六十八
72) 同上

상기 양 명제와 맹자의 사단설(四端說)은 유가윤리학의 금과옥조로 되고 있다. 주자는 이것을 종합하여 다음과 같이 말하고 있다.

"蓋仁也者 天地所以生物之心 而人物之所得以爲心者也 惟其得夫天地生物之心以爲心 是以未發之前四德具焉 曰仁義禮智 而仁無不統 已發之際四端著焉 曰惻隱羞惡辭讓是非 而惻隱之心無所不通 此仁之體目所以涵育渾全周流貫徹 專一心之妙而爲衆善之長也"[73]

천지소이생물지심(天地所以生物之心)을 인(人)과 물(物)이 얻어서 심(心)이 된다고 한다. 이른바 인성(人性)과 물성(物性)이다. 다 같이 천지지심(天地之心)을 얻어서 심(心)이 되는데 어찌하여 인성과 물성이 그토록 달라지는가. '미발지전사덕구언(未發之前四德具焉)'인데 어찌하여 '이발지제사단저언(已發之際四端著焉)'함에 있어서 사단(四端)의 순선(純善)만 나타나지 않고 칠정(七情)의 중절(中節)·부중절(不中節)로 인하여 혹선혹악(或善或惡)이 되는가. 후세에 인물성동이논쟁(人物性同異論爭)과 인성에 관한 사칠논쟁(四七論爭)이 야기될 소지가 여기에 있다. 이러한 문제들은 결국 기(氣)의 청탁(淸濁)에서 해결책을 구하는 수밖에 없을 것이다.

여하튼 위의 인용문 중에서 음미해 볼 만한 것은 '미발지전사덕구언(未發之前四德具焉)'과 '이발지제사단저언(已發之際四端著焉)'이란 두 구절이다. 이 양 구절은 각각 '희로애락지미발위지중(喜怒哀樂之未發謂之中)'과 '발이개중절위지화(發而皆中節謂之和)'란 양 구절에 연결되는 것이다.

여기에 이른바 미발(未發), 이발(已發)의 '발(發)'은 성발위정(性發爲情)이란 의미의 발(發)이다. 성(性)이 감정(感情)으로서 발(發)함으로써 비로소 도덕적 가치인 선(善)이 우리에게 주어진다는 것이다. 그러나 선의 본질은 미발지전(未發之前)에 이미 인성(人性)의 '중(中)'에 선천적으로 본구(本具)하여 있다고 본다. 여기에 우리는 주정주의(主情主義)와 선천주의(先天主義)란 유가윤리학의 중요한 두 가지 특성을 발견한다. 이 특성은 다음 글에서 더욱 뚜렷하게 나타난다.

---

73) 同, 七十六

"四端之未發也 所謂渾然全體 無聲臭之可言 無形象之可見 何以知其燦然有條若此

蓋是理之可驗 乃依然就他發處驗得 凡物必有本根 性之理 雖無形 而端緒之發 最可

驗 故由其惻隱 所以必知其有仁 由其羞惡 所以必知其有義 由其恭敬 所以必知其有

禮 由其是非 所以必知其有智 使其本無是理于內 則何以有是端于外 由其有是端于

外 所以必知有是理于內 而不可誣也"[74]

측은지심(惻隱之心)은 기발지정(旣發之情)이고, 인(仁)은 미발지성(未發之性)이다. 애지리(愛之理)이다. '由其有是端於外 所以知有是理於內' '使其本無是理於內 則何以有是端於外'라 한다. 사단(四端)이 밖으로 나타남으로써 안에 이(理)가 있음을 안다고 한 것은 외단(外端)이 내리(內理)의 인식근거로 되고 있다는 것을 말한다. 성내(性內)에 시리(是理)가 없다면 무엇으로써 사단이 밖에 나타나겠는가 라고 한 것은 본성이 사단의 존재근거로 되고 있다는 것이다. 인(仁)은 측은지심의 존재근거이고, 측은지심은 인의 인식근거이다. "인기측은지심 지기유인(因其惻隱之心 知其有仁)"[75]이란 정자(程子)의 명제는 훨씬 간결하다. 측은지심이란 감정을 분석하는 데서 인이란 도덕의 원리가 도출된다. 그럴 적에 이 원리는 성(性)에 본구(本具)된 선천적 내용으로서 직관된다. 여기에 현상학적 본질 직관의 방법이 적용되고 있다. 그리고 현상 분석의 지반을 감정에 두고 있는 점에서 주정주의(主情主義)이고 직관된 본질의 선천성을 주장하는 점에서 선천주의(先天主義)이다. 유가윤리학의 이러한 특성은 맹자의 사단설(四端說)에서 발원한 것이다.

본시 맹자가 사단을 말할 때, 그는 구체적 사상(事象)을 들어서 분석하고 있다. 어린 애가 우물에 빠지려 할 때 사람은 누구나 참지 못할 마음이 있다는 것이다. 이 '불인지심(不忍之心)'은 어린애의 부모와 교제를 맺기 위함도 아니고 벗들의 칭찬을 받기 위함도 아니라 그저 놀라고 근심하는 감정 때문에 어린애를 건지려고 뛰어들지 않을 수 없다는 것이다. 이러한 '불인지심'이 없으면 사람이 아니다. 맹자는 여기에 인간의 감정을 분석하는 데서 인간의 본성을 직관하고 있다. 사단에서 말하면 주정주의이고 사덕에서 말하면 선천주의이다.

감정 현상의 분석은 조선 유학에 와서 소위 사칠논쟁을 통하여 정치(精緻)의 극에 달하고 있다.

---

74) 同, 六十
75) 『二程全書』 二十七

주자도 이미 "사단시리지발 칠정시기지발(四端是理之發 七情是氣之發)"[76]이라 말한 바 있거니와 퇴계가 정추만(鄭秋巒)의 천명도설(天命圖說) 중의 "사단발어리 칠정발어기(四端發於理 七情發於氣)"란 구절을 "사단리지발 칠정기지발(四端理之發 七情氣之發)"이라고 정정(訂正)한 데서 논쟁이 발단되었음은 주지하는 바이다.

생각건대, '발어리(發於理)' '발어기(發於氣)'와 '이지발(理之發)' '기지발(氣之發)'이란 두 표현은 상당한 거리가 있는 것이다. 전자는 발한 감정을 위주로 한 말이고, 후자는 그 감정의 출처를 위주로 한 말이기 때문이다. 이 후자는 이동(理動)의 문제와 관련한다. 율곡이 이무조작(理無造作)이란 관점에서 이발(理發)을 부정하고 기발일도(氣發一途)를 주장한 데는 그럴 만한 이유가 있다고 하겠다.

고봉이 퇴계의 소론(所論)에 대하여 사단과 칠정이 다 같이 감정인데 어찌 이것을 이(理)와 기(氣)로 분속(分屬)시킬 수 있겠느냐고 반론한 것은 감정 위주의 관점에서 한 질문이다. '非七情之外復有四端'이라는 것이 그의 관점으로 되고 있다. 퇴계도 고봉의 이의를 받아들여 자기의 소론을 다음과 같이 수정하고 있다.

"雖滉亦非謂七情不干於理 外物偶相湊著而感動也 且四端感物而動 固不異於七情
但四則理發而氣隨之 七則氣發而理乘之耳"[77]

이 명제에 대한 율곡의 논평은 다음과 같다.

"退溪因此而立論 曰四端理發而氣隨之 七情氣發而理乘之 所謂氣發而理乘之者可
也 非特七情爲然 四端亦是氣發而理乘之也 何則見孺子入井 然後乃發惻隱之心 見
之而惻隱者 氣也 此所謂氣發也 惻隱之本則仁也 此所謂理乘之也 非特人心爲然 天
地之化 無非氣化而理乘之也"[78]

율곡은 여기에 이기관계(理氣關係)를 실체와 속성의 관계에서 보고 있다. 그것은 곧 운동 실체와 운동법칙의 관계이다. 율곡은 이 관점에서 이동(理動)을 부정한다.

76)『朱子語類』五十三
77)『退溪集』卷十六 答奇明彦論四端七情 第二書
78)『栗谷全書』卷十 答成浩原

"大抵發之者氣也 所以發者理也 非氣則不能發 非理則無所發"[79]

그러나 이기관계의 다른 측면, 즉 보편 대 특수 및 규정성 대 피규정성의 측면에서 본다면 이동(理動) 내지 이발(理發)을 인정할 수도 있을 것이다. 이때 동(動)이나 발(發)은 글자 그대로 물리적, 역학적 운동을 뜻하는 것이 아니라 논리적 규정 기능을 뜻함은 물론이다. 예컨대 법률의 효력이 발동(發動)한다 할 때의 발(發) 자의 뜻과 같은 어법이다

도덕 현상이 비록 제1차적으로는 감정을 통하여 주어진다 하더라도 이 감정의 규정 근거는 감정 밖에서 찾지 않을 수 없다는 것 또한 사리(事理)의 당연한 바라 하겠다. 퇴계가 이발(理發)을 말하게 되는 것은 그 때문이다.

아무튼 유가는 도덕의 선천적 원리를 객관적 천명(天命)에서 구하고 있는 것이다. 그 것은 칸트에 있어서와 같은 순수의지로서의 이성의 자기 입법이란 주관적 원리가 아니다. 그것은 또 칸트처럼 단순한 입법의 형식에 그치는 것이 아니라 인의예지란 실질적 내용을 갖추고 있으며, 다시 그 근거를 원형이정이란 천지지리(天地之理)에서 구하고 있다. 이 점에서 유가윤리학은 객관주의적인 실질적 가치윤리학이라고 특징지어진다.

그러나 도덕원리의 실질적 내용을 주관의 입법형식에서 구할 것이 아니라 어떤 객관적 존재에서 찾아야 한다 하더라도, 그것은 반드시 천지의 소이연지고(所以然之故), 즉 자연법칙에서 찾아야만 하는 것일까. 그렇다고 한다면, 도덕의 근본 전제로 되는 바의 인간의 자유의지가 허용될 여지가 없어질 것이다. 그러므로 도덕을 가능케 하는 원리는 오히려 소이연지고와는 차원을 달리하는 별개의 규정 근거가 이것과 교착(交錯)하여 힐항(詰抗)하는 국면에서 성립하지 않으면 안 될 것이다. 인간이란 바로 필연성과 당연성이 서로 마주치면서 끊임없이 바꾸어 나가는 영역이 아닐까.

그렇다고 한다면 소당연지칙(所當然之則)을 소이연지고(所以然之故)의 결박에서 풀어 놓아 그 독자적 원리 영역으로서 개척할 것이 윤리학에 요구되는 것이라 하겠다. 이는 곧 가치란 객관적 존재의 영역을 확립하여 당연성(當然性)의 소종래(所從來)를 밝히는 과제로 되는 것이다.

---

79) 同上

제3부

허유 하기락의 기억들

하기락과 자유*

김주완(대구한의대)

우리가 한 사람의 일생을 조망하고 규정한다는 것이 도대체 가능한 일인가? 그것도 짧거나 평균적인 생애가 아니라 일반적으로 장수라고 보는 생애이며, 더욱이 그러한 생애를 참으로 열심히 살아서 방대한 업적과 남다른 행적을 남긴 하기락(1912~1997)과 같은 사람의 경우, 그보다 훨씬 짧은 인생의 노정에 서서 그의 생애 일부분에서만 그와의 연분을 가진 필자와 같은 사람이[1] 그러한 일을 시도한다는 것이 어떻게 가능할 수 있을까? 바로 이것이 이 글의 근원적 한계이다.

여기에 덧붙여지는 또 하나의 한계는 이 글이 필자의 "원근법에 의한 도식화요 생략"일[2] 수밖에 없다는 것이다. 그것은 곧 하기락 속에 반영된 필자의 기호를 발견하는데 지나지 않는 것일 수 있으며, 하기락에서 중요한 여러 가지를 필자의 관견(管見)이 놓치고 마는 것일 수도 있다.

이러한 한계에도 불구하고, 한국 현대철학의 제1세대 학자군에서 대표적 인물로 공인되고 있는 하기락의 일주기 추모 논문 중의 한 편으로 쓰이는 이 글은 하기락의 학문적 성과에 대한 평가를 목적으로 하지 않는다. 왜냐하면 그에게 있어서 학문성만을 떼

---

* 필자는 하기락 선생의 門下에 內弟子로 거둠을 받아 선생의 만년 15년간을 가까이 모시고 공부한 사람으로서 선생에 대한 존경의 念은 결코 남에게 뒤지고 싶지 않다. 그러나 서술의 중립성을 견지하기 위하여 본문에서는 하기락 선생에 대한 '선생' 혹은 '선생님'이라는 존칭은 생략하기로 한다.

1) 필자가 하기락 선생과 맺은 인연은 하기락 선생의 부자간으로 이어진다. 하기락 선생은 필자의 대학원(계명대) 은사이시고, 하기락 선생의 장남 하영석 선생은 필자의 학부(경북대) 은사이시다.

2) 하기락, 『니이체 論』, 형설출판사, 1971, 9쪽.

어냈을 때 그것은 본래적 의미를 상실하게 된다고 필자는 보기 때문이다. 잘 알려진 바와 같이, 하기락은 철학자이면서 아나키스트였다. 그에게 있어 철학과 사회운동은 하나였으며 그것은 곧 그의 삶의 전부였다. 이론과 실천과 생활인으로서의 삶은 각각 유리(遊離)하는 것이 아니라 유기적 관계 속에서 상호포괄하는 하나였다. 그의 일생은 한마디로 압축하면 자유의 추구와 실현을 위한 구도의 길이라 할 수 있다.

철학과 사회운동과 생활이 하나로 뭉뚱그려진 하기락의 삶 그 자체를 물론 우리는 하기락의 철학이라고 말할 수도 있을 것이다. 그렇다고 하더라도 우리는 하기락의 철학을 찾기 위하여 하기락의 철학에서 출발할 수는 없다. 하기락의 철학을 추적하기 위해서 제2차적인 것, 주변적인 것 즉, 그의 말과 행위, 삶의 태도와 가치관, 그가 걸어간 행로 등을 살펴봄으로써 전체로서는 결코 우리의 대상이 될 수 없는 하기락의 철학의 면모를 어렴풋하게나마 파악할 수 있는 것이다.

이러한 맥락에서 이 글은 하기락의 만년 10여 년간에 걸친 삶의 수행 갈피에서 이미 시간 속으로 사라져버린 단편들을 기억의 두레박으로 건져 올려 나름대로 정리하고자 하는 의도를 가진다. 필자는 결코 니콜라이 하르트만의 이론을 그리고 서양 근·현대 아나키즘 이론을 하기락의 것인 양 잡다하고 지루하게 나열함으로써 이 글의 독자를 괴롭히려고 하지는 않겠다. 오히려 하기락에게서 보였던 일상적 모습의 단편을 서술하고 그때그때 받은 인상을 진솔하게 소개함으로써 하르트만의 철학과 아나키즘 이론이 어떻게 하기락의 삶에 녹아들었는가, 그것은 어떻게 하나로 융합하여 자유를 찾아가는 하기락의 삶을 만들어내었는가 하는 것을 간접적으로 구명하는 우회로를 걸을 것이다. 따라서 이 글은 어쩌면 정밀한 논문이 아니라 잡문에 불과하다는 비판을 받을 수도 있다. 그럼에도 불구하고 그와 동시에 언제가 누군가에 의해 본격적으로 이루어질 수도 있는 하기락에 관한 총체적 연구의 자료로서 작게나마 활용될 수 있는 가능성도 가진다고 할 수 있다.

자유의 추구와 실현에 일생을 건 하기락 만년의 철학적 삶을 조명하기 위하여 이 글은 다음 다섯 개의 길잡이 말을 취한다.

1. "자기 자신에게 맡겨져 있음이 사람의 자유이다."(니콜라이 하르트만)[3]

---

3) 니콜라이 하르트만(하기락 역), 『존재학원론』, 형성출판사, 1983, 37쪽.

2. "참으로 위대하고 감격적인 것은 인간의 순수함에서 나타난다."(니콜라이 하르트 만)[4]

3. "자유는 결정이 되어있지 않다는 것에 의존하는 것도 아니요 여러 가지 가능성들 이 개방되어 있는 것에 의존해 있는 것도 아니고, 오직 한층 더 높은 결정에 의존 하고 있다."(니콜라이 하르트만)[5]

4. "존재로부터의 부름을 듣는 데서만 인간은 자유를 얻을 수 있다."(마르틴 하이데 거)[6]

5. "'인간의 해방' 또는 '실존의 자유', 이것이 나의 철학적 테마요, 또 목표였다."(하기 락)[7]

---

4) N. Hartmann, *Ästhetik*(1953), 2. Aufl., Berlin, 1966, p.368.

5) 니콜라이 하르트만(하기락 역), 『철학입문』, 계명대출판부, 1984, 189-190쪽.

6) 하기락, 『하기락 논문집』 제4권, 자유인연맹, 1987, 130쪽. 니콜라이 하르트만 연구가인 하기락 의 철학을 살펴보기 위한 길잡이 말로서 어떻게 하여 마르틴 하이데거가 등장하는가 하는 의문 이 제기될 수 있다. 여기에 대한 이유는 두 가지로 제시된다. 하나는 하기락이 하이데거 연구에 서 출발해서 하르트만으로 연구 방향을 바꾸었다는 것이다. 그의 와세다대학 졸업 논문은 「하이 데거에 있어서의 공간성과 시간성의 문제」이고 박사학위 논문은 「하르트만에 있어서의 범주체계 의 문제」였다. 이에 대한 하기락 자신의 언급은 "내면의 실존에서 외부 세계의 존재에로 관심의 방향을 돌린 셈"(「나의 수업시대」, 『하기락 논문집』 제4권, 자주인 연맹, 1987, 6쪽)이라는 것이다. 다른 하나는 하이데거와 하르트만의 학문적 관계성이다. 두 사람은 다 같이 "1970년대 초반에 마르부 르크 대학의 철학과에서 존재론의 새로운 길을 모색한 동료 간"(Robert Heiß, "Nicolai Hartmann", *Nicolai Hartmann Der Denker und sein Werk, Fünfzehn Abbandlungen mit einer Bibliographie* herausgegeben von Heinz Heimsoeth und Robert Heiß, Göttingen Vardenhoeck & Ruprecht, 1952, p.18)이었으며, 하이데거는 하르트만의 초청으로 마르부르크 대학의 사강사(私講 師)로 초청되어 저녁마다 만나 진지한 토론을 나눈 사이였다. 로츠는 두 사람을 비교하여, 하르 트만은 밤에 주로 연구한 예리한 분석가인 데 비해 하이데거는 주로 낮에 연구한 명상적 종합가 로 특징화하고 하르트만의 철학을 '새로운 비판적 존재론'으로, 하이데거의 철학을 '기초존재론'으 로 규정하고 있다.(J. B. Lotz, "Zweiwege der Ontologie"-Nicolai Hartmann und Martin Heidegger-Nicolai Hartmann 1882~1982, herausgegeben von Alois Joh. Buch, Bonn, 1982, p.200 참조) 두 사람 은 함께 새로운 존재론의 재건을 시도한 자로 하이데거가 존재의 의미 문제에 천착했다면 하르 트만은 존재 자체의 해명에 주력한 자이다. 이에 대해서는 하기락, 『하르트만 연구』, 형설출판사, 1971, 33-54쪽; Josef Stallmach, *Ansichsein und Seinsverstehen*, Bonn, 1987 참조. 하르트만 과 하이데거의 이와 같은 학문적 관계성과 하기락이 하이데거 연구에서 하르트만 연구로 방향을 바꾼 것을 감안할 때 하기락을 해명하기 위하여 하르트만을 통로로 하는 것과 마찬가지로 하이 데거를 통로로 하는 것이 크게 문제 될 것은 없다고 할 수 있다.

7) 하기락, 같은 논문집, 6쪽.

1.

"자기 자신에게 맡겨져 있음이 사람의 자유이다." 라는 하르트만의 명제는 '스스로(自)에서 말미암음(由)'이라는 자유가 가진 우리말의 뜻과 정확히 일치한다. 사람 자신에게 맡겨져 있는 것, 스스로에서 말미암는 것은 무엇인가? 그것은 상황이나 타인에게 얽매여 있지 않을 수 있는 천부적인 것이다. 상황에 구속되어 오로지 종(種)의 법칙에만 따르는 것은 동물의 삶이며 타인에게 종속되어 명령과 조종에만 따르는 것은 노예의 삶이다. 인간은 동물이 아니라는 측면에서 상황을 극복해 나가고 노예가 아니라는 측면에서 자기 스스로에게 명령하는 자율적 존재이다. 인간도 어쩔 수 없이 상황과 맞닥뜨려야 하고 남에게 지배받을 수 있다. 상황을 극복하는 여러 방법 중 어느 것을 선택하느냐 하는 것은 인간에게 맡겨진 선택의 문제이고, 지배에 순종할 것인가 아니면 저항할 것인가 하는 것 또한 선택의 문제이다. 이때의 선택이란 골라잡음이며 그것은 결단과 결정의 결과물이다. 인간에게 주어진 결단과 결정의 자유는 결정하거나 결정하지 않을 수 있는 그러한 자유가 아니라, 여러 가지 가능성 중에 어떤 것을 선택해도 좋은 그러한 자유인 것이다. 그러니까 결단은 강제되어 있지만 결단의 방향과 내용은 해방되어 있는 그것이 바로 인간의 자유이다.

대구권의 하르트만 학도들은 외적 강제에 의해서가 아니라 내적 자기 필요성으로 말미암아 자연스럽게 모여 자유로이 독회를 시작했다. 1988년에서 1992년에 이르기까지 5년여 동안 하기락을 스승으로 모시고 조욱연(효가대), 김태양(김천전문대), 성홍기(계명대), 필자 등이 일주일에 세 차례(방학 중에는 주 6회) 모여 하르트만의 저서와 관련 논문들을 읽었다. 우리는 모두 늦깎이 내제자(內弟子)였고 생활에 쫓겨 할당된 분량의 번역을 해오지 못하는 때가 자주 있었지만 그럴 때는 으레 하기락이 읽어 나갔고 우리는 따라갔다. 하기락이 언짢아한 기억은 없지만 호된 꾸중은 자주 들었다. 잘못된 번역을 했을 때의 나무람은 단호했고 그 질책은 주변 분위기를 상관하지 않았다. 그러나 그것은 태만에 대한 꾸중이었지 무능에 대한 책망은 아니었다. 그러므로 우리 모두는 그 꾸중을 달게 받았고 아무도 감정의 상처는 입지 않았다. 나중에 양우석(계명대)이 동참하여 구성원이 늘었고 적은 금액이긴 하지만 대우학술재단의 지원금을 받으면서 독회는 더욱 활기를 띄기 시작했다. 장소는 대구시 봉산동 소재 형설출판사 2층 응접실을 주로 사용하였으며 뒤늦게는 종교문제연구소(동대구역 부근)와 한국의원(대구시 덕산동 소재) 2층의 사용하지 않는 물리치료실도 간혹 이용하였고 조욱연의 연구실도 몇 번 사용하였다. 이때 우리가 주의 깊게 읽고 진지하게 토론한 것은 『정신적 존재의 문제(*Das Problem des geistigen Seins*)』 제3편 '객체화한 정신'과 하르트만 탄생 100주년 기념 논문집 『니콜라이 하르트만 1882~1982(Nicolai Hartmann 1882~1982)』이었다.[8] 그것은 미학 쪽으로 학위 논문을 준비하고 있는 필자를 위한 배려이기도 했다. 이 시기의 마지막 쯤엔 『자연철학(*Philosophie der Natur*)』을 읽었다. 독해도 독해려니와 동서를 넘나드는 하기락의 해박한 철학적 지식과 명쾌한 비교 분석을 통한 개념풀이는 늦깎이 공부에 나선 필자의 경우에 있어서 철학의 기초 다지기에 참으로 큰 도움이 되었다. 정확한 번역과 명료한 서술은 하기락의 정확성과 엄밀성의 표정으로서 독일어와 우리말의 경계를 깡그리 지워버리는 것이었고, 곧장 그것은 삶의 성실성으로 이어져 있었다. 배우는 입장의 우리들 중 거의 모두가 독회 시작 시간을 넘기고 늦게 참석하는 경우가 번갈아 가며 더러 있었지만, 하기락은 한 번도 늦은 적이 없었고 언제나 10~20분 전에 먼저 도착하여 우리들이 모일 때까지 혼자 책을 읽고 있었다. 독회에서뿐만이 아니고 다른 일로 만날 때에도 하기락이 약속 시간에 늦는 경우를 필자는 단 한 번도 본 적이 없었다.[9] 하기락의 자유는 약속을 지키지 않는 자유가 아니라 약속을 꼭 지키는 자유였으며, 그것

---

8) 이 논문집은 1982년 Bonn에서 발행된 것으로서 니콜라이 하르트만 철학의 각 부분 영역을 주제로 한 Josef Stallmach(Mainz) / Lewis White Beck(Rochester, USA) / Jasper Blystone(Los Angeles, USA) / Otto Friedrich Bollnow(Tübingen) / Gerda von Bredow(Münster) / Hans-Georg Gadamer(Heidelberg) / Michael Landmann(Haifa, Israel) / Johannes B. Lotz(München, Rom) / Ricardo Maliandi(Buenos Aires, Argentinien) / Herrnann Wein(München) 등 23명이 쓴 23편의 논문이 실려있다.

9) 작고 일주일 전인 1997년 1월 27일 대전시 유성구 경희루 식당에서 열린 대한철학회 97 국제학술대회 발표자 예비모임에 본 대회 기조연설을 맡았던 하기락 선생은 회의 시작 한 시간 전에 도착하여 기다리고 있다가 허겁지겁 시간에 대어 들어서는 우리에게 노안의 환한 미소를 보내주셨다. 중요 안건 처리가 끝날 때쯤 하기락 선생은 서울행 열차표를 예매해 둔 사정으로 먼저 자리에서 일어나셨고 이윤복(경북대)과 필자가 큰길까지 모시고 나와 사양하시는 선생님의 속주머니에 약간의 용돈을 넣어드리면서 택시를 태워드린 것이 필자가 뵌 하기락 선생의 마지막 모습이었다. 그로부터 일주일 후인 1997년 2월 3일 10:00시경 선생은 자택에서 출타 준비를 하던 중 쓰러져 타계하셨다. 그 후 대한철학회 97 국제학술대회(주제: 통일시대의 철학) 기조연설은 대한철학회 회장 김위성(부산대) 교수가 같은 해 5월 31일에서 6월 1일까지 부산대학교 본부동에서 대신했다.

도 시간에 겨우 맞추거나 늦는 자유가 아니라 앞당겨 당도하여 기다리는 자유였다.

독회가 끝나면 거의 언제나 우리는 인근에 있는 염매시장 죽집이나 덕산빌딩 맞은편 골목 칼국수 집으로 자리를 옮겨 식사하거나 뉴욕 피자 호프에 앉아 차를 마시며 독회에서 이어지는 여러 가지 주제로 담론을 나누었다. 한 달에 한두 번쯤은 염소탕집이나 보신탕집 혹은 곰탕집으로 몰려가 영양을 보충하기도 했다. 자리에서 일어서는 순서는 대개 일이 많은 조욱연이 먼저 나갔고 다음으로 김태양이나 성홍기가 나갔으며 필자는 끝까지 남아 있다가 하기락을 댁까지 모셨다. 1991년 이후에는 필자도 어쭙잖은 본부 보직을 한답시고 그러한 소임에 충실하지 못했던 것 같다.

우리가 독회를 시작한 것은 1988년 1월 11일이었다. 어떻게 해서 꼭 그 시기에 시작했는지는 돌이켜 보면 사회 정치적 혼란기였던 1987년이 지나고 그나마 표면적으로는 안정을 찾아갔던 때가 그때쯤이었기 때문으로 생각된다. 1987년은 6월 민주항쟁이 역사적 사건으로 기록된 해였으며 동년 9월 26일 국민운동본부가 주최한 집회에서 연설하던 하기락이 쓰러져 협심증으로 병원 치료를 받았던 해이기도 하다. 하기락은 강인한 정신력으로 일주일만에 병석에서 일어나 『하기락 논문집 제4권』 교정과 한국자주인연맹의 기관지 「자유연합」 편집 그리고 다음 해 10월로 예정된 세계 아나키스트대회 서울 유치를 위한 준비에 전력하였다. 뒤이어 1987년 10월 27일에는 대통령 직선제를 내용으로 하는 9차 개헌에 대한 국민 투표가 있었고, 개정헌법에 따른 대통령 선거가 같은 해 12월 17일 실시되었다. 비록 각색된 허상이기는 하지만 국민 대중은 무지갯빛 민주화의 꿈에 부풀어 있었고 사회 정치적 이슈가 점차 가라앉으면서 올림픽 서울 유치의 해인 1988년은 그렇게 다가왔다.

그러나 하기락의 눈에는 그러한 사회 정치적 변화가 그리 만족스럽게 비추어지지 않았다. 참된 자유를 바라보고 추구하는 노철학자의 눈에 얄팍한 술수로 분장한 현실정치의 실체가 보이지 않을 리가 없었기 때문이다. 도시의 대중음식점은 오래 앉아 있을 수 있는 자리가 아니었기에 뉴욕 피자 호프에서 피자로 식사를 때우는 그런 경우에는 으레 한나절 이상의 시간을 우리는 각종 사회현실과 국가의 실체, 자유의 본질 등에 대하여 열변을 뿜어내는 하기락의 살아있는 강의를 들어야 했다. 더러 원로시인 석우 이윤수(石牛 李潤守, 1914~1997) 선생이 우연히 합석하여 40년 지기의 우정과 정심(正心)으로 동조하며 분위기를 가열시키기도 했고 그럴 때의 하기락과 이윤수는 주변의 시선은 아랑곳하지 않고 젊은 날의 그들로 돌아가 자못 가열 찬 주장과 현실 비판을 서슴없이 해대곤 했다. 두 분 모두 순정이 강했던 분들이었기 때문이다. 이럴 때 하기락은 자주 손수건으로 눈물을 닦아내곤 하였다. 속눈썹이 수정체를 향해 솟아나는 현상[10] 때문이기도 했지만, 노안으로 몇 시간씩 독회하느라 작은 활자의 원서를 들여다본 직후에 담배 연기가 자욱한 호프집에 앉아 다시 몇 시간을 보내느라 더욱 그러했던 것으로 생각된다. 오래 앉아 있기가 민망하여 필자는 몇 번씩 커피를 다시 시켜 마신 기억도 있다. 그럴 때 하기락과 이윤수는 커피 대신에 생맥주를 시켰다. 술자리에선 우리 중에서 유일하게 술을 마시는 주류파로서 김태양이 원로 철학자와 원로시인의 술 시중을 들며 대작하는 큰 공로를 세웠다. 그리고 김태양은 특유의 호인 웃음을 자주 웃으며 하기락과 이윤수의 주장에 장단을 맞추기도 했다. 그래서 하기락은 우리 중에서 특히 김태양을 총애했던 것 같다. 차분히 무르익는 술자리에서 하기락의 눈가로 자주 스쳐 지나가는 우수의 그림자를 필자는 읽곤 하였다. 하기락의 우울과 눈물은 어쩌면 시대와 역사를 향한 것일지도 모른다는 생각을 필자는 문득문득 하곤 하였다. 이때의 정경을 그린 필자의 다음과 같은 졸시가 있다.

　　겨울 장마[11]
　　- 老哲學者 虛有 河岐洛 先生 -

　　겨울 저녁비 내리고
　　젖은 도시의
　　거리는 추상의 옷을 입는다.
　　변형의 계절에 앉아
　　뼈 추리는 작업 깊은
　　노안의 철학자는 힘이 들까,

---

10) 하기락 선생은 속눈썹이 자라나 수정체를 찌르는 고통 때문에 일주일에 한 차례 이상 병원에 나가 속눈썹을 뽑아내는 치료를 받아야 했다. 성형외과에서 이에 대한 근본치료로서 쌍꺼풀 수술을 시술한 적이 있었지만 큰 효과는 보지 못하였으며, 운명할 때까지 이 고통과 번거로움은 계속되었다.
11) 김주완 시집, 『엘리베이터 안의 20초』 도서출판 한줄기, 1994, 83쪽; 하기락 편집, 「자유연합」 제6호, 한국자주인연맹, 1989.5.1, 8쪽.

더러 눈물 나고

눈꺼풀 찌르는 속눈썹 아픈

가슴의 비소리

잠시 머물다 지나간 사람들의

부서진 숨결들이 되살아나는

토요일 오후 네 시,

봉산동 지선도로변 뉴욕 피자호프의

구석자리 이방에서 일던 안개숲 속

앓는 공화국의 우울한 침묵이

비에 젖는다, 아득히

먼저 떠난 아나키스트

맑고 맑은 이국의 동지들과 마주앉아

커피값으로 마시는 생맥주잔 너머

역사가 빨아낸 자유의 빛깔은

당신의 눈 속에 흐리고 흐리다,

외계의 장마비 칼질하는 저녁 때.

2.

"참으로 위대하고 감격적인 것은 인간의 순수함에서 나타난다." 순수한 것은 인간 이외의 존재에서도 찾을 수 있다. 그러나 인간의 순수는 다른 모든 존재자의 순수를 능가한다. 왜냐하면 순수의 가치를 조망할 수 있는 자도 인간이고, 인간의 순수함에서 감격적이고 위대한 것의 현상(Erscheinung)을[12] 성립시키는 존재도 인간이기 때문이다. 인간은 순수를 바라보며 그것을 현상시킴으로써 또 다른 새로운 존재(현상 존재)를 만들어낼 뿐 아니라 거기서 감격하는 존재이다. 순수는 번다함과 가득참과 잡됨과는 정반대의 위치에 선다. 순수는 자신 속에 없음 이외의 아무것도 가진 것이 없음으로써 번다함과

---

12) 현상과 성층 이론은 하르트만 미학의 중심축이다. 이에 대해서는 김주완, 『미와 예술』, 형설출판사, 1994 참조.

가득참과 잡됨을 굴복시킨다. 이러한 순수의 힘은 가장 힘없음으로서의 힘있음이다.

하기락은 순수하였다. 삶도 학문도 실천도 순수하였다. 그의 삶은 개결(介潔)하였으며 학문은 명료하였고 실천은 사심이 없었다. 이러한 하기락의 순수성은 출생과 작고의 단적인 대비에서도 드러난다. 경상남도 함양군 안의면 소재지 도랑 옆 네 칸 초가집에서 태어난 하기락[13]은 대구시 동구 만촌동 2군사령부 서편 18평짜리 국민주택에서 작고함으로써 85년의 생애를 마감하였다. 네 칸은 평수로 환산하였을 때 5~9평 정도가 되는 집의 면적이다. 그러니까 하기락이 출생한 초가집의 면적은 최대한으로 잡더라도 9평 남짓하다고 보아야 한다. 일반적으로 가장 전통적이고 서민적인 옛 농촌 마을의 집을 흔히 '초가삼간'이라고 하는 것을 감안한다면 네 칸 초가집에서 태어난 하기락이 출생할 당시의 집안 형편은 그리 부유했던 것은 아닌 것 같다. 작고 당시의 집도 그러하다. 18평짜리 국민주택이 1997년 당시의 최하 주거 형태라고 할 수는 없겠지만 한국 사회에서 대학교수로 정년퇴직한 노학자가 연구와 저술에 힘쓰면서 보낸 만년의 가옥이 18평에 불과한 국민주택이었다면 이것은 틀림없이 최하위에 속한다고 할 수 있다. 그러나 하기락은 한 번도 주거에 대한 불평이나 불만을 말한 적이 없다. 넉넉지 못한 가정에서 태어나 청빈한 일생을 살면서 거기에 만족한 하기락은 어쩌면 물욕을 벗어난 삶이 체질화되었던 것인지도 모른다.

그러면서도 동시에 이것은 거꾸로 설명될 수도 있다. 하기락의 소년기와 청년기는 유복하였으며 그러한 가세에 힘입어 서울과 일본 유학까지 하였고 부족함이 없는 젊은 날을 보냈기 때문에 해볼 것 다해 본 사람의 초연한 가치관이 형성되었고 이것이 노년의 청빈을 자연스럽게 수용하게 했다는 것이다. 이는 하기락의 진술에서도 어느 정도 확인이 된다. 어린 시절 윗동네로 이사 갔으며 그 집은 본채와 사랑채가 있는 꽤 큰 집이었고 하기락의 부친은 어린 하기락에게 계속하여 한약을 달여 먹였으며, 소년 하기락은 '형을 따라 냇물 건너 5리(2km)쯤 떨어진 산기슭에 자리한 외딴 오두막집 서당을 다녔다'고 한다.[14] 이로 미루어 보면 하기락의 출생 당시의 집안 형편은 그리 넉넉하지 못하였지만, 하기락의 소년기 이후 그러니까 윗동네로 이사한 이후의 집안 형편은 상당히 넉넉했던 것으로 추정된다. 언젠가 안의에서 전주로 통하는 육십령 고개를 넘으면서 하기락으로부터 들은 이야기에 따르면, 하기락이 아직 소년이었을 때 그의 부친은 유기

---

13) 하기락, 「나의 수업시대」, 『하기락 논문집』 제4권, 자주인연맹, 1987, 1쪽 참조.
14) 하기락, 같은 글, 같은 책, 2쪽 참조.

(鍮器) 공장을 하였다고 했다. 놋그릇도 만들고 꽹과리나 정 같은 것도 만들어 여러 명의 인부들에게 등짐을 지우고 소년 하기락의 부친은 육십령 고개를 넘어 전국의 소매상에게 날라다 주고 돌아오고는 했다는 것이다.

1910~1920년대에 이미 이 정도 규모의 공장을 경영하였다면 그 재력은 결코 적은 것이 아니라고 보아야 한다. 그랬기에 1930년대의 서울 유학과 동경 유학이 가능했을 것이다.

그렇다고 하더라도 출생 당시의 빈한함과 작고 당시의 청빈함은 달라지지 않는다. 어떻게 보면 이와 같은 하기락의 개결한 삶은 그가 추구했던 바의 것이 아닌가 싶기도 하다. 하기락의 아호 허유(虛有)의 상징성이 이것과 연결되고 있기 때문이다. 허유란 '비어(虛) 있음(有)'을 의미한다. 그것은 곧 없음으로서의 있음이다. 있기는 있되 아무것도 미리 가진 것이 없이 살고자 한 것이 하기락의 삶이라는 것이다. 물욕도 벗어 놓고 명예욕도 벗어 놓고 빈 몸, 빈 마음으로 살고자 한 것이 하기락의 삶이라는 것이다. 이것은 불가나 도가에서 권유하는 삶의 이상적 양태와 비슷하다. 그럼에도 불구하고 하기락이 불가적 삶이나 도가적 삶과는 다른 실천적 삶을 살아간 것은 뒤(3, 4, 5)에 밝혀질 '인간의 해방'이라는 이상적인 목표를 그의 일생의 과제로 가지고 있었기 때문이 아닌가 한다.

하기락의 순수성은 그의 정서에서도 나타난다. 하기락이 일곱 살 되던 때 시집온 형수에 대한 기억은 각별하다. 잠들기 전이면 옛날이야기를 해달라고 형수를 졸랐고 아침 설거지가 끝나면 양지바른 마루 끝에서 형수는 소년 하기락의 머리를 빗겨 땋아 주었다. 하기락은 그 시절의 형은 생각이 잘 안 나는데 형수의 모습은 잘 기억에 남는다고 한다.[15] 기억의 단절성과 지속성은 정서적 각인의 정도에 의존한다고 보았을 때, 하기락 내면의 거울엔 형수의 이미지가 자상함과 친근함과 포근함의 이미지로 깊이 각인되어 있었다고 할 수 있다. 아무런 조건이나 의도 없이 한 인간이 다른 한 인간을 좋아하고 따르며 그 기억이 60년 이상이나 지속된다면 이것이 곧 순수함이 아니고 무엇이겠는가?

하기락의 순수성은 만년의 학자적 삶 구석구석에서도 나타난다. 하기락의 서재는 세 평 남짓하였으며 사방의 벽에 책들이 가득 꽂혀 있었고 남은 공간은 한 사람이 겨우 누울 수 있는 정도였다. 몇몇이 어울려 신년 인사라도 갈라치면 으레 몇 사람은 방 밖의

15) 하기락, 같은 글, 같은 책, 2쪽 참조.

마루에 앉아야만 했다. 하기락은 거기서 연구하고 집필하며 기거하였다. 군용으로 나온 카키색의 등산용 침낭이 하가락의 방석이자 침구로 쓰였다. 먼 산행을 할 때면 하기락은 이 침낭을 둘둘 말아 배낭에 넣고 나서곤 하였다. 워낙 협소한 공간이라 책상을 놓을 자리가 없었고, 머리맡에 작은 밥상을 놓고 책상 대용으로 쓰고 있었다. 그 옆에는 재떨이와 담배와 일회용 라이터가 놓여 있었고 다른 한쪽으로 커피포트와 인스턴트 커피병, 인삼차와 녹차 봉지들이 놓여 있었다. 그리고 책상으로서의 작은 밥상 위에는 언제나 책이 펼쳐져 있었고 집필 중의 원고지가 놓여 있었다. 이 밥상이 바로 하기락 만년의 역저들 특히 역작이라 할 수 있는 『조선철학사』의 방대한 원고를 써낸 책상이다. 집필에 있어서 하기락은 주로 400자 원고지를 사용하였으며 필기구로는 튜브가 녹아 없어진 오래된 파카 만년필에 잉크를 찍어서 썼다. 여름철이 되면 하기락의 이 서재는 한증막이 되었다. 하기락은 더위를 피해 책상인 밥상을 들고 한 뼘 남짓한 마당의 철대문 옆의 그늘이나 블록 담벼락 옆에 붙어 서 있는 감나무 그늘로 옮겨가 짧은 파자마 차림으로 집필에 몰두하곤 하였다.[16] 이러한 하기락의 형편과 모습은 꾀죄죄하거나 초라한 것으로 보일 수 있다. 그러나 꾀죄죄함이나 초라함이란 무엇인가? 부유함과 풍족함에 절대적 가치를 부여하는 입장에서 바라본 부족함이나 보잘것없음이 꾀죄죄함이나 초라함이라 할 수 있다. 그러나 그것의 본질은 순수이다. 가진 것이 없이도 스스로 가진 것이 없다는 것을 의식하지 않는 그러한 삶이 곧 순수한 삶이다. 필자도 처음 하기락의 서재를 방문하였을 때는 여간 실망하지 않았다. 큰 학자의 서재가 이럴 수가 있는가라는 생각이 먼저 들었기 때문이다. 그러나 그것은 세속에 물든 눈으로 보았을 때의 평가였으며, 얼마 지나지 않아 그 서재와 거기서 잡념 없이 연구에 매진하는 하기락의 학자적 모습에 경건한 마음으로 필자는 고개를 숙이게 되었다. 화려함의 추구는 허장성세로 흐르기 쉽고, 초라함의 추구는 자칫 위선에서 연유하기가 쉽다. 그러나 초라함을 의식하지 않는 초라함은 곧 순수로 이어지며 그것은 위대하고 감격적인 것으로 우리에게 다가와 우리로 하여금 경건함 속에 젖어 들게 했다.

그러나 그러한 만년의 하기락 주변에는 사람이 많지 않았다. 많은 제자들을 길렀지

---

16) 하기락 선생의 노후 생활을 보다 안락하고 편안하게 해 드리기 위하여 자제분들이 다른 거처를 마련하고자 하였으나 하기락 선생 당신께서는 이것이 가장 편한 생활이라고 하면서 극구 거부하신 것으로 필자는 알고 있다. 특히 장남인 하영석 선생의 부인께서는 하기락 선생의 맏며느리로서 시아버지에 대한 존경심과 효심이 대단했던 것으로 알려져 있다.

만 자립할 때가 된 제자들은 앞서거니 뒤서거니 하면서 떠나가고 대학 강단으로 진출한 제자들은 제각각 다시 자기의 제자들을 길러내느라 은사 곁으로 되돌아올 여유가 없었다. 남아 있는 제자들이라고는 대개의 경우 아직 자립하지 못하였거나 아니면 아직도 하기락으로부터 얻어낼 것(배울 것)을 다 얻어내지 못한 필자와 같은 늦깎이 제자들이었다. 하기락은 외로웠다. 물론 대학에서 정년 퇴임한 채수한 교수, 유명종 교수 그리고 하기락과 더불어 일생을 사회운동에 몸 바친 남서순 선생 등이 하기락이 작고할 때까지 가까이서 만나면서 제자로서의 소임을 다한 것으로 알고 있지만 어쨌든 하기락의 주변엔 사람이 많지 않았고 그는 외로웠다.

여기서 하기락이 외로웠다는 것은 필자의 눈에 그렇게 보였다는 것을 의미할 뿐, 하기락 자신이 외로워하는 것을 본 기억은 없다. 만년의 하기락의 주변에 사람이 많지 않았다는 것은, 그가 괴팍하고 독단적이라는 일부의 악평과도 무관하지 않을 수 있다. 그러나 그것은 하기락에 대한 이해의 부족에서 나온 오해라는 것을 필자는 말하고 싶다. 하기락의 괴팍성과 독단성은 그의 순수성을 오판한 사람들이 만들어낸 가상에 불과하다. "순수는 하나의 가치에 저촉하는 모든 것을 배척하며"[17] "순수는 불순한 사람에 대해서 살아서 보행하는 양심"[18]이고 "순수는 목적 활동이 아니라 그 자신의 경고이다"라는[19] 것을 인정한다면 하기락에 대한 그러한 악평은 더 이상 성립할 수 없고, 오히려 그것은 하기락의 순수에서 배척당한 자신의 불순을 공개하는 것에 지나지 않는 것이다. 스스로 순수하고자 하지 않았음에도 불구하고 하기락은 순수하였기에 무엇이든 숨기기를 싫어했으며, 자기에게 대해서나 남에게 대해서나 항상 자기의 참뜻을 말할 수 있었던 것이다. 그것이 물론 의례적인 세속적 예의를 요구하는 사람들에게는 독단과 괴팍으로 비추어질 수 있음은 사실이라 하겠다. 그러나 '이해의 사실'과 '오해의 사실'은 같은 사실이 아니라는 것을 우리는 알아야 한다.

하기락은 똑바로 행하고 책략이 없었으며 표리부동하지 않았으므로 그 행위가 순수하였고, 애매함이 없는 말과 비꼬임이나 은폐함이 없는 말을 함으로써 그 언어가 순수하였고, 똑바로 생각하고 숨은 동기나 저의가 없음으로써 그 사상이 순수하였고, 감정을 솔직히 표현함으로써 정조가 순수하였고, 의식작용에 있어 온 마음을 기울였기에 의

---

17) 니콜라이 하르트만(하기락 역), 『윤리학』, 형설출판사, 1983, 271쪽 참조.
18) 같은 책, 273쪽.
19) 같은 책, 같은 쪽.

지가 순수하였다.[20] 하기락의 순수는 순정으로 나타나고 그것은 진심과 진정으로 이어 졌다고 아니 할 수 없다.[21]

3.

"자유는 결정이 되어있지 않다는 것에 의존하는 것도 아니요, 여러 가지 가능성들이 개방되어 있는 것에 의존해 있는 것도 아니고, 오직 한층 더 높은 결정에 의존하고 있다."는 니콜라이 하르트만의 이 명제는 존재학의 토대 위에서 건설되는 윤리학의 기본적인 화두라 할 수 있다.

자유의 의존처인 한층 더 높은 결정이란 무엇을 의미하는가? 전술(1)에서 말한 바와 같이 사람에게는 결단하거나 결단하지 않을 수 있는 자유가 주어져 있는 것이 아니라, 오로지 "사람은 자유로운 결단으로만 강제되어 있다."[22] 이때 자유로운 결단은 주어진 여러 가지 중에서 하나를 자유로이 선택하는 결단이다. 그런데 선택하는 결단은 자유이지만 이 자유는 자기가 지향하는 바에 따라서 선택하는 결단을 내린다. 그러니까 자유는 지향되는 것에 제한받고 그것으로부터 향도되는 것이다. 자유를 제한하고 자유를

---

20) 니콜라이 하르트만(하기락 역), 같은 책, 274쪽 참조.

21) 생전의 하기락 선생이 필자의 집을 방문한 것은 세 차례였다. 마지막 방문인 1996년 11월 16일은 다음 날로 예정된 필자의 큰 딸아이 결혼식 축의금을 전달하러 오신 것이었다. 예기치 않은 방문에 필자는 무척 놀랐는데, 이때 하기락 선생의 사모님이 경북대 병원에서 심장 수술을 받고 입원 가료 중이었으며 그 병구완에 매달려 식장 참석이 불가능하므로 미리 들렀다는 선생의 말씀에 필자는 몸 둘 바를 몰랐다. 다음 날의 혼사 준비로 집안이 어수선하여 차 대접도 변변치 못하게 올렸는데, 하기락 선생은 필자의 거실에 놓여 있는 목검과 죽도, 그리고 진검을 둘러보시고는 빙그레 웃으시며 "김교수는 이제 문무를 겸하려고 하는구먼"이라는 말씀을 남기셨다. 지금도 그 말씀이 귀에 선하다. 두고 가신 축의금 봉투를 뒤에 열어보니 그 안에는 일금 10만 원이 들어 있었다. 이 당시 통상적인 축의금 기준은 3만원이나 5만원이었다. 넉넉하지 못한 노후생활을 보내고 있었던 하기락 선생의 형편에 거금이라 아니할 수 없는 축의금을 쾌척하신 것은 필자에 대한 남다른 애정의 표현으로 보이지만 필자로서는 엄청난 부담이기도 했다. 그러나 이 글을 쓰고 있는 지금 돌이켜 보았을 때 하기락 선생의 그날 방문은 작고 70여 일 전이었기에 어쩌면 선생이 방문한 제자 집으로서는 필자의 집이 마지막이 된 것 같아, 이는 필자에게 있어 더할 수 없는 영광이면서, 또한 축의금의 다과를 떠나 하기락 선생이 주신 봉투는 참으로 맑은 순정과 진심의 표정으로서 필자에게 남긴 마지막 정분이 아닌가 싶어 더욱 고개가 숙여진다.

22) 니콜라이 하르트만(하기락 역), 『존재학원론』, 형설출판사, 1983, 37쪽.

인도하는 것은 무엇인가? 그것은 바로 보다 높은 가치이다. 인간의 삶의 상황은 갈등의 연속이며 그것은 가치와 반가치의 갈등이 아니라[23] 가치와 가치의 갈등이다. 이때 하나의 가치를 선택하면 다른 가치를 포기해야 한다. 특정 가치의 선택과 다른 가치의 포기가 인간에게 주어져 있는 자유이며 그것은 더 높은 자기결정에 의존하는 것이다. 더 높은 자기결정은 각자가 가진 각자 나름의 가치안이 바라보는 더 높은 가치에 의거한다. 그러니까 사람은 가치 갈등 상황에서 종래는 자기가 더 높다고 생각하는 가치를 선택한다는 것이다. 가치의 높낮이 판정은 가치 개관에서 가능하며 가치 개관은 더 높은 곳에서의 가치 조망에서 이루어진다.

하기락은 산을 좋아했다. 전문적인 산악인은 아니었지만, 그에 버금가는 등산 지식과 경험 그리고 지구력을 갖추었으며, 산에 대한 사랑은 맹목적이었다고 해도 과언이 아니다. 이러한 산에 대한 맹목적 사랑은 앞(2)에서 말한 그의 순수성에서 연유하는 것이다. 왜냐하면 순수한 사랑은 맹목성을 본질로 하기 때문이다. 하기락을 이야기하면서 산을 빼놓는다면 이미 그 이야기는 하기락으로부터 많이 멀어져 버린 것일 수밖에 없다. 하기락은 왜 그처럼 산을 좋아할 수밖에 없었는가? 산은 그 자체 시원의 침묵으로서 거기있음으로써 도시와 세속으로부터 탈출한 인간에게 마음껏 해방공간을 제공하고 천부(天賦)의 자유를 부여할 뿐만 아니라 도상에서의 사색과 가장 높은 곳에서의 개관을 허용한다. 힘들여 올라야 한다는 노고를 요구하지만, 건강이라는 선물로 그것을 되돌려 준다. 하기락이 산을 좋아한 이유는 해방과 자유 그리고 사색과 개관이라는 산이 주는 선물에서 연유했던 것 같다. 건강은 보너스로 얻는 것이라 할 수 있다. 대구 인근의 산행을 당일 코스로 나서기를 규칙적으로 하였고, 한 달에 한두 차례씩은 고향인 안의의 용추계곡과 기백산을 찾거나, 지금 그의 묘소가 있는 거창군 마리면 늘밭을 찾았다. 그리고 일 년에 몇 차례씩은 몇 사람이 어울려 며칠씩이나 소요되는 큰 산행을 하였다. 그 어느 산행에서나 하기락은 젊은 사람들이 따라 내지 못할 만큼의 속도로 앞서서 산을 올랐고, 동행한 젊은 후학들은 언제나 기가 죽었다.

필자의 기억에 남는 산행이 여러 번 있었다. 그중 하나가, 마등령 등정이다. 1987년 7월 25일 하기락, 이윤수(원로시인), 임종찬(영송여고), 필자 등 네 사람은 동부정류장에

---

23) 가치와 반가치의 갈등은 근원적으로 있을 수 없다. 왜냐하면 모든 사람은 자연스럽게 가치를 취하고 반가치를 버릴 것이기 때문이다. 갈등이란 어느 것도 버리기 힘들 때 성립하는 것이다. 그러므로 모든 갈등 상황은 언제나 가치와 가치와의 갈등인 것이다.

서 속초행 첫 버스를 타고 출발했다. 그날 오후 우리는 속초 영랑정에서 열린 한국자유
시인협회의 문학 심포지엄에 참석했다. 원로시인 구상(1919~2004)이[24] 주제 발표를 했고
그날 밤 우리는 영광호반에 있는 콘도에서 잠을 잤다. 밤에, 멋쟁이 원로시인 이윤수는
중년의 여류 시인들에게 끌려 나가 밤을 새웠고 하기락은 TV를 보다가 일찍 잠자리에
들었고 임종찬과 필자는 장기를 두어 번 둔 후 잠자리에 들었다.

다음 날인 7월 26일 아침, 자유시인협회 회원들과 작별한 후 우리는 곧장 마등령 등
정에 나섰다. 설악산 입구에서 건강이 약한 임종찬은 망설이다가 결국 산행을 포기하고
집으로 돌아갔고, 하기락과 이윤수와 필자 세 사람은 금강굴을 옆으로 하며 본격적인
등산로에 들어섰다. 하기락과 이윤수는 얼마나 빨리 오르는지 그들보다 삼십 수년 수하

---

24) 시인 구상 선생은 문단에 있어서 필자의 은사이시다. 필자는 구상 선생의 추천으로 1984년『현
대시학』을 통하여 등단하였으며, 그 후 지금까지 선생을 사사하고 있다. 구상 선생과 하기락 선
생은 1987년 이때 당시 이미 35년 지기(知己)였다. 1953년 구상 선생이 영남일보사 주필로 취임
하고 동년 하기락 선생은 경북대학교 문리과 대학 주임교수로 부임하면서 두 분의 교분이 트인
것으로 보인다. 이때 당시 하기락 선생은 아나키스트 단체가 중심이 되어 설립(1946. 7. 7)된 독
립노동당 경북특위 위원장으로 활약하고 있었고, 구상 선생은 이승만 정권의 전횡에 대한 저항
으로『민주고발』이라는 사회평론집을 펴내었다. 이후 독재정권에 대한 저항을 계속하다가 6년
후인 1959년에 이르러 구상 선생은 옥고를 치르기까지 하였다. 대구 지역에서 같이 활동하면서
다 같이 비판적 입장에 섰던 두 분이 가까워졌던 것은 자연스러운 것으로 보인다. 구상 선생의
말씀에 따르면 당신은 아나키스트가 아니었고 아나키즘에 반드시 동조하는 것은 아니었지만 하
기락 선생이 주관하는 아나키즘 모임에 여러 번 참석하였으며, 하기락 선생의 고향인 용추계곡
에서 같이 어울려 술추렴도 하였다고 한다. 언젠가 대구 동인호텔 부근에서 두 분이 함께하신
술좌석에 필자가 배석한 일이 있었는데, 그때 두 분은 지난 일을 회상하면서 무척 재미 있어 하
셨다. 구상 선생은 하기락 선생을 허유 형이라 호칭하고 하기락 선생은 구상 선생의 호인 운성
(畢城, 구상 선생의 호는 잘 불려 지지 않고 있다. 왜냐하면 본명이 상준(常浚)이며 상(常)은 필명인데, 필명
으로 널리 알려져 있기 때문이다)이라 불렀으며, 말씨는 상호 간에 편한 높임말을 썼다. 두 분의 이
야기 내용은 이러하다. 삼십 수년 전 경남 안의 용추계곡에서 여럿이 어울린 술자리가 벌어졌
는데 한창 흥이 고조되었을 때 남자끼리만 이러고 있을 수 없다고 하여 같이 어울릴 여성을 동
원해 오기로 했다고 한다. 그런데 문제는 누가 이 일을 해낼 것인가 였으며 바로 여기에 선발된
자가 좌중에서 외모가 가장 준수하다고 자타가 공인하는 하기락 선생과 구상 선생이었던 모양
이다. 두 분은 무거운 임무를 띠고 산 아래로 내려갔는데, 구상 선생은 소득 없이 돌아왔고 잠
시 후 하기락 선생은 한복을 시원하게 차려입은 여성을 대동하고 점잖게 나타났다는 것이다. 나
중에 알고 보니 그 여성은 그날 그 자리에 참석 예정이었던 어느 분이었다고 했던 것 같다. 아
무튼 40대 전반과 30대 후반의 하기락 선생과 구상 선생의 호기는 대단했던 것 같다. 자유시인
협회의 심포지엄이 있었던 1997년 7월 25일, 이날로부터 한 달도 안 되는 같은 해 8월 21일 대
구 계명대학교 대강당에서 열린 한국자주인연맹(Federation of Anarchists in Korea) 제4차 대표
자 회의에서 구상 선생은 초청 강연을 하게 되는데, 아마 속초에서의 이 만남에서 하기락 선생
이 초청하고 구상 선생이 수락했던 것이 아닌가 한다.

인 필자는 부끄럽게도 허겁지겁 뒤따르느라 혼이 났다. 하기락은 본래 산을 잘 타기로 소문이 나 있었던 터이지만 이윤수도 얼마나 빠르던지 혀를 내두를 정도였다. 사실은 이윤수도 합기도 공인 사단의 실력에 매일 아침 앞산 순환도로 조깅으로 단련된 몸이라 그것은 당연한 것이기도 했다. 두 노인의 산 타는 실력은 막상막하였다. 아예 산행을 포기하고 돌아간 임종찬의 현명함이 부러우면서도 얄미웠다. 얼마 뒤 한숨 쉬어 가는 자리에서 우리는 우연히 서울에서 온 아가씨 두 명과 만나게 되었다. 노학자와 노시인의 멋진 베레모와 은은한 은발 머리, 특히 귀밑까지 내려오는 이윤수의 은발의 장발에 아가씨들은 현혹된 것 같았다. 두 아가씨는 학교 동창으로서 대학 졸업 후 한 사람은 외국인 회사에 나머지 한 사람은 모 대사관에 근무하는데 휴가 기간을 서로 맞추어 설악산에 왔다는 것이다. 그들은 처음에 금강굴만 구경하려고 했다는데 믿음직한 할아버지인 이윤수의 권유에 따라 우리와 같이 마등령을 넘기로 계획을 바꾸었다. 그녀들은 서울 여성 특유의 명랑함과 애교스러움, 그리고 20대 중반의 발랄함으로 곧 하기락과 이윤수와 가까워졌다. 어울려 산을 오르는 가운데 두 아가씨와 두 노인은 어느새 짝이 되어가고 있었다. 이름은 기억이 안 나지만 몸집이 약간 있는 아가씨는 하기락의 파트너로, 날씬했지만 키가 좀 작은 아가씨는 이윤수의 파트너로 자연스럽게 굳어지면서 가파른 능선을 오를 때나 작은 바위틈을 건너뛸 때 두 노인네는 각각의 파트너를 도와주며 챙겼다. 이때부터 필자는 느긋하게 뒤따를 수 있었다. 여성과 보조를 맞추느라 하기락과 이윤수가 이전처럼 빨리 오를 수가 없었고, 또한 필자가 옆에 달라붙어 두 노인의 말벗이 되어야 할 필요가 없어졌기 때문이다. 필자는 멀찌감치 뒤따라 오르면서 사이사이에 담배도 피워 가면서 여유를 즐겼다. 가파른 고갯마루를 올라 미끈하게 뻗은 마등령 능선을 밟아 나갈 때 우리는 모두 절경에 매료되고 있었다. 산 아래 우뚝우뚝 솟은 명산의 봉우리들을 내려다보며 걷는 평평한 마등령 능선엔 가녀린 꽃대 끝에서 애잔하게 핀 산나리꽃이 자욱했고 꽃잎에 점점이 박혀 있는 검정 반점이 눈물겨웠다. 그 사이로 노철학자와 노시인 그리고 젊고 아름다운 여성 두 명이 그들 옆에 짝짝이 붙어 다정하게 걷는 모습은 그대로 선경이었다. 노소 동행의 살아 있는 한 폭 그림이었다.

우리는 백담사 쪽으로 하산했다. 장마가 아직 끝나지 않은 시기인지라 내려오는 길은 군데군데 굴파되어 더욱 험악했고 계곡의 다리가 끊어진 곳도 있었다. 저물기 전에 산 아래 닿기 위하여 우리는 걸음을 재촉했지만 중간에 비를 만났고 변변치 못한 우의를 뒤집어쓴 채 더욱 서둘렀다. 배낭이 무거웠던 필자를 안쓰럽게 본 이윤수가 몇 번씩이나 뒤처진 필자를 기다려 주었고 끊어진 다리를 건널 땐 도움을 주었다. 어두워진 후에 우리는 백담사에 도착했고, 대충 저녁을 때운 후 그녀들은 요사채에서 하기락과 이윤수와 필자는 선방에서 잠자리에 들었다. 굵고 세찬 빗소리를 들은 것 같은데 어느새 잠이 들어 아침까지 깨지 않고 푹 잤다.

다음 날인 7월 28일 아침, 우리는 부슬비를 맞으며 용대리로 하산했고, 인제에서 고속버스를 타고 서울로 들어왔으며 서울역에서 밤 10시 30분에 출발하는 통일호 열차를 타고 대구로 돌아왔다. 집에 도착한 시간은 다음 날 새벽 4시였다. 그 후 그녀들과 연락은 한 번도 없었지만, 필자는 지금까지도 그녀들에게 고맙다는 생각을 가지고 있다.

그 후에도 하기락과 이윤수를 중심으로 한 산행은 지리산과 가야산, 기백산과 팔공산 등 여러 차례 있었으며 그때마다 잊지 못할 기억들이 만들어지고는 하였다.

4.

"존재로부터의 부름을 듣는 데서만 인간은 자유를 얻을 수 있다."는 마르틴 하이데거의 이 명제는 다분(多分)히 상징적이다. 물론 하이데거의 문맥에서 존재는 현존재이며 그것은 인간의 실존을 의미한다는 것을 전제했을 때 어떤 형태로든 실존은 실존으로 부를 수 있으며 그때 실존적 자유의 획득이 가능할 것이라는 논리에는 수긍이 간다. 그러나 하이데거의 이 명제에 있어서 존재를 존재 일반이라고 한다면 존재 일반으로서의 존재 그 자체는 의식과 의사결정의 주체가 아니다. 오히려 존재 그 자체는 언제나 침묵한다. 인간이 존재 그 자체를 의식하든 의식하지 않든 간에 존재 자체는 말없이 거기 그대로 있는 것이다. 우리가 보아주지 않더라도 존재 자체는 없어지는 것이 아니고 우리에게 보아달라고 요구하지도 않는다. 우리가 전혀 보지 못하던 존재가 어느 날 문득 우리 앞에 보여지는 예가 허다하지 않은가? 인류 지성의 발달사는 존재 발견의 발달사라고 해도 과언이 아니다. 우리가 그것을 존재의 출현이라 하든 존재의 개시라 하든 존재의 부름이라 하든 그것은 존재 자체의 작용이 아니라 실존의 작용이다. 존재의 거처는 내면의 실존 세계가 아니라 결국은 외부 세계인 것이다. 따라서 '존재로부터의 부름'이란 상징적인 개념이며 어떤 점에서는 문학적 표현이라고도 할 수 있다.

그러나 인간은 존재로부터의 부름을 듣는다. 그 청취 가능한 범위는 사람마다 다를 수 있고 청취의 방향 또한 서로 다를 수 있지만 어쨌든 인간은 존재의 부름을 듣는다. 자칫 신비주의나 지나친 주관주의로 흐를 염려도 없지 않지만 모든 사람은 존재의 부름을 들으며 산다. 극단적인 예는 신에 접한 무당이 영의 세계를 넘나드는 일이나 창작에 몰두한 예술가의 신열과 대상에의 몰입 등에서 찾을 수 있다. 물론 이것은 과학의 영역을 벗어나 있는 것이기는 하지만, 과학의 영역은 계속 발전하고 확장하여 나가는 것인바, 현 단계의 과학적 지식에 절대성을 부여하는 것 또한 조심스러운 일인 것이다.

하기락이 과연 자유를 획득하였는가 하는 것은 단언할 수 없다. 그러나 자유를 찾아가는 구도의 길을 걸어갔다는 것은 인정해야 한다. 그의 삶과 철학의 행로가 이것을 입증하고 있기 때문이다. 그렇다면 하기락을 일깨운 존재의 부름이란 무엇인가? 하기락은 존재의 어떤 소리를 들었던 것일까? 격동하는 한국의 20세기를 그 시작에서부터 끝까지 살다 간 최고의 지성이 들었던 존재가 부르는 소리는 무엇일까? 최고의 지성이 듣는 소리라고 해서 범인이 듣는 소리와 다를 수는 없다. 최고의 지성이 최고의 청력 소유자를 의미하는 것은 아니기 때문이다. 다만 많은 사람이 듣는 동일한 소리를 들더라도 그 의미 이해와 본질 파악이 평범한 대중들과는 다르다는 것을 의미한다고 보아야 한다. 그러므로 존재가 부르는 소리에 대한 가청 범위가 다르다는 것은 이해가능한 범위와 방향이 다르며 그것을 계기로 하여 어떤 길을 선택하여 살아가는가 하는 것이 다르다는 것이다.

하기락이 존재의 부름을 처음으로 들은 것은, 그의 나이 여덟 살 때 봄으로 거슬러 올라간다.

"여덟 살 때 봄이었다. 장터에서 때아닌 함성이 터져 나왔다. 서당에서 글을 읽다가 달려가 봤다. 헌병과 보조군이 사람들을 마구잡이로 짓밟고 있었다. 다른 쪽에서 함성이 나면 그쪽으로 뛰어갔다. 그러는 동안에 이쪽에서 또 함성이 울렸다.

무슨 영문인지도 몰랐지만, 나도 가슴을 조이며 덩달아 '만세'를 불렀다. 나라 잃은 백성의 아들로 태어난 나의 유년기는 이렇게 지나갔다."[25]

　하기락의 이 언급은 1919년 3월 1일에 있었던 기미독립운동(삼일운동)에 대한 증언이다. 모르긴 해도 독립 만세운동이 안의마을까지 퍼져간 것은, 그러니까 그해 3월 말이나 4월쯤이었을 것이다. 그래서 하기락은 때를 봄이라 말하고 있다. 우리 나이로 여덟 살이지만 만으로는 일곱 살인 어린 소년이 무슨 사상이나 주의를 가졌을 리가 없음은 당연한 일이고 그래서 하기락 자신도 무슨 영문인지를 몰랐다고 하고 있다. 그러나 분명한 것은 영문도 모른 채 가슴을 조이며 덩달아 '만세'를 불렀다는 사실이다. 이때 이미 어린 하기락의 눈에는 '나라 잃은 백성'의 설움과 군대와 총칼 앞에서 맨몸으로 부딪쳐 자주독립을 되찾고자 하는 민중의 함성 소리가 깊이깊이 각인되었을 것이다. 바로 이러한 계기가 뒷날 하기락으로 하여금 인간의 자유를 최상의 가치로 삼고 이를 억압하는 정부 등의 권력 조직과 군사 조직, 그 밖의 종교적 사회적 구속을 부정하는 사상인 아나키즘으로 빠져들게 한 것으로 보인다.

　격동하는 역사의 구비마다 되풀이해서 들려오는 존재의 부름을 하기락은 계속하여 들었을 것이다. 노도와 같은 4·19의 젊은 함성, 지축을 울리던 5·16의 탱크 소리, 10·26 심야의 권총 소리, 12·12의 군화 소리, 창공을 치솟던 5·18 광주의 한 맺힌 절규, 존재의 소리는 처절하였거나 또는 무자비하였고, 그때마다 하기락의 아나키즘은 더욱 강화되어 갔을 것이다.

　1987년 6월 26일 화요일 오후, 하기락은 금호커피숍에서 재야인사 몇 사람과의 면담을 끝낸 뒤 반월당 네거리에 있는 덕산빌딩 2층의 덕산커피숍으로 옮겨 앉았다. 훗날 6월 항쟁으로 불리는 대규모 민중 시위가 이즈음 연일 계속되고 있었다. 이때 당시 경북민주통일민중운동연합 고문으로 있었던 하기락은 때때로 불려나가 대중연설을 하였다. 이날은 연설이 없었던 것 같았다. 덕산커피숍의 남쪽 통유리창 옆에 자리잡은 하기락은 커피가 식어가는 것도 잊은 채 하염없이 앞산 그리매를 바라보고 있었다. 얼마의 시간이 흐른 뒤 반월당 네거리 동서남북 각 방향에서 차도를 가득히 메운 시위 군중이 교차로를 향해 노도처럼 몰려들었다. 전투경찰이 쏘는 최루탄과 시위 군중이 앞세운 대형 깃발이 밀고 밀리는 공방을 되풀이하였다. 자유와 민주를 되찾기 위한 민중의 함성을

---

25) 하기락, 「나의 수업시대」, 『하기락 논문집』 제4권, 자주인연맹, 1987, 3쪽.

하기락은 가슴으로 듣고 있었다. 이때 하기락과 같이 자리하고 있었던 유일한 사람인 필자는 아무 말도 건네지 못한 채 공방전이 계속되는 반월당 네거리를 그저 내려다보고만 있었다. 밀폐된 통유리창이었지만 어디로 새어 들어오는지 매캐한 최루탄 냄새가 어느새 커피숍 안을 채웠고 사람들은 하나둘 자리를 떴지만, 하기락은 간혹 눈물을 닦아 내며 앉아 있었고 필자 또한 그렇게 끝까지 앉아서 존재로부터의 부름을 듣는 하기락의 모습을 목도하였다.

여덟 살 소년에서부터 80대에 이르기까지 끊임없이 존재의 부름을 듣고 얻은 하기락의 자유는 무엇인가? 정(正)과 반(反)이 대립 갈등하여 지양될 때 어느 요소가 종합 속에 더 많이 남는가 하는 것은 결국 힘의 원리에 의거하는 것이며 대개의 경우 사회적 주목은 더 강한 쪽으로 쏠리게 마련이어서 강한 자는 늘 승리자가 된다. "사람의 수는 단결에 의하여 통일되고 지식에 의하여 인도되는 경우에 한해서만 의미가 있다"[26]고 설파함으로써 일찍 이 대중이 갖추어야 할 힘의 원리를 강조한 카를 마르크스(Karl Marx)의 주장은 여전히 유효하며, 여기에 그대로 적용된다. 한국 현대사의 질곡은 가열되던 민중의 힘이 번번이 와해되고 단절된 데에서 그 원인을 찾을 수 있다. 다시 말해서 민중의 힘은 역사의 구비마다 결집되었지만, 지식에 의하여 인도되지 못함으로써 결집된 힘의 의미는 의미 없음 또는 제한적이고 부분적인 의미로 축소되고 말았던 것이다. 바로 여기에 하기락의 과제가 설정되었는지도 모른다. 그러니까 '지식에 의하여(노동자와 가지지 못한 자를 각성시키고 : 필자 주) 인도하는 일' 그것이 하기락 필생의 과업이 되었을 것이라는 것이다. 하기락이 들은 존재의 부름은 곧 '지식에 의하여 인도하는 일' 그것이라고 보았을 때, 하기락과 하르트만 그리고 하이데거의 관계는 다음과 같이 설정될 수도 있을 것이다. 하기락은 하이데거의 명제와 같이 존재의 부름을 들었지만, 거기서 바로 자유를 얻은 것은 아니고 존재 그 자체의 해명을 통하여 자유를 얻는 길을 찾고자 했는지도 모른다는 것이다. 그렇다면 바로 여기서 하기락의 연구 분야가 하이데거에서 하르트만으로 바뀌는 배경이 설명된다. 자유는 이해의 문제가 아니라 향유의 문제이기 때문이다. 하르트만이라는 토대 위에서 자유는 증여되는 것이 아니라 스스로 생겨 가지는 것이며, 시혜받는 것이 아니라 각성의 결과물로서 되찾는 것이 된다.

---

26) 이 명제는 카를 마르크스가 기초한 국제노동자협회(International Workingmen's Association) 창립(1864. 9. 28. 런던의 센트 마틴즈 홀에서 공개집회로 개최) 선언문에서 인용한 것임. 하기락 편집, 『平協』Vol. 1 No. 1, 국제평화협회, 1990. 3. 1. 6쪽.

해방과 자유의 실현이라는 존재의 부름을 계속하여 들으면서 하기락은 아나키스트가 되었고, 아나키스트로서의 그가 해야 할 일, 지식에 의하여 민중을 각성시키고 인도하는 일을 위하여 그는 철학자가 될 수밖에 없었다고 할 수 있다. 지식에 의하여 민중을 인도하는 자유를 얻었기에 투쟁의 전면에 서는 운동가가 아니라 원리와 이념을 캐내고 해명하는 사상가의 입장에 섰던 것이다. 그런 의미에서 그에게는 철학이 먼저일 수밖에 없었다고 하겠다. 그러니까 하기락은 철학자로서 아나키스트였지, 아나키스트로서 철학자는 아니었다는 것이다.

5.

"인간의 해방' 또는 '실존의 자유', 이것이 나의 철학적 테마요, 또 목표였다"는 하기락의 언명은 철학자로서 아나키스트였던 그의 입장을 극명하게 나타낸다. 물론 그에게 있어서 철학과 아나키즘을 따로 분리할 수 없는 것이지만 굳이 구분하여 본다면, 개인의 절대적 자유가 구현되는 아나키 사회의 실현이 그의 삶의 목표였다면, 그러한 목표 달성을 위하여 그가 스스로에게 부여한 과업이 철학이었다고 할 수 있을 것이다.

하기락의 자기 과업으로서의 철학적 업적은 방대한 분량과 넓고 깊은 내용의 연구 실적이 이를 입증하고 있으며, 삶의 목표로서의 아나키 사회 건설을 위한 그의 헌신은 민중을 각성시키고자 하는 계몽의 노력들이 이를 입증하고 있다.

그렇다고 해서 하기락이 실천적 사회운동에 직접 참여하지 않은 것은 아니다. 1929년의 광주학생사건 가담에서 시작하여, 1939년 12월 와세다대학 오오구마회관에서 식민지 정책 비판과 일경 검속 및 옥고, 뒤이어 와세다대학과 동경대학에서 벌인 아나키즘 선전 활동, 1945년 9월 29일 〈자유사회건설자연맹(약칭 自聯 F. S. B. F.)〉 결성대회(서울 종로) 참여, 1946년 2월 21~22일 〈경남북 아나키스트대회〉 개최(부산 금강사), 1946년 4월 20~23일 〈전국 아나키스트대회〉 개최(경남 안의 용추사), 1952년 10월 3일 〈독립노농당 경북특위 위원장〉 취임, 1972년 2월 〈민주통일당〉 결성 및 정책위 의장 피선, 1987년 〈경북민주통일민중운동연합〉 고문 역임, 1987년 8월 21~22일 〈한국자주인연맹 제4차 대표자회의) 개최(대구 계명대 강당), 1988년 10월 28~31일 〈세계평화를 위한 국

제회의〉 개최(서울 세종회관 강당)〉, 1988년 10월 31일 〈국제평화협회〉 발기, 1990년 4
월 6일 〈사회주의정당〉 창당 준비 위원장 역임(서울 YWCA 강당에서 발기인 대회 거행),
1993년 4월 17일 〈대구 아나키즘연구회〉 출범 등[27] 사이사이 공백은 있었지만, 일생에
걸쳐 실천적 사회운동에 참여해 왔다.

뿐만 아니라 아나키스트로서 가진 하기락의 국제적 명성과 각종 국제대회 참석과 연
설 또한 결코 간과되어서는 안 된다. 1984년 9월 24~29일 이탈리아 베네치아에서 열린
세계 아나키스트대회 참석과 영문판 『한국 아나키스트운동 약사』 배부, 1989년 6월 22
일 샌프란시스코 아나키스트대회 참석과 연설(주제: 국가의 실체와 군사력의 해소), 1990
년 1월 22~28일 소비에트 사이언스 아카데미 초청 방소 강연(주제: 한소관계의 과거와 현
재), 1990년 11월 1~14일 스웨덴의 스톡홀름에서 열린 스웨덴 신디칼리스트(노동조합운
동) 회의 참석과 발표(주제: 정경유착의 실례와 그 구조적 개혁 방법) 등이 그것이다.

이와 같은 각종 연설과 각종 회의 취지문에서 나타나는 하기락의 주장 중 1990년 3
월 1일 사회주의정당 결성을 위한 취지문에서 하기락이 남한의 상황을 다음과 같이 분
석하고 있는 것은 탁견 중의 탁견이라 아니할 수 없다.

"(…) 남한은 대재벌과 결탁한 비민주적 정권이 (…) 사회를 돌이킬 수 없는 위기
상황으로 몰아가고 있는 실정이다. 그러므로 지금 필요한 것은 단호한 정치경제
의 민주화에 있으며 이 상황은 잠시도 수수방관을 불허하는 위험수위에 접근하
고 있는 것이다. 정치의 민주화는 경제의 민주화와 불가분의 관계에 있다."[28]

이때 당시 하기락의 이러한 경고에 귀를 기울이는 자는 아무도 없었지만, 그로부터
만 7년이 지난 지금(1998년 1월) 하기락의 이러한 진단은 IMF 한파라는 현실로 무섭게
실증되고 있음을 우리는 보게 된다.

그럼에도 불구하고 하기락의 실천적 삶에 있어서 중점은 역시 계몽에 주어져
야 한다고 필자는 생각한다. 하기락은 한국자주인연맹 기관지인, 『자유연합(FAK
BULLETIN)』 편집자로서 1946년 4월 1일자 제1호를 필두로 하여 1989년 5월 1일자 제
6호까지 제작 배포하였으며, 국제평화협회 기관지 『평협(INTERNATIONAL PEACE

---

27) 하기락, 『자기를 해방하려는 백성들의 의지』, 도서출판 신명, 1993, 261-409쪽 참조.
28) 하기락 편집, 『平協』 Vol. 1 No.1, 국제평화협회, 1990. 3. 1. 7쪽.

ASSOCIATION)』의 편집인으로서 1990년 3월 1일자 제1호로부터 1990년 12월 12일자 제3호까지 제작 배포하였다. 두 종류의 신문 모두 그 이후 발행분이 있는지 확인하지는 못했다. 그러나 1987년에서 1990년에 이르는 사이 발행된 신문의 제작 과정은 필자가 가까이에서 목격하였다. 하기락은 손수 원고를 작성하고 편집하였으며 자비로 출판하여 직접 배포하였다. 제자들이나 수하들이 넣어드리는 용돈은 전액이 신문 출판비로 충당되었으며, 노안의 치료를 받아가며 도수 높은 돋보기를 쓰고 간이출판사의 썰렁한 사무실에서 한자한자 교정하였다. 인쇄가 끝나고 제본이 되어 나오는 신문을 애지중지 작은 묶음으로 나누어 경로우대증으로 타는 시내버스에 싣고 남산동에서 만촌동 자택까지 운반하였다. 노인의 쇠진한 기력으로 버스정류장에서 집까지 신문을 옮기는 일도 보통 힘든 일이 아니었다. 하기락은 집에 카트(cart)를 준비해 두고 그것으로 정류장에서 집까지 신문을 날랐다. 몇 번은 필자의 승용차로 운반한 적도 있다. 그럴 때도 소방도로에서 짐을 내려 집까지 옮기는 일이 힘이 들어 카트를 이용해야만 했다. 배포는 결국 시간과의 싸움이었다. 등산용 배낭에 신문 20~30부를 넣어 짊어지고는 울산공단, 창원공단, 구로공단, 구미공단 등으로 직접 나가 배포하였으며, 신문이 한 호 나오면 이와 같은 배포에 한두 달 이상이 소요되었다. 간혹 외국 아나키스트 동지나, 사회운동가, 젊은 학자들의 원고 도움을 받기도 했지만, 그것은 극히 적은 부분에 불과했다. 필자도 세 편의 시 원고로써 하기락을 도왔다.[29]

요구하는 자 아무도 없음에도 불구하고 하기락은 왜 이같이 어려운 일을 자청했을까? 여기에 대한 단정적인 답변을 내릴 수 있는 자는 아무도 없다. 단지 우리가 말할 수 있는 것은 자유를 찾아가는 순수한 하기락의 열정적 의욕이 그의 마지막 삶의 불꽃까지 그렇게 태웠을 것이라는 것이다. 가능한 설명 중의 하나로서 이것은 또 이러한 시각화도 가능하다. 앞에서도 잠시 언급된 바와 같이 사회운동의 개념 규정을 몸으로 부딪

---

29) 『자유연합』 제6호(89. 5. 1)에 재미 화가인 강신석(전 동아대 미술과장)의* 작품 〈山火〉에 곁들여 4·19 기념시로 「불의 깃발 오르면」이라는 제목의 졸시를 김진이란 필명으로 실었으며, 『平協』 제 3호(90. 3. 1)에 역시 고 강신석 화백(이때 이미 강신석 화백은 작고한 뒤임)의 유작 〈지리산〉에 곁들어 「벌판에는 바람이」라는 제목의 졸시를 필자 본명으로 실었고 같은 신문 다른 면(7면)에 앞 (1)에서 소개한 졸시 〈겨울장마〉를 김진이란 필명으로 실었다.
* 강신석(姜信碩) 화백은 하기락 선생의 죽마고우로 미국에서 살았으며, 〈세계평화를 위한 국제회의(88년 서울대회)〉 경비 염출을 위해, 평생의 수작들을 내어놓고 서울에서 전시회를 열었다. 생몰연대를 필자가 조사하지는 못하였지만, 이 전시회가 끝나고 1~2년 후에 이국땅 미국에서 하기락 선생보다 7년 정도 먼저 타계한 것으로 알고 있다.

치는 실천적 투쟁에 둔다면 하기락은 사회운동가라기보다 사회사상가에 가깝다. 물론 이 장(5) 앞부분에서 살펴본 바와 같이 하기락에게도 실천적 사회운동의 측면이 없지 않다. 국내외의 각종 아나키스트대회에 참가하거나 주관하고, 사회운동단체의 행사에 나가 연설을 한 일들이 그러하다고 할 수도 있다. 그런데 운동 그 자체는 자칫 맹목으로 빠져들 위험이 있다. 사회운동에 관성이 붙으면 목표 의식을 상실할 수 있고, 과정보다 결과에 집착하게 될 수가 있다. 그러나 앞(2)에서 살펴본 바와 같이 순수한 이상주의적 성향을 가진 하기락은 사회운동의 근원적 원리를 연구하고, 투쟁의 이념을 제시하는 일, 한마디로 하여 계몽적 역할이 그에게는 더욱 어울리는 일이었기 때문이었을 것이라는 것이다.

돌이켜 보면 사회사상가로서든 사회운동가로서든 하기락이 보여준 정열과 헌신과 외로운 투쟁은 늘 주변 사람들을 불안하게 했던 것 같다. 실제로 만년의 하기락이 사정당국의 취조나 박해를 표면적으로 받은 적은 없다. 어쩌면 이것은 대정권 투쟁의 일선에 몸으로 부딪치며 나서는 지도자들과 민중들의 저항운동을 봉쇄하기에 급급했던 사정당국이 크게 세력화되지 않은 아나키스트연맹을 외롭게 이끌고 가는 하기락까지 단속할 여유가 없었기 때문이라고도 볼 수 있으며, 아니면 북한은 물론 공산 사회주의 정치 체제 그 자체를 원천적으로 비판하는 노선에 서 있는 하기락을 검거하기에는 명분이 부족했던 것이라고 볼 수 있으며, 그것도 아니면 새로운 희생양을 내어 영웅으로 만들어 주어서는 안 되겠다는 염려 때문이었다고 볼 수도 있다. 그러나 1987년을 전후하여 하기락의 주변인들은 끊임없이 불안에 떨고 있었다. 음식점이나 찻집에 앉을 때에는 필자 또한 자신도 모르는 사이에 어느새 주변을 살펴보곤 하는 버릇이 생겨 있었다. 다른 측면에서 보면 만년의 하기락이 사정당국의 리스트에 올라 있지 않았던 것은 아닌 것 같기도 하다. 왜냐하면 하기락과 같이 한국 현대철학의 제1세대를 대표하는 학자가 학술원 회원이 되지 못하였으며 대통령 훈장이나 포상은 고사하고 기타의 상도 상 같은 상을 수상해 본 적이 없기 때문이다. 물론 하기락이 그러한 것에 연연하는 사람도 아니었지만 말이다.

하기락의 학문적 성과나 사회운동의 실적을 긍정적으로만 보고싶어 하지 않을 사람도 있다. 그러나 그들이 그것들을 문제 삼으려고 할 때는 반드시 유념해야 할 것이 있다. 그만큼 열심히 살았고 그만큼 뜨겁게 살았으며 그만큼 순수하게 살았던 사람이 하기락 외에 또 얼마나 더 있겠는가를 헤아려 보아야 한다는 것이다. 메스나 면도칼은 날카롭다. 그리고 수술용 메스를 갖다 대는 일은 일정한 수련 및 전문과정을 거친 외과의라면 누구나 할 수 있는 일이다. 그러나 면도칼이나 메스로 칠척 장검을 동강내려 한다면 그것은 넌센스이며 무모함이다. 하기락의 철학 이론이나 아나키즘 이론에 대한 갑론을박은 많으면 많을수록 좋을 것이다. 아마 저승에서 고인도 그것을 원하고 있을 것이다. 그러한 가운데 철학의 발전이 있을 것이고 사회의 발전이 있을 것이며 자유를 찾아가는 길이 넓혀질 것이기 때문이다. 그러니까 우리가 경계하고자 하는 것은 섣부른 인격적 폄훼나 모독이다.

하기락은 갔다. 그의 철학과 삶은 그와 더불어 사라지고 마는가? 아나키즘은 시대적으로 퇴조하고 있으며 철학 또한 경제제일주의와 과학의 발전 논리에 밀려 사양화되고 있다. 그렇다고 하더라도 철학과 아나키즘이 생산해낸 문제 적출과 그 해법이 지난 시대의 유물로 영원히 화석화되지는 않을 것이다. 왜냐하면 철학자와 아나키스트는 언제나 현시대적 문제 위치에서 출발하며 거기에 대한 해법을 찾고자 하는 사람들이기 때문이다. 철학자와 아나키스트의 현재와 미래는 다음 인용문으로 대신할 수 있을 것이다.

"자기의 노력은 기껏해야 사색의 역사적 연쇄 가운데서 한 항(項)에 지나지 않으므로 이 진행의 다음 일보에 의하여 곧 추월될 것을 알고, 의식적으로 자기 시대의 문제 위치에서 출발하여 그 시대를 위하여 연구하는 사람, 그는 바로 후속 세대의 광장에서 타당성을 요구할 수 있는 어떤 것을 창조해낼 전망이 가장 많은 사람이다."[30]

영원한 자유인 하기락은 가고 하기락이 그처럼 간구(干求)했던 '인간의 해방'과 '실존의 자유'는 이제 후세대의 과제로 남겨졌다. 20세기가 끝나 가는 지금 우리가 사는 한국이라는 벌판에는 아직 바람이 잠들지 못하고 있다.

벌판에는 바람이 불어요,
바람의 방향을 따라서

---

30) 니콜라이 하르트만(하기락 편술), 『자연철학』 도서출판 신명, 1993, 42쪽.

뜬구름이 몰려다니고 있어요.

소리의 물줄기가 어지러이 흐르고

몸과 몸을 부딪혀 맹목의 수목들이

사생결단을 하고 있어요.

바람의 칼날에 넋은 넘어지고 있어요.

갈대밭에서 나온 미풍이 숨죽여 자진하고

부서지는 흙들의 노래가

산을 옮겨가고 있어요.

쓰러지는 풀들은 쓰러지는 슬기로

바람을 피하고

온전한 뿌리를 지키고 있어요.

벌판에는 바람이 불어요.

바람의 방향을 따라서

번뜩이는 눈물이 공중을 떠 다녀요.

자꾸 서두르고 있어요.

바다인 듯한 바다가 정작은

바다가 아니어요.

* 졸시 「벌판에는 바람이」 전문[31]

---

31) 김주완 시집, 『엘리베이터 안의 20초』, 도서출판 한줄기, 1994, 45쪽; 하기락 편집, 『平協』 Vol. 1 No.1, 국제평화협회, 1990. 3. 1. 8쪽.

김성국(부산대)

1. 서언 : 자유의 대지, '안의(安義)'로부터[1]

이 글은 허유 하기락(1912~1997) 아나키즘의 성격을 극히 시론적인 차원에서 논의해 보고자 한다.[2] 이 글은 아직 제대로 탐구되지 않은 역사적 존재에 관한 일종의 인물사

---

1) 경상남도 함양군에 있는 안의는 그야말로 한국 아나키즘의 성지(聖地)라 일컬을 만하다. 따라서 세계 아나키스트운동의 금자탑인 스페인 혁명(1936~38년) 당시 아나키스트들의 저항과 비극 그리고 인간적 승리를 그린 최근의 영화 'Land of Freedom'의 제명을 부여받아도 결코 손색이 없을 것이다. 이곳에서 일제하 많은 아나키스트들(이시우, 하경상, 하종진, 최영주, 김재현, 이진언, 우한용, 최영준, 최태호, 김순종, 박영환, 하가락, 하충현 등)이 배출되었을 뿐만 아니라, 해방 직후 1946년 전국 아나키스트 대표자대회가 여기에서 개최되었으며 그 뒤에도 숱한 아나키스트 행사가 하기락의 주도로 치루어졌다. 이곳 출신의 아나키스트 시인 노석 박영환(奴石 朴永煥)(1994b, 717쪽)은 안의의 아나키스트적 지정학(地政學)의 역사성을 다음과 같이 설명한다 : "안의 송장 하나가 함양 열 당한다.'는 말이 있듯이 안의 사람은 기질이 억세고 사나운 것으로 알려져 있다. 지역적으로 반골 기가 있는 안의는 조선 영조 시절 조정의 눈 밖에 나서 백 년 가까이 안의 사람의 벼슬길이 막힌 적이 있었다. 이인좌 반란 때 주동 세력으로 안의 출신 정희량이 끼었다 해서다. 안의 사람의 드셈은 반란 사건 이후 중앙으로부터 받던 홀대를 극복하려는 데서 자연스레 몸에 배었는지도 모른다. 안의가 일제시대 국내 아나키즘의 본고장이 된 것도 이같은 역사에서 비롯된 것이 아닌가 싶다." 그러나 덕유산 밑 조그만 촌락인 안의는 예부터 경남의 팔담팔정(八潭八亭)이라 불릴 만큼 산수 좋기로 이름난 고장이다. 거연정(居然亭), 군자정(君子亭), 경호정(京湖亭), 농월정(弄月亭), 심원정(尋源亭)과 같은 절경은 하기락에게 필히 풍류와 멋도 배워주었으리라 추측된다.

2) 이 글이 "예비적 시론"의 수준을 벗어나기 어려운 까닭에 대하여 간단한 양해를 구할 필요가 있겠다. 우선 원고 청탁이 너무나 늦었던 관계로 준비기간이 태부족하였다. 세월의 풍상이 수십 번이나 바뀐 지난 70여 년간 한국 아나키즘 운동의 역사적 증인이 남긴, 찬연하나 복잡한 궤적을 짧은 시간에 제대로 정리하기란 거의 불가능하다. 아울러, 고인에 대한 필자의 지적·실천적 빚 짐과 의경의 무게가 너무나 크기 때문에 과연 가치 자유적 입장에서 객관적 엄밀성을 가지고 접

적 연구이므로 아나키즘과 관련된 하기락 자신의 활동과 저술들 중에서 가능한 많은 부분을 직접 인용하는 방식으로 전개될 것이다. 특히, 자료의 제한성으로 인하여 접근방식이 일상적인 논증의 궤를 따르지 못하고 때로 사회학적 상상력을 활용하였음을 밝히고자 한다. 하기락은 10대의 소년 시절부터 아나키즘의 영향을 받아 일제에 빼앗긴 자유를 탈환하기 위하여 저항의 깃발을 들기 시작하였다. 하기락의 소년 시절, "안의에는 아나키즘 사상이 수입되었고 형뻘되는 청년들이 거의 그 사상에 공명함에 크게 운동을 일으켜 단박에 신사조의 물결에 휩쓸려 들어갔다"고 기술하는 아나키스트 박영환(1984, 250~251쪽)이 최근에 쓴 회고록(1994a)을 통하여 당시의 상황을 재현시켜 보기로 하자.[3]

"안의 보통학교 6학년 시절 같은 반 친구들과도 이 대밭에 종종 들러 우리들만의 시간을 가졌었다. 지금도 절친한 벗으로 아나키즘의 평생 동지인 하기락과의 각별한 정도 이즈음부터 다져 나가기 시작했고, 우리는 하루가 멀다하고 몰려 다니곤 했다. 죽림육인(竹林六人)(박영환, 하기락, 하기락의 동생 하충현, 유병우, 이칠성, 노수열)의 멤버도 바로 이들이었다. 반골(反骨) 기가 많은 안의 소년들이라 만나면 으레 일제에 대한 증오의 목소리들이 터져 나왔고, 사상가의 통쾌한 행동들이며 신사상에 대해 흘려들은 얘기들을 저마다 풀어 놓았다. 어찌 됐거나 하루빨리 나라를 되찾아야 한다는 각오로 우리들의 눈은 빛났고 자연스레 무엇을 해야 할 것인가에 대해 얘기가 모아졌다. 아나키스트 크로포트킨의 저서들은 이에 해답을 주는 듯 했다. 나와 함께 크로포트킨에 흠뻑 빠져 있었던 하기락은 토론이 벌어지면 그 누구보다 열성으로 강변했다. '크로포트킨의 말처럼 우리 조선 사람들은

근할 수 있을지 걱정스럽다. 후일 더 완성도가 높은 글을 기약해 보기로 한다.

3) 하기락 자신도 박영환(1994b, 458쪽)에게 보낸 1992년 11월 15일자 편지에서 소년 시절부터 시작된 아나키즘에의 경도를 다음과 같이 시적으로 회고하고 있다 : "(…) 이럭저럭 형과 나는 소년 때부터 국가권력을 증오하는 아나키스트가 되고 있었다. 형은 그것을 '바위의 염원(念願)'에 부쳐서 이렇게 읊으셨다. '허구한 세월을 이끼에 묻혀 누워만 있으란 말인가. 차라리 석수(石手)의 정에라도 맞아 눈부시게 불가루를 날리며 원통 몸뚱어리를 파헤쳐 진정 내가 무엇인지를 찾으리라' 하셨다. 이 한마디 시어(詩語) 속에서 견딜 수 없이 애달픈 돌의 목마름이 스며 나오는 것일까? 나는 누구냐? 노석(奴石)은 자유를 찾아 창공을 가르며 날고자 하는 아나키스트, 아니 이보다 앞서 한 인간, 차라리 눈부신 태양 아래 쭈그린 한 마리 짐승이랄까. 도피할래야 찾아갈 동굴조차 없는 속절없는 허무주의자! (…) 생명 없는 돌 속에 숨결을 불어넣는 노석, 너는 진정한 마법사인가. 너는 갈 데 없는 낭만자. 승유지기(乘遊至氣)하여 구름처럼 떠가고 강물처럼 흘러가려무나. 1992년 11월 15일 허유(虛有) 제(弟) 삼가 올림."

일본 놈들에게 뺏기고 있어, 뼈 빠지게 일한 곡식 낱알은 물론이고 우리 한민족의 정신마저도 깡그리 그들에게 예속시키려 발버둥 치고 있단 말이다. 우리 각자가 자신의 안일만 추구하고 이같은 민족의 현실을 외면한다면 조선은 영원히 독립하지 못하고 말 것이야. 고난의 길을 가더라도 언젠가 독립할 수 있다는 기대와 희망으로 자신을 던져야 하지 않을까? 자리에 모인 우리 다섯 친구들도 하기락의 주장에 전적으로 동조의 의지를 나타내었다. 우리들은 하계방학을 이용해서 연극을 하기로 결정을 봤다. 각본으로 코르시카의 비극과 황금광소곡을 택했다. 몇 달간의 피나는 연습을 마친 우리들은 공연을 며칠 앞두고 경찰에 허가원을 제출했다. 그런데 경찰에서 하기락과 내가 출연하지 않는 조건으로 허가해주겠다고 구실을 잡은 것이다. 주인공 배역인 하기락과 내가 빠지면 이 연극은 자연히 와해될 수밖에 없는 터였기 때문에 그들은 이 점을 노린 것이다. 몇 달 동안 애쓴 우리의 첫 행사가 물거품이 되자 우리는 비분강개하지 않을 수 없었다. 대책 회의를 하던 중, 하기락은 비장한 얼굴로 '석유 한 통이면 되니 경찰서를 불태우자'고 제안했다. 그때 만일 나만 찬동했다면 우리는 일을 저지르고 말았을 것이지만 하기락을 극구 말리는 쪽으로 의견이 모아져 성사되지 않았다."[4]

여기서 우리는 하기락이 이미 10대의 유년 시절부터 아나키스트로서의 저항적 사고와 직접행동의 논리를 체화(體化)하고 있었음을 분명하게 파악할 수 있다. 그는 그 이후부터 일경의 감시 대상이 되었으며, 1929년에는 광주학생운동을 승계하여 학원소요를 주동하다가 제2고보에서 퇴학을 당했으나, 1년 후 다시 중앙고보에 입학, 졸업한 후 고향의 서상(西上) 금융조합에 다니다가, 1935년 밀항선을 타고 한밤중에 일본으로 유학길을 떠나 상지(上智)대학 예과를 거쳐, 와세다(早稲田)대학 철학과에 입학한다. 그러나 와세다대와 동경대의 유학생들과 함께 사회주의 연구 그룹을 만들어 아나키즘 선전 활동을 하고 있던 그는 1939년 12월 졸업생 송별회에서 일제의 식민지 정책을 비판한 죄명으로 3개월간 경시청의 취조를 받는다. 와세다대학을 졸업한 후 귀국하여 황해도 재령의 재령 상업고등학교에서 잠깐 교편을 잡기도 하였으나 전력이 탄로나 그만두고 고향에 내려와 해방 때까지 자유농민조합 운동을 전개하였다. 해방이 되자, 박영환과 함께

---

4) 박영환은 16세 때 조선 소년동맹 안의 위원장을 맡았다.

당시 좌경 언론만 가득하던 부산에서 1946년에 자주, 자립, 자율적인 건국 이념 아래 '자유민보(自由民報)'를 창간하였으며,[5] 아나키스트 팜플렛 '자유연합(自由聯合)'을 발간하였으나 군정 당국에 의하여 금지되었다. 정세가 바뀌어 좌익들이 수그러지자 현실은 그들의 이념과는 판이하게 다른 방향으로 변질되어 가짜 애국자와 정상배가 판을 치기 시작하였다. 이 당시 하기락의 심중은 박영환(1994b, 454쪽)에게 보낸 다음의 서신 내용에서 잘 드러나고 있다.

"(…) 우리 운동의 긴급사가 정치운동 혹은 정치운동의 구경에 있는 것이 아니고, 가장 본질적으로 우리 독자(獨自)의 진영(陣營)을 편성하여 우리 주장을 민중화(民衆化)하는 사상운동(思想運動)에 있다고 생각되는데, 형은 형대로 그러고 있을 바엔 우리도 우리대로 각기 고향으로 흩어져 가는 수밖에 없소. 자주독립이란 절대적 명제를 두고 통일을 형성치 못하고 정권 분할만 기책(企策)하는 흥정을 일삼고 있는 소위 정치가 군상들에게 무엇을 기대하리오. 우리는 서서히! 그러나 확실히 일보일보 차기 혁명을 준비해 나갈 수밖에 없소. 기실(其實)한 혁명에 대비할 민중의 정신적 준비, 우리의 사명은 이 명제에 함유된 것이오. 하루속히 정계 구경을 끝마치고 하부절망(下釜切望) 1946년 0월 0일 하기락의 동지 일동"

하기락은, 특히 해방 이후, 거의 모든 한국 아나키즘 운동에 있어서 필요불가결한 존재로서 핵심적인 역할을 담당하였다. 이점에 있어서 그를 한국의 2세대 아나키스트들 가운데서 단연 독보적인 존재라고 규정하여도 과언이 아닐 것이다. 더욱이 아나키스트로서 그의 활동은 국내에만 한정된 것이 아니라 전 세계에 걸친 것이었다는 점도 분명하게 인정받아야 할 사실이다. 그의 저서 *A History of Korean Anarchist Movement*(1986)는 현재도 한국의 아나키즘을 연구하는 외국인들에게는 유일무이한 필

---

5) 해방 직후 좌우합작이 불가능하게 되고 양 진영이 대립하여 그 투쟁이 치열하게 되는 와중에서, 부산의 언론지는 건준 기반을 쟁취한 좌익세력에 추종함으로써 민족민주진영의 언론은 무시당하던 상황이었다. 이에 대응하여, 경남의 전민주민족진영의 집결체이던 독립촉성경남협의회를 모체로 사장 김철수, 편집 하기락, 하충현, 박영환, 홍원, 김지병, 이동순, 조주홍, 박기홍 등이 참여하여 1946년 2월 25일 '자유민보'를 창간하였다. 당시의 재부 언론인 대부분이 공산주의를 진보적인 것이라 하여 추종하였던 반면, '자유민보'의 편집진은 모두가 아나키즘의 운동자 내지는 신봉자로서 단단한 투지와 신념으로 대공 투쟁에 앞장섰다(박영환, 1984, 282-283쪽).

독서가 되고 있다. 신세대 아나키스트들이 등장하기 이전인 1980년대 후반까지만 해도 그는 세계 아나키스트 운동계에서 활약하는 유일한 한국인이었다. 1988년(9월 24일~29일)에 그가 주도하여 서울에서 개최한 세계 아나키스트대회(International World Peace Seminar)는 한국 아나키즘의 존재와 위상을 엄청나게 고양시켰던 획기적 업적이라 아니 할 수 없다. 또한, 그의 아나키스트 활동은 이론과 실천의 양면에서 균형을 이루며 축적되었기 때문에, 아나키스트들이 빠지기 쉬운 양극단에의 오류(즉, 공리공론형·현실도피형 개인적 유토피아주의나 행동중심형·실천지상주의형 모험적 혁명주의)를 적절히 경계하면서 나름의 독자적이고도 일관된 '하기락 아나키즘'을 우리들에게 귀중한 유산으로 남겨 줄 수 있었다. 아나키스트 하기락은, 그의 천부적인 체력과 의지 그리고 열정을 아낌없이 사용하면서, 시대와 민중이 요구하는 대로 저항적 활동가, 과감한 조직가, 뜨거운 선동가 및 선전가, 냉철한 이론가, 그리고 고독한 예언자의 역할을 즐거이 수행하였다. 그는, 자신이 원했던 것처럼, 세계를 해석만 하고 앉아 있던 철학자가 아니라, 책과 현실을 자유로이 넘나들던 지행합일의 추구자였던 것이다.

우리는 "잘못 쓰여진 역사"의 피해자인 한국 아나키스트들을 이제 망각과 오해의 동토(凍土)로부터 해방시켜야 한다. 한국의 아나키스트운동이 핍박 속에서 개화되지 못한 이유는 아나키즘의 한국적 적실성이 부족했기 때문은 결코 아니다. 그 진정한 이유는 아나키즘이 권력과 권력 체계에 대하여 끊임없이 비판하고 저항하였으며, 기득권자를 항상 의심하여 멀리하였기 때문이다. 즉, 일제하에서는 소련이라는 사회주의적 강권에게 빌붙지 않았기 때문이며, 해방 이후에는 미국이라는 자본주의적 강권에게 아부하지 않았기 때문이다. 사대주의와 권력 지상주의라는 어두운 욕망에 빠진 좌·우익에게 아나키스트가 제시하는 제3의 길은 그들의 허구를 밝혀주는 눈부신 등불이기에, 그들은 눈을 감고 빛을 보지 않으려는 것이다.

따라서 한국 아나키스트들의 의로운 그러나 의연한 족적은 역사의 기록으로서 철저히 수집, 평가, 정리되어야 한다. 잘못된 평가는 재평가하지 않으면 안 된다. 따라서 이 글은 먼저 하기락 아나키즘에 대한 기존의 오해와 비판을 바로잡고(제2장), 나아가 하기락 아나키즘의 주요 내용과 특성을 정리해 볼 것이며(제3장), 끝으로 그가 우리의 몫으로 남겨 놓은 한국 아나키즘의 21세기 과제를 검토하여 볼 것이다(제4장).

2. 하기락 아나키즘의 변호 :
존 크럼프(John Crump)의 비판에 대한 재비판[6]

최근 영국 요크대학(University of York)의 아나키스트 정치학자인 존 크럼프(John Crump, 1996a)는 하기락(1986)의 책을 주요 연구자료로 이용하여 작성한 「동아시아에 있어서 아나키즘과 민족주의(Anarchism and Nationalism in East Asia)」라는 제하의 논문에서, 한국 아나키즘을 매우 "충격적(something of a shock)이며, 일탈적인(atypical)"(1996a, p.46; p.60) 특수한 사례로서 부정적으로 비판하고 있다. 먼저 그의 비판의 핵심적 내용을, 다소 길지만, 요약하여 인용해 보기로 하겠다.[7]

"일본 및 중국의 아나키즘과 비교해 볼 때, 한국 아나키즘은 민족주의적 색채가 짙으며, 다년간 기성 정치에 관여했다는 사실이 두드러진다. 한국 아나키즘의 이 같은 특성들을 초래한 직접적 원인은 1910년부터 1945년까지 일본에 의한 식민 통치와 1945년 이후의 국토분단 상황에 있는 것 같다. 반식민주의적 분위기가 지배적인 제3세계라는 조건 하에서, 아나키즘의 분권화와 지역 자치에 대한 강조는 한국의 아나키즘을 민족 독립과 독립 국가 건설이라는 민족주의로 퇴화시키는 위험성에 빠져들게 하였다."

"한국 아나키즘 운동은 제1차세계대전 이후 등장했다. 이처럼 한국에서는 아나키즘이 점증하는 일본 제국주의자들의 침략에 노출된 다음에야 겨우 소개되었다는 것이다. '조선혁명선언'을 발표하였을 때, 신채호는 한국에서 아나키스트와 민

---

6) 크럼프의 비판 대상은 전반적인 한국 아나키즘에 대한 비판이지 하기락 개인의 아나키즘에 대한 비판은 아니다. 그렇지만 크럼프의 주된 참고 자료가 하기락의 저술이며 또 하기락의 아나키즘이 한국 아나키즘의 한 전형적 표본이라는 점에 주목할 필요가 있다. 지난 1997년 11월 1일 국민문화연구소 50주년 기념세미나(한국 사회와 아나키즘)에서 필자(1997)는 한국 아나키즘의 다섯 가지 이념적 특성으로서 "제3의 길 추구, 반강권국가주의, 공동체적 상호부조주의, 반제국주의적 민족주의, 초계급적 세계(평화)주의"를 규정하였다. 그런데 필자는 이 글을 쓰면서 새삼 하기락 아나키즘 또한 이같은 한국적 특성을 강력하고도 일관되게 공유하고 있음을 발견하게 되었기에 한국 아나키즘과 하기락 아나키즘을 동렬 선상에서 언급하는 바이다.

7) 번역본은 이문창(1995)을 일부 수정하여 사용하였다.

족주의자가 서야 할 공동의 입지를 규정했다. 한국에서는 아나키즘과 마르크시즘이 모두 민족주의적 뿌리에 근거하고 있다. 일본 식민 통치 시 아나키즘의 이름으로 당시 만주에 살던 상당수 한국 주민의 생활업무를 다루기 위한 집행부를 조직하려던 움직임이 있었다. 무지배적 정부(a government of non-governing)라는 형태의 이 집행부는 모순적(아마도 노장주의적) 원칙에 의거하여 합리화되었다."

"해방 직후, 남한에서 아나키스트들은 1945년 9월 '자유사회건설자연맹'을 설립하였다. 그들은 간혹 고통스러운 경험도 하였지만, 반공주의자로 인지되어 전적인 탄압만은 모면할 수 있었다. 1946년 봄 경남 안의에서는 전국 아나키스트대회가 개최되었으며, 회의 제2일에는 '정부수립에 대한 우리의 태도와 기대'라는 제목으로 자유토의가 있었다. 그 결과로 '우리는 해방된 조국에서 자주적 민주적 통일정부를 수립하기 위하여 우리의 최선을 다한다'는 결의안이 만장일치로 채택되었다. 아나키스트들은 1946년 7월 7일 독립노농당 창당대회를 가졌는데 기본정책 제1항은 '우리는 인민의 평등과 자유와 행복을 보장하는 민족적 입헌정부를 수립한다'였다. 남한의 폭풍적인 전후 역사와 관련된 숱한 변동에도 불구하고 대다수 한국 아나키스트들은 오랫동안 1946년 대회의 결정에 충실하였다. 1961년 군사 쿠데타 이후 다수 아나키스트들은 가톨릭 자유주의자 김대중이 이끌던 신민당에 합류하였다. 그러나 1971년 대통령 선거 후, 신민당 좌파는 지도부가 지나치게 박정권에게 유화적이라고 비판하면서 떨어져 나와 민주통일당을 만들었다. 민주통일당 지도부의 요직을 아나키스트들(정화암, 양일동, 하기락 등)이 차지하고 있었기 때문에 '민주통일당 자체가 아나키스트조직은 아니지만, 아나키즘의 영향을 받은 것은 확실하다'라는 풍문이 있었다. 그러나 동당이 채택한 개혁주의적 정책은 불분명한 점이 적지 않았다. 어쨌든, 그로 인하여 남한은 아나키스트가 국회의원이 되는 전후 유일의 나라라는 미심쩍은 영예를 안게 되었다."

"그러나 독립노농당 대표 유림, 민주통일당 총재 양일동, 민주통일당 고문 정화암이 타계한 이후 이른바 아나키스트 정치라고 할 만한 것이 더 이상 존재하지 않게 되었다. 전두환이 실권한 1987년 이래 한국 아나키스트로서 특별히 어떤 정당과 협력관계를 유지했던 사람은 없었다. 다만, 새로운 아나키스트 정당의 출현이 성사될 수 없었다고 해서 하기락의 노력을 부인해서는 안 된다. 하기락은 1987년 이후 사회당으로 알려진 새로운 정치조직을 출범시키고자 시도하였으나 성공하지 못했다.”

"남한에서는 공산주의로 착각될 수 있는 어떠한 의사표시도 위험시되었다. 명백히 이 같은 정세는 자유와 생산의 공동소유에 기초한 계급 없는 사회를 열망하는 아나키즘의 측면을 한층 더 침묵시켰다. 그러므로 남한 아나키스트들에게 통용되는 몇 가지 방어 수단 중의 하나가 그들 자신이 민족주의자적 신임장을 소지하고 있음을 강조하는 것이었다. 마샬(Marshall, 1993, p.528)은 한국 아나키스트운동을 “여전히 다소 민족주의적이며 개혁주의적”이라고 묘사했지만, 이는 여러모로 아나키즘의 기본원칙을 우롱한 듯이 보이는 한국 아나키즘 운동에 대한 부드러운 비판일 뿐이었다. 한국 아나키즘에 대한 가장 솔직한 비판론자인 송(Song, 1968, 16쪽)에 의하면 “한국 아나키스트운동은 민족주의에서 도출되었고, 민족주의 때문에 타락하였다.”

"만약 한국의 아나키스트들이 분권화와 지방자치라는 아나키즘의 원리에만 집착하지 말고, 사람들은 어디서건 국적에 관계없이 협동하며 살아갈 수 있는 능력을 지니고 있다는 전 지구적·보편적 아나키즘 원리를 체득한다면 민족주의적 오류를 극복할 수 있을 것이다. 물론 한국 아나키스트뿐만 아니라 일반적으로 아나키스트들이 원칙으로부터 타협주의적인 것은 사실이다.”

이상에서 제시된 크럼프의 한국 아나키즘, 보다 정확히 표현하자면 한국 아나키즘의 민족주의적·국가건설주의적 정치참여 경향에 대한 비판은 적지 않은 설득력을 갖추고 있다. 사실, 크럼프가 진단하였듯이, 한국 아나키즘은 민족주의와 함께 성장하였고, 민족주의 성향이 농후한 것도 사실이다. 그러나 이같은 한국적 특성은 크럼프가 금과옥조로 삼는 아나키즘의 보편적 원리에 결코 위배되지도 않는다. 아래의 상호연관된 세 가지 측면에서 크럼프 교수의 비판에 내재하는 논리적 취약성을 지적하여 보기로 하자.

첫째, 국제주의나 세계주의가 민족주의와 공존할 수 있듯이, 아나키즘은 민족주의를 얼마든지 포용할 수 있다. 아나키즘과 마찬가지로 민족주의 또한 매우 넓고도 다양한 개념적 지평과 차원을 지니고 있다는 개념상의 난점을 감안하더라도, 신채호, 이희영, 유자명 등에 의하여 수용된 한국 아나키즘은 역사적으로 전승된 한국 민족주의와 아무런 모순을 일으키지 않았다(김성국, 1996b). 하기락(1980, 21쪽)의 예리한 지적처럼, "민족주의와 아나키즘은 이것 아니면 저것이라는 양자택일의 관계가 아니라, 이것이 저것으로 내실화하는 상호보완 관계에 있는 것이다. 단재의 경우 감성적 민족주의란 원색의 바탕 속에 아나키즘이란 이념적 내실이 성숙해 갔다. 단재에게 있어서 '애국은 국가에 대한 애정'이고 '미(美)는 애정을 담는 그릇'이었다. 그리하여 '국가에도 국가의 미가 있나니, 자국의 풍속이며, 언어며, 관습이며, 역사며, 종교며, 정치며, 풍토며, 기후며, 기타 그 특유한 미점을 뽑아 이름한 바, 국수(國粹)가 곧 국가의 미니 이 미를 모르고 애국한다 하면 빈 애국이라 하였다"

그러므로 자주독립을 탈환하여 민족의 자존심을 회복하겠다는 한국 아나키스트의 민족주의는 나치의 종족 우월주의나, 소수/유색인종을 차별하는 백인 민족주의와는 전혀 상이한 것이다. 이 세계의 모든 아나키스트 투쟁가나 혁명가들은 민중혁명을 추구하였다. 민족주의자 신채호도 아나키스트로 성숙하면서 민족이라는 말 대신에 점차 민중을 사용하기 시작하였으며 '조선혁명선언'에서는 민중직접혁명을 제창하였다. 그러나 이 민중이라는 개념은 자본주의 체제하에서는 계급이 되기도 하고, 제국주의 치하에서는 바로 피압박 민족이기도 한 것이다.

나아가 아나키즘의 최고 목표는 온갖 외부적 강제(적 권력)와 억압(적 권위)로부터 인간을 자유롭게 해방시키고자 한다. 그렇다면 일제 치하의 한국 아나키스트가 한국 민족을 해방시키기 위해 민족주의적 투쟁을 전개한다는 것은 너무나도 당연한 행동이 아닌가? 크럼프는 식민지 상황에서 아나키즘을 수용하고 발전시켜 나간 세계 유일의 예외적 존재인 한국의 경우를 형식 논리적으로만 이해할 뿐 실질적으로 이해하지는 못하는 것 같다. 만약 프루동(Pierre-Joseph Proudhon), 바쿠닌(Michael Bakunin), 크로포트킨(Peter Kropotkin) 혹은 슈티르너(Max Stirmer)나 소로(Henri David Thoreau)도 자신의 조국이 식민지 상태로 전락하게 되었다면, 민족해방의 전선에서 아나키즘이라는 무기를 선택하였을 것이다. 볼셰비키와 싸운 아나키스트 네스토르 마흐노(Nestor Makhno)에게는 러시아 민족에 대한 무한한 애정이 뒷받침되어 있었다. 혹은 크럼프(1996b)가 칭송해 마지않는 일본 아나키스트 고도꾸 슈스이(幸德秋水)나 오스기 사까에(大杉榮)가 군국주의를 반대하여 총파업과 사회혁명을 부르짖은 까닭도 자신의 조국 일본과 자신의 민족 일본인이 처한 암흑적 상황을 타파하여 그들에게 희망을 제공하기 위한 것이 아니었던가?

둘째, 한국의 아나키즘은 처음에는 민족주의의 틀 안에서 발전하였으나, 차츰 한국의 민족주의 자체가 아나키즘에 의하여 성숙해졌다(김성국, 1996b). 아나키즘과 민족주의가 상호양립할 수 있다는 논리는 아나키즘의 고전에서 어렵지 않게 발견할 수 있다.[8] 일찍이 바쿠닌은『반마치니론』에서 "민중은 또한 자연스러운 애국자다. 자신이 태어난 토지를 사랑하고, 자기가 성장한 환경의 풍토를 좋아한다. 이 애정은 보통 인간적인 애정임과 동시에 기본적으로 생리적, 동물적 감정에 기초하고 있다. 현실적인 애국주의, 민족의 자연스러운 힘은 원래 국가적/지역적인 애국주의가 아니고, 공동체적인 것이다"라고 주장하며 민족주의의 존재를 인정하였다. 자립과 자율을 추구하는 아나키즘이 민족의 자립과 고유한 민족문화를 옹호하는 것은 참으로 당연하다. 민족의 실체는 국가가 아니라 문화인 것이다. 열렬한 애국주의자였던 프루동이 민족주의에 대하여 의심한 것은 단지 그것이 개인의 자유에 무관심하거나 국가지상주의와 연결될 수 있기 때문이었다. "오오! 나의 나라여 나의 프랑스여, 영원히 혁명을 노래하는 사람들의 나라여 (…) 나의 사랑하는 나라 프랑스여"라고 조국을 찬미한 프루동에게 있어서도, 조국이 혁명을 노래하는 정의의 나라인 한 그의 아나키즘과 조국애/민족주의는 상호보완적 관계가 있을 뿐이다(하기락, 1980, 21쪽).

크럼프가 아나키즘의 최고가치로 삼는 전 지구주의 혹은 보편주의는 민족주의와 양립 불가능한 것이 결코 아니다. 그의 주장과는 반대로, 민족(자결, 자립, 자치)주의의 기반 없는 세계주의야말로 제국주의에로의 유혹에 빠져들기 십상이다. 민족적 다양성과 특수성이 없는 지구촌 사회란 얼마나 삭막하고 지루한 삶이 될까? 민족과 민족주의는 그 구성원인 개인에게 문화적 정체성을 부여해 줄 뿐 아니라, 귀속 의식과 안정감을 제공해준다. 크럼프의 우려는 민족주의가 국수주의나 제국주의로 변질될 경우만 타당한 것이지, 한국과 같은 상황에는 적절한 비판의 잣대가 될 수 없다. 이렇게 되면, 결국 아

---

8) 그러나 고드윈(William Godwin)과 톨스토이(Leo Tolstoy)는 애국심(Patriotism)과 민족주의란 국가주의의 온상이라 하여 격렬히 비난하였다. 한편 란다우(Guatav Landau)는 아나키즘과 민족주의를 결합하고자 하였다. 이에 관한 보다 상세한 논의는 Marshall(1992, pp. 32-35) 참조.

나키즘의 분권화 및 지역자치에 대한 강조가 민족주의라는 함정으로 유도하는 실마리를 제공한다는 크럼프의 독창적 가설은 그 근본 전제부터가 잘못된 것이다. 따라서 우리 한국의 아나키스트들은 하나의 새로운 가설을 제시해 볼 수 있다: 아나키즘의 분권화 및 지역자치에 대한 강조가 있었기 때문에 한국 아나키스트들은 국수주의적·권력추구형·배타적 민족주의의 덫에 걸리지 않았다. 이처럼 한국의 사례는 "아나키즘이 일반적으로 기울기 쉬운 약점을 드러낸 것"(Crump, 1996a, p.60-62)이라기 보다는 아나키즘이 제공하는 반권력·반권위·반위계라는 보편적 대항력의 강점을 입증하는 것이다.

셋째, 한국 아나키스트들이 추구한 국가건설과 정치참여주의에 대한 크럼프의 당혹감은 "지나친 순정주의(excessive purism)"의 발로가 아닌가 싶다.[9] 물론 원칙적으로 아나키즘은 무정부/무국가주의를 지향한다. 그러나 아나키스트가 부정하는 것은 어떤 정부인가? 하기락(1980, 361쪽)은 여기에 대하여 절묘한 해답을 제공한다: "아나키스트가 거부하는 것은 강권으로 민중을 억압하고 착취하는 정부다. 종래의 모든 정부는 이 범주에서 벗어나지 않았다. 이러한 모든 정부를 부인하는 점에서 아나키즘은 무정부주의라고 옮겨서 조금도 잘못이 아닐 것이다. 그러나 아나키즘은 민중 자신의 자치적 질서를 방위하기 위한 민중 자신의 권력기관을 반드시 배제하지 않는다. 아나키스트는 '무정부'라는 문자나 개념에 사로잡힌 관념의 노예가 되어서는 안 되는 것이다."

이와 관련하여, 이미 유림(柳林) 또한 1945년 조선일보와의 인터뷰에서 아나키스트로서 임시정부에 가입하게 된 동기를 다음과 같이 설파하고 있다: "무정부라는 말은 아나키즘이란 말을 일본 사람들이 악의로 번역하여 정부를 부인한다는 의미로 통용되는 것 같은데, 본래 'an'은 없다는 뜻이고 'archi'는 우두머리, 강제권, 전제 따위를 의미하는 말로서 'anarchy'는 이런 것들을 배격한다는 뜻이다. 그러므로 나는 강제적 권력을 배격하는 아나키스트이지 무정부주의자는 아니다. 아나키스트는 타율 정부(heternomous government)를 배격하는 자지 자율 정부(autonomous government)를 배격하는 자가 아니다. 제1차세계대전 이후부터 아나키스트들은 현실적 조직에 관심을 기울이고 있으며, 나 역시 아름다운 꿈을 안고 임시정부라는 조직에 참가한 것이다"(하기락, 1985, 204쪽).

유림의 명쾌한 답변을 부연하면서, 보다 적극적으로 정치참여의 논리를 정당화하는 하기락(1985, 205-207쪽)의 입장은 어쩌면 너무도 '철저히 아나키스트적'이기 때문에 크럼

---

9) 크럼프는 스페인혁명 당시 아나키스트들이 내각에 입각한 정치참여의 사례를 언급하기는 해도, 그것이 지닌 실천적 의의를 외면하고 있는 것 같다.

프에게는 '비(非)아나키스트적'으로 들렸는지 모르겠다:

"제1인터내셔널 이래 아나키스트들은 정치활동에 대하여, 좀 더 정확히 말해서 정당 활동에 대하여, 소극적 태도를 취해 온 것이 사실이다. 그러나 이러한 관념과 이러한 태도에 교조적으로 얽매여 있다면, 그것은 단순히 관념의 노예에 불과하고 아나키스트적인 태도라고 할 수 없을 것이다. 중요한 점은 현실이 무엇을 요구하고 있으며 이에 대하여 어떻게 대처해야 할 것이냐 하는 데 있을 뿐이다. 조선에는 지금 외국군이 군정을 실시하고 있다는 것이 엄연한 현실이다. 조선 민족을 대표할 만한 합법적 대표기관이 성립하면 이 기관에게 정권을 넘겨주고 물러가기로 되어 있는 것이다. 이 기관을 만들 자는 누구인가. 그것은 조선 사람들 자신이다. 이때 가장 시급한 것은 정치적 활동이다. 이 대표기관을 만드는 일은 곧 정치활동인 것이다. 그것을 정부라고 부르건, 인민위원회라고 부르건 전민족을 대표하는 기관이라고 인정할 만한 것이 구성되지 않고서는 민족의 자주권을 쟁취할 수 없는 것이 아닌가. 이러한 것이 우리가 직면한 현실이다. 이런 판국에 무정부타령이나 하고 앉았다면 그것은 민족의 여망을 무시하거나 배반하는 관념의 유희자 또는 노예에 불과하지 진정한 아나키스트일 수는 없을 것이다."

크럼프는 이같은 하기락의 한국적(동시에 보편타당한 세계적) 아나키스트 논리를 "모순적(아마도 노장사상적인) 원칙"에 의거하여 합리화된 것으로 치부해 버린다. 그렇다. 사실, 한국 아나키즘은 서구인들이 쉽게 깨달을 수 없는 모순조화와 상극 상생이라는 독특한 사유 방식의 전통과 더불어 지행합일의 원리에 따른 선비의 정치참여 전통을 승계하고 있다. 음양(陰陽)과 도(道), 일시무시일인중천지일 일종무종일(一始無始一人中天之一 一終無終一), 홍익인간(弘益人間), 인내천(人乃天)과 같은 한국 아나키즘의 원류가 되는 사상은 서구의 분석적·환원주의 논리로서는 그 현묘한 깊이를 헤아리기 어려운 것이다. 노장 및 불교사상은 동양 아나키즘의 선구일 뿐 아니라 세계 아나키즘의 근원이기도 하다(Marshall, 1992, pp.53-65). 이같이 심오하고도 풍요로운 아나키즘의 원천으로부터 우리의 선배 아나키스트들은, 신채호의 뜻을 받들어, 조선 고유의 아나키즘을 형성해 나갔던 것이다. 결국, 크럼프의 비판은 비록 그 목표가 빗나가기는 했어도 한국 아나키즘의 고유한 특성을 세계적으로 부각시키는 엉뚱한 기여를 한 셈이다.

3. 자주인(自主人)의 깃발을 펄럭이며 :
하기락 아나키즘의 내용과 특성

하기락은 아나키즘 자체에 관한 본격적인 연구는 별로 남기지 않았다.[10] 따라서 그의 아나키즘을 체계적으로 정리한다는 것은 매우 모험적인 일이 아닐 수 없다. 여기에서는 아나키즘과 관련하여 그가 집필한 모든 활자화된 문건들(논문, 책, 번역서, 보고서, 팸플릿, 신문 등) 중에서 수집이 가능했던 것과 그와의 대화를 통하여 청취한 언술들을 총괄적으로 검토한 후, 하기락 아나키즘의 주요 내용과 특성을 다음의 다섯 가지 분야로 압축하여 접근해 보기로 하였다.

1) 평화주의

강권적 지배와 비인간적 경쟁을 거부하는 대신 자유연합과 상호부조를 최고의 사회조직 원리로서 간주하는 아나키즘은 폭력행사의 극단적 형태인 전쟁을 부정하고 전쟁의 수단인 무기를 감축하여 평화로운 사회를 구축하고자 한다. 전쟁은 국가의 탄생과 존속에 있어서 필요불가결한 존재라는 사실은 인류학적 연구에 의해서뿐만 아니라 국가의 폭력적 본질을 간파하였던 아나키스트들에 의하여 적나라하게 폭로되었다. 이 같은 아나키즘의 정통노선을 따라서 하기락(1988, 8-9쪽) 또한 아래와 같이 반전사상과 평화주의의 열렬한 주창자였다.

---

10) 이 사실은 아쉬움의 대상은 될지 모르나, 결코 그의 한계나 약점으로 인식될 필요는 없다. 무엇보다도 그의 시대가 그에게 아나키스트 이론가로서의 여유를 부여하지 않았고, 대신 활동가로서 직접행동의 길을 걷도록 요구하였기 때문이다. 그러나 그는 아나키즘의 고전을 정력적으로 번역하는 작업에 매진하였다. 주요 출간물로는 크로포트킨(Kropotkin)의『상호부조론』,『전원, 공장, 작업장』,『청년에게 고함』,『근대과학과 아나키즘』, 조지 우드콕(George Wodcock)의『아나카즘』, 막스 네틀라우(Max Nettlau)의『아나키즘 약사(略史)(전 세계 인민해방전선 전개)』, 다니엘 게랭(Daniel Guerin)의『현대 아나키즘』등이 있다.

"(…) 원시공동체에서 권위주의적 국가조직으로 변천한 때로부터, 다시 말해서 지구상에 국가들이 등장하고부터 전쟁은 쉴 새 없어 되풀이되고 있다. 총기를 맞대고 쌍방이 불을 뿜는 현실적 전쟁만이 전쟁이 아니라 무력을 배경으로 나타난 외교전이나 무역전도 역시 잠재적 전쟁임이 틀림없다. 제1차세계대전과 제2차세계대전이 자본주의적 강대국 간의 식민지 쟁탈전, 곧 식민지를 많이 가진 나라들과 적게 가진 나라들 사이의 싸움이었음은 이미 숨겨진 비밀이 아니다. 한국전쟁이 발발한 것은 제2차세계대전이 종식된 지 몇 해만이었던가? 이것은 분명 계급투쟁이 야기시킨 전쟁이 아니라 미소(美蘇) 양대 세력 간의 냉전이 열전으로 변한 것이었음은 누구도 부인할 수 없는 사실이다. 현대만이 그런 것이 아니다. 지나(支那)의 춘추전국시대(BC. 5세기~3세기)에 부국강병(富國強兵)을 최고 정치이념으로 삼은 제후(諸侯) 국가들도 그러했다. 부국은 지배층의 부력을 의미하는 반면 백성들은 더욱 곤궁했고, 강병은 지배층의 권력 강화를 의미하는 반면 백성들은 도탄에 허덕이고 있었다. 그래서 노자는 '백성은 기아에 허덕이나 세금은 많기도 하다(民之飢饉 其上食稅多也)'라고 했다. 그러므로 부국강병과는 반대로 부민약병(富民弱兵)이 요구되는 것이다. 우리는 각자 자기 나라 이익만을 추구하는 데만 열중할 것이 아니라 모든 지역의 백성들이 인(仁)과 의(義)로써 상부상조하는 풍토를 만드는 것이 바람직스러운 것이다."

그리하여 하기락(1993, 366-367쪽)은 우리의 남북 분단 하의 군사적 대치 상황에 대하여도 다음과 같은 냉엄한 경고를 보낸다.

"(…) 우리는 '전면적 군축'을 요구한다. 남과 북으로 국토와 민족이 분단된 채 각각 재정의 30% 이상을 군비에 소모하는 '광란 상태'는 누구를 위한 것인가? 이것은 양쪽 집권층의 권력 안보를 위한 것밖에 무슨 의미가 있단 말인가? 남과 북의 집권자들은 입으로 평화와 화합을 되뇌이기 전에 먼저 칼을 칼집에 꽂아 넣으라! 이것은 민족의 지상명령이다. 이 명령에 따라, 남과 북은 지방자치의 원칙에 따라 분권, 합작하는 동시에 타국과의 군사협정은 각각 비군사적 평화적 우호 협력관계로 대체하라."

하기락이 주도한 1988년의 세계평화 국제회의도 "단순히 전쟁이 없다는 것이 평화를 의미하는 것은 아니다. 중앙집권적 위계 제도의 사회에서는 참다운 평화가 불가능하므로 이 회의는 인간의 생활을 약탈하는 제국주의적 착취관계가 이 지구상에 설 땅이 없도록 민중들 자신의 생활을 민중들 스스로 관리하는 사회관계를 만들어 낼 수 있도록 함으로써 위계 제도적 중앙집권 권력의 압박을 타파하는 데 모든 노력을 집중할 것을 전 세계의 자유 수호 운동자들에게 촉구한다"라는 결의문을 발표하였다.

2) 자주인(自主人) 사상

하기락은 아나키즘의 핵심적 본질을, 강제적 권력과 권위체계를 부정하는 무정부주의로 간주하기보다는, 모든 국가주의적 억압, 자본주의적 착취, 그리고 생존경쟁에 따른 폭력에서 벗어나 자유로운 인간들이 해방된 공동체사회를 형성하는 데 있는 것으로 파악한 것 같다. 그리하여 그는 자신의 아나키즘 뿌리를 인간중심주의에 기반하는 자주인 사상에서 발견하고 있다. 월간 조선(1993년 6월호)과의 인터뷰에서 하기락은 "아나키즘은 우리식으로 말하면 자주인 사상이야 (…) 1972년의 회의에서 무정부주의라는 부정적 이름보다는 긍정적이고 합리적인 이름으로 해석하자는 것이었지. 그래서 아나키즘은 자주인 사상으로 하고 아나키스트는 자주인으로 한거야"라고 밝히면서 "자주인이 무엇을 하자는 거냐. 바로 자기 자신이 자기의 주인이 되자는 거야. 개인이 스스로 자신의 주인이 된다는 것은 인간 생활을 자유롭게 하고 정치권력이나 재벌의 압박을 배제할 수 있게 되는 길이지. 자주 사상은 개인뿐 아니라 국민들도 마찬가지야. 국민들이 강압적인 권력의 압박을 받지 않고 자유롭게 자주적 사고를 지니며 살아가는 것이 옳은 삶이고 지방자치 역시 자주인 사상에서 이뤄지는 것"으로 설명한다.

이 같은 자주인 사상을 획득하기 위해서는 무엇보다도 "가치척도의 전환"이 필요하다. 즉, "국가 본위의 가치관에서 인간 본위의 가치관으로 가치척도를 전환할 것"을 하기락(1988, 9-10쪽)은 강조한다.

---

11) 하기락(1993, 389쪽)이 개회사를 한 자주인 연맹 제4차 대표자대회(1987년 8월 21일, 대구 계명대학)의 통일문제에 대한 대회 결정 사항은 다음과 같다: "통일은 다양성의 통일이지 획일적 통합이 아니다. 남북 양 당국은 조속히 전면적 군축을 성실히 이행하라. 이것은 민족이 통일되는 첩경이다. 어느 쪽이든지 먼저 하는 쪽은 승자가 될 것이고 천연(遷延)하는 쪽은 민족의 영원을 무시하는 반역 행위가 된다는 것을 명심하라."

"(…) 인간은 각자 고립한 존재가 아니라 다른 인간들과 더불어 공동으로 생활하는 사회 속에서 살 수밖에 없다. 그러나 사회는 어디까지나 인간의 생존을 가능하게 하는 필요 조건이자, 그런 조건 아래서 살다가 죽는 생존자 자신은 아니다. 육체의 생리작용과 의식의 심리작용에 의하여 이중으로 부담된 정신적 존재로서 비로소 인간은 생명을 잇고 실존하는 인격으로 되는 것이다. 민족 또는 국가라는 개념과 같이 신체와 의식에 부담되어 있지 않은 전체 인격이란 것은 하나의 추상물에 지나지 않는다. '이 세상에서 나의 생명보다 더 귀중한 것이 또 있을까?' (…) 칸트는 '우리는 누구나 인간 그 자체를 목적으로 대하지 수단으로 취급해서는 안된다'고 했다. 조선시대 동학의 교주 수운 최제우(水雲 崔濟愚, 1824~1864)는 '인내천 사인여천(人乃天 事人如天)'이라고 가르쳤다. 사람이 곧 하늘이라 함은 인간이 최고 가치라는 것을 의미한다. 인간은 각각 최고 가치를 지니고 있으므로 인간에게 있어서 빈부, 귀천, 남녀 등 일체의 봉건적 신분 차별이 폐지되어야 하는 것은 당연한 것이다."

그러나, 하기락(1988, 10쪽)에게 있어서, 인간 본위의 가치관은 결코 편협한 개인주의와 동일한 것이 아니다.

"(…) 나라는 인간이 인간으로서 소중한 것처럼 '너'라는 인간도 역시 인간으로서 소중한 것이기 때문이다. '내'가 최고 가치라면 '너' 또한 최고 가치이다. 그렇기 때문에 수운(水雲)은 인간차별을 용납할 수 없었던 것이다. 여기에 있어서 비로소 각인이 만인의 자유를 존중하고, 만인이 각인의 자유를 보장하는 '아나키' 사회가 성립될 수 있는 것이다."

이처럼 하기락(1981, 3-4쪽)의 자주인 사상은 아나키(Anarchy)의 본래 의미인 무지배(無支配)의 개념과 직결되고 있다.

"(…) 아나키란 본디 '무지배'를 의미한다. 사람이 밖으로부터 가해지는 권위 또는 권력의 지배를 받지 않고 자기 자신의 내면적 자유의지에 따라 살고자 하는 생활 감정이요, 그러한 감정을 바탕으로 한 생활 태도를 가리킨다. 사람치고서 누가 남의 지배를 받고 살기를 원할 것인가. 그러므로 아나키는 인간의 자연적 본성에 뿌리 박고 있는 충동이라 하겠다. 인류의 전 역사를 통하여 우리는 아나키적 저항을 발견한다. 그것이 어떤 개인에 의한 개인의 지배이거나 한 집단에 의한 다른 집단의 지배이거나 또는 한 민족에 의한 다른 민족의 지배거나 간에, 사람들은 언제나 밖으로부터의 압력에서 벗어나려고 저항해 왔다. 이리하여 인류의 역사는, 헤겔이 적절히 표현한 것처럼, 일인의 자유에서 소수인의 자유에로, 소수인의 자유에서 다시 만인의 자유에로 전진하는 해방의 역정이었던 것이다. 아나키즘은 이 엄연한 역사의 법칙에 근거를 두고 있다. 만인의 자유를 현실화할 것, 이는 곧 인류의 구원(久遠)한 숙제이자 또한 아나키즘의 과제다."

바로 이 같은 인간중심주의가 자주인 사상의 핵심이 된다. 그런데, 중앙집권적 국가는 그것이 자유주의를 가장하건 사회주의를 가장하건, 언제나 인간의 고유 가치를 무시하고, 그것을 국가권력의 수단으로밖에 보지 않는다. 요컨대, 위계 제도적 관료 체제 아래 자기 소외된 백성들은 언제나 통치자에 의한 수탈의 대상이 되고 국가권력이 팽창적으로 자기 강화를 기도할 때 언제나 전쟁의 제물이 되고 마는 것이다.

3) 자주 관리

자주인으로서 아나키스트는 자신의 사회적 삶을 자주적으로 관리할 수 있어야 한다. 하기락(1981, 4쪽)에 의하면, 인간의 자유는 한갓 추상적 개념에 불과한 것이어서는 안 되고 구체적인 정치적 및 경제적 현실 속에 구현되어야 하는 것이다. 그리하여 그는 볼셰비키의 권위주의적 지배를 비판하면서[12] 아나키스트의 자주관리론을 제시한다.

---

12) 하기락(1980, 356-357쪽)은 이제까지 역사상의 모든 혁명은 정치혁명에 지나지 않았음을 비판한다. 러시아의 볼셰비키 혁명도 차르의 지배 세력 대신에 공산당의 지배 세력을 바꿔 놓은 정치혁명에 그쳤을 뿐 민중 스스로 직접 권력을 장악하고 민중 자신에 의한 민중 자신을 위한 민중의 사회로 기존 사회를 변혁하는 사회혁명을 성취하지 못했다. 그러나 아나키스트는 민중의 바깥이나 윗자리에서 민중을 이끌어 주는 이른바 엘리트 집단을 거부한다. 이 점이 바로, 이른바 전위당 또는 후견당으로 자처하는 마르크스·레닌주의자들과 아나키스트가 근본적으로 태도를 달리하는 곳이다. 아나키스트는 언제나 민중의 대열 속에서 민중과 함께 호흡하면서 민중 자신

"아나키스트는 통치적 지배체제의 터전에 세워진 국가의 자리에다 '자주인' 들의 자발적 협조에 의한 공동체(코뮨) 간의 망상조직을 바꿔 놓고자 한다. 그리고 토지나 생산 시설과 같은 사회적 부는 어떤 개인에게 귀속할 것이 아니라 생산에 직접 관여하는 '자주인' 들의 공동체에 귀속해야 할 것으로 본다. 아나키스트는 인류의 해방을 위하여 프롤레타리아계급의 독재 체제가 불가피하다고 주장하는 공산주의자와는 근본적으로 견해를 달리한다. 프롤레타리아트의 독재를 핑계 삼아 당파적 독재가 등장하고, 거기에 보다 완강한 지배계급이 형성될 것을 예견하기 때문이다. 인간의 해방은 권위주의적인 직업적 정치가들의 재량에 위탁될 문제가 아니라 자주인들의 자치적 조직에 의하여 쟁취하지 않으면 안 될 과업으로 보는 것이다."

정통파 아나키스트로서 하기락은 아나키스트사회조직의 원리인 자주관리를 이처럼 적극적으로 수용하고 있다. 특히 그(1988, 10-11쪽)는 이미 조선시대부터 우리는 자주관리에 관한 체계적인 철학과 사회이론을 지니고 있었다는 점을 강조하고 있다.

"조선시대 초기의 최고 철학자 서화담(徐花潭, 1489~1546)은 중국 송대 신유학의 대표자 주희의 주리설에 대하여 주기설로서 대립했다. 주리설은 이주기종 이상기하(理主氣從 理上氣下)라 주장하고, 주기설은 기주리종 기외무리(氣主理從 氣外無理)라 주장한다. 기란, 즉 운동력이며 생산력이며 에너지이다. 또 이는 법칙이요, 지배력이다. 이주기종(理主氣從)은 지배 원리 또는 통치 법칙이 군림하고 에너지의 활동과 사회의 생산 활동은 그 지배 원리 아래 종속해야 한다는 것이다. 이것은 지배계급을 대변하는 이데올로기이다. 이에 대하여 화담의 주기설은 기의 밖에 따로 이가 있는 것이 아니라 운동력 또는 생산력 자신이 자기의 자율적 법칙을 자기 안에 포함하고 있다고 본다. 이 이론에 따르면, 산업은 생산 활동자(노동자) 자신들에 의하여 자율적으로 관리되어야 한다는 것이다.[13] 생산자에 의한 산업의

_____

이 직접 자기를 해방할 것을 요구한다. 한국의 경우, 일제하 일부 지식층에서 거론되던 이른바 자치운동, 문화운동, 식산운동, 외교론, 준비론 등의 일체 미몽을 버리고 민중직접혁명을 주창한 신채호는 한 지배 세력의 자리에다 다른 지배 세력을 바꿔 놓는 이른바 정치혁명이 아니라, 민중 자신의 힘으로 민중 자신의 사회조직을 근저로부터 변혁함으로써 성취되는 사회혁명을 추구했던 것이다. 이것이 바로 아나키스트가 이해하는 혁명의 개념이다.

자주관리는 16세기 초에 조선의 철학자 화담에 의하여 철학적으로 정식화되고 있다. 이 사상을 이어받은 것이 조선시대 후기의 실학파 대표자 다산 정약용(茶山 丁若鏞, 1760~1833)의 여전제(閭田制)이다. 다산은 마을의 토지는 마을의 주민에 의하여 공동소유, 공농경작, 공동소비되어야 한다고 주장한다. 마을 사이 부촌과 빈촌의 격차는 행정력이 개입할 필요 없이 촌민의 자유로운 전입, 전출에 의하여 저절로 조화될 것으로 본다. 직업의 선택도 각자의 자유의사에 따른다. 다만 한 가지, 자기는 일하지 않고 남의 노동의 과실을 가로채는 일은 허락되지 않는다. 이리하여 모든 사람은 각자 자기의 능력에 따라 일하고, 필요에 따라 소비한다. 다산의 여전제는 전형적인 무지배 공산주의(Anarcho Communism)이다. 그가 이것을 주장한 것은 윌리엄 고드윈(W. Godwin)이 "Political Justice"를 저작하고, 프랑스에서 시민혁명이 일어난 것과 동시대이다. 그러나 고드윈(Godwin)의 사상 보다 훨씬 명쾌하게 무지배 공산주의(Anarcho Communism)의 특성을 밝혔으며, 프랑스혁명에서의 시민적 자유보다 한 걸음 더 나아가 생산 활동자(농민) 일반의 자유를 요구하고 있다. 다산의 여전제는 단순한 사상으로 그치지 않았다. 1894년 갑오년 농민혁명은 수운(水雲)의 인간주의와 다산의 무지배 공산주의(Anarcho Communism)의 실천이었기 때문이다."

하기락은 1987년 자주인 연맹 제4차 대표자 회의에서 6월 항쟁 이후 노도같이 등장한 한국의 노동자대투쟁 과정을 지켜보면서 한국의 노동운동이 자주관리를 요구하는 방향으로 나아갈 것을 천명하였다.[14] 이는 참으로 시의적절한 혜안이 아닐 수 없다. 서구의 노동운동사를 보더라도, 독일의 경우를 제외하고는, 대부분의 나라에서 사회주의적 계급투쟁에 몰두한 나머지 노동조합의 비민주적 관료제화나 노동귀족의 등장과 같

---

13) 생산 활동자에 의한 산업의 자주관리라 할 때, 노동자라는 개념에는 육체노동자만이 아니라 모든 서비스 활동에 종사하는 정신노동자도 여기에 포함된다.

14) 이 대회의 노동문제에 대한 결정 사항은 다음과 같다. "종래의 우리나라 산업 정책은 근로자의 저임금을 희생으로 관료 주도하에 대기업육성 일변도로 일관해 왔으므로 이제 우리나라 민주화 단계에 있어서 이 희생은 당연히 임금인상으로 보상되지 않으면 안 될 것이다. 그러나 근로자들의 인간으로서의 품위와 권리의 회복은 임금의 인상이나 인하에 있어서가 아니라 산업에 대한 생산자들의 주인 의식을 확립하는 데 있다. 생산 활동에 참여하는 근로자들에 의한 산업의 자주관리는 본질적 근본 문제라고 믿는다."

은 불행한 결과를 초래하고 말았다. 따라서 모든 노동자들이 각각 주체가 되어 노동과 정에 참여할 수 있는 자주관리의 확보야말로 경제민주주의의 궁극적 수단이요 목표인 것이다. 하기락(1993, 365쪽)의 당시 노동운동에 대한 평가는 그 역사적 의의가 매우 돋보인다.

> "우리는 물론 민주화를 쟁취한 6월의 대중운동을 높이 평가한다. 그러나 여기에
> 는 다시 9월의 노동운동 투쟁의 내실이 수반되지 않으면 안 될 것이다. 위계 제
> 도적 관료 독선은 산업의 발전을 유효하게 합리적으로 관리할 수 없다는 실증을
> 보여주었다. 산업의 운영은 직업별, 직장별, 산업 종사자들의 지역평의회와 이들
> 이 서로 연합한 중앙협회에 의하여 담당되어야 할 것이다. 요컨대, 근로대중에
> 의한 '산업의 자주관리'을 요구한다. (…) 근로자 동지 여러분! 우리는 9월 항쟁에
> 서 얻어낸 임금인상으로 만족하려고 하는가? 그것으로써 우리는 과연 임금노예
> 의 처지에서 벗어날 수 있을 것인가? 우리는 무엇보다도 먼저 근로하는 사람들이
> 자주인으로서의 인간다운 품위를 회복하지 않으면 안 될 것이다. 근로대중이 산
> 업의 주인으로 되는 이 혁명에서 '우리가 잃을 것은 쇠사슬밖에 없을 것이고 얻을
> 것은 천하라는 것'을 명심하자."

4) 제3의 길

하나의 이데올로기로서 아나키즘은 '평등 없는 자본주의 혹은 자유주의'와 '자유 없는 사회주의'의 한계를 동시에 비판한다. 하기락(1991, 493쪽)은 아나키즘은 자유주의와 사회주의의 종합에서 성립하는 사상으로서 "개인의 자유를 바탕으로 사회적 복지를 추구하는 입장"으로 간주한다. 아나키즘은 이처럼 기존의 이데올로기에서 자유와 평등을 선택적으로 취합하여 새로운 무강권 무지배의 사회, 즉 자유연합과 자주관리에 기반하는 상호부조형 공동체사회를 이룩하고자 한다. 그래서 아나키스트들은 아나키즘이야말로 앞으로 인류의 미래를 인도할 제3의 길이라고 부른다. 하기락(1993, 378-379쪽) 또한 이 점을 철저히 인식하여 근대문명의 종말에 대비하는 방책을 "세계적 규모에 있어서 산업과 자본의 분산, 농업의 무한한 가능성, 농업과 공업의 결합, 육체노동과 정신노동의 융

합, 종합적 산업과 이를 위한 종합적 교육"과 같은 새로운 비전을 제시한 크로포트킨의 입장에서 발견한다.

"(…) 20세기 말의 세계문제는 정치적, 군사적 관계 정상화가 요청되는 동서문제와 북방공업국 대 남방저개발국의 관계 정상화가 요청되는 남북문제란 두 차원의 문제를 축으로 회전하고 있다. 근대문명의 종착점에 도달한 이 단계에서 그 노후한 체계와 관념들을 어떻게 청산하고 새로운 세계로의 역사의 장을 열어 놓을 것인가. 남북문제를 정확히 제기하고 그 해결책까지 시사한 것은 크로포트킨의『전원, 공장, 작업장』이란 저작이다."

나아가, 그는 경제운용에 있어서 제3노선의 타당성을 인민자본주의에서 구하고자 한다(1993, 388쪽).

"인민자본주의는 소액 자본의 대중적 분유(分有)를 지향한다. 대자본이 취득하는 이윤에 대하여 체감율을 적용하는 한편, 소자본이 취득하는 이윤에 대해서는 면세를 적용함으로써, 자본의 대중적 분유로 유도해 나가자는 것이다. 국민 대다수가 자본의 소유에 참여할 때, 그들은 고용주인 동시에 피고용자로 되는 것이다. 그럴 때 노사 대립은 저절로 해소될 것이며, 노동자는 생산에 투자하는 자기의 노동에 있어서 사람으로서 보람을 느낄 수 있을 것이다. (…) 인민자본주의는 말하자면 자본주의의 제3노선이다. (…) 이것을 시책하는 제일보를 우리는 은행, 철도, 통신, 기타 국영기업체의 주식 소유 상한제하의 민영화에서 출발할 수 있을 것이다. 그것과 병행하여 뜻있는 현존 사기업체들의 '우리사주제'의 선도적 역할도 장려할 만하다. 일체의 재물과 자원 및 시설과 화폐는 인간 생활의 필요불가결한 수단이다. 그것은 그 자체가 선한 것이다. 오직 그것의 편재와 그 잘못된 사용이 인간의 사회생활에 해를 끼치는 악으로 변질할 뿐이다. 한 걸음 더 나아가서, 우리는 생산 활동에 종사하는 사람들이 각 부문에서 그들의 대표자를 선출하여 사업의 운영과 관리에 참여토록 하는 평의회를 둘 것을 권장한다. 한마디로 말해서 산업의 민주화를 촉진하자는 것이다."

5) 주체적 역사 인식

이미 제2장에서 지적하였듯이 한국의 아나키즘은 민족주의적 요소를 강력하게 지니고 있다.[15] 그러나, 재차 강조하거니와, 그것은 우리 민족문화의 주체성에 대한 인식과 자긍심에서 나온 것이지 결코 자민족중심주의(Ethnocentrism)의 옹졸한 자기과시를 위한 것이 아니었다. 특히 하기락(1993, 70쪽; 1995, 27-29쪽)은 그의 탁월한 한문 독해력과 해박한 고전 지식을 바탕으로 한국의 역사와 한국의 아나키즘을 단군 시대까지 거슬러 올라간 상고시대로부터 심원하고도 장구하게 엮어내고 있다:

> "(…) 헤겔은 그의 역사철학 강의에서 역사 과정을 식물의 종자에서 과실에 이르는 그 생장 과정에 비유한 바 있었다. 상고 조선의 씨족공동체에 관한 삼성기(三聖記)에서 '하늘을 대신하여 교화를 펴서 사람들로 하여금 서로 병기를 갖고 싸우지 않게 하고, 사람이면 누구나 다 같이 힘껏 노동하여 저마다 배고프거나 추위에 떠는 일이 없었다. 이치에 맞도록 세상을 다스려 널리 인간을 복되게 하였다(代天宣化 使人無兵 人皆作力 自無低寒 (…) 在世理化 弘益人間)'라고 기록한 것을 식물의 종자 속에 함축된 여러 가지 요인들에 비유할 수 있다. 마르크스가 공산당 선언에서 '금일까지의 사회의 모든 역사는 계급투쟁의 역사라고 말한 것은 땅속에 심어진 종자가 분해작용과 동화작용을 거듭하면서 싹이 트고 잎이 피고 열매를 맺는 식물 생장 과정의 각 단계에 해당하지 않을까. 그리하여 마침내 일하는 사람들의 협동적 조직에 의한 산업의 자주적 관리를 통하여 전 인류의 해방이 성취된다는 것은 과실의 결실에 해당할 것이다. '하늘을 대신하여 교화를 편다(代天宣化)'는 것은 무슨 뜻인가. 여기서 하늘이라 한 것은 천리, 즉 존재법칙과 역사법칙을 의미한다. 그러므로 하늘을 대신하여 교화를 편다는 말은 모든 사람이 천리에 순응하도록 지도한다는 것이리라. '사람들이 병기를 갖고 서로 싸우지 못하도록

---

15) 물론 필자는 한국의 아나키즘이 앞으로도 민족주의를 계속하여 강화해야 할 것이라고 주장하지는 않는다. 세계주의 혹은 보편주의와 적절한 균형을 이루며 발전해야 할 것이다. 아울러 한국 아나키즘은 사회변혁적 거대 담론으로부터 생활정치 수준의 각종 신사회운동의 영역으로 확산되어야 한다(김성국, 1996a). 이와 관련하여 최근 아나키스트를 위한 새로운 과제를 제시하는 "Social Anarchism" 1997년 24호의 특별 심포지엄을 참고하여 볼 것.

한다(使人無兵)'는 것은 강제 권력을 갖고 인간의 자유를 억압하지 못하게 한다는
것이리라. 이것은 그야말로 무제약적 평화 원칙의 선언이라 하겠다. '사람이면 누
구나 다 같이 힘껏 노동하여 저마다 배고프거나 추위에 떠는 일이 없다(人皆作力
自無低寒)'고 한 것은 노동이야말로 인간의 본질 확충과 인간의 자유 실현의 수단
으로서 최고의 가치에 속한다는 것을 의미할 것이다. 사람들이 저마다 배고프거
나 추위에 떠는 일이 없다고 한 것은 산업사회가 노동조직의 자율적 관리하에 종
속해야 하며 이를 통하여 생산과 소비가 자율적으로 조절되어야 한다는 것을 의
미할 것이다. 끝으로 '재세이화 홍익인간(在世理化 弘益人間)'이라 한 데서는 벌써
전 인류에게 계시된 신탁의 음향과도 같이 들린다. 거룩하신지고 겨레의 조상들
이시여."

하기락(1980, 373쪽)은 신채호의 연구를 통하여 한국 아나키즘의 근대적 출발점을 이
론적으로는 실학에서, 그리고 운동사적으로는 동학농민혁명에서 발견함으로써 한국 아
나키즘의 면면한 역사를 정립하고 있다.

"단재는 선, 악, 정, 사, 시비 등 일체의 가치 기준을 이해관계에 두는 실용주의의
입장을 취하고 있다. 이로써 살피건대, 단재는 단군조선과 고구려 중심으로 상고
조선사를 재발견코자 한 그의 민족사관이나, 일체 가치를 국리민복의 입장에서
평가하고자 하는 그의 실용주의적 가치관은 조선시대 실학파의 경세치용, 이용후
생, 실사구시의 정신으로 이어받고 있다고 볼 것이다. 뿐만 아니라 우리는 또한
반체제, 반봉건, 반권력, 반권위를 사상적 토대로 하는 아나키즘의 원류를 우리나
라 전통 속에서는 조선 실학에서 찾아볼 수 있는 것이다."

그러나 민중 주체주의를 지향하는 하기락의 아나키스트적 역사 인식은 궁극적으로
국가의 허구적 성격을 폭로하려는 시도로 표출된다.

"명나라 주원장을 가리켜 '상국을 침범하여 천자에게 죄를 짓지 않겠다' 하던 그
할아비의 자손이 백성의 정당한 요구를 폭력으로 억누르기 위해 이번에는 상국

인 청나라에 청병하다가 왜병까지 함께 불러들여 제 나라의 백성을 도륙시켰으니 마침내 을사(1905)년에는 일본의 보호국이 되고 경술(1910)년에는 완전히 나라가 망해 버렸다. 주체성을 상실한 저 사대 망상은 반세기 동안 백성들의 처절한 항일투쟁을 부담시켜 놓고 물러갔다. 저희들은 일본이란 나라의 작위를 받고 재산 보호까지 받으면서 말이다. 우리가 이렇게 지난날의 잘잘못을 따져 보지 않을 수 없는 것은 무엇 때문인가? 국가란 것의 정체와 정부의 본질을 똑똑히 밝혀 보자는데 참뜻이 있었다. 그리하여 국가권력의 압박으로부터 어떻게 하면 백성이 해방될 수 있을 것인가, 그 길을 찾아보자는 것이었다."

6) 직접행동론

진정한 아나키스트란 무릉도원과 유토피아에 관한 듣기 좋은 얘기를 떠들고 다니거나 현실의 모순을 비판하고 부정하는데 열을 올리는 것만으로 만족하지 않는다. 그는 새로운 사회의 건설을 위하여 현실적으로 어떤 구체적인 행동을 직접 수행해야만 한다. 한국식 표현으로는 지행합일(知行合一)이라고 부를 만한 직접행동(Direct Action)이야말로 모든 아나키스트에게 있어서 가장 중요한 실천 지침이다(Ward, 1973). 아나키스트는 말보다도 행동을, 이론보다는 현실 참여를 더욱 값지고 우선적인 것으로 선택해야 한다. 사실 역사상의 모든 위대한 아나키스트는 뛰어난 이론가라기보다는 불요불굴의 과감한 행동가나 구체적인 대안적 정책의 제안자들이었다. 그들의 글도 사변적인 논리와 개념에 얽매이기보다는 투쟁과 박해에서 얻은 진솔하고 살아 있는 언어로 쓰여진 것이다. 이 점에 있어서 한국의 아나키스트들도 결코 예외가 아니다. 그러므로 하기락이 어떤 체계적인 연구 논문이나 저서를 양산하지 않은 것은 자연스럽기도 하다. 하기락(1988, 9쪽; 12쪽)의 직접행동에의 욕구는 다음의 호소에서 절절히 표출되고 있다.

"세계 평화를 위한 이번 우리들의 국제 세미나는 진부한 이론들이나 늘어놓자고 모인 집회가 아니라 행동하는 실천적 지성들의 모임이라 할 수 있다. 이제까지 사람들은 세계를 해석하는 것을 일삼아 왔다. 그러나 중요한 것은 세계를 어떻게 개혁할 것인가 하는 데 있다. 지금 우리 앞에는 어떻게 하면 전쟁의 역사에서 평화의 역사로 세계를 바꿔 놓을 수 있을 것인가 하는 자못 절박하고 엄숙한 과제가 제기되고 있는 것이다. 이러한 문제들을 해결하기 위해서는 생산 활동자, 즉 노동자들의 단결된 힘이 필요하다. 그러나 한나라의 고립된 힘만으로는 이 과업을 성취하기 어렵다. 그래서 모든 나라의 단결된 노동자 조직이 다시 국제적으로 긴밀히 연합하지 않으면 안 될 것이다. 제1인터내셔널이 만국의 노동자여 단결하라고 호소한 것이나 우리가 지금 모든 나라의 평화운동을 하는 사람들의 단결을 호소하는 것은 그 때문이다."

이 같은 직접행동의 원칙은 하기락(1980, 358쪽)으로 하여금 신채호가 "조선혁명선언"에서 당당하게 설파한 창조적 파괴의 논리를 적극적으로 수용하게 만든다.

"혁명의 길은 파괴부터 개척할지니라. 그러나 파괴만 하려고 파괴하는 것이 아니라 건설하려고 파괴하는 것이니, 만일 건설할 줄을 모르면 파괴할 줄도 모를지니 파괴할 줄을 모르면 건설할 줄도 모를지니라. 건설과 파괴가 다만 형식상에서 보아 구별될 뿐이요 정신상에서는 파괴가 곧 건설이니라. 일찍이 프랑스의 아나키스트 프루동은 '나는 파괴하고 건설한다'고 했으며, 바쿠닌은 '파괴에의 정열은 동시에 창조에의 열정'이라고 했다. 아나키스트 중에서도 가장 철저한 파괴주의자로 알려진 바쿠닌조차 '유혈의 혁명은 인류가 어리석은 탓으로 종종 필요하게 된다. 그러나 그것은 그것이 초래하는 희생에 관해서뿐만 아니라 그것의 이름 아래 감행되는 목적의 순수성과 완전성에 있어서도 또한 언제나 악이다. 끔찍한 악이요 일대 참사다' 라고 말하고 있다. 즐겨서 하는 파괴가 아니라 만부득이한 파괴라는 말이다. 그것은 죽음 뒤에는 다시 새로운 생명이 탄생하는 자연계에서 보는 저 영원한 창조 과정의 일부로서 승인되는 것이고 자유로운 인간은 파괴된 폐허 위에서 다시 건설하여 더욱이 보다 낫게 건설할 수 있는 가능성을 인정함으로써 비로소 허용되는 것이다."

4. 결어 : 노병은 사라지지 않았다

1990년대를 맞으면서 한국의 아나키즘은, 잊혀지고 버려졌던 고목에서 새싹이 돋아나듯, 새로운 제3세대 자생적 아나키스트들의 등장을 목격한다. 제1세대가 일제 치하에서 민족독립운동의 전개 과정에서 아나키즘을 수용하여 뿌리내리고자 하였다면, 하기락을 비롯한 제2세대는 해방 이후부터 제4차 전국 아나키스트대회(1987년)에 이르기까지 민족주의적 지향성을 견지하며 정치참여를 통하여 아나키스트사회의 건설을 시도하였다. 이제 필자를 비롯한 제3세대는 아마도 앞으로 상당한 내적 분화를 체험하면서 한국 아나키즘의 다원화를 추구할 것 같다.

하기락은 해방 이후의 저 외롭고 궁핍한 시절에 선후배 아나키스트들과 함께 한국 아나키즘의 맥을 잇고자 끝까지 쉬지 않고 노력하였다, 비록 1년에 한두 번 출간한 것이기는 하되, 1945년 해방과 함께 부산에서 창간하였던 아나키스트 팸플릿 '자유연합'을 40여 년 뒤인 1986년에 재간하여 1989년의 6호까지 편집인의 역할을 수행하였으며, 1972년 '한국자주인연맹' 서울 회의 이후 15년 만에 '한국자주인연맹' 제4차 대표자대회를 1987년 8월 21~22일 양일간 대구 계명대학교 대강당과 안의고등학교 음악실에서 개최하는 데 중추적 역할을 하였다. 1988년 전 세계의 아나키스트 대표자들을 소집하여 세계평화국제회의를 개최한 이후에는 국제평화협회(본부)를 설립하여 기관지 '평협(平協)'을 1990년에 발간하였고, 1992년부터는 민주사회연합의 의장 자격으로서 기관지 '민주사회'를 발간하였다. 85세의 하기락은 작고하기 직전까지도 환경문제를 아나키즘의 입장에서 접근하는 잡지인 '생태전선 : Ecological Frontier'의 창간을 위하여 동분서주하였던 것이다.[16]

하기락 아나키즘은 결코 "지난 세대의 실패한 해프닝"으로 역사의 무덤 속으로 사라져서는 안 된다. 그것은 우리가 소중히 간직하여, 갈고, 닦아, 빛내기만 한다면 "새로운 세대를 위한 신탁(神託)"으로 되살아날 수도 있다. 한국 아나키즘 운동사를 평가하여 볼 때, 일제하에서는 절대 독립주의와 무장투쟁을 주창함으로써 이념적으로나 실천적으로

---

16) 잡지의 제목은 작고하기 2주 전쯤 부산에서 필자와 만나 상의하면서 '생태전선'으로 하면 좋을 것 같다고 하였다. 필자를 비롯하여 아나키스트 회원들이 잡지를 위해 보낸 원고는 출판사 측 사정으로 끝내 빛을 보지 못했다.

가장 적실하고도 혁혁하게 민족독립운동에 기여하였다. 해방 이후에는, 분단 상황과 독재체제로 인하여 대중운동으로서의 한계를 지닐 수밖에 없었으나, 역사의 굽이굽이마다 투철한 시대정신과 역사의식을 최대한 발휘하고자 투쟁하였다. 그렇다면, 앞으로 한국 아나키즘 혹은 하기락 아나키즘을 우리는 어떻게 창조적으로 파괴하여 재건설할 수 있을까?

필자(1997)는 한국 아나키즘 운동은 21세기를 맞아 새롭게 발전하기 위해서는 다음의 네 가지 과제를 추구해야 할 것이라고 제시하였다.

1) 한국 자주인연맹의 재구축을 통한 아나키스트조직의 활성화

2) 신사회운동(예컨대, 협동조합 운동, 지역공동체 운동, 대안학교 운동, 노동자자주관리 운동, 반핵/평화/인권 운동, 에코아나키즘 운동, 산문화/반문화/대안문화 운동 등)을 통한 아나키즘 운동의 대중화

3) 독립노농당/민주통일당/민주사회당의 정치이념을 승계하면서, 무당파적 지역/시민연합정치(예컨대, 녹색연대, 노동연대, 여성연대, 네티즌연대의 총 연대조직)에 의거하여 시민정부를 수립하는 것을 목표로 하는 새로운 정당 활동을 통하여 아나키즘 운동의 효율화

4) "싸우면서 즐기고, 즐겁게 싸우는, 혹은 때로 즐기고 때로 싸우는" 새로운 운동 형태의 개발을 통하여 아나키즘 운동방식의 유연화[17]

5) 사회적 아나키즘(Social Anarchism)과 생활양식 아나키즘(Life-style Anarchism)의 불필요한 이론적 대립을 지양함으로써 머레이 북친(Murray Boochin, 1991; 1995)을 뛰어넘는 이론의 개발을 통한 한국 아나키즘의 고유화/세계화

물론, 이 다섯 가지 과제는 모두가 선배 아나키스트들이 우리들에게 물려 준 것이며, 더욱이 이 다섯 가지 과제의 해결방안을 그들은 나름대로 이미 우리들에게 시사하고 있기도 하다. 하기락의 경우만을 예로 들어 위에서 제시한 각 항목별로 그의 카랑카랑한 예언을 들어보기로 하자.

1) 하기락은, 지금까지의 논의 과정에서 명백히 드러나고 있듯이, 자주인연맹의 창립 회원이요, 핵심 활동가였으며, 1993년과 1994년에 대구 아나키즘연구회와 부산 아나키즘연구회의 창립을 지도하였으며, 그 이후 활동에서도 적극적으로 정신적 지

---

17) 최근의 흥미로운 운동방식에로의 전환에 관해서는 Welsh and McLeich(1996)를 참고할 것

주의 역할을 자임하였으며, 이 같은 조직들이 신세대를 중심으로 전국적으로 확산되어야 함을 누누히 역설하였다.

2) 그는 '생태전선'이라는 잡지를 통하여 아나키스트 생태운동을 전개하고자 시도하였으며, 경상남도 거창 지역에서 하영우와 함께 아나키 공동체마을을 건설하는 데 직접 참여하였다.

3) 그는 기회가 허락하는 한 정치운동의 일선에 나갔거나, 나가고자 하였으며, 만년에도 정치조직의 꿈을 버리지 않았다. 아나키스트들이 "반정치의 정치" 운동을 주도하지 않고서 어찌 한국의 국가주의가 저절로 불식되기를 기대하겠는가?

4) 나의 사적 판단일지는 모르나, 그는 한편으로는 치열한 아나키스트 투쟁가였지만, 다른 한편으로는 자신만의 독특한 스타일 혹은 격을 지닌 '멋있는' 사람이었다. 특히 파카와 조끼, 베레모, 가방, 지팡이, 선글라스, 목도리, 파이프 등이 항상 잘 어울리는 멋쟁이요, 절제하며 즐기는 애주가로 그를 기억한다.[18]

5) 이미 아나키즘의 의미를 동양적 혹은 한국적으로 과감히 변용하여 확대해석한 자유로운 정신과 기개를 지닌 그의 이론적 혜안은 아나키즘에 있어서 개인주의와 사회/공동체주의의 대립이란 진부한 이원론에 불과할 뿐이라는 점을 간파하고 있다.

이처럼 하기락 아나키즘은 우리들에게 "여전히 살아있는 역사"로서 남아 있다. 다시 말해, 그는 우리에게 하나의 "찬연한 미완의 예언(燦然한 未完의 豫言)"인 것이다. 어쩌면 그래서 "자신에 대하여 서릿발 같은 자기비판을 하는 위인이었던"(박영환, 1984, 253쪽) 그는 "외로움 속에서도 희망으로 가득 찼던"지도 모른다. 하기락(1993, 413쪽)의 독백을 한번 들어 보자.[19]

"(…) 우당(友堂) 이회영(李會榮)은 대련에서 옥사하시고, 단재(丹齋) 신채호(申采浩)는 여순에서 옥사하시고, 구파(鷗波) 백정기(白貞基)는 일본 땅 나가사키에서 옥사

---

18) 거의 80여 년간 그의 죽마고우였던 박영환(1984, 253-254쪽) 아나키스트 시인은 "나는 그의 고매한 인격에 영향받은 바 크고 그러므로 그때마다 허물 벗듯 그렇게 사람이 되어감이 많았다"라고 회고한다.

19) 이와 비슷한 심정은 최근(1998년 1월 14일) 작고하신 최고참 아나키스트인 최갑룡(崔甲龍, 당시 94세)도 1994년 부산 아나키즘연구회 창립 축사에서 다음과 같이 토로하였다. "우리의 희생적 혈투에도 불구하고 수세기에 걸친 타성인 국가와 지배의 멍에는 여전히 벗겨질 줄 모릅니다."

하시고, 회관(晦觀) 이을규(李乙奎), 단주(旦州) 유림(柳林), 화암(華岩) 정현섭(鄭賢燮), 우관(又觀) 이정규(李丁奎) 등은 해방된 조국으로 돌아와 이 나라 자유의 보루를 지키다가 차례로 돌아가시고, 박열(朴烈)은 북한으로 납치되어 작고하시고, 우근(友槿) 유자명(柳子明)은 중공 땅에서 생사의 소식조차 없으니, 님들과 더불어 행동을 같이하던 노병들은 이제 이 막중한 부담을 어떻게 감당하라는 말인가.[20] 묵은 신(神)들은 다 가시고 새로운 신(神)들은 아직 나타나지 않았으니 장차 이 조국은 어디로 가려는가, 삭막하고 요요하기 그지없구나. 민족의 출혈을 강요하는 어리석고 무의미한 남북 군사력의 대결! 그 위에 세워진 두 개의 중앙집권적 권력! 이것들은 동서 냉전과 열전의 탯줄에서 태어난 쌍생아이기에 제3차세계대전의 불씨를 안고 있는 것이다. 여명을 알리는 계명(鷄鳴)처럼, 또는 성난 파도의 울부짖음처럼 울려 퍼지는 저 함성을 들어 보시오. 자율과 민주화와 평화를 요구하는 젊은이들의 함성을! 그것은 정녕 민족의 생존권을 지키려는 백성들의 자기해방의 의지요 탈환의 의지일 것이다. 우리는 그 가운데서 새 시대를 이끌어 줄 새로운 신(神)들의 출현을 대망하리라."

하기락이 기대하던 새로운 신(神)은 과연 어디에 있는 것인가? 이미 우리 곁에 다가왔는가? 아니면 벌써 떠나버린 것은 아닌지? 그는 인중천(人中天)이고 인내천(人乃天)이라고 우리를 가르쳤다. 그렇다면, 그 신(神)은 바로 자주인 그대의 영육 속 깊이 갇혀 있는 것이 아닐까? 이제, 그대의 껍질을 깨고 그것을 해방시켜라. 그대가 아나키스트요, 자주인이라면 그대 자신부터 창조적으로 파괴하라.

---

20) 유자명 선생께서는 중국에서 최근까지 무사히 생존하고 계셨다. 1984년에 출간된 그의 자서전 『나의 회억』을 참고할 것.

20세기 한국의 실천철학
- 한국철학사에서 하기락의 지위 -

김도종(원광대)

1. 실천철학

실천철학을 말할 때 흔히 이런 질문을 한다. 실천을 위한 철학이냐, 아니면 실천을 이론적으로 반성하는 철학이냐 하는 것이다. 실천을 위한 이론적 수단으로서의 철학이냐, 아니면 이미 이루어진 실천의 내용을 이론적으로 분석하는 것이냐 하는 것이다. 그러나 이런 식의 질문이 무슨 의미가 있는가 하고 의심을 제기하기도 한다. 전자의 의미에서의 실천철학이라면 모든 철학의 내용이 실천철학이 아닌 것이 있느냐 하고 반문할 수 있다. 적어도 모든 철학의 종착지는 현실이며 실천이라고 하지 않느냐 하는 것이다. 개인적인 도덕적 실천으로부터 사회혁명에 관한 것까지 모든 철학은 결국 실천을 표방하고 있다는 것이다. 후자의 경우, '실천'이나 '실천가들의 활동'을 연구실에 앉아서 이론적으로 따지고만 있다면 다른 관념철학과 무엇이 다른가 하는 것이다. 단지 탐구하는 주제가 형이상학적인 문제냐, 실천이냐 하는 것이 다를 뿐이라는 말이다. 실천철학 자체를 이런 식의 시비로부터 시작한다면 적절한 출발이 아니다.

그런데 우리가 여기서 '실천(Praxis)'이라고 할 때의 실천은 사회적 실천이라고 하는 점을 전제해야 한다고 본다. 그렇다고 보면 실천철학을 말할 때 위와 같은 시비는 실천철학의 본의와는 어느 정도의 거리가 있는 것이라는 점을 알 수 있다. 사회적 실천이라는 말은 자주 혁명이나 개혁이라는 개념과 함께 사용되어온 것도 사실이다. 사회적 실천이나 혁명, 개혁과 연관시켜 볼 때 실천철학이라는 말은 매우 단순한 말이라고 할 수 있다. 그러나 헤겔이 철학자를 '미네르바의 올빼미'라고 비유한 것처럼 철학자의 활동은 혁명가나 개혁가와 다르다고 하는 주장도 만만치 않다. 다시 말하면 철학자는 어디까지나 이론의 영역에 머물러야만 순수한 철학자가 될 수 있다고 하는 주장과 철학자가 직접 실천에 나서야 한다는 주장은 오늘날에도 여전히 논쟁거리가 된다고 할 수 있다.

플라톤을 실패한 철학자로 보는 사람들이 내세우는 주요한 이유 가운데 하나는 그는 자신의 이론을 한 번도 현실정치에 적용해 보지 못했다는 점이다. 철학자나 철학을 이론의 영역에 묶어 두려고 하는 사람들은 철학자의 임무를 이론제공자라고 하는 차원에 가두려고 한다. 철학자가 생산한 이론을 현실에 응용하는 사람들은 정치가와 같은 사람들이라는 것이다. 그 말도 그럴싸하지만 실제로 그렇게 되기는 쉽지 않다. 예컨대 공자는 그 당시에 많은 이론을 정치가들에게 제공했지만, 그것을 현실정치에 적극적으로 응용하여 성공한 정치가는 없었다. 다른 한편으로 우리가 생각해 볼 것은 철학자가 순수한 이론을 생산하는 것은 현실정치의 제약 속에서 불가능한 경우가 대부분이었다고 하는 점이다. 민주주의가 보편화된 사회가 아닌 한 생활의 모든 부분과 함께 철학자들의 이론 탐구도 정치권력의 제약을 받았던 것이 역사적 사실이었다. 비민주적 사회에서 어떠한 이론을 실천하려고 한다면 정치가들이나 다른 행동가들로 하여금 이론을 가져다 쓰도록 해야 하는데 그런 정치나 행동가는 거의 없다.

그런 의미에서 실천철학의 동기나 출발은 단순한 것이다. 청년 헤겔파가 행동의 철학을 주창한 이후, 그것은 이론에 토대한 철학자의 실천을 의미하는 것이라고 할 수 있다. 철학자가 어떠한 이론실험을 누구에게 의뢰하는 것이 아니라 자신이 직접 나선다는 말이다. 한마디로 실천철학이라고 한다면 이론과 실천을 겸비한 철학자가 생각나거나 실천과 이론을 겸비한 행동가를 떠올리게 된다는 것이다. 이러한 의미의 실천철학은 마르크스의 경우에서 가장 적극적인 성격을 갖게 되었다고 할 수 있다. 철학이 세계를 여러 가지의 방법으로 해석해 왔다면 지금부터의 철학은 세계를 개혁하는 일에 나서야 한다는 그의 선언은 종래의 철학에서 볼 수 없던 적극적인 실천의 영역을 확보하는 계기가 되었다고 할 수 있다. 마르크스는 이처럼 실천을 철학의 중심 문제로 삼았지만, 그 자신은 실천가라고 하기보다는 아직도 이론가 편에 더 가까웠다고 할 수 있다. 이론과 실천을 자신의 행동을 통해 종합한 사람은 레닌이라고 할 수 있다. 그는 마르크스의 이론을 러시아에 알맞게 개량했고, 개량한 그의 이론을 러시아에서 실천에 옮겨 볼셰비키 혁명을 완수하였다. 그의 철학사상의 정당성은 논외로 치고, 다만 이론과 실천을 겸비하였다고 하는 측면에서 보면 그는 뛰어난 실천철학가라고 할 수 있다.

물론 실천철학만이 가장 우수한 철학이라고 하는 것은 일방적인 주장일 것이다. 사회적 실천이 아닌 깊은 사색을 통하여 나오는 철학도 우주의 새로운 원리와 인생의 새로운 태도를 세우게 하는 우수한 철학이 될 수 있다. 문제는 사회적 상황에 따라 다른 종류의 철학을 받아들이게 된다는 것이다. 그 사회가 어떠한 위기에 처해 있을 때는 실천철학이 더 절실할 것이고, 안정된 사회에서는 내면의 사색을 통한 철학을 통하여 사람과 세계의 본질에 접근하려고 할 것이다. 그러나 그 어떤 경우이든지 간에 철학이 여러 가지 의미의 현실을 개조하고 삶을 풍요롭게 하려는 궁극적인 목적을 가졌다는 점은 부인할 수가 없다.

2. 20세기 한국과 실천철학

첫째, 사회적 위기나 불균형이 실천철학을 요구한다고 할 때, 20세기의 한국은 그 한 세기를 위기 속에 보냈다는 점에서 그것에 대한 요구가 높았다고 할 수 있다. 20세기의 전반은 식민지 지배를 받는 사회위기가 있었고, 20세기 후반은 민족분단이라는 위기로 이어졌다. 20세기 후반의 민족분단이라는 위기 속에서도 남과 북의 양측에서 강력한 독재 정부가 지배함으로써 2차적인 사회분열이 있었다. 그러한 가운데 한국은 20세기 후반의 전반기에 경제성장의 기초를 닦았고 1990년대에 이르러서는 정치적 민주화도 정착되었다. 그러나 북한은 여전히 권위주의적 정부 아래 경제적 기반마저 무너짐으로써 3차적인 사회분열이 지속되고 있다고 할 수 있다. 다시 말하면 1차적인 사회위기는 민족분단이라는 점이고, 2차적인 사회위기는 정치적 독재체제이며 3차적인 사회위기는 궁핍한 경제적 상황이라고 할 수 있다는 말이다.

둘째, 20세기 초, 식민지 시대의 전반기에는 유림(儒林)의 지식인들 가운데 실천철학적 기풍을 이끈 사람들이 있었다. 그들은 '의(義)'와 같은 철학적 개념으로 볼 때 외국이 민족적 자주권을 침해하는 것은 거기에 배치된다는 것이었다. 그러나 민족적 의식을 전통적인 유가의 개념으로부터 이끌어낸다는 것은 효과적인 방법이라고 할 수는 없었다. 민족적 자주권이라는 의식은 철학 이전의 문제라고 볼 수 있는 것이라는 점에서 이들의 민족의식은 철학적 이론의 기초에서 나왔다고 하기보다는 지식인 일반의 자연적인 발로라고 하는 편이 타당하다고 할 것이다. 당시의 한국 사회는 전통적인 농경사회의 틀을 벗지 못하고 있었을 뿐만 아니라 외국에 대한 폐쇄정책으로 말미암아 유럽적인 근대사회에 진입하지 못하고 있었다. 여기에 반해 한국을 침략하려고 의도하여 결국은 식민지 지배에 성공한 일본은 메이지유신에 성공하여 이미 공업화 단계에 들어가 있었다. 이러한 상태는 농경사회적 체제의 한국을 공업화 체제의 일본이 공격한 것이라고 할 수 있다. 농경사회적 체제의 한국은 유교적 전통사상이 국민 교양의 기초가 되어 있었지만, 공업적 체제의 일본은 유럽의 사상과 과학기술을 수업하여 근대화의 지적 기반으로 삼고 있었던 것이다. 유럽의 과학과 과학응용, 그리고 사상은 공업화 사회, 자본주의 사회, 부르주아 계급의 등장을 뒷받침했던 것으로 매우 역동적인 성격을 가지고 있다고 할 수 있다. 유럽의 과학을 운영하는 사람과 사상의 역동성은 한 국가를 활성화시키는 수단이 되지만, 그것이 외국과의 관계에서는 때때로 공격적인 것으로 변모하기도 한다. 이러한 성격으로 미루어 볼 때 유림 지식인들의 실천적 저항은 충분한 이론적 무기를 가질 수는 없었다고 보는 편이 옳을 것이다.

셋째, 식민지 지배를 받는 시기에 한국의 학생들이 유럽의 철학을 공부하게 되었고 한국인으로서의 철학 전문가도 등장하게 되었다. 철학 전문가들은 1930년대부터 배출되기 시작하였다. 1926년에 경성제국대학의 법문학부에 철학과가 설치된 것이 국내에서 서양철학을 연구할 수 있는 계기가 되었다. 박치우, 신남철, 박종홍 등이 이 학교에서 수학한 사람들이다. 외국에서 공부한 사람들도 이 시기에 귀국하였다. 일본에서 공부한 전원배, 김두헌, 독일에서 공부한 안호상, 미국에서 공부한 한치진, 갈홍기 등이 그들이다. 이들은 철학연구회를 조직하고 1933년에 기관지 "철학" 창간호를 발간하였다. 이들의 활동은 1935년 "철학" 제3호를 발간하고 중단되었다. 그들의 활동이 중단되었던 것은 식민지 정부의 한국문화 말살 정책에 기인하는 것으로 볼 수 있다.[1] 일제 강점기에 서양철학을 공부하기 시작한 사람들은 대체로 실천철학을 지향하였다고 할 수 있다. 조희영은 일제 강점기 서양철학 연구의 특징을 다음과 같이 말한다. 첫째는 변증법의 영향을 받은 점이고 둘째는 유물론의 영향을 받은 점이며 셋째는 반파시즘을 지향하였

---

1) 조희영, 「현대 한국의 전기철학사상 연구-일제하의 철학사상을 중심으로-」 『용봉논총: 인문 과학 연구』 제4집, 전남대 인문과학연구소, 1975, 3-5쪽.

다는 것이다.[2] 1930년대의 초기 서양철학 연구자들의 이러한 특징은 실천철학이라고 하는 특징을 가진 것이라고 말할 수 있을 것이다. 이들이 실천철학을 지향한 것은 두말할 필요 없이 민족의 주권 상실이라는 위기의 상황에 처해 있었기 때문이라고 할 수 있다. 여기서 볼 수 있는 또 하나의 특징은 초기 서양철학 연구자들의 상당수가 마르크스주의를 지향하고 있었다는 점이다. 마르크스주의를 지향한 연구자들은 남북 분단 이후 주로 북한에서 활동했지만 말이다. 일제 강점기 서양철학 연구자들이 마르크스주의를 수용한 원인에 대해 조희영은 이렇게 말한다. 그것은 우선 마르크스주의가 프롤레타리아의 철학을 자처하면서도 피압박 약소민족의 옹호자임을 강조하는데, 무산계급이나 약소민족은 피압박적이고 피착취적이라는 점에서 공통된 특징을 가지고 있다는 것이다. 그리하여 일제로부터 지배받는 민족적 수난, 한민족의 반일 감정, 한반도의 정치 지리적인 상황 등을 원인으로 꼽고 있다.[3]

그런데 당시의 현실로 보면 일본 파쇼군국주의에 대항했던 세력이 일본 내의 마르크스주의자들이었다는 점도 중요한 원인의 하나로 생각할 수가 있다고 본다. 1917년 10월의 볼셰비키 혁명이 성공한 이후 1919년에 설립된 국제 공산당은 그 세력을 여러 지역에 확장하려고 했다. 이들은 1920년에 일본의 좌익과 접촉을 하였고 1922년에는 일본 공산당이 만들어졌다. 이들은 자국의 파쇼 정권에 저항하는 세력으로 등장하였다. 예를 들어 1918년에 조직된 일본의 "동대신인회(東大新人會)"는 일본에 마르크스주의를 보급한 선구적인 집단이라고 할 수 있는데 그들은 마르크스주의 이념에 동조하면서 그것을 통해 일본의 합리적 개조 운동에 나서겠다는 강령을 발표했다. 일본의 마르크스주의자들은 파쇼 정권으로부터 탄압받았다. 그리하여 결국은 국제 공산당의 조직과 떨어질 수밖에 없는 처지가 되어 일본의 천황을 중심으로 하는 일국 공산당의 방향으로 선회하기도 하였다.

일본의 군국주의 파쇼 정권에 적대적으로 저항한다는 점에서 일본 내의 마르크스주의자들과 한국의 민족주의적 지식인들은 일종의 동류의식을 가질 수도 있었다는 점을 발견할 수 있다. 그러한 점에서 항일민족주의와 마르크스주의가 접목될 수 있는 역사적 상황이 있었다고 보는 것이다. 또 이런 점도 생각해 볼 수 있다. 마르크스주의는 유럽의 구체제와 자본주의적 결함을 극복하고자 하는 이론적 무기로 창안된 것이다. 그렇기 때

---

2) 같은 논문, 11-12쪽.
3) 같은 논문, 12-13쪽.

문에 유교적인 철학의 개념만으로는 근대화된 일본의 파쇼 체제에 대항할 수 없었던 민족주의적 지식인들에게 눈에 확 뜨이는 무기가 된 것도 사실이라는 것이다.

넷째, 다른 한편의 민족주의적 지식인들은 아나키즘을 일본 군국주의 파쇼 정권에 대항하는 무기로 삼았다. 어느 의미에서 보면 당시의 일반적 지식인들은 마르크스주의와 아나키즘을 명확하게 구별하여 수용한 것도 아니었다. 그렇기 때문에 마르크스주의와 아나키즘을 수용한 사람들과 수용된 풍토는 서로 다른 것이 아니라고 할 수 있다. 아나키스트운동은 모든 권위주의적 정치권력을 부정하는 것으로서, 일제의 지배에 대항하는 적절한 수단으로 받아들여질 수 있었다. 한국의 아나키스트운동은 1922년부터 시작되었다고 할 수 있다. 1922년에 박열 등이 일본에서 조직한 풍뢰회(風雷會)를 그 시점으로 삼는 것이다. 아나키스트운동이 본격적인 운동으로 시작된 것은 1923년 대구에서 서동성이 조직한 진우연맹(眞友聯盟)이라고 하는 것이 일반적이다.

아나키스트운동을 민족 독립의 방법으로 실천한 또 다른 대표적인 사람은 신채호다. 신채호는 1923년에 중국의 베이징에서 "조선혁명선언"을 발표하였다. 신채호는 이어서 1928년에 "재중국 동방 아나키스트연맹 베이징 회의"에서 "동방 아나키스트연맹 선언문"을 발표하였다. 신채호는 여기서 아나키즘의 원리에 따라 '민중'이라는 억압받는 사회적(계급적) 실체와 '폭력적 혁명'을 민족 독립과 일제 파쇼 타도의 주요한 수단으로 제기하였다.

3. 실천철학에서의 하기락

첫째, 신채호의 민족주의와 아나키스트운동으로부터 우리는 하기락 철학의 뿌리를 찾을 수 있다고 본다. 앞에서 일제 강점기 실천철학의 배경과 포괄적인 계통을 알아보았다. 여기서 우리는 철학자 하기락을 알아볼 수 있는 지점을 발견할 수 있다는 말이다. 조희영은 한국에서의 서양철학 수용을 정리하면서 전원배(1903~1984)와 함께 하기락을 한국의 하르트만 학파로 분류하였다. 하르트만을 한국의 학계에 적극적으로 알린 것이 그분들인 것은 사실이다. 서양철학의 연구자로서의 철학적 결론을 하르트만의 방식으로 이끌었을 뿐만 아니라 많은 제자들로 하여금 하르트만을 연구하게 하였다. 전원배는 호남(원광대)에, 하기락은 영남에 계시면서 하르트만의 사상을 보급하며 철학계의 원로로 학계를 지도한 모습은 우리 학계의 아름답고 중후한 모습의 하나였다. 1980년대 초에 하기락은 독일을 방문하여 하르트만의 묘소를 참배하고 그 당시까지 생존해 있던 하르트만의 부인을 만나고 돌아온 일이 있다. 그분은 귀국한 뒤, 당시 익산시에 거주하던 전원배를 방문하여 독일을 다녀오신 이야기, 하르트만과 관련된 이야기들을 나눈 일이 있다. 두 분의 이러한 모습은 조희영의 분류가 타당하다고 인정할 수 있는 부분이기도 하다.

둘째, 두 분은 서양철학 연구의 출발점에서도 유사한 점을 가지고 있다. 두 분은 실천철학을 지향했지만, 전원배는 마르크스를 통해서, 하기락은 아나키즘을 통해서 실천철학을 이끌었다. 실천철학을 지향한 초기 연구자들이 남북 분단 이후 대부분 북한으로 넘어간 것에 비하면 두 분은 계속적으로 한국의 철학계를 지도하였다. 이 점은 두 분이 유사한 학문의 길과 인생의 길을 걸으신 점이라고 할 수 있다. 실천철학의 기초를 강화하는 의미에서 칸트와 독일관념론을 연구한 것도 비슷한 길이었다고 할 수 있다. 전원배는 마르크스주의의 철학적 기초를, 하기락은 아나키즘의 철학적 기초를 찾기 위해 그 이전의 독일철학에 관심을 기울였다고 할 수 있는 것이다. 두 분이 하르트만에 이른 것은 물론 가장 유사한 점이다. 전원배는 하르트만의 철학을 헤겔과 마르크스를 종합하고 극복할 수 있는 길을 마련한 철학자로 존중하였다. 헤겔과 마르크스를 종합하고 극복하는 것은 남북이 분단된 상황에서 절실한 일이라고 할 수 있기 때문이다. 다시 말하면 헤겔과 마르크스를 종합하고 극복한다는 것은 남북 통일의 철학적 원리를 발견하고 이론적 수단을 마련하는 셈이 되는 것이다. 이런 점에서 보면 두 분이 하르트만에 이른 것은 분명히 실천철학의 연장선상에서만 이해할 수 있는 일일 것이다.

두 분이 철학적 결론을 한국적 전통 속에서 맺으려고 한 점도 비슷한 학문적 역정이라고 할 수 있다. 전원배는 한국철학의 전통 속에서 자리 잡지 못하는 서양철학 연구는 결국 공허한 메아리가 될 것이라는 교시를 제자들에게 자주 하였다. 하기락은 여기서 더 나아가 스스로『조선철학사』를 집필하였다. 그분의『조선철학사』는 단순한 의미에서의 철학사가 아니다. 그 책은 민족적 자기동일성을 세움과 동시에 철학을 실천적 무기로 삼는 관점에서 한국 철학의 흐름을 다시 정리한 것이라고 할 수 있다. 이런 의미에서 하기락이 1995년에 발간한『조선철학사』야말로 진정 그분의 철학적 결론이라고 할 수 있다.

셋째, 하기락이 민족적 정통성과 자기동일성을 지키기 위해 노력한 것은『조선철학사』의 서문에서도 드러난다. 하기락은 한국의 역사를 반만년이라고 하지 않고 일만 년으로 잡고 있다. 이 문제는 지금도 사학계의 논쟁거리가 되는 점인데, 민족주의적인 재야 상고사학자들이 우리 역사를 일만 년으로 잡고 있는 반면 제도권의 학자들은 이를 국수주의자들의 무리한 주장이라고 일축하고 있는 것이다. 여기서 하기락은 민족주의 계열의 일만 년 설을 따르고 있다. 하기락은 이런 관점에서『조선철학사』를 서술할 때 상고시대 조선의 사회와 사상에 많은 분량을 할애하고 있다.

하기락의『조선철학사』는 한국사에서 '통일'이라는 용어를 엄정하게 사용해야 한다고 주장한다. 신라의 삼국통일은 통일이 아니라는 점을 지적하며 우리의 역사가 계속 축소되어 온 점을 비판한다. 이 책의 이름도 한국철학사라고 하지 않고『조선철학사』라고 붙인 것도 통일이라는 말을 민족적 정통성의 회복이라는 과제가 남아 있다는 강력한 의사 표현이라고 할 수 있을 것이다(물론『조선철학사』에서 다루고 있는 시한이 1945년까지이기 때문이기도 하지만 말이다). 이러한 관점들은 신채호의 역사 정신에 부합되는 것이라는 점도 알 수 있다.

하기락은 또 말하기를 한 나라의 철학의 역사는 그 정치, 경제의 변천의 역사와 불가분의 관계를 가지고 있다고 하면서 이것들과 분리된 철학의 서술은 한낱 관념의 역사에 불과할 것이라고 한다. 여기서 우리는 마지막까지 타오르고 있던 하기락의 치열한 실천철학적 정신을 발견하게 된다.[4] 하기락의『조선철학사』는 이런 목적을 달성하기 위해 철학자들의 사상의 토양이 되었던 정치, 경제적 배경을 동시에 서술하고 있다. 그리하여 하기락의『조선철학사』는 철학자들의 사상이 미이라처럼 나열되어 있는 것이 아니라, 여전히 생명력을 가지고 맥박으로 뛰며 오늘날까지 살아있는 생명체로 살아나오고 있다.

넷째, 하기락은 민족주의와 아나키스트운동이 일제 식민지 지배를 물리칠 수 있는 힘이 되었다고 본다.『조선철학사』에서 시대적 불완전성을 가진 조선왕조가 끝내는 일본에 나라를 넘겨주고 말았다는 것을 서술하는 것으로 본 장을 마무리하였다.『조선철학사』는 긴 글로 맺음말을 남기고 있다. 여기서 1919년 3월 1일의 독립선언서와 1923년

---

4) 하기락,『조선철학사』, 신명, 1995, 13-14쪽.

1월에 신채호가 쓴 조선혁명선언을 소개한다. 그리고 1928년에 또 신채호가 쓴 동방 아나키스트연맹 선언문을 소개하고 이들에 관하여 해설한다. 결국 민족주의 정신과 아나키스트운동이 결합하여 민족의 국권을 되찾았다는 역사의 논리를 세우고 있다. 하기락은 잘 알려져 있다시피 이론적으로만 아나키스트들의 이론에 참여한 것이 아니고 실천적인 행동가이기도 하다. 여기서도 우리는 실천철학자로서의 하기락의 면모를 볼 수 있는 것이다.

다섯째, 실천철학의 기풍은 1950년대 이후 1970년대까지 일정한 방향을 잡지 못했거나 잠복할 수밖에 없는 상황이었다고 할 수 있다. 독재정권이 왜곡된 권위주의의 기반으로서 민족주의를 표방하기도 했기 때문에 민족주의자들의 정상적인 의사 표현도 곡해될 수 있는 상황에 있었다. 통일이라는 과제도 마찬가지다. 통일 논의 자체를 독재정권이 독점하고 있었기 때문에 지식인들의 논의 자체가 반국가적인 것으로 몰리기도 했다. 민주화라는 과제도 실천철학의 절실한 문제가 되었다. 그렇지만 이상적인 민주화에 대한 열망이 있었을 뿐이지 한국의 민주화를 위한 이론적 무기가 생산된 것은 아니었다. 있었다면 유럽의 그것을 한국적 상황에 대입해 보는 정도였다고 할 수 있다. 나아가서 이 기간동안 한국의 철학자들은 많은 유럽의 사상을 다양하게 학습하는 수준의 철학을 해왔다고 할 수 있다. 그리하여 외국의 철학적 유행에 따라 국내 학계도 그에 편승하는 수준에 있었다고 해도 지나친 말이 아닐 것이다. 대부분의 철학 전문가들은 급격하게 확대된 대학의 교수직에 안주하면서 사회적 소명의식이 무디어지기도 하였다. 대학의 교수직을 얻지 못하면 일정한 학문적 활동을 할 수 있는 사회적 여건도 되지 못하였기 때문에 철학적 긴장감보다는 직장을 얻기 위한 긴장감이 더 우선하였다고도 할 수 있을 것이다. 지적인 표류 속에 있었던 한국의 철학계는 1980년대부터 실천적 소명의식을 다시 외부로 나타내기 시작했다. 하기락이 기조 강연자의 한 사람으로 참여한 1975년의 전국철학자대회는 전원배가 재직하고 있었던 원광대학에서 열렸는데, 이때의 주제는 "가치관의 제 문제"였다. 이것은 실천철학을 향한 문제의식의 완곡한 표현이었다고 할 수 있다. 1988년의 제1회 한국철학자 대회(전남대)는 이듬해 제2회 대회(경북대)로 이어지면서 정례화 되어 1997년에는 제10회 대회를 치르기에 이르렀다. 한국의 철학자들은 이 대회를 통하여 한국 사회의 개혁을 위한 실천적 문제의식을 연례적으로 가다듬어 오고 있다고 할 수 있다. 특히 1990년대에 와서는 많은 철학자들이 외국에서 수입한 철학에 대한 지적 공허감을 표시하고 철학에서도 민족적 자기동일성을 찾으려는 노력을 했다고 할 수 있다.

여섯째, 대한민국 정부수립 이후에 실천철학이 제대로 이루어지지 않았던 상황 속에서 하기락의 의지는 실천적 문제를 지탱해온 중요한 요소의 하나였다고 할 수 있다. 다시 말하면 한국의 철학계에서 실천철학을 지향하는 하기락의 지도노선은 1990년대의 철학계가 실천정신과 민족주체성을 찾아보자고 나설 수 있게 하는 원천적 힘의 하나였다고 보는 것이다. 하기락의 아나키스트운동에서도 그렇다. 아나키즘은 전 세계적으로 이미 퇴조한 사상으로 여겨졌다. 그리고 그 운동이 세계의 어느 곳에서도 큰 영향력을 발휘한 것은 아니었다. 그런데 오늘날 환경운동에 있어서 아나키즘은 새로운 역할을 찾고 있다. 이른바 환경아나키즘이 그것이다. 환경아나키즘은 환경철학에서 매우 활력적인 부분의 하나로 등장하고 있다. 이것은 국내 아나키스트운동에서도 마찬가지의 상황이다. 하기락의 아나키스트운동은 이처럼 환경철학과 환경운동에서도 새로운 싹을 틔우고 있다. 하기락의 또 다른 과제는 민족의 통일이었다. 그분은 서거하기 일주일 전까지도 "통일시대의 철학" 주제로 열리는 대한철학회 국제학술회의(1997년 5월 부산대)의 기조 강연 내정자로서 발표자 예비모임에 참석하여 후학들을 지도하였다. 그것은 하기락의 학문적 성실성의 표현이기도 했지만, 실천철학을 지향하는 그 분의 열정의 표현이라고 할 수 있다. 이러한 하기락의 열정은 20세기 한국의 철학사에서 실천철학의 노선을 굳건하게 지킨 것으로 기록될 것이다. 특히 하르트만을 기초로 해서는 통일시대의 이데올로기를 생산할 수 있을 것이고, 신채호를 기초로 해서는 민족적 자기동일성을 세울 수 있는 발판을 마련했다고 할 수 있다.

장윤수(대구교대)

1. 철학, 한국철학 그리고 하기락

'필로소피(philosophy)'를 가리키는 '철학(哲學)'이라는 용어가 우리 학계에 최초로 등장한 것은, 19세기 말엽 이인재(李寅梓, 1870~1929)의 『철학고변(哲學攷辨)』에 의해서이다.[1] 원래 '철학'이라는 말은 '필로소피'라는 학문 분야를 나타내기 위해서 일본의 철학자 니시 아마네(西周, 1829~1897)가 1872년경에 조어(造語)한 것이다. 니시는 '필로소퍼(philosopher)'의 뜻을 '철학을 사랑하는 사람'이라 보고, 주돈이(周敦頤, 1017~1073)의 『통서(通書)』 '지학장(志學章)'에 나오는 글귀, "성희천(聖希天), 현희성(賢希聖), 사희현(士希賢)" 중에서 '현인(賢人)이 되기를 바란다'고 하는 '희현(希賢)'을 인용하였다.[2]

니시의 번역어는 한자 표기가 주된 학술 매체였던 나라들, 즉 한·중·일 동아시아 세

---

1) 李寅梓는 『哲學攷辨』에서 "飛龍小飛阿(필로소피아)란 원래 그리스어인데 叡智를 좋아한다는 뜻이며, 지금은 이 말을 번역하여 '哲學'이라 한다."라고 하였다. 이 책은 當代 최고의 유학자이자 李寅梓의 스승이기도 한 郭鍾錫(1846~1919)이 跋文을 썼다. 郭鍾錫은 '跋文'에서, "서양철학의 연구는 오직 神知 하나에 있다고 하겠고, 仁義德性이나 人倫達道에 관해서는 살피며 반성하기를 좋아하지 않는다."라고 하였다. 서양철학에 대한 이러한 견해는 아마도 당시 유학자들의 일반론이었던 것으로 짐작된다.

2) 당시 지식인들은 기본적으로 유교 교육을 받았으므로 이러한 대비에 의해 '필로소피'의 의미를 비교적 쉽게 이해할 수 있었을 것이다. 그리고 '필로소피'에 대해서도 처음에는 '希賢學'이라 했다가, '賢'이 너무 유교적 색채가 짙다고 하여 '哲'로 바꾸어 '希哲學'이라고 했으며, 그 뒤에 자연스럽게 '希'는 떨어져 나가고 '哲學'만 남게 되었다[哲學'이라는 新造語가 생겨나는 과정에 대해서는 田中美知太郎, 『哲學初步』(東京: 岩波書店, 1950), 1-59쪽을 참고하기 바람].

나라에서는 오늘날까지도 '필로소피'를 가리키는 전문용어로 쓰이고 있다. 이인재 또한 한국에 서양철학을 처음으로 소개하면서 니시의 한자 번역어를 채택했다. 이러한 저간 의 사정은 철학이 우리 문화권에 도입되던 초기부터 이미 많은 혼란과 의미 착란을 겪 고 있었음을 말해 준다.[3]

'철학'이라는 학문이 우리나라 지식인 사회에 어느 정도 의미를 갖게 된 것은 20세기 초반에 이르러서이다. 즉 이때 국내에 설치된 전문학교에서 정식 교과목의 하나로 다루 어졌다. 그러나 이것 역시 교양 수준을 넘어서지 못했고 본격적인 철학 학문 활동으로 볼 수는 없다.[4] 이러한 형편에서 동양철학, 특히 한국철학에 관한 연구는 거의 전무하였 다. 아직 철학에 대한 정체 해명도 제대로 이루어지지 않은 시점에서 '한국철학'이라는 분야가 가능할 수 없었던 것이다.

우리나라 대학에 철학과가 설치되고 동양철학 관련 교과목이 교과과정에 포함된 것 은 1925년 경성제국대학의 설립 이후이다. 경성제대에서는 동경제대의 편제를 따라 법 학부 내에 철학과를 두고 동양철학 관련 교과목을 '지나철학(支那哲學)[5]이라는 전공과목 으로 개설하였다. 그러나 동양철학 관련 강좌가 본격적으로 대학 정규 과목으로 개설 된 것은 역시 해방 이후부터이다. 해방 이후라고 해도 교육 내용에 있어서 비약적 발전 을 기대하기는 어려웠으나, 일제시대 일본인 교수들에 의해 독점되던 철학의 관련 과목 들이 한국인 교수들에 의해 주체적으로 교육되기 시작했다는 점에서 큰 의의를 찾을 수 있다.[6] 1946년 이후 각 대학에 철학과가 설치되고, 전공과목으로 중국철학사·인도철학 사 등 동양 고·중세철학 전반에 걸친 강좌가 개설되었다.[7]

---

3) 하기락은 평소 '필로소피'의 번역어로 '哲學'이라는 용어가 적합하지 못하다고 생각해 왔다(제자들 의 증언). 1996년 6월 1일, 경북대학교에서 열린 대한철학회 춘계 학술회의 토론회에서 사회자(전 남대 성진기)가 토론에 대한 총평을 부탁하자, '필로소피'의 번역어 문제를 제기하며 '玄學'이라는 번역어가 무난할 것이라고 하였다. 하기락의 이러한 문제 제기는 '哲學'이라는 용어 자체가 갖는 애매함 때문이기도 하지만, 무엇보다도 하기락 자신이 철학의 '自己化' 작업에 골몰하였음을 보 여 주는 단적인 사례이다.

4) 박영식, 「인문과학으로서 哲學의 수용 및 그 전개과정(1900~1965)」(『인문과학』 26집, 연세대학교 인문 과학연구소, 1972)을 참고할 것. 박영식은 이 논문에서, 당시 專門學校 교과과정에 포함된 철학 관 련 교과목의 강의 담당자 중 철학 전공자는 전무하였음을 밝히고 있다.

5) '支那'라는 말은 '秦'나라의 이름이 轉訛된 것으로서, 中國 혹은 그 문화권을 일컫는 말이다. 주로 일본인들이 중국을 '支那'라고 부른다.

6) 『한국민족문화대백과사전(22권)』(한국정신문화연구원, 1991), 69쪽 참조.

7) 우리가 특히 주목할 만한 점은 '한국철학사(한국사상사)'와 관련한 강좌 개설과 연구서 보급이 바

해방과 전쟁의 혼란이 정치·경제적인 안정에 따라 가라앉게 되자 1950년대 후반에 이르러 문화적 주체성의 모색이라고 할 만한 움직임이 눈에 띄기 시작했다. 한국문화의 본질은 무엇인가 하는 문제에 대한 활발한 논의도 이 시기에 이루어졌다. 그리고 고사(枯死) 직전에까지 이르렀던 전통예술에 대한 관심이 고조되기 시작했고, 한국문화와 관련한 강좌가 개설되었으며 이와 관련한 학과도 설치되었다.[8]

이러한 시대사조에 발맞추어, 박종홍(朴鍾鴻, 1903~1976)은 1961년 서울대학교의 학부 과정에 정식 교과목으로 한국철학 관련 강좌를 개설하였는데, 이것은 큰 의미가 있다.[9] 즉 우리나라 서양 철학계의 거봉으로 평가받는 박종홍이 한국철학에도 상당한 관심을 갖고 연구와 강의 활동을 하였던 것은 이후 우리나라 철학계를 주도하는 그의 제자들에게도 상당한 영향을 주었으며, 이는 곧 우리나라 철학계 전반에까지 그 영향이 파급된다.[10]

그리고 지방에서는, 1952년 5월에 경북대학교가 종합대학교로 발족하게 되며, 1953년 3월에 철학과의 첫 졸업생을 배출하게 된다. 여러 면에서 박종홍과 비교할 수 있는 이 지역 철학계의 중심인물인 하기락(河岐洛, 1912~1997)이 대구대학 철학과 주임교수에서 경북대학교 철학과 주임교수로 부임하게 되면서 본격적인 면학 분위기가 조성된다. 당시 하기락은 하이데거(M. Heidegger)와 하르트만(N. Hartmann) 등 주로 독일철학

로 이 시기(해방 이후)에 '본격적으로' 나타난다는 사실이다. 고려대학교에서는 '조선사상사'가 개설되었고, 李丙燾(1896~1989)는 『資料 韓國儒學史草稿』를 프린트 판으로 찍어냈다. 李丙燾의 책은 한국사상사와 관련한 최초의 근대 저작이라 할 수 있는 張志淵(1864~1921)의 『朝鮮儒敎淵源』(1922년) 이후 처음이다. 이 책은 張志淵의 책과 마찬가지로 純漢文으로 저술되었다. 한글(國漢文 혼용)로 '한국사상사'가 쓰여진 것은 1949년에 간행된 玄相允(1893~?)의 『조선유학사』가 처음이다.

8) 김여수, 「한국철학의 현황」(심재룡 외, 『한국에서 철학하는 자세들』, 집문당, 1986), 366-367쪽 참조.

9) 김여수는 「한국철학의 현황」이라는 글에서, "한국의 전통철학에 대해서는 역사적 인물과 철학에 대한 강의와 세미나 과정이 있긴 했으나 한국철학에 대한 최초의 체계적인 소개는 박종홍이 1961년에 서울대학교의 학부 과정에 교과과정을 만들면서부터였다."(김여수, 「한국철학의 현황」 367쪽)라고 하였다. 그렇지만 해방 직후 이미 고려대학교에 조선사상사가 개설되었다. 강의 내용과 수준을 정확히 알 수 없지만, 당시 고려대학교에서 동양철학을 담당하던 李相殷(1905~1976)의 경력과 학식을 미루어 짐작해 볼 때 김여수의 평가는 지나친 감이 있다. 그런데 이남영은 박종홍의 한국철학사 개설이 1959년 4월이라고 하며, 이것이 우리 학계 최초의 일이라고 주장한다.(이남영, 「열암철학: 향내적 철학과 향외적 철학의 집합으로서의 한국철학」, 『해방 50년의 한국철학』, 철학과 현실사, 1996, 17-21쪽 참조)

10) 박종홍의 제자 중에서 서양철학을 전공하면서도 한국철학에 대해 상당한 관심과 식견을 가진 학자들이 상당수 주목된다. 이는 개인의 연구 경향일 수도 있겠지만, 동·서양을 넘나들며 진지한 철학적 求道者의 모범을 보인 박종홍의 감화와 전혀 무관하다고 할 수는 없을 것이다.

을 강의하였지만, 한국철학 방면에도 이미 상당한 관심과 문제의식을 보였다.[11] 그리고 1960년대 초반 이후에는 한국철학 방면에 관하여 본격적인 연구 활동을 하게 된다.[12] 그의 지도를 받은 경북대학교 철학과 제1회 졸업생(1953년 졸업) 중에서 유명종, 최승호와 같은 한국 철학계 원로들이 있으며, 또한 문정복, 채수한, 하영석, 김종문과 같이 서양철학을 전공했으면서도 동양철학(한국철학)에 있어서 전공자에 버금가는 관심과 조예를 보이는 학자들이 상당수 배출되었다는 점도 하기락 자신의 학문 경향과 무관할 수 없을 것이다.

한국철학 연구사에 있어서 특히 박종홍, 하기락과 같은 서양철학 전공자들이 한국철학을 관심 있게 연구한 사건을 의미 있게 보아야 한다. 왜냐하면 아직 '한국철학'이라는 분야의 정체 해명도 제대로 되어 있지 않은 상태에서, 그리고 기존의 소수 연구자들조차 대부분이 '서당 훈장' 정도의 학식과 역할을 본질적으로 벗어나지 못하고 있을 때, 서양철학에 있어서 발군의 실력을 나타내며 아울러 한국의 전통 학문에도 익숙해 있던 이들 학자들의 연구 경향과 성과들이 한국철학 연구사에 있어서 발전의 일대 전기를 마련했기 때문이다.

그런데 박종홍의 경우는 그 제자들에 의해 학문성과가 어느 정도 정리되었지만, 하기락의 경우는 아직 제대로 그의 학문이 평가받지 못하고 있다. 이 글에서 우리는 하기락의 사상 중에서 한국철학(동양철학)에 한정하여 그 연구 성과를 검토하고 그 의의를 드러내고자 한다. 그의 대작인『조선철학사』의 내용을 중점적으로 검토하고, 그리고 한국철학 관련 논문들을 분석해 보려 한다.

2. 하기락과 한국철학 연구

여기에서 먼저 하기락의 생애와 문제의식을 추적해 보고자 한다. 하기락의 삶과 당

---

11) 제자들의 증언에 의거함. 하기락이 본격적으로 한국철학을 연구하게 되는 것은 아마도 1960년대 초반(혹은 1950년대 후반) 이후일 것으로 추정된다. 왜냐하면 하기락의 한국철학 관련 최초의 논문이 1960년에 나타나고 있기 때문이다. 「화담철학: 유교철학과 노장철학에 대한 화담철학의 관계에 관한 시론」(『高秉幹博士頌壽紀念論叢』 1960)이 바로 첫 번째 논문이다.

12) 崔丞灝(경북대학교 철학과 제1회 졸업생)의 증언에 의하면, 하기락은 1950년대 초기까지는 전적으로 서양철학만을 강의하였다.

시 한국 사회의 특징적인 모습들, 그리고 하기락이 현실 사회 속에 참여하면서 느꼈던 문제의식들, 바로 이러한 것들이 하기락의 한국철학 연구를 검토하는 데 있어서 선결문제가 된다. '하기락은 왜 한국철학을 연구하였는가', '하기락은 한국철학 연구를 통해 무엇을 의도했는가' 하는 물음들은 개인, 사회 그리고 문제의식의 유기적 관계를 중시하는 사회사상사적 이해를 통해 풀릴 수 있다. 우리는 이러한 작업을 토대로 하여 하기락의 한국철학 연구 방면에서 가장 대표적인 작품이라 할 수 있는『조선철학사』(형설출판사, 1992)의 구조와 그 철학적 의의를 탐구해 보려 한다.[13] 이 절(節)에서는 하기락이 견지하는 사상 사관을 먼저 이해하고, 이를 근간으로 하여『조선철학사』의 특징, 의의, 문제점 등을 논해 보고자 한다. 이 부분은 본 논문의 가장 중심 부분을 이룬다. 그리고 다음 절(節)에서는 하기락이 쓴 한국철학 관련 논문들을 함께 묶어 검토하고자 한다. 여기에서는 특히 한국철학과 관련하여 하기락이 가장 즐겨 사용하던 주제, 독특한 사유 방식, 관점 등을 주목할 것이다.

1) 하기락의 생애와 문제의식

하기락의 생애와 당시 한국 사회의 구체적이고 총체적인 모습들은 하기락의 문제의식을 구성하는 기본 요소가 되며, 이러한 문제의식은 곧 그의 학풍을 이루게 된다. 그러므로 우리가 여기서 하기락의 생애와 문제의식을 별도로 검토하려는 것은 그의 학풍을 제대로 이해하고자 하는 시도의 일환이다. 여기서 하기락에 대한 전기(傳記)는 우선 그 자신이 작성한「나의 수업시대(修業時代)」(『계명학보』, 1983년 3월 22일)를 기본으로 하고,『대한철학회 소식(3호)』(1997. 7. 31)에 게재된「허유 하기락 선생의 생애와 사상」(이남원 정리),「고 하기락 교수의 철학 여정」(이윤복 정리),「허유 하기락 교수의 연보」(대한철학회 편집위원회 정리)를 보충 자료로 한다. 이외 몇 건의 공식적인 기록물과 증언(證言), 즉 하기락의 가르침을 받았거나 혹은 인간적으로 긴밀한 관계에 있던 몇 사람을 필자

---

13)『조선철학사』이외에도 이 방면에 몇 권의 저술이 더 있지만,『조선철학사』의 '수정' 혹은 '증보'의 성격을 지닌 저술임을 고려할 때, 결국 우리가 여기서 주로 검토해야 할 대상은『조선철학사』이다. 유사한 저술의 목록은 다음과 같다.
  •『조선철학사』증보판(형설출판사, 1993)
  •『조선철학의 체계적 전개』(도서출판 신명, 1993)
  •『조선철학의 流脈』(자주인연맹, 1994)

자신이 직접 인터뷰한 기록과 그리고 믿을 만한 간접 증언들을 참고할 수 있다. 하기락은 현대의 인물이기에 고대 인물의 전기(傳記) 연구에서 흔히 겪게 되는 자료 간의 착란(錯亂)은 거의 생겨나지 않으며, 자료의 신뢰성을 의심하는 일 또한 그렇게 문제가 되지 않는다. 다만, 당대(當代)의 인물이기 때문에 그에 대한 객관적 평가가 이루어질 시간적 여유가 없다는 점이 오히려 난점(難點)으로 남는다.

(1) 전기적 생애 : 학업·연구·강학 활동

다른 대부분의 사상가들처럼 하기락의 학문적 생애 또한 초기의 교육에 의해 형성된 사고가 시대적 배경에 대한 체험과 이론적 조건에 대한 인지(認知)와 함께 성숙해 나갔다. 그러므로 하기락이 받은 초기 교육을 정확히 파악하는 것은 매우 중요한 일이다.

"나의 수업시대"에 의하면, 하기락은 1917~1922년(하기락의 나이 6~12세)까지 서당에서 한문과 서예 공부를 하였다. 그리고 1922년(12세)에 안의공립보통학교(安義公立普通學校)에 입학하여 1927년(17세)에 졸업한 것으로 기록되어 있다. 즉 12세를 기점으로 하여, 그 이전은 전통 교육(漢學)을 받았으며 그 이후는 현대식 교육을 이수하였다. 그런데 전통 한학(漢學)을 수학하였던 6년간은[14] 세계관과 가치관을 형성하는 초기 단계로서, 이후 그의 삶과 학문에 결정적 영향을 미치게 된다.

하기락은 보통학교를 월반(越班)하여 졸업하고 경성제2고등보통학교(京城第二高等普通學校)에 입학하였는데, 이 학교 3학년 재학 때인 1929년 광주 학생 의거에 가담했다. 그로 인해 퇴학을 당하고 난 1년 뒤에 중앙고등보통학교(中央高等普通學校)에 편입하여 졸업했다. 그 뒤 항일투쟁에 가담하던 동생의 투옥과 아버지, 할아버지의 별세 등 내적 시련과 갈등을 겪던 중 급기야 1935년 일본으로 밀항하여 와세다(早稻田)대학에서 철학 수업을 본격적으로 받게 된다.[15]

---

14) 하기락이 6년간의 漢學 공부를 통해 구체적으로 무엇을 배우고 어느 정도의 실력을 배양하였는지에 대해서는 정확히 알 길이 없다. 그러나 일반적인 경우를 통해 볼 때, 6년간의 漢學 修學은 적어도 儒家의 기본 경전인 '四書'에 대한 독파를 끝낼 수 있는 기간이고, 修學者의 자질에 따라 얼마든지 더 많은 성과를 쌓을 수 있는 기간이다. 그러므로 하기락이 6년간의 漢學 공부를 통해 최소한 한문 원전 독파 능력을 갖추었을 것이라고 짐작해 본다. 그리고 이러한 사실은 1980년대 이후 경북대학교 대학원 과정에 개설된 '東洋哲學' 관련 강좌를 그가 맡아 지도하면서 익숙한 솜씨로 漢文 原文을 讀解하였던 사실만으로도 충분히 입증된다. 당시 강좌의 교재는『金剛三昧經論』,『大乘起信論疏』,『近思錄 』등이었으며, 수강생은 김용섭, 박호석, 여병상, 천병준 등이었다.

15) 하기락, 「나의 수업시대」『하기락논문집(제4권)』, 자주인연맹, 1987), 4-6쪽 참조. 이 글은 원래『계명

그런데 우리는 하기락의 수학 과정에서 중국 현대신유학의 학자들을 연상해볼 수 있다. 현대신유학 계열의 많은 학자들이 초기에는 전통 한학 교육을 이수하고 이후 본격적으로 서양식 현대 교육을 받았다는 점,[16] 그리고 서양철학에서 탁월한 능력을 보이다가 마침내는 다시 중국의 전통철학으로 되돌아와서 동·서 융합의 거대한 꿈을 이루기 위해 노력하였으며, 또한 철학 이론의 '자기화' 구축을 위해 헌신적인 노력을 다하였다는 사실이다. 하기락 또한 초기 6년간의 한학 공부 이후 도일(渡日)하여 본격적인 서구식 교육을 받게 되며, 해방 이후 학자로서 그리고 교육자로서 주로 서양철학 방면에서 많은 성과를 이루게 된다. 그런 후에 결국에는 한국철학에 보다 '근원적'인 관심을 갖고서 한국철학(사상)의 정체 해명과 주체성 확립에 심혈을 기울였다.[17]

하기락이 본격적인 철학자, 교육자로서의 길을 걷게 되는 것은 1947년 영남대학교의 전신인 (구) 대구대학 철학과의 주임교수를 맡으면서 시작된다. 그 뒤 1953년 종합대학교인 경북대학교가 설립되자 경북대학교 철학과로 옮겨와 주임교수를 맡게 되며, 이후 경북대학교에서 후학을 양성하며 학문에 정진한다. 그러나 자의에 따라 경북대학교를 사직하고(1968년)[18] 동아대학교(초빙교수, 1966년)와 계명대학교(대우교수, 1979년)에서 제자를 가르치기도 하였지만, 안정적인 교수 생활을 영위하지는 못하였다. 이렇게 볼 때 하기락이 교육자로서, 그리고 학자로서 가장 활발하고 의미 있는 생활을 했던 시기는 경북대학교 철학과 교수로 재직했던 시절이라 할 수 있다. 다만 학문적으로 원숙기에 오른 생애 말년에, 비록 행정 제도상 자신의 이름으로 제자를 길러낼 수는 없었지만 내제자(內弟子)로 받아들여[19] 가르친 일군(一群)의 하르트만 전공자들이 학계에서 활발히 활동하였던 점은 특기할 만하다.

하기락이 경북대학교를 사직한 뒤 교육자로서 활동하는 데에 많은 어려움을 겪게 되

학보』(1983년 3월 22일)에 게재된 것이다.
16) 이들 중 상당수는 西歐의 대학에 유학하여 박사학위를 취득하였다. 馮友蘭(1895~1990), 張君勱(1887~1969), 賀麟(1902~1995), 唐君毅(1909~1976) 등이 대표적인 사례이다.
17) 이러한 사상적 편력으로 인해 하기락의 저술들, 특히 『철학개론』(계명대학교 출판부, 1985)은 '自己化'의 성과물로 호평을 얻고 있다.
18) 하기락이 경북대학교를 사직한 이유는, 그의 長子이자 弟子이기도 한 하영석이 경북대학교 철학과 교수로 부임해 오게 되자 父子之間에 같은 학교에 재직할 수 없다는 신념 때문이었던 것으로 짐작된다.
19) 조욱연(전 효성가톨릭대), 김태양(전 김천전문대), 김주완(전 대구한의대), 성홍기(전 계명대) 등이 대표적인 예로서, 이들은 모두 하르트만 전공자들이다.

지만, 모든 행정 절차로부터 자유로웠기 때문에 그만큼 저술 활동에 전념할 수 있었다. 「허유 하기락 교수의 연보」(『대한철학회 소식』 1997. 7. 31)에는 그의 평생 저술이 저서 25권, 역서 19권, 논문 30여 편 등으로 소개된다.[20] 이러한 업적은 그와 비슷한 시기에 활동한 그 어떤 학자와 견주어 보더라도 전혀 손색이 없다.[21] 그러므로 하기락의 업적을 평가할 때 교육자로서보다는 학자로서의 면모에 좀 더 무게를 두게 된다.

(2) 문제의식과 사회활동

평생토록 하기락을 지탱시켜 준 '근원적 신념'이 있었다면 그것은 과연 무엇인가? 이러한 신념을 알기 위해서는 우선 하기락이 활동했던 시대와, 그 시대의 문제에 대처했던 삶의 여정을 살펴볼 필요가 있다. 일찍이 대한철학회장을 역임한 '김위성'은 하기락의 장례식 '영결사'에서 "오늘 우리가 여기 모인 것은 격동기 민족사를 몸으로 헤쳐 온 한 사람 증인을 잃었기 때문입니다."[22]라고 애도한 바 있다.

하기락은 1912년 1월 26일, 경술년(1910년) 국치(國恥) 2년 후에 태어났으며, 일제 강점기에 모든 학창 시절을 보냈다. 즉 하기락이 학생 시절에 가졌던 최대의 문제의식은 조국의 암울한 현실에 대한 지사적(志士的) 충정(衷情)이었다. 그리고 이러한 지사적 의기(義氣)와 학자적 열정은 하기락의 평생 기질을 형성하며, 지행합일(知行合一)의 정신으로 남는다. 앞서 언급하였듯이, 하기락은 경성제2고보 3학년 재학 때인 1929년 광주 학생 의거에 가담하였고 그로 인해 퇴학을 당한다. 동생 하충현 또한 진주 농업학교 항일 투쟁 비밀결사 단체인 'TK단' 사건으로 투옥된다. 결국 이러한 현실과 현실에 대한 문제의식은 일평생 하기락을 아나키스트로 살게 하였던 것으로 보인다. 하기락은 자전적 성격의 글인 「나의 수업시대」에서 중학교 5학년 무렵에 이미 아나키즘에 경도되었음을 밝히고 있다.[23] 그는 20세 때에 일본에 체류하던 동지들과 함께 '이정규(李丁奎)'의 지도 하에 일본 아나키스트 기관지인 『흑기(黑旗)』를 학생 서클에 보급하여 아나키즘을 선전함으로써 본격적으로 아나키즘 운동에 참여하게 된다. 그리고 이러한 저항운동으로 인

---

20) 물론 이 통계에 포함되지 않은 누락된 실적물도 있을 것이고, 각종 강연 및 기타 언론 매체에 게재된 글도 있다.

21) 박종홍의 경우 연구 실적이 단행본 14권, 논문류 68편(각종 기고문 포함)으로 조사되었다(이남영, 「열암철학: 향내적 철학과 향외적 철학의 집합으로서의 한국철학」 17-21쪽 참조).

22) 김위성, 「영결사」(『대한철학회 소식』 1997. 7. 31), 11쪽.

23) 하기락, 「나의 수업시대」 6쪽 참조.

해 투옥되기도 하였다.

하기락의 실천 운동은 대학 졸업 후에도 그대로 이어진다. 재령상업전수학교 재직 시기에도 지속적인 사회운동을 병행하였으며, 이로 인해 경찰의 압력을 받아 부득불 퇴직하고 이후 농민운동에 투신하게 된다. 해방 이후 하기락의 투쟁 대상은 일제의 압제라는 대상에서 반민주(反民主)와 비민주적(非民主的)인 독재정권에로 옮겨간다. 그리고 주로 억압받는 농민들의 자유를 위해 투쟁하였다. 하기락의 평생을 일관했던 신념은 다음과 같은 그 자신의 말에서 분명하게 드러난다.

> "한 민족이 다른 민족을 속박하는 국가 기구, 그것은 죄악이다. 한 계급이 다른
> 계급을 지배하는 통치 체제(그것이 비록 프롤레타리아계급에 의한 통치라 할지라도),
> 그것은 잘못된 질서다. 하나의 이데올로기로 모든 사람을 묶으려는 시도, 이것은
> 관념상의 폭군이다. 인간은 일체의 사회적·경제적·정치적 속박 심지어 도덕적 내
> 지 종교적 속박에서까지도 풀려나지 않으면 안 된다."[24]

하기락은 이러한 신념 하에 일체의 권위와 권력에 도전하는 아나키스트의 입장에 굳건히 서게 되었다.[25] 서양철학 그중에서도 특히 '비판적 존재론'의 대가(大家)로서,[26] 서양철학의 한계를 직시했던 이론가로서, 그리고 인간을 억압하고 멸시하는 모든 계기를 극복하고자 노력했던 운동가로서 하기락은 결국 한국철학에 관심을 가질 수밖에 없었다. 강단 철학만이 아니라 구체적인 사회의 장(場)에서 실천될 수 있는 그러한 살아 있는 철학, 우리 민족의 혼과 얼이 담긴 주체적인 철학에 깊은 관심을 지녔던 하기락으로서는 한국철학과 사상을 연구하는 것은 이미 예정된 과업이라 해도 과언이 아니다. 그리고 한국 전통철학에 관한 간접적인 연구 계기에는 당연히 어릴 적 배웠던 한학(漢學)이 상당한 영향을 끼쳤던 것으로 보인다.

---

24) 하기락, 「나의 수업시대」, 6쪽.
25) 제자들은 스승 하기락을 '투사(鬪士)'로서 보다는 '영원한 청년'이자 '자주인(自主人)'으로 기억하고 있다.
26) 하기락의 생애 후반부에 가장 가까이서 모셨던 제자 김주완의 평가에 의거함.

2)『조선철학사』의 구조와 철학적 의의

(1) 관점 : 하기락의 한국사상사관의 문제

어떤 사실을 이해하는데 있어서 '관점'이 차지하는 중요성은 매우 크다. 관점 여하에 따라 서로 다른 이해가 가능하기 때문이다. 사상사의 경우도 마찬가지다. 사상이 사실의 기저(基底)를 이루는 역사의 심층임을 고려한다면, 사상사에 있어서의 관점 즉 사관(史觀)이야말로 사상과 역사를 이해하기 위한 근원적 출발점에 해당한다.

한국사상사의 경우 사관을 문제시할 때 가장 먼저 상기되는 것은 일제강점기 어용관학자(官學者)들의 견해이다. 타카하시 토오루(高橋亨)와 같은 일본인 관변학자(官邊學者)들은 한국사상에 대한 부정적 사관을 통해 부정적 의식을 심어 주기 위해 노력하였다. 그리고 이러한 부정 사관의 핵심은 '한국사상 정체론(停滯論)'과 '한국사상 종속론(從屬論)'이다. 여기서 말하는 '정체론'이란 한국사상의 흐름이 발전적으로 전개되어 온 것이 아니라 제자리에 머물고 있다는 뜻이며, '종속론'이란 어느 한 가지에만 의지한다고 하더라도 그것을 독자적으로 변화시키는 독창성이 결여되었다는 것을 의미한다.[27] 그 당시 한국 성리학자들의 학문 세계에 대해 가장 조예가 깊었던 타카하시가 이러한 관점을 지녔던 이유는 분명하다. 즉 한국사상에 대한 그의 관심 자체가 이미 장점을 향한 긍정적 방향보다는 단점을 향한 부정적 방향을 지향하고 있었으며, 그 이유는 식민정책의 일환이라 할 수 있다.

이러한 식민사관(植民史觀)에 대항하는 사관이 바로 민족사관(民族史觀)이다. 박은식(朴殷植, 1859~1925), 신채호(申采浩, 1880~1936), 정인보(鄭寅普, 1892~1950) 등이 바로 민족사관을 대표하는 학자들이다. 이들은 식민사관의 간계(奸計)를 극복하기 위해 우선 우리 역사와 사상 속에 면면히 흐르는 원동력을 발견하려고 노력하였고, 또한 그 원동력에 의한 민족사의 전승과 발전을 밝히려 노력하였다.[28] 그러나 아쉬운 점은, 이러한 민족주의 사상가들의 노력이 한국사상의 발전이나 그 근거를 제시하는 데까지는 이르지

---

27) 조선총독부에서 간행한 高橋亨의『朝鮮儒學大觀』및『朝鮮人의 特性』,『朝鮮人의 思想과 性格』 등을 참고할 것.

28) 朴殷植은 우리 역사와 사상의 원동력으로 민족의 '魂', 申采浩는 '我', 鄭寅普는 '얼'을 제시하였다. 관련되는 참고 자료로는 朴殷植의『韓國痛史』,『朝鮮獨立運動之血史』, 申采浩의『朝鮮史』, 鄭寅普의『5千年間 朝鮮의 얼』등이 있다.

못했다는 점이다.

우리가 하기락의『조선철학사』를 검토하기 이전에 먼저 '관점' 즉 사관(史觀)의 문제를 제기하는 것은 하기락의『조선철학사』의 관점이 기본적으로 민족사관에 입각해 있기 때문이다. 바로 이러한 점에서『조선철학사』와 하기락의 한국철학 연구의 공과(功過)가 비교적 뚜렷하게 드러나고 있다.

(2)『조선철학사』의 내용상 특징

『조선철학사』는 제목이 암시하듯이 일단 역사적 흐름을 강조하는 '철학사상사'이다. 그러나 단순한 '사적(史的) 전개'가 아니라, 철학사상의 '체계'를 해명하는 데에도 상당한 공력을 기울였다. 그래서 하기락은 한국철학의 역사적 전개의 필요성을 강조한 뒤, "그와 같은 복잡한 외면 현상의 내면을 흐르고 있는 사상 변천의 역사는 그렇게 뚜렷이 드러나는 것이 아니기에 이와는 별도로 철학 체계의 전개가 요구되는 것이다."[29]라고 하였다. 즉 일차적으로는 서술의 형식을 지닌 사적 전개가 두드러지나, 철학 체계성에 주목을 둔 개별 사상가 혹은 학파의 이론을 선별하여 논지를 전개하고 있다. 그래서 하기락은 "사(史)와 체계(體系)의 관계는 비유컨대 과일과 그 속에 들어 있는 씨(仁)와 같다."[30]라고 하였다.

하기락이 한국철학사를 전개하면서 '철학 체계'에 가장 신경을 쓴 부분이 바로 한국철학사 전체를 '기(氣) 철학적 전개'로 보고 있다는 점이다. 이것은 대단히 중요한 의미를 지닌다. 중국 전통 철학사에 있어서 '가장 중국적인 개념'이 기(氣)라고 하는 주장은 학계에서 어느 정도 공감대를 형성하고 있다. 이를테면 임계유(任繼愈)가 주편(主編)한 『중국철학사간편(中國哲學史簡編)』(1973년)은 왕충(王充, 27~97 무렵)에서부터 왕부지(王夫之, 1619~1692)에 이르기까지 1,600년 동안의 중국 기철학의 전개를 원류로 해서 중국 유물주의 철학사를 완성시켰다.[31] 그렇지만 한국 전통철학사에 있어서 '가장 한국적인' 개념을 기(氣)로 이해하며, 한국 전통철학의 전개를 기철학의 역사로 기술한 저작은 아직

---

29) 하기락,『조선철학의 流脈』(자주인연맹, 1994)의 '머리말'.

30) 같은 책, '머리말'.

31)『中國哲學史簡編』에서 주장하는 중국 유물주의의 계보는 "王充-裵頠·歐陽建-范縝-柳宗元·劉禹錫 -王安石·張載·陳亮·葉適-王夫之-顏元·戴震"에로 이어진다. 이 계보에서는 종래 중국 최고의 철학자로 평가받던 程頤(1033~1107)와 朱熹(1130~1200) 및 王守仁(1472~1528) 등은 제대로 대접받지 못하고, 오히려 종전 중국철학사에서 주목받지 못하던 王夫之가 최고봉의 지위를 차지한다.

주목되지 않는다.[32] 하기락은 한국철학 체계의 맥락을 세우면서, 상고조선(上古朝鮮)의 기철학에서 시작하여 고대와 중세의 국선도(國仙道)를 거쳐서 근세조선에 이르러 서경 덕(徐敬德, 1489~1546)의 주기론(主氣論), 정약용(丁若鏞, 1762~1836)의 실학사상, 최제우(崔 濟愚, 1824~1864)의 기철학 등으로 이어지는 학문 전통을 강조하였다.[33]

한편, 하기락은『조선철학사』에서 '통일(統一)'이라는 말을 엄정하게 사용할 것을 요구 한다.[34] 즉 '신라의 삼국통일', '통일신라시대' 등의 표현은 자제되어야 한다는 것이다. 신 라가 당나라 군대를 끌어들여 백제와 고구려를 멸망시킨 사건을 진정한 '통일'이라 할 수 없다는 것이다. 이러한 의식은 이미 하기락의 생애와 문제의식을 통해 충분히 공감 할 수 있다. 주체적인 철학을 확립하기 위해 그토록 노력했던 그였기에 외세의 힘을 빌 려 삼국을 통일한 신라를 긍정적으로 평가할 수 없었던 것은 당연한 일이다. 그러므로 그는 다른 학자들의 '한국철학사' 관련 저작에 비해 백제와 고구려의 사상을 비교적 비 중 있게 설명하고 있으며, 특히 중국인에 대한 한국인의 투쟁을 대단히 중요하게 다루 고 있다.

하기락의『조선철학사』는 모두 4편 13장으로 이루어져 있는데, 제1편 〈상고시대 조 선철학〉, 제2편 〈고대삼국 조선철학〉, 제3편 〈중세고려 조선철학〉, 제4편 〈근세조선 조 선철학〉이다. 비교적 조선시대 이전의 시기에 대해 많은 분량을 할애하고 있으며, 특히 고대 삼국시대 이전의 상고시대 철학을 '전설적인' 문헌들을 이용하여 적극적으로 재구 성하고 있는 점은 이 책의 가장 큰 특징이다.

일반적으로 한국철학의 백미(白眉)라 일컬어지는 '조선시대의 성리학' 부분은 이 책 전체 분량의 1/4 정도를 차지할 뿐이다.[35] 여타의 한국철학사에 비하면 소홀하게 취급받 는다고 할 수 있다. 그리고 조선왕조는 그 개창(開創)부터 비관적인 시각에서 바라본다. 제4편 〈근세조선 조선철학〉 제1장 제1절 〈1〉의 제목이 '인간의 얼굴을 잃은 창업주들'[36]

---

32) 정진석·정성철·김창원에 의해 출간된 북한판『조선철학사』(1962년, 제1판 서문은 1960년으로 되어 있 음)는 氣哲學의 전개라는 관점에서 쓰여졌다. 그러나 이 책은 氣哲學的(主氣論的) 관점이 主理論 的 시각보다는 '주체사상'의 이데올로기를 지지하기에 유리하고, 또한 유물론·변증법이라는 마르 크시즘의 요소를 찾아내기에 훨씬 유효하기에 기본 철학사관으로 선택한 것일 뿐이다.
33) 하기락,『조선철학의 流脈』, '머리말' 참조.
34) 하기락,『조선철학사』(형설출판사, 1992), '머리말' 참조.
35) 총 719쪽의 분량 중에서 188쪽을 차지한다.
36) 하기락,『조선철학사』, 531쪽 참조.

로 되어 있는 점만 보더라도 저자 하기락이 조선왕조를 어떻게 이해했는지 충분히 짐작된다.

하기락은 조선시대의 성리사상을 주리론(主理論)과 주기론(主氣論)으로 대립시켜 놓고서, 주리론은 지배계급의 이데올로기를 대표하고, 주기론은 피지배 계급의 이데올로기를 대표한다고 보았다.[37] 그러므로 주리론의 계열에 있는 사상가들에 대해서는 비교적 간단하게 서술하고 또한 비판적인 시각이 강하다. 그러나 주기론의 계열에 들 수 있는 철학자들의 이론에 대해서는 보다 '긍정적'인 시각에서 해석하고, 특히 서경덕(徐敬德)의 경우에는 그 철학 체계와 기타 사항에 대해서 지나칠 정도로 친절하게 소개하고 있다.[38] 그리고 정약용(丁若鏞)의 철학을 주기론으로 해석하고 그를 유물론자로 단정하며,[39] 또한 우리 고유의 정신을 순수하게 계승하고 민족의 주체성을 확립한 대단한 철학자라고 평가하였다.[40] 물론 이러한 평가에 대해 근거를 제시하고 있기는 하나,[41] 하기락 자신이 설정한 도식을 지나치게 의식한 '논리적 비약'이라는 비판을 받을 위험도 다분히 내재한다.

(3) 『조선철학사』의 공과(功過)

『조선철학사』의 공과를 평하기에 앞서 하기락의 사후(死後), 일간지에 게재된 『조선철학사』에 대한 서평(書評)을 인용해 보도록 하자.

지난 92년 발간된 『조선철학사』는 서설(序說)을 포함, 총 4편 13장(719쪽 분량)으로
구성된 방대한 분량의 저작으로 고 하기락 박사의 대표적 역작이다. 1편 상고시
대의 철학, 2편 삼국시대(고대)의 철학, 3편 고려시대(중세)의 철학, 4편 조선시대

---

37) 하기락, 『조선철학사』, 598-599쪽 참조.
38) 같은 책, 575-597쪽 참조.
39) 같은 책, 673쪽 참조.
40) 하기락은 평소에도 한국철학 관련 주제가 언급되면 제자들에게 徐敬德과 丁若鏞에 대한 이야기를 많이 했으며, 또한 『桓檀古記』 등의 자료에 의거해 民族史觀을 강변했다. (이강화(전 계명대)의 증언)
41) 하기락은 특히 丁若鏞과 그의 사상에 대해 극찬하였다. "茶山은 후기 조선의 탁월한 實學의 완성자일 뿐만이 아니라 민족의 주체성과 사회개혁의 실천 방안까지 구체적으로 제시한 위대한 개혁론자이기도 하였으니 韓末의 東學思想에 큰 영향을 끼친 민족주의 사상가로서 만민 평등을 고취한 평등주의자이기도 하였다. 여기에 있어서 비로소 우리 겨레가 하나의 民族으로 성장하게 되었다." (하기락, 『조선철학사』, 684쪽)

(근세)의 철학을 기(氣)의 관점에서 접근하고 있다. 이 책은 우리나라 역사를 상고 시대를 포함, 1만 년으로 설정하고 전설적 고대 문헌에 따라 조선철학의 연원을 주체적 입장에서 재구성했다. 이러한 철학적 입장은 일제 관변학자 타카하시 토오루(高橋亨) 방식의 관점, 즉 한국사상의 고착성이나 종속성 이론을 타파하는 데 큰 역할을 하고 있다. 한편 하 박사는 이 책을 통해 "이론은 역사적 과정 속의 한 요소이며 그 의미는 항상 일정한 역사적 상황과의 연관성 속에서만 규정되어진 다."라고 하는 사회사상사적 관점을 강조하여 정치·경제의 변천에 따른 각 시대의 전체적 사회변천과정에 대해 유기적인 조망을 하였다.[42]

이 기록은 『조선철학사』의 '긍정적 측면'(功)을 잘 평가하고 있다. 즉 『조선철학사』의 긍정적 측면은 세 가지 점으로 요약할 수 있다. 첫째, 종래 전통 철학을 '기(氣)의 관점'(주기론의 시각)에서 접근하고 있다. 둘째, 우리나라의 역사와 사상사를 1만 년으로 설정하고 전설적 고대 문헌을 존중하여 조선철학의 연원을 '주체적' 입장에서 기술하고자 노력하였으며, 이를 통해 일제 관변학자들의 식민사관을 극복하고자 노력하였다. 셋째, 사회사상사적 관점을 강조하여 정치·경제의 변천에 따른 각 시대의 전체적 사회변천과 정에 대해 유기적인 조망을 하고자 하였다. 이 세 가지 특징 중에서 비판의 중심이 되는 부분은 '둘째'이다.

반면, 『조선철학사』가 갖는 한계 또한 비교적 분명하게 드러난다. 우리가 앞서 민족주의 사상가들의 한계로 지적한 점, 즉 이들의 노력이 한국사상의 발전이나 그 근거를 제시하는 수준에까지 이르지 못했다는 점은 하기락과 『조선철학사』의 경우에도 그대로 적용된다. 그래서 '남명진' 같은 학자는 민족사관을 강조하는 학자들의 연구 경향을 경계하면서, "물론 그중 극소수는 특히 상고시대의 철학에 대한 기술을 지나치게 확대하여 아직 역사적인 실증성이 검증되지 않은 부분까지 욕심껏 부풀려 확대한 경우도 있기는 하다."[43]라고 말한 뒤, 이 구절에 대한 각주에서 "이러한 입장의 철학적 저술은 안호상의 『민족사상과 전통 종교의 연구』(민족문화출판사, 1996), 하기락의 『조선철학사』(형설출판사, 1993), 임균택의 『한철학사상사』(호서문화사, 1993) 등을 들 수 있는데 이들 모두

---

42) 『대구매일신문』, 1997년 2월 11일, 16면.
43) 남명진, 「남과 북, 그 우리나라 철학사상사 인식의 차이에 관한 연구」, 『철학연구』 60집, 대한철학회, 1997, 47쪽.

대동소이하게 민족 역사의 시발 상한을 거금 9,000년을 넘게 잡고, 민족문화의 공간적 활동 영역을 중원(中原)으로까지 확대하고 있으나 철학사관이나 역사적 이념에 대한 합리적인 특별한 논리가 없다."[44] 라고 평하였다.

하기락을 비롯한 위에서 언급한 사람들의 시각이 문제 있다는 남명진의 평가는 타당한 이유를 가지면서도, "철학사관이나 역사적 이념에 대한 합리적인 특별한 논리가 없다."고 하는 부분을 하기락의 경우에 적용해 본다면 조금 지나친 감이 있다. 하기락의 입장에서 그를 변호해 본다면 하기락 자신이 분명 이러한 한계를 예상했을 것이며, 예상하면서도 이러한 주장을 펴게된 데에는 의도하는 바가 있을 것이다. 즉 여기에서 중요한 시각은 "한국 역사를 1만 년으로 볼 수 있는 근거가 무엇인가?" 하는 점보다, "하기락은 왜 한국 역사를 1만 년으로 보았던가?", 다시 말하면, "하기락은 한국 역사를 1만 년으로 설정함으로써 무엇을 하려고 했던가?" 하는 점이 더 중요하다. 한국 역사를 1만 년으로 설정하게 되는 데에는 비록 실증성과 역사성이 떨어지기는 하지만, 이렇게 역사를 이해하게 되는 하기락 나름의 관점(哲學史觀)과 역사적인 이념 그리고 그 나름의 논리가 분명히 존재한다.

하기락이 의거한 전설적 문헌이란, 『삼성기전(三聖記全)』, 『천부경(天符經)』, 『삼일신고(三一神誥)』, 『참전계경(參佺戒經)』, 『환단고기(桓檀古記)』 등이다. 이러한 문헌들은 주로 구한말(舊韓末) 혹은 일제강점기 초기에 민족의식이 고조되어 있던 시절에 이루어진 저작들로서, 구전(口傳)되어 오던 우리 민족의 고대사를 근대에 와서 다시 기록한 문헌들이라고 하나, 위작(僞作)일 가능성이 높다. 바로 이 점에서 하기락의 상고시대 철학 연구는 인용 문헌의 부적절함, 고증의 불확실함, 지나치게 '감정적인' 논리 등으로 충분히 비판받을 여지가 있다. 그러나 여기에 대해 하기락은 "비록 충분한 고증을 거친 것은 아니라 할지라도, 우리에게 전하여지는 문헌이 또한 그렇게 보고 있다. 내 나라 역사를 억지로 길게 잡자는 것은 아니다. (…) 충분히 고증된 것은 아니라 할지라도 현존 소전(所傳)의 문헌이 그렇게 되어 있는 것을 굳이 깎아내려서 짧게 잡아야 할 이유는 없다고 생각한다."[45]라고 항변한다. 즉 위서(僞書)일 가능성도 있지만, 진서(眞書)의 '가능성' 또한 열어 두자는 것이다. 굳이 말하자면 진서임을 증명할 수도 없지만, 반면 위서인지에 대해서도 충분히 증명되지 않았는데 우리가 애써 위서라고 먼저 배척할 필요가 있겠는가

44) 남명진, 「남과 북, 그 우리나라 철학사상사 인식의 차이에 관한 연구」, '각주 32'를 참고할 것.
45) 하기락, 『조선철학사』, '머리말'.

하는 주장이다.

(4) 논문 성과 검토

한국철학(동양철학)과 관련된 하기락의 논문은 양적으로 그렇게 많지는 않다.[46] 그러나 그의 주된 전공이 서양철학이었다는 점을 고려할 때, 한국철학에 대한 그의 관심 자체가 적었다고 볼 수는 없다.

(1) 화담철학 : 유교철학과 노장철학에 대한 화담철학의 관계에 관한 시론

이 논문은 하기락이 한국철학 연구에 관심을 가지면서 저술한 최초의 논문으로서 그의 관심 방향과 연구 경향을 잘 보여준다. "서언-본체론-현상론-결어"로 구성된 목차 자체는 일반적이다. 그러나 최초로 작성한 논문의 주제를 화담철학(花潭哲學)으로 설정했다는 점이 예사롭지 않다. 논문이 간행된 1960년 당시는 한국철학에 대한 전문적인 연구업적이 거의 생산되지 않던 때이다. 박종홍의 한국철학 연구조차 주로 1960년대 후반 이후에 이루어지고 있으며,[47] 그 내용도 주로 이황(李滉, 1501~1570)과 이이(李珥, 1536~1584)의 연구에 치중했던 점을 감안한다면, 하기락의 화담철학 연구는 그 자체로 이미 상당한 의의를 지닌다고 할 수 있다. 하기락은 이 논문에서 먼저 화담철학의 독자적 위치와 가치를 높이 평가하여 '화담철학'이라는 용어가 가능할 수 있다는 점을 전제한다.

> 철학에 개인의 이름을 관(冠)하는 경우가 있고 또 학파의 이름을 붙이는 수도 있
> 다. 후자에 있어서 철학은 하나의 역사적 사업으로서 소속학자들의 연구의 성과
> 를 집적하여 점차 완전한 체계를 갖추어 간다. 그러나 전자에 있어서는 역사적

---

46) 필자가 조사한 바에 따르면, 한국철학(동양철학) 관련 하기락의 간행 논문은 총 5편이다.
- 「花潭哲學: 儒教哲學과 老莊哲學에 대한 花潭哲學의 關系에 관한 一試論」(『高秉幹博士送壽紀念論叢』), 1960.
- 「哲學에 있어서의 主體意識과 和諍의 論理」 이 글은 1977년 6월 11일, 청주대학교에서 열린 한국철학연구회(대한철학회 前身) 春季 발표회의 기조 연설문이다.
- 「主理論의 展望」(『철학연구』 32집, 한국철학연구회), 1981.
- 「理氣說의 存在論的 構造」(『석당논총』 10집, 동아대학교 석당전통문화연구원), 1985.
- 「儒·道·仙 三教의 道槪念」(『도교학연구』 7집, 한국도교학회), 1991.
47) 『한국의 사상적 방향』(1968), 『한국사상사: 『불교사상편』(1972), 『한국사상사: 유학편』(1977, 遺稿)

사상재(思想材)가 십분 활용은 되나, 그것은 어디까지나 소재(素材)에 불과한 것이니, 이들의 소재가 개인의 개성에 따라 독특한 형태의 체계로 조직되어 비록 장구한 세월이 경과되더라도 다른 것과 바꿀 수 없는 독자적 위치와 가치를 가지지 않으면 안된다. 이런 의미에 있어서 우리는 화담(서경덕)의 철학사상을 '화담철학'이라 부르고자 한다.[48]

화담철학이라는 말조차 생경하게 여겨지던 때에 화담철학의 내용을 소개하고 그 철학 체계를 수립하고자 노력한 하기락의 시도는 분명 선구자적 위치에 있다고 하겠다.

하기락은 우주 생성을 음양이기(陰陽理氣)로써 설명하는 것이 유가나 도가에 공통한 중국의 전통적 사유 방식이라 전제하면서,[49] 화담철학이 『주역』과 『중용』의 고전적 유교 철학사상에 연원하고 있다고 밝힌다.[50] 그러나 하기락이 가장 강조한 대목은 역시 화담철학의 독자성이다. 하기락은 화담철학의 독자성이 태허(太虛)를 선천(先天)과 결부시키고 기(氣)의 발동(發動)에 있어서 이(理)를 그 운동에 내재시킨 점에 있다고 보았다. 그리고 서경덕이 중국의 기철학자인 장재(張載, 1020~1077)와 더불어 유가철학자 중에서 그 누구보다도 노장사상의 깊은 영향 아래에 있다는 점을 간과할 수 없다고 시인하면서도, 허(虛)를 결국 무(無)로 보느냐 혹은 유(有)로 보느냐에 따라 노·장(老莊)과 화담의 차이점이 있다고 본다. 하기락은 노·장이 주리론(主理論)의 입장에 있다고 보는 반면, 서경덕은 허즉기(虛卽氣)의 입장 즉 주기론(主氣論)의 입장에 서 있다고 해석하는데 이러한 주장은 분명히 창의적인 요소가 있다.

그렇다면 하기락은 왜 하필 최초의 한국철학 연구 주제를 '화담철학'으로 택했는가? 필자가 보기에, 우선 하기락은 한국철학의 일관된 정신이 주리론보다는 주기론에 있다고 보았으며, 한국의 주기론자 중에서도 가장 초기적 인물이며, 또한 대표적 인물이 서경덕이기 때문에 그의 사상을 연구 주제로 삼았던 것으로 보인다. 그리고 이러한 연구 경향은 이미 앞에서도 확인했듯이 『조선철학사』의 경우에도 그대로 적용된다. 한국사상의 주체성을 중시하여 이를 정립하려 했던 하기락에게 있어서 서경덕의 철학사상은 하나의 시금석이었다.

---

48) 하기락, 「화담철학: 유교철학과 노장철학에 대한 화담철학의 관계에 관한 시론」 538쪽.
49) 같은 논문, 543쪽 참조.
50) 같은 논문, 545쪽 참조.

(2) 철학에 있어서 주체의식과 화쟁의 논리

「화담철학 : 유교철학과 노장철학에 대한 화담철학의 관계에 관한 시론」이 하기락의 한국철학 연구의 시초가 되는 논문이라면, 「철학에 있어서 주체의식과 화쟁의 논리」는 그의 연구가 원숙기에 접어들었을 때 생산된 것이다. 앞서의 논문보다는 주제 자체가 갖는 성격 때문이기도 하지만, 좀 더 근원적인 문제를 다루며 그 연구범위 또한 훨씬 광범위하다.

하기락은 이 글에서, 한국철학의 미래는 '화쟁의 정신'과 '주체의식의 확립'에 걸어 본다고 하였다.[51] 그리고 '화쟁의 정신'이란, 폭넓게 다양한 사상재(思想材)를 섭렵하는 데서 비롯하여 그 가운데서 공통된 동질성을 찾아내는 데에서 성립한다고 보았다. 그리고 이를 '수렴의 논리'라고 하였다. 반면, '주체의식의 확립'이란 본래의 자기와 타자와의 이질성을 식별하는 데서 일깨워진다고 주장하며, 이를 '분석의 논리'라고 하였다.[52]

하기락은 화쟁의 정신을 가장 잘 구현한 이로 원효(元曉, 617~686)를 거론하며, 이러한 화쟁의 정신을 가장 간명하게 표명한 원효의 명제를 "여러 경전들을 통합하여 그 다양성을 하나의 맛에로 귀일시킨다."[53]라는 사상으로 요약하였다. 그리고 특히 '여러 경전'(衆典)에 대해 풀이하기를, 불가 경전에만 국한되지 않고 유가·도가의 경전은 물론이고 전승적(傳承的)인 선도(仙道) 사상까지도 통섭하여 불타(佛陀)의 근본정신에 회통귀일(會通歸一)시켰다고 이해하였다.

주체의식의 예로 서경덕과 이이(李珥)의 사상을 거론하며, 여기에다 동학의 '인내천(人乃天)' 사상을 추가한다. 서경덕과 이이의 경우를 주체 정신의 예로 든 것은 두 사람의 학문하는 방법과 시각 때문이다. 우선 하기락은 이황의 학문 정신을 상당히 비판적인 시각에서 논한다. 즉 이황이 기대승(奇大升, 1526~1572)과의 논쟁 도중에 자신의 이론인 "사단시리지발(四端是理之發), 칠정시기지발(七情是氣之發)"이라는 구절을 『주자어류(朱子語類)』에서 발견하고 자신의 뜻이 주자와 일치하는 것을 매우 기뻐하였다. 반면 이이는 이기호발(理氣互發)의 문제에 있어서 만약 주자가 그것을 주장했다면 주자 또한 잘못되었다고 하며 자신의 의견을 당당하게 제시하였는데, 하기락은 이이의 이러한 주체

---

51) 하기락, 「哲學에 있어서 主體意識과 和諍의 論理」, 149쪽 참조.
52) 같은 논문, 149쪽 참조.
53) 元曉, 『涅槃經宗要序』, "統衆典之部分, 歸萬流之一味."

적 태도를 높이 평가하였다.[54] 그리고 하기락은 앞에서 살펴본 바와 같이 서경덕의 경우에 그 철학 체계의 독자성을 인정하였고, 또한 진리에 대한 서경덕의 책임 의식과 의연한 자세를 주체의식으로서 높이 평가하였다.[55]

(3) 유·도·선 삼교의 도(道) 개념

이 논문 또한 한국사상에 있어서 화쟁의 정신을 확립하고 주체의식을 확립하고자 하는 하기락의 근본 의도에서 이루어진 연구 결과물이다. 하기락은 이 글에서 우선 유가와 도가의 '도(道)' 개념을 대립의 관계로 설정한다. 즉 유가의 세속적 도를 '정(正) 명제'라 하고, 도가의 탈속적 도를 '반(反)명제'로 설정한다. 그러면서 그는 고조선의 '수두(神壇) 선가(仙家)'의 '도'는 대립되는 유가와 도가의 종합명제에 해당된다고 보았다.[56] 하기락은 여기서 한 걸음 더 나아가 중국 본토에 비해 동북아시아 문화권이 시기적으로 앞선다고 주장한다.

> 변증법적 논리의 전개 과정은 정(正)과 반(反)이 있은 뒤에 양자의 편향이 지양
> 되는 단계로서 합(合)이 나오는 것이지만, 역사적 실사(實事)로서의 상기(上記) 삼
> 자(三者)의 관계는 반드시 논리적 전개 순서에 따르는 것은 아니었다. 곧 합(合)
> 이 선행한 후에 그것의 분화과정으로서 정(正)과 반(反)이 후속했다는 말이다. 이
> 는 곧 중국 본토에 비하여 동북아시아의 문화권이 앞서고 있었다는 것을 의미한
> 다.[57]

이러한 주장에는 물론 문제가 내재되어 있다. 우선, 하기락이 의거하고 있는 주요 전적들이 견강부회의 성격이 짙으며, 또한 『고기(古記): 삼성기(三聖記)』, 『소도경전본훈(蘇塗經典本訓)』, 『천부경(天符經)』 등은 그 진위(眞僞)부터 문제가 되는 경전들로서 기사의 내용을 그대로 신뢰하기 힘든 실정이다. 그러나 종래 학자들에 의해 '미분화' 혹은 '미성숙'한 어설픈 사상으로 평가받던 선가사상(仙家思想)의 '복합적' 측면을 오히려 유가와 도

---

54) 하기락, 「哲學에 있어서 主體意識과 和諍의 論理」, 147-148쪽 참조.
55) 같은 논문, 147-149쪽 참조.
56) 하기락, 「儒·道·仙 三敎의 道槪念」, 82쪽 참조.
57) 같은 논문, 82쪽 참조.

가 사상의 근원 사상으로 이해하고, 선가의 '도' 개념이 유가와 도가의 '도' 개념을 종합한 것이라 이해한 것은 분명 창의적인 견해이다. 어느 민족에게나 아직 사상과 문화가 제대로 발전하기 이전의 미성숙한 모태 사상이 있을 것이며, 이 점은 중국 민족과 그 사상에 있어서도 마찬가지다. 하기락은 바로 이러한 논리적 공백을 이용하였다. 비록 구체적인 전거와 객관적인 사실을 확보하는 데는 문제가 있지만, 충분히 '설득력'을 가지는 견해이다.

이 밖에도 하기락은 몇 편의 유가철학 관련 논문을 저술하였다. 특히 「주리론(主理論)의 전망」에 대해서 '유명종'은 일찍이 자신이 보아 왔던 동양철학 관련 논문 중에서 가장 '철학적'인 글이라고 극찬한 바 있다.[58] 하기락은 이 논문에서 주리론의 과제와 전망에 대해 다루고 있는데, 『주역』 '계사전'을 인용하며 유가철학의 전승적(傳承的) 주제를 확인한다. 그리고 '태극'의 실제 내용이 무엇인지를 음미하며, 이기선후(理氣先後) 문제, 이동(理動)의 문제, 소이연(所以然)과 소당연(所當然), 유가윤리학의 여러 특성에 대해 논하고 있다. 논지의 전개 과정에 있어서 중국철학자를 비롯하여 서경덕, 이황, 이이 등 우리나라 학자 그리고 심지어는 칸트(I. Kant)와 같은 서양학자들의 이론까지도 상호 비교적인 시각에서 설명하고 있다.

「이기설(理氣說)의 존재론적 구조」(『석당논총』 10집, 1985) 또한 이기론(理氣論)이라는 전통 동양철학의 주제를 서양철학의 시각에서 해석하고 풀이한 논문이다. 하기락은 이 논문에서 우선 이(理)와 기(氣) 개념의 연원을 살피며, '이' 개념의 성립과정을 천착하였다. 그리고 주리설과 주기설 및 이기성정론(理氣性情論)의 존재론적 구조에 대해서도 면밀하게 분석하였다. 논지의 전개 과정에서 서경덕과 이이 등 한국 성리학자들의 이론을 주요하게 취급하고 있으며, 주로 주희(朱熹) 이론과의 대척점에서 사상적 의의를 찾고자 하였다. 그리고 여기서도 역시 주리론보다는 주기론의 서술에 보다 강조점을 두고 있다.

---

58) 이 말은 필자가 주위 사람들로부터 간접적으로 채취한 증언이다.

3. 맺음말

하기락의 한국철학 연구는 '주체의식의 확립'이라는 점에서 이루어졌다. 한국 전통 철학사에서 주기론적 흐름을 중시했으며, 이황에 비해 이이를 상대적으로 존중했고, 그런 만큼 우리 민족의 상고시대 역사와 사상을 강조했다. 이러한 맥락에서 그는 한국철학사에서 모든 이질적 대립을 뛰어넘는 '화쟁의 정신'을 찾고자 하였다.

하기락이 한국철학 연구를 통해 그토록 열망했던 두 가지 과제, 즉 화쟁의 정신과 주체의식의 확립은 대립되는 것 같으면서도 동일한 측면을 지닌다. 화쟁의 정신이 다양한 사상들 가운데서 동질성을 찾아내는 '수렴의 논리'인 반면, 주체성의 확립은 본래의 자기와 타자와의 이질성을 식별해 내는 '분석의 논리'라는 측면에서는 분명 양자가 대립되는 성격을 지닌다. 그러나 한국철학(사상)의 가장 특징적인 주체성을 바로 화쟁의 정신에서 찾을 수 있고, 또한 이러한 화쟁의 정신을 제대로 발전시켜 나가는 것이야말로 한국철학의 주체성을 확립하는 첩경임을 인식하게 될 때 결국 두 가지 과제가 하나임을 이해하게 될 것이다.

그런데 여기서 한 가지 아쉬운 부분이 있다. 즉 하기락의 학문적 역량과 업적에 비해 학계의 평가가 미흡한 느낌이 든다. 그 이유를 생각해 보면 짐작되는 면이 있다. 우선, 박종홍의 경우에는 정년 퇴임 이후 몇 개의 대학에서 잠시 재직한 경우도 있지만, 거의 모든 교육 경력을 서울대학교라는 교육의 장(場)에서 가졌기 때문에 체계적으로 많은 제자를 배출할 수가 있었다. 그리고 이들 제자들이 중심이 되어 학계에서 자연스럽게 그의 학문 역량과 성과에 대한 높은 평가를 확산시킬 수 있었다. 반면, 하기락은 경북대학교를 사직하고 나서는 제도권 내에서 제대로 된 제자 양성의 기회를 가져 보지 못했다. 그러므로 하기락을 정점으로 한 학연을 형성할 수 없었고, 동시에 그의 학문과 위상에 대한 평가 또한 소홀해질 수밖에 없었다. 그리고 박종홍은 줄곧 체제 내의 권력 수혜자로서 그의 명성과 위상을 확보해 갈 수 있었지만, 하기락의 경우는 초기 학창 시절부터 이미 사회 현실에 관심을 가지고 이론적 학문 수행과 더불어 사회운동을 병행하였다. 하기락은 1963년에 한국칸트학회(현 대한철학회)를 창립하여 순수 학술 활동을 주도하였으나, 다른 한 편으로 해방 이듬해에 '부산자유민보'를 창간하였고 전국 아나키스트

대회를 개최하기도 했다. 이러한 실천적 지식인의 면모로 인해 독재정권 아래에서 반체제 인사로 규정되어 제도권의 안락함이 주는 여유를 거의 누리지 못했으며, 심지어 일부 제자들로부터 경계의 대상이 되는 아픔을 겪기도 하였다.

신유학 연구의 대가 드 베리(de Bery) 교수는 신유학을 재생시키고자 할 때 그것은 반드시 그 시대의 진정한 가치를 인식하고 이해한다는 의미에서만 가능하다고 하였다.[59] 한국철학의 경우도 마찬가지다. 시대 의식과 학문의 보편적 가치에 대한 고민 없이 학파적 순혈주의를 강조하고, 훈고적 지식에만 머물며, 자기 자신에게조차 분명하지 않은 형이상학적 담론에만 몰두한다면 한국철학의 발전은 더 이상 기대할 수 없다. 경전의 교학 지식에 능통하고 관습적인 의례에 익숙한 전문 학자를 양성하는 것보다, 자신을 철저하게 성찰하면서 자신과 다른 삶의 방식을 이해하고 포용할 줄 아는 그러한 지식인이 절실하게 요청되는 시대이다.

하기락은 자유와 해방의 가치를 역설한 행동하는 지식인이었다. 그의 이러한 실천적 관심은 한국철학 연구에서도 '주체의식의 확립'이라는 관점을 강조하였다. 민족 역사의 주체성을 강조하였으며, 실천성과 자주 의식을 담지한 사상가들을 주목하였다. 그는 자기와 타자 간의 이질성을 식별하는 '분석의 논리'에 철저하였으면서도, 궁극적으로는 이를 뛰어넘어 양자 간의 공통된 동질성을 찾아내는 화쟁의 정신을 한국철학사상의 가장 특징적인 주체성으로 확인하였다. 바로 이러한 면에서 하기락의 삶과 학문은 우리들에게 시사하는 바가 크다.

---

59) Theodore de Bery, "Neo-Confucian Studies, Present and Future"(『退溪學報』 14호, 1977), 경북대학교 퇴계연구소 편, 『퇴계학연구논총』(제9권), 중문출판사, 1997, 32쪽 참조

제
15
장

하기락과 니체

강대석(대구가톨릭대)

1. 머리말

현대사상은 대부분 니체(Nietzsche)와 대결하면서 성립되었다. 생철학, 실존철학, 실용주의, 포스트모더니즘 등이 니체의 직접·간접적인 영향을 받았으며 니체와 적대관계에 있는 마르크스주의 철학도 오늘날 니체에 대한 비판적인 관심을 드러내고 있다.

본 논문은 현대 한국철학사에서 중요한 일익을 담당하였던 하기락(河岐洛)의 철학에 들어있는 니체의 위치와 역할을 규명해보고 하기락의 니체 수용이 지니는 의미와 한계를 제시하는 데 목적이 있다.

본 논문의 작성에서 사용된 기초자료는

① 하기락, 『니체론』, 형설출판사, 1932.
② 하기락, 『서양철학사』, 형설출판사, 1982.
③ 오이겐 핑크(하기락 옮김), 『니체 철학』, 형설출판사, 1984이다.

2. 한국에서 서양철학의 수용과 니체

한국의 현대사에서 나타난 가장 큰 변화는 1910년의 한·일 합방에서 시작된 일제의

식민지지배, 1945년의 해방과 더불어 시작된 분단과 미국의 지배, 1950년의 6·25전쟁 등을 들 수 있다. 불행하게도 우리나라에서는 서구에서 나타났던 시민혁명이 존재하지 않았다. 다시 말하면 봉건사회로부터 자본주의사회로의 이행이 시민계급의 자발적이고 합리적인 결단에 의해서 수행된 것이 아니라 외세의 강압에 의해서 이루어졌다. 그러므로 시민혁명의 이념을 제공해주는 유물론적이고 합리적인 철학이 발전되지 못했다. 물론 이러한 철학의 단초가 조선 말기의 실학에서 나타났으나 그것이 시민혁명의 이념으로까지 성장하지는 못했다. 이러한 역사적 배경에서 우리 민족은 자연히 서양철학을 일본을 통해서 수용할 수밖에 없었으며 그 결과 많은 모순이 나타나게 되었다. 조희영은 20세기에 나타난 한국에서의 사회변동과 연관하여 철학사상의 전개 과정을 다음과 같이 요약하고 있다: "제1기인 일제하의 암흑시대(1910~1945)에는 민족의 자주독립을 원하는 민족주의와 그에 동조한 마르크스주의가 서로 손을 잡고 있었던 때이며, 따라서 민족주의적 현실철학과 마르크스주의적 철학이 나란히 한국에 싹트던 시기이다. 제2기인 해방으로부터 한국동란까지(1945~1953)는 민족주의와 공산주의가 분열하여 헤게모니를 쟁탈(爭奪)하려고 싸우던 때이며, 마르크스주의적 철학이 우세하던 시기이다. 제3기인 휴전 후로부터 양차 혁명까지(1953~1961)는 폐허 위와 독재 밑에서 불안한 나날을 보내며 실존적 공허를 느끼던 때이며, 실존철학이 널리 유행됐던 시기다."[1]

여기서 드러나는 것처럼 일제 식민지 치하인 1930년대에 우리의 지식인들이 관심을 갖고 수용한 서양철학은 크게 두 방향으로 갈라진다. 하나는 마르크스주의가 중심이 되는 유물론적 방향이고 다른 하나는 민족주의적 현실철학이라는 이름으로 나타난 관념론 철학이다. 앞의 방향을 대표하던 지식인이 신남철, 박치우, 전원배 등이고 뒤의 방향을 대표하는 철학자들은 다시 다음과 같이 세분된다.

　　① 안호상을 중심으로 하는 독일 관념론
　　② 박종홍을 중심으로 하는 실존철학
　　③ 김두헌을 중심으로 하는 가치윤리학
　　④ 이종우를 중심으로 하는 생철학[2]

---

1) 趙熙榮, 「現代 韓國의 前期 哲學思想 硏究 -日帝下의 哲學思想을 中心으로-」, 『龍鳳論叢』 제4집, 全南大學校 人文科學硏究所, 1975, 2쪽.
2) 같은 논문, 12쪽 참조.

이러한 두 방향은 당시 우리 민족의 자주독립이라는 객관적인 요구조건에 부응하여 의견상으로 서로 손을 잡았지만[3] 그 본질은 서로 상반된다. 그것은 유물론과 관념론의 본질이 상반되는 것과 똑같으며 모든 인류의 철학사에는 유물론과 관념론이 서로 투쟁하고 있다는 사실이 여기서도 잘 드러난다.

조희영은 그러나 이러한 양방향의 본질을 들추어내지 않은 채 '일제하에서의 서양철학 연구의 특징'을 다음과 같이 3가지로 요약한다:

① 변증법의 영향을 받고 있었다.
② 유물론의 영향이 지배적이었다.
③ 반파쇼적이었다.

이러한 특징들은 오히려 마르크스주의 철학의 특징이며 관념론적 철학과는 거리가 멀었다. 예컨대 실존철학의 거장인 하이데거(Heidegger)가 나치의 파시즘에 동조하면서 독일이 패망하자 강단에서 쫓겨난 사실은 이미 알려져 있다. 그것은 하이데거의 일시적인 정치적 오류라기보다 그의 관념론 철학에서 오는 필연적인 귀결이었고 비록 야스퍼스(Jaspers)가 나치에 소극적인 저항을 했지만, 전후에 그는 다시 미국의 네오파시즘에 동승하면서 나토의 철학자라는 오명을 받았다는 사실은 주목할 만하다.

독일 관념론, 실존철학, 가치윤리학, 생철학 등도 유물론이나 구체적인 변증법과는 거리가 멀다. 유물론과 관념론의 본질적인 차이를 간과할 때 일제 치하에 나타난 철학의 두 방향인 마르크스주의와 실존주의가 다 같이 철학을 현실과 연관시키는 점에서 같은 맥락에 서 있는 것 같은 인상을 준다. 그러나 마르크스주의가 이해하는 현실과 실존주의가 이해하는 현실은 엄청난 차이가 난다. 생산관계가 중심이 되는 사회적 현실과 주관에 사로잡혀 있는 개인의 현실은 결코 같을 수 없는 것이다. 일제 치하의 철학 경향은 유물론과 관념론의 본질적인 차이가 드러날 때만 옳게 이해되고 평가될 수 있을 것이다.

---

3) 1933년 7월 17일에 발행된 철학연구회의 창간호에 양방향의 지식인들이 공동으로 참여하고 있다. 조희영, 같은 논문, 4쪽.

3. 하기락의 철학적 관심

1912년에 태어난 하기락은 그의 철학 수업을 1937~1940년 사이에, 그러니까 25~28세 사이에 일본 와세다(早稻田) 대학에서 받았다. 당시에는 한국의 대학(경성제대)이나 일본의 대학에서 모두 일본인 교수들이 가르치고 있었으며 한국과 일본이 비슷한 사회적 배경을 갖고 있었으므로 양쪽의 교육 내용에 커다란 차이가 없었을 것으로 추정된다. 조희영이 논문에서 밝힌 것처럼 '민족 발전의 미명 아래 무력에 의한 국외 팽창정책을 표방하고, 공산주의 박멸과 유대인 배격을 사명으로 삼는 나치(Nazis)'와 동맹을 맺고 있었던 일본제국주의도 마르크스주의 철학이나 이와 비슷한 유물론을 허용하지 않았음에 틀림없었다. 파시즘과 제국주의는 원래 비합리적인 권력 집단이었으므로 이들이 권장하는 철학도 비합리주의적인 관념론이었을 것이다. 실제로 일본에서는 이마 마르크스주의 철학이 중심이 되는 유물론 철학에 대한 대대적인 탄압이 자행되었다.[4] 유물론 철학이 사회와 역사의 과학적이고 객관적인 분석을 기초로 하여 천황제를 비판하고 제국주의 전쟁을 반대하는 방향으로 나아갔기 때문이다.

일본의 통치기구가 용인하는 강단철학자들이 가르치는 공적인 철학이 그러므로 관념론이었다는 사실은 놀라운 일이 아니었다. 일본에 유학한 한국의 지식인들 가운데서는 그러나 지하에서 마르크스주의 철학을 습득하고 반제 독립운동에 눈을 뜬 사람이 많았다.

이러한 분위기 속에서 성장한 하기락의 사상 속에도 여러 가지 요인이 뒤섞여 있다. 그것은 크게 ① 아나키즘 ② 하르트만의 철학 ③ 니체의 철학으로 요약될 수 있다.

1) 아나키즘

하기락은 이미 고등학교 시절에 아나키즘을 접한 것 같다. "1931~1933, 경성중앙고등보통학교 제4학년 편입학, 재일본(在日本) 동지들과 연락하고 당시 마포 거주 이정규(李丁奎) 선생의 지도하에 일본 아나키스트 기관지 『흑기(黑旗)』를 학생 서클에 보급, 아나

---

4) 1910년의 '대역 사건', 1923년의 '대지진 사건', 1938년의 '유물론연구회 사건' 등은 그 대표적인 예이다. 小山弘建 엮음(한성구·조경란 옮김), 『일본 마르크스주의사 개설』 이론과 실천, 1991 참조.

키즘을 선전[5]이라는 연보가 그것을 말해 준다. 하기락이 아나키즘과 연관을 맺게 되는 구체적인 동기는 알 수 없으나 당시의 상황으로 미루어보아 반파시즘 투쟁 및 민족해방 투쟁과 결부된 것 같다. 민족을 사랑하는 지식인으로서 이러한 투쟁에 무관할 수 없었을 것이다. 이전에 이미 광주학생사건과 연관하여 그는 무기정학을 받은 바 있고 훗날 일본 유학 시절에도 사상운동을 하다가 일경에 체포되고 구금되기도 하였다.[6]

이러한 기록들로 미루어보아 하기락은 일본이 공식적으로 가르쳤던 이른바 순수철학에 만족하지 않았던 것 같다. 그러나 다른 한편으로 마르크스주의 운동이 이미 상당한 궤도에 달한 일본에서도 이러한 운동에는 직접 참여하지 않았다. 그가 훗날 마르크스·엥겔스의 저작 일부(자본론, 독일 이데올로기 등)를 번역하려 했던 사실로 미루어보아 물론 이론적으로 마르크스주의에 관심이 없지는 않았던 것 같다. 그러나 그는 마르크스주의보다 아나키즘을 택했다. 이제 우리는 마르크시즘과 아나키즘 사이의 차이를 살펴보기로 하자.

아나키즘(Anarchismus)은 자본주의적인 사유재산과 국가권력을 부정하고 착취를 종식시키려 하는 점에서 마르크스주의와 같은 입장이다. 그러나 아나키즘은 노동계급의 정치적인 해방운동을 부정하고 노동계급의 정당을 부정하며 사회주의 혁명의 필연성을 부정하고 프롤레타리아의 독재를 인정하지 않는 점에서 마르크스주의와 구분된다. 아나키즘은 모든 종류의 국가권력을 부정하기 때문에 '무정부주의'로 번역되기도 하고 정치적 투쟁을 거부하기 때문에 마르크스주의자들은 아나키즘을 '소시민적 이상주의'로, 혁명에 의해서보다도 파업이나 상호협조와 같은 수단을 통해서 사회를 변화시켜 가려 하기 때문에 '개량주의' 혹은 '수정주의'로 낙인찍기도 한다. 영국의 고드윈(Godwin), 프랑스의 프루동(Proudhon), 독일의 슈티르너(Stirner), 러시아의 바쿠닌(Bakunin)과 크로포트킨(Kroptkin) 등을 대표로 하는 아나키즘은 아직 자본주의가 발전되지 못했고 노동자의 정치적 역량이 성숙하지 않았던 식민국가들의 소시민적 지식인들 사이에서 많은 영향력을 끼쳤다.

아나키즘의 철학적인 기초는 유물론적인 요소와 관념론적인 요소를 동시에 포함하고 있었으며 어디에 초점을 두느냐에 따라 몇 가지 분파(무정부주의적 생디칼리즘, 무정부주의적 코뮤니즘 등)로 갈라졌지만, 무신론적이고 계몽주의적이며 국가를 비롯한 모든

---

5) 『철학연구』 제33집, 1982, 3쪽. 하기락, 『자기를 해방하려는 백성들의 의지』, 200쪽.
6) 같은 책, 같은 쪽.

통치 권력을 부정하는 점에서 대부분의 방향이 일치하였다.

하기락은 청년 시절부터 이러한 아나키즘 운동에 관여하였을 뿐만 아니라 아나키즘에 관한 책들을 번역하고 논문을 썼으며 한국 아나키즘 운동을 외국에 소개하고 국제대회를 자비로 개최하기까지 하는 열성을 보였다.[7] 무엇보다도 1978년에 하기락이 펴낸 『한국아나키즘운동사』(형설출판사)와 그 속편으로 1993년에 쓴 『자기를 해방하려는 백성들의 의지』(도서출판 신명)는 한국의 아나키즘을 조명해 주는 중요한 저술이며 하기락의 사상에서 아나키즘이 얼마나 중요한 역할을 하고 있느냐를 잘 보여주고 있다. 앞 책에서 하기락은 아나키즘에 관해서 다음과 같이 말한다: "한 민족이 다른 민족을 지배하는 질서는 옳은 질서가 아니다. 한 계급이 다른 계급을 지배하는 질서, 그것도 잘못된 질서다. 잘못된 질서를 강제로 유지하는 패도정치는 바른 정치가 아니다. 바르지 못한 정치를 권력으로 집행하는 정부는 옳은 정부가 아니다. 아나키즘은 그러한 정치를 반대하고 그러한 정부를 배격한다. 우리나라 아나키스트들이 일제의 식민지 통치에 반대하여 극렬한 싸움을 멈추지 않았던 것은 그 때문이다."[8]

2) 니콜라이 하르트만(Nicolai Hartmann)

아나키즘과 더불어 하기락이 정열적으로 연구에 몰두하고 국내에 소개하려 했던 철학자가 하르트만(1882~1950)이다. 하기락은 하르트만에 대한 논문을 쓰고 저술을 내었으며, 하르트만의 책들을 번역하고 하르트만을 연구하는 제자들을 길러냈다.

우리나라에서는 이미 1930년대에 김두헌이 가치윤리학을 연구하면서 막스 셸러(M. Scheler)나 하르트만에 대한 관심이 나타났다. 하르트만은 어떤 철학자인가?

하르트만은 신칸트학파를 대표하는 코헨(Cohen)과 나토르프(Natorp)의 제자로서 마르부르크 대학 및 마르부르크학파와의 연관 아래 성장하였다. 그러나 주관주의적, 비합리주의적, 신비적 관념론을 거부하고 실재론적인 존재론을 주창하는 점에서 독특한 위치를 차지한다. "칸트로 돌아가자!"라는 기치 아래 나타난 신칸트학파는 칸트의 철학에

---

7) 필자가 스위스 바젤(Basel)에서 공부하던 1980년대 초반에 스위스를 방문한 하기락은 필자의 도움으로 취리히(Zürich) 등으로 여행하여 스위스의 아나키스트를 만나고 많은 자료를 정열적으로 구입하였다.

8) 무정부주의운동사 편찬위원회 편, 『韓國 아나키즘 運動史, 전편·민족해방투쟁』, 형설출판사, 1994, 1-2쪽.

서 유물론적 잔재로 남아 있던 '물자체'를 철저히 배제하고 철학의 문제를 주로 인식론에 국한시키려 하였다. 이들은 물론 과학적 연구의 성과를 무시하지 않은 채 비합리주의적인 생철학에 반기를 들었지만 사회와 역사의 과학적 분석을 회피하는 점에서 부르주아 사회를 합리화하는 이념의 범위를 벗어나지 못했다. 이들이 복귀시키려 한 칸트는 철저하게 관념론적으로 왜곡된 칸트였다.[9]

하르트만은 신칸트학파의 영향을 받았으면서도 인식론 중심의 철학을 벗어나려 하였으며 존재를 인간의 의식으로부터 독립해 있는 독자적인 요소로 간주하면서 칸트의 철학에 들어있는 유물론적 요소를 옹호한다. 그는 자신의 범주론이 유물론과 관념론을 벗어나 있다고 주장한다. 그러나 그는 존재를 특징지우면서 물질의 개념을 무시하고 실사 존재가 이념 존재에 의해서 규정된다고 주장하면서 객관적 관념론의 한계를 벗어나지 못한다. 하르트만의 철학적 특징은 주관적 관념론을 극복하고 객관적 관념론으로 나아가는 데 있으며 동시에 상호 의존하는 하르트만의 범주체계 속에는 신의 자리가 들어설 수 없다. 다시 말하면 하르트만은 독일 관념론의 휴머니즘적인 요소를 기초로 하여 무신론 철학을 구축하려 한 것이다.

하기락이 하르트만에 관심을 가졌던 동기가 바로 이러한 철학적 특징에 있었던 것 같다. 유물론에 빠지지 않고 동시에 주관적 관념론에 빠지지 않으면서 새로운 과학의 성과를 이용하여 부르주아적인 휴머니즘을 제시하는 일이다.

3) 니체

하르트만 다음으로 하기락이 흥미를 보인 철학자가 니체이다. 하기락은 1960년에 「비극의 철학」이라는 니체에 관한 논문을 썼고, 그 해 『니체』라는 저술을 냈다. 1961년에 「니힐리즘의 역사」라는 논문을 썼고 이들을 묶어서 1971년에 『니체론』이라는 저술을 냈다. 1984년에는 오이겐 핑크의 『니체 철학』을 번역하기도 하였다.

---

9) 더 자세한 것은 본인의 논문 「신칸트학파의 철학과 그 한계」, 『형이상학』, 제5집, 이문출판사, 1996 참조.

4. 하기락의 니체 해석

현대 서양철학자 가운데서 니체의 철학과 대결하지 않거나 적어도 니체가 제기한 문제들을 지나쳐가는 철학자는 드물다. 철학자뿐만 아니라 사상가나 문학가, 예술가들도 한 번쯤 니체와 부딪힌다. 그것은 니체가 제기한 물음들과 그 대답들이 너무나 대단하기 때문이다.

많은 사람들이 니체를 나름대로 해석하였는데 니체에 대하여 취하는 입장들을 크게 다음과 같이 분류할 수 있다:

① 니체를 단순한 허무주의자, 정신이상자로 비하하면서 그의 철학을 신중하게 다루지 않는 입장(주로 종교적인 태도에서 나오는 입장).

② 니체의 무신론과 계몽 정신에 동조하면서 니체를 선구적이고 진보적인 사상가로 승화시키는 입장(무신론적인 부르주아 휴머니스트들의 입장).

③ 존재 문제나 가치 문제를 중심으로 니체를 순수하게 내재적으로 해석하거나 상징적으로 해석하면서 중립적 태도를 취하는 입장(나치와 이념적으로 가까웠거나 나치에 의해서 이용되었던 니체를 정화시키려는 실존주의적, 현상학적 입장).

④ 니체의 군국주의적이고 엘리트 중심적인 측면을 부각시키면서 니체를 반휴머니즘적인 철학자로 비판하는 입장(마르크스주의의 입장).

우리는 하기락의 니체 해석을 중심으로 하기락의 니체 해석이 이 가운데 어떤 입장을 취하고 있느냐를 살펴보기로 하자.

하기락이 『니체론』을 쓰면서 참고문헌으로 인용한 책 하나가 한스 바이힝어(Hans Vaihinger)의 『철학자로서의 니체』이다. 바이힝어는 이 책의 26-38쪽에서 니체의 특징적인 철학 경향을 7가지로 열거하고 이 특징들의 원인과 양상을 해명하는 데 집중하고 있다:[10]

---

10) Hans Vaihinger, *Nietzsche als Philosoph, Dritte vermehrte*, billige Auflage, Berlin, 1905.

① 반도덕적 경향(die antimoralische)

② 반사회주의적 경향(die antisozialistische)

③ 반민주적 경향(die antidemokratische)

④ 반여성주의적 경향(die antifeministische)

⑤ 반주지주의적 경향(die antiintellektualistische)

⑥ 반염세주의적 경향(die antipessimistische)

⑦ 반기독교적 경향(die antichristliche)

이러한 특징화는 매우 타당성이 있으며 그 후의 니체 해석은 이러한 특징을 어떻게 받아들이느냐에 달려 있다고 할 수 있다. 예컨대 부르주아 철학자들의 니체 해석은 주로 반도덕적, 반여성적, 반염세주의적, 반기독교적 경향을 강조하고 마르크스주의자들의 니체 해석은 반사회주의적, 반민주적, 반여성적 경향을 강조한다.

하기락의 니체 해석은 앞의 입장이다. 그의 『니체론』은 크게 제1장 가치체계의 전환, 제2장 권력의지로[11] 구분되어 있는데 제1장의 1절은 유럽 허무주의, 2절은 니체의 종교비판, 3절은 도덕비판, 4절은 철학비판(주지주의 비판)의 내용을 담고 있다. 제2장에서는 1절에서 인식으로서의 권력의지, 2절에서 자연에서의 권력의지, 3절에서는 사회와 개인에서의 권력의지, 4절에서는 예술에서의 권력의지를, 결론에 해당하는 5절에서 생성과 존재의 문제(초인, 디오니소스적 생성. 영겁회귀)를 다루고 있다.

이와 같은 하기락의 니체 해석은 전후의 독일 실존주의 철학에서 나타나는 니체 해석과 상당히 접근하고 있는 것 같다. 하기락 자신이 초판의 머리말에서 말하고 있다: "니체는 기독교와 근대인의 모럴 속에 숨겨져 있는 허무주의를 가차 없이 폭로하였다. 이리하여 니체는 그가 말한 그대로 '고산의 주민'이었다. 고독한 예외자였다. 서구 문명

---

11) 하기락은 Wille zur Macht라는 니체의 핵심 용어를 '힘에의 의지'가 아니라 '권력에의 의지'로 번역하고 있는데 매우 타당한 것 같다. 이에 관해 하기락은 한국 니체학회(1991, 효성여대)의 발표에서 니체의 Wille zur Macht는 지배, 착취, 흡수, 동화 등의 적극적인 의미를 지니기 때문에 '권력의지'로 번역하는 것이 더 타당하다고 말한 적이 있다. 물론 니체의 Wille zur Macht는 하기락의 『니체론』 제2장에서 자세히 서술되고 있는 것처럼 정치적인 권력뿐만 아니라 자연과 우주에까지 연장되는 형이상학적 원리. 말하자면 '힘'은 '권력'을 포함하는 포괄적인 개념이다. 그러나 니체 자신이 힘에 해당하는 용어인 Kraft라는 말을 사용하고 있으며 적극적이고 능동적인 의미가 들어있는 '권력의지'가 니체의 의도에 더 적합하다. 중립적이고 온건한 '힘'이라는 용어를 사용한다고 하여 니체의 공격적이고 지배적인 철학의 본질이 정화될 수는 없다.

의 파탄을 예언한 반역자였다. 그래서 십자가에 못 박힌 자였다. 그렇기 때문에 또 니체
는 오늘날 위기의식이 높아짐에 따라 현대 정신 속에 되살아날 수 있었던 것이다. 특히
현대의 실존주의 사상가들은 거의 한 사람도 그의 영향을 받지 않는 이가 없다고 해도
지나친 말은 아닐 정도다. 야스퍼스와 같은 이는 키르케고르와 함께 니체를 실존철학의
두 원류라고 봤으며, 전향 후의 하이데거 역시 전후의 저작들에 있어서 니체에 관해 깊
은 관심을 기울이고 있는 듯하며, 무신론적 실존주의자 사르트르의 무화(無化, nihll)의
사상은 니체의 허무주의와 직접 연결되는 것으로 보이는 (…) 등등 실존주의 사상에 끼
친 그의 영향은 이루 다 말할 수 없다."[12]

실존철학은 인간의 개별적인 영혼에 초점을 맞추고, 마르크스주의는 사회적인 구조
에 초점을 맞추는 점에서 상반된다. 이러한 문제의식이 니체의 해석에도 적용된다. 하
기락은 앞의 입장에서 니체에 관해서 말한다: "우리는 여기에 인간의 내면의 기밀한 움
직임을 하나도 놓치지 않으려는 그의 예리한 정신분석의 탁월한 재주를 니체 철학의 또
하나의 특색으로 지적해두고 싶다."[13]

니체가 불안한 현대인의 내면에 파고들어 '정신분석학'적인 진단과 처방을 내리려 했
다면 그는 철저한 실존주의적 입장에서 시대를 거슬러 서 있다. 그러나 철학과 철학
자는 결코 그 시대를 벗어날 수 없는 것이다. 어떤 의미에서 그 시대의 산물이다. 니
체의 철학을 오로지 그의 고독한 영감에서 나온 산물로 해석하는 것은 매우 일면적이
다. 이러한 일면적인 니체 해석의 단점을 지적해준 책이 우리나라에서도 번역된 루카치
(Lukács)의 『이성의 파괴(Die Zerstörung der Vernunft)』이다. 이 책에서 루카치는 아주
치밀하게 니체의 철학이 발생하게 된 철학적, 사회적(정치·경제적) 배경을 서술하고 있
다. 루카치의 해석에 의하면 니체는 서구의 전통적인 권위를 파괴하고 허무주의를 극복
하려는 제스처를 보이고 있지만 실제로 니체의 숨은 공격 목표는 당시 확장되기 시작한
유물론 철학과 노동운동이었다. 루카치의 해석이 모두 맞는 것은 아니지만 니체의 해
석에서는 이 문제에도 눈을 돌릴 필요가 있다. 바이힝어가 지적한 니체의 반민중적이고
반사회주의적 경향은 바로 이러한 문제와 연관된다고 할 수 있다.

하기락도 그의 『니체론』 제2장 제3절(사회와 개인에서의 권력의지)에서 이 문제를 잠
깐 언급하고 있다. 그러나 다른 부분에 비해서 이 부분의 서술은 매우 빈약하다. 하기

---

12) 하기락, 『니체론』, 형설출판사, 1982, 8쪽.
13) 같은 책, 8쪽.

락은 다음과 같이 니체를 해석한다: "참된 국가에 적합한 통치체제는 민주정치가 아니라 군주정치다. 군주정치는 한 사람의 탁월한 지도자, 구제자, 반신(半神)에 대한 신앙을 표현한다. 귀족정치는 선택된 소수자에 대한, 또는 선택된 자의 계급에 대한 신앙을 표현한다. 민주정치는 위대한 인간에 대한, 또는 선택된 자의 계급에 대한 불신을, 따라서 '각인의 각인과의 평등'을 표현한다. 마찬가지 이유에서 니체는 또 사회주의와 의회주의를 배척한다. 이들은 '평등한 권리'와 '군축적 민중의 지배'에 불과하기 때문이다."[14]

하기락은 민중에 대한 니체의 불신과 모멸을 언급하고 있지만 이에 대한 비판을 전혀 가하지 않는다. 특히 "무정부주의는 다시 사회주의의 한 수단에 불과하다."[15]는 니체의 주장을 언급할 때도 마찬가지다. 다만 다음과 같은 언급으로 만족하고 있다: "니체가 말하는 고귀한 개인이란 외형적인 의미에서가 아니라 가장 내면적인 생의 본질에서, 우주의 생명과 합일하여 사는 자유로운 개인을 가리키는 것이다."[16]

니체가 말하는 '고귀한 인간', '천박한 인간', '어중이떠중이', '민중', '지배자', '착취', '흡수', '동화' 등의 용어가 이처럼 상징적인 의미로 해석될 때 니체는 결코 정치적인 이념과는 연관이 없는 철학자로 변신한다. 다시 말하면 종종 해석되고 있는 것과 같은 니체와 군국주의(혹은 나치와 같은 파시즘)와의 연관성도 희석화된다. 실제로 제국주의와 자본주의의 본질이 동일하며 니체의 철학이 이에 대한 이념적 기초를 제공한다는 사실을 은폐하려는 철학자들은 이러한 해석에 열을 올린다. 이른바 니체를 '순화'시키려는 것이다. 그러나 그렇다고 하여 파시즘, 자본주의, 니체의 본질이 소멸되는 것은 아니다. 그것은 마치 니체의 『차라투스트라』에 나오는 "여자들에게 가려 하느냐? 채찍을 잊지 말라!"는 문구를 상징화하여 "정신적으로 약한 것을 강화하라"고 해석하면서 니체의 '반여성주의적' 경향을 희석화시키려는 것과 다를 바 없다. 이렇게 되면 모든 구체적인 니체의 철학이 상징화되고 희석화되어 결국 야스퍼스나 하이데거의 니체 해석에서처럼 변색되고 탈색된 니체만이 남게 된다.

하기락은 1984년에 현상학자 오이게 핑크의 니체 해설서를 번역해 낸다. 많은 해설서 가운데서 이 책을 택한 이유는 이 책의 서술 방향이 하기락의 마음에 들었기 때문이다. 핑크의 서술이 지니는 특성은 니체를 사회적, 역사적 배경을 무시하고 완전히 내재

14) 같은 책, 116쪽.
15) 같은 책, 120쪽.
16) 같은 책, 121쪽.

적, 형이상학적으로 해석하는 데 있다. 물론 내재적인 해석으로서 니체의 저술에 충실했다는 장점이 있지만, 이 책은 철학을 정신의 왕국에서 존속하는 성역으로 보는 점에서 역시 일면적인 면이 있다.

하기락은 이 책을 번역하면서 서문에서 다음과 같이 말한다: "그는 니체의 철학을 그 저작 전반에 걸친 사상 전개 과정을 추적하면서, 실존철학적인 존재론의 관점에서 해석한다. 니체 철학을 서양 근대의 주관주의적 형이상학의 최후 완성이라고 보는 하이데거의 해석과는 달리 핑크는 니체에서 유희란 개념을 중요시하고, 거기에 전통적 형이상학을 넘어선 니체의 새로운 존재 경험이 제시되고 있다고 보는 것이다."[17]

하기락은 스스로의 『니체론』에서 '권력의지'를 니체 철학의 핵심 개념으로 다루었다. 여기서 그는 비록 사회구조의 분석에까지 나아가지 못했다고 하더라도 니체의 모습을 상징화시키지 않았다. 그러나 이제 상징적인 니체 해석에 관심이 간 것 같다. 하기락은 다시 말한다: "역자가 처음 니체에 손을 댄 지 벌써 25년이 지났고, 그동안 우리나라 사상계의 니체 철학에 대한 관심도 역시 점점 높아져 가고 있는 것 같다. 시의 언어와 상징적 직관으로 깊이 감추어진 니체 철학의 의미를 떠내기에는 역자의 『니체』(1959)나 『니체론』 정도의 평판적(平板的) 소개서 가지고서는 도저히 미치지 못할 줄 안다. 핑크의 이 책은 이러한 모든 미흡한 점을 잘 충족시켜 줄 것으로 믿는다."[18]

5. 니체 해석의 문제점

하기락과 니체와의 관계는 그의 철학에서 세 요소로 등장하고 있는 아나키즘, 하르트만과의 연관 속에서 잘 드러날 수 있다.

하기락이 아나키즘에 관심을 가졌던 것은 조국이 일제 식민 지배하에서 신음하던 현실에 직면한 지식인의 양심이 커다란 동기가 되었던 것 같다. 물론 하기락은 1920년경부터 우리나라에 싹튼 아나키즘 운동은 중국과 일본에서 활동하던 아나키스트들의 영향에 따라 그 기본경향이 서로 차이를 보인다고 말한다: "중국에서는 단재 신채호의 조선혁명선언으로써, 일본에서는 박열 등의 소위 대역사건으로써, 한국 아나키즘 운동의

17) 오이겐 핑크(하기락 옮김), 『니체 철학』 3쪽.
18) 같은 책, 4쪽.

막이 열린다."[19] "일제 내의 우리 아나키스트운동은 저절로 민족해방투쟁을 계급해방투쟁에 의존케 하는 방식으로 전개되었는데 중국 내의 우리 아나키스트운동은 계급해방전선보다 민족의 해방과 독립을 위한 단일공동전선의 구축에 더 정력을 집중하지 않을 수 없었다."[20]

당시의 상황에서 마르크스주의 철학은 현실적으로 접하기 어려웠고 계급투쟁을 이유로 일본 제국주의자들이 보다 더 위험한 것으로 간주하였기 때문에 민족주의와 연관되는 아나키즘이 일부 지식인들의 출구였던 것 같다.[21]

그렇다면 이러한 아나키즘과 질적으로 상이한 하르트만과 니체에 하기락이 관심을 갖게 된 이유는 어디에 있는가? 해방 후 그리고 6·25전쟁 이후 우리나라의 사회적 상황의 변화에서 그 해답을 찾을 수 있을 것 같다. 6·25전쟁이 끝난 후 많은 마르크스주의 철학자들은 모두 북한으로 넘어갔으며 이승만 정권은 이른바 반공 정책을 앞세워 마르크스주의는 물론 마르크스와 연관되는 모든 유물론 철학을 금지하였다. 심지어는 변증법이라는 용어 때문에 헤겔 철학의 연구도 기피되었다. 다시 말하면 남한의 철학에서 유물론적 잔재가 척결되었다고 말할 수 있다. 이러한 시대적 변화 때문에 한국에 남아 마르크스주의, 유물론, 아나키즘에 관심을 가졌던 철학자들은 그 관심의 방향을 돌릴 수밖에 없었다. 그러나 마르크스주의와 정반대인 생철학이나 실존철학과 같은 비합리주의 철학 대신에 객관적 관념론이 선호되었고 이에 적합한 철학자가 하르트만이었다.

하르트만과 니체는 어떤 관계에 있는가? 하르트만은 객관적 관념론자이고 니체는 주관적 관념론자이다. 이러한 차이에도 불구하고 이들은 다 같이 무신론적 경향을 지닌 관념론자라는 사실에서 공통점을 보이고 있다. 다시 말하면 하르트만과 니체는 다 같이 무신론적 경향을 갖는 철학자로서 부르주아의 계몽적인 휴머니즘을 제시했다는 것이다. 하기락이 하르트만과 니체에 관심을 갖게 된 동기도 여기에 있는 것 같다. 하기락 자신이 말한다: "뿐만 아니라 막스 셸러가 지적한 바와 같이, 실존주의에는 인연이 먼

---

19) 무정부주의운동사 편찬 위원회 편, 『韓國 아나키즘 運動史, 전편·민족해방투쟁』, 형설출판사, 1994, 123쪽.

20) 같은 책, 124쪽.

21) 필자의 판단이 정확하지 않을 수도 있다. 그러나 하기락은 필자와 함께 취리히의 아나키스트를 찾아가는 기차 속에서 이와 비슷한 말을 하였다. 다시 말하면 이론상으로 마르크스주의가 우리나라와 같은 약소국가를 제국주의 세력으로부터 벗어나게 하는 데 적합한 이념적 무기가 되지만 현실적으로 그것을 실현할 수 있는 가능성이 희박하다는 것이었다.

니콜라이 하르트만 같은 존재론자의 '요청적 무신론(要請的 無神論)'도 또한 니체의 무신론에 직접 연결되어 있는 것이다."[22]

여기서 니체 해석뿐만 아니라 전반적인 서양철학의 수용에서 나타나는 하기락의 한계가 드러난다. 그는 마르크스의 변증법적 유물론을 1982년에 새로 낸 『서양철학사』(180-184쪽)에서 비판 없이 잘 요약하여 서술하고 있다. 아나키즘에 많은 관심을 가졌고 일본에서 공부했던 철학자로서 그가 마르크스주의의 근본 문제를 파악하고 있었음에 틀림없다. 그것은 철학의 근본 문제로서의 유물론과 관념론의 관계이다.[23] 그러나 하기락의 니체 해석에서 이 문제가 다루어지지 않는다. 동시에 이 문제와 깊은 연관을 맺고 있는 유물론과 무신론의 관계도 간단하게 언급될 뿐이다. "이리하여 18세기의 유물론은, 인간은 다른 동물들에 비하여 좀 더 복잡한 뇌수 조직을 가진 고급 동물의 일종에 불과하다고 주장하기에 이르렀다. 신이란 관념 역시 예외일 수 없다. 이리하여 무신론은 유물론의 필연적인 귀결이다."[24] 여기서 하기락은 무신론이 왜 유물론의 필연적 귀결이며 그러나 무신론이 필연적으로 유물론이 되는 것이 아니라는 사실을 니체의 철학을 예로 하여 밝혀야 했다. 물론 하기락은 계속해서 니체와 포이어바흐(Feuerbach)의 종교비판에 관해서 언급한다: "19세기의 무신론은 종교의식의 밑뿌리를 뒤져서 유신론의 성립 여지를 깨끗이 청산해버리는 철저한 무신론이라는 것이다. 사실 포이어바흐의 종교비판 같은 것은, 당시의 사람들에 대하여 자기가 서 있는 발판을 파헤쳐 놓은 듯한 느낌을 주어, 어떤 사람들에게는 깊은 고뇌를 안겨다 주었고 또 어떤 사람들에게는 시원한 해방감을 불어넣어 주었을 것이다. 니체는 『도덕 계보학』의 제1절에서 1830~40년대의 소위 「죽은 독일인」들에 대하여 포이어바흐가 일으켜준 감격과 해방감을 이야기하고 있다. 신의 사망을 선고한 니체 자신의 무신론은 종교의 기반을 들추어내려고 하는 그 동기에 있어서 포이어바흐의 무신론과 일맥상통한 점을 가졌다. 포이어바흐에 의하면 신이란 인간의 자기의 소원과 이상을 객관세계에 다 투사하여, 그것이 흡사히 독립한 실재(實在)인 양으로 상상한 것에 불과하다. 상상에 있어서 만족을 채우려는 인간의 행복추구, 이것이야말로 신의 정체라는 것이다. 신 관념의 기원에 있어서 포이어바흐는 단

---

22) 하기락, 『니체론』, 형설출판사, 1982, 8쪽.
23) 철학의 대상과 그 근본 문제에 관해서는 필자의 논문 「현대철학에서 나타나는 철학의 대상성 문제」, 『현대사상』 제5집, 효성여자대학교 현대사상연구소, 1994 참조.
24) 하기락, 『니체론』, 36쪽.

지 인간의 행복 추구의 충동을 봤을 뿐임에 비하여, 거기에 생의 자기분열, 생 부정의 의지, 무에의 의지, 즉 허무주의를 발견한 니체의 무신론은 일층 고차적인 형이상학적 존재 파악에 입각한 형이상학이라고 볼 수 있는 점에 있어서 실로 전무후무한 강력한 무신론이라 하겠다."[25]

여기서 문제가 되는 것은 첫째, 니체의 『도덕 계보학』 제1절에 포이어바흐에 관해서 직접 언급한 부분이 나타나지 않는다는 사실이다. '선과 악', '좋은 것과 나쁜 것'이라는 부재를 달고 있는 이 절의 내용은 종교비판이 아니라 주로 도덕비판을 담고 있다. 포이어바흐의 종교비판, 더 정확히 말해서 『기독교의 본질』이 청년 헤겔학파에게 감격과 해방감을 주었다고 말한 것은 『포이어바흐와 독일 고전철학의 종말』에서 엥겔스(Engels)이다. 니체 전집(Kröner 출판사의 12권)에는 포이어바흐에 대한 니체의 부정적인 언급이 유고로 편찬된 『변화의 무죄』에 단 한 번 나타난다: "피히테, 셸링, 포이어바흐, 슈트라우스-이들에게서는 모두 신학자와 교부의 냄새가 난다."[26] 둘째, 하기락은 니체의 무신론과 포이어바흐의 무신론이 일맥상통한다고 말했는데 그것은 겉으로 드러난 현상에서일 뿐이며 본질에서는 서로 상이하다. 그것은 포이어바흐의 유물론과 니체의 관념론이 서로 상이한 것과 마찬가지다. 셋째, 하기락은 니체의 무신론이 '일층 고차적'이며 '전무후무한 강력한' 무신론이라고 말하는데 18세기 프랑스 계몽주의 철학에서 나타나는 무신론, 마르크스주의의 무신론이 지니는 유사점과 질적인 차이는 많은 연구를 필요로 하는 문제이다. 특히 유물론과 관념론의 질적인 차이가 먼저 해명되지 않고서는 이와 같은 문제에 대한 올바른 해답을 기대할 수 없다. 하기락의 결론에는 이론적인 근거가 빈약하다.

하기락은 니체의 종교비판에서 야스퍼스와 같은 실존주의적 해석을 받아들여 니체가 거부한 것은 예수그리스도가 아니라 기독교라고 결론짓는다. 예수는 복음(福音)이고 바울이 재구성한 기독교는 화음(禍音)이라는 것이다: "예수의 기쁜 음신을 최악의 음신으로 개작한 장본인은 바울이다. 니체에 의하면, 바울은 증오의 화신(化身)이다. 환각의 천재다. 예수는 신과 인간과의 간격을 제거하고 신인(神人) 합일의 내면적 생을 자기의 복음으로써 최후까지 실천하였는데 바울은 십자가 위의 희생이란 관념을 삽입함으로써, 신과 인간과의 간격을 넓히고 그 중간에다 신에 대한 인간의 원죄, 심판, 부활, 신앙

---

25) 같은 책, 36-37쪽.
26) F. Nietzsche, *Sämtliche Werke in 12 Bänden*, Die Unschuld des Werdens(Bd. Ⅹ), p.239.

에 의한 구제 등의 여러 환상을 개입시켰다. 이리하여 바울은 생의 의미를 사후로, 피안으로, 배후 세계로 옮겨놓았다. 예수에 있어서 보는 바와 같은 현실의 내면적 긍정 대신에 피안을 신앙하는 자학의 세계, 구제의 헛된 대상이 등장한다. 생의 중심이 생 속으로가 아니라 피안의 무 속으로 옮겨 놓인다."[27]

예수의 복음은 구체적으로 무엇인가에 대하여 하기락은 이렇게 대답한다: "예수는 철저한 무저항과 무조건의 사랑을 실천한 자다. 예수에 있어서는 저항에의 무능(無能)이 하나의 모럴이 되어있다. (…) 무저항, 평화에서의 지복(至福), 유한에의 정복(淨福), 절대 불가능에서의 지복이 여기서는 도덕으로 되어있다."[28]

예수의 정신과 니체의 정신은 부합하는가? 다시 말하면 예수가 설파하는 무저항, 사랑, 유한, 평화 등이 니체가 강조하는 권력의지, 변화의 무죄, 전투 정신, 이웃사랑 대신에 먼 것에 대한 사랑, 동정 대신에 채찍 등과 어울릴 수 있는가? 이러한 문제를 하기락은 철저하게 추적하지 않는다. 압제 속에서 신음하는 민중을 해방시키려 했던 예수의 숨은 의도와 민중의 희생 대가로 권력의지를 행사하려는 초인간의 차이도 부각시키지 않는다.

6. 맺는 말

하기락의 니체 해석은 두 가지 특징을 지닌다. 하나는 니체의 자유로운 계몽 정신을 부각시키는 것이고, 다른 하나는 니체를 제국주의의 이념과 무관하게 해석하는 것이다. 니체의 해석을 포함한 하기락의 사상에는 일반적으로 두 가지 요소가 뒤섞여 있다. 하나는 조국과 민족을 위해 사회적 실천을 수행하려는 지식인의 양심이고, 다른 하나는 현실을 인정하고 거기에 맞는 그리고 그것을 개선해 가려는 관념론 철학을 발전시키려는 소시민적 요소이다. 앞의 요소는 하기락을 아나키즘 실천가 및 연구자로 만들었으며 뒤의 요소는 하기락을 하르트만과 니체의 연구자로 만들었다. 이 두 요소가 항상 상충하고 있었던 하기락의 삶은 그러므로 항상 갈등에 싸여 있었을 것 같다. 이러한 갈등 때문에 그는 철학의 근본 문제(유물론과 관념론)를 철저하게 제기하지 못했으며, 특히 니

---

27) 같은 책, 46쪽.
28) 같은 책, 44쪽.

체의 해석에서 그것이 잘 드러난다. 이러한 한계에도 불구하고 하기락은 20세기의 한국 철학사에서 하나의 중요한 업적을 수행한 인물이었다. 그의 위대성은 그가 어느 한 쪽에 치우치지 않으면서 한국철학을 보충하고 발전시키려 한 점에 있었다. 그의 가슴속에는 조국의 장래에 기여할 수 있는 철학이 무엇인가를 항상 잊지 않는 지식인의 양심이 깃들어 있었다. 그는 일제 식민지에서 해방과 전쟁을 거쳐 오늘날에 이르는 한국의 사회적·역사적 상황을 반영한 인물이며 그의 철학 속에는 이러한 시대적 요소들이 압축되어 있다고 말할 수 있다.

성홍기(계명대)

1.

허유(虛有) 하기락(河岐洛) 선생(1912~1997)은 1940년에 「Heidegger에 있어서의 空間性과 時間性의 問題」로 일본 와세다대학 문학부 철학과를 졸업했다.[1] 그 후 20여 년이 지난 1963년에 지금의 『대한철학회(大韓哲學會)』의 전신인 『한국칸트학회(韓國칸트學會)』를 설립하여 칸트를 연구하기 시작했다.[2] 그 이듬해인 1964년에는 하르트만에 관한 최초의 논문인 「N. Hartmann의 Ontologie에 있어서의 Kategoriensystem의 問題」가 세상에 나온 이래[3] 작고하기 직전까지 줄곧 하르트만 연구에 몰두했다. 이것이 허유 선생이 걸어 온 서양철학의 여정이다. 그가 하이데거에서 칸트를 경유하여 하르트만에게로 돌아오게 된 연유는 무엇인가. 하이데거와 칸트를 마다하고 그가 굳이 하르트만을 고집하게 되는 이유는 어디에 있는가. 하르트만 철학이라 하면 무조건적으로 터부시하는 작금의 현실에서-지엽적인 경우이긴 하지만-무엇이 그를 하르트만에 집착하도록 했던가. 여기에는 다음과 같은 두 가지의 이유가 있다. 그중의 하나는 알려진 여타의 철학자들에 비하여 하등에 손색이 없는 방대한 학적 체계와 업적에도 불구하고 그에 관한 연구가 전무하다는 사실이다.

---

1) 하기락,『河岐洛 論文集』第四卷, 自主人聯盟, 1987, 9-77쪽 참조.
2) 하기락 편술,『칸트 : 비판철학의 이해를 위하여』, 형설출판사, 1996. 5쪽 참조.
3) 이남원·이윤복.『哲學硏究』에 게재된 논문을 통해 본 연구성향 분석」,『철학연구』제60집, 대한철학회, 1997. 410쪽 참조.

"도대체 하르트만의 철학사상은 그의 생전이나 사후에나 누군가에 의해서 공정하게 평가되기는커녕 본격적으로 대결되어 본 적이 아직 없다. 그는 독일에서조차도 그의 체계를 더욱 발전시키고 보완해 나갈 수 있는 계승자다운 계승자를 아직 갖지 못하고 있다. 후세대의 철학자들은 그의 저작들이 간직하고 있는 소중한 사상재(思想財)를 아직 활용하지 못하고 있다. 그의 철학사상에 대한 본격적인 연구와 대결은 지금부터라 할 것이다."[4]

그러나 아무리 완벽에 가까운 철학 체계를 구성하고 이에 걸맞는 성과를 거두고 있다 하더라도 이것은 허유 선생을 하르트만에 머물게 하기에는 충분한 것 같지 않다. 아마 이것은 부차적이고 이차적인지도 모른다. 이어지는 인용문에서 알 수 있듯이 여기에는 분명 그 이상의 어떤 것이 그를 사로잡고 있었다. 그것은 다름 아닌 철학의 근본 문제인 바, 존재론 바로 그것이 있다. 이것이 또 다른 하나의 이유이다.

"학문이란 일반적으로 존재의 탐구라 하겠다. 개개의 있는 것(存在者)을 넘어 나가서 그것들에게 공통한 있음(存在)를 밝혀내는 작업이다. 예컨대 개개의 생물이란 존재자를 생물로 되게 하는 존재 원리, 이를테면 동화작용, 생식작용, 유전작용 따위의 있음을 찾아내는 것이 생물학이다. 철학이 다른 학문과 다른 점이 있다면, 그것은 특수한 분야에 한정된 원리가 아니라 모든 분야에 걸쳐서 타당한 보편적 존재 원리를 찾는 데 있을 것이다. 예를 든다면 공간시간성, 인과성 (…) 등과 같은 것이 그러한 원리라 하겠다."[5]

허유 선생이 하르트만을 떠날 수 없었던 보다 더 근원적인 이유가 바로 여기에 있었던 것이다. 하르트만 역시 이를 철학의 근본 문제로 천명하고 있기 때문이다.[6] 그런데

---

4) N. Hartmann(河坡洛·李鍾厚 譯), 『精神哲學原論』, 이문출판사, 1990. ii쪽.

5) 하기락(1987), 92쪽.

6) N. Hartmann(하기락 역), 『存在學原論』 형설출판사, 1983. 15쪽 참조. "도대체 우리는 어째서 存在學으로 돌아가야 하는 것일까. 일찍이 全哲學의 기초가 다름 아닌 存在學이 아니었던가. 그런데도 그 기초가 哲學의 重壓으로 무너지고 哲學 및 그것과 관계하는 모든 것이 붕괴하지 않았던가. (…) '어떻게 해서 우리는 存在者 自體에 관하여 어떤 것을 알 수 있는가' 하는 물음은 해소되고 '어떻게 해서 우리는 그것에 관하여 一義的으로 말할 수만이라도, 아니 생각만이라도 할 수

왜 하필 하르트만이냐 하는 것이다. 비단 하르트만이 존재탐구를 철학의 본업으로 삼고 있는 것은 아닐 것인데 말이다. 이것은 하르트만의 존재탐구의 이념과 방법이 제1철학의 그것들과 철저히 부합되고 있음을 확신하고 있기 때문이다.[7]

그렇다면 하르트만은 존재탐구를 어떻게 열어 보이는가. 그것은 다름 아닌 범주탐구로 시작한다. 왜냐하면 존재 원리를 곧 범주로 생각하고 있기 때문이다.[8] 혹자는 존재를 왜 하필 범주로서 탐구해 가는가에 대하여 의구심을 가질 것이다. 이것은 하등에 문제 삼을 필요가 없는 것이다. 문제가 되는 바의 것은 바로 범주가 어떤 원리 성격을 갖느냐 하는 것이다. 범주의 원리 성격은 그것의 발생 기원이나 도출 과정에 따라 달라지며, 바로 그로 인하여 그것의 양상과 구체자를 결정하는 방식이 또한 달라지기 때문이다.[9] 따라서 문제는 존재탐구를 범주탐구로 전개한다는 데에 있는 것이 아니라 존재의 원리인 범주를 어디서부터 어떻게 도출해 내느냐에 있는 것이다. 그리고 존재탐구가 범주론으로 전개되는 데에는 하르트만에 의하여 비로소 시작된 것은 아니다. 여기에는 오랜 역사와 전통이 함께 하고 있다. 아리스토텔레스 이전의 철학자들에 있어서도 존재하는 세계를 파악하는 데에 유일한 척도로 범주가 사용되고 있었다.[10] 가까이는 칸트도 그러하고 하이데거도 마찬가지이다.

2.

존재론이 지향하는 궁극적인 과제는 무엇인가. 그것은 한마디로 말하여 존재하는 바의 것이 아닌 오직 존재하는 바를 탐구한다. 즉 존재의 존재자가 아니라 존재자의 존재에 관한 탐구를 이념으로 한다. 그야말로 존재자를 존재자이게끔 하는 존재 원리를 탐

있는가' 하는 물음으로 바뀌어졌다. 말한다든지 생각한다든지 하는 것 속에 벌써 어떤 것이 '우리에게 對하여' 있는 것이지 '그 자체 存立하는 것이 아니라는 것이 定立'되어 있다."

7) 하기락, 『하르트만 研究』, 형설출판사, 1982, 33-39쪽 참조.
8) N. Hartmann(하기락 역), 『存在學 範疇論』, 형설출판사, 1987, 26쪽 참조. "범주론은 존재학의 악용적 완성이다."
9) N. Hartmann(하기락 역), 1987, 71-140쪽 참조. 성홍기, 「범주에 관한 존재론적 고찰」, 『철학논총』 제12집, 영남철학회, 1996, 519-556쪽 참조.
10) N. Hartmann(하기락 역), 1987, 265-276쪽 참조.

구하는 일종의 학적 체계이다. 존재자들이 공통적으로 가지고 있는 존재성격을 탐구해 가는 학문이다. 이를 일찍이 아리스토텔레스는 「존재자로서 존재자에 관한 학」이라 규정하고 「제1철학」이라 명명했다. 칸트, 하이데거 그리고 하르트만은 바로 이 「제1철학」의 이념을 실현하고자 했던 대표적인 인물들이다.

칸트는 존재 문제야말로 인간 본성에 주어져 있는 불가피한 과제이며, 따라서 인간은 이를 거부할 수도 또한 답변할 수도 없는 특수한 운명을 지닌 소유자로 규정하고 있다.[11] 하이데거는 현대를 존재 망각의 시대로 진단하고, 이를 회생시켜 보고자 존재에 관련된 거인들의 싸움터로 과감히 뛰어든다.[12] 이러한 일련의 움직임과 거의 때를 같이하여 하르트만은 철학이 왜 존재론으로 돌아가지 않으면 안 되는지를, 즉 존재론으로의 회귀의 필연성을 강조하고 나온다. 존재론으로 되돌아가지 않으면 안 되는 절박한 사정을 지적하고 있다.[13] 이들의 움직임은 자연스러운 것이었다. 철학이 이를 등한시하고서는 그 어떤 문제에도로도 다가갈 수 없는 그야말로 철학의 근본 문제이기 때문이다. 인간 본성의 관점에서, 철학사적 관점에서 그리고 학문의 학문인 제1철학의 관점에서 각각 이 문제의 중대성을 들고나온 것이다. 그러나 존재론의 중요성을 각각 다른 관점에서 제시하고 있으나, 이들이 지향하는 존재탐구의 이념과 방법적 대원칙은 일치하고 있으며, 다만 이를 구체적으로 전개해 나아가는 방법에서는 다소 차이점을 보인다. 제1철학이 지향하는 존재론은 어디까지나 '존재자로서 존재자에 관한 학'일 수밖에 없으며, 존재를 탐구하기 위해서는 부득불 일차적으로 존재자를 다루지 않을 수 없다는 것, 이것

---

11) I. Kant(최재희 역), 『純粹理性批判』 박영사, 1979, 19쪽 참조. 물론 여기에서 칸트가 문제로 삼는 바의 것은 '形而上學'이다. 형이상학의 문제를 존재론으로 접근하는 것은 존재론이 형이상학의 근본 문제이기 때문이다. 존재론은 아리스토텔레스가 '존재자로서 존재자에 관한 학'을 제1철학이라 규정했던 바로 그것이다. 그 후에 안드로니코스(Andronichos, BC 1세기경)는 이를 형이상학(Metaphysic)이라 이름을 붙였다. 따라서 형이상학이라는 개념에 지나치게 집착할 필요가 없겠다. 제1철학이 형이상학으로 이름이 바뀐다고 하여 내용이 바뀌는 것이 아니기 때문이다. 그러나 결과는 그렇지를 못했다. 신이나 절대자 혹은 실체 등을 탐구하는 학으로 왜곡되고 변질되었던 것이다. 이들에 관한 탐구가 곧 형이상학 혹은 존재론의 과제로 인식했던 것이다. 형이상학이 따로 있고 존재론이 따로 있는 것이 아니라 형이상학이 곧 존재론인 것이다. 따라서 허유 선생은 이를 구태여 구별하지 않고 사용하고 있다. 오히려 그는 '존재자로서 존재자에 관한 학', 즉 제1철학을 형이상학이 아닌 '存在學'(Ontologie)이라 부르기를 권하고 있다. 형이상학이나 존재론은 다른 것이 아니다. 다 같이 '존재자로 존재자에 관한 학'인 것이다. 제1철학은 엄밀히 말하여 존재학(存在學)이다. 하기락(1987), 自主人聯盟, 81쪽; 151쪽; 160쪽 참조.

12) M. Heidegger(정명오 외 공역), 『存在와 時間』 世界思想大全菓 38, 大洋書籍, 1912, 72쪽 참조.

13) N. Hartmann(하기락 역), 1983, 15-59쪽 참조.

이 방법적 대원칙으로 작용하고 있다. 이는 곧 어떤 방식으로든지 존재자들을 우선적으로 다루지 않고서는 이들이 공통적으로 가지고 있는 존재자들의 존재성격을 구해 낼 수 없다는 것이다.

"즉 우리가 '존재자로서 존재자'를 문제로 삼을 때, 거기에서 문제가 되는 상대는 물론 존재가 아니라 존재자이다. 그러나 이 경우, 존재자는 일체의 특수적 내용을 초월하여 다만 그것이 존재자인 한에 있어서만, 따라서 그 가장 보편적인 의미에 있어서, 문제가 되는 고로, 이 물음은 곧 개개의 존재자를 넘어가서, 말하자면 존재자 일반을 우회하여 간접으로, 모든 존재자에 공통한 존재에 대한 물음으로 된다는 것이다. 그러므로 '존재자로서 존재자'의 문제는 그대로 '존재'의 문제라 봐도 무방하다고 본다. 더욱이 우리가 존재자를 제쳐 놓고 곧바로 존재로 접근할 수 없다고 하는 우리의 인식 절차상의 제약을 생각한다면, 이 우회의 통로는 불가피한 것으로 되기조차 한다. 우리는 다만 그럴 적에 존재자와 존재의 구별을 놓치지 않도록 주의하지 않으면 안 될 것이다."[14]

칸트 역시 존재자의 일종인 현상을 문제로 삼고 있다. 이를 문제로 삼는 궁극적인 이유는 물론 다른 곳에 있다. 즉 물자체의 인식에 있는 것이다. 그럼에도 불구하고 물자체의 현상에서 시작하지 않을 수 없었던 것이다. 감성에 주어지는 것은 다름 아닌 현상이기 때문이다. 현상 인식을 통하여 현상하지 아니하는 바를 인식하고자 했던 것이다. 그러나 이것은 칸트의 의도와는 달리 수포로 돌아가고 말았다. 현상의 이면에 가리워져 있는 초현상적인 내용은 결코 인식할 수 없다는 것이다.[15] 하이데거는 존재탐구의 계기로서 실존분석을 제시한다. 실존 역시 현상하는 존재자이며, 여기에서 여타의 실존자를 제치고 인간실존이 분석의 대상으로 등장한다. 인간실존의 삶의 분석을 통하여 '존재자로서 존재자에 관한 학'에 답하고자 하는 것이다. 인간실존의 분석은 곧 인간실존적 체험의 분석이며, 이것은 다름 아닌 인간실존이 여타의 실존자들과 교섭해 가는 가운데, 그가 체험한 실존자들의 존재성격을 이끌어내는 작업이다. 이것은 어디까지나 여타의 실존자들이 인간실존과의 교섭에 의하여 그들이 갖는 존재성격인 것이다. 그것은

---

14) 하기락(1982), 34~35쪽.
15) I. Kant(최재희 역), 1979, 37쪽 참조.

다름 아닌 도구성으로 제시된다. 따라서 교섭의 본질은 도구성에 있는 것이다. 이는 곧 세계가 도구를 본질로 하는 존재성격을 갖는다는 것과 일치한다. 세계는 바로 실존자들로 구성되어 있기 때문이다. 세계는 이렇게 인간 실존에게 비은폐되어 있다. 하르트만은 물론 주어지는 소여를 기초로 하여 이들이 가지고 있는 존재성격을 이끌어내고자 한다. 여기에는 우선적으로 현상기술의 정확성이 강조되고 있다. 특히 현상기술은 인간의 일상생활과 철학 및 과학의 연구성과 그리고 의식현상뿐만 아니라 대상현상에 이르기까지 소여현상의 전체를 기반으로 한다.

> "하르트만은 범주분석의 지반을 현상에서 취한다. 그럴 적에 그는 현상학자들처럼 현상의 인식 측면에 편중하는 것을 경계하고 그 대상 측면에 대해서도 대등한 비중을 두고 있다. 현상의 대상 측면이란 우리의 일상적 실생활은 물론 철학과 과학의 역사를 통하여 축적된 우리의 지적 경험에 의하여 구성된 의식구조에서 구하여진다. 이리하여 철학사에서 형성된 주요 제 개념과 실증적 제 과학의 성과가 대상 측면을 구성하는 중요한 요인으로 된다. 범주분석은 언제나 당시의 과학 수준과 불가분의 함수관계를 맺고 있는 것이다. 아리스토텔레스가 그랬고, 칸트가 그러했고, 하르트만 또한 예외가 아니다."[16]

물론 그의 방법적 요소들은 현상의 기술 이외에 선험적 비판 그리고 변증적 조정, 나아가 총투시적 직관으로 구성되어 있다. 이것들은 하르트만 이전의 철학에서 즐겨 사용된 방법들이라는 점에서 결코 낯설지 않다. 바로 이로 인하여 독자성이 결여된 방법이라 하여 비난의 대상이 되기도 한다. 뿐만 아니라 새로운 흥밋거리가 되지 못함으로써 식상해 하거나 외면당하기가 일쑤이다. 그러나 새롭고 참신한 것이라 하여 문제의 해답을 이끌어내는 데에 결정적인 기여를 하는 것은 아니다. 그리고 그의 존재탐구가 하나의 방법을 통하여 일관되게 추진되는 것이 아니라, 여기에는 다수의 방법이 동원된다. 이것이 또한 문제가 될 수 있다. 그러나 그의 방법적 체계는 주먹구구식으로 무작위로 끌어모아 놓은 방법들의 집합체가 아니다. 또한 그때그때 필요에 따라 땜질 식으로 갖다 붙여 놓은 방법 체계는 더 더구나 아니다. 이것들은 그야말로 하나의 방법적 체계를

---

16) 하기락(1982), 90쪽.

이루고 있으며, 방법들 상호 간에 긴밀한 연관성을 가지고 단순한 방법들의 종합 그 이상의 내용을 이끌어낸다. 즉 이들 하나하나의 방법이 답변하지 못하는 바를 이들은 하나의 체계로 자연스럽게 어우러져 존재탐구에 답하고 있는 것이다. 이것은 또한 『인식형이상학강요(認識形而上學綱要)』(1921)를 전후하여 시종일관 흐트러짐 없이 통일된 하나의 방법 체계를 이루고 있다는 것이다.[17] 바로 하르트만의 이러한 방법 체계를 허유 선생은 높이 평가하고 있다.[18] 왜냐하면 실존적 관심이나 의식적 형식은 존재탐구의 지반을 빈약하게 하거나 혹은 처음부터 지반을 좁게 설정하는 계기가 되기 때문이다. 따라서 이들을 계기로 하여 파악된 존재는 질적으로나 양적으로 왜곡될 수밖에 없다. 하르트만은 주어지는 소여 지반의 풍부함을 여과 없이 있는 그대로 받아들여 분석함으로써, 명실상부하게 존재하는 바를 규정할 수 있는 존재 일반의 성격을 산출해 내고자 하는 것이다.

이처럼 이들은 존재를 문제로 삼고 있으면서도 한결같이 존재자를 우선적으로 다루어 가는 것이다. 그리하여 존재자로서 존재자가 갖는 존재성격을 이끌어내는 것이다. 이것은 아리스토텔레스의 가르침을 철저히 따르고 있다. 여기에서 아리스토텔레스의 가르침이란 학문하는 방법에 관한 것으로서 다음과 같다.

> "감성적인 것의 어떤 것은 일반적으로 실재(實在)라고 간주된다. 따라서 이것들을 먼저 연구의 대상으로 삼지 않으면 안 된다. 왜냐하면 우리에 대하여 보다 잘 알려진 것에서 시작하는 것이 유익할 것이기 때문이다. 무릇 학문이란 이처럼 모든 사람에 대하여 본질상으로 보다 적게 알려지는 것을 통하여 본질상으로 보다 많이 알려지는 것으로 향하여 나가는 길에서 행하여지는 것이다."[19]

위의 인용문에서 "모든 사람에 대하여 본질상 보다 적게 알려지는 것"이라고 한 것은 곧 '우리에 대하여 먼저인 것'이며, 그것은 감각적으로 먼저 주어지지만, 사물의 본질상

---

17) 하기락(1982), 40쪽 참조.
18) "하르트만은 『存在學原論』(1935)의 序言에서 자기의 방법은 종래의 단순한 여러 방법 중의 어느 型과도 맞지 않는다고 말하고 있다. 그렇다고 해서 무슨 新奇한 방법을 창안한 것도 아닐 것이다. 그는 종래의 철학에서 유효하다고 인정된 방법들을 검토하여 그것들이 서로 어떤 聯關性을 갖고 있는가를 究明하는 데서 하나의 統一된 方法體系를 모색하였다." 하기락(1982), 40쪽 참조.
19) Aristoteles. *Metaphysic*, 1029b. 하기락(1987), 自主人聯盟, 10쪽 재인용.

으로는 적게 알려지는 바의 것이다. 우리에 대하여 먼저 주어지는 것에서 출발하여 탐구해 들어가야 함은 모든 학문에 있어서 부과된 피할 수 없는 철칙이라 하겠다.[20]

3.

그렇다면 이들은 어떻게 범주를 이끌어내는가. 이것은 중요한 문제임에 틀림없다. 실존과 그의 체험에서 이를 이끌어내느냐 혹은 의식과 그의 선천적 구조에서 이끌어내느냐, 그렇지 않으면 존재와 이것의 현상 지반에서 이끌어내느냐에 따라 범주의 양상이 실존범주, 의식범주 그리고 존재범주로 달리 특성화되기 때문이다. 칸트는 인간 본성에 주어져 있는 저 불가피한 과제에 답하기에 앞서, 인간이 적어도 이에 관하여 답할 수 있는 능력을 가지고 있는지 그 여부를 확인하고자 한다. 이것은 이성이 가지고 있는 인식능력의 비판으로 행해진다. 사전에 이러한 비판 없이 접근함으로써, 형이상학의 근본문제인 존재론은 여타의 학문에 비하여 오랜 역사와 전통을 가지고 있음에도 불구하고 아직 학으로서의 안전한 길에 접어들지도 못했다는 것이 칸트의 생각이다. 따라서 이성의 인식능력 비판은 '존재자로서 존재자에 관한 학'을 확고부동한 학문으로 정초시키기 위한 시도이기도 하다. 코페르니쿠스적 전회를 통하여 이성의 인식능력은 순수직관으로서의 공간·시간과 순수오성 개념으로서의 12범주로 구명된다. 이를 통하여 세계는 인식되는 것이다. 인식되는 세계는 존재하는 그 자체의 세계가 아니라 이로부터 현상하는 세계이다. 문제는 세계를 규정하는 척도가 이성의 인식능력 비판을 통하여 구명된다는 점이다. 순수직관과 순수오성 개념은 처음부터 이를 규정할 세계와는 전적으로 무관하게 산출되어 나온다. 이로써 세계는 이를 인식하고자 하는 의식과 분리되어, 이를 지향하는 의식에 대하여 있는 세계, 즉 대상으로서의 세계가 되고, 범주는 바로 이 대상으로서의 세계에 관한 적용으로 일관된다. 대상으로서의 세계는 엄밀히 말하여 있는 그대로의 세계는 아니다. 그것은 있는 그대로의 세계가 이를 인식하고자 하는 의식을 촉발함으로써 드러나는 현상의 세계인 것이다. 결론적으로 말하여 세계를 규정하는 원리는 세계의 밖에서 분석되어 나온다.

---

20) 하기락(1982), 38-39쪽 참조.

『순수이성비판』의 근본 의도는 순수 자연과학의 성립 근거를 밝히고 같은 근거 위에 학으로서의 형이상학의 성립가능성 여부를 검토하려는 데에 있다고 하겠으며, 이 작업은 결국 '선천적 종합판단'의 원리를 주관 내에서 도출하는 데서 수행한다. 그러므로 칸트에서는 인식의 필연성과 보편성은 확보되지만, 그것은 주관의 내재적 원리에 근거를 두고 있을 뿐인 고로, 진정한 의미에서의 인식의 객관적 타당성은 보증되지 못한다. 바꾸어 말하면 우리의 인식은 현상에 대하여 타당할 뿐 물자체에 대하여 타당한 것은 되지 못한다. 외계의 거기있음을 증명하지 못함은 칸트의 선험적 관념론이, 관념론인 한에 있어서, 다른 관념론과 공통으로 감수하지 않을 수 없는 일종의 숙명이라 하겠다."[21]

그러나 하이데거는 '세계내존재'를 존재구조로 하고 '실존'을 그 존재 방식으로 하는 '현존재'로 하여금 세계 속으로 직접 뛰어들게 한다. 그리하여 세계와의 교섭을 통하여 이를 직접 체험하게 한다. 세계와의 교섭을 통하여 체험한 바의 것을 분석하고, 이를 통하여 세계 혹은 세계 내의 존재자 일반의 존재성격을 이끌어내고자 한다. 이것이 곧 존재론의 일종으로서 '기초존재론'이다. 따라서 현존재가 체험한 바의 것이 곧 세계의 존재성격인 것이다. 이것이 어떻게 가능한가. 현존재는 구조적으로 '세계내존재'이기 때문에 처음부터 세계와 직접 접촉하고 있다. 즉 세계와 현존재는 '세계내존재'(In der Welt Sein)의 '내'(In)에서 만나고 있다.[22] 어떻게 만나고 있는가. 현존재는 '실존'을 존재 방식으로 취하고 있으므로, 끊임없이 세계에 관하여 물음을 제기하고 교섭할 수가 있다. 현존재는 세계를 향해 열려 있다. 세계 역시 현존재의 실존적 물음에 대하여 답을 개시한다. 세계는 적어도 현존재에게 비은폐되어 있다. 세계는 현존재에게 트여 있다는 말이다. 세계는 현존재에게 트여 있고 현존재는 세계를 향해 열려 있다. 트인 거기에(Da) 열려 있음(Sein), 이것이 현존재(Dasein)이다.

---

21) 하기락(1982), 216쪽.

22) 허유 선생은 'In der Welt Sein'을 '세계내존재' 대신 '어세재(於世在)'라 번역하여 사용하곤 했다. 여기에서 'In'은 '내'와 '외'라는 구분에 있어서와 같은 그런 '내'가 아니라 오히려 어떤 일에 대처한다거나 어떤 곳에 거처한다는 뜻을 함축한 '어(於)'가 더 적절하다는 것이다. 'Welt'를 '세계'라 하지 않고 '세(世)'라고 번역한 것은, 그것이 물리학적 의미에서의 세계(世界)가 아니라 오히려 생존자의 처세란 의미에 더 가까운 세상(世上)을 의미하기 때문이다. 그리고 '어세재'라는 존재자는 누구인가. 자기의 생활환경을 창조·개척·개조해 나가면서 사는 인간들 자신이다.

"참된 구체적인 근원적 사태는 소박하게 파악된 세계도 아니고, 극단적인 의식의 형식성에 있는 것도 아니다. 주관과 객관으로 또는 의식과 세계로 아직 분리되지 않은 하나의 통일된 현상으로서의 세계내존재야말로 근원적 사태인 것이다. 여기서는 세계와 의식이 말하자면 하나의 연관구조 속에 밀착하여 있다. 세계내존재에서의 내는 세계와 의식이 현존재에 있어서 근원적으로 결부되어 있음을 의미하고 있다. (…) 세계가 의식 앞에 그리고 의식이 세계 앞에 근원적으로 열리어 있는, 그러한 전체적 통일현상이 인간의 현존재이다. 인간의 존재는 거기(Da) 있음(Sein)이다. 현존재(Dasein)는 근원적으로 거기(Da)에 있다. 열려 있는 세계를 갖고 있는 자, 열리어 있는 거기(세계)를 자신의 존재 계기로서 가지고 있는 자가 곧 현존재이다."[23]

현존재의 실존분석을 통하여 세계를 어떻게 이해하고 있는가. 즉 세계는 현존재에게 어떤 모습으로 개시되는가. 현존재에 대한 세계의 개시는 세계내존재자들의 개시이다. 세계내존재자들이 곧 세계의 구성계기이기 때문이다. 따라서 현존재에 대한 세계내존재자들의 개시를 통하여 세계의 개시를 이끌어내어 보자. 현존재가 세계 내에서 교섭하는 존재자들은 교실 안에 의자들이 놓여 있듯이 세계 안에 놓여 있는 존재자는 아니다. 즉 현전존재(Vorhandensein)가 아니다. 교섭은 배려적이다. 이것은 실천적 체험을 통하여 존재자를 관찰하고, 새롭게 만들어 가고, 이를 직접 활용하고 이용하면서 보다 친숙하게 만나고 있음을 말한다. 따라서 교섭의 대상으로서의 존재자는 현전존재와는 달리 유용존재(Zuhandensein)를 그 존재성격으로 갖는다. 이것은 곧 배려적으로 마주치는 세계내존재자는 유용존재자로서 '도구'임을 뜻한다. 도구는 '~위한 어떤 것'(etwas um zu)으로서 사용처가 분명한 '지시'를 가지고 있다. 이것이 도구가 갖는 존재성격이다. 따라서 도구는 하나의 도구만이 고립해 있는 일은 결코 없다. 하나의 도구에는 또 다른 도구가 연계되어 있다. 즉 도구는 언제나 또 다른 도구를 지시하고, 이 지시는 궁극적으로 바로 인간 현존재를 종착점으로 하고 있다. 이것이 곧 현존재가 세계 내에서 존재자를 교섭하면서 이끌어낸 세계의 존재성격이다. 말하자면 도구성이 바로 그것이다. 세계는 곧 도구를 그 존재성격으로 하며, 도구성이야말로 세계의 세계성이다.[24]

---

23) 하기락(1987), 自主人聯盟, 15쪽.
24) 하기락(1987), 自主人聯盟, 29-30쪽 참조.

하지만 하르트만의 존재탐구는 특정한 존재자에 얽매이지 않는다. 존재세계는 여기에 몸담고 있는 모든 존재자들의 활동무대이기 때문이다. 방법 또한 특정한 존재자와 관련되어 있지 않다. 즉 특정한 존재자의 의식 내적 분석이나 실존적 삶의 의식 분석에 국한하지 않는다. 존재하는 세계는 특정한 존재자의 인식세계일 수만은 없으며, 또한 그의 실존적 생활세계만은 아니기 때문이다. 따라서 존재 원리는 특정한 존재자만이 선천적으로 가질 수 있는 형식이 될 수 없으며, 또한 특정한 존재자의 실천적 관심을 통해서만 이끌어낼 수 있는 성질의 것이 아니다. 이러한 존재 원리는 엄밀히 말하여 특정한 존재자에 국한된 원리이지 존재자 일반의 존재 원리는 아니다. 존재세계의 원리탐구를 그는 어디까지나 현상하는 존재자 일반의 분석에서 시작한다. 이것이야말로 더 이상 전임자들의 과오를 범하지 않음으로써 온전한 존재탐구를 행할 수 있다는 것을 그는 확신하기 때문이다.

> "무엇보다도 우리는 여기에, 하르트만에서는 범주가 순수오성 개념이나 절대자의 자기 전개로서의 개념적 운동의 제 계기와 같은 것도 아니며, 또 하이데거처럼 인간적 현존의 실존범주와 같은 것도 아니라, 존재자 일반의 존재 원리라는 점을 간과해서는 안될 것이다. 존재자 일반에 공통한 존재 규정은 곧 범주 성격을 띤다."[25]

그렇다면 현상분석을 통하여 존재 원리는 어떻게 산출되는가? 현상분석을 통해 이끌어내지는 최초의 범주는 다름 아닌 존재 계기(Seinsmoment)와 존재 방식(Seinsweise) 그리고 존재 양상(Seinsmodus)이다. 현상 일반은 그 존재 계기에 따라 거기있음(Dasein)과 그리있음(Sosein)으로 구분되고, 존재 방식에 따라 실사성(Realität)와 이법성(Idealität)로 구분된다. 그리고 존재 양상에 따라 가능성, 현실성, 필연성과 그 부정 양상인 불가능성, 비현실성, 우연성으로 세분화된다. 여기에서 존재 방식과 존재 양상은 다 같이 존재 계기 중의 하나인 현존재(Dasein)에 의하여 분화된다. 이로부터 존재자 일반은 이제 실사권과 이법권인 두 개의 존재권으로 나누어지고, 각 존재권 내의 존재자들은 Sosein의 존재 계기에 따라 분류되어 존재자층을 형성하게 된다. 특히 실사권의 존

---

25) 하기락(1982), 92쪽.

재자층은 존재자들의 Sosein의 계기에 의하여 물질층, 생명층, 의식층, 정신층인 네 개의 층으로 구별된다. 이것이 실사권의 세계상으로서 성층이다. 그리고 일정한 층의 존재자 분석을 통하여 그 층의 존재자 일반이 공통적으로 가지고 있는 존재성격을 이끌어낼 수 있게 되는 데, 이것이 곧 특수범주이다. 그러니까 특수범주는 일정한 존재자층에 소속되어 있는 존재자들을 규정하는 일종의 원리라 할 수 있다. 이것은 어디까지나 일정한 존재자층을 대변하는 존재 원리인 셈이다. 이로써 존재자로서 존재자에 관한 답이 다해지는가. 그렇지 않다. 이를 종합 통일하여 실사권 전체를 규정할 수 있는 존재 원리를 구하지 않으면 안 된다. 이것이 곧 제1철학으로서 존재론이 해야 할 몫이기 때문이다. 따라서 특정한 존재자층이 아닌 실사권 전체를 규정할 수 있는 그야말로 존재자 일반의 존재 원리를 이끌어내지 않으면 안 된다. 이것은 특수범주와 같이 일정한 존재자층에만 적용되는 존재자로서 존재자의 원리가 아니라 실사권 전층을 규정하고 결정하는 존재 원리이다. 이것은 이미 일정한 존재자들로부터 이끌어내어진 특수 원리를 다시 하나의 일반원리로 조정하는 작업이다. 이 원리를 이끌어내는 데에는 일정한 층의 존재 원리인 특수범주를 이끌어내듯이 그와 같은 동일한 방법이 아니라, 여기에서는 이마 이끌어내어진 특수범주들 간의 조정이 범주탐구의 새로운 과제로 등장하는 것이다. 이리하여 일정한 층에 구애받지 않는 그야말로 존재자로서 존재자에 관한 존재 원리가 탄생하는 것이다. 따라서 이것은 원리의 원리성격 또는 범주의 범주성격을 갖는다. 이를 칭하여 범주적 제 법칙(kategoriale Gesetze)이라 한다. 여기에는 네 가지의 원칙에 따라 다시 네 그룹으로 나누어지고, 각 그룹마다 네 개씩의 법칙에 속해 있다. 따라서 범주적 제 법칙은 16개로 이루어져 있다. 이것은 요소적 대립범주(elementare Gegensatzkategorie)와 양상범주와 함께 기본범주(Fundamentalkategorie)라 한다.[26]

여기에서 현상분석은 존재 계기와 존재 방식 그리고 존재 양상의 원리를 낳고, 이를 계기로 하여 존재권과 이에 따른 존재층이 각각 구별되고, 특히 각 존재층에서 특수 원리들이 선험적 방법을 통하여 산출된다. 산출된 특수 원리들은 다시 변증법적 방법을 통해 명실상부한 존재자 일반의 존재 원리로 이끌어져 나온다.

---

26) 하기락, 『西洋哲學史』, 형설출판사, 1992, 231-239쪽 참조.

4.

　존재탐구의 세 유형은 한결같이 '존재자로서 존재자에 관한 학', 즉 제1철학을 존재론의 이념으로 설정하고, 현상분석을 방법의 대원칙으로 삼고 있는 데에서 일치한다. 문제는 이들의 차이점에 있다. 세 유형은 현상 분석의 착수점과 그 방법을 서로 달리함으로써, 이에 따라 존재자 일반의 존재 원리가 갖는 결정 방식이 달라진다. 착수점을 인간 이성에다 두고 이것의 인식능력을 분석함으로써 존재자 일반의 존재 원리가 이성의 선천적 형식으로서 특성을 갖게 된 다. 이것은 곧 존재자 일반을 규정하는 존재 원리가 그것과는 상관없이 특정한 존재자로부터 분석되어 나온 것이다. 원리가 원리인 바의 소이는 도대체 어디에 있는가? 그것은 존재자를 규정하는 것에 있다. 그러므로 원리는 존재자와 전적으로 무관하게 이끌어낼 수만은 없는 것이다. 적용될 존재자와 무관한 존재 원리란 원리로서의 기능을 상실하기 때문이다. 원리가 진정한 존재자의 원리가 되기 위해서는 무엇보다도 원리의 발생 기원을 규정될 존재자에 두지 않으면 안 된다. 이때 비로소 원리는 원리로서의 소임을 다 할 수 있다. 그러나 이성의 인식능력 분석은 이를 충족시켜주지 못했다. 존재 원리가 존재자와 무관하게 분석되어 나오기 때문이다.

　동일한 존재지평에서 인간은 규정자로서, 여타의 존재자는 규정되어야 할 피규정자로서 존재 방식을 갖게 된다. 즉 인간은 존재자를 지향하는 의식(Bewuβtsein)으로, 피규정자는 규정되어야 할 대상(Gegenstand)으로 각각 존재의의를 갖는다. 인간은 이성을 본질로 하는 존재자에서 이를 지향하여 규정하고 결정하는 존재자로, 여타의 존재자는 있는 그대로의 존재자가 아니라 지향하는 존재자에 대하여 있는 존재자로 각각 그 존재의의를 갖게 된다. 이성적 존재에서 의식적 존재로, 존재자에서 대상으로 각각 그 존재 방식이 달라져 있는 것이다. 존재의 지평이 부지불식간에 인식의 지평으로 전도되는 상황이다. 세계는 이제 이를 지향하는 의식에 대하여 있는 세계로서 규정되는 것이다. 세계를 규정하는 척도를 바로 인간 의식이 가지고 있기 때문이다. 그러나 세계는 의식이 지향하는 대상세계만은 아니다. 처음부터 대상세계를 본질로 하는 세계는 없기 때문이다. 세계에는 대상화되지 않는 영역이 있는 것이다. 존재자로서 존재자 일반의 원리는 이리하여 반신불수가 되어버렸다. 이것은 엄밀히 말하면 있는 그대로의 세계에 관한 존재 원리가 아니라 대상으로서의 존재자 일반의 인식 원리인 셈이다. 대상화되지 않는 존재자에 관해서는 속수무책인 셈이다.

> "'경험의 가능성의 제약'과 '경험의 대상의 가능성의 제약'을 동일시한 칸트의 최고원칙은 요컨대 인식 원리와 존재 원리와의 동일성을 예상하는 데서 비로소 성립하는 바, '가능성의 제약'은 곧 '원리의 존재적 아프리오리'에 대한 칸트적 표현이었던 것이다. 그런데 칸트 자신은 이 명제를 관념론적으로 이해하여 원리는 곧 인식 원리(Prinzip=Erkenntnisprinzip)라고 속단해 버렸던 것이다."[27]

인간과 여타의 존재자는 의식과 대상 혹은 주관과 객관이란 거추장스러운 무장을 벗어던지고, 있는 그대로의 모습으로 되돌아가지 않으면 안 된다. 이제 인간은 특정한 존재자를 지향하는 존재자는 아니며, 존재자 역시 어떤 특정한 존재자에 대하여 있음으로써 이에 따라 인식되어야 할 대상은 아니다. 그것은 인식의 지평에서가 아니라 존재의 지평에서 인식의 구조와 체제를 파괴하는 것이다. 그리하여 존재의 체제로 새롭게 전환하는 것이다. 즉 인식자와 인식되는자 그리고 인식매개자로 구성된 체계 자체를 해체하고, 인식자와 인식되는자가 하나로 통일되는 새로운 체계 내에서 인식이 아닌 체험으로 대체해 나아가지 않으면 안 된다. 그리하여 인간은 지향성을 본질로 하는 존재자에서 개시성을 본질로 하는 존재자로, 존재자는 객관과 대상으로서가 아니라 존재하는 바 그 자체가 자신을 알려 오는 도상에서, 존재의 비은폐성을 보증하는 존재자로 존재하게 된다. 인간은 존재에로 지향하여 이를 파악하는 의식적 존재자에서 그 자신에게로 존재가 알려져 오는 '현존재(Dasein)'로, 존재자는 존재파악의 대상에서 존재하는 바가 자신을 드러내는 현상으로 그 존재의미를 갖게 된다. 인간은 존재가 개시되는 곳으로 존재자는 존재개시의 소여로서 이들은 다 같이 동일한 존재지평에 놓이게 된다. 여기에는 오직 일치와 동일만이 허용될 따름이다.

하이데거는 인간 이성을 존재세계 바로 거기에 있는 그대로 내버려 두고, 이로 하여금 바로 그 세계에서 존재자 일반의 존재 원리를 파악하고자 했던 것이다. 그러나 이것은 인간 이성이 여타의 존재자로부터 분리되어 나올 때와는 상황이 전혀 다른 것이다.

---

27) 하기락(1982), 25쪽.

파악의 방법도 인식이 아닌 교섭이며 체험이다. 이론적으로 구명해 내는 것이 아니라 실존적 삶을 통하여 이해하고 해석해 낸 것이다. 그러나 이것이 칸트와 방법을 달리한다고 하더라도 착수점은 여전히 인간에 놓여 있다. 다만 인간의 존재 방식을 달리했을 뿐이다. 어디까지나 교섭하고 체험하고 이해하는 주체가 바로 인간 현존재인 것이다. 다만 이것은 존재세계 내에서 인간의 외적 삶을 통하여 세계를 이해하고자 하는 것이 다른 점이다. 여기에서는 체험되는 세계가 바로 존재하는 세계이다. 체험을 통하여 존재세계는 이해되고 해석되는 것이다. 그렇다면 체험되지 아니하는 세계영역은 어떻게 이해할 수 있는가? 체험된 세계를 통하여 체험되지 아니하는 세계, 즉 세계 전체가 여기에 개시되고 있다. 실존적 체험은 실존적 삶의 체험이고 이것은 존재자를 도구로서 교섭하고, 도구는 지시를 함축하고 도구의 전체성, 즉 지시의 전체성이야말로 존재세계가 갖는 세계성이다. 결국 실존적 삶의 교섭에 따라 도구적 지시연관에 따라 체험되지 아니한 세계영역까지 체험할 수 있다. 이것은 어디까지나 도구로서 존재성격을 갖는 세계로 개시되는 것이다. 체험된 세계가 존재세계의 전체를 개시하고 있는 것이다. 이렇게 존재세계는 있는 것이 아니라 되는 것이다. 도구성을 본질로 세계는 거듭나는 것이다.

그러나 달라진 것은 아무것도 없다. 구성과 해석은 인식하고 이를 이해하는 존재자의 입장에서 새롭게 만들거나 이해하는 것이다. 특정한 존재자의 입장에서 이를 구성하거나 해석하거나 하지 말고 있는 그대로를 밝혀내면 되는 것이다. 있는 그대로의 존재자들 상호 간의 연관성과 역동적인 관계를 말 그대로 구명하면 되는 것이다. 구성하고 이해하는 존재자의 지평에서 존재세계를 밝히는 것이 아니라 존재자 일반의 지평에서 존재세계를 드러내는 것이다. 구성자의 인식능력이 어떻게 있느냐, 혹은 체험자의 실존적 관심이 어디에 있느냐가 중요한 것이 아니라 존재자 일반이 어떤 구조를 가지고 있느냐가 중요한 것이다.

"이런 관점에서 하이데거는 인간적 현존의 존재구조 속에다 처음부터 세계라는 대상측면을 그 한 계기(一契機)로 포함시켜 그것을 세계내존재라 규정하고 있다. 그럼으로써 하이데거에서는 현상의 지반이 어느 정도로는 인식론적 의식의 측면을 벗어나 세계 속에 생존하는 인간의 생활관계의 측면에서 풍부한 내용을 섭취하고 있기는 하다. 그러나 그렇다고 해서, 현존을 인간의 현존에 국한하는 데서 필연적 결과로 초래되는 인간적 존재에의 존재자 일반의 의존도는 조금도 완화 되는 것이 아니다. 더욱이 인간적 현존의 존재구조 속에 편입시켰던 세계가 다시 그 자존적 영야(領野)로 풀려 놓을 수 있는 출구는 끝내 타개되지 못할 운명에 있 음에 있어서랴. 이러한 사정을 가리켜 우리는 하이데거의 철학이 출구 없는 일방 로에 함입(陷入)하고 있다고 평한 것이다. 이에 비하여 하르트만의 존재론은 처음 부터 실사적(實事的) 세계의 넓은 평원을 달리고 있는 감을 주는데 그것은 현상의 지반을 일상적 생활 측면과 아울러 실증적 제 과학의 다양한 성과에서 취한 소치 (所致)라 하겠다."[28]

5.

하이데거를 시작으로 출발했던 허유 선생의 서양철학 여정은 칸트를 경유하여 하르 트만에 이르러 사실상 막을 내리게 된다. 여기에는 일관된 철학의 근본 문제가 함께 하 고 있다. 존재탐구가 바로 그것이다. 그의 여정은 존재자로서 존재자 일반의 존재 원리 가 어떻게 이끌어져 나오는가를 보여 주는, 원리의 발생론적 추적이라 할 수 있겠다. 여 기에서 칸트는 하이데거와 하르트만을 연결하는 절대적 위치에 놓이게 된다. 즉 주·객 분리에 의한 범주의 비판은 한편으로 주·객 동일에 따른 범주의 체험으로, 다른 한편으 로는 주·객의 종합통일에 의한 범주의 반영에로의 길을 열어준다. 칸트의 거대한 봉우 리를 넘어서기 이전의 단계에서 원리의 도출이란 직접적인 생활 체험에 의한 존재자 일 반, 즉 세계를 이해하는 것이다. 이것은 아직 오성적 사유로서 세계의 본질을 파악하기 이전의 단계에서 행해질 수 있는 바의 것이다. 따라서 이것은 가장 유아적이고 걸음마 단계의 세계 인식이라 할 수 있다. 여기에서 세계는 오직 체험의 세계이다. 새롭게 구성 되거나 있는 그대로 반영되는 세계가 아니라 형성되는 세계이다.

칸트의 봉우리를 넘어서게 되면 그 이전의 단계에서 찾아볼 수 없는 전혀 새로운 세 계가 기다리고 있다. 이것은 체험의 세계도 아니며, 오성적 사유의 세계도 아니다. 여기 에는 존재의 세계이자 철학의 세계가 전개되고 있다. 이 세계는 교섭의 대상도 아니고

---

28) 하기락(1982), 50쪽.

인식의 대상 또한 아니다. 주·객 동일의 구조에서 이끌어낼 성질도 아니고 또한 주·객 분리의 구조에서 이끌어내어질 성질의 것도 아니다. 이것은 어디까지나 주·객 통일이요 종합에서 반영 그 자체이다. 인간 현존재가 체험하고 인간 오성이 인식함으로써 알 수 있는 세계가 아니라 어디까지나 인격(Person)이 존재자 일반의 분석을 통하여 이끌어낼 수 있는 세계이다. 이것은 유아적·상식적 단계와 과학적·인식적 단계를 넘어서 철학적·존재론적 단계에로의 이행이다. 이 세계는 인간생존을 위한 생활 도구의 세계도 아니고 인간의 지적 호기심을 충족시켜주는 인식대상의 세계도 아니다. 존재자 일반의 존재자로서 존재자의 세계인 것이다.

시간을 초월한 허유 선생의 서양철학 여정은 세계가 인간 개개인에게 어떻게 다가와 어떻게 인간 모두의 세계로 평준화되어 인식되는지를 보여 준다. 뿐만 아니라 이것은 인간과 상관없이 처음부터 세계는 어떻게 존재하는지를 동시에 보여 주고 있다.

니콜라이 하르트만의 존재론과
하기락의 존재학

서정욱(배재대)

1. 니메탈(Niemetal)과 대구

철학서(書) 중 우리는 접속사 와(과)로 된 몇 안 되는 작품들을 접할 수 있다. 그중 가장 대표적인 것이 아마도 하이데거의 『존재와 시간』과 사르트르의 『존재와 무』일 것이다. 이 접속사 '와(과)'에 대해서는 아직도 논란의 대상이긴 하지만, 많은 철학자들이 접속사로 연결된 두 개념의 의미는 두 개념의 비교 의미보다 상반되는 것으로 설명하고 있다. 즉 하이데거에서 존재와 시간은 결코 함께할 수 없는 것이며, 사르트르에서 존재와 무 또한 함께할 수 없다는 의미이다.

이러한 일반적인 접속사를 본 논고에서도 사용하여, '니콜라이 하르트만의 존재론과 하기락의 존재학'이라고 논제를 정했다. 여기서 필자는 본 논고의 제목 중 접속사 '과'를 위에서 살펴본 일반적으로 철학에서 사용되는 상반되는 의미보다는 비교에 더 큰 의미를 두고 서술하고 있음을 먼저 밝혀둔다. 즉 하르트만과 하기락의 사상을 서로 비교해 보고자 한다. 두 사람의 비교연구는 대등한 관계에서 이루어져야 할 것이다. 그러나 두 사람의 관계를 완전히 비교로만 끝내지는 않을 것이다. 두 사람의 상반된 의견도 있을 것이 분명하다고 판단된다. 이런 점들은 마지막 부분에서 서술하게 될 것이다.

먼저 한 에피소드로 두 사람을 비교해 보고자 한다. 1982년 1월 따스한 어느 날, 하기락은 독일 괴팅겐(Göttingen)에 있는 하르트만의 묘소 앞에 서 있었다. 그의 오른편에는 하르트만의 부인과 아들 그리고 왼쪽에는 필자도 함께하고 있었다. 하기락은 하르트만의 묘소가 너무나 단순하고 평범함에 감탄하고 있었다. 사실 그의 묘소는 다른 사람의 묘소와 조금도 다를 것이 없었고, 그의 묘비에는 그의 이름과 생몰 년 월 일 외에는 아무것도 각인되어 있지 않았다.

하르트만의 유족인 부인과 아들은 괴팅겐에서 서쪽으로 약 25km 떨어진 작은 도시 니메탈(Niemetal)에 살고 있었다. 하르트만의 묘소가 그러하듯 그의 유족이 살고 있는 집 또한 그의 명성에 비해 너무나 초라하였고, 바로 옆집에 사는 사람조차도 하르트만이 누구인지 모르고 있었다. 약간 상기한 하기락은 열심히 백과사전을 뒤져 하르트만이 누구인지 알려 주었고, 그것을 읽은 그들은 다시 한번 하르트만의 부인 프리다 하르트만(Frida Hartmann, 1987년 사망) 여사를 보고 놀랐다. 하기락이 타계할 때까지 거처했던 대구 만촌동 집을 알고 있는 사람들은 하르트만의 묘소, 그의 유족이 살고 있는 집 그리고 당시 상황을 충분히 상상할 수 있을 것이다.

일반적으로 하기락은 한국의 하르트만 연구가로 잘 알려져 있다. 이런 관점이라면 결코 두 사람을 대등한 관계에서 비교연구가 불가능할 것이다. 하지만 하르트만의 학창 시절이나 마르부르크학파 이후 괴팅겐 대학에서 자신의 존재론을 완성시켜 나가는 과정이나, 하기락이 일본 유학 이후 경북대학과 동아대학을 중심으로 영남지방에[1] 철학의 뿌리를 내리는 과정 그리고 계명대학에서 자연과학에 심취하여 인식론과 자연과학을 연계시키고, 이를 바탕으로 자신의 존재론을 완성시켜 나가는 과정이 너무나 흡사하다. 두 사람의 비슷한 과정을 먼저 마르부르크학파에서의 하르트만과 영남학파에서의 하기락을 살펴보고, 다음으로 두 사람의 관계를 살펴보고자 한다. 마지막으로 앞에서도 잠시 언급하였지만 두 사람의 상반된 부분도 함께 살펴보고자 한다.

2. 마르부르크학파와 하르트만

19세기 말 독일을 중심으로 사변적인 관념론과 자연과학적인 유물론 그리고 신학적인 비판들이 칸트철학을 중심으로 재조명되었다. 이렇게 철학에 새로운 연구를 가한 일련의 학자들을 우리는 신칸트주의자 혹은 신칸트학자라고 칭하고 이를 신칸트학파라고

---

1) 필자는 이를 '영남학파'라고 칭하고자 한다.

한다. 이 신칸트학파 중 독일 마르부르크 대학을 중심으로 칸트철학에 대한 일련의 해석을 지도한 헤르만 코헨(Hermann Cohen)과 파울 나토르프(Paul Natorp), 에른스트 카시러(Ernst Cassier) 그리고 코헨의 젊은 제자 니콜라이 하르트만(Nicolai Hartmann)과 같은 학자들을 우리는 마르부르크학파라고 칭한다.

사실상 독일에서 신칸트학파의 선풍을 일으킨 효시임과 동시에 실질적으로 신칸트학파를 주도했다고 할 수 있는 마르부르크학파의 특징을 보면, 먼저 칸트의 인식론을 자연과학과의 관계성 속에서 자연과학에 인식론적 근거를 제공하였다는 것을 들 수 있다. 두 번째 특징은 마르부르크학파만의 독특한 방법론이다. 그들은 칸트의 방법론을 받아들여 이것을 수학 및 수학과 연관된 자연과학에 적용하여, 자신들의 방법론을 삼는다. 세 번째 특징은 칸트의 개념을 재정비한 것이다. 특히 칸트의 물자체(Ding an sich)에 대한 제거 작업이다. 이런 마르부르크학파의 특징을 한마디로 표현하면, 수학 및 자연과학과 인식론의 조화라고 보아도 무방할 것이다. 이렇게 독특한 특징을 가진 마르부르크학파는 다른 어떤 신칸트학파보다 논리적인 측면이 강하게 나타난 원인이 되기도 한다.[2]

젊은 하르트만은 마르부르크학파의 이러한 인식논리학의 강한 분위기에서 자신의 학문을 시작하였다.

> "(하르트만)이 마르부르크에서 처음 접한 것은 학문적으로 확고하게 된 철학적 인식이었다. 마르부르크학파의 철학은 비판학문으로 시작하였다. 그리고 학문으로서의 철학은 니콜라이 하르트만의 철학적 삶을 시작하는 동기에 불과하였다."[3]

이 인용문에서 우리는 하르트만이 철학을 어떻게 시작했는지 쉽게 알 수 있다. 그는 당시 비판학문적인 관념론의 영향 아래 있던 마르부르크학파의 일원으로 그의 철학을 시작했다.

그러나 하르트만의 철학이 완전히 인식론에만 얽매여 있었던 것은 아니다. 잘 알려진 바와 같이, 1908년에 발표된 그의 학위 논문은 「그리스철학에 있어서 존재문제에 대

---

2) 이를 단적으로 보여 주는 것이 코헨의 주저 제목 "순수인식논리학(Logik der reinen Erkenntnis)"에서도 잘 나타나 있다.

3) Klein, *Nicolai Hartmann und Marburger Schule*, 106쪽.

하여(Über Seinsproblem in der griechischen Philosophie)」였다. 뿐만 아니라 같은 해에 첫 번째 저서를 출판하게 되는데, 『플라톤에 있어서 존재의 논리학(*Platos Logik des Seins*)』이다.

이러한 하르트만의 존재론에 대한 관심은 1921년 『인식형이상학강요(*Grundzüge einer Metaphysik der Erkenntnis*)』를 출판할 때까지 계속되고 1935년 그의 첫 번째 존재론의 저서 『존재론 정초(*Zur Grundlegung der Ontologie*)』를 완성한다. 이 저서에서 하르트만은 자신의 관심이 다른 철학자들이 갖는 것과는 다르다는 것을 전제하고 새로운 존재론의 길을 연다.

> "지난 10년 동안 우리는 존재론(Ontologie)에 관해서 아주 많이 들었다. 특히 콘라드 마르티우스(H. Conrad-Martius)와 야코비(Günther Jakoby)의 저서 제목에서뿐 아니라, 마이농(Meinong)의 대상론이나 셸러의 형이상학에 대한 논문들 그리고 하이데거의 『존재와 시간』 등에서 거론되었다."[4]

그러나 이러한 여러 사람의 연구가 형이상학 내지 새로운 존재론에 대한 문제를 완전하게 해결한 것이 아니며, 더더욱 존재론의 근본 문제에 대해서는 전혀 얘기가 되지 않았다고 하르트만은 주장한다.

앞에서 우리는 마르부르크학파의 특징 중 그들만의 독특한 방법론을 제시했다. 사실상 하르트만이 코헨이나 마르부르크학파의 영향 아래 있다가 존재론의 입장으로 바꾼 가장 큰 이유도 바로 이 방법론에 있다고 판단된다. 물론 하르트만은 자신의 독특한 존재론을 위해서 자신의 방법론에 다음과 같은 기준을 두고 있음을 강조한다.

> "한 권의 주요한 저서는 주변의 부분적인 영역을 먼저 다룸으로써 다른 발전법칙에 따라야 한다. 즉 주저에서 주장될 내용은 천천히 이루어지는 것이다. 왜냐하면 주저의 관점이 되는 주어진 것의 지반은 부분적인 영역에 확산되어 있고, 그리고 모든 철학적인 경험은 먼저 이 부분적인 영역과 함께 있기 때문이다."[5]

---

4) N. Hartmann, *Zur Grundlegung der Ontologie*, VII.
5) 같은 책, 같은 곳. 이러한 하르트만의 방법론 기준은, 모든 인식은 우리에게 있어서 먼저인 것으로부터 그 자체에 있어서 먼저인 것으로 진행한다는 아리스토텔레스의 법칙에 따라 정해졌다.

이러한 하르트만의 방법론이 마르부르크학파 내지 코헨의 영향에 의한 것이라면, 마르부르크학파의 방법론은 무엇이었는지 먼저 살펴보기로 하자.

마르부르크학파를 주도하였던 코헨의 사상은 무엇보다도 유명론과 선험철학적 입장 그리고 비판적 입장에 서 있었다. 이런 입장으로 코헨 자신의 선험적 방법에 정당성을 부여하려고 하였다. 물론 코헨은 자신의 이러한 방법론이 자연과학에서 사용되는 방법과 같은 종류임과 동시에 같은 가치를 갖고 있는지 먼저 증명해야만 했다. 그래서 코헨은 모든 학문의 모델로서 수학을 자신의 입장에 따라 체계화시켰고, 그의 철학적 방법의 발전단계를 수학 및 수학과 관련 있는 모든 자연과학의 발전과 함께 할 수 있도록 정리하였다. 코헨은 이러한 자신의 방법론으로 칸트의 이념철학을 철학의 한 분과 학문으로 설정하고자 하였다. 바로 이러한 코헨의 방법론을 하르트만은 자신의 철학에 적용하고 있다.

'부분에서 전체로' 그리고 '소여에서 원리로'라는 하르트만이 설정한 두 가지 방법을 하르트만은 존재론 구축을 위한 자신의 두 가지 원리로 사용하였다. 그러나 하르트만은 이 원리를 자신의 철학 내지 기초철학으로의 존재론의 영역에만 적용하는 것이 아니라 철학과 다른 학문과의 관계에도 적용하고 있다. 이런 관점에서 하르트만은 존재론을 철학의 가장 기본적인 것으로 선정할 뿐 아니라 존재론이 중심이 된 철학을 모든 학문의 기본으로 삼겠다는 의지가 담겨 있는 것이다.

이러한 하르트만의 방법론은 이미 잘 알려진 것과 같이 마르부르크학파의 코헨 영향 아래에서 형성된 것이다. 그러나 인식론의 입장보다 존재론적 입장을 자신의 기본 철학으로 설정한 하르트만은 칸트의 관념론의 영향 아래 있던 마르부르크학파의 일원으로 더 이상 남아 있을 수 없었다. 특히 다른 신칸트학파보다 처음부터 논리학의 입장에서 칸트의 관념론을 해석한 마르부르크학파의 경우에는 하르트만이 설 자리는 점점 사라질 수밖에 없었다. 즉 칸트는 인식의 문제에서 생긴 관념론을 선험적 주관의 문제로 이해하고 있다. 그러나 마르부르크학파에서는 선험적 주관을 도외시하고 논리적 관념주의를 추구하고 있다.

이런 마르부르크학파의 경향을 하르트만은 더 이상 인정하지 못하고 자신의 관점을

하기락은 이 방법론을 하르트만의 저서와 논문들의 저술 순서에 따라 다음과 같은 두 가지 원칙이 그 속에 있다고 보았다. 첫째는 "부분에서 전체로"(혹은 주변에서 핵심으로)이고, 둘째는 "소여에서 원리로"이다. 하기락, 『하르트만 연구』 37쪽.

인식론에서 존재론으로 옮기게 된다. 하르트만은 1921년 『인식형이상학강요』를 출간한다. 이 책이 갖는 특징은 두 가지이다. 먼저 하르트만은 인식형이상학이란 특수상황을 바탕으로 자신의 철학적 관심을 인식론에서 존재론으로 바꾸었다. 두 번째 특징은 그는 존재론을 자신의 철학적 관심으로 정함과 동시에 마르부르크학파와 결별하였다는 것이다. 이 결별은 다른 어떤 철학의 관점에도 종속되지 않는 자신의 고유한 철학으로의 발전을 의미한다.

먼저 하르트만은 그의 저서 『인식형이상학강요』에서 우리가 대상을 인식할 때 논리적으로 해결되지 않는 인식이 있음을 밝히고 있다. 왜냐하면 대상들 간의 관계성을 인식하기 위해서는 주체와 객체의 관계가 존재의 관계로 주어져 있음을 알아야 하기 때문이다. 그러므로 인식의 논리적 의혹은 곧 "존재의 논리적 의혹"으로 하르트만은 받아들이고 있다. 이러한 존재론적인 관계는 인식의 관계에 존재론적인 근거를 제공하는 것이므로 "인식의 형이상학적인 근본 물음은 곧 존재론적인" 근본 문제가 되는 것이다. 그러므로 모든 논리적인 의혹은 존재의 논리적인 의혹이 풀리면서 해결되는 것으로 하르트만은 보았다.[6]

존재론에 대한 확신을 가진 하르트만은 마르부르크학파의 인식론적인 논리학의 관점에서 자신만의 존재론적인 길로 방향을 돌렸다. 그는 스스로 자신과 시기적으로 자신의 존재론에 대한 사고 형성 전후의 칸트학파와 다음과 같이 구별하고 있다.

> "이 연구의 수행 목적은 마치 관념주의가 신구 항로를 우리에게 깨우쳐 주려는
> 것처럼 인식은 대상을 창조하는 것도 생산하는 것도 혹은 발생시키는 것도 아님
> 을 보여 줄 것이고, 오히려 모든 인식에 앞서 인식으로부터 종속되어 있지 않음
> 을 이해시키고자 함에 있다."[7]

이런 목적과 함께 하르트만은 관념주의에서부터 존재로 그 관점을 옮기고 형이상학에서 자신의 사고를 출발시키고 있다. 이런 관점에서 볼 때 칸트가 주장한 "비판 없는 형이상학은 없다"는 사고는 "형이상학 없는 비판은 없다"는 하르트만식의 사고가 반대 개념으로 나타나는 것이다. 그러므로 칸트가 "비판적 인식론을 모든 형이상학의 예비입

---

6) N. Hartmann, *Grundzüge einer Metaphysik der Erkenntnis*, p. 76.
7) *ibid.*, p. 1.

문(Proleogomena)"으로 삼는 것과 같이 하르트만은 "비판적 형이상학을 인식의 예비입문"으로 삼는다.[8]

이렇게 확고한 관점을 중심으로 하르트만은 1935년『존재론 정초』를 시작으로『가능성과 현실성(*Möglichkeit und Wirklichkeit*)』(1938),『실재세계의 구조(*Der Aufbau der realen Welt*)』(1940) 그리고『자연철학(*Philosophie der Natur*)』(1950) 등 자신의 존재론에 관한 주저 네 권을 완성한다. 이 네 권의 주저는 서로 불가분의 관계를 맺고 있으며, 이것을 바탕으로 하르트만은 자신만의 존재론의 새로운 길을 개척한 것이다.

3. 영남학파와 하기락

1963년 11월 9일은 우리나라 철학사에 길이 남을 날짜로 기록되고 있다. 사실상 60년대의 우리나라 철학은 불모지라 하여도 과언이 아니었다. 이런 역경 속에서 1963년 11월 9일 하기락은 한국칸트학회 창립총회를 개최하고 1964년 학술논문집인『철학연구』제1집을 발간하고[9] 이어서 칸트 160주기 기념(1964년 4월 23일) 학술대회를 동아대학교에서 개최한다.

『철학연구』제1집에 게재된 논문을 살펴보면, 하기락의 의도가 무엇인지 우리는 쉽게 알 수 있다. 이러한 일련의 사업을 시도한 하기락의 목적은 19세기 독일에서 그러했듯이 한국에 신칸트학파를 만들어 칸트의 사상을 유포시키고자 함이었다. 당시『철학연구』제1집에는 7편의 논문이 게재되었는데, 그중 칸트에 관한 논문이 3편(한명수,「Kant와 현대철학」, 최일운,「Die Kritik des Schematismus Kants」, 장만용,「칸트와 변증법」)이고 하르트만에 관한 논문이 2편(민동근,「N. Hartmann에 있어서의 가치표의 법칙성」, 하기락,「N. Hartmann의 Ontologie에 있어서의 Kategoriensystem의 문제」)이었다. 물론 이것으로 칸트의 철학이 당시 영남지방에 미친 영향을 설명할 수는 없다. 그러나 당시의 영남학파가 한국의 신칸트학파라 하여도 과언은 아닐 것이다.[10]

---

8) *ibid.*, p.5.

9) 이『철학연구』제1집의 발간 시기는 1955년에 발간된『철학』제1집과 비교하여 당시 상황이나 영남지방이란 지역적인 여건을 감안할 때, 결코 뒤지지 않는 업적이다.

10) 물론 이러한 그의 계획은 차질 없이 진행되었고,『철학연구』에 게재된 철학자별(3편 이하의 철학자 제외) 분류에서 칸트에 관련된 논문만 현재까지 서양철학 논문 341편 중 94편으로 전체 논문

이때 하기락이 게재한 논문은 그의 박사학위 논문이었음을 그는 설명하고 있다.[11] 하기락은 일본 와세다대학 철학과에서 「Heidegger에 있어서의 공간성과 시간성의 문제」로 석사학위를 마치고 귀국하였다. 이때 하기락의 관심사는 이미 하르트만으로 바뀐 뒤였다. 즉 그는 "내면에서 외부 세계의 존재에로 관심의 방향을 돌린" 것이라고 설명하고 있다.[12]

우리는 하르트만이 그의 관심을 인식론에서 존재론으로 바꾼 시기를 그의 저서 『인식형이상학강요』의 출간 시기로 잡는다. 이 저서의 출간 이전을 우리는 존재론을 위한 준비기로 보고 그 이후를 존재론의 형성과 체계기로 보고 있다. 본 논고에서는 이러한 공식을 하기락에게도 적용해 보고자 한다. 즉 1940년을 기점으로, 그 이전을 존재론을 위한 준비 시기, 1960년대 하르트만에 관한 논문이 발표되던 시기를 존재론의 형성 시기로 볼 수 있다. 그리고 하기락이 1983년 하르트만의 존재론을 위한 주저 3권을 우리말로 번역한 이후의 시기를 존재론의 체계화 시기로 볼 수 있다. 이 세 시기를 중심으로 하기락의 존재론을 논해 보고자 한다. 그러나 본 장에서는 하기락의 존재론 준비기와 형성기에 대해서 살펴보고 체계기는 다음 장에서 살펴보고자 한다.

하기락의 존재론을 위한 준비 시기는 일본의 와세다대학에서 이루어지고 있다. 이 시기는 또한 신칸트철학에 심취해 있던 시기이기도 하다. 하기락은 「하이데거에 있어서의 공간성과 시간성의 문제」에서 논문의 주안점을 하이데거에 있어서 현존재의 특징을 끌어내는 것에 두고 있다고 서문에서 밝히고 있다. 특히 현존재의 공간성과 시간성을 고찰함에 있어서 칸트의 감성론을 길잡이로 삼았다고 설명한다.

이 논문에서도 밝혀지고 있지만 하기락은 현대 새로운 존재론의 재건을 시도한 철학자는 하이데거와 하르트만이라고 주장하고 두 사람 사이의 일치점을 다음과 같이 세 가지로 서술하고 있다.[13]

1. 서양철학의 근본적 주제는 존재 문제에 있다.
2. 존재론의 전통이 플라톤과 아리스토텔레스로 소급되지만, 그 이후의 전통적 형이

의 27.5%나 되는 것으로 나타났다. 이남원 외, 『철학연구』에 게재된 논문을 통해 본 연구 성향 분석」, 403쪽.
11) 하기락, 「나의 수업시대」, 6쪽.
12) 같은 책, 같은 쪽.
13) 하기락, 「우리는 서양철학을 어떻게 받아들일 것인가」, 3쪽.

상학은 존재론의 정도를 벗어나 존재와 존재자를 구별하지 못하는 원인을 자초했다.

3. 그러므로 존재망각에서 존재회복이 요구되며 존재론의 재건이 절실한 과제이다.

이러한 일치점과 함께 하이데거나 하르트만은 다 같이 존재론의 주제를 아리스토텔레스의 "존재자로서 존재자"로 보지만, 이를 하이데거는 그의 독특한 용어인 현존재(Dasein)로 표현하면서, 실존(Existenz)을 현존재의 본질로 보았다. 그러므로 존재자로서 존재자는 존재 일반이 아니라 선택된 존재자인 인간의 현존재인 것이다. 여기서 하르트만은 하이데거와 의견을 달리하고 있다. 하르트만은 여기서 하이데거가 현존재를 존재론의 출발점으로 잡고, 특히 인간의 현존재에 국한한 것이 존재자로서 존재자 일반의 문제를 처음부터 폐기하고 있다고 주장한 부분에 대해서 하기락도 전적으로 동의하고 있다.[14]

하기락은 하이데거와 하르트만이 존재론을 재건함에 서로 다른 길을 택한 것은 그들의 방법론도 크게 영향을 미쳤다고 주장한다. 즉 하르트만과 하이데거는 현상학적으로 그들의 존재론 재건을 시도하였다. 그러나 하르트만은 하이데거처럼 현상학적 방법만을 "철학의 유일한 방법으로 삼지 않았다." 이 방법은 "다만 예비적 방법으로서 철학의 종합적 방법 체계 속에 편입시켜진다."[15] 즉 하르트만은 이 현상학적 방법 외에 자신의 존재론을 위해서 받아들인 방법은 분석적 방법이다. 하기락은 하르트만이 이 방법을 받아들인 이유는 개개의 구체자로부터 범주를 귀납 추리하기 위해서라고 보고 있다.

현상학적 방법과 귀납적 방법으로 존재론 재건을 위한 방법의 체계가 완결되는 것은 아니다. 현상학적 방법은 사실의 관찰을 위해서 필요하며, 개개의 원리나 법칙의 도출을 위해서는 분석적 방법이 도입되어야 한다. 그러나 원리들 간의 내면적 관련성을 밝히기 위해서 제3의 방법이 도입되어야 한다. 이를 위해서 도입된 하르트만의 방법은 변증법적 방법이라고 하기락은 특징짓고 있다.[16]

하기락이 본 세 번째 하르트만과 하이데거의 차이점은 존재론적 개념이 원인이다. 하이데거 역시 하르트만에 뒤지지 않는 존재론적 개념을 중요시하고 신조어와 합성어

---

14) 같은 논문, 5쪽.
15) 같은 논문, 7쪽.
16) 같은 논문, 같은 곳.

를 만들어 낸 것으로 알려져 있다. 그러나 하기락은 하르트만이야말로 "형이상학 밑바닥에 깔려 있는 중요한 존재론적 개념들을 가려내어 자기의 새로운 존재론의 체계 속에 수장하기를" 결코 게을리하지 않았다고 주장한다.[17]

이상 세 가지 점에서, 현존재 문제, 방법론 그리고 존재론적 개념 문제에 있어서 하르트만이 하이데거에 비해서 우월하다고 판단한 하기락은 자신의 새로운 존재론의 재건을 위해서 과감하게 하이데거를 버리고 하르트만을 택한다. 이렇게 존재론 준비기를 정리한 하기락은 귀국 후 1960년대 영남지방에 정착하면서 과감히 존재론 형성기에 들어간다.

하기락은 1960년부터 1966년까지 학위 논문을 포함하여 하르트만의 존재론에 관한 네 편의 논문을[18] 발표하면서 자신의 존재론 형성기를 맞이한다. 이 네 편의 논문과 성격을 간략하게 서술하면 다음과 같다:

1. 「하르트만에 있어서의 존재론의 형성 과정」(1960): 하르트만의 존재론의 형성 과정을 그의 저서 전반에 대해서 검토하고 『인식형이상학강요』를 기준으로 그 이전의 비판철학의 시기와 그 이후의 존재론 체계 준비기와 전개기에 대하여 구분하여 설명하고 있다.

2. 「하르트만의 존재론에 있어서의 범주체계와 문제」(1964): 이 논문은 하기락의 박사학위논문으로 하르트만의 광의의 존재론과 범주론 그리고 협의의 존재론과 범주론이 서로 어떤 관계에 놓여 있는지를 자세히 밝히고 하르트만의 범주체계의 특색을 구명하고 있다.

3. 「자연의 범주체계」(1966~1967): 하르트만의 존재론 주저 중 마지막 네 번째인 『자연철학』을 살펴보면서 특히 칸트의 자연철학과의 연관관계를 함께 고찰하고 있다.

4. 「'것의 있음'은 어떻게 주어지나」(1966): 일상생활에서 우리는 항상 어떤 것의 '있음'을 알고 '~있다'고 말한다. 이와 함께 어떤 것의 '있음'을 말할 때 언제나 그것의 있는 '거기(Da)'가 어떻게든지 함께 알려지고 있다. 이 논문은 존재자의 '거기있음(Dasein)'의 소여성을 주제로 한 소고이다.

---

17) 같은 논문, 8쪽.
18) 이상 네 편의 논문을 묶어 1972년 하기락의 『하르트만 연구』가 형설출판사에서 출판되었다.

이상 네 편의 논문은 앞에서도 언급되었지만, 하기락의 존재론 형성기에 쓰인 것이며, 이와 함께 자신의 존재론을 형성하였다고 해도 과언이 아니다. 하르트만은 자신의 존재론을 수학, 물리학, 생물학에 걸친 특수한 범주론을 저변으로 하고 그 위에 다시 존재자 일반에 적용되는 보편적 범주론을 구축하고 있다. 이런 관점이라면 하기락이나 하르트만의 존재론은 범주체계의 전개로 일관되어 있다고 보인다. 즉 하르트만에 있어서는 "철학=존재론=범주론"이란 등식이[19] 성립되는데, 이러한 등식이 하기락에게도 적용된다는 것이다.

4. 하르트만과 하기락의 "자연" 개념

하기락은 하르트만과 하이데거가 새로운 존재론을 재건하였다는 측면에서 형이상학자로 볼 수 있지만, 종래의 전통적 이성주의적 형이상학, 즉 연역적 사변에 의한 형이상학을 거부하고 부정한 점에서는 반형이상학적인 일면도 있다고 보았다. 아마 이러한 입장은 하기락에서도 마찬가지라고 판단된다. 일반적으로 철학사에 있어서 현대의 논리실증주의에 의해서 반형이상학적 입장이 발견된다고 보고 있다. 그러나 그 뿌리를 우리는 칸트에서 찾아볼 수 있다.

칸트는 전통적 형이상학에 대해서 반대 입장이기는 하지만 논리실증주의자들처럼 형이상학적 문제까지 부정한 것은 아니다. 그러나 칸트는 형이상학적 문제의 불가피성을 인정한다. 그래서 그는 이성 비판으로 새로운 형이상학을 건설하려 하였고, 실천이성비판을 통해서 그 길을 개척하였다. 물론 이를 위해서 칸트가 취한 방법은 비판 정신이다. 하르트만은 마르부르크학파 출신답게 형이상학에 대한 입장 역시 칸트의 비판주의를 도입하여 과감하게 진행하고 있다.

하르트만이 건설한 존재론의 마지막 단계는 자연철학이다. 하르트만은 그의 저서 『자연철학』에서 자연철학을 세 가지 범주군으로 구별하고 있다. 차원적 범주군, 우주론적 범주군 그리고 유기체적 범주군이다. 차원적 범주에는 시간, 공간, 운동 등이 있고, 우주론적 범주로는 실재관계, 상태성, 실재성, 인과성 등의 범주가 있으며, 마지막으로

---

19) 하기락, 「우리는 서양철학을 어떻게 받아들일 것인가」, 9쪽.

유기체적 범주로는 유기적 조직체, 초개체적 생명체, 돌연변이, 유기적 결정성 등이 있다. 여기서 우리가 그의 자연철학 범주체계의 범주들을 보면서 특이하게 느끼는 것은 확정되지 않은 그의 범주이다.

칸트의 범주는 12개로 국한되어 있다. 반면 하르트만은 자신의 범주를 그렇게 국한하고 있지 않다. 이런 관점은 그의 스승 코헨과도 일치하는 부분이다. 범주에 있어서 코헨과 하르트만은 그들의 범주론은 수학 내지 수학과 관계 깊은 자연과학의 발전과 함께 발전한다고 주장하고 범주의 수를 제한하지 않고 있다.[20] 즉 자연철학은 자연과 함께 철학 또한 변하고 발전할 수 있다는 하르트만의 사고가 개방되어 있다는 것이다. 그래서 앞에서도 본 그의 범주체계 역시 범주의 수가 유동적이다. 우리는 그 이유를 하르트만이 가지고 있는 "자연"의 의미에서 찾아볼 수 있을 것이다.

하르트만은『존재론 정초』와『가능성과 현실성』에서 그의 협의의 존재론을 서술하고 있다. 그리고『실재세계의 구조』와『자연철학』에서 그의 협의의 범주론을 서술하고 있다. 물론『실재세계의 구조』는 일반적인 범주론이고『자연철학』은 복수 범주론이다.『자연철학』이 특수한 범주론을 다룬 것이라면 자연철학은 과연 어떤 역할을 하는가? 더 좁은 의미로 '자연'이란 무엇을 의미하는가?

하르트만은 그의 범주론에서 자연의 성층구조를 네 가지로 나누고 있다. 그중 가장 아래에 놓여 있는 성층구조가 무기적 물질층이고 유기적 생명체, 심리적 의식층 그리고 가장 위에 놓여 있는 구조가 인간이라고 설명한다. 이중 아래 두 개 층, 즉 무기적 물질층과 유기적 생명체층을 하르트만은 '자연'이라고 하였다. 그리고 그의 자연철학은 곧 이 자연과 깊이 관계 맺고 있다. 그러므로 자연철학은 하르트만의 특수한 범주론을 이루고, 그 자연 영역 안에 곧 무기적 물질층과 유기적 생명체층이 형성되어 있는 것이다.

하르트만이 자연의 발전에 따라 그의 범주의 수도 증가될 수 있다고 보고 있다면, 새로운 범주가 생긴다면 언제 그리고 어디에서 생길 수 있는가? 하르트만에 의하면 하층 구조에 있는 범주들은 항상 상층구조를 향하고 있다는 것이다. 즉 이 '자연'이라고 칭한 무기층과 유기층의 생명체는 항상 상부층으로 이행하여 새로운 범주가 된다는 것이다.[21] 아래에서 위로 향하여 범주들은 이행하고, 최상부층에 이른 범주는 더 이상 이행

---

20) Cohen, *Logik der reinen Erkenntnis*, p.588. 그리고 Hartmann, *Philosophie der Natur*, V 참조.

21) N. Hartmann, *Philosophie der Natur*, p.359f.

할 곳이 없기 때문에 소멸하게 된다. 그러므로 이 '자연'이야말로 모든 성층의 가장 기본이 되는 것이고, 하르트만 범주론의 기본이 되는 것이다.

이렇게 하르트만은 고전적 형이상학에서 탈피하여 자신의 새로운 존재론의 길을 개척하고, 이를 자연철학으로 연결하여 우주의 성층 구조를 구축하여 자신의 존재론을 완성했다. 그럼 우리는 여기서 하기락은 어떻게 자신의 존재론을 완성하였는지 살펴보기로 하자. 앞에서도 설명했지만, 하기락은 일본에서의 존재론 준비기를 거쳐 영남학파에서 존재론을 형성하였고, 1983년 이후 존재론을 체계화하였다.

1983년 이후 약 10년간 하르트만의 존재론 4부작을 하기락은 우리말로 번역하는 작업에 몰두한다.[22] 1983년 하르트만의『존재론 정초』를 번역하면서 하기락은 번역서의 제목을 너무나 과감하게『존재학 원론』이라고 하였고, 그 이후에 번역된『가능성과 현실성』을『존재학 양상론』으로 그리고『실재세계의 구조』를『존재학 범주론』으로 번역서의 제목으로 삼았다.

이러한 번역서의 제목으로 미루어 하기락은 존재학이란 한 학문을 과감하게 탄생시킨 것이다. 물론 그는 계명대학 시절에 강의 시간을 통해서 곧잘 'Ontologie'를 "존재학"으로 번역해야 한다고 주장하였다. 독일어 중 '~logie'로 끝나는 단어는 '~학'으로 번역된 것이 많기 때문에(예를 들어 Psychologie는 심리학으로, Biologie는 생물학 등등) Ontologie를 존재학으로 번역한다고 해도 전혀 무리가 없다는 것이었다.

그리고 하기락은 'Ontologie'가 종래의 존재론이라고 번역되어 왔지만 자신은 '존재학'으로 고친다고『존재학 원론』역자 서문에서 밝히고 있다. 뿐만 아니라 '학'이라고 하는 편이 훨씬 더 격에 어울린다고 주장한다. 그러나 같은 곳에서 그는『가능성과 현실성』『실재세계의 구조』가 계속해서 번역될 것이라고 밝히고 있다.[23] 그러나 정작 번역서와 제목은 계획과는 다르게 앞에서도 설명된 것과 같이『존재학 양상론』과『존재학 범주론』이었다. 아마도 하기락은 '존재론'을 '존재학'으로 바꾸고 독자의 비판을 기다린 것으로 보인다. 독자들 역시 함께 동참했다고 판단한 하기락은 계속해서 '론'을 '학'으로 바꾸어 역서명으로 사용한 것 같다.[24]

---

22) 1993년 하기락은 하르트만의『자연철학』을 3분의 1 정도로 축약하여 편자의 해설과 논평을 삽입한『자연철학』을 발간한 후 더 이상 하르트만의 연구는 하지 않고, 조선철학을 위해서 일련의 저서를 출간하고 그 이후 다시 칸트철학 연구를 사망할 때까지 계속하였다.

23) 하기락 역,『존재론 원론』, 3쪽.

24) 사실상 좋은 예가 약간 시기적으로 늦긴 하지만 1990년 번역된 하르트만의 New Wege der

하기락의 존재론 완성은 이렇게 존재론을 철학에서 독립시켜 새로운 학문으로 완성하고 있다. 이러한 존재론에 대한 하기락의 사고는 하르트만이 그의 존재론의 완성을 자연철학에서 찾았고, 또 자연과 함께 발전할 수 있도록 그의 범주를 열어 놓고 있듯이 하기락 역시 그의 존재학을 다른 학문과 함께 발전할 수 있게 열어 두고 있다.

하기락은 생의 말년에 지리산 '늘밭'에서 많은 시간을 보냈다. 필자에게 그는 그곳에서 하루를 주로 "자연을 관망"하면서 보낸다고 설명하였다. 그의 존재학 역시 하르트만과 같이 '자연' 개념 위에 세워질 것인가?

Ontologie를 조욱연과 양우석은 『존재학의 새로운 길』이라고 번역함으로 하기락의 뜻에 동조한 것으로 보인다.

제 18 장

존재와 당위를 넘어서:
허유 하기락 선생의 생애를 회고하며

양우석(계명대)

1.

1997년 2월 3일 오전 10시 허유 하기락, 한국 철학계 불후의 거목이 쓰러졌다. 이로써 우리는 더욱더 궁핍한 이 시대를 절감하지 않으면 안 되게 되었다. 순수한 정열, 담백하고 냉엄한 지성, 따스하고 소탈한 인격, 강한 의지와 실천 그리고 시종일관 명쾌한 사리 판단의 능력을 온몸에 소유한 한 시대의 철학자요 정치사상가, 사회운동가였던 우렁찬 목소리가 더 이상 들리지 않게 되었다.

그러나 사실 허유는 이미 생전에도 잊혀져 있었고 또한 잊혀져 가고 있었다. 그의 타계로 인하여 이 현상은 잠시 주춤한 듯한 인상이지만 이것은 일시적 현상이고 실제로는 더욱 빠른 속도로 이 현상은 진행되고 있다고 보인다. 이처럼 급속히 망각되어 가는 허유의 운명은 그가 생전에 가장 흠모해 마지않던 철학자의 한 사람인 니콜라이 하르트만의 경우와는 또 다른 의미를 지닌다. 마틴 하이데거, 칼 야스퍼스와 더불어 당대를 풍미하던, 아니 더 정확히 말해서 당시 독일 철학계의 독보적 존재로서의 철학자 니콜라이 하르트만은 시간의 흐름과 더불어 점차 현대 서양철학의 대명사로 떠오른 하이데거와는 달리 급속히 지성인들의 뇌리에서 사라져 갔다. 이제 하르트만은 겨우 철학사의 한 모퉁이를 채우는 데만 적합한 과거의 유물로 퇴락하여 아무도 그를 기억하려는 사람이 없다고 말해도 지나친 말은 아닐 것이다. 이제 하르트만은 철저히 망각되었다. 이것은 정말 이상하고 놀라운 현상이다. 하르트만 연구에 있어서 획기적인 일획을 그은 젊은 소장 학도 마틴 모르겐슈테른은 그의 저서 『니콜라이 하르트만』(1992)에서 이 사실을 소개하고 그 부당성을 고발한다. 그에 의하면 하이데거의 "기초존재학" 및 "존재사유"는 하르트만의 존재학에 비하면 지극히 미미한 업적밖에는 쌓지 못했으며, 따라서 하이데 거 철학이 자주 분석철학과 과학철학에 의해서 공격의 대상이 되는 반면 하르트만의 존 재학은 한 번도 이들의 공격의 표적이 된 일이 없다고 한다.

그러나 필자가 "허유의 운명"이라 말한 것은 이와는 다른 의미를 지닌다. 허유는 하 르트만과는 달리 생전에 충분히 알려지지 않은 한낱 지방대 철학 교수에 지나지 않았 다. 그러면 허유와 하르트만은 대등한 정도로 가시적인 학문적 성과를 내놓았느냐 하 면 그렇지 않다. 무엇보다도 그의 업적은 하르트만 연구에 있으며 박사학위 논문인 「하 르트만의 존재학에 있어서의 범주체계의 문제」(1964)와 더불어 다른 몇 가지 논문을 한 데 묶은 『하르트만 연구』(1981)에 나타난 그의 하르트만 이해는 매우 간결하게 하르트 만의 존재학을 핵심적으로 요약한다. 그 밖에도 그간 여러 군데 발표한 논문을 한데 모 은 『하기락 논문집』(1978)에서 그의 서양철학과 동양철학 그리고 아나키즘을 바탕으로 한 사회사상에 관한 관심을 읽을 수 있다. 하르트만 주저의 번역인 『존재학 원론(*Zur Grundlegung der Ontologie*)』(1983), 『존재학 양상론(*Moeglichkeit und Wirklichkeit*)』 (1984), 『존재학 범주론(*Der Aufbau der realen Welt*)』(1987) 및 하르트만 저서를 축약한 『윤리학(*Ethik*)』(1983)과 『자연철학(*Philosophie der Natur*)』(1993)은 그의 지칠 줄 모르 는 하르트만 존재학에 대한 정열을 대변하며 동시에 『서양 사회사상사』(1981)와 『탈환』 (1985)으로부터 『조선철학사』(1992)와 『조선철학의 유맥』(1994)에 이르는, 주로 아나키즘 과 관련된 외국 서적의 번역과 저서는 그의 사회사상, 더 엄밀하게는 아나키즘에 대한 일관된 관심을 보여 준다. 그는 무엇보다도 사회사상가 내지 실천가이며 "나는 아나키 스트다"라고 자랑스럽게 말할 수 있었던 푸르동(Pierre Joseph Proudhon)을 본받아 "나 는 아나키스트다"고 떳떳하게 말할 수 있었다. 그러나 이러한 그의 뚜렷하고도 독특한 사상과 실천 및 투쟁 과정은 그렇게 세인의 주목을 받지 못했다. 아니 철저히 외면당하 고 때로는 커다란 오해에 직면하기도 하였다. 님은 가셨다. 그러나 그를 진정 추모하는, 추모할 능력을 소유한 사람은 거의 없는 듯하다. 얄팍한 이해와 사실에 바탕하지 않은 오해는 모두 허유의 본래 정신을 짓밟을 뿐이다. 도대체 허유의 삶은 우리에게 어떠한 메시지를 남긴 것일까?

나는 이 글에서 하르트만의 비판적 존재학과 서양 및 동양을 무대로 면면히 지속되어 온 아나키즘을 두 축으로 하는 허유의 사상적, 사회 실천적 편력 과정을 그려 보도록 하겠다. 그러나 이 글은 전기나 단순한 사실적 기술이 목적은 아니므로 계보학적 완전성을 추구하기보다는 허유라는 개인의 학문론, 인생론, 우주관 등을 상기의 하르트만 존재학과 아나키즘 사상을 중심으로 살펴보는 데에 주안점을 두도록 하겠다.

2.

내가 처음으로 허유 선생을 만난 것은 1980년 3월 초로 기억되는 어느 오전 시간 계명대(대구시 대명동 1449번지)의 문과 대학 어느 강의실에서 열린 '서양 고대철학사'라는 독일어 원전 강독 시간이었다. 하기락 교수는 당시에 벌써 경북대 철학과 정년 퇴임을 하시고 계명대 철학과 명예 교수로 복직하고 있었다. 반은 대머리에 노리끼리한 얼굴, 작달막하고 깡마른 체구의 허유는 별 매력적인 특징이나 철학자다운 기질은 엿보이지 않는 듯하였다. 적어도 당시의 나에게는 그렇게 보였다, 감성이 한창 예민할 대학 2학년이었던 나는 이 노교수에게 아무런 기대도 없었고 따라서 실망도 없었다. 강의는 한 줄 읽고 한 줄 번역하는 매우 지루한 스타일로 시종일관 진행되었고 학생들은 받아 적기에 바쁜 나머지 매우 조용했다. 나 역시 그 이상도 이하도 아니었다. 가끔 기본개념을 설명하기 위하여 일어서서 칠판에 몇 자를 판서하는 이외에는 그렇게 기계적으로 한 학기 무미건조한 수업이 계속되었다. 허유 선생은 한 번도 자신의 사생활이나 개인적인 견해 또는 여담이 전혀 없었다. 따라서 학문 밖의 인간적 관심이나 취미에 동해서 학생들이 허유를 찾는 일은 거의 없는 듯했다, 시험 또한 매우 기계적이고 엄격해서 정답란에 괄호를 쳐서 몇 자, 몇 줄 하고 미리 답안이 제한되어 있었다. 그런 수업을 간간이 3년 마쳤는데 한국 철학사나 헤겔 철학, 하르트만 존재학을 수강한 기억이 생생하다. 대학원에서는 훨씬 더 많은 강의 시간에 허유를 만나게 되었지만, 강의 스타일은 시종일관 동일하였다. 그간 약간의 변화가 있었다. 나는 허유의 연구실에 개인 조교의 자격으로 몇 학기를 함께 지내게 되었다. 그래서 좀더 자세히 선생의 공부하는 모습을 알 수 있게 되었다. 선생은 정확히 8시 반쯤에 출근해서 오후 5시면 예외 없이 퇴근하였다. 선생은 칸트에 남다른 일가견을 가졌으며, 특히 니콜라이 하르트만에 크나큰 정열을 가졌음과 동양철학에 있어서도 동양철학도 이상 가는 식견을 가졌음을 알게 되었다. 대학원을 마칠 때쯤을 전후해서 나는 선생이 주도하는 하르트만 독회에 참석하게 되었다.

선생은 1912년 경남 안의에서 태어났다. 아나키스트 하기락은 8세 때 3·1 운동을 체험하고 16세 때(1929년)는 서울 제2고보생으로 광주학생의거에 참여하다가 1년간 투옥되었으며[1] 1932년에는 부친이 별세하였다. 이러한 시련에도 불구하고 항일의 의지를 바탕으로 한 평생 철학의 주제요 목표인 '인간 해방', '실존의 자유'가 이때 이미 선생의 좌우명이 되었다. 이러한 당시의 아나키스트적 신념을 선생은 이렇게 말한다: "한민족이 다른 민족을 속박하는 국가 기구, 그것은 죄악이다. 한 계급이 다른 계급을 지배하는 통치 체제(그것이 비록 프롤레타리아 계급에 의한 통치라 할지라도), 그것은 잘못된 것이다. 인간은 일체의 사회적, 경제적, 정치적 속박, 심지어 도덕적 내지 종교적 속박에서까지 풀려나지 않으면 안 된다는 것이 나의 신조로 굳어져 갔다. 이리하여 나는 일체의 권위와 권력에 도전하는 아나키스트의 입장에 서고 있었다."[2] 돌이켜 보건대, 선생은 평생을 이 신념에 따라서, 이 신념을 실현하기 위하여 살았다 해도 지나친 말은 아닐 것이다. 모든 것은 이 신념을 위한 것이거나 아니면 부차적인 것으로 보아도 무방할 것이다. 이 사실을 인정하지 않으면 허유의 인간됨도 그의 학문도, 삶도 근본적으로 이해할 수 없다.

22세에는 결혼을 하고 24세(1937)에는 일본에 밀항하여 와세다대학에서 철학 수업을 시작하여 「하이데거에 있어서의 공간성과 시간성의 문제」라는 제목의 졸업 논문으로 대학을 졸업한다. 졸업 후에는 연구 방향을 니콜라이 하르트만으로 바꾸게 된다. 그러므로 선생의 하르트만에 대한 관심은 1940년 초에까지 소급함을 알 수 있다. 그러나 그의 서양철학 이해의 출발점이라 할 수 있는 상기의 학위 논문 역시도 그 배후에 하르트만에 대한 관심을 깔고 있다고 할 수 있을 것이다. 즉 하이데거의 공간론에 대한 비판은 다분히 하르트만의 존재학을 염두에 둔 듯한 인상이 짙다. 결국 선생의 서양철학 이해의 출발점은 처음부터 하르트만이라 할 수 있다. 당연하게도 박사 학위 논문은 「하르트만에 있어서의 범주체계의 문제」이다. 1939년 이후로 특히 와세다대학 동창회 등 학생 모임에서 선생은 항일 운동을 전개하다가 경찰에 검거되기도 하였다. 선생은 당시의 한 동창회의 석상에서 지식인의 임무를 이렇게 말한다: "조선 민족의 문화를 옹호해야

---

1) 하기락, 『탈환』, 대구(자주인 연맹), 1985, 132쪽 비교.
2) 하기락, 「나의 수업 시대」 동일 저자, 하기락 논문집 제4권, 1-8쪽, 대구(자주인 연맹), 1987, 6쪽.

한다. 지식인은 문화를 지도해야 할 임무를 지고 있다. 현대와 같이 혼돈한 시대에 다시 새로운 원리를 가지고 벽에 부딪혀진 문화를 창조함에는 분명히 난관이 있다. 문화 지도에는 지도 방법으로써의 세계관 혹은 역사관이 있어야 한다."[3] 학창 시절의 이 설파에 이미 그 이후의 삶의 역정과 인생관, 세계관이 축약되어 있음을 알 수 있다. 이 시기에 나온 학위 논문에서 선생은 하이데거의『존재와 시간』에 전개된 공간론에 이의를 제기하면서 그 이면에서 하르트만의 존재학적 입장과 현실과 인생에의 실천적 관심을 이렇게 요약한다: "무슨 까닭에 시간성의 측면만이 강조되고 공간성의 측면은 경시되는가. 따라서 그 역사성만이 강조되고 사회성은 경시되는가. (…) 그렇게 해서도 과연 철학이 인생을 가르치는 임무를 다할 수 있을까."[4]

귀국 후 선생은 1946년 경남북 아나키스트 대회(문안 작성 위원)에 참여하는 것을 시발로 독립 노농당(1946 당수 유림) 경북특위 위원장(1952)으로 활약하는가 하면 1960년 4·19에는 교수 데모대를 주동하기도 했다. 무엇보다도 1972년에는 독립 노농당의 후신인 민주 통일당(총재 양일동) 정책위 의장으로 활약한다. 선생은 한결같이 아나키즘을 이념으로 하는 정당 및 사회 단체에 몸담으면서 나름대로 사회 활동을 전개했으므로 정치권력으로부터의 압력이 점차 강화됨으로 말미암아 점차 그 활동을 중지하지 않을 수 없었다. 1980년대의 전두환 군사 정권은 민주 통일당을 와해시키고 말았던 것이다. 교수를 퇴임한 후 1980년대부터 계명대 철학과에 명예교수로 재직하면서 '사회당'을 창당하기 위한 기회를 호시탐탐 노렸으나 결국은 사회의 아무런 이목도 집중시키지 못한 채 무위로 돌아가고 말았다. 그렇다면 아나키즘에 대한 선생의 일관된 관심과 사회 참여에의 열망 또한 좌절되었다고 할 것인가?

3.

앞에서 필자는 허유의 평생 계속된 관심을 아나키즘과 하르트만의 존재학이라 전제했다. 그러면 이 양자는 어떠한 관계에 있을까? 우리는 이 물음을 허유의 전 저작을 요

---

3) 위의 글, 8쪽.
4) 하기락, 「하이데거에 있어서의 공간성과 시간성의 문제」(1940), 동일 저자, 하기락 논문집 제4권, 9-77쪽, 대구(자주인 연맹), 1987, 77쪽.

약, 해설하기보다는 선생의 하르트만에 대한 주요 사상을 간략히 소개하고 이를 아나키즘의 사상과 연관 짓는 데서 간접적으로 답하고자 한다.

앞에서 지적했듯이 허유의 하르트만 존재학에 대한 일관된 관심은 일본 유학 시절까지 소급되지만, 이것이 구체적 논문의 형태로 표현된 것은 1960년 「하르트만에 있어서의 존재학의 형성 과정」 및 1964년의 「하르트만의 존재학에 있어서의 범주체계의 문제」를 통해서이다. 이 관심은 1980년 이후에는 주로 하르트만의 주저 번역으로 이어진다. 선생의 계획은 아마도 먼저 하르트만의 주저를 완전히 번역한 후 이를 여러 가지 방향으로 활성화해 나가려 했던 것 같다. 그는 이 결의를 이렇게 천명한다: "도대체 하르트만의 철학 사상은 그의 생전에나 사후에나 누군가에 의해서 공정하게 평가되기는커녕 본격적으로 대결되어 본 적이 아직 없다. 그는 독일에서조차도 그의 체계를 더욱 발전시키고 보완해 나갈 수 있는 계승자다운 계승자를 아직 갖지 못하고 있다. 후세대 철학자들은 그의 저작들이 간직하고 있는 소중한 사상재를 아직 활용하지 못하고 있다. 그의 철학 사상에 대한 본격적인 연구와 대결은 지금부터라 할 것이다."[5]

허유의 하르트만 해석에서 특기할 만한 것은 하르트만의 비판적 존재학을 칸트의 『프롤레고메나』의 실현으로 봄으로써 하르트만을 근본적으로 칸트주의자로 각인한다는 사실이다. "하르트만은 칸트의 비판 정신에 입각하여 칸트에 의하여 제기된 『프롤레고메나』의 문제, 즉 '학문으로서 출현할 수 있는 장래할 형이상학'의 실현을 기도하였으니, 이것이 그의 '비판적 존재학'으로서 나타난 것이다."[6] 이 해석을 역으로 칸트의 인식론에 적용하면 칸트의 인식론은 말 그대로 인식론에 머무르는 것이 아니라 존재학, 즉 형이상학을 정초하기 위한 것이며, 더 나아가서 칸트철학 자체가 물자체의 존재를 인식 주관에서 독립하여 성립시킴으로써 이미 형이상학적 요소를 갖추고 있음을 의미한다. 또한 하르트만은 근본적으로 칸트주의자로서 칸트의 기본 정신인 비판 정신을 계승하여 자기의 비판적 존재학의 출발점으로 삼았음도 의미한다. 이는 하르트만이 실제로 코헨과 나토르프의 신칸트학파에게서 학위 논문을 마치고 신칸트학파의 가장 연소한 일원으로 활약했다는 사실과도 일치한다. 그러나 얼마 후 하르트만은 신칸트학파를 떠난다.

---

5) 하기락/이종후 옮김, 『정신철학원론』, N. Hartmann, *Das Problem des geistigen Seins. Untersuchungen zur Grundlegung der Geschichtsphilosophie und Geistesphilosophie und der Geisteswissenschaften*(1933)으로부터, 대구(이문 출판사), 1990, 역자 서문.

6) 하기락, 『하르트만 연구』, 대구(형설출판사), 1981, 7쪽.

신칸트학파의 논리주의적·관념론적 경향을 그대로 따를 수 없었던 것이다. 이것은 이렇게 이해할 수도 있을 것이다. 즉, 칸트는 어디까지나 근세 인식론의 영향 가운데 있으면서 동시에 비판 정신을 끝까지 견지함으로써 서로 상반된 입장을 동시에 유지할 수 있었다. 그러나 하르트만은 칸트의 선험철학 자체에 대해서도 비판적이다. 칸트에게서 취할 것은 무엇인가. 그것은 초입장적 타당성을 가지는 비판주의적 측면이다. 버릴 것은 무엇인가. 그것은 관념론(주관주의)이라는 입장 제약적 측면이다.

허유가 하르트만의 비판적 존재학의 형성 과정을 고찰함에 있어서 가장 중시한 것은 1921년에 출간된 『인식형이상학강요(Grundzüge einer Metaphysik der Erkenntnis)』이다. 이 저작을 전후로 해서 하르트만의 철학은 비판철학 내지 관념론으로부터 존재학으로 전향한다는 것이다. 허유는 하르트만 존재학의 형성 과정을 3단계로 구분한다.[7]

1. 비판철학의 시기(1909~1920)
2. 존재학 체계 준비기(1921~1934)
3. 존재학 체계 전개기(1935~1950)

여기서 눈에 띄는 것은 위에서 말한 『인식형이상학』이다. 이 역작은 "인식론에서 존재학에로의 독일 철학의 새로운 방향을 제시한 하나의 도표와도 같은 것이며 또 자신의 마르부르크학파와의 결별을 선포한 기념비와도 같은 획기적 저작"[8]이다. 하르트만 연구에서 새로운 이정표를 마련한 마틴 모르겐슈테른(Martin Morgenstern)도 하르트만의 철학적 입장을 "비판적 실재론"으로 정의하면서 『인식형이상학』을 "하르트만의 최초의 체계적 주저"라 하여 하르트만 서술의 출발점으로 삼는다. 모르겐슈테른에 의하면 하르트만은 이 저서에서 후설의 현상학을 포함하는, "순수한" 인식론을 추구하는 로크와 칸트 이래의 인식론적 전통에 대하여 "인식 자체의 형이상학적 차원"을 밝히려 한다는 점에서 이 저서를 "인식론적 실재론의 복권"이라 평가한다.[9]

허유는 이처럼 『인식형이상학』을 하르트만의 비판적 존재학의 형성 과정에 있어서 획기적 전환점으로 봄으로써 이 저작이 나타나기 이전의 시기를 '비판철학의 시기'라 하

---

7) 위의 책, 30쪽 비교.
8) 하기락, 「니콜라이 하르트만」, 하기락 논문집 제4권, 78-91쪽, 79쪽.
9) M. Morgenstein, *Nicolai Hartmann*, Tübingen, 1992, p.20 비교.

여 주로 칸트와 신칸트학파, 즉 코헨과 나토르프의 영향 아래에 있던 시기로 분류한다. 허유에 의하면 하르트만은 특히 원리(das Prinzip) 존재에 주목하며 전통적인 사유와 존재의 동일성을 이 원리의 의미에서만 인정한다. 그리하여 주관(오성)의 선천적 형식으로만 여겨지던 칸트적 의미의 원리가 심리주의적 잔재를 포함한다면 이 잔재가 마르부르크학파의 나토르프에 있어서 "주관을 결한 주관주의(Subjektivismus ohne Subjekt)"에 귀착한다는 것이다. 하르트만은 이 입장을 "경험의 가능성의 제약은 동시에 경험의 대상의 가능성의 제약이다"라는 칸트의 모든 종합판단의 최고원칙에 의거하여 객관주의적, 존재학적 방향으로 전환할 기틀이 마련되었다고 본다는 것이다.[10] 이어서 허유는 1914년의 "아프리오리한 것의 가인식성에 관하여"와 "논리적 현실성과 존재학적 현실성"에 있어서 하르트만의 주요 관심사가 "인식론적 방법론적 지반에서 점차 존재학적 지반으로" 옮겨가며 그 태도가 "마르부르크학파의 비판주의적 관념론의 입장에서 점차 비판주의적 태도를 견지하면서도 칸트와 칸트학파의 관념론에 대하여 오히려 비판적으로 임하는 입장"으로 옮겨가고 있음을 지적한다.[11] 여기서 하르트만의 연구 대상은 인식론적임에도 불구하고 벌써 존재학적으로 천착하고 있다. 하르트만은 "경험의 가능성의 제약"과 "경험의 대상의 가능성의 제약"을 동일시한 칸트의 저 최고원칙은 결국 인식 원리와 존재 원리의 동일성을 전제하는 데서만 가능하게 성립함에도 불구하고 칸트는 이를 관념론적으로만 이해한 나머지 원리를 인식 원리로만 이해했다고 본다. 여기서 "관념론과 실재론의 차안(Diesseits von Idealismus und Realismus)"의 태도를 견지하는 하르트만의 비판적 존재학에로의 전망이 열린다고 본다.

허유는 『인식형이상학』 자체에서 하르트만이 칸트와 칸트학파의 비판을 철저화하는 동시에 그 근본정신을 계승하여 본래의 비판적 존재학의 길을 개척하여 비판적 존재학의 본격적 전개를 위한 준비를 완료한다고 본다. 하르트만에 의하면 칸트의 『프롤레고메나』는 『순수이성비판』의 발췌본이며 따라서 『순수이성비판』으로 대표되는 칸트의 선험철학 자체가 새로운 형이상학의 프롤레고메나(서곡, 서론)에 지나지 않는다고 한다. 그러므로 칸트의 본래 의도는 어디까지나 형이상학의 구축을 위해 새로운 토대를 마련하는 데 있었다는 것이다. 예컨대 칸트의 "순수오성의 연역"에 있어서 범주의 사용을 현상에 국한하고 물자체에 대해서는 금지된 것으로 이해하는 것은 잘못이고 오히려 현상

---

10) 하기락, 『하르트만 연구』, 21쪽 비교.
11) 같은 책, 23쪽 비교.

과 물자체가 대립적인 것이 아니라 서로 연장선상에서 부분적으로 보면 현상 가운데 물자체가 나타나고 전체적으로 보면 인식이 불가능하다는 식으로 이해되어야 한다.[12]

허유는 하르트만을 일컬어 "간결한 문장과 정밀한 분석으로써 자기의 사상을 선명하게 표현하는 재주"를[13] 지니고 있다고 평가했지만, 이 평가는 평가자 자신에게도 해당한다고 하겠다. 그는 하르트만의 사상을 서술하는데 남다른 간명함과 자신 있는 논리 전개를 구사하는 재주를 유감없이 보여 준다. 그 좋은 예는 그의 「하르트만 존재학에 있어서의 범주체계의 문제」에서 제시한 하르트만과 하이데거의 비교이다. 허유의 학부 졸업 논문 「하이데거에 있어서의 공간성과 시간성의 문제」(1940)에서 제기한 하이데거의 공간 시간론 비판의 이면에는 암암리에 하르트만의 존재학이 자리하고 있음을 앞에서 지적했거니와 허유의 하이데거에 대한 관심은 어디까지나 하르트만의 존재학을 보다 선명하게 드러내기 위한 수단에 지나지 않는다. 다음에서 보겠지만 허유는 하르트만의 하이데거 비판에 완전히 동조하는 것으로 보인다. 허유는 하르트만과 하이데거가 다 같이 당대의 새로운 존재학을 재건하려 꾀한다는 사실과 존재학을 "존재자로서의 존재자"의 학문이라 보며, 존재자의 존재 규정으로서 존재자 일반의 배후에 다른 하나의 존재자를 갖다 놓아서는 안 된다고 본다는 점에서 양자의 유사성을 일단 인정한다. 그러나 이러한 존재학의 이념을 실현하는 방법은 전혀 다르다고 말한다. 아래에서 우선 간략하게 허유의 하르트만과 하이데거 비교를 스케치해 보도록 하겠다.[14]

하르트만은 처음부터 존재의 의미 해명을 존재학의 당면한 과제로 보는 하이데거의 문제 제기를 존재자의 문제를 존재의 의미의 문제로 바꿔 놓고 있다고 본다. 존재의 의미에 대한 물음이 존재학의 기본 과제라 할 때 이 물음을 제기할 수 있는 유일한 존재자는 인간 존재이고 이러한 인간 존재를 현존(Dasein)이라 한다. 인간 현존은 처음부터 존재학적이라는 점에서 다른 존재자보다 우월하다. 이것이 현존의 실존분석에서 출발하는 하이데거의 기초존재학 주제로서 하이데거는 이를 여타의 모든 존재학에 선행한다고 본다. 하르트만은 이러한 하이데거의 출발점 자체가 잘못되었다고 본다. 하이데거가 이처럼 존재학의 출발점을 인간에서 구하는 것은 인간은 인간의 존재 자체가 문제가 되는, 즉 자신의 실존 자체를 문제 삼을 수 있는 유일한 존재자이며, 이것이 곧 "기초존

---

12) 같은 책, 29쪽 비교.
13) 같은 책, 79쪽.
14) 같은 책, 35-54쪽 비교.

재학"의 주제인 현존의 실존분석이다. 하르트만은 이처럼 하이데거의 기초존재학이 처음부터 인간이라는 보편적 존재자가 아닌 특수한 존재자에서 출발함으로써 모든 존재자가 인간 존재자에 의존하는 이유는 하이데거에 있어서 존재와 존재 소여성이 혼동된 결과라고 본다. 그러므로 하이데거의 기초존재학은 소여 분석(Analyse des Gegebens)의 수준을 넘어서지 않는다.

그렇다면 하르트만의 비판적 존재학은 대뜸 존재자의 소여 분석이 아닌 단적인 존재자의 분석으로부터 출발하는가? 인간은 전지전능한 존재자가 아닌 한 어차피 소여된 것만을 문제 삼을 수밖에 별도리가 없지 않을까? 이런 의미에서 하르트만의 존재학 역시 소여의 분석에서 출발함에는 틀림이 없다. 그러면 이것은 하이데거의 기초존재학과 어떻게 다른가? "그러나 소여의 분석에서 존재자 자체의 존재 규정을 엄밀히 도출하지 않으면 안 될 것이며 더욱이 소여의 지반을 단순히 인간의 현존에 국한해서는"[15] 안 된다. 그러면 아리스토텔레스 불후의 공식 "존재자로서의 존재자"에서 다 같이 출발하는 하이데거와 하르트만 존재학의 이러한 커다란 차이점은 어디에서 연유하는 것일까? 허유에 의하면 그것은 두 사람의 방법 차이에 있다. 하르트만의 방법의 대원칙은 "1. 부분에서 전체에로(혹은 주변에서 핵심에로) 2. 소여에서 원리로"[16]이다. 이것은 모든 인식이 우리에 대해서 먼저인 것(das für uns Frühere)으로부터 그 자체에 있어서 나중의 것(das an sich Spätere)으로 향하여 진행한다고 하는 아리스토텔레스의 법칙과 같은 것이다. 우리의 인식은 어차피 주어진 것, 표면적인 것을 일단 받아들이는 데에서 한 발 한 발 직접 주어지지 아니하는 본질적인 것에로 나아가지 않으면 안 된다. 이 점에서 직접적으로 주어진 것, 표면적인 것은 일차적인 것인 반면 본질적인 것은 이차적인 것에 지나지 않는다. 그러나 인식이 아닌 존재상으로 보아서(dem Sein nach) 주어진 것은 본질적인 것에 의존하는 이차적인 것이요 본질적인 것은 그야말로 일차적인 것이다.

허유는 하르트만의 방법 문제를 1. "철학사의 방법(1909)", 2. "체계적 방법(1912)", 3. 『실사적 세계의 구조(1940)』의 제3부 5장 "방법론적 결론", 4. 『자연철학(1950)』의 서론 19. "범주분석의 방법론"에서 찾는다. 허유에 의하면 하르트만의 초기 방법론은 대체로 마르부르크의 신칸트학파의 영향을 받아 인식론적 내지 방법론적 색채가 농후한 반면 후기에는 그 영향을 탈피하여 독자적으로 방법론을 전개했다고 한다. 요컨대 본격적인 연

---

15) 같은 책, 37쪽.
16) 같은 책, 같은 쪽.

구를 수행하기 이전에 예비적으로 방법부터 검토하는 데서 성립했는가 하면 후기에는 연구를 마무리 지은 후 그 작업 과정을 반성하는 데서 얻어진 결과라는 것이다. 그런데 본격적인 연구를 진행하지 않은 상태에서는 그 연구 대상에 걸맞는 방법이 무엇인지 알지 못하는 상태인 반면 그 작업을 마치는 단계에서는 작업 과정을 돌이켜 볼 수 있으므로 그 방법론을 찾아내는 것은 매우 손쉬운 일이라 하겠다. 그러므로 이 양자가 일치하는 경우는 매우 드물다. 그러나 하르트만의 경우에는 양자가 "놀랄 만큼 서로 부합"[17]한다. 이 점에서 허유는 하르트만을 일컬어 "행운의 연구자"[18]라 평가한다. 그렇다면 이 행운, 이 부합의 비밀은 어디에 있었던 것일까? 이것은 방법과 방법 의식의 관계로 환원하여 생각할 수 있다. 그런데 방법 의식이 반드시 선행하고 곧이어 작업 활동이 가능한 것은 결코 아니다. 작업 활동에 있어서 방법은 방법 의식 없이도 얼마든지 개입하여 작용할 수 있다. 요컨대 방법은 방법 의식과 무관하게 존재할 수 있으며 또한 그에 선행한다. 그러나 방법 의식은 작업 경험을 토대로 해서 생겨나고, 반면에 작업 중의 방법은 어느 정도 방법 의식이 없이는 불가능할 것이다. 이것은 분명 일종의 순환론이다. 그러나 하르트만은 작업을 시작하기 이전의 문제의식이 일종의 선취된 방법 의식이라 본다. 이것이 연구 후에 이루어진 반성된 방법 의식과 일치한다는 것은 불가능하지 않은 일일 것이다.

허유는 하르트만의 방법론을 먼저 "체계적 방법"에서 1. 기술적 방법(diskriptive Methode), 2. 선험적 방법, 3. 변증적 방법 등 세 가지의 통일적 방법 체계로 정리한다. 기술적 방법이란 먼저 주어진 대상을 정확히 서술하여 문제 방향이 잡히게끔 하여 그것을 제약하는 원리에로의 배진을 가능하도록 만드는, 말하자면 일종의 현상학적 방법이다. 단, 이때의 현상학이란 반드시 후설의 의식 현상학을 의미하지는 않는다. 이렇게 일사불란하게 서술된 현상의 지반으로부터 원리를 도출해 내는 절차가 선험적 방법이다. 이때의 선험적 방법 역시 칸트의 방법과 반드시 일치하는 것이 아니라 원리를 탐구하는 모든 철학적 사유의 불가피한 절차라 하겠다. 그런데 대상의 원리란 하나가 아니라 여럿이며 그것도 하나가 아닌 여럿이서 서로 연관을 맺는다. 그러므로 다른 원리들과 연관을 맺지 않은 상태에서 끌어낸 개개의 원리는 부득불 가설적 성격을 띠기 마련이다. 이 가설적 성격은 개개의 원리 상호 간의 관계가 밝혀질 때 비로소 완화될 수 있으며 이 절차가 곧

17) 같은 책, 40쪽.
18) 같은 책, 43쪽.

변증적 방법이다. 기술적 방법과 변증적 방법은 선험적 방법의 매개에 의하여 간접적으로 관계함으로써 후자는 직접적으로 대상에 관계하지 않는다. 그러므로 예컨대 헤겔의 변증법에서 보듯이 변증적 방법은 대상과의 직접적 유대를 망각하여 사변적으로 되기 쉽다. 그런데 하르트만이 신칸트학파의 방법론주의의 영향을 벗어나서 독자적인 존재학의 체계를 전개하고 난 이후에는 층투시의 방법이 추가된다. 하르트만이 『실사세계의 구조』에서 실사세계를 물리적 물질층, 유기적 생명층, 생리적 의식층, 역사적 정신층 등의 성층구조로 파악할 때 각 층 내부의 원리(범주)들의 상호 연관성을 밝히는 것이 변증적 방법이고 상하층 전체의 상호 관계를 밝히는 것이 층투시의 방법이다.

앞에서 우리는 허유가 하르트만과 하이데거가 공히 새로운 존재학을 아리스토텔레스의 "존재자로서의 존재자"라는 불후의 공식에서 출발하면서도 그것을 실현하는 방법에 있어서는 전혀 다른 길을 택함을 말했다. 이미 살펴보았듯이 하르트만은 체계적 방법과 층투시의 방법을 서로 긴밀히 연관 짓는 반면, 하이데거는 현상학적 방법을 자기 존재학의 유일한 방법으로 삼는다. 허유는 이와 관련한 하이데거의 주장을 "존재학은 현상학으로서만 가능하다는 것, 존재학의 주제는 인간의 현존이라는 것, 존재의 현상학은 결국 해석학이라는 것, 현존의 해석에서 존재 일반의 의미가 해명된다는 것, 존재의 해석학은 실존분석에서 성립한다는 것"[19] 등으로 요약한다. 그다음 허유는 하이데거의 존재학의 방법론으로서의 현상학이 후설의 의식 현상학과 맥을 같이 함을 지적하면서 결국 하르트만과 하이데거의 방법론 차이는 현상학에 대한 양자의 태도 및 평가의 차이로 압축됨을 지적한다.

먼저 하르트만은 현상학을 다만 예비적 방법으로 본다. 하르트만에 의하면 구체자를 가능케 하는 것은 구체자 속에 있는 원리, 즉 범주이며 이 원리를 도출해 내는 방법이 곧 선험적 방법인데, 이 선험적 방법은 소여(구체자)를 먼저 정확하게 기술하는 현상학적 방법을 전제로 한다. 하르트만은 일단 현상학적 방법이 방법 체계(체계적 방법)에서 결할 수 없는 필수적인 한 요소라 보지만 후설식의 현상학에 대해서는 비판적이다. 현상학파가 현상 자체를 있는 그대로 순수하게 파악하기 위하여 개념 형성 이전의 시초의 의식(소박한 의식)으로 돌아가려고 기도하는 근본 의도를 이해하지 못할 바 아니지만 필경에는 "현상학자들의 과학 비판은 부지불식간에 과학 적대시로 첨예화하고 마침내는

---

19) 같은 책, 49쪽.

과학 무지로 이행한다."[20] 하르트만은 현상학파에 있어서 현상학은 주로 의식의 계기와 작용의 계기에 국한되어 현상 영역의 대상적 측면을 소홀히 하게 된다고 본다. 이처럼 하르트만은 현상학파의 소박한 의식과 순수한 과학적 의식의 중간 수준에서 현상 기술의 지반을 취하려 한다. 이러한 실증과학에 대한 깊은 관심과 신뢰가 하르트만의 철학적 방법을 지배하는 근본 원리가 된다. 그러므로 하르트만 존재학의 핵심을 이루는 범주론은 칸트에서처럼 이미 완결된 폐쇄적 체계가 아니라 과학 발전과 보조를 같이함으로써 미래를 향해서 열린 개방적 체계이다.

그런데 하이데거는 인간 현존의 실존 범주를 통하여 비현존적 존재자의 범주에 빛을 던져 주려는 근본 의도를 가지고 인간 현존의 존재 규정으로서의 실존 범주(Existenzialen)를 인간 이외의 존재자의 존재 규정으로서의 범주(Kategorie)와 철저히 구분할 것을 요구한다. 따라서 현존의 존재 구조에는 처음부터 "세계-내-존재"라는 세계 규정이 함께 포함됨으로써 어느 정도로는 근세 철학에서 다반사로 되던 인식론적 의식의 평면을 벗어나서 인간의 현존은 세계의 풍부한 구조 내용을 일깨우고는 있다. 그러나 하르트만은 하이데거가 처음부터 현존을 인간의 현존에만 국한함으로써 궁극적으로 존재자 일반이 인간적 현존에 의존하는 결과를 낳게 되며, 따라서 현존의 구조 계기로 편입되는데 그쳤던 세계는 그 이후에 다시는 자체 존재의 새로운 영역으로 풀려나지 못한다는 점에서 "하이데거의 철학은 출구 없는 일방로에 함입하고 있다"[21]고 평한다.

허유는 이러한 예비적 고찰의 바탕 위에서『존재학 원론』의 주제인 거기있음(Dasein)과 그리있음(Sosein), 실사성(Realitaet)과 이법성(Idealitaet)의 상호 관계를 밝힌다. 먼저 거기있음과 그리있음은 존재 계기(Seinsmoment)이고 실사성과 이법성은 존재 방식(Seinsweise)이다. 이것은 모두 존재자로서의 존재자가 가지는 가장 보편적인 존재 규정들이다. 이때 이들의 관계에서 중요한 것은 존재자로서의 존재자 일반이 거기있음과 그리있음이라는 존재 계기를 이것도 저것도(sowohl als auch) 가지는 반면 실사성과 이법성이라는 존재 방식은 이것 아니면 저것(entweder oder)으로 갈리어진다는 점이다. 그럴 때 존재 방식의 분화는 그리있음이 아닌 거기있음의 계기로부터 나온다. 왜냐하면 그리있음(내용존재)은 실사적이냐 이법적이냐에 무관하게 성립하는 반면 거기있음(현실존재)은 반드시 실사적 아니면 이법적으로만 존재하기 때문이다. 그런데 거기있음의 분

---

20) 같은 책, 49쪽.
21) 같은 책, 50쪽.

화태인 실사성과 이법성이 한층 더 분화한 것이 『가능성과 현실성』의 주제인 존재 양상이다.

　존재 양상이란 무엇이며 이것이 하르트만의 존재학에서 어떤 역할을 하는가에 대해서 허유는 다음과 같이 말한다. "무릇 존재자에 관하여 우리가 있다고 말할 때, 일절의 내용 이전의 그 단적인 있음은 무엇을 의미하는가. 이것을 다루는 것이 존재 양상론이고, 그 핵심적 양상이 곧 가능성과 현실성이다. 이 두 가지 양상을 중심으로 하여 필연성, 우연성, 불가능성, 비현실성 등의 간양상 관계에 있어서 간양상 법칙이 밝혀지고, 이로써 있다는 의미의 내부가 조명된다. 한마디로 말해서 실존분석이다. 단 인간의 실존에 국한한 의미에서가 아니라 사물 일반에 걸친 광의의 실존분석이다. (…) 그러기에 양상론은 존재학의 비단 중심에 위치할 뿐만 아니라 또한 핵심적 열쇠가 되는 것이다."[22] 하르트만 존재학 체계에 있어서 양상론의 핵심적 위치에 대한 허유의 강조에서 두드러지는 것은 하이데거 철학에 대한 은폐된 암시이다. 허유는 하르트만의 양상론을 단적으로 "실존분석"이라 설파하면서 이때의 실존분석을 인간의 실존만을 실존이라 국한해서 분석하는 하이데거의 기초존재학의 단견적 견해를 비판하면서 하르트만의 그것을 "사물 일반에 걸친 광의의 실존분석"이라 정의한다. 이러한 허유의 하르트만 존재학에 대한 신뢰와 자부심은 "존재 양상"의 기초가 되는 "있다"라는 명사(Terminus)의 분석-부분적으로 하르트만의 양상론을 보충하면서-에도 다시 드러난다. 허유는 "있다"는 명사의 변모를 1. 있을 수 "있다"(Seinkönnen, 존재 가능·불가능), 2. ((…)) "있다"(Sein, 존재 현실·비현실), 3. 반드시 "있다"(Seinmüssen, 존재 필연·우연), 4. 마땅히 "있다"(Seinsollen, 존재 당연·부당연)[23]로 매우 독특하게 정리한다. 허유는 칸트가 양상을 존재 양상이 아닌 인식 양상으로 본 것을 커다란 오류로 지적하고 있거니와[24] 이때 당연 존재의 양상이 누락된다고 본다. 그러나 이 당연 존재(Gesolltsein)는 하르트만의 양상론에도 역시 정규 양상이 아닌 비정규 양상으로 다루어진다. 하르트만은 당연성의 양상을 논리의 양상, 즉 판단 양상이나 이법성의, 즉 본질 양상과 동일한 평면에서 다루지는 않지만 실사 양상이 아닌 불완전한 실사의 영역에 속하는 것으로 다룬다. 과연 이것이 타당한지의 여부

---

22) 하기락, 하르트만의 『가능성과 현실성』에 대한 "역자서", 서울(형설출판사), 1984.
23) 하기락, 동일 저자의 『하기락 논문집』 제4권 중의 「속 존재 양상고」, 대구(자주인 연맹), 1987, 104쪽 비교.
24) 같은 책, 94쪽 비교.

는 아직 하르트만 연구에서 전혀 다루어지지 않았다. 어떻든 허유는 물(것)의 존재(있음)에 대하여 무엇이 어떻게 있다는 일체의 내용 규정(그리있음) 이전의 있음, 즉 개념화 이전의 비합리적 계기의 "거기있음"이 파악하기에 지극히 어려움을 칸트의 "물자체" 개념과 연관지어 설명하거니와 칸트에서 단적인 "거기있음"이 무엇인지는 더 이상 추구되지 않았음을 지적한다. 허유는 이 시도를 다시금 하이데거의 인간 현존의 실존분석에서 찾음으로써 한편으로 하이데거의 시도를 긍정적으로 평가하기를 주저하지 않는다. 그러나 그 편협성을 비판하는 것도 잊지 않는다. "그러나 그의 실존분석은 인간의 '거기있음'의 계기에서 관심(Sorge)이니 불안(Angst)이니 죽음이니 하는 인간의 '그리있음'의 계기로 사뭇 빗나가고 있다."[25] 여기서 무언으로 주장되는 것은 하르트만의 양상 분석이다. 하르트만의 실존(양상)분석은 인간이라는 특수한 존재자가 아닌 존재자 일반의 실존(거기 있기 방식)에 대한 해명이라는 점에서 하이데거의 실존분석과 그 의미를 달리하며 존재자로서의 존재자, 즉 존재 일반의 해명이라는 그의 존재학의 궁극 목표에 기여한다고 보는 것이다. 여기까지를 허유는 하르트만의 좁은 의미의 존재학(Ontologie)의 영역이라 정의하여 좁은 의미의 범주론(Kategorienlehre)과 구별한다.

4.

양상론에 이르기까지의 분석의 관심은 무엇이 존재한다고 할 때 그것이 거기에 존재하는 방식에 있었으나 "무엇"이 "어떻게" 있는가의 물음에는 이르지 못한 상태였다. 이 물음을 주제로 하는 것이 하르트만의 『실사세계의 구조』에서의 범주분석이다.

여기서 우리는 허유의 하르트만 범주론 분석을 또다시 요약할 필요를 느끼지 못한다. 우리는 그 대신 처음에 제기한 문제, 즉 허유의 하르트만 존재학과 아나키즘에 대한 열광은 상호 어떠한 연관을 가지는가에 대한 우리의 조심스러운, 그러나 과감한 추정을 시도하겠다. 분명히 문자화하여 밝힌 곳은 알지 못하나 언젠가 허유는 필자와의 대화 중 이에 대해서 명백한 입장을 표명한 적이 있다. 양자에 대한 허유의 깊은 관심을 간파하고 필자는 어느 날 직접 그 상호 관련성을 물은 일이 있다. 갑자기 허유의 얼굴이

---

25) 동일 저자, 같은 책 안의 「속 존재 양상고」, 104쪽.

환해지며 안광이 유달리 빛을 발한다고 느꼈다. 마치 고대하던 적절한 질문을 해주었다는 듯이. 허유의 해명 요점은 하르트만 존재학이 동서양을 막론하고 철학의 기초요 고전이며, 존재와 보편성을 지향하는 하르트만의 범주론은 곧 아나키즘과 일맥상통한다는 것이다. 독자들은 벌써 하르트만의 존재학과 아나키즘을 연관시키려는 허유의, 동시에 나의 의도의 밑바닥에서 실천철학(윤리학)에의 강한 동기를 직감할 수 있을 것이다. 아래에서 전개하는 필자의 귀결은 허유의 몇몇 암시와 필자 자신의 직감에 의한 논리 전개임을 밝혀 둔다.

존재학이란 무엇인가? 존재학의 궁극적 관심사는 무엇인가? 하르트만의 존재학을 검토하는 자리에서 먼저 이 기초적 물음에 답하지 않으면 안 될 것이다.

존재학은 아리스토텔레스 불후의 공식에서, 그리고 이 시대의 두 존재학자인 하이데거와 하르트만에 의해서 확인되듯이, "존재자로서의 존재자", 즉 있는 것을 있는 것 그 자체로 파악하려는 것이 그 궁극적인 목적이다. 그러면 왜 존재를 파악해야만 하는가? 그것은 아마도 인간이 무엇보다도 어떻게(Wie) 보다는 왜(Was, Warum)를 알고자 하는 강한 욕망을 가진 형이상학적 존재이기 때문일 것이다. 이 점에서 존재학은 이론적이라고 말할 수 있을 것이다. 즉 있는 그대로의 것(현실)이 선하냐 악하냐, 좋으냐 나쁘냐, 아름답냐 추하냐 등의 가치판단 이전의 그것이 존재하는 그대로를 파악하고자 하는 것이 존재학의 관심사이다. 실용적, 실천적 관심보다 훨씬 깊은 내면에 형이상학적 욕망을 지닌 존재자로서의 인간의 관심이 존재하기 때문이다. 이러한 존재학적, 형이상학적 관점에서 보면 가치문제에 관한 물음은 부차적이라 할 것이다.

보편적 존재학을 추구하는 하르트만의 입장도 이와 동일하다. 그러면 하르트만은 실천적 관심이 전혀 없었다고 할 것인가? 하르트만이 살던 시대(1882~1950)는 격동의 시대, 암울한 시대였다. 그가 존재하는 현실을 외면했을 리 만무하다. 오히려 우리는 현실에 대한 하르트만의 다른 방식의 대응을 그의 철학의 행간에서 읽어 낼 수도 있을 것이다. 그의 윤리학에 나타난 근본 사상은 그의 존재학의 연장선상에서 이해할 수 있다. 하르트만에서는 모든 것이 존재 문제로 환원될 수 있다. 이것을 윤리학에 적용하면 가치, 즉 인간이 선하고 좋게, 가치 있고 아름답게 살아야 하는 규범(Norm)은 인간에 의해서 비로소 창조되는 것이 아니라 인간의 가치판단, 행위 이전에 이미 존재함을 뜻한다. 이것이 이른바 가치의 세계로서 이법적 세계이다. 가치는 언제나 이미 존재하는 그대로 존재한다. 인간은 이 가치의 세계를 변화시킬 수 없다. 다만 이 가치의 세계를 모범으로 하여 우리가 살고 있는 이 세계, 시간과 공간의 세계, 즉 실사세계를 변화시킬 수 있을 뿐이다. 그런데 인간은 이 실사계에 속하면서도 어떻게 이법계의 가치를 실현할 수 있는가? 하르트만은 인간이 근본적으로 이법계(가치계)에 동시에 속하는 "두 세계의 시민"이라 말한다. 그런데 이처럼 가치가 인간의 행위와 가치판단에서 독립해서 그 자체로 존재한다고 하더라도 그것이 실현되는 것은 어디까지나 인간의 행위를 통해서이다. 인간이 시공적으로 무상한 이 세계에 발붙이고 살아가는 한 그는 상대적일 수밖에 없다. 그리하여 하르트만은 "보다 높은 가치를 추구하는 의지"를 선이라 규정한다. 그러므로 어떤 행위가 선하냐 악하냐는 절대적으로 고정된 것이 아니라 그 상황에 따라 다르다.

양상론 이후에 전개되는 하르트만의 범주론은 근본적으로 우리가 살고 있는 이 세계, 실사세계의 구조를 파악하고자 한다. 이 세계의 범주에 의해서 그려지는 세계상 (Weltbild)이야말로 가장 본래적 의미의 세계이다. 즉 시공적으로 제약된, 생멸하는, 상대적인 이 세계야말로 참으로 존재하는 세계의 모습이다. 이 점에서 실사계의 본질, 가치, 수학적 법칙, 논리적 법칙 등의 이법계는 반존재(das halbs Sein)에 불과하다.

이 세계는 크게 네 개의 층으로 구성된다. 밑으로부터 물리적 물질층, 유기적 생명층, 심리적 의식층, 역사적 정신층이 곧 그것이다. 그런데 여기서 과거의 형이상학적 우주론에서 하느님의 자리가 비어 있다는 것이 새로운 사실이다. 하르트만의 철학 체계에는 도대체 하느님의 자리가 없다. 이것은 하느님에 대한 적극적 부정과는 다르지만, 위로부터의 지배 권력을 부정하는 아나키즘과 크게 다르지 않다. 하르트만 범주론의 냉엄한 사실성에 가만히 귀를 기울이면 보편주의, 사해동포주의, 아나키즘의 내면적 목소리를 들을 수 있다.

앞에서 우리는 허유의 하르트만과 하이데거 존재학의 개괄적 차이를 살펴보았거니와 하르트만의 범주론은 하이데거식의(『존재와 시간』에 있어서) 인간중심주의를 배격하고 철저한 세계중심주의를 옹호한다. 인간은 세계의 독주자가 아니라 철저히 다른 존재자들에 의존하는 의존적 존재자이다. 물론 요즈음에 들어서 인간은 과학과 기술을 한 손에 쥐고서 거만하게도 세계를 마음대로 지배할 수 있다고 자만한다. 그러나 인간은 하르트만의 범주론의 체계에서 보듯이 세계의 독주자이기는커녕 세계에 의존하는 존재자이다. 이제 그러는 사이에 인간의 거만에 의해서 세계는 질식할 지경이 되었다. 그러나 그에게는 세계를 지배하기만 할 것이 아니라 세계의 조화를 주도해야 할 의무와 책임이 있다. 왜냐하면 인간은 세계에 의존하면서 동시에 자유로운 유일한 존재자이기 때문이다. 그럴 때에만 인간은 세계와 자신으로부터의 속박에서 벗어날 수 있다. 만일 그가 일시적이고 가시적인 세계의 지배를 긍정적인 것이라 자만한다면 그에게는 무서운 자연의 보복과 이로 인한 파멸만 기다릴 것이다.

그러나 인간은 스스로의 책임과 주권을 지닌 존엄한 존재이다. 만일 이 세계가 이미 하느님에 의해서 철저히 선하게만 섭리되어 있다면 인간의 자유로운 윤리적 행위를 위한 여지는 없게 될 것이다. 그러므로 하르트만은 세계의 목적론을 지지할 수 없었고 차라리 칸트의 기계론을 따를 수밖에 없었다. 그러나 칸트가 인간의 참된 도덕적 행위를 위해서 하느님의 존재를 요청한 것과는 달리 이제 하르트만은 동일한 이유로 하느님의 부재를 요청한다. 인간은 스스로 행위하는 대신 자신의 행위에 의무와 책임을 다하지 않으면 안 된다. 그러므로 하르트만의 윤리학에서 개인의 품위는 지고로 높아지면서 동시에 그 의무와 책임도 증가하게 되는 것이다. 사람이 곧 하느님이라는 동학의 근본 사상도 이와 맥을 같이 한다.

이제 허유의 필생 관심사인 하르트만 존재학과 아나키즘의 연관성은 성글게나마 대략 암시되었다고 본다. 과거 그 어느 때보다도 우리는 이 시대에 몰락의 위기를 절감하고 있다. 허유의 사상과 삶은 우리에게 신선한 충격과 메시아적 메시지를 전함에 부족함이 없다고 말하는 것은 섣부른 과장에 지나지 않는 것일까? 물론 허유의 초지일관한 삶과 학문이 모두 완성되었다고 볼 수는 없을 것이다. 어떻게 보면 그의 삶은 꾸준한 성공의 과정이었으면서도 동시에 실패의 과정이었다. 그의 삶과 사상은 높이 평가되기보다 흔히 몰이해 당하고 업신여김을 당하고 있다. 아니 처음부터 망각되어 있었다. 그러나 이 망각은 정당한 것이었던가? 이 망각을 대하는 심정을 허유는 이렇게 말한다: "묵은 신들은 다 가시고 새로운 신들은 아직 나타나지 않았으니 장차 이 조국은 어디로 가려는가, 삭막하고 요요하기 그지없구나."[26] 님이 가신 삭막한 이 세계에 우리는 추위와 고독을 절감한다. 존재와 당위를 넘어서 일생 분투한 님은 그러나 아주 떠나지는 않았다. 우리는 이제 그 재림을 염원해야 할 것이다.

---

26) 하기락, 『탈환』, 대구(자주인 연맹), 1985, 299쪽.

제19장 하르트만의 우주론적 범주에 대한 개관

조욱연(대구가톨릭대)

1. 머리말

니콜라이 하르트만(Nicolai Hartmann, 1882~1950)은 현대철학의 가장 중요한 인물 가운데 한 사람이다. 화이트헤드, 마리탱과 더불어 하르트만은 20세기 신존재론의 선구자이다.

세기의 전환을 전후하여 실증주의. 심리주의, 순수한 인식론 등의 내용적 공허에 대한 하나의 반동으로 독일에서 일기 시작한 신존재론의 부흥의 새로운 조류가 신칸트학파의 산실인 마르부르크 대학 내에서 태동하고 있었다.

'존재론의 두 길'은 당시 마르부르크 대학 철학과 소속 하르트만(1882~1950)과 하이데거(1889~1976)에 의하여 대표되고 있다. 하이데거는 1920년대 초에 하르트만 교수의 추천으로 마르부르크 대학 철학과 사강사로 발탁되었으며(1923년), 거기서 하르트만과 존재론의 새로운 방법과 내용에 관하여 열띤 토론을 거듭하였다. 그 성과가 하르트만의 『윤리학』과 『범주적 법칙』(1925~1926)이고 하이데거의 『존재와 시간』(1926~1927)이다.

하르트만과 하이데거의 존재론은 전자가 객관적 세계중심(존재자 일반의 범주론)의 입장을, 후자는 인간의 실존적 의식 중심(Dasein에 대한 실존론적 분석론)의 입장을 취하는 차이는 있지만 양자가 다 같이 현대철학의 주류를 이루는 존재론의 두 길을 각각 대표하고 있다.

하르트만은 마르부르크 대학 사강사로 취임한 이래 약 10년간 헤르만 코헨

(1842~1918)과 파울 나토르프(1854~1924)의 영향 아래에 있던 신칸트학파의 전통 속에서 자라났다. 이때 그는 『인식형이상학강요』(1921)라는 대작을 내놓고 있다. 이것은 독일철학의 방향이 인식론에서 존재론으로 바뀌고 있다는 이정표와 같은 것이고 그 자신이 마르부르크학파와의 결별을 선포한 주목할 저작이다.

하르트만의 존재학(Ontologie)은 제1권 『존재학 원론』(*Zur Grundlegung der Ontologie*), 제2권 『양상론』(*Möglichkeit und Wirklichkeit*), 제3권 『범주론』(*Der Aufbau der realen Welt*), 제4권 『자연철학』(*Philosophie der Natur*)으로 전개된다. 이 가운데 특수적 범주를 다룬 『정신철학』(*Das Problem des geitigen Seins*)이 삽입될 수도 있다. 그의 존재학은 넓은 의미로는 범주론이라 볼 수 있다. 그러나 좁은 의미에서는 제1권과 제2권이 존재학에 해당하고, 제3권 이하가 범주론에 해당한다.

하르트만은 범주를 구체자를 결정짓는 원리라 규정한다. 세계의 구조를 결정하는 수많은 범주들은 원칙 없이 흩어져 있지 않고 '범주적 법칙' 아래 질서 있게 배치되어 있다. 그런데 구체자를 결정짓는 원리(범주)는 자료가 없는 추상적이고 사변적인 것이 아니라 일정한 대상의 내용에서 파악되는 구체적이고 실재하는 원리이다. 이 논문에서는 구체자를 규정하는 범주가 무기적 물질의 세계(1층)와 유기적 생명체(2층)의 세계에 걸쳐서 전개되는 우주론적 범주만을 다루기로 한다.

2. 범주의 본질

범주에 대한 적극적인 규정은 내용적으로 파악되는 자료가 없는 난해한 추상적인 것이 아니고 일정한 대상의 내용에서 파악되는 자료에 의해서만 범주의 본질에 대한 결론을 끌어낼 수 있다는 점이다. 이러한 결론은 법칙이라는 형식을 칭한다. 범주적 법칙들은 범주의 성격을 띠며 양상범주 및 요소적 대립범주와 더불어 삼군의 기본범주를 이룬다.

요소적 대립범주는 양상범주와 더불어 실사적 세계 전체에 대하여 그 토대 혹은 기초를 이루고 있다. 그런데 실사적 세계의 내부구조를 결정하는 개개의 특수적 범주는 무원칙으로 흩어져 있지 않고 일정한 원칙 아래 서로 결속하여 있으니, 이 원칙을 '범주적 법칙(Kategoriale Gesetze)'이라고 부른다. 그런데 범주적 법칙들과 다른 두 개의 그룹(群) 사이에는 차이가 있다. 범주적 법칙들은 두 개의 그룹보다 더 기본적이고 앞세워져야 할 권리가 있다. 범주적 법칙의 특수한 위치의 근거는 범주적 법칙들이 어떤 구체자의 법칙이 아니고, 기본범주를 위시하여 모든 범주 전체를 구체자로 하여 그것에 대하여 적용된다는 점에 있다. 따라서 실사적 세계 전체가 범주적 법칙에 대한 구체자라고 할 수 있다. 각 존재층의 구체자가 범주에 의하여 규정되듯이 모든 범주는 범주적 법칙의 규정을 받는다. 범주적 법칙들은 원리(범주)들의 원리(범주)이다. 원리와 구체자와의 근본 관계가 범주적 법칙과 이들의 범주와의 관계에 옮겨 놓여진다.

앞에서 모든 범주 전체에 대하여 범주적 법칙이 적용된다고 말하였거니와 이들의 범주에는 타당 범위에 관하여 다음과 같은 4등급이 있다.

1) 이법권(理法圈)과 실사권(實事圈)이란 일차적 존재권 및 논리권과 인식권(認識圈)이란 이차적 권역 전체를 관통하여 적용되는 대립범주와 양상범주이다.

2) 실사적 세계의 4층(무기적 물질층(1층), 유기적 생명층(2층), 심리적 의식층(3층), 객관적 정신층(4층)) 전반을 관통하는 범주들: 여기에 속하는 범주는 관계성, 상태성, 과정성, 실체성, 인과성, 상호성, 시간성 등이다.

3) 실사적 세계의 제1층인 무기적 물질층과 제2층인 유기적 생명층에 적용되는 범주: 여기에 속하는 범주는 자연법칙성, 공간성, 역학적 조직, 자연의 계층구조, 역학적 평형 등이다.[1]

4) ① 유기적 생명층에 적용되는 범주: 여기에 속하는 범주들은 유기적 조직(개체성, 형태형성 과정, 과정과 과정과의 대항연출, 형태조직과 과정조직, 유기적 자기조정), 초개체적 생명(종생명, 개체의 재형성, 사망과 생식, 가변성, 종생명의 조정), 계통발생(변종, 합목적성, 유기적 도태, 돌연변이, 근원적 형태형성), 유기적 결정성(유기적 평형, 생명과정, 유기적 연쇄) 등이다.

② 심리층에 적용되는 범주: 여기에 속하는 범주들은 감정, 정서, 정조, 감각, 지각, 기억, 상상, 관념연합, 사고, 의지 등이다.[2]

③ 정신층에 적용되는 범주: 언어, 풍습, 법률, 과학, 예술, 종교, 전승, 사회성, 역사

---

1) 하기락, 『하르트만 硏究』 II. 宇宙論的 諸範疇, 128쪽 이하 참조.
2) 박기순 편저, 『心理學』, 형설출판사, 1986; Hubert Rohracher(윤홍섭 역), 『心理學 槪論』, 형설출판사, 1982 참조.

성 등이다.[3]

이상과 같은 보편적 기본범주들과 특수적 범주가 이미 내용적 자료로서 알려져 있음으로써, 이것들 전체에 대하여 적용할 수 있는 범주적 법칙이 비로소 문제가 될 수 있게 되는 것이다.

3. 범주론의 윤곽

하르트만의 존재학(Ontologie)은 제1권 *Grundlegung*(원론), 제2권 *Möglichkeit und Wirklichkeit*(양상론), 제3권 *Der Aufbau der realen Welt*(범주론), 제4권 『*Philosophie der Natur*』(자연철학)로 전개된다. 이 가운데 다시 특수적 범주를 다룬 『*Das problem des Geistigen Seins*(정신철학)이 삽입될 수 있다. 그의 존재학은 광의에서는 전폭적으로 범주론이라고 볼 수 있다. 그러나 협의에서는 제1권과 제2권이 존재학에 해당하고 제3권 이하가 범주론에 해당한다.

하르트만은 『원론』에서 '존재자로서의 존재자 일반'에 대한 전통적 견해를 몇 개의 유형으로 분류하여 비판하는 데서 올바른 존재 규정을 이끌어내려고 한다. 전통적 형이상학에서는 존재자를 물체, 실체, 기체, 속성, 원자, 원소, 단자, 형상, 질료, 절대자, 정신, 신 등으로 파악하고 있는데, 그것은 특정 존재자를 주목하는 데서 '존재자로서의 존재자'를 간과하고 있으며 존재자 일반에 공통한 존재성격을 찾지 않고 그 배후에다 어떤 하나의 존재자 또는 특정의 존재 규정을 갖다 놓고 있다고 본다. 그러나 '존재자로서의 존재자'란 아리스토텔레스에 의하여 모범적으로 설정된 설문 방식에서 보면(아리스토텔레스 자신은 물론 특정 존재 규정으로 빗나가고 말았지만), 물체적 존재나 비물체적 존재나 다 같이 존재자이고, 절대자나 의존자나, 심리작용이나 정신생활이나, 적어도 그것이 있는 것이라 할진대, 똑같이 존재자인 것이다. '존재자로서의 존재자'는 실체의 우유성, 통일과 다양, 지속과 생성, 규정성과 무규정성(기체), 질료와 형상, 가치와 반가치, 이러한 모든 대립에 대하여 무관(indifferent)하다. 그것은 또 개성과 보편성, 개체와 총체, 부분과 전체, 요항과 조직체 등에 대해서도 무관하다. 이 무관성은 주관과 객관, 인격과

---

3) N. Hartmann, *Das Problem des geistigen Seins*, 1933 참조.

사물, 인간과 세계, 현상과 물자체, 객관 대상과 초객관적자(超客觀的者), 합리적자(合理的者)와 비합리적자(非合理的者) 등으로 확대된다. 여기에 또 절대자와 상대자, 독립자와 의존자, 단순자와 복합자 등등이 추가될 수도 있다.

그러나 하르트만은 무관성의 계열에서 벗어나는 하나의 대립을 발견하는 바, 그것은 실존(existentia)과 본질(essentia)이란 대립 개념이다. 하르트만은 이 대립 개념을 거기있음(Dasein)과 그리있음(Sosein), 실사성(Realität)과 이법성(Idealität)라는 두 개의 대립 개념으로 분해한다.[4] 전통적 형이상학에서 본질이라는 개념은 애매하고 오용되기 쉽다. 존재자의 내용 규정 중에서 비교적 변동이 없는 핵심적인 몇 가지 규정을 묶어서 본질로서 이해한다. 그러나 그 범위는 가변적이다. 뿐만 아니라 본질은 흔히 이념성과 혼동하여 사용된다. 그러므로 불편한 이 개념 대신에, 비교적 변동이 없는 핵심적 규정이거나 가변적인 주변적 규정이거나를 막론하고 어떤 존재자가 가지고 있는 내용이면 그것을 전부 싸잡아서 그리있음(Sosein)으로 묶어 버리면, 이것은 그러한 내용을 가진 어떤 존재자의 유무에 관한 거기있음(Dasein)과 순수하게 대립한다. 어떤 사물에 관하여 우리가 언표할 수 있는 합리적 측면을 전부 그것의 그리있음(Sosein)에 포함하면, 있다 또는 없다고 밖에 달리는 말할 수가 없는 그것의 비합리적 측면은 그것의 거기있음(Dasein), 즉 실존(existentia)으로 두 계기가 순수하게 대립하게 된다.

이리하여 우리는 어떤 존재자에 대하여, 그것이 적어도 존재자인 한에서, 그 있음 또는 없음을, 즉 그것의 실존 여부를 말할 수 있다. 그러나 그것의 〈거기있음〉을 말한다고 해서 그것의 무엇임(was)이 말하여진 것은 아니다. 사람은 이성적 동물이다. '신은 창조자요 섭리자이다'라고 말함으로써 비로소 사람이란 존재자의, 또 신이란 존재자의 무엇임이 말하여지는 것이다. 존재자에서의 이 계기가 그것의 〈그리있음〉이다. 그것은 사물의 내용적 존재이다. 사물의 일정한 거기에 있고 없음에 상관없이 우리는 일반적으로 그 사물의 그리있음을 말할 수 있다. 막(幕)의 계열 속에 aº라는 수가 있다. 이것은 aº의 거기있음이다. aº는 1이다라고 말함으로써 그것의 내용 존재 즉 그리있음이 언표되는 것이다.

한편 전통적 형이상학에서는 실존(existentia)란 개념은 실사성(Realität) 또는 현실성(Wirklichkeit)이라는 개념과 무비판적으로 혼용되고 있다. 하르트만은 이것을 현존 방

---

4) N. Hartmann, *Grundlegung der Ontologie*(이하 *Grundlegung*으로 표기함), 11장 참조.

식(Daseinsweise)의 분화인 실사성(Realität)과 이법성(Idealität)과의 대립에서의 실사성(Realität)과 그것의 일층 분화된 가능성(Möglichkeit), 현실성(Wirklichkeit), 필연성(Notwendigkeit)이란 양상대립에서의 현실성(Wirklichkeit)과 엄밀히 구별할 것을 요구한다.[5]

하르트만에 의하면, 실사성과 이법성은 현존 방식(Daseinsweise)의 두 가지 분화이고, 이에 따라 존재자 일반은 두 권역(Sphäre)으로 구분된다. 물질, 생명, 의식, 정신은 실사적 권역에 속하여 시간성, 개성, 인과성 등의 지배를 받는다. 이법적 존재 권역은 시간성을 초월한 거기(Da)에 있는 보편적 존재의 영역이다. 실사자의 본질, 수학적 형상, 가치, 논리 법칙 등이 이 권역에 속한다. 그러므로 하르트만은 "모든 존재자의 존재는, 이법적이건, 실사적이건 간에, 그리있음인 동시에 거기있음이다. 그러나 모든 존재자의 존재는, 그리있음이건 거기있음이건 간에, 이법적 존재가 아니면 실사적 존재이다"라고 정의한다.[6] 이 정의에 있어서 '~인 동시에 ~이다'(Sowohl~als auch)는 존재 계기(Dasein과 Sosein)에 적용되고 '~이 아니면 ~이다' (entweder~oder)는 존재 방식(Realität와 Idealität)에 적용된다.

하르트만은 『원론』에서 거기있음과 그리있음이란 존재 계기와 실사성과 이법성이란 존재 방식의 구별을 전통적인 여러 개념의 비판과 분석에서, 그리고 해당한 소여 현상의 기술을 통하여 우선 잠정적으로 시간성을 기준으로 하여 설정해 놓고 있다. 그러나 존재 방식 자체의 특성이 밝혀지지 않는 한, 이 구별은 어디까지나 잠정적인 것에 불과하다. 실사성이란 도대체 무엇인가? 이법성이란 또 무엇인가? 이를 구명코자 한 것이 『양상론』이다. 그러므로 하르트만은 『원론』에 대한 『양상론』의 관계는 "어떤 학문의 예비학에 대한 그 핵심 부분과 같은 것"이라고 한다.[7]

존재 방식의 분화는 거기 있기 방식의 분화이고, 이것으로 인하여 실사성과 이법성이란 두 권역이 구분된다고 함은 이미 『원론』에서 지적되고 있다. 그런데 『양상론』에서는 다시 가능성, 현실성, 필연성 및 그 부정 양상들로서의 불가능성, 비현실성, 우연성 등이 권역을 달리함에 따라 어떻게 변모하고 서로 어떻게 관계하는가, 또한 인식권과 논리권이란 제2차적 존재 권역(왜냐하면 인식권은 의식에 반영된 실사권이고, 논리권은 의

---

5) *ibid.*, 11, 12장 참조.

6) *ibid.*, 17장, p.123.

7) N. Hartmann, *Möglichkeit und Wirklichkeit*, Vorwort.

식에 반영된 이법권이라고 보기 때문에)에 있어서 어떻게 변모하여 나타나는가를, 세밀하게 분석함으로써 실사성과 이법성에 대하여 빛을 던진다. 그러므로 하르트만은 "양상의 이해는 무엇보다도 존재자의 권역대립에 있어서, 존재 방식이 파악되도록 하는 데에 존재학적 기능이 있다. 존재학의 가장 어두운 문제가 여기서 빛을 받게 된다. 그 자체 어떤 방식으로도 파악이 안 되는 실사존재와 이법존재가 양상 상호 간의 관계에서 상세하게 규정될 수 있게 된다"라고[8] 말하고 있다.

거기있음과 그리있음이란 존재 계기 및 실사성과 이법성이란 존재 방식, 그리고 가능성·현실성·필연성이란 존재 양상, 이것들은 '존재자로서의 존재자 일반'의 가장 기본적이고 보편적인 존재 규정이다. 여기서는 아직 개개 존재자의 구체적 내용에 대해서는 아무런 언급도 없다. 그것은 가장 보편적인 한에서의 존재 규정이기 때문에 일체의 존재자에 대하여 똑같이 타당한 기본적 규정이다.

이 기본적 규정의 확립이 존재학에 있어서 얼마나 중요한 것인가는 전통적 존재이론에 있어서 얼마나 자주 이들에 대한 개념의 혼동을 일으켜 왔던가를 생각하면 당장 이해될 것이다. 거기서는 실존(거기있음)과 실사성, 실존과 현실성, 실사성과 현실성 간에 늘 혼동을 일으켜 왔으며 이법성과 가능성, 본질(또는 그리있음)과 이법성, 가능성과 본질(또는 그리있음) 간에도 이에 못지않게 혼동을 일으켜 왔다. 그 보기를 중세의 보편논쟁에서 든다면, 본질의 존재학적 위치를 다른 각 학설이 아직 존재 계기로서의 그리있음과 존재 방식으로서의 이법성을 구별할 줄 몰랐기 때문에 문제는 끝없는 미궁을 헤매고 있었으며, 실존(existentia)과 본질(essentia)이란 대립 개념에 있어서 존재 계기와 존재 방식의 무비판적 혼동으로 인하여 그들의 존재이론은 구제할 수 없는 혼란에 빠지고 있었다.

우리는 앞에서 하르트만이 그의 존재학 제1권과 제2권에서 다룬 중심 문제를 살펴봤다. 제1권 『원론』은 '존재자로서의 존재자'의 문제를 그 완전한 보편성에 있어서 다루고, 나아가 존재자의 소여를 확정한다. "그것은 존재자의 기초적 부분이며 존재하는 세계의 구조에 대한 그 후의 모든 탐구의 불가결한 선결문제를 포괄한 것이었다."[9] "이 과업이 성취되고 나서야 비로소 체계구성을 시작할 수 있다. 체계구성은 실사성과 현실성에 관한 연구로써 착수되어야 하는데, 이는 그런 연후에 실사적 세계의 계층과 범주적 법칙

---

8) *ibid.*, Einleitung 13, p.29.
9) N. Hartmann, *Grundlegung*, Vorwort.

성으로 전진하기 위해서이다."[10]

위의 인용문에서 '실사성과 현실성에 관한 연구'라고 한 것이 곧 제2권『양상론』의 주제이다. 그리고 '실사적 세계의 계층과 범주적 법칙성'이라고 한 것은 제3권『실사적 세계의 구조』의 주제어다.

존재 계기, 존재 방식, 존재 양상의 문제에서도 벌써 범주의 문제가 등장하고 있다. 즉 거기있음과 그리있음, 실사성과 이법성, 가능성과 현실성 등도 아마 범주이다. 그러나 여기서는 아직 존재의 내용적 구조에 들어가기 이전의 문제이다. 그것은 순전히 거기있음(Dasein)의 분화에 관계되고 있다. 존재의 내용적 구조는 그리있음(Sosein)의 계기에 관계된 것이다. 여기서부터 협의의 범주론이 시작된다. "존재자의 구조를 이루는 것은 범주(협의의)라는 것이 분명하므로, 여기서는 벌써 범주론이 시작되고 있다고 말할 수 있다. 사실 범주론과 존재학 사이에는 어떠한 선도 선명하게 그어지지 않는다. 모든 존재학은, 특수한 것으로 나아갈 때, 범주론이 된다."[11] 이에 앞서『원론』에서 거기있음(Dasein)과 그리있음(Sosein)의 문제를 다루고 있을 때, 하르트만은 "지금 우리가 행하고 있는 논구는 근본적으로 벌써 범주적 논구인데, 존재 방식의 분화에 선행할 정도로 아직 너무나 보편적일 뿐이다"[12]라고 말하고 있다. 여기서 말한 범주적 논구는 광의의 범주론이다. 그러나 "지금까지의 연구는 모든 내용적 문제의 피안에 머물러 있었고, 따라서 존재자의 구성적 기초에 관한 모든 논구의 피안에 있었다. 존재 문제의 내용적 구별과 더불어 연구는 이 기초로 향하여 접근한다. 이리하여 연구는 제삼단계로 이행하여 범주론이 시작된다."[13] 존재학의 제1 및 제2의 문제영역의 저 보편적 규정을 넘어가서 존재자에 관하여 도출할 수 있는 모든 것은 협의의 범주분석의 궤도에서 진행되는 것이다. 존재 권역, 존재 단계, 존재 계층, 그리고 일정한 영역 내부에서 지배하는 공통한 특징 및 결합하는 제 관계 등등. 이러한 모든 그 어떤 구별은 범주란 형식을 취한다. 그런데 존재자의 분절, 그 근본 특징, 제 관계 등은 다름 아닌 실사적 세계의 구조 이외의 다른 아무것도 아니므로, 이는 곧 실사적 세계의 구조적 골조이다. 여기서부터 존재학은 협의의 범주론 형태로 전개되는 것이다. 이 작업은 사뭇『자연철학』과『정신철학』

---

10) *ibid.*, Einleitung 20, p.34.

11) N. Hartmann, *Möglichkeit und Wirklichkeit*, Vorwort.

12) N. Hartmann, *Grundlegung*, Kap.11, p.89.

13) N. Hartmann, *Der Aufbau der realen Welt*(이하 *Aufbau*로 표기함), Einleitung 1, 참조.

으로 이어진다.

아래에서 우리는 하르트만의 우주론적 범주를 칸트의 제3범주군(실체성, 인과성, 상호성)과 비교하여 범주체계를 검토해 보기로 한다.

4. 우주론적 범주

제2장 범주의 본질에서 범주의 타당 범위와 그 등급을 살펴보았다. 여기에서는 실사적 세계의 사층(물질층, 생명층, 심리층, 정신층) 중, 물질층과 생명층을 일관하여 지배하는 자연계(물질층과 생명층)의 기본적 범주를 살펴보고자 한다.

하르트만의 『자연철학』은 칸트의 『순수이성비판』과 공통한 문제영역을 가지고 있다. 칸트의 『순수이성비판』의 '감성론'은, 하르트만의 『자연철학』 중 '차원적 제 범주'에 해당하고, 전자의 '분석론'은 후자의 '우주론적 제 범주'에 해당한다. 하르트만은 여기에다 '유기체론적 제 범주'를 첨가하여 자연의 범주체계를 완성했다.

그러나 문제해결에 있어서 하르트만은 칸트와 의견을 달리한다. 칸트에 의하면 공간과 시간은 직관의 근처에 있는 선천적 표상으로서 순수직관이다.[14] 그런데 하르트만에 의하면, 칸트에서 공간과 시간은 의식 범주로서 직관 형식에 불과하므로, 이것과 별도로 자연의 객관적 형식으로서 실사공간과 실사시간이 생각되어야 하고, 또 이법적인 공간 및 시간이 문제가 되어야 한다고 본다.

칸트에 의하면, 범주는 순수오성 개념이다. 공간과 시간은 감성의 선천적 형식이고, 범주는 오성의 선천적 형식이므로, 양자가 종합되는 데서 선천적 종합판단이 가능하다고 보았다. 칸트의 범주는 오성의 선천적인 형식이기 때문에, 오성 자체의 기능을 분석함으로써 범주의 완결된 체계가 도출된다고 믿었다.

그러나 하르트만은 칸트의 가장 핵심적인 제3범주군(실체성, 인과성, 상호성)에 관계성, 상태성, 과정성 및 법칙성(Gesetzlichkeit)을 더 추가했다. 왜냐하면 인과성과 법칙성을 혼동해서는 안 되기 때문이라는 것이다. 그리고 실체성, 인과성, 상호성, 법칙성이란 네 개의 범주에 대하여 그 선행조건으로서 더 기초적 범주라고 볼 수 있는 과정성과 상

---

14) I. Kant, *Kritik der reinen Vernunft*, A. 24, B. 38.

태성을 첨가하고 두 개의 선행조건으로 되는 보다 기초적인 관계성을 추가한다. 그러나 관계 자체를 범주로 다루지는 않았다. 칸트에서는 세 개이던 제3범주군이 하르트만에서는 7개 범주로 분화된 것이다. 이 점으로 보아 하르트만의 범주론은 칸트의 범주론을 계승하면서 이것을 더욱 발전시킨 것이라 볼 수 있다.

이것을 도식화하면 다음과 같다.

$$
\text{실사관계성} \begin{cases} \text{상태성} \begin{cases} \text{실체성(실체: 속성관계, 동시적)} \\ \text{인과성(원인: 결과관계, 계시적)} \\ \text{상호성(교호작용관계, 동시적)} \end{cases} \text{자연법칙성(동형성)} \\ \text{과정성} \end{cases}
$$

위의 도식에서 전항은 더 일반적이고 기본적이며, 후항은 더 특수적이다.

이상 각개의 기초적 범주를 중심으로 하여 과정에 대한 대립항으로 '역학적 조직체 (dynamische Gefüge)'란 범주가 성립한다. 그리고 조직체가 서로 관련을 갖고 상호계약하는 데서 자연의 '계층구조(Stufenbau)'라는 범주가 성립한다. 나아가서 조직체 간의 계층구조 속에 지배하는 '결정형식(Determinationsform)'이란 범주가 성립한다. 모든 조직체에는 안정성의 방식이 독특한 범주적 계기를 이루고 있으니, 이것이 '역학적 평형성 (dynamisch Gleichgewicht)'이란 범주이다.

하르트만은 위의 11개의 범주로서 무기적 자연의 범주체계가 완결된 것으로는 보지 않는다. 자연에 대한 인류의 끊임없는 연구에 따라 이 체계는 부단히 보완될 것으로 보고 있다. 각 범주는 단독으로 고립하여 있지 않고 상호 포함관계에 있으나 편의상 분리하여 고찰될 뿐이다.

4.1. 관계성

자연에 있어서 연장적 양(체적, 존속, 속도, 가속도, 방향, 방향 변화) 관계와 강도적 양 (시공간의 순수한 차원에 첨가되는 특징의 실질적 내용) 관계를 포함하는 모든 실사관계는 이와 같은 가변적 양의 함수관계에 의하여 지배된다. 이 규정에서 하르트만은 관계의 범주를 자연의 가장 기초적인 보편적 범주라고 본다.

하르트만은 관계성을 다음과 같이 규정한다: "관계에는 동시적인 관계와 계시적인 관계가 있다. 전자는 정적인 관계로서 자연이 형성체(Gebilde) 간에 성립하고 후자는 동적인 관계로서 과정단계 간에 성립한다. 칸트에서는 전자는 실체·속성의 관계 및 교호작용의 관계에 해당하고, 후자는 원인, 결과의 관계에 해당한다. 그러나 자연에 대한 전면적 고찰은 언제나 이 양자를 동시에 포괄하지 않으면 안 된다. 형성체는 부단의 과정에서 이해되어야 하고, 과정은 형성체의 내부에서 진행되는 한편, 다른 편으로 과정 자체가 형성체를 산출하며 형성체는 과정의 결과에 지나지 않는다."[15] 이리하여 관계성은 가장 기초적인 범주이고, 다른 범주는 관계성의 분화에 불과한 것이다.

4.2. 상태성과 과정성

상태성과 과정성은 관계성의 제1차적 분화로서 실체성과 인과성보다 선행하는 상관관계에 있는 기초적 범주이다.

하르트만에 의하면, 상태(Zustand)는 일정한 시점에 있어서 사물의 상황으로서 "일정한 현시(Jetzt)의 동시성에 있어서 집결된 여러 실사관계의 다양성에서 형성된다."[16] 사물의 상황을 이루는 모든 실사관계의 집결 폭은 어떻게 잡건, 그것은 상관이 없다.

상태성의 근본 계기를 이루는 것은 일정한 시점에 있어서 동시성인데, 이와 반대로 과정성(Prozess)의 근본 계기를 이루는 것은 '시간의 흐름(Fließen der Zeit)'이다. "과정은 과거에서 미래로 향하여 불가역적으로, 모든 사건의 엄격한 평행성을 유지하면서 시간의 등속 진행에 따라 멈출 수 없이 전진한다."[17]

그러나 과정은 시간과 구별된다. 왜냐하면 시간은 하나인데, 그 속을 흐르는 과정은 여럿이기 때문이다. 시간은 차원에 불과한데 과정은 그 속을 흐르는 지속을 가진 실사적인 어떤 것이기 때문이다.

그러므로 하르트만은 "과정은 각 시간 단계로 서로 분리된 것의 연속적 집결, 시간적으로 한 번도 공존하지 않는 것의 공속성, 부단히 다만 일순간 존립했다가 부단히 소거

---

15) N. Hartmann, *Philosophie der Natur*, p.256.

16) *ibid.*, p.313.

17) *ibid.*, p.259.

하는 것의 계속적 상호연접에 의한 하나의 진행의 전체적 통일"이란[18] 형식의 통일이라고 규정한다.

과정의 통일성은 형태형성 과정과 형태해체과정을 함께 포함함으로써 생성과 소멸을 변화란 개념으로 종합함으로써 모든 변화가 운동과 에네르기(Energie) 전환으로 환원된다는 것이 과학에서 입증됨으로써 과정의 통일성이 확실히 된다.

일반적으로 상태와 과정과의 관계는 "과정은 모든 상태의 변역이고, 교체하는 모든 상태의 시간적 계열"이라고[19] 규정된다. 시공간의 4차원 체계는 자연이 전개되는 질서원리이고 무대이다. 자연의 실질적 내용은 이 속에서 실사적 관계의 그물(망)로서 전개된다. 즉 상태성과 과정성은 날과 씨를 이루어 모든 자연을 망라한다.

4.3. 실체성

실체는 자연의 모든 실사관계의 밑바닥에 있는 지속적인 것으로서 기체성(Substrat)과 지속성(Beharrung)을 함께 갖고 있어야 한다. 실체 범주로써 비로소 자연의 실질적 내용에 접촉하기 시작한다. 이런 의미에서 실체는 범주체계에 있어서 핵심적 위치를 차지한다. 고전물리학에서 자연의 모든 운동과 변화의 담지자로서 설정된 물질이란 개념은 위와 같은 의미에서의 실체이다.

칸트는 실체를 다음과 같이 규정한다: "현상의 모든 변역에도 불구하고 실체는 지속하고, 그 양은 자연에 있어서 증감하지 않는다."[20] 칸트는 이 원칙에 대한 상세한 증명을 시도하고 있는데, 그것을 요약하면 다음과 같다.

우리가 어떤 두 개의 사물이 동시에 존재하고 있는가, 아니면 시간적인 선후관계에 있는가를 결정하기 위해서는 그 사물을 시간 속에 자리잡혀야 할 것인 바, 시간이란 것은 본래 지각될 수 없는 것이므로, 시간 속에 부단히 지속하는 실체의 존재가 생각되지 않을 수 없다. 칸트의 이 증명이 과연 성공했느냐의 여부는 별개의 문제로 치더라도, 우리는 여기서 다음과 같은 두 가지 사항을 주목해야 한다고 하르트만은 보고 있다.[21]

---

18) *ibid.*, p. 262.
19) *ibid.* p. 314.
20) I. Kant, *Kritik der reinen Vernunft*, A. 182, B. 224.
21) N. Hartmann, *Phiosophie der Natur*, p. 280.

1) 칸트는 종래의 형상실체(Formsubstanz)의 개념에 있어서와 같이, 실체를 지속성의 계기에서만 이해하지 않고, 기체성과 지속성이란 두 가지 계기의 종합에서 이해하고 있다.

2) 칸트는 지속성을 시간 외부적인 것으로서가 아니라, 시간 속에서의 지속, 과정에서의 지속으로 이해하고 있다.

위의 제2항에 관하여 하르트만은 칸트의 증명에서 일종의 '변화의 변증법(Dialektik der Veränderung)'을 발견한다. 이것은 변화를 그 대립자인 지속성에서 파악하는 논리이다. 변화는 어떤 것의 소멸과 다른 것의 생성에서 성립하는 것이 아니다. 그것은 변화가 아니고 존재자의 교체에 불과하다. 변화란 것은 어떤 것이 그 자신 동일을 유지할 때, 그것에서의 상태들의 교체를 의미한다. 이러한 지속자 없이는 경과의 통일성이 없고, 과정에 변화가 있을 수 없다. 지속자만이 변화할 수 있고, 또 그것의 변화에서만 지속이 가능한 것이다. 이리하여 변화의 변증법은 하나의 존재자는 "자기가 동일한 것으로 존속함으로써만 다르게 될 수 있다"고[22] 표현하고 있다.

칸트는 이것을 "지속자(실체)만이 변화시켜진다. 가변자(das Wandelbare)가 있는 것은 약간의 규정이 소멸하고 다른 약간의 규정이 발생하는 것이므로, 변화(Veränderung)가 아니라 변역(Wechsel)이다"라고[23] 말한다.

그러나 칸트는 '물질'을 절대적 지속자로서 증명하려고 한다. 그러나 이는 지나친 요구라고 하르트만은 평한다. '지속자만이 변화할 수 있다'는 명제에서, 그 지속자가 반드시 절대적 영속자라야 한다는 결론이 나오지 않는다는 것이다. 과정의 통일성에는 변화의 담지자가 교체되는 상태들의 변역을 넘어나감으로써 족하다. 다시 말해서 상태의 변화는 상대적으로 불변한 어떤 것에 있어서 수행되는 것이지 반드시 영원한 불멸성을 요하는 것은 아니라는 것이다.

헤라클레이토스는 '사물은 유전하여 잠시도 정체함이 없다'고 했다. 이 명제는 과정의 영원한 지속을 의미한다. 과정의 영원한 지속을 하르트만은 물(物)의 지속과 변증법적 관계에서 고찰한다. "사물이 생성의 과정에 휩쓸려 간다면, 물의 지속은 거부된다. 그때는 과정 자체만이 지속하게 된다. 물이 지속하지 않으면 과정이 지속하고, 또 과정이 지

---

22) *ibid*.
23) I. Kant, *Kritik der reinen Vernunft*, A. 187, B. 231.

속하지 않으면 물이 지속한다."[24] 과정이 지속할 것이냐, 물이 지속할 것이냐, 부정적으로 말해서, 과정이 정립할 것이냐 물이 소멸할 것이냐의 문제에 있어서 도출할 수 있는 성과는, 과정은 유일한 필연적 지속자이나 기체의 계기가 없고, 물은 기체의 계기를 갖고 있으나 항구한 지속성이 없으므로, 어느 쪽이나 절대적 실체일 수 없다는 것이다.

하르트만은 칸트의 '실체지속의 원칙'을 받아들여 그 한계를 밝히는 데서 다음과 같은 규정을 얻는다.[25]

1) "실체는 과정의 밖에 있지 않고 그 안에 있다. 실체는 무시간적자가 아니라 과정과 마찬가지로 시간적 존재이다."

2) "실체는 과정 자체가 아니라, 과정 속에 있으면서 과정에 항립하는 어떤 것이다. 실체의 지속은 과정의 지속이 아니라, 과정의 흐름 속에서 이 흐름에 대항하여 버티어 나가는 것이다."

3) "지속은 존재자의 고차 형태에서 구할 것이 아니라, 최저의 가장 요소적인 형태에서 구해야 한다. 모든 고차의 존재형태는 저차의 형태에 의하여 제약된, 그 위에 얹혀있는 존재이다. 그런데 실체는 어떤 것 위에 얹혀(aufruhen) 있지 않고 밑바닥에 놓여 있다."

4) "실체는 단지 지속에 그치는 것이 아니고 지속자이다. 실체는 지속인 동시에 지속의 담지자(기체)이다. 그러므로 실체 속에는 지속과 기체란 서로 합치 안 되는 두 가지의 묶어진 범주적 계기가 포함되어 있다. 그것이 어떤 종류의 기체이냐는 것은 아프리오리(a priori)하게 결정되지 않는다."

5) "하나의 절대적 지속자의 존립에 대한 확실한 논증은 없다. 기체를 어디에서 구하든, 그것은 언제나 다만 상대적 지속자에 불과하다는 것이 밝혀진다."

실체에는 지속성과 기체성이란 이질적인 양계기가 결합해 있다. 한편으로 지속성은 계속(Dauer)이란 시간성의 양상을 띠나, 다른 편으로 기체성으로 인하여 모든 관계의 담지자(Träger)라는 성격을 함께 가진다. 지속성은 반드시 기체와 결합하는 것은 아니다. 왜냐하면 형상계기와 관계계기도 지속적일 수 있기 때문이다.

한편 기체성의 범주적 상관자는 관계성이다. 기체는 자연의 모든 형태, 관계, 양 규정의 담지자로서 그 밑바닥에 있는 그 자신 불가분해적이고 비규정적인 비합리자이다.

---

24) N. Hartmann, *Philosophie der Natur*, p. 282.
25) *ibid.*, p. 285.

이리하여 실체의 본질은 지속성과 기체성, 즉 과정에서의 시간적 동일성과 모든 관계의 담지자로서의 불가분해한 비규정성이란 두 가지 이질적 계기가 성립한다.

4.4. 인과성

실체의 지속성은 시간에서의 상태들의 변역에 성립하고, 생성의 과정성도 시간에서의 접속에 성립하는 것이었다. 이 범주에 있어서는 새로운 상태가 앞의 것에 접속하여 나타나는 데 그치고, 그 연결이 아직 내용적 구조연관에 의하여 규정되지 않는다. 이 연결 속에 내용적 구조를 규칙으로 삽입하는 것이 인과성(Kausalität)이다.

칸트는 인과율을 제2의 '경험의 유추'로서 다룬다. 흄의 '연관'이란 개념이 칸트에서는 '유추'란 개념으로 바뀐다. 칸트의 제2유추는 다음과 같다. "인과율을 좇는 계기의 원칙-모든 변화는 원인과 결과를 연결하는 법칙에서 생긴다."[26]

칸트에 의하면, 모든 각지(覺知)에 있어서 지각(知覺)은 항시 계기하기 마련인데, 그러나 그 순서가 가역이냐 불가역이냐에 따라 동시존재(사물의 각 부분)와 계기적 사건(강을 떠내려가는 배)이 구별된다. 그러나 지각순서의 가역·불가역은 지각순서의 문제이지 지각의 계기를 사건의 계기라고 볼 수 없는 이상, 지각이 일정한 순서로 계기한다고 해서, 사건이 일정한 순서로 계기한다고 생각할 근거는 없는 것이다. 그러므로 칸트는 우리가 지각의 불가역성에서 사건의 계기를 생각하게 될 때, 사건의 일정한 순서에 의한 계기란 개념을 사건이 갖고 있기 때문에 지각의 순서가 일정할 때 사건의 계기가 있다고 생각한다. 그러나 사건의 계기가 일정한 순서로 된다고 해서 반드시 사건의 계기가 인과율에 의하여 규정되었다고 단언할 수 있느냐 하는 것이 문제이다. 여기에는 보편성, 의존성이란 보편적 형식의 연결을 원인·결과라는 특수적 형식의 연결이 되게 하는 내용적 계기가 첨가되어야 한다.

인과성은 과정에 있어서 상태들의 계열이 임의로 접속하지 않고 일정한 계열 질서에 있어서 계기하여 하나의 상태가 다른 상태에 의하여 발생하는 데서 성립한다. 그때에 앞 상태는 원인이고, 뒷 상태는 결과이다. 전자는 일으키고, 후자는 일으켜진다.

그런데 어느 원인이나 이미 그 앞의 원인의 결과이고, 어느 결과나 다시 그 뒤의 결

---

26) I. Kant, *Kritik der reinen Vernunft*, A. 189, B. 232.

과의 원인이다. 이렇게 해서 과정의 시간적 경과에 따라 계기하는 선적(線的) 계열형식
이 성립하니, 이 형식을 인과계열 혹은 인과연쇄라고 한다. 그러므로 하르트만은 인과
성의 범주적 계기로서 "1) 선적 계열방식, 2) 시간에 있어서 직진성, 3) 연속적 산출, 4)
불가역성"[27] 등을 들고 있다.

인과계열에서 원인과 결과는 물(物)이나 실체나 어떤 복합된 형성체가 아니라 물의
모든 상태, 과정의 모든 단계, 실사관계 및 그 배열이다. 물의 상태, 또는 상황들의 배열
이 원인을 이룬다.

하르트만은 인과관계에 다음과 같은 명제가 성립한다고 보았다.[28]

1) 동일의 원인에서 동일의 결과가 나온다(필연적 계기).

2) 상이한 원인에서는 상이한 결과가 나온다(상태 간의 관계).

3) 사소한 원인에서도 중대한 결과가 나온다(한 상태에 의한 다른 상태의 결정성).

위의 세 가지 명제를 종합하면 인과관계에는 결정성이 포함되어 있다. 이 결정성은
법칙의 성격을 띠고 있다(연속적 상태들 간의 필연적 결정성). 그런데 인과관계는 원인 결
과의 관계로 그치는 것이 아니라 과정단계들의 계기에서 계열적으로 연속함으로 연속
적 산출의 형식을 취한다.

4.5. 상호작용성

상호작용은 칸트에서 제3의 관계범주로 다루어지고 있다. 칸트의 '제3유추'의 원칙은
다음과 같다. "상호작용 혹은 상호성의 법칙에 따르는 동시존재의 원칙-모든 실체는 공
간에서 공존하는 것으로 지각될 수 있는 한에서 일관된 상호작용을 한다."[29] 그러나 이
관계를 실체에 한해야 할 근거는 없다. 그것은 모든 상태, 과정 및 모든 종류의 형성체
에도 적용될 수 있다. 이러한 관점에서 하르트만은 칸트의 명제를 다음과 같이 일반화
한다. "공간 내에 동시적으로 존재하는 것은 일관된 상호작용을 한다."[30]

이 명제는 어느 시점에서나 공간적 세계는 그 속에 모든 것이 모든 것과 상호제약하

---

27) N. Hartmann, *Philosophie der Natur*, p. 320.

28) *ibid*, p. 322,

29) I. Kant, *Kritik der reinen Vernunft*, A. 211, B. 256.

30) N. Hartmann, *Philosophie der Natur*, p. 420.

는 하나의 완결된 전체를 이룬다는 것이다.

인과성은 계시적인데 부단히 전진하는 직선적 연쇄를 이루고 그 방향은 불가역적이다. 상호작용성은 동시적이고 다차원적인 편물(그물)과 같은 상호적인 제약과 피제약과의 상호의존성이며 그 규정하는 방향은 서로 가역적이다.

상호작용과 인과성의 결정성은 서로 침해하지 않고 보충하면서 조화롭게 공존한다. 뿐만 아니라 이 결정방식은 법칙성과도 잘 융합한다. 이리하여 동일의 실사자가 동시에 세 가지 결정성에 의하여 결정되는 것이 자연현상이다.

이 삼자의 결정성의 상호관계를 구명하기 위하여, 세 가지 결정형식이 '과정' 범주에 무엇을 첨가하며 어떻게 서로 결부하는가를 살펴보아야 한다.

하르트만은 이 점을 다음과 같이 구명하고 있다. '과정'은 모든 실사자가 시간연속에 있어서 상태들의 계열로 놓일 때 성립한다. 여기서는 어느 단계에 있어서나 그 뒤의 경과에 대한 여러 가지 가능성이 열려 있다. 이와 반대로 '상태'는 과정에서의 한 단계가 동시적 연관의 완결된 전체를 이루는 데서 성립한다. 그런데 '인과성'은 과정에서의 각 상태가 계시적인 연속에서 선건이 후건을 산출하는 일정한 단계에 있어서 유일한 가능성만 남게 된다. 그런데 '법칙성'은 원인복합의 다양성을 유형적인 것으로 만들어 과정의 경과에 항시 동형적인 것이 재현하게 하는 것이다. '상호작용'은 동시적인데, 인과성은 계시적이다. 그것은 상태가 공간적이고 과정이 시간적임에 대응한다. 상태에 대한 과정의 관계와 같이 상호작용에 대하여 인과성은 십자로 관계한다. 인과성은 시간차원에서의 과정의 결정형식이듯이 상호작용은 공간 차원에서의 결정형식이다. 인과성이 과정에서 상태들의 연속을 결정하듯이 상호작용은 상태에서의 모든 실사요인의 배열을 결정한다.

그리고 인과성이 과정의 경과에 있어서 가능성의 다수를 유일의 가능성으로 한정하듯이, 상호작용도 가능한 배열의 다양성을 유일의 유형으로는 아니나 적어도 몇 개의 유형으로 한정한다. 왜냐하면 인과성은 과정의 계열에서의 모든 요항의 내면적 의존성인데, 상호작용은 상태 내의 계열에서의 제 요항의 내면적 의존성이기 때문이다. 상태에는 시간의 흐름이 속하지 않고 다만 동시적 병존이 있을 뿐이므로, 상호작용은 연속적 계열의 형식을 취하지 않고 전면적으로 '상호성의 형식'을 취한다.

그런데 상호작용은 상태에서의 내면적 의존성이고, 또 상태들 서로는 교체하여 인과적 계기를 연출함으로, 과정에서 인과 연속의 동형성을 형성하는 법칙성은 필연적으로 동시에 상태 내에 동형성을 형성하는 법칙성이 아니면 안 된다. 왜냐하면 상태에서의 동일한 배열은 그 아래서 과정의 동형성과 유형적 경과의 재현을 가능하게 하는 제약이기 때문이다. 이리하여 세 가지 결정성의 내면적 관계는 상호작용이 별개의 독자적 법칙성에 따르지 않고 과정의 경과에서 인과계열을 관통하는 그 법칙성에 따른다는 것을 보여 준다.[31]

4.6. 자연법칙성

법칙은 인과과정의 경과형식의 동형성(Gleichformigkeit), 즉 동일의 곡선을 그리는 유형에서 성립하는 수직결정성(垂直決定性)이다. 이는 선건이 후건을 결정하여 원인과 결과로 되는 수평적인 결정성인 인과성과도 구별된다. 법칙은 개별적 사례의 다양성에서의 보편자다. 그 보편자가 수식으로 표현된 것이 법칙이다. 그러므로 법칙은 이법적 존재이다.

법칙은 과정을 떠나있는 것도 아니고, 과정에 그치는 것도 아니다. 과정에 대한 법칙의 관계는 개별자에 대한 보편자의 관계와 같다. 그런 의미에서 그것은 구체자에 대한 원리에 비할 수 있다. 법칙은 과정의 경과 속에 동형성을 삽입하여 그것을 결정한다. 이리하여 과정이 법칙성을 띠게 된다. 이 법칙성은 과정에 있어서 결정성의 일종이다. 그러나 이것은 인과성과는 다른 결정성이다. "인과성에서는 시간연속에 있어서 한 과정단계가 다른 과정단계를 결정한다. 법칙성에서는 법칙(보편자)이, 보편적인 것으로서의 무시간적자가 결정자이다."[32] 그러므로 인과적 결정성이 수평적이라면, 법칙적 결정성은 수직적이라고 할 수 있다. 양자는 십자로 교차한다.

인과성의 본질에는 '산출(Hervorbringen)'의 계기가 있으나, 경과의 동형성이 반드시 요구되는 것은 아니다. 인과성은 일회적인 일정한 실사요인들의 배열에 의거한 경과의 필연성을 갖고 있다. 이것은 실사적 필연성이다. 그러나 법칙성은 인과성에 의거해 있으며 인과성은 법칙성에 의해 가공형성되고 있다. 법칙성은 경과의 시간류에서의 법칙에 의거한 개별적 경과의 그리있음(Sosein)의 필연성, 즉 본질필연성이다. 이 같이 실사

---

31) *ibid.*, p.425f.
32) *ibid.*, p.385.

필연성과 본질필연성이 교차하여 상호보완하는 곳에 자연필연성이 성립한다고 하르트만은 생각한다.

4.7. 역학적 조직체

앞에서 언급한 7개 범주에는 연속성과 무한계성이 우세하였다. 역학적 조직체, 계층구조, 역학적 평형의 범주에서는 한계가 분명해진다.

역학적 조직체는 그 속에 포함된 요항 사이의 힘(力)의 관계 때문에 내면으로부터 제약된 한 형태를 이루어 다른 물질세계로부터 구별되는 한계를 갖고 있다. 예컨대 지구와 같은 운동체계도 역학적 조직체이다.

'조직체(Gefüge)'란 것은 '요항들의 접합(Sich einfügen der Glieder)'을 의미한다. 그것을 '역학적(dynamisch)'이라 함은 힘들 또는 과정들 상호 간의 항쟁에서 그 구조가 성립하기 때문이다.

일반적으로 역학적 조직체의 존속은 첫째로 내부 힘들의 균형에 의하여, 둘째로 외부 힘들의 영향에 대한 내부 힘들의 결속력의 우세에 의하여 제약되고 그 해체는 이 결속력이 풀리거나, 혹은 보다 강한 힘의 장에 편입시켜질 때 일어난다. 그러므로 역학적 조직체의 상대적 안정성은 내부 힘들과 외부 힘들 간의 함수관계에 의존한다. 이리하여 역학적 조직체는 공간적 포섭 관계에 있어서 전 우주를 관철한다. 또 "역학적 조직체는 자립적이고 그 한계는 본질규정에 속하며 그 전체성은 역학적으로 형성된 통일이다."[33]

역학적 조직체도 결정성을 갖고 있다. 하르트만은 이것을 '중심결정성(Zentraldetermination)' 또는 '조직체결정성(Gefügedetermination)'이라 부른다. 중심결정성은 법칙성, 인과성, 상호작용성 등의 일반적 결정성에 담지되어 있으나, 거기다 전체적 형태의 유지라는 새로운 계기를 첨가한다. 역학적 조직체는 "자연 속에 그 내면을 가지고 있는 형성체"이고 "고유한 중심결정성을 가지고 있는 형성체"이다. 양쪽을 종합하여 "자연 속에 대면적 중심이 있어, 이것 때문에 고유한 중심결정성을 가지고 있는 형성체"라고 정의된다.[34]

---

33) *ibid.*, p.468.
34) *ibid.*, p.470.

4.8. 자연의 계층구조

무기적 자연은 한 조직체가 다른 조직체를 포섭하는 계층구조로 일관되어 있다. 계층구조는 조직체와 같이 범주적으로 본질적인 계기이다. 왜냐하면 조직체는 부분, 과정, 힘들의 단순한 역학적 조직체일 뿐만 아니라, 조직체들의 조직체이기도 하기 때문이다.

하르트만은 계층구조가 다음과 같은 특징을 가진다고 규정하고 있다.

1) 낮은 형성체에서 높은 형성체로 단계지어지지 않고, 다만 공간적으로 작은 형성체에서 큰 형성체로 단계지어질 뿐이다.

2) 계층구조는 공간적 포섭 관계, 즉 상이한 규모의 조직체 간의 편입 관계에 성립한다. 이 관계는 동시적 관계이다

3) 계층구조는 상대적으로 안정된 형성체에 관한 것으로, 구조에 대한 구조 요소라는 정적 관계가 성립한다. 이 관계는 세 짝의 대립존재의 기본범주에 의하여 다음과 같이 특징지어진다.

1) 부분과 전체. 부분은 그 자체 다른 부분들의 전체이고, 전체 또한 그 자체 다른 전체의 부분이다. 전체의 규모는 계열적으로 계속된다.

2) 질료와 형상. 작은 조직체는 큰 조직체의 질료가 될 수 있고 큰 조직체는 작은 조직체의 가공형성에서 성립한다. 자연의 계층구조에서는 모든 질료가 그 자체 형상이고, 모든 형상은 그 자체 가능한 형태형성의 질료로 된다.

3) 제2항의 관계의 상위에 조직체와 요소와의 관계가 성립한다. 이 관계에 있어서 비로소 계층구조의 역학적 배경이 파악된다. 모든 조직체는 더 큰 조직체의 요소로 될 수 있고, 모든 요소는 다시 보다 작은 요소의 조직체가 될 수 있다. 이 계열도 무한히 계속된다. 실사적으로는 아래와 위로 이 계열의 한계가 있다. 그것은 실사적 세계가 유한하기 때문이지 조직체와 요소의 범주적 본질에 근거가 있는 것은 아니다.

4.9. 역학적 평형

모든 조직체는 역학적 평형에 의거하고 있다. 역학적 평형은 한 조직체 내의 이질적 힘들 상호 간에 균형이 이루어지는 경우, 혹은 과정들 상호 간의 진행을 유지하는 경우에 성립한다. 전자의 예는 원심력과 인력과의 관계에서 성립하는 타원궤도(楕圓軌道)이고, 후자의 예는 태양과 같은 가스체에서의 계층 간의 방사평형에서 볼 수 있다.

역학적 평형에 있어서는 움직이는 모든 힘들이 맞서는 힘들과 서로 접합하여 쌍방이 움직이는 상태를 유지함으로써 조직체의 분열을 방지한다. 비평형성 상태는 다른 힘에 대한 어떤 힘의 우세에 성립하고, 이 우세가 과정을 진행시킨다. 만일 세계내의 모든 것이 평형을 유지한다면 일체의 과정이 진행을 멈추게 될 것이다. 그러나 사실은 모든 것이 평형을 이루고 있는 것이 아니다. 거기에 다양한 비평형의 조직체가 있어, 움직이는 과정 조직체를 이룬다. 평형과 비평형과의 이 상호포함이 과정의 진행을 유지하고, 과정의 결합에서 조직체가 성립한다. 이리하여 평형과 비평형이 서로 평형을 유지한다.

5. 맺는 말

하르트만은 칸트의 가장 핵심적인 제3범주군(실체성, 인과성, 상호성)에 관계성, 상대성, 과정성 및 법칙성을 추가했다. 왜냐하면 인과성과 법칙성을 혼동해서는 안 되기 때문이다. 그리고 실체성, 인과성, 법칙성이란 네 개의 범주에 대하여 그 선행조건으로서 더 기초적 범주인 과정성과 상태성을 첨가하고 이 두 개의 선행조건으로 되는 더 기초적인 관계성을 추가한다. 칸트도 물론 실체성, 인과성, 상호성이란 3개의 범주를 관계범주로써 하나로 묶었던 것이다. 그러나 관계 자체를 범주로 다루지는 않았다. 칸트에서 3개이던 제3범주군이 하르트만에서는 7개의 범주로 분화한 것이다. 이점으로 보아 하르트만의 범주론은 칸트의 범주론을 계승하면서 이것을 더욱 발전시킨 것이라고 볼 수 있다.

위의 7개의 기초적 범주를 중심으로 해서 과정에 대한 대립항으로 '역학적 조직체

(dynamische Gefüge)'란 범주가 성립한다. 그리고 조직체가 서로 관련을 갖고 상호제약하는 데서 자연의 '계층구조(Stufenbau)'라는 범주가 성립하였다. 나아가서 조직체 간의 계층구조 속에 지배하는 '결정형식(Determinationsform)'이란 범주가 성립한다. 모든 조직체에는 안정성의 방식이 독특한 범주적 계기를 이루고 있으니, 이것이 '역학적 평형성(dynamisch Gleichgewicht)'이란 범주이다.

하르트만은 위의 11개의 범주로서 무기적 자연의 범주체계가 완결된 것으로 보지는 않는다. 자연에 대한 인류의 끊임없는 연구에 따라 이 체계는 부단히 보완될 것으로 보고 있다. 모든 범주는 단독으로 고립하여 있지 않고 상호포함 관계에 있으나 편의상 분리하여 고찰될 뿐이다.

하르트만과 셸러의 실질적 가치윤리학의 일고찰

김용섭(영남대)

1. 들어가는 말

인간 생활 아니 세계 일반에서 '가치' 있는 것은 무엇인가? 인간이 되기 위하여 우리가 소유하고 이해하고 존중할 것은 무엇인가? 이는 오직 가치와 비가치가 나에게 나타나는 때에 나의 결단, 의지와 행동이 요구되는 것이기 때문이다. 나는 무엇을 해야만 되는가라는 물음과 관련하여 도덕적 행위의 규정 근거를 논의할 때 제기되는 당위 또는 의무의 문제가 가치 개념과 인격적 존재자 개념과 더불어 언제나 윤리학적 탐구의 중심을 형성하고 있다.

다음과 같은 명제에서도 그 의미가 분명히 드러난다. "인간은 첫째로 선천적이고, 둘째로 이론적이다."[1] 인간의 인식은 처음부터 태도적이며 사물에 대한 인간의 관여에는 평가적 감정이 따른다. 이는 우리의 의지와 행위를 이끌어 줄 수 있는 가치가 인생의 도처에서 실현되고 있다는 것을 일단 이해할 때 우리는 직접 제2의 윤리적 근본 문제 앞에 서게 되는데, 이 문제는 행위당위(Tunsollen)에 못지않게 중요한 것이기 때문이다.

어떤 세계를 만든다고 하더라도, 만들어진 이 세계에 가치가 없다면 무슨 의미가 있겠는가. 나아가서 세계가 인간에게 가치가 있다는 것은, 세계에서의 인간의 형이상학적 의의가 아니고 무엇이겠는가 라고 하르트만은 생각한다. 왜냐하면 "실로 세계는 인간에게 있어서만 자기의 의식을 가지고 자기의 대자존재(對自存在, Fürsichsein)가 되기 때문

---

1) N. Hartmann, *Ethik*, 4. Aufl. Berlin : Walter de Gruyter & Co., 1962(이하 E로 표기함), p.11.

이다."[2]

다음에 하르트만 윤리학의 역사적 연관에 대해서 말한다면 하르트만은 가치의 근거를 당위로 보는 칸트의 당위윤리학과 당위의 근거를 가치로 보는 막스 셸러(Max Scheler, 1874~1928)의 가치윤리학을 지양하고 가치와 당위를 똑같이 중요한 것으로 파악한다. 그러므로 하르트만은 "이법적 존재당위(ideales Seinsollen)는 가치의 형식적 조건이고 가치는 존재당위의 실질적 조건이다."[3]라고 하여 '가치'와 '당위'를 결합하는 윤리학을 구상하여 칸트의 당위윤리학과 셸러의 가치윤리학을 넘어 칸트적 도덕률의 선천성과 니체가 발견한 가치의 다양성을 종합할 수 있는 가능성이 열리는 것으로 하르트만은 본다.

그런데 하르트만과 셸러는 같은 시대에 도덕원리가 되는 가치의 선천성을 밝혀 가치윤리학을 성립시켰으나 이들은 가치의 본질 및 가치와 당위의 관계를 각자 상이하게 파악하고 있다. 이제 이 두 사람의 차이에 대해서 간단히 말한다면 셸러는 "가치선호(Vorziehen)와 가치경시(Nachsetzen), 사랑과 미움 등에서, 즉 그러한 지향적 기능과 작용의 선취계열에서 가치와 그 질서가 나타나는 바, 이 가치와 그 질서가 선천적 질료"[4]라고 하여 가치를 지향적 감정에 주어지는 객관적 성질로 파악하였다. 그러나 하르트만은 가치를 주관과의 상대적 관계를 포함하지만 주관에 의존하지 않는 절대적인 것이며, 가치물과 윤리 현상을 가능케 하는 본질의 성격을 가지고, 또한 실재적 존재로부터 그리고 주관의 인식으로부터 독립된 이법적 자체존재(ideales Ansichsein)라고 정의한다.

하르트만은 『윤리학』에서 셸러의 실질적 가치윤리학으로부터 실마리를 찾고 있는데 그것은 개별적 가치와 그것들 사이에 성립하는 가치론적·존재학적 법칙성에 대한 일관된 분석이 그것이다. 또한 가치와 플라톤의 이데아와의 동일시는 철저하게 수행되고 있다.[5] "실재세계와 이법적 가치계 사이의 매개는 인격(Person)에 의해서 가능한데 이것이

---

2) *E.*, p. 10.

3) *E.*, p. 171.

4) *E.*, p. 11.

5) 플라톤에서 진실한 존재, 즉 실재라고 생각되고 있는 것은 '이데아'이다. 하르트만에서 가장 중심이 되는 개념은 Dasein, Sosein, Realität, Idealität이다. Realität는 시공세계에서 작용하고 있음을, Idealität는 시공을 초월한 영역에 상주하는 존재를 의미한다. 여기에는 수학적 존재, 논리칙 법칙, 본질, 가치 등이 속하는데 이러한 이법적 존재를 플라톤의 '이데아'와 동일한 관점에서 파악하여 가치의 이법적 자체 존재라는 것을 *Zur Grundlegung der Ontologie*에서 철저히 분석하고 있다. 특히 제4편 이법적 존재의 문제와 지위에서 수학적 존재 분석을 통하여 그것을 증

두 세계의 시민으로 존재하는 인간 인격의 본질이기 때문이다."⁶⁾ 이 논문에서는 하르트만과 특히 셸러의 가치, 사랑의 질서, 인격 등을 중심으로 몇 가지 차이점을 고찰해 보기로 하겠다.

2. 하르트만과 셸러의 가치의 비교

하르트만에 의하면, 가치의 본질 속에는 본래 당위성이 속해 있으니 이것이 이법적 존재당위이고, 실재세계와의 권역상의 불합치의 경우 새로이 현실적 존재당위가 성립하고, 이것이 다시 실천적 행위주체를 매개로 해서 행위당위가 성립한다. 그런데 셸러에 의하면, 가치 자체에는 본래 당위성이 속하지 않는데, 가치가 비존재로 파악되는 경우에만 존재당위가 나오고, 가치를 실현할 의사가 없는 주체에 대해서만 행위당위가 나오는 것이었다. 그러므로 셸러의 이법적 존재당위는 하르트만의 현실적 존재당위에 해당한다고 볼 수 있을 것이다. 하르트만의 "당위성의 세 가지 양태는 그의 존재론적 권역 구별의 사상이 그 배경을 이루고 있다"⁷⁾는 것은 주지의 사실이다. 여기에서 우선 셸러의 실질 가치윤리학의 출발점으로 돌아가서 그의 이론을 고찰함으로써 하르트만의 가치론을 살펴보기로 하겠다. 셸러의 기본구상은 다음의 공리에 있어서 단적으로 제시된다.⁸⁾

1.
  1) 적극적 가치의 존재는 그 자신 적극적 가치이다.
  2) 적극적 가치의 비존재는 그 자신 소극적 가치이다.

명하고 있다.

6) N. Hartmann, N., *Das Problem des geistigen Seins*, 3 Aull. Berlin : Walter de Gruyter & Co., 1962, p.161(이하 *PdGS*로 표기함).

7) 이법적 존재당위와 현실적 존재당위는 구별되어야 한다. 이법적 존재당위가 현실과 대립할 때, 즉 자존적 가치가 비실재적일 때 현실적 존재당위가 된다. 이 종류의 당위성은 권역 간의 구조적 불일치, 즉 양자의 긴장 관계에서 나타난다. 이 긴장이 곧 현실성이다. 실재자는 이 이법자와 다름에 대하여 무관하나 후자는 전자와 다름에 대하여 무관하지 않다(*E*, p.172).

8) M. Scheler, *Der Formalismus in der Ethik und die materiale Wertethik*, 6 Aufl, Bern / München : Francke Verlag, 1980, p.100(이하 *Formalismus*로 표기함).

3) 소극적 가치의 존재는 그 자신 소극적 가치이다.

4) 소극적 가치의 비존재는 그 자신 적극적 가치이다.

2.

1) 선이란 의지의 영역에 있어서 적극적 가치의 실현에 부착하는 바의 가치이다.

2) 악이란 의지의 영역에 있어서 소극적 가치의 실현에 부착하는 바의 가치이다.

3) 선이란 의지의 영역에 있어서 보다 높은(또는 최고의) 가치의 실현에 부착하는 바의 가치이다.

4) 악이란 의지의 영역에 있어서 보다 낮은(최저의) 가치의 실현에 부착하는 바의 가치이다.

3. 선(악)의 표준은 이 의지의 영역에 있어서 실현할 때 지향된 가치와 선호해야 할 가치의 합치(혹은 항쟁) 내지 경시해야 할 가치와의 항쟁(혹은 합치)에 있다.[9]

또한 셸러가 가치의 고저를 구별하기 위해 가치서열의 기준을 다음과 같이 작성했음을 살펴볼 필요가 있다.

1. 가치는 지속적일수록 더 높다.

2. 가치는 덜 분화될수록 더욱 높다.

3. 정초하는 가치는 정초되는 가치보다 더 높은 가치를 지닌다.

4. 가치는 만족도가 깊을수록 더욱 높다.

5. 가치의 높음의 최종기준은 그 가치의 상대성의 정도에 달렸다(이에 대한 비판을 하르트만은 『윤리학』 26절 D에서 '토대를 뒤집어 놓으려는 셸러의 시도'에서 이를 비판하고 세밀히 규정한다).[10]

---

9) *ibid.*, p.53.

10) 가치서열에 관하여 헤센은 하르트만과 셸러와는 다른 세 가지 대원칙을 다음과 같이 제안하고 있다.
   1. 정신적 가치들은 감성적 가치들보다 우위에 있다.
   2. 정신적 가치들 중 윤리적 가치들이 최우위에 있다.
   3. 선성의 가치들 또는 종교적 가치들은 모든 다른 가치들을 정초시켜 주기 때문에 최고의 가치들이다. J. Hessen, *Lehrbuch der Philosophie*, 2 Bd, Wertlehre, pp.74-75f. 진교훈, 「현상학적 윤리적 가치에 관한 소고」, 41쪽. 『삶의 의미를 찾아서』 소재.

셸러의 실질 가치윤리학에 대한 비판적 고찰은 우선 무엇보다도 이 공리를 향하지 않으면 안 된다. 그런데 그는 가치를 선험적인 것이고 재화나 목적이나 결과 등으로부터의 추상이 아니며, 게다가 또한 일정한 단계 질서에 따라서 객관적으로 대상적 실질적으로 자존(自存)하는 것이라고 파악한다. 그런데 이 점이 셸러에 있어서의 현상학적 윤리학의 근본성격에 관해서 주의하지 않으면 안 된다는 점일 것이다. 즉 현상학이 후설에 있어서 철학의 하나가 아니고 단지 하나의 철학이라고 주장된 이유는 그 엄밀성과 명증성에 의해서였는데, 그것은 사실 자연적 입장으로부터 현상학적 환원에 의해서 순수의식의 영역에 이르고, 이어서 이 순수의식을 본질직관에 의하여 명증적으로 분석과 본질 파악을 행하여, 거기에서 직관되는 본질연관을 기술한다고 하는 학의 방법에 있어서였다. 그것은 후설의 출발점을 보면 분명하듯이 수학에서의 직관적 명증성을 기초짓는 것과 같은 학의 엄밀성과 명증성에 있다. 그에 있어서, 한편에서는 가치가 가치 지향 작용에 관계지어지면서(주관주의), 다른 한편에서는 가치의 단계 질서가 영원불변하게 즉자적으로 자존한다(객관주의)고 주장하는 것도 가치 지향작용이 순수의식-셸러에서는 근본적으로 인격-의 노에시스(Noesis)이고, 가치영역이 그 노에마(Noema)로서 본질직관에서 발전되는 본질연관을 이루는 현상학적 사실이기 때문이다. 그러나 셸러에서 특히 후설과 다른 것은 이와 같은 현상학적 경험인 본질직관이 학의 방법으로서뿐 아니라 윤리적 태도의 전제로 되고 있다는 점일 것이다.

셸러에서 어디까지나 가치의 고저 질서는 가치 자신의 본질 관계로서 존재하고 있다. 그렇기 때문에 셸러는 "선호 규칙은 역사에 있어서 오히려 원리적으로 변할 수 있음에 대해서 가치의 단계 질서 그 자체는 절대적으로 불변적일 것이다"라고[11] 주장하고 있다.

우리는 여기에서 셸러가 현상학적 직관과 윤리적 인식을 동일시한 것에 대해서 이의를 제기하지 아니할 수 없다. 그리고 우리의 윤리적 인식이 거기에 기초하는 가치 지향 작용이 항상 반드시 셸러가 생각하는 것과 같은 영원불변한 가치의 단계 질서를 인식하는 것이 아님을 알아야 한다는 것이다. 그렇다면 객관적으로 자존하는 영원불변한 가치의 단계 질서가 있다고 하는 사상은 모든 의미에서 부정되어야 할 것인가? 아니 우리의 윤리적 인식이 항상 역사, 사회, 개인의 제약 아래에서 상대적이고 절대적이 아니라고 하는 것은, 바로 절대 불변한 가치의 단계 질서의 존재를 전제하는 까닭이다. 즉 우리에

---

11) *Formaliamus*, p.108.

있어서는 "가치 우열감의 선호, 경시 작용의 감독에 의해서만 가치의 단계 질서를 인식할 수 있다."[12] 그런 한에서 고위의 가치 존재가 선호되는 까닭이라고 해석되어야만 할 것이다. 그러나 어떤 가치가 선호되고 또 그 선호 작용이 열등한 가치를 우등한 가치로 하는 가치의 착오나 전도에 빠지지 않기 위해서는 선호되는 가치가 고위(高位)에 있어서 객관적으로 존재하는 것이라고 하는 가치단계의 객관적 실재성이 요청되지 않으면 안 된다. 즉 셸러가 말하는 영원불변한 그리고 선천적으로 자존하는 가치의 단계 질서는 가치 지향작용을 수행하는 주체의 입장에서의 지향작용을 통제하는 이데아로서 전제되는 것이라고 해석되어야 한다. 그런데 이렇게 이해된다고 하면 이 가치 지향작용이 스스로 착오에 빠져서 가치의 전도를 행하지 않도록 끊임없이 지향작용을 올바른 방향으로 통제시키는 것은 무엇일까? 도대체 가치 감독작용이 착오에 빠지고 전도를 범했는가 어떤가를 발견하는 것은 무엇인가? 그것을 반성적 사유라고 생각한다.[13]

대개 셸러에서 선악의 윤리적 가치는 제 가치 간의 적극적, 소극적, 고위, 저위의 단계 질서가 가치 지향작용에 의해서 명증적으로 부여되고 인식될 수 있는 한에 있어서는 이의 없이 결정된다. 그러나 가치 지향작용이 일상적·경험적인 체험으로서 직접 작용한 것이 아니고 선험적인 형이상학적 경험에 속하는 것은 물론이다. 그렇기 때문에 셸러에서 판단중지의 현상학적 방법이 충동이나 이해나 욕망 등에 의해서 당장 지배되는 일상적 태도를 버리고 가능한 한 시야를 넓히고 가치의 본질 영역을 개시하고 그 가치의 본질과 질서를 인식한다고 하는 생활 태도로 인도하는 것은 바로 가치지향·정서작용이 아니고, 반성적 사유가 행하는 것이 된다.

가치 지향작용은 이 "반성적 사유"[14]와 서로 나란하기 때문에 사실 작용하는 것이지

---

12) *ibid.*, p.384.

13) 하르트만은 "형이상학적 세계상의 전 계열을 다 살펴본 뒤에도 우리들이 무엇이 진리이며 무엇이 오류인가 하는 것을 조금도 알지 못한다는 것과, 따라서 우리가 매우 불확실한 발판 위에 서 있다는 것을 '반성'하게 될 때에는 우리는 하나의 다른 지향을 갖게 된다. 사람들은 도대체 어떠한 조건하에서 세계를 인식할 수 있는가 하는 것을 연구하기 위해 인식의 방향을 어느 정도 굽혀서 주관 자체로 향하게 했다. '반성'이란 말은 원래 인식하는 주관의 인식을 주관 자체로 돌린다는 뜻이었다. 밖으로 향하는 지향과는 반대로 이렇게 인식의 방향을 바꾸는 것을 안으로 되돌아오는 지향(반절지향)"이라 설명하고 있다. 이 지향은 데카르트에서 시작하여 칸트에서 그 절정에 이른다. N. Hartmann, *Einführung in die Philosophie*. Überarbeitete, vom Verfasser genehmigte Nachschrift der Vorlesung im Sommer-Semester 1949 in Göttingen(Bearbeitung von Karl Auerbach), 5 Aufl., pp.28-29f.

14) 한편 칸트는 『판단력 비판』의 '제1 서론'과 '제2 서론'에서 판단력을 그 기능상으로 보아 크게 두

않으면 안 된다. 즉 그에 있어서 윤리적 태도에서 가장 중요하다고 생각된 가치의 단계 질서의 고저를 올바르게 인식한다고 하는 것은 단지 가치 우열감에 의해서 행해지는 것이 아니고 반성적 사유에 의해서 인도되어 사유의, 판단의 명증성으로서 가치 우열감이 작용하는 것이다.

그리고 이 윤리적 가치를 담지하고 있는 의지의 영역은 엄밀히 말해서 심정으로부터 행위에 이르는 제 단계를 가리키는 것이고, 따라서 셸러는 "가치와 그 담지자와의 관계를 기술하는 데에 있어서 윤리적 가치의 담지자로서 심정과 행위 및 그 양자 간의 단계인 기도(企圖), 계획, 결심, 실행(實行)을 들고 있다."[15]

그렇다고 한다면 윤리적 인식은 윤리적 태도를 정초하는 것이기는 해도 그것을 이유로 해서 윤리적 인식을 윤리적 태도의 고찰로부터 분리해 버리는 것은 허용되지 않는 것이다. 셸러에서 선악의 윤리적 가치는 선험적 인식의 가치의 단계 질서 위에서 그 가치 실현의 방법에 관계되는 것이라고 하고 있는데, 이것이 인정된다고 하면 실현 작용을 하는 의지 행위와 윤리적 태도를 분리하고 윤리적 인식을 논하는 것은 윤리적이지 않은 가치의 단순한 직관에 지나지 않게 된다. 그러나 분명히 셸러는 "선에 대한 윤리적 인식"에[16] 대해서 기술하고 있다. 그렇다고 한다면, 그에 있어서도 이 윤리적 인식은 윤리적 태도를 정초하는 것이라고 해도 그 의미는 우선 선(善)에 대한 윤리적 인식이 있고, 그 뒤에 심정이 작용하고 마지막으로 행위에 의해서 실현된다고 하는 윤리적 태도보다도 시간적으로 선행하는 그러한 의미가 아니고, 심정, 의지 행위작용의 윤리적 태도의 수행과정에 있어서 작용하는 것이지 않으면 안 된다.

분명히 셸러는 선악 가치가 무엇인가라는 본질의 인식은 선험적 인식이고, 그것에 반해서 무엇이 선악 가치를 담지하고 있는 것인가라는 인식은 경험적 인식인데, 그것은 전자가 후자에 선행하는 것이 아니고 후자 중에 내재하여 그것을 가능하게 하고 충실한

가지 종류로 나누어 규정적 판단력(die bestimmende Urteilskraft)과 반성적 판단력(die reflektier-ende Urteilskraft)이라고 명명하고 있다. '제2 서론'에서 판단력 일반은 특수를 보편 아래에 포함된 것으로서 사유하는 능력이다. 보편이 주어져 있는 경우에는 특수를 이 보편 아래에 포섭하는 판단력은(판단력이 선험적 판단력으로서 이 보편의 포섭을 가능케 하는 조건들만을 선천적으로 지시할 경우에도) 규정적이다. 그러나 오직 특수만이 주어져 있고, 판단력이 특수에 대하여 보편을 찾아내야 할 경우에는 판단력은 단지 반성적이다. I. Kant, *Kritik der Urteilskraft*, Einl. xxv-xxvi.

15) *Formalismus*, p.121.

16) *ibid.*, p.66; p.101.

것으로서 작용하는 이유를 말하고 있다.[17] 즉 그의 주장에 따라서 선악 가치가 선악 이외의 가치의 작용에 의한 실현의 방식에 있어서 직접 이해되는 것이라고 하면, 윤리적 인식은 단순한 선악 이외의 가치의 선호(Vorziechen)·경시(Nachsetzen) 작용하는 것이 아니고 바로 이 가치 지향작용에 근거하여 구체적인 의지 내용이 지향하고 있는 가치가 선호해야 할만한 가치와 합치하는가 어떤가를 직관하는 것으로서의 의지 작용과 서로 결합하고 병행하여 행해져야만 하는 것이지 않으면 안 된다. 왜냐하면 선악의 윤리적 가치는 작용 가치이고 작용의 수행을 떠나서는 이것을 인식할 수 없기 때문이다.

그렇기 때문에 셸러가 윤리적 인식을 윤리적 태도의 기초로서 발견한 것은 인정되어도 좋다고 해도 윤리학이 바로 윤리적 가치를 묻는 것이라면 이 윤리적 인식과 윤리적 태도의 관계를 충분히 고찰하지 않고 단지 정초하는 것이 되기 때문이라는 이유에서 윤리학의 고유영역을 선악 가치의 본질직관에만 한정하는 것은 부당하다고 말하지 않으면 안 된다.

우리는 윤리학의 고유 과제가 '무엇이 선이고 무엇이 악인가'를 행위에서의 표준을 명시하는 것에 있다고 이미 논의했다. 그리고 셸러는 선악 가치의 표준을 의지 내용이 지향하는 바의 가치와 선호되어야 할 가치와의 합치냐 아니냐에서 구하여 이것을 분명히 하는 것으로서 윤리적 인식을 들고 있다. 그리고 이 윤리적 인식은 애증(愛憎) 두 작용을 기초로 하는 가치 우열감, 가치감 위에서 이루어지는 것이다. 그런데 우리는 이 가치지향·정서작용이 윤리적 태도의 계기로서의 그것인 한 결코 현상학이 요구하는 충분한 명증성과 엄밀성을 항상 가지는 선험적인 것이 아니고, 따라서 그것이 올바로 행해지기 위해서는 반성적 사유에 의해서 끊임없이 이데아로 인도되어 수행되어야만 하는 것이 필요한 것은 전술한 바와 같다. 대개 반성적 사유를 갖지 않을 때에는 단지 의지 내용이 지향하는 가치와 선호된 가치가 일치하기 때문에, 그 의지가 선이라고 여겨지더라도 이때 선호된 가치가 과연 이 사태에 있어서 선호해야 할만한 가치인가 어떤가는 결정되지 않기 때문이다.

이렇게 해서 선악의 윤리적 인식에는 직관적 증명으로서 가치를 지향하는 정서작용과 그것에 의해서 충실을 얻으면서 또한 그것을 올바르게 인도하는 반성적 사유의 두 가지 능력이 불가결하다. 그리고 논자의 소박한 견해로 이 두 가지 능력을 합해서 셸러

---

17) *ibid.*, p.66.

의 선악 가치의 본질직관으로서의 윤리적 인식과 구별하여 윤리적 판단력이라 부르고자 한다. 판단력도 논리학의 소관사다. "논리적 영역에서는 최고의 제 법칙에는 명료하게 파악될 수 있는 비합리성의 요소가 붙어 있다. 이들의 법칙은 자세히 보면 그 자체에서도 다른 것에서도 이해될 수가 없다."[18] 동일율은 서로 다른 것의 동일 $A^1=A^2$를 언표하고 따라서 부동일(不同一)한 것의 동일을 언표한다. 모순율은 모순을 배제한다. 그러나 양 명제는 피차 타방 없이는 성립하지 않는다. "논리학에서는 세계가 중요한 것이 아니다. 존재자에 대한 논리학의 지침은 전술의 존재 내용, 즉 반사적 존재에 한정된다."[19]

그런데 우리가 일상 행위를 할 때에는 선악의 윤리적 판단을 항상 동반하지만, 이 윤리적 판단이 전술한 가치를 직관적 증명으로서 감득하는 정서작용과 끊임없이 반성하는 사유작용으로서 행해지고 있는 것은 우리가 체험하는 것이기 때문이다.

셸러의 실질 가치윤리학은 확실히 가치지향적 정서작용의 현실에서는 착오하는 사실을 인정하고, 따라서 보다 명증적이고 올바른 가치 인식에 이르는 데는 사유라고 하는 정신적 노력이 필요한 것을 인정하면서, 근본적으로는 현상학적 방법의 본질직관에서 보증되는 직관의 명증성과 엄밀성의 사상에 의해서, 가치 지향작용에 의해서 선험적이고 대개 실질적인 그리고 반드시 영원불변한 가치의 단계 질서가 감득된다고 하는 객관주의와 그 정서주의에 의해서 가치지향적 정서작용의 명증성과 사유나 표상이나 판단에 대한 정초성이 강하게 주장되고, 따라서 여기에서 그 필요성을 제기한 반성적 사유에 대한 고려는 거의 행해지지 않는 경향이 강한 것은 부정할 수 없을 것이다. 그러나 우리에게는 이 심정의 논리와 사유의 논리를 결부짓는 것이 필요하고 나누는 것은 결코 올바른(윤리적) 가치 인식의 논리를 제공하는 것으로는 되지 않는다는 것이다.

하르트만은 셸러와는 달리 "존재자 일반을 실재적 존재(reales Sein)와 이법적 존재(ideales Sein)란 두 개의 권역으로 나눈다."[20] 전자에는 무기적 물질, 유기적 생명, 심적인 것(의식), 정신적 존재란 네 개의 층이 성층구조를 이루고, 후자에는 논리적·이법적 구조, 수학적 존재 본질성, 실재적 존재의 본질 영역 및 가치의 영역 등 네 가지가 병존

---

18) N. Hartmann, *Zur Grundlegung der Ontologie*, 4 Aufl. Berlin : Walter de Gruyter & Co., 1965, p.296(이하 *GdO*로 표기함).
19) *GdO*., p.121.
20) *GdO*., p.242.

한다. 이리하여 양 권역은 부분적으로 합치하고 부분적으로 괴리하는 관계에 있다. 그러나 윤리적 가치의 영역만은 사정이 특수하다. 여기서도 물론 이법과 실재와의 사이에 합치가 있고 또 합치의 한계도 있다.

하지만 여기서는 합치의 한계가 관계의 한계는 아니다. 합치의 한계를 넘어서도 관계는 여전히 성립하고 있다. 윤리적·이법적 자체 존재는 자기에게 모순되는 윤리적 현실에 대하여 무관심하지 않다. 그것은 이 모순을 대립관계 및 긴장관계로 확립하고 자기에게 모순되는 실재를 거부하여 반가치라는 낙인을 찍고, 자기가 지닌 구조의 이법을 거기다 대립시킨다. 이때 도덕적 의식은 이 대립을 존재당위(Seinsollen)로 감수하게 되는 것이다.[21]

한편 이법적 자체 존재로서의 가치는 그 자신 자기를 실재세계 속에 관철할 힘을 지니지 않았다는 점에서 본다면, 그것은 원리가 될 수 없다. 그러나 실재적 권역에 대한 긴장관계 또는 경향성으로 말미암아 가치는 윤리적 작용 또는 윤리적 실재와 같은 윤리적 현상의 가능성의 제약이고, 이 점에서 본다면 가치는 원리이다.

그러나 다른 한편으로 가치 그 자체는 작용하는 힘을 지니지 않았으므로 실천적 주체의 매개를 요청한다. 실천적 주체로서의 인간은 가치를 관조하며 관조한 가치를 실재세계 내에 설정하고 그 실현을 위하여 진력한다. 다시 말하면 가치는 본질에 있어서 주관과 관계를 하는 것인데 그 점에 있어서는 논리적 대성이나 수학적 대상도 마찬가지다. 왜냐하면 논리적 대상이나 수학적 대상도 사고하는 주체를 떠나서 따로 존재하는 것이 아니기 때문이다. 그러므로 모든 이법적 대상은 정신적 주관과 독립해서 자체적으로 존재하는 것이 아니라고 말할 수 있다. 즉 이법적 대상의 세계는 언제든지 주관을 통하여 또 주관에 대하여서만 존재하는 것이다. 일반적으로 말하면 정신적 주관을 떠나서 정신적 세계가 있는 것이 아니다. 따라서 정신은 이 정신세계를 지향하며 이 정신세계에 의해서 규정된다. 마치 우리의 사고가 논리적 이념에 규제되듯이 평가는 가치이념에 의해서 규제되는 것이다. 가치는 정신의 감정적 측면에 대응하는 이법적 대상이라고 말할 수 있을 것이다.

또한 하르트만은 가치가 가지는 보편적 성질 중의 한 가지를 본질성으로 보고 있다. 본질성이라는 개념은 아리스토텔레스의 형이상학적 용어인 ti en einai를 의미하는

---

21) *E.*, p. 161.

essentia를 번역한 것이다. 따라서 "본질성이란 구체적 존재자에 본래적으로 선행하며 그러므로 언제든지 이 구체적 존재자 속에 이미 포함된 총체를 가리키는 말이다."[22] 이 것은 현실의 영역 이외에 다른 존재자의 세계가 있다는 플라톤의 이데아 사상으로 되돌 아가는 것을 의미한다. 그러므로 본질성의 본래의 의미는 이데아 개념에 나타나는 근본 개념으로 이해되어야 한다. 플라톤의 이데아는 진유(眞有)로서 존재하며, 보지도 못하고 만지지도 못하지만 정신적으로 관조되고, 모든 것들은 진유를 분유(分有)하여야 그것이 있는 그대로 있게 되는 것이다. 칸트 윤리학 비판을 통하여 하르트만은 '가치는 본질성' 이라는 명제를 통하여 가치는 사물에서도 주관에서도 나오지 않는 내용이요, 실질(질료) 이요, 구조이며, 직관되는 것이라고 하였다.[23]

가치에 대한 지식은 아프리오리한 지식이다. 가치가 무차별적으로 세상의 모든 사물 에 부착하는 것은 아니나 세상에는 좋은 것도 있고 나쁜 것도 있다. 이것들은 모두 현 실성이라는 동일한 존재 방식을 가지고 있다. 만일에 사물의 홀로 있음과 독립하여 그 사물이 가치를 가졌다고 말해주는 평가의 기준이 없다면 그 사물은 사람에게 재(財)로 서 인정받을 수 없게 되는 것이기 때문이다. 이 평가의 기준에 사물들이 들어와야만 이 기준에 따라서 가치 있는 것과 가치 없는 것이 구별되는 것이다. 이러한 기준이 바로 '가치'이다. 이와는 반대로 이것이 저 다른 것을 위하여 가치 있다고 하면 이러한 대답에 따라 저 다른 것은 무엇을 위하여 가치 있는 가라는 질문이 뒤따르게 된다. 이러한 의 문은 계속되어 결국 순환논법에 빠지게 된다는 것이 하르트만의 지적이다.

3. 실질적 가치윤리학의 구상

셸러의 실질 가치윤리학은 생철학, 정서 생활의 연구, 가치론, 대상론으로서의 현상 학의 철학운동 등 이들 선행하는 제 사상을 방법론적 의식 아래에서 심화한 것에서 생 겨난 것이다. 즉 대상론은 현존하는 대상이 의거하는 고차의 대상으로서 본질 필연적 구조를 이루는 객체적인 용재(容在, Sosein)의 영역을 분명하게 함과 함께 이 긍정·부정 의 판단의 피안에 존재하는 영역을 지향하는 것으로 가정과 그 의식의 본질구조를 파

---

22) *E.*, p.120.
23) *E.*, p.227.

악하고 가정의 대상인 객체적인 용재를 명증적으로 제시하여 사유의 본질구조를 분명히 하는 내부지각의 사상을 전개했다. 그리고 후설의 현상학은 한편에서는 가정에 포함되는 의식의 정립 작용을 중지하는 중립성의 의식을 방법론적으로 심화하여 현상학적 판단중지의 태도로 높여, 이것에 의해서 선험적 의식으로서의 환원을 수행함과 동시에, 다른 한편에서는 내부지각을 현상학적 반성에 의거하는 바의 순수 본질관조(Ideation), 혹은 범주적 직관으로서 전개하는 것을 통하여 선험적 의식의 노에마(Noema), 노에시스(Noesis)의 본질적 지향구조를 명증적으로 기술하려고 하는 것이다. 셸러가 후설에 힘입은 것도 후설이 분명히 한 "자연적·경험적 인식의 불완전성과 그 감각적 경험의 실재성의 불확실성에 대한 순수의식의 현상 영역으로 향하는 현상학의 명증성과 엄밀성",[24] "모든 경험에 내재하면서 선험적인 것으로서 경험을 가능하게 하고 충실(erfüllen) 하게 하는 현상학적 경험"인[25] "본질직관"[26]의 사상인 것은 말할 것도 없다. 그러면서도 그것은 단순한 후설 방법론의 답습이 아니고 거기에는 큰 차이가 있는 것이다.[27]

셸러에 의하면 실질 가치윤리학에 관해서 여기서 제기되는 윤리학을 규정하는 정신은 엄밀한 윤리적 절대주의, 객관주의의 정신이다. 다른 면에서 본다면 정서적 직관주의, 실질적 선험주의라고 이름 지을 수 있다. 마지막으로 모든 가치가 인격 가치 아래에 속해야만 한다고 하는 것, 따라서 "인격주의의 새로운 시도로서 특징지어질 수 있다"라고[28] 밝히고 있다.

여기서 그의 현상학을 특징짓는 것이 윤리, 가치, 인격, 정서와 동의 개념인 것을 알 수 있다. 셸러의 실질적 가치윤리학은 이들 개념을 둘러싸고 구상되는 것이고, 그리고 바로 이 점에서 후설 현상학과 다른 특징이 저절로 드러나는 것이다.

여기에 현상학적 방법론은 후설과 달리 널리 인간의 생의 현실의 모든 영역으로 향하고 있다. 그런데 인간 생의 세계는 인간의 행위적 세계로서 거기서는 주체의 존재 방식과 결부된 환경세계이고, 그 본질구조는 나름의 가치 통일성을 가지는 것이다. 셸러의 윤리학은 한마디로 말해서 "생의 윤리학 및 생의 세계를 그 본질구조인 가치의 영역

---

24) *Formalismus*, p.82.

25) *ibid.*, p.85.

26) *ibid.*, p.71.

27) *Formalismus*의 p.14; 85; 101에서 차이점이 비교 설명되고 있음.

28) *ibid.*, p.69.

으로 향하여 환원하는 가치 현상학이다."[29]

따라서 그의 대상의 측면에서의 요점은 가치론이 되는 것이며, 그리고 그 핵심은 실질 가치의 객관적 자존성과 선험성 및 그 실질성에 따른 가치의 양태, 그 단계 질서를 분명히 하는 것이다. 그런데 이처럼 선험적인 것으로서 객관적인, 게다가 실질적인 것으로서 고저의 단계 질서를 가지는 가치의 본질 연관은 어떻게 해서 우리가 인식할 수 있는 것으로 되는 것일까?

셸러에 의하면 "그것은 가치감, 가치 우열감, 궁극적으로는 사랑과 미움의 근거 위에서 이루어지는 가치 인식"이다.[30] 즉 애증의 자발적·창조적 작용에 따라 가치가 발견되고 가치 파악이 부여되고, 그리고 그 근거에 서서 가치 우열감이 선험적으로 부여받은 제 가치 간의 고저의 단계를 밝히고 더욱이 그 가치 우열감의 선호(選好)·경시(輕視)의 작용에 따라 특정한 가치 성질을 가치감이 감득한다고 하는 일련의 가치지향적 정서작용에 따라 갖게 되는 우리에게 주어지는 것이다.[31]

여기에 데카르트 이래의 주지주의적 전통에 선 후설의 현상학에 대한 셸러 현상학의 정서주의의 특징이 나타난다. 그의 현상학은 스스로 말하듯이 "정서 생활의 현상학"[32]이다. 바로 그의 현상학적 방법은 감각적, 생명적, 정신적, 인격적인 네 가지 존재양태에 연관된 인간의 정서 생활의 계층을 분명히 하고, 그 배후에 있는 선험적인 법칙성을 발견하는 것을 과제로 한다. 그리고 셸러는 이 인간의 정서 생활의 의미 법칙을-이들 가치지향적 정서작용은 선험적인 것이기 때문에-오성의 논리와 똑같이 근원적인 것이고 나아가서 명증적인 본질필연성을 가지는 '심정의 논리'라고 하는 것에 의해서, 아우구스티누스의 '사랑의 질서'로부터 파스칼의 '성정의 논리'에 이어지는 사상을 추구하고 있다.

대개 인간은 아리스토텔레스가 말하듯이 보다 잘 사는 것을 의욕하는 당위적 존재이다. 그리고 이 경우 이 선악의 윤리적 가치와 행위의 기준을 명시하는 것이야말로 윤리학임에 틀림이 없다.

셸러의 실질 가치윤리학도 윤리학인 한 이 윤리학의 고유 과제에 대답하는 것이다. 이 문제의 해결 방식은 어떤 것인가? 칸트 윤리학에서는 이 윤리학의 고유성은 가언명

---

29) *ibid.*, p.85.
30) *ibid.*, p.88.
31) *ibid.*, p.385.
32) *ibid.*, p.85.

법에 대립된, 자유에 의한 실천적·선험적 종합명제로서의 정언명법을 전개하는 것 가운데서 찾아졌다. 이에 대해서, 셸러는 정언명법이 의지의 목적설정의 방법의 형식에 관한 것에 지나지 않고 이 형식적 법칙성으로부터는 선악을 얻을 수 없다고 하여 그 명제의 명증성은 실질적인 윤리적 가치 인식의 명증성에 기초지어져야만 한다는 것을 제시하고 있다. 바로 칸트도 도덕법칙의 선험성을 '순수 실천이성의 사실'로서 그 실재성을 중시하지 않을 수 없었는데도 불구하고 그 선험적 실재를 분석하지 않고 선험성을 오로지 의지의 형식성에 근거하게 했는데, 이 직관적인 사실이야말로 선험적인 것으로서 실질적인 가치 인식의 현상학적 사실이라고 하는 것이다. 그렇다고 하면 이 윤리적 가치 및 윤리적 인식은 어떤 것일까?

셸러도 칸트와 똑같이 일종의 가치가 선악의 가치로서 즉자적(卽自的)으로 그 실현이 선악인 것과 같은 사태는 존재하지 않는다고 논하면서, 그러한 까닭에 칸트와 같이 가치를 윤리로부터 거부함이 없이 윤리적 가치는 다른 제 가치의 단계 질서의 기초위에 성립하는 것임을 논하고 있다. 즉 그는 선악의 가치에 대해서, 그것이 절대적인 의미에 있어서는 가치 인식에서의 최고가치의 실현 작용에 본질 필연적으로 나타나는 가치가 선이고, 더 낮은 가치의 실현 작용에 나타나는 것이 악이라고 하고 있다. 이때 이 가치의 본질의 인식 작용이 애증을 근거로 하는 가치지향적 정서작용에 의한 것은 말할 것도 없다. 그런데 이 경우에 이처럼 윤리적 가치의 본질이 가치 실현 작용에 떠맡아지는 것이라면, 윤리적 가치는 사물 가치가 아니고 작용 가치이고, 이 작용 통일체가 인격인 한 인격 가치이다. 이리하여 셸러의 현상학을 특징짓는 인격주의가 논하여지는 것이 된다.

4. 하르트만에서 셸러와 칸트

하르트만은 "칸트는 도덕률의 선천성 속에 참된 윤리적 표준의 절대성에 관한 세련되고 순화된 지식을 가지고 있었으나 다만 그에게는 이 지식에 대하여 그 충분한 가치를 부여할 내용적 직관과 심정의 넓이가 결여되어 있다"고[33] 평한다. 여기에서도 나타나듯이 하르트만은 칸트의 선천주의를 매우 긍정적으로 수용하고 있다. 그리고 셸러 역시

---

33) *E.*, Vorwort. I.

"오늘에 이르기까지 우리가 세계관과 신앙의 형태들에서뿐만 아니라 엄밀한 학문적 인식의 형태에서 소유하고 있는 가장 철학적인 윤리학은 칸트의 윤리학일 것이다."[34] 또한 "실질적 가치윤리학은 칸트에 의해 그런 형태들의 윤리학(재윤리학, 목적윤리학)이 파괴됨을 전제한다"고[35] 하여, 칸트가 선천성을 통하여 도덕률의 객관적 타당성을 확립한 것을 긍정적으로 평가한다. 그러나 셸러는 칸트가 도덕원리의 선천성을 주관, 형식, 오성에서만 구한 것을 비판한다. 셸러는 파스칼이 지적한 마음의 질서, 혹은 사랑과 미움의 가치감에 의하여 파악되는 가치는 실질적이면서 동시에 선천적일 수 있다고 한다.

하르트만은 칸트에 대한 셸러의 비판을 대체로 수용하면서 '형식'의 의미를 셸러와 다르게 해석하고 있다. 셸러의 실질적 가치윤리학은 가치 상대주의의 배후에, 즉 가치 평가가 변화하는 배후에는 인간의 사고에 의하여 창조되거나 폐기될 수 없는 특정한 가치 내용이 놓여 있다는 점을 밝힌 것이다. 여기서 근본적인 전제는 가치의 영역이 고유한 존재성격을 가지며 또한 그에 의해 가치에 대한 "아프리오리한 인식"에[36] 주어진다는 점이다. 그러나 셸러는 "이러한 모든 가치가 내용적으로 규정된 것이며 그리고 오직 이 규정성 속에서만 관조된다는 점을 간과했다"고[37] 하르트만은 그를 비판한다. 그러므로 하르트만은 셸러가 형식을 고려하지 않고 실질만을 갖게 되었으며, 이에 의해 셸러의 실질적 가치윤리학이 칸트의 형식주의와 대립하게 된 것이라 보고 있다.

나아가서 하르트만은 셸러를 또 다음과 같이 비판하고 있다. "셸러는 칸트가 형식적이라고 부른 것이 무엇이며, 또 칸트가 왜 도덕법이 단순한 형식적 법칙으로 될 것을 원했는지 근본적으로 오해하고 있다."[38] 즉 형식주의라는 말은 본래 칸트에서 유래하지도 않았고, 또 그가 원한 것도 아니다. "셸러가 선천적 실질이라고 불렀던 것은 칸트의 도덕법에 일치하는 것이 아니라 칸트가 의지의 준칙이라고 불렀던 것에 일치하는 것이

---

34) *Formalismus*, p.9.

35) *ibid.*, p.20.

36) 칸트는 아프리오리란 주관에 의해 산출된 것이다. 주관이 이론의 영역에서는 자연법칙을, 실천의 영역에서는 도덕법칙을 부여한다. 셸러는 주어진 그대로의 사실 영역들이 칸트가 보듯이 혼란과 무질서인 것도 아니고, 인식에서 흄과 같은 표상의 다발에다 형식을 눌러 찍는 이성이다. *EiP.*, pp.116-117f.

37) N. Hartmann, *Kleinere Schriften*, Bd. III, Berlin : Walter de Gruyter & Co., 1958, p.347(이하 KS. III로 표기함).

38) *KS.*, III, p.348

다."[39]

따라서 하르트만은 칸트에게서는 선천성을, 셸러에게서는 실질성을 받아들인다고 볼 수 있다. 셸러는 "가치와 그 질서는 (…) 세계(이것이 심리적인 것이든 또는 물체적인 것이든 간에 모든 것을 포함하는)와의 중심적이며 활력적인 접촉, 선호감과 경시감, 사랑과 미움 자체에서, 다시 말하면 지향적 작용과 기능의 선취 계열에서 나타나는 것"이라고[40] 한다. 그리고 가치와 그 질서를 선천적 실질로 규정함으로써 셸러는 '의지의 선천적 실질'과 선천적으로 관조되는 가치 성질의 내용이 있다는 점을 밝혔다. 그러나 하르트만은 아직도 이 선천적 실질이 조금밖에는 알려지지 않았다고 보고 있다. 그리하여 그는 셸러의 실질 개념을 더욱 발전시킨다.

5. 셸러의 가치 개념과 인격

우리가 오늘날 일단 완결된 형태로 볼 수 있는 셸러의 윤리학상의 주저 『윤리학에 있어서 형식주의와 실질적 가치윤리학』은 가치와 인격이라고 하는 두 가닥의 큰 기둥에 의해서 지탱되고 있는 것은 목차에 의해서도 충분히 명료하게 알 수 있다.

셸러는 "자신의 시도는 윤리학을 지향적 감정 및 선호·경시 작용의 선험적 법칙, 아울러 그 법칙에 상응하는 가치 자체의 객관적 단계 질서의 이념 위에 건축하려고 한다"라고[41] 하면서, "절대적 윤리학, 더구나 실질적인 절대적 윤리학의 이념을 새롭게 기초 짓고자 한다"고[42] 주장한다. 그러기 위해서는 우선 실질적 원리인 가치의 본질이, 이어서 가치 감득 및 가치의 단계 질서의 객관적 선험성이 해명되어야 한다.

셸러에 의하면 색채의 이름이 물체의 순수한 특성을 이루지 않듯이 가치의 명칭도 우리가 재(財)라고 부르는 물적으로 부여된 통일의 순수한 특성이 되지 않는다.[43] 예를 들면 빨간색은 일정한 스펙트럼에 의해서 단순히 연장을 가진 성질의 것으로서 단지 그 것만을 독립된 것으로 볼 수가 있고, 좋아할 만한, 쾌적한, 사랑스러운, 매력적인 또는

---

39) *ibid.*, p.348.
40) *Formalismus*, p.87.
41) *ibid.*, p.384.
42) *Formalismus*, p.14.
43) *ibid.*, p.35.

기품있는 등의 가치도 그 담지자를 생각하지 않아도 즉 그것과는 독립된 것으로 생각할 수 있다.

이처럼 "가치는 그 담지자로부터 독립된 것이기 때문에 가령 담지자가 바뀌어도 가치 성질 자체가 거기에 동반되어 변해버릴 수가 없다."[44] 파란 공이 빨갛게 변하여졌다고 해도 청이라고 하는 색채 그 자체가 변해버릴 수가 없는 것과 완전히 똑같다. 우리는 가치물(Wertding)과 물의 가치(Dingwert)를 혼동해서는 안 된다. "재(財)는 가치물로서 가치 성질이 물에 부대(附帶)한 통일체이고"[45] 재(Güter)에 있어서 그 본질을 규정하고 있는 것, 즉 재를 재답게 하는 것은 물(物)이 아니고 가치가 물에 있어서 나타나 있는 점, 즉 가치의 대물성(帶物性, Dinghaftigkeit)인 것이다. 그리고 "가치는 먼저 재에 있어서 현실적으로 된다. 재에 있어서 가치는 객관적임과 동시에 현실적이다."[46]

그런데 셸러에 의하면 "가치는 감득(das Fühlen), 감득하는 의식의 상관개념으로서 감득하는 직관이 더 이상 환원할 수 없는 근본 현상이고 또한 그 이상 설명이 불가능한 근원적 현상인 것이다."[47] 즉 가치는 존재 혹은 가치의 담지자로부터 독립된 것인데, 그것은 가치 있는 사물과 인격과의 교섭 중에 감독작용을 통해서 나타나는 것이다. "가치와 감득 작용은 상관개념이고 가치는 감득에 의해서 먼저 주어지는"것이고,[48] "그것은 바로 색깔이 보는 것에 의해서 그리고 소리가 듣는 것에 의해서 주어지는 것과 같다."[49]

감득 중에 주어지는 제 가치 사이에는 선과 악, 정·사(正·邪)와 같은 적극적·소극적이라고 하는 가치 관계 외에 고저의 차, 즉 가치의 위계질서가 보인다고 셸러는 말하고 있다.

하르트만도 감정작용(Gefühlsakt)에 의한 진리 파악 및 가치 인식이 있고 이것 역시 선천적일 수 있다고 주장하고 있다. 감정 혹은 정서를 일차적이고 직접적인 가치 인식의 원천으로 보고 도덕적 인식에 있어서 감정주의(정서주의)를 옹호하고 있다. 감정적

---

44) 하르트만에서 "가치가 있음"은 "가치가 있다고 생각함"과 같은 것이 아니다. *GdO.*, p.285. 어떤 가치가 어떤 시대에 그 타당성이 변화함은, 가치의 변화가 아니고 어떤 시기가 어떤 가치에 대하여 가하는 선택의 변천이라고 한다. 셸러에서 가치의 선천성과 그것의 담지자의 변화는 하르트만의 위와 같은 견해에 다름 아니다.

45) *ibid.*, p.43.

46) *ibid.*, p.43.

47) *ibid.*, p.276f.

48) *Formalismus*, p.57.

49) *ibid.*, p.92.

초월 작용을 일차적인 것으로 인식 작용을 이차적인 것으로 규정한다.[50]

셸러가, 그의 윤리학의 기초로 되어있을 뿐만 아니라 철학적 사색의 본질적인 출발점으로 되어있다는 의미에서 그의 저작의 "중심적 지위"를[51] 점한다고 하는 *Der Formalismus in der Ethik und die materiale Wertethik*의 부제 "*Neuer Versuch der Grundlegung eines ethischen Personalismus*"로부터도 알 수 있듯이, 그의 윤리학은 인격주의의 새로운 정초이다. 셸러 스스로 '자신은 엄밀한 윤리적 절대주의와 객관주의'이고, 한편에서는 '정서주의와 실질적 선천주의'이고 결국 "모든 가치는, 즉 가능한 한 모든 사물 가치도 나아가서는 비인격적인 공동체나 조직 등의 모든 가치도 인격 가치 아래에 두어진다고 하는 원칙은 지극히 중요하기 때문에 표제를 *Neuer Versuch des Personalismus*"라고[52] 말한다. 그렇기 때문에 그의 실질적 가치윤리학에 있어서 실질적 가치와 함께 인격주의도 또한 지극히 중요한 의미를 가지고 있다.

가치는 인과적 추론의 단순한 허구물도 아니거니와 주관의 자의에 의한 산물도 아니고 "더 이상 환원할 수 없는 감득적 직관의 근본 현상(Grundphänomen)"이며[53] "가치 성질은 가치 자신의 진정한 성질"[54]이다. 모든 근본 현상이 그러하듯이 가치도 또한 "정의할 수 없지만"[55], "감득할 수 있는 명료한 현상에 있어서 어두운 X가"[56] 아니다. 이러한 가치의 파악 작용 즉 가치에 대한 본질적인 상관자가 셸러의 정서주의에 의하면 인격의 정서적 제 작용·감득, 가치 우열의 판정작용, 애증(愛憎)이다.

어떤 경치의 아름다움, 어떤 것의 사랑스러움, 음악회에서의 정서적 분위기, 어떤 방이 마음에 들거나 들지 않거나 하는 것, 어떤 사람에 대해서 느끼는 좋아함과 싫어함 등의 경우에 도대체 이들의 어디가 그러한 것인가. 또 무엇 때문에 그러한 것인가 라는 합리적인 설명은 할 수 없음에도 불구하고 당사자에게는 이미 이러이러한 것으로서 명료하게 감득되고 있다. 그리고 그 밖의 여러 가지 대상에 관해서 또한 설명은 할 수 없어도 가치는 명백히 감득되는 것이다. 이 감득은 또한 직감력에도 통하는 것이다. 오히

---

50) *GdO.*, p.163.

51) *Formalismus*, p.13.

52) *ibid.*, p.14.

53) *Formalismus*, p.27.

54) *ibid.*, p.35.

55) *ibid.*, p.36.

56) *ibid.*, p.39.

려 가치는 대상의 특수한 성질을 알려주는 "최초의 사자(使者)"이다.[57] 무가치한 것에는 누구도 관심을 기울이지 않을 것이기 때문이다.

"이들 가치지향은 형상의 변화로부터는 완전히 독립하고 있다. 그러다 형상의 변화를 선도하면서 변화한다."[58] 사람은 가치 착각을 이유로 해서 근본 현상으로서의 가치의 아프리오리한 소여를 부정할 수는 없다. 원래 착각이나 오류라고 하는 것은 사실을 전제하고 이 사실과의 불일치를 의미하는 것이기 때문에 즉 인식의 진위에 의존하지 않는 확실한 사실, 환언하면 자체 존재로서의 사실이야말로 착각의 가능한 전제이다,

그런데 하르트만에 의하면, 사실상 이 경우에 해당하는 것은 다름 아닌 가치 자신이다. 그렇기 때문에 만약에 가치의 자체 존재에 대해서 무엇인가 증거가 있다고 한다면 그것은 다름 아닌 이 착각의 현상이다.[59] 가치는 감득작용 등의 상관개념으로서 우리에게 주어지는 것인데, 그러한 작용도 포함하여 다양한 작용 일체의 "통일적 수행자(ein einheitlicher Aktvollzieher)"가[60] 인격이다. 인격이라는 것은 다양한 특질을 가진 제 작용의 구체적이고 스스로는 실재적인 것 그 자체, 모든 실재적인 작용 들에 선행하는 존재 통일이다. "인격의 존재는 실재적으로 상이한 모든 작용들을 기초 짓고 있다."[61]

인격은 고정된 존재로서 작용 수행이나 작용 과정 위에 있어서 정지하고 있는 것도 아니거니와 작용의 배후에서 또 작용을 넘어서 있는 것도 아니다. 그것은 동일성을 가지면서 또한 가변성을 갖춘 것이다. "변이(變異, variieren)는 하지만 변용(verändern)하는 것은 없다."[62] 그것은 마치 나침반의 침이 어떠한 경우에도 항상 동일한 방향을 가리키고 있는 것과 똑같다. 어떠한 행위의 인책 문제는 사정에 따라서는 불문에 붙여지는 경우가 있을 수 있다고 해도 "그 행위에 대한 인격 자체와 가책이 엄밀한 의미에 있어서 파기 불가능한 것은 인격의 그러한 항상성·동일성에 의한 것이다."[63]

그리고 행위는 정서까지도 포함한 모든 정신작용의 동일자인 인격과 가치의 관계 중에서 행해진다. 그리고 행위는 감득된 가치에 의해서 방향지어지는 것인데, 의욕 및 행

---

57) *ibid.*, p.4.
58) *ibid.*, p.203.
59) *E.*, p.141.
60) *Formalismus*, p.391.
61) *ibid.*, p.393ff.
62) *ibid.*, p.33.
63) *ibid.*, p.491.

동 의욕의 제 단계에 대해서 주체가 가지는 가치 의식에도 그 자각의 명료도에 차이가 나타난다. 그것을 셸러는 1) 아직 분화되지 않는 흐릿한 목표의식으로서 무엇인가에 대한 몽롱한 의식, 2) 이어서 하나의 어떤 방향성을 가지면서, 3) 목표 중에 가치 구성요소(Wertkomponente im Ziel)가 주어지고, 4) 거기에 근거하여 심상 내용(Bildinhalt)이 만들어지고, 5) 그것이 다시 목적의식(Zweckbewusstsein)으로 발전하고, 6) 의지 목적으로서 실행가능한 의식과 연결되어 실행(Ausführung)으로 옮겨진다.[64] 의욕은 행위의 직접적 원동력인데 그 방향 그 내용은 정조(Gesinnung)로부터 받아들이고 있다. 그 의지에는 다시 가치지향적 성격, 의욕 혹은 행위가 실현될 수 있는 범위를 규정하는 한정적 성격, 변이성과 항상성이 보인다고 할 수 있다.

셸러에 의하면 인격은 개별적인 구체적 존재이며 직접 체험되는 사실이고 근원적으로 이질적인 제 작용의 구체적 통일이다. 즉 "인격은 오히려 직접 함께 체험되는 체험의 통일이고 이 체험된 것의 배후나 그 이의의 곳에서 단지 생각된 물(Ding)은 아니다."[65] 셸러의 이 인격 개념에 있어서 지극히 중요한 의미를 갖는 것은 본질적으로 다른 것은 그것이 작용으로서의 체험의 사실이기 때문이고 다른 한편, 단순한 이성 활동의 X로부터 구별되는 것은 그것이 본질적으로 다른 제 작용의 구체적 통일이기 때문이다.

6. 사랑의 질서

셸러는 파스칼이 말하는 '마음의 질서'라는 생각을 받아들여 "우리들의 정서 생활을 지배하는 법칙에도 사유의 법칙과 동등한 근원성·선험성이 인정된다"고[66] 하였다. 이러한 생각을 다시 발전 심화하여 유고 논문 「사랑의 질서(Ordo Amoris)」의 사상이 된 것이다.

사람의 마음에는 "가치 세계의 소우주(ein Mikrokosmos der Wertwelt)"가[67] 새겨져

---

64) *ibid.*, pp. 52-65f.

65) *ibid.*, p. 371.

66) *ibid.*, pp. 268-269f

67) 하르트만도 "가치 내용을 파악하기 위해서는 우리의 가치 의식이 각성되어야 한다. 가치 내용은 도처에 있는데 우리는 그것을 항상 우리 앞에 가까이 보면서 보지 못한다. 모든 인격, 모든 인간의 성격에는 의미가 있고 가치 내용이 있는 것이다. 인간은 그 존재구조에서뿐만 아니라, 또 그

있고 우리들의 모든 생의 영위는 궁극적으로는 이 소우주의 작용에 의존하고 있다. 그것은 또 인간의 마음 안에 있는 객관적 가치계의 잘 정돈된 양식으로서 셸러는 그것을 '사랑의 질서(Ordo Amoris)'라고 불렀다.

이 '사랑의 질서'에는 이중의 의의 및 이중의 기능, 즉 규범적 기능과 기술적 기능이 인정된다. 그리고 이 양 기능은 서로 영향을 미치고 보완하면서 우리 마음의 완전한 작용을 가능하게 하고 우리들의 정서 생활·도덕 생활을 전면적으로 지배하는 것이다. 그 규범적 기능은 먼저 가치가 올바로 인식되게 하고 그 인식이 도덕적 의지에 작용하여 의지의 형성에 관여하게 하며 나아가서는 유의적 행위를 실재로 수행하게 하는 마음의 능력으로서 작용한다. 그것은 우리의 행위나 도덕적 태도 및 사유에 방향과 목표를 부여함과 동시에 그 가치 실현을 의지적으로 실현하는 도덕 능력을 말한다. 그것은 우선 "이상으로서 규범적으로' 우리의 행위 방향을 규정하는 의지가 그 선을 따라서 작용하지 않는 경우에는 '명령으로서 규범적으로' 간섭하여 오는 것"이다.[68] 그 기술적 기능은 내재하는 원리에 있어서 주어지는 가치 실질을 각 가치에 가장 상응하게 음미 조정하는 작용이며 또 그 하나하나를 마음에 새겨두는 능력으로서의 의지의 가치 실질, 나아가서는 도덕의식 형성의 직접적 담지자가 되는 것이다.

이렇게 학습한 지식은 뇌에 기억되는데 우리의 정서 생활의 일체는 사랑의 질서의 이 기술적 기능에 의해서 우리 마음속에 새겨지고 그것이 또한 우리들의 다음 행위를 규정하고 나아가서는 우리의 인격의 형성 혹은 파괴에 이어지는 것이다. 따라서 우리의 도덕 생활은 이리하여 이 사랑의 질서의 작용 여하에 따른다고 말해도 지나친 말은 아니다.

하르트만도 셸러의 정서적 아프리오리의 이론을 따르고 있으며 이 이론은 이미 밝힌 바 셸러보다 훨씬 앞선 파스칼의 '마음의 질서'에 다름 아니다.

가치구조에서도 규모는 작으나 하나의 세계이다."라고 밝히고 있다. *E.*, p.12. 이는 인간이 하나의 소우주라는 것이다.

68) *ibid.*, p.229.

7. 인격과 가치

하르트만 윤리학의 중심에는 가치와 당위성 이외에 인격적 존재란 개념이 있다. 현실적 존재당위의 문제에 있어서 이법적 권역에서 실재적 권역에로의 가치의 초출(hinausgreifen)은 주관의 작용에 달려 있다. "모든 실재적 존재(reales Wesen) 중에서 매개 능력을 가진 것은 주관뿐이다."[69] 의식, 인식-세계 및 가치의 인식-, 능동성, 의지, 자기규정, 목적 활동(이것에는 예견과 예정이 포함된다), 이런 것들은 모두 주관이 지닌 바이 매개 능력을 이루는 요소 등이다. "이러한 의미에서 주관은 주관 이상의 것, 즉 인격적이다."[70] 주관은 이러한 작용에 의하여 특징지어질 뿐만 아니라 다시 이들의 작용에 그리고 이들의 작용에만 첨가되는 특수한 가치·반가치 성격에 의하여 특징지어진다.

하르트만이 여기서 말한 인격적의 특징은 윤리 현상에서만 규정한 것이지 사변적으로 부가한 것은 아니라고 한다.[71] 인간만을 도덕적 존재자로서 또 인격적 현실성으로서 인정하는 하르트만의 입장에서, 인간만이 인격적 정신을 지니고 목적으로서의 가치를 실현할 수 있다면, 세계의 의미는 인간에 의해서만 그리고 인간을 통해서만 확보될 수 있을 것이다.[72]

현대에 와서 윤리적 인격설의 큼직한 예는 가치연구에 위대한 공적을 세운 셸러의 윤리학이다(셸러의 인격은 앞 장에서 다루었음). 셸러의 "인격은 연속적인 작용성(Aktualität), 순수한 작용성"인데[73] "작용 중심 작용의 수행자이기도 하고 그 작용을 수행하는 경우에만 현존한다."[74]

똑같이 인격주의의 입장이면서 칸트의 인격은 "이성인격(Vernuftperson)"이며[75] 셸러의 인격은 개별인격이다. 이러한 상반된 인격 개념에 도달하지 않으면 안 되는 근거는 개별인격 개념은 칸트의 입장에서 보면 사실 형용모순이다. "동격인 어떠한 것을 가지

---

69) *E.*, p. 227.
70) *E.*, p. 227.
71) *E.*, p. 227.
72) *PdGS.*, p. 158.
73) *Formalisinus*, p. 103.
74) *ibid.*, p. 51.
75) *ibid.*, p. 370.

고서도 결코 치환할 수 없는 것",[76] 어떠한 동격자의 존재도 허용하지 않는 존엄성을 가지는 것이고 이렇게 해서 "도덕성에 유지될 수 있는 한에서의 인간성만이 존엄성을 가지는 유일한 것이다'라고[77] 할 때 여기에서는 이미 개별인격이 존재할 여지는 없다. 그런데 셸러에 의하면 "이성인격이란 반드시 인격이 이성적인, 즉 저 이법적인 법칙에 따르는 작용 활동의 그때그때의 논리적 주체(logisches Subject) 이외의 어떤 것도 전혀 없다고 하는 형식주의의 실질적인 요청이다. 다시 요약하면 여기서 인격은 무엇인가 이성 활동의 X이고 그러한 까닭에 도덕적 인격은 도덕적 법칙에 적합한 의지 활동의 X이다."[78] 이러한 X는 사유의 단순한 추상화의 산물일 뿐만 아니라 명백한 현상학적 사실로서 개별인격 존재는 추상화되고 보편화되어 퇴색되어 버린다는 것이다.

셸러가 최후의 결론으로서 "인격은 지향적 작용의 수행에 있어서만 실존하고 생활하고 있는 것이므로 그 본질상 대상은 아니라고 한다."[79] 이 점에 대하여 하르트만은 작용과 인격이 대상으로 될 수 없다고 한다면 윤리학은 불가능할 것이라고 한다. "왜냐하면 인격으로서의 인간이 윤리학의 대상이기 때문이다. 그 능동적인 초월 작용(정조, 의지, 행위)이 곧 가치판단의 대상이다. 여기에서는 셸러가 그 대상성을 부정한 것이 대상으로 되는 것이다."[80]

그런데 하르트만에 의하면 사람은 이중 관계를 갖고 있다. 한편으로는 사물의 세계에 대립하고, 다른 한편으로는 인격의 세계에 대립한다. 전자에 있어서는 사람은 비아(非我)에 대립하는 아(我)이고, 후자에 있어서는 너(Du)에 대립하는 나(Ich)이다. 전자는 인식론적 대립이고 후자는 순전히 윤리적 대립이다.[81]

하지만 셸러처럼 인격의 본질과 주관의 본질을 완전히 분리하는 것은 더욱 심한 잘못이라고 하르트만은 평하고 있다. 인격이란 나와 너의 상관에서 떼어 놓고 보면 벌써 아무것에도 의존하지 않는 절대적인 것이 된다.[82] "신은 인격일 수 있다. 그러나 나

---

76) I. Kant, *Grundlegung Zur Metaphysik der Sitten*, p.60.
77) *ibid.*, p.16.
78) *Formalismus*, p.371.
79) *E.*, p.229.
80) *E.*, pp.229-230f.
81) *E.*, pp.233-234f.
82) *E.*, p.234.

(Ich)는 아니다. 왜냐하면 신에게는 너(Du)도 외계도 없으니까"라고[83] 셀러는 말하고 있는데, 그러나 신은 우리에게 가장 알려지지 않는 자이며 자기에게 대립하는 제2의 인격도 또한 사물의 세계도 허락하지 않는 그러한 인격적 존재자가 있는지 없는지 우리는 알 수가 없다.

인격성이 주관성 위에 있음은 주관성이 생명의 위에 있고, 생명이 모든 자연법칙성의 위에 있음과 똑같다. 이 범주적 순위는 뒤집어 놓을 수 없는 것으로 이것은 상위의 것이 하위의 것에서 나온다는 것을 의미하지는 않는다.[84]

하르트만에 의하면 도덕적 가치는 인격에 관련되어 있다는 것이다. 도덕적 가치는 그 담지자가 인격이나 작용, 태도, 심정이고 그런 한에서 도덕적 가치는 인격 가치이며 작용 가치라는 것이다. 왜냐하면 인격만이 자유를 지니고 자연의 필연성에 의해 강제되지 않는 인격이 그의 행위를 통해서 그리고 의욕과 노력을 통해서 자유를 실현함으로써 도덕적 가치가 드러나기 때문이다.

---

83) *E.*, p.234.

84) 층과 층 사이에 두 가지 형식의 관계가 성립하는데, 하나는 가공형성관계(加工形成關係, Überformungsverhältnis)이고 또 하나는 가상구축관계(架上構築關係, Überbaungsverhältnis)이다. 전자의 특징은 하층 범주들이 모두 상층으로 뚫고 올라가 상층의 구성요소로 되어주는 데 있고, 후자의 특징은 하층 범주들 가운데서 일부분만이 상층으로 뚫고 올라가고 나머지 범주들은 층과 층과의 경계선에서 정지함으로써 상층이 하층에 얹혀있는 그런 모양으로 되는 점에 있다. 가공형성관계는 물질층과 생명층 사이에 성립하고, 가상구축관계는 생명층과 의식층 및 의식층과 정신층 사이에 성립한다. 한편으로는 하층에서 상층으로 뚫고 올라가는 그 높이가 각개 범주에 따라 다르고, 다른 한편으로 층이 새로워질 때마다 새로운 범주가 개입함으로써 범주 영역에 층이 생기고, 이에 따라 세계상 역시 성층적으로 파악된다. N. Hartmann, *Der Aufbau der realen Welt*, 3. Aufl. Berlin : Walter de Gruyter & Co., 1964, pp.440-442f.

책임 편집   이재성(계명대)

공동 저자   이남원(부산대)   이윤복(경북대)   민동근(충남대)

               하기락(경북대)   김주완(대구한의대)   김성국(부산대)

               김도종(원광대)   장윤수(대구교대)   강대석(대구가톨릭대)

               성홍기(계명대)   서정욱(배재대)   양우석(계명대)

               조욱연(대구가톨릭대)   김용섭(영남대)

허유 하기락의 삶과 사상 그리고 기억들

2023년 10월   5일 초판 1쇄 인쇄
2023년 10월 20일 초판 1쇄 발행

편저자   이재성
펴낸이   정창진
펴낸곳   다르샤나
출판등록   제2022-000005호
주소   서울시 종로구 인사동11길 16, 403호(관훈동)
전화번호   (02)871-0213
전송   0504-170-3297

ISBN   979-11-983586-1-5 93100
Email   yoerai@hanmail.net
blog   naver.com/yoerai

값은 뒤표지에 있습니다.